中國收藏拍賣年鑑

十石題

CHINESE FINE ART &
ANTIQUES AUCTION
YEARBOOK 2022

中国收藏拍卖年鉴

2022

主编 张自成

文物出版社

图书在版编目（CIP）数据

中国收藏拍卖年鉴 . 2022/ 张自成主编 . -- 北京：
文物出版社 , 2023.5

ISBN 978-7-5010-8000-7

Ⅰ . ①中 … Ⅱ . ①张 … Ⅲ . ①收藏－中国－ 2022 －年
鉴②拍卖－中国－ 2022 －年鉴 Ⅳ . ① G262-54
② F724.59-54

中国版本图书馆 CIP 数据核字 (2023) 第 045630 号

中国收藏拍卖年鉴 2022

主　　编　张自成
责任编辑　陈　峰
装帧设计　王　鹏
责任印制　张道奇
出版发行　文物出版社
社　　址　北京市东城区东直门内北小街 2 号楼
邮　　编　100007
网　　址　http://www.wenwu.com
经　　销　新华书店
制版印刷　鑫艺佳利（天津）印刷有限公司
开　　本　889mm×1194mm　1/16
印　　张　42.5
版　　次　2023 年 5 月第 1 版
印　　次　2023 年 5 月第 1 次印刷
书　　号　ISBN 978-7-5010-8000-7
定　　价　680.00 元

中国收藏拍卖年鉴 2022
专家顾问委员会

按姓氏笔画排列：

张忠义　中央文史研究馆文史资料征集工作专家委员会委员，中国人民大学徐悲鸿艺术研究院研究员

张　军　北京市文物局市场管理处处长

邵大箴　中央美术学院教授，中国美术家协会美术理论委员会名誉主任

罗伯健　中国收藏家协会会长，专家咨询鉴定委员会主任

岳　峰　中国收藏家协会副会长，专家咨询鉴定委员会秘书长

周卫荣　中国钱币博物馆馆长，中国科学院大学博士生导师

郑欣淼　中国收藏家协会顾问，故宫博物院原院长

赵龙凯　北京大学光华管理学院金融系教授，北京大学商业与艺术研究中心主任

耿东升　中国国家博物馆研究馆员、陶瓷研究所所长

徐庆平　中国人民大学徐悲鸿艺术研究院院长，徐悲鸿纪念馆馆长

崔晓东　中央美术学院教授，炎黄艺术馆馆长

阎崇年　北京社会科学院研究员

彭卿云　中国文物学会名誉会长，国家文物局原副局长

蒋奇栖　牛津大学考古学博士，中国博物馆协会理事

覃志刚　全国政协书画室副主任，中国文学艺术界联合会原副主席

詹长法　南方海洋科学实验室海洋考古团队首席科学家，中国文化遗产研究院原副院长

熊光楷　中国收藏家协会顾问，上将，中国人民解放军原副总参谋长

薛永年　中央文史研究馆馆员，中央美术学院教授

戴志强　国家文物鉴定委员会委员，中国钱币博物馆首任馆长

中国收藏拍卖年鉴 2022
编辑委员会

中国收藏拍卖年鉴 2022

指导单位

（排名不分先后）

南京博物院

四川博物院

河南博物院

福建博物院

吉林省博物院

湖北省博物馆

湖南省博物馆

浙江省博物馆

湘潭市博物馆

青州市博物馆

宜兴市博物馆

陕西历史博物馆

中国园林博物馆

北京奥运博物馆

广州艺术博物院

景德镇中国陶瓷博物馆

中国（海南）南海博物馆

北京孔庙和国子监博物馆

徐悲鸿纪念馆

李可染画院

国家发展和改革委员会价格监测中心

国家发展和改革委员会信息中心

国家对外文化贸易基地（北京）

中国保险学会文化体育旅游专业委员会

北京易元数科文物艺术品产业发展研究院

艺商传媒（北京）有限公司

　　《中国收藏拍卖年鉴》2022年卷（以下简称《年鉴》2022）如期完成。经过近一年时间对市场的深入调研，统计分析，对全球纷繁复杂的市场现象进行条分缕析地层层解析，形成这本厚重的行业工具参考书。为此，团队付出了艰辛的努力，孜孜以求，如琢如磨。为此，我深感欣慰。年鉴的编撰呈现出越来越成熟的面貌，体例愈加完备，内容愈加丰富，并受到国家相关政府机构，市场经营主体，国家及各省、各高校图书馆和文物艺术品收藏者的认可与购藏，成为文物艺术品行业最为重要的权威参考书。

　　2021年，全球文物艺术品市场呈现稳中趋升的整体走势，格局赓续上年发展态势，然而各地区市场发展并不平衡，细分市场各有变化。其中，中国文物艺术品市场的全球格局也发生了一系列改变。另外，加密数字艺术品市场的出圈打破了传统实体艺术市场的平静，成为一个突出的市场现象。面对这些乱花渐欲迷人眼的市场现象，运用大数据，客观公正地分析其背后的动因，认清市场真相变得尤为重要。《年鉴》2022应时而生。对全球文物艺术品市场进行全面梳理其发展脉络，真实记录其交易数据、深入观察其市场变化、科学分析其背后政治、经济、文化等综合原因，为读者拨云见日。做好行业服务角色，担当起通过文物传播文化，通过文物提升全民文化自信的重任，满足文物艺术品行业数字化转型的需要，促进文化产业的迭代升级。

　　《年鉴》2022无论从体例还是内容上，比以往更加精益求精。在体例方面，进一步优化了设计，提高了视觉审美感受。在文字表述的同时，辅以更客观明了的图表，便于读者快速掌握内容核心，并对重点拍品部分采用了高清细节图，真实还原文物艺术品积淀的文化审美内涵。在内容提升方面，《年鉴》2022前三章不仅从宏观上提纲挈领地总结了全球文物艺术品市场的总体特征，其与政治经济的紧密关联，而且从微观上全面细致地分析了各个细分市场的表现以及翔实动因。其中第二章为年鉴独具特色的中国民间文物艺术品收藏市场分析，涵盖民间大众收藏和机构收藏市场两部分，填补了中国民间文物艺术品收藏的研究空白。第四章为千余件高价值重点拍品的展示，高清细节图结合文物艺术品的市场信息与艺术鉴赏，增添了年鉴的可读性与可视性，体现了文物艺术品的商品属性、文化属性和浓厚的审美属性。后三章分别是当年对行业产生重要影响的政策法规的专家点评；全球文物艺术品行业的大事要事；全球重要的文物艺术品经营机构、协会和中国设置相关文博艺术专业的部分高校名单等，为读者提供文物艺术品行业中各类机构在 2021 年的发展变更。

今年《年鉴》的创新点主要集中体现在三个方面，一是通过对全球市场的摸底调研，依据大数据统计，对市场一度白热化的加密数字艺术藏品市场进行多维分析，从其价值产生的底层逻辑、影响作品价格的多重因素、市场生态链各环节的运作、中外监管政策和态度的巨大差异性等方面一一做了详尽分析，是昙花一现，还是可持久发展的市场现象?书中为读者答疑解惑，揭开其神秘面纱；二是作为《年鉴》2022 数字化应用的艺拍指数，今年推出了重点艺术家傅抱石先生艺术指数。以傅抱石艺术市场指数为基础，采用多个观察视角和分析维度，从全球市场到地区市场，从价格分布到题材细分等多维度展开深入剖析，分析傅抱石先生作品的市场发展趋势，为读者提供真实可靠的投资决策参考。同时，为了读者能够全面了解傅抱石作品的学术价值与市场价值，本卷《年鉴》从已公开发表的关于傅抱石艺术研究的诸多著作文献中，以学术的严谨性，评价的公允性，视野的开阔性和内容的创新性等因素着眼，遴选了两篇艺术评论，就傅抱石先生所擅长的山水画和人物画领域予以文化审美方面的精当论述，展现傅抱石中国画作品的艺术价值。三是为了全面反映中国对于民间文物收藏市场的重视，适应民间文物艺术品市场的发展，满足社会不断上升的文物艺术品需求缺口，在第七章附录中新增了国家文物局 8 月份公布的全国文物商店名单，为民间文物艺术品收藏提供有据可依的交易场所信息。

逝者如斯，不舍昼夜。《中国收藏拍卖年鉴》已经出版发行了十年，这十年来的成功编辑出版，离不开各位专家领导的鼎力支持与悉心指导。今年是迈入第二个十年之首，作为年鉴的名誉主编，我希望年鉴团队"学如弓弩，才如箭镞"，将来以更专业、更严谨、更客观地呈现全球、中国的文物艺术品市场发展变化，探索文物艺术品市场发展规律。守正创新，继往开来，做好时代的记录者、市场的观察者、文物艺术品投资方向的引领者。

励小捷

2022 年 12 月于北京

Chapter 1
Global Antique and Art Market Overview

第一章 全球文物艺术品市场综述

2021 市场总述
Market Overview in 2021

2021 年，全球疫情跌宕蔓延，国际局势复杂严峻，局部地区动荡不定，全球价值链中结构性权力的变动，引发国际格局和大国关系深度调整。世界霸权时代已告终结，两极对抗转化为多极多元化发展，世界格局总体呈现出"中心—边缘"的高度等级分化和"东升西降"的整体走势。大国之间关系矛盾进一步加深，在博弈中艰难推进，欧洲一体化前景仍旧荆棘密布，面临着前所未有的挑战。中国与亚洲相继崛起，相互促进，加速了世界多元化格局的形成。公共卫生危机对全球实体经济造成了重创，却推进了网络科技的飞速发展，人类社会迈入数字时代，生产结构发生深层次变化。人工智能成为新的生产力，数据资源成为新的生产要素和生产资料，物联网、互联网、5G 与 6G 构成新的社会景观，科技创新已然成为各国核心竞争力量。

2021 年是全球经济经历第二次世界大战后最大幅度衰退以来快速复苏的一年。随着全球疫苗研发的推进与疫苗接种人数的增长，新冠肺炎疫情第二波冲击对世界经济的损害明显减弱，各国尤其是主要经济体为应对疫情而推出的财政与货币宽松政策，有效提振了消费和投资力度，不同程度地助推了经济复苏，将国际贸易提升至疫情前水平，据国际货币基金组织（IMF）发布的《世界经济展望》中数据显示，2021 年全球经济增长 5.9%（2020 年萎缩 4.4%）；发达经济体经济增长 5.2%。其中，美国增长 6.0%，欧元区增长 5.0%，日本增长 2.4%；新兴市场和发展中经济体经济增长 6.4%。其中，印度增长 9.5%，中国增长 8.1%。各国复苏幅度并不均衡，非洲、拉丁美洲和加勒比海地区等发展中国家的经济复苏较为滞后。

面对世界格局的深刻变化，中国积极探索并大力推动总体稳定、均衡发展的新型国际关系，展现出大格局，肩负大担当的襟怀，有力推动世界经济复苏进程。2021 年是中国加入世贸组织第 20 周年，中国将继续推行一系列扩大开放新举措，以更低的关税水平、以更短的负面清单、更优的营商环境、更大力度的制度型开放，打造更高水平的开放型经济，同世界各国分享中国发展机遇。《区域全面经济伙伴关系协定》正式生效，全球覆盖人口最多、发展潜力最大的自贸区已经启航。中国申请加入《全面与进步跨太平洋伙伴关系协定》和《数字经济伙伴关系协定》，在保护主义逆风中迈出开放合作新步伐，带来全球复苏新利好。面对全球疫情带来的冲击环境，中国提出了构建人类卫生健康共同体、人与自然生命共同体、全球发展共同体等重大倡议，不断拓展人类命运共同体的丰富内涵，为全球治理体系变革注入动力。

伴随着后疫情时代的到来，全球文物艺术品市场在 2021 年发生了深刻变化。在经历了 2020 年市场低谷之后，迎来了复苏回暖的高光时刻，全球市场格局赓续，细分市场稳步趋升，线上交易在 2020 年大规模提升的基础上，探索出更加理性的模式；亚洲藏家的实力表现，使其在全球藏家中脱颖而出，新藏家高调入局，为市场注入了新鲜活力；在疫情初期沉寂了一年多的亚洲艺术市场，2021 年迎来了市场的春天，中国瓷器、青铜器市场再次活跃，在各品类市场中表现突出。值得关注的是，疫情促升了科技的快速发展，其与艺术的融合，数字艺术品应运而生，扩大了艺术品的定义，新的收藏品类进入藏家视野，虽然其在艺术品市场总体占比较低，但其在全球引发的市场热潮不容小觑，资本蜂拥而至，数字艺术品市场的热度是充满泡沫还是具有可持续发展性，均是值得冷静思考的问题。

一　全球市场格局赓续，中国连续两年稳居第二

2021 年，全球经济经过 2020 年大幅衰退之后迎来了复苏的春潮，经济的提振为市场注入了强心剂，让藏家对未来充满信心，全球文物艺术品市场强势回弹，其活跃度甚至超过疫情前。据巴塞尔艺术展与瑞银集团联合发布的《2022 年艺术市场》报告显示：2021 年全球文物艺术品成交额达到 651 亿美元，同比去年 501 亿美元提升了 150 亿美元，上升幅度达 29.9%，并超过了新冠疫情发生之前的 2019 年。文物艺术品市场整体上扬，如实精准地反映出经济全面复苏的趋势。

2021 年，在全球文物艺术品市场份额占比中，美国、中国和英国继续占据了大部分销售额，合计达到 80%。美国文物艺术品市场依然保持领先地位，其销售额约占全球销售额的 43%；中国稳居第二位，销售额约占全球销售额的 20%；英国销售额占据全球销售额的 17%，位居第三位。法国文物艺术品销售额约占全球销售额的 7%，同比去年占比提升了一个百分点，在欧洲区域市场表现最为突出；德国、瑞士各占全球销售额的 2%，西班牙市场份额占据 1%，其他国家合计占据 8%[1]。

---

1 Dr.Clare McAndrew,The Art Market 2022. An Art Basel & UBS Report,P28

美国文物艺术品市场在经历 2020 年销售额的低谷之后,迎来了 2021 年的高峰。销售额高达 280 亿美元,同比上一年增长 33%。在庞大规模的货币、财政激励措施推动下,2021 年美国经济实现了显著复苏。在就业人口不断上涨,进出口商品贸易持续攀升,限制措施不断解除的影响下,美国国内生产总值(GDP)超过 23 万亿美元,经济增长率提升至 5.7%,创下了最近十多年以来的新纪录。国际方面,拜登政府重回"多边主义",以积极姿态联合盟国与伙伴国,凭借占全球一半 GDP 的实力塑造了从环境、劳动到贸易投资、技术及透明度等规则,将竞争对手锁定在全球供应链的低端,从而获得经济的稳定发展;国内方面,拜登政府实施了一系列刺激经济的措施,有效稳定经济发展,尤其是国会出台的一揽子救济政策,向各州和主要城市注入了 3500 亿美元的刺激资金,使各州总收入增加了约 17.6%(数据源于美国税收政策中心报告)。随着高净值人士财富的增加,文物艺术品市场的高端供应和需求高于去年,尤其是纽约市场文物艺术品市场,其进口价值额度高达 83 亿美元,同比上一年增长了 60%。纽约汇集了大量世界顶级文物艺术品,推动了整个美国市场的强劲发展。

2021 年,中国文物艺术品市场稳中向好,销售额达到 134 亿美元,同比 2020 年增长 35%,涨幅超过美国,销售额连续两年稳居全球第二。面对百年变局和世纪疫情,中国经济发展和疫情防控保持全球领先,构建国内、国外"双循环"发展新格局,迈出新步伐,高质量发展取得新成效。2021 年全年国内生产总值(GDP)突破 114.9 万亿人民币(近 17.87 万亿美元),比上年增长 8.4%[2],达到十年来增幅最高的一年。人民币汇率表现坚挺,得益于中国经济潜力足、韧性大、活力强、回旋空间大、政策工具多等基本特点,中国长期向好的经济发展趋势促进了中国文物艺术品市场的稳定发展。中国一级市场规模扩大,艺博会与画廊不断增扩其原有空间,新生机构主要分布在香港和内地经济发达城市,贸易形式多样;二级市场成交额为 88 亿美元,占据总成交额的 33%,连续两年稳居全球拍卖市场首位。

英国文物艺术品市场 2021 年终止了连续两年的下滑趋势,2021 年全年销售额达到 113 亿美元,同比上一年增加了 14%,但仍低于疫情发生前的 2019 年(122 亿美元),增幅低于中、美两国,销售总额位居全球第三。英国国家统计局公开的信息显示,2021 年全年,英国全社会完成名义国内生产总值 GDP 为 2.32 万亿英镑(约 3.19 万亿美元),创下历史新高。2021 年全年经济增长率为 7.5%(2020 年缩减 9.4%),是第二次世界大战以来单个年份中,增长最为迅猛的时期,但综合两年的平均增速仍然缩减。由于受到能源费用上涨等因素导致的经济高通胀影响,GDP 也呈现出

2 数据来源:《2021 年国民经济和社会发展统计公报》

趋高状态。反映到文物艺术品市场中，呈现出同比上升，但不及疫情之前的水平状况。自 2021 年 1 月份始英国正式退出欧盟，其经济发展受到供应链和劳动力困境的束缚，文物艺术品市场一度收紧。所有欧盟进口到英国的文物艺术品均需缴纳增值税及相关费用，无疑增加了文物艺术品贸易成本，造成一定程度的交易阻碍，只有中国内地和香港的进口未受影响。其文物艺术品进口贸易相比于 2020 年 21 亿美元下降了 18%，比疫情发生前的 2019 年下降了接近一半。另外，由于疫情变化的不稳定，货币宽松政策的实施，经济的高通胀率等因素，对文物艺术品市场也造成了一定程度的负面影响。

2021 年，法国的文物艺术品市场销售额为 47 亿美元，同比上一年增长了50%，达到了十年来的最高水平[3]。2021 年法国国内生产总值（GDP）增长率达到 7%，为 52 年以来法国经济最大涨幅，已超过新冠疫情之前的水平。法国经济复苏势头强劲的原因主要集中在两方面：一方面，政府采取大规模公共支持和紧急救援措施减轻了企业负担，并强化了就业市场弹性和家庭购买力，为经济复苏奠定基础。另一方面，政府积极推进经济复苏计划，随着计划的逐步落实，经济的反弹将转化为更加持久的增长和复苏。经济的强势复苏是文物艺术品市场良好健康发展的基本前提。

欧洲其他国家如德国、瑞士、西班牙等国的文物艺术品市场表现稳定，销售额与去年同期持平，反映出经济的平稳发展。

二　立足本土经营，提升市场交易国际化水平

2021 年，是进入新冠疫情防控的第三年，虽然各国的防疫措施不同，去全球化程度总体较上一年有所降低，人们出行限制减少，环境的相对宽松促进了 2021年文物艺术品市场的开放和流通。全球文物艺术品市场在立足深耕本土领域的同时，持续拓展发展空间，提高市场交易国际化程度。从一级市场来看，实力画廊不仅在空间上继续拓展，而且在加强与本土艺术家的合作基础上，进一步挖掘国际新生资源，为其提供更为广阔的国际艺术市场，以确保经营的持续性发展。如高古轩画廊（Gagosian）于 10 月 19 日在法国 Place Vendôme（旺多姆广场）附近开设第三间巴黎画廊，重点发展现当代艺术板块，这是高古轩的第 18 个空间。他们发掘新生力量，经营代理了一众美国新锐艺术家；同时，在主要经营西方艺术家之外，高古轩将视野转向中国大陆地区，2021 年加大推广曾梵志、郝量和贾蔼力等当代艺术

---

3 Dr.Clare McAndrew,The Art Market 2022. An Art Basel & UBS Report,P31

家，向西方藏家介绍中国当代艺术；白立方画廊（White Cube）则在持续经营达明安·赫斯特（Damien Hirst）、翠西·艾敏（Tracey Emin）、安东尼·葛姆雷（Antony Gormley）等本土大牌艺术家之外，一是深挖本土年轻艺术家资源，二是不断扩大其国际视野，代理海外著名艺术家，比如美国的西斯特·盖茨（Theaster Gates）、Etel Adnan、德国的乔治·巴塞利兹（Georg Baselitz），比利时的布莱姆·博加特（Bram Bogart）、巴西的比亚翠兹·米拉塞斯（Beatriz Milhazes）等艺术家，并在中国地区代理了何翔宇、刘韡、王功新等当代重要艺术家，以此保持疫情期间稳定的市场态势。头部画廊 Galerie Thaddaeus Ropac 于 2021 年初秋在韩国首尔设立画廊新空间，专注于当代艺术市场，支持和展示当代最具影响力的艺术家，并促进本地和社区的艺术对话，巩固画廊与艺术家、收藏家、美术馆和机构的合作关系。立木画廊（Lehmann Maupin）将在首尔扩建全新空间，并预计于 2022 年初春开幕。新空间面积近 793 平方米，并邻近三星美术馆。豪瑟·沃斯画廊（Hauser & Wirth）将于 2022 年秋季在美国洛杉矶开设全新空间，进一步参与到洛杉矶艺术文化活动中。新空间将设立在位于圣莫妮卡大街 8980 号的复古汽车展厅建筑内，与在地文化社群将形成良好的互动关系。画廊在地域空间上向国际化方向拓展，确保经营的持续发展。

在促进国际文物艺术品市场的良性发展中，关税是一个极其重要的因素，税收优惠政策是一个国家培育市场的重要策略，不同于其他商品，文物艺术品交易在很多国家和地区遵循免税政策，比如美国、新加坡和香港地区，关税利好为两地的画廊、艺博会提供更多便利条件，打造繁荣的地区市场。中国在 2021 年持续为国际文物艺术品交流推行利好政策，在中国国际博览会举行期间，继续执行上一年财政部、海关总署、国税总局联合发布的《关于中国国际进口博览会展期内销售的进口展品税收优惠政策的通知》相关规定，每个参展商享受 5 件"艺术品、收藏品及古物""三免"（免征进口关税、进口环节增值税和消费税）服务。此"5 件免税"虽然只是局限于进博会期间的执行，但释放了中国想要进一步融入全球艺术品交易市场的信号。另外国务院关税税则委员会于 12 月印发了《2022 年关税调整方案》，其中规定，从 2022 年 1 月 1 日起，对超过 100 年的油画等艺术品实施零关税。此举将极大促进西方文物艺术品在中国的收藏市场的形成。这些优惠政策的持续落地实施，将进一步推动国际文物艺术品交流，不断提升中国文物艺术品市场在国际上的影响力。

从二级市场来看，各大拍行开启以本土拍卖资源为主，大力拓展海外市场，西方文物艺术品比例大幅提升。经营商联合他国拍卖公司，抱团取暖，同时推进线上线下交易模式，保持业态的良性发展的经营策略。北京保利与富艺斯 2021 年第三次联合举办"20 世纪及当代艺术和设计"夜场，全场共 52 作品上拍，50 件顺利成交，成交率 96.15%，斩获 4.5 亿港元。苏富比拍卖除了加强在欧美各地的销售之外，2021 年重力打造亚洲文物艺术市场，不断拓展新的艺术区域，培育新市场，成为亚洲艺术市场的引领者。佳士得拍行在全球中国文物艺术品拍卖中也屡创佳绩。另一方面，在中国地区文物艺术品二级市场中，西方文物艺术品的成交额也不断提高。如中国嘉德首次推出"印象派及现代艺术夜场拍卖"专场，克劳德·莫奈、保罗·塞尚、卡米耶·毕沙罗以及巴勃罗·毕加索等西方艺术家的五件作品悉数成交，斩获白手套，成交总额达 2.4 亿元。北京永乐春秋两季大拍的主要专场"国际视野——全球化的现当代艺术夜场"成交额高达 7.8 亿元，成交率高达 89.3%。相比于 2020 年的中国拍卖市场上只有 3 件西方艺术作品价格过亿的状况，2021 年市场上成交了 13 件过亿西方艺术品。

面对波谲云诡的外部环境，在文物艺术品交易越来越全球化的语境里，立足本土经营，东西资源互补，多渠道交易，整体提升交易国际化水平，精准对标藏家日益多样化的收藏倾向，是屹立于文物艺术品市场不败之地的长期发展策略。

三 高品质拍品主导市场，线上市场规模持续扩大

2021 年全球拍卖机构进一步提质增量，高品质拍品是支持市场复苏的中流砥柱，主导着市场发展方向。2021 年堪称"奇迹之年"——3 万多名艺术家创作的超过 10 万件作品售出，其中当代艺术作品共斩获 27 亿美元（约合人民币 171 亿），与 2020 年相比增长超过一倍，达到史无前例的成交量。毕加索是现当代艺术板块的常青树，其作品《坐在窗边的女子（玛丽·特雷斯）》在纽约佳士得 2021 春拍以 103,410,000 美元（约 6.58 亿人民币）的价格成交，成为全球拍卖最贵艺术品，成为该年度唯一一件过亿美金作品；黑人艺术家巴斯奎特是近年来拍场涌现出的一匹"黑马"，其作品《既然如此》（In This Case）以 93,105,000（约 5.928 亿人民币）成交，再次成为年度亮点；2021 全年在中国拍卖市场上出现 5 件过亿巴斯奎特作品，成交总额约合人民币近 10 亿元。15 世纪末佛罗伦萨画派最后一位大师波提切利的《手持圆形圣像的年轻男子》的成交价为 92,184,000 美元（约 5.86 亿人民币），抽象表现主义画家马克·罗斯科的《第 7 号》以 82,468,500 美元（约 5.3 亿元人民币）成交。高品质拍品的大量成交与高净值藏家的需求在 2021 年加速增长密切相关，高价值艺术品所具有的资产稳定性和保值能力为藏家带来安定感，对其需求随势升高。

文物艺术品线上交易在 2020 年得到迅猛的发展，尽管线下整体销售规模大幅收紧，但线上交易达到历史最高水平 124 亿美元，比 2019 年翻了一番。2021 年线

上销售在此基础上，进一步优化交易环节，提质减量，销售额达到 133 亿美元，同比上一年增长 7.2%。画廊开辟了在线展厅，提升藏家的观展体验；艺博会除了实现线下实体交易的回归之外，开辟了线上展厅，缩减了头部画廊与中小画廊线下展位的优劣差异，提升了藏家对中小画廊的关注度；对于藏家而言，节省了大量线下交易的时间和金钱成本，更专注于文物艺术品本身的价值考量。拍卖机构全力开拓，优化线上交易流程，增加交易频次，提升成交率，激活了企业潜在活力，行业活跃度不断得以提升。

四　藏家迭代共生，亚洲藏家表现突出

近年来，文物艺术品市场藏家群体的分层越来越清晰明朗，年龄自 20 世纪 50 年代至 20 世纪 90 年代，跨越了四十年的时间跨度，新老藏家迭代共生，虽然经济实力与审美倾向上有较大差异，但是两者的收藏品类并非界限分明，尤其在科技日新月异的快速发展状况下，新老藏家的审美视域和关注品类出现交叠互渗的现象，逐渐消弭收藏的清楚界限。在全球文物艺术品市场交易中，亚洲新生代藏家依然崭露头角，成为全球文物艺术市场重要的购买力量和市场建构者，形成一股艺术收藏新势力，并对新锐艺术家的国际市场培育中影响深刻。

新老藏家迭代，层次分明，各具特点。从新老藏家从事的职业上来看，老一辈藏家多为经营实体的实业家；新生代藏家更多从事金融、IT 等新兴行业；从获取藏品的渠道来看，老一辈藏家获取藏品的途径较为单一，比如一级市场的画廊或艺博会，二级市场的拍卖等渠道；新生代藏家除了以上这些交易渠道之外，更多利用文物艺术品电商平台和社交新媒体平台获取心仪藏品。据佳士得官方数据统计，2021 年度 35% 的买家为首次参与佳士得拍卖，其中近 66% 为网上拍卖买家，32% 的新买家为"千禧一代"。在审美视域方面，老一辈审美更多地关注纯艺术的审美价值或古董文物的历史内涵，倾向于传统品类诸如书画、文玩、古籍善本或古典家具等品类的收藏；新生代藏家则更关注自己的情感需求，投资回报等因素，更倾向于观念艺术、潮流艺术或市场新品类。

在全球文物艺术品市场交易中，亚洲藏家近年来风头正劲，凸显出强大的购买力，选精品，挑大梁，逐渐形成一股市场收藏新势力，并推动全球线上拍卖和促升新锐艺术家市场热度。在苏富比本拍卖的年度业绩中，约三分之一竞投金额来自亚洲藏家；在 500 万美元以上的拍品中，约 46% 的拍品由亚洲藏家投得。佳士得 2021 年度全球成交总额达 71 亿美元，亚洲藏家购买总额高达 16.8 亿美元，与 2019 年相比增长 32%。在全球线上拍卖的成交总额中，有 51% 来自亚太藏家，占

市场的半壁江山。值得注意的是，近两年新锐艺术家如艾弗里·辛格、乔尔·梅斯勒、乔纳森·查普林、吉尼夫·菲吉斯、阿莫科·博弗、哈维尔·卡列亚等均是 45 岁及以下的新生代亚洲藏家青睐的焦点，他们正以不容小觑的实力影响着新生代艺术家的市场培育。

新生代藏家的兴起是全球文物艺术市场增长的关键动力。2021 年，全球文物艺术市场为其做出战略上的调整，为了掌握他们的品位变化与收藏动向，一级市场与二级市场积极应对，在经营门类的划分和作品选择上做出了相应变化，积极培育年轻藏家群体。

五 亚洲艺术市场复苏，中国瓷再成主角

近十年来，亚洲艺术品在文物艺术市场交易中越来越受到藏家关注，主要聚焦于每年的亚洲艺术周的举行。亚洲艺术周是集博物馆、画廊、拍卖行等各大文物艺术品机构的精品于一堂，呈现亚洲文物艺术品整体风貌，将亚洲文化传播得更为深远。

由于 2020 年新冠肺炎疫情的隔离影响，全球亚洲艺术周的举办延迟或取消，造成文物艺术品的市场交易大幅度降低，触及自亚洲艺术周举行以来的成交低谷。伴随着 2021 年全球疫情控制的趋稳形势，全球亚洲艺术周全面启动，分布在全球各主要文物艺术品交易城市的纽约、洛杉矶、伦敦和巴黎等地相继如期举行。销售业绩表现强劲，销售额不仅远超上一年，而且超过疫情之前的 2019 年，高货主导了整个艺术周的精品格调，市场全面回暖。从二级市场的销售变化中可以一窥高低。易元数科文物艺术品产业发展研究院（以下简称"易元数科研究院"）对亚洲艺术周中拍卖市场数据的统计显示，2021 年亚洲艺术周拍卖总成交量为 4379 件（套），比上一年 6543 件（套）减少 2164 件（套），同比下降 33.1%；成交额为 10.5 亿元，比 2020 年的 8.8 亿元增加 1.7 亿元，同比提升 19.3%。各大拍行减量提质的营销特色凸显。主推高质量拍品，策划诸多特色专场，尤其是一些重要藏家专场，生货频出，来源清晰，品相优良，精准的市场预判，合理的估价，吸引来自全球的顶级藏家，成交率高达 78.9%。

亚洲艺术周的市场焦点集中在亚洲文物艺术品区域，主要涵盖中国、日本、韩国、印度、新加坡、越南等国的文物艺术品。在亚洲文物艺术品的成交总量总额中，中国文物艺术品市场份额占比高达 90% 以上，代表着亚洲艺术周的市场总体走向。

从中国文物艺术品成交价位区间分布状况来看，中高价位拍品主导着亚洲艺术周的整体品质。据易元数科研究院的数据统计显示，成交价在 100 万至 500 万人民

币价位区间的拍品成交额高达 3.3 亿元，占总成交额的 31.6%；成交价在 500 万人民币以上的拍品成交额为 3.2 亿元，占总成交额的 30.6%。因而可以看出成交价在 100 万以上拍品占比合计达 62.2%，是亚洲艺术周拍卖市场的成交主体部分。50 万元以下的拍品总成交额为 2.9 亿元，占总成交额的 28.1%。由此看来，各大拍行不仅采用线下、线上同步进行的交易方式，对于不同交易方式也采取了不同的销售策略，推出的拍品各有所侧重。针对线下市场，拍行推出高货精品，吸引重要买家，形成销售的中流砥柱；针对线上市场，拍行重在营销普品，强化视觉呈现效果，品类丰富新颖，价格亲民友好，吸引新藏家入场，侧重培育未来的潜在藏家群体。

在中国文物艺术品的交易品类中，最受藏家关注的品类依然是中国陶瓷，其次是青铜器和玉石器。中国陶瓷在亚洲艺术周中是历年来的交易重点，2021 年中国陶瓷成交量为 1614 件（套），占据全品类总成交量的 36.9%，成交额为 2.9 亿元，占据全品类总成交额的 27.2%。主要集中在明清瓷领域，尤其以清三代官窑瓷器最受青睐。青铜器一直以来是藏家关注的重器，2021 年度青铜器成交 96 件（套），成交额约为 1.8 亿元，占据全品类成交额的 17.1%，成交的拍品中，附带铭文的青铜器由于更具历史文化价值、审美价值和投资价值，更能成为拍场焦点。玉石器成交量为 737 件（套），成交额为 1.5 亿元，占据全品类成交额的 14.6%[4]，其中以明清传世精品玉石为主。亚洲艺术周市场所呈现出来的中国文物艺术品拍品品类结构，与中国大陆地区的以中国书画为主的文物艺术品交易结构迥然不同，代表了海外地区的中国文物艺术品市场特色。

六　科技促生新领域，数字艺术市场破圈

在传统意义上的实体文物艺术品市场强势回归之际，虚拟数字艺术藏品市场在 2021 年开展得如火如荼，科学技术为传统艺术品市场开辟了新路，扩大了艺术定义的边界。3 月 11 日，纽约佳士得拍行举行了艺术家 Beeple 的 NFT 数字艺术品《每一天：前 5000 天》（EVERYDAYS: THE FIRST 5000 DAYS）的在线拍卖，以 6930 万美元成交（约 4.5 亿人民币），创造了 NFT 艺术的新纪录，并让 NFT 成功破圈，成为年度市场关注焦点。据 nftgo.io 数据统计，2021 年 1 月 1 日全球 NFT 日交易额为 25 万美金，到 2021 年 12 月 31 日，日交易额已经高达 1.1 亿美金。一年时间，交易额翻了 439 倍。据瑞银集团与巴塞尔联合发布的《2022 艺术市场》统计，与艺术品相关的 NFT 在 2021 年实现了大幅增长，同比 2020 年增长超过一百

---

　4 数据来源：北京易元数科文物艺术品产业发展研究院

倍，达到 26 亿美元。数字艺术藏品市场的强势来袭，成为 2021 年度最受瞩目的市场新形态。

伴随着近几年区块链技术的日渐成熟，AI 人工智能的优化升级，信息数据化的强大发展，数字与艺术的结合成为势不可挡的发展趋势，NFT 变身为加密艺术，逐渐形成一股新的投资收藏板块。加密数字艺术于 2017 年肇始，经过三四年的沉寂，随着佳士得的一场拍卖，获得各领域的空前关注。

随后，一级市场、二级市场、知名艺术家、新老收藏家不断涌入这一市场新赛道，共同推动了整个市场生态的发展。可以说，2021 年是数字艺术市场真正全面发展并强势进入艺术市场历史的元年。

相对于可见可藏的实体形式的文物艺术品，虚拟的加密数字藏品之所以吸引到诸多藏家的关注和快速入场，其底层价值逻辑依然符合经济运行规律。NFT（non-fungible token）本身只是一种数字科技的运算、分配与记录技术，被形容为"非同质化"存证，是一种建立及展示资产拥有权的实用工具。由于每一个 NFT 均具备独一无二的特性，因而价值各不相同。其价值的来源为非同质（Non-Fungible）的价值和货币化的价值。非同质价值在于其稀缺性和关注度，并受到币圈代币价格变动的影响。因而，数字艺术藏品的创作者除了具备以数字信息为创作载体的能力之外，社交媒体上的关注度是其作品获得高价值的重要因素之一；其货币化价值具备同质的特点，它是一般价值载体，可以随意互换，代表了经济价值的交换性。经济价值是在交易流转过程中产生的，交易不仅扩大了创作者的知名度，使藏家可以从中获得经济效益，而且创作者在每一次市场交易流转中可以提取一定的版权追续费用，这一点不同于传统艺术市场中的创作者与其作品的二次及以后的交易无关的状况。因而，数字艺术品在市场中的高转售率也远远高于传统艺术品的转售率，达到平均不足一个月内流转一次的频率。2021 年，与艺术品相关的 NFT 交易转售率高达 73%[5]。因而对于画廊与拍卖机构而言，有策略地推广艺术家的知名度，精准定位藏家品味，使藏家发生对作品的投资期待和价值期待，以此达到销售目标，并推动整个市场的活跃度。

由于非同质的价值是以加密艺术藏品为代表的区块链技术的数字代币，尊崇了一种去中心化和平等化的价值观体系，数字艺术藏品是储存于区块链的独特数码证明，提供一项资产的特定拥有权，并以数码资产为主，因而从逻辑上能够实现收藏家的大众化。藏家看中的并非数字艺术藏品的艺术性，而是其所具备的金融属性。活跃在文物艺术市场顶端的藏家一直都是资本显赫的行业翘楚，加密艺术藏品的操

---

5 Dr.Clare McAndrew,The Art Market 2022. An Art Basel & UBS Report,P22

盘并不例外，均为福布斯富豪榜榜单人物，同时，不可忽视的是，从事的领域基本框定在科技信息产业。

除了币圈、金融圈和信息科技等领域的收藏家操盘之外，对新市场感兴趣的为 40 岁左右的年轻藏家。据二级市场头部拍行佳士得和苏富比官网的显示数据，2021 年佳士得共售出逾 100 件加密数字艺术品，成交总额接近 1.5 亿美元，占据了佳士得 2021 年当代艺术成交总额的 8%。其中，竞拍的藏家中 74% 为首次参与，平均年龄为 42 岁；苏富比 2021 年度报告中称，2021 年加密数字艺术品的拍卖成交额高达 1 亿美元，竞拍的藏家有 78% 的是首次参与，超过一半的藏家不足 40 岁。相对而言，加密数字艺术品对新一代年轻藏家的吸引力尤为巨大。

海外加密数字艺术藏品以公链为底层网络，市场自由开放，产品种类多元，市场规模迅速攀升。但是，值得注意的是，在加密数字藏品市场热度飙升的同时，各国相关的法律法规和政策尚处于空白或起步阶段，监管不足或缺失，这也导致了市场中出现了盗链、侵权等乱象，并存在一定程度的市场泡沫，投机与炒作行为亦有发生。加密数字艺术藏品与"币圈"对应的价值表达，在法律的层面实现合规，还需假以时日。

相比于海外自由开放的加密艺术市场，中国对于虚拟货币持以谨慎的态度。9 月 24 日，中国人民银行发布《关于进一步防范和处置虚拟货币交易炒作风险的通知》，明确指出虚拟货币及其相关活动的属性，即虚拟货币不具有与法定货币等同的法律地位，其相关业务活动属于非法金融活动，境外虚拟货币交易所通过互联网向中国境内居民提供服务同样属于非法金融活动，虚拟货币的投资交易活动存在法律风险等属性。建立健全应对虚拟货币交易炒作风险的工作机制，并加强虚拟货币交易炒作风险监测预警，构建了多维度、多层次的风险防范和处置体系。2021 年 10 月腾讯幻核 APP 与支付宝小程序"蚂蚁链粉丝粒"内页中，原有的"NFT"字样全部消失，改为"数字藏品"呈现。可以看出中国数字藏品市场的发展重点在于与实体经济结合，避免过度脱实向虚，明确限制了其交易流通环节。

目前，NFT 在文物艺术品版权、数字藏品等方面已有落地应用。经历了一年的市场火爆期，在各国监管措施的相继出台后，数字藏品艺术市场将随着时间推移和技术迭代，逐渐趋于理性，在安全合规的前提下有序发展。相信未来的加密数字艺术藏品市场能够持续发展和完善产业生态，成为数字经济时代重要的价值载体，更广泛地与实体经济、XR、数字孪生等产业交叉融合，开启数字时代的新道路。

2021 一级市场
The Primary Market in 2021

2021年，新冠肺炎疫情仍在全球蔓延，全球经济尚处在突发疫情等严重冲击后的恢复发展过程中，国际形势出现诸多新变化。各国政府尽可能充分利用积极的结构性改革，推进数字化转型，为经济高质量长远发展付诸实践。全球文物艺术品一级市场在世界经济复苏中随势而动，加速适应世界发展新形势，2021年整体呈现以下特征：市场活力进一步激发，行业格局趋稳，本土化倾向日益显现；亚洲市场表现全球瞩目，欧美市场平稳回温；高端市场驱动力增强，现当代艺术交易活跃；行业数字化转型拓展升级，新业态、新市场正逐步形成。

一 全球市场复苏回暖，行业格局趋稳

1.适应市场新环境，激发交易活力

自新冠肺炎疫情流行以来，世界格局、国际关系乃至全球经济、政治、文化及经贸等领域在震荡与冲击中面临新转变、孕育新需求。营商环境的客观变化，为全球文物艺术品一级市场带来新机遇，交易活力较2020年进一步提高。根据巴塞尔艺术展与瑞银集团联合发布的《2022艺术市场》数据显示，2021年全球文物艺术品一级市场销售总额为347亿美元，同比增长18%[6]。一级市场销售额如此大幅度的增长，尤其是在全球经济增长不稳定因素陡增的形势下显得尤为不易，反映出一级市场的较强韧力。通过易元数科研究院的市场调研发现，市场的复苏回暖主要得益于画廊经营主体积极应对新冠肺炎疫情给市场带来的不确定性影响，在变局中把握机遇、创造更多销售机会。具体而言，2021年画廊经营者将工作重心放置于扩大客户群体、重力拓展销量上，同时更加注重控制运营成本，争取利润最大化。在扩展消费群体、提升销售量方面，画廊在全方位维护老客户的同时，拓宽渠道吸引

6 Dr.Clare McAndrew,The Art Market 2022,An Art Basel & UBS Report,P63

中国收藏
拍卖年鉴
2022

CHINESE FINE ART &
ANTIQUES AUCTION
YEARBOOK 2022

新客户，通过一系列售前、售后的推广与服务，达到增加客户黏性的目的，从而促进已有与潜在的藏家购买力的落地转化，精细化、定制化销售已成为画廊实现盈利的必备之道。另外，在节约运营成本方面，根据《2022艺术市场》的最新调研显示：在2021年，员工工资和场地租金仍然是画廊支出中最大的两个组成部分，约占其运营成本的一半。人员就业方面在2021年保持了较为稳定的规模，超过五分之四的画廊保持了就业人员基数的稳定与增长，销售群体的稳固为促进高销售额夯实了人力基础。此外，为了解决画廊租金上涨的问题，一些画廊开设了成本较低的办公和展览空间，并尝试了短期项目，拓展了机构合作，增强运营的灵活性成为画廊控制成本的有效途径。

在一级市场销售额如此大幅增长的同时，也应注意到，与疫情暴发前的2019年市场相比，销售额仍有一定差距。从数据上看，2021年一级市场销售额比2019年销售额缩减21亿美元，降低了近6个百分点。世界经济复苏仍在继续，文物艺术品一级市场增长动力在2021年已然释放，如何在不断变化的营商环境中实现销售额进一步增长，是画廊这一传统行业不可回避的长久话题。

2.行业格局稳定，头部画廊仍为主导

回顾2020年，全球疫情和由此产生的经济变动，进一步加剧了一级市场两极分化的进程，加速了中小型画廊的衰落，巩固了大型画廊的市场地位。随着全球疫情形势好转，2021年画廊行业的基本格局更为稳固，集中化趋势也更为明显，头部大型画廊仍然在代理畅销艺术家、扩增展览空间、资金贮备流转以及与重要收藏家精心保持关系等方面发挥优势，开拓占有更多资源。根据易元数科研究院的市场统计发现：以国际性头部画廊为代表的高古轩（Gagosian）画廊、豪瑟·沃斯（Hauser & Whath）画廊、白立方（White Cube）画廊、卓纳（David Zwirner）画廊、里森（Lisson）画廊、立木（Lehmann Maupin）画廊、佩斯（Pace）画廊为例，2021年这7家画廊平均新代理艺术家或艺术家遗产为3位，同比2020年增加1位，其中不乏作品已进入公共美术馆收藏的著名艺术家；平均新开设运营空间2个，遍布美洲、欧洲与亚洲。在销售额方面，头部画廊的销售额增量幅度在行业内更为领先，根据《2022艺术市场》的数据统计显示：2021年画廊销售额在500万美元以上的增长幅度最大为35%，超过1000万美元营业额的增量次之为27%；相反，2021年销售额增量最小的则集中在中小型画廊，其中增长幅度最小的为销售额在25万美元以下的画廊，仅增长6%。

长期以来，中小型画廊被大型画廊日益压缩的生存盈利空间问题是行业内不争的事实，如何在逐渐挤压的生存环境中实现良性可持续发展，坚守市场基本盘是中小型画廊迫切需要解决的根本问题。尽管2020年数字化转型为中小型画廊带来与大型画廊平等竞争的机遇，但经过一年来的数字化深度发展，中小型画廊的竞争优势与头部画廊相比，在没有坚实资金基础的支持下，动力稍显不足，不得不在已有的运营资源上勠力深耕。发掘与培养新艺术家与新买家市场，仍然是中小画廊的重心工作，也是其保有市场竞争力的优势所在。此外，中小型画廊的合作意识在近年来显著增强，在共享优质学术与展览资源等方面发力，促进一级市场的基础层面，保持良好生态发展，结成机构战略合作伙伴，并组建藏家俱乐部，实现盈利最大化。

3. 艺博会回归线下，本土化趋势彰显

艺博会作为一级市场的重要组成部分，是直接反映市场活跃度与动向的晴雨表。根据相关数据统计发现：2021艺博会线下举办240场，同比2020年增加216场，比疫情发生之前的2019年减少147个；在线艺博会为29场，比2020年减少46场[7]。总体来看，虽然2021年比2020年有所改善，逐渐回归线下，该年全球艺博会举办的数量超过2020年，但疫情仍在继续，艺博会并未完全恢复至疫情暴发前的举办水平与规模，举办线下艺博会的数量与2019年相比仍然相去甚远。由于旅行和隔离的限制，许多画廊被迫将更多注意力转移到国内销售上，藏家们更经常出现在当地举办的艺博会中。

欧美艺博会方面，在亚洲藏家旅行受阻的背景下，欧美本土藏家和收藏机构展现出蓄势已久的购买力。瑞士巴塞尔艺术展作为自2020年3月实行隔离、封控政策以来的第一个大型欧洲艺术博览会，它的成功举办也为其他国际大型线下艺术博览会提振了信心。易元数科研究院通过市场调研发现，欧洲本土买家的购藏能力在该年瑞士巴塞尔艺博会上进一步显现，诸如Thaddaeus Ropac画廊展出了罗伯特·劳申伯格（Robert Rauschenberg）的油画《Rollings(Salvage)》，被一家欧洲博物馆以450万美元的价格购入。Sprüth Magers画廊售出的作品中至少有5件被欧洲藏家及机构买下，这5件作品的成交额约200万美元。此次瑞士巴塞尔的顺利举办，得益于在经销商与藏家服务方面精益求精，实施了支持画廊的"团结基金""共享展位""卫星展位"等措施，确保了画廊能够在信任和安全的环境中与博览会合作。而OVR（线上展厅）技术的不断更新，客户体验的不断改进，也为各方远程参与提供了极大的便利。在瑞士巴塞尔艺博会举办之后，2021伦敦弗里兹艺博会与第47届FIAC巴黎国际当代艺术博览会相继开幕，通过易元数科研究院的市场调研发现，伦敦弗里兹艺博会的欧洲本地交易双方主体占比超过二分之一，巴黎国际当代艺术博览会的171家参展商中有38%参展商为法国本地画廊。此外，时隔两年重新回归的迈阿密巴塞尔艺博会是美国2021年举办的首个实体艺博会，36个国家和地区的

7 Dr.Clare McAndrew,The Art Market 2022,An Art Basel & UBS Report,P94

253 家画廊的参展规模与往年相当，共有 6 万名观众入场。该年的巴塞尔迈阿密有许多新现象值得关注：数字艺术受到追捧和欢迎，原住民艺术与女性艺术在多个单元和多家机构内频频出现，艺术市场进入更加多元化的发展趋势。

放眼亚洲艺博会，本土化与专精化的特征在 2021 年更为显著。作为亚洲艺博会的典型——2021 香港巴塞尔艺术展采取了线上 + 现场相结合的新模式，分设"艺廊荟萃"（Galleries）"亚洲视野"（Insights）和"艺术探新"（Discoveries）三个区域，值得关注的是本届艺博会特别设置"亚洲视野"板块，展示亚洲及亚太地区重要艺术家的作品，以满足亚洲藏家的购买需求。易元数科研究院通过调研发现，本届香港巴塞尔艺术展，非本地画廊的数量占比从 2019 年的 74% 下降到 2021 年的 40%。而在中国大陆地区的艺博会，诸如艺术北京、Art021、艺术深圳等，在 2021 年更加注重对本土参展商与买家的周到服务；在业务板块上则是更为专精，例如首届 Design Miami/Podium×Shanghai 专注收藏级设计作品展销，在亚洲的艺博会类型中尚属首例，为了打开中国设计市场，该博览会的展品价格亦十分亲民，大多集中在几万至几十万，突破百万的作品尚属少数。可以发现，后疫情时代的艺博会在消费力引导方面向着本土化与专精化方向继续探索发展。

二 亚洲市场蓄势升温，欧美市场稳步攀升

1. 中日领跑亚洲市场，精细化运营见成效

2021 年全球文物艺术品一级市场，虽然许多地区的销售额都有所增长，但不同地区之间仍有一些显著的差异。根据《2022 艺术市场》的数据统计显示：2021 年亚洲地区的销售额增长最为显著，总增长了 31%。该地区发展最强劲的是日本、中国香港和新加坡，中国大陆增长了 12%。亚洲市场的高速发展，一方面受疫情管控影响，亚洲本地藏家的购买力转移至本土市场，促进亚洲市场提质扩容；另一方面，国际性画廊与艺博会持续在亚洲市场开拓业务、扩大布局范围，在供需两端精细化运营，从而为市场销售额的提升奠定坚实基础。

中国地区长期以来是亚洲市场销售额贡献的中坚力量，中国藏家的购买力在 2021 年进一步提升。根据胡润研究院发布的《2022 胡润至尚优品——中国高净值人群品牌倾向报告》显示：中国高净值人群在 2021 年的收藏热情较上年提高 22%，达到 92%，创历史新高；珠宝翡翠（55%）仍是最受青睐收藏品类，其次是名表（49%）和中国书画（41%）[8]。此外，中国市场供给端的个性化、精细化运营，

---

8 胡润研究院，《2022 胡润至尚优品——中国高净值人群品牌倾向报告》

也为提高市场销售额提供新动力。2021年供给端将市场与学术的互动性加强，通过易元数科研究院的观察发现：该年艺博会中国际画廊所带来的一些艺术家（尤其是海外艺术家）中有相当一部分在艺博会开幕前期就于国内做了美术馆级的展览，学术展的推广与市场进行一定层次的互动，为艺博会销售带来正向的影响。同时，一、二级市场联动性所蕴含的力量正在发酵，画廊正成为拍卖公司作品征集的有力支撑。该年中国嘉德首个"印象派及现代艺术夜场"，5件拍品悉数成交，成交总额近2.4亿人民币，其中4件拍品来自厉蔚阁画廊，分别是克劳德·莫奈博物馆级"睡莲"系列作品，保罗·塞尚的肖像画，卡米耶·毕沙罗的风景画。随着国务院发布2022年起百年以上油画进口"零关税"的暂行税率，此类交易未来可能持续在中国大陆地区市场发生。

在全球艺术市场版图里，日本东京一直是备受关注的地标。近几十年来，随着众多国际画廊、公共或私人美术馆、非盈利艺术机构等的先后涌入，东京这个原本已经具有深厚艺术底蕴的城市，其市场消费潜力再度得到激发。该年，首届东京艺术周（Art Week Tokyo）在巴塞尔艺术展的支持下顺利举行。艺术周期间呈现50家国际性画廊、博物馆及艺术空间带来的一系列展览和项目活动，加强了学术与市场消费的互动性，营造了良好的销售氛围。

值得注意的是，在亚洲，另一个艺术市场中心正在崛起。韩国首尔正在成为国际艺术界最新向往的东亚目的地，国际性画廊与艺博会纷纷在2021年宣布进驻首尔，包括弗里兹艺博会、König画廊、Thaddaeus Ropac和Gladstone画廊等。国际性展会与画廊在首尔的扩张，一方面丰富扩展了首尔市场的版图，另一方面也对其传统本土市场，如首尔本土博览会KIAF Art Seoul带来竞争压力。

2. 欧美画廊密切合作，集中优势促共赢

画廊为了扩大销售份额，吸引更多买家入市，在一如既往地参加艺博会的同时，另辟蹊径，通过区域性画廊联合，一段时间内集中推出重要展览，形成合力，发挥聚集效应，以便争取更多销售机会，由此，画廊周应运而生。易元数科研究院通过市场调研发现，2021年地处欧美两地的画廊，积极策划画廊周活动成为一级市场的新亮点。其中的典型则为首届伦敦画廊周与首届洛杉矶画廊周的开幕，自2020年12月以来，伦敦的画廊行业遭到了三次封控，多数艺博会被迫取消，画廊的处境愈加窘迫。2020的Frieze week尽管被严重缩减，仍然对画廊起到了很大的支持作用，因此"画廊周"计划应运而生。2021年6月，伦敦的画廊主们首次举办伦敦首个周末画廊活动，近140家现当代艺术画廊参与，重振被封锁了一年的本地艺术生态。新的画廊周成为艺术博览会多样化形态的一个可行选择，以合作的方式汇集画廊，同时吸引国际收藏家观看新的展览。首届伦敦画廊周的成功举办，也促使洛杉矶画廊周的成行。为应对疫情危机而成立的洛杉矶画廊协会（The Gallery Association Los Angeles，GALA）于 2021 年 7 月宣布推出首届洛杉矶画廊周。虽然画廊周并不能完全弥补该年被取消的弗里兹洛杉矶艺术展所造成的损失，但一定程度上吸引了期待亲身体验并购买艺术品的收藏家。截止到 2021 年年底，北京、伦敦、柏林和巴黎等城市均已陆续举办类似的画廊周活动。

在国际性头部画廊主导的一级市场中，中小型画廊的生存空间备受挤压，如何直面市场资源被逐步垄断的现实，中小型画廊在 2021 年做出了实质性回应。该年，中小型画廊 Salon94 画廊与画廊主阿玛莉亚·达扬（Amalia Dayan）积极与规模较大的画廊厉蔚阁宣布联合成立新机构，名为"LGDR"的公司，专注于组织展览，为拍卖行和藏家提供销售代理，并为藏家提供购藏投资的建议。此三家画廊的合并原因在于，整合资源、扩大业务范围，建立商业品牌，以此试图与高古轩、卓纳以及豪瑟·沃斯等行业巨头形成抗衡。此外，实体空间的房租成本也是重要原因之一。联合公司在相互交流的基础上，给予每个合作画廊擅长的领域以此发挥其核心优势。各层级画廊互相联合，资源互通有无，增强了一级市场顶端阶层之外的力量，是市场新趋势的体现。

三　高价位区间增势显著，当代板块热度赓续

1. 各价位交易平稳，高价市场增势凸显

2021 年，全球文物艺术品一级市场在疫情防控形势总体可控中持续向好发展，全球画廊平均年销售量由 2020 年的 45 件上升至 2021 年的 55 件，与 2019 年销售量持平[9]，文物艺术品各价位层级的销售总量呈现平稳发展趋势，82% 的作品售价低于 5 万美元，与 2020 年的 83% 和 2019 年的 84% 相差甚微。值得关注的是，通过对 2021 年全球高价位作品的销售量调研统计发现，售价超过 250 万美元的作品销量占比由 2020 年的 5% 上升至 7%，尤其是售价超过 1000 万美元的高价位作品销售量增长幅度明显，交易量占比由 2020 年的 1% 提升至 2021 年的 4%，较比 2019 年增长两个百分点。销售额增速方面，售价超过 500 万美元的作品全年销售额增速为 35%，备受市场关注。

在实际市场交易中，易元数科研究院通过对 2021 年在欧洲举办的瑞士巴塞尔艺术展 VIP 首日销售情况调研发现：10 家头部画廊的销售总额达到了 6300 万美元，虽然与疫情前 2019 年的 1.2 亿美元相比仍存在较大差距，但相较 2020 年疫情期

9　Dr.Clare McAndrew,The Art Market 2022,An Art Basel & UBS Report,P76

间线上展会 40 家画廊 7000 万美元的销售成绩，该年的销售额已实现较大幅度回弹。本届博览会不乏单件 500 万美元级别的交易，包括豪瑟·沃斯画廊以 650 万美元售出的菲利普·加斯顿（Philip Guston）《诗人》（The Poet）和以 550 万美元售出的大卫·史密斯（David Smith）《垂直结构》（Vertical Structure）；白立方画廊的安东尼·葛姆雷（Antony Gormley）雕塑《Rattle》以 525 万英镑的价格售出；厉蔚阁画廊同样有单价达 500 万美元的作品实现交易。此次博览会是欧洲时隔一年多的时间举办的最大的一次线下艺博会，表明了欧洲艺术市场依旧强劲的购买力。此外，根据《2022 艺术市场》艺博会销售数据显示：2020 年艺博会销售额降幅最大的是高价位市场，销售额超过 1000 万美元的经销商份额下降了 31%，仅占全年销售额的 13%。但在 2021 年高价位市场的回弹幅度也最大，同比 2020 年增长了 17%，占总销售额的 30%。通过该年的市场表现以及统计数据不难看出，国际性画廊的高价位作品销售仍然是提振市场信心的重要因素，经历了 2020 年的短暂停歇后，2021 年的高端需求正逐步释放，并取得一定成效。

2. 当代艺术备受关注，古代板块止跌向好

从细分品类方面来看，2021 年文物艺术品一级市场的各板块在经历了 2020 年普遍性市场下挫之后，各板块的销售份额均实现不同幅度的上涨，其中，当代艺术仍然是藏家与销售方的重点关注领域，来自《2022 艺术市场》数据统计显示，该板块的销售额比 2020 年上涨 22%，远高于现代艺术 5%、古代艺术与古董 2% 的涨幅，市场优势令人瞩目。回顾 2020 年，古代文物与艺术品板块是下跌幅度最大的板块，跌幅至 33%。而在 2021 年，该板块停止下跌局面，实现小幅度上扬，市场向好发展的趋势开始显现。

当代艺术因其市场供应量充足、作品保真率最高、投资潜力较大、风格与价位多元等方面的突出优势，被市场供求双方所青睐。易元数科研究院通过调研发现，从 2021 年全球画廊代理作品阵容来看，基本延续了上一年的格局，多数画廊代理的为在世艺术家，代理艺术家遗产的占据少数，即便是在代理的艺术家遗产中，大部分作品也是属于当代艺术领域的作品，鲜有古代文物与艺术品。放眼中国市场，当代艺术板块同样也是中国一级市场的主流，以北京地区为例，北京画廊在艺术品经营品类上主要以当代艺术品为核心方向。当代水墨作为中国当代艺术品中的特色板块，对于北京画廊来说，其份额占有一席之地，约有 46% 的北京画廊经营中国当代水墨[10]。

古代文物与艺术品的一级市场销售因受供求量总体较小、入市门槛较高等客观

_____

10 北京画廊协会 & Artpro，《2021 北京画廊报告》

因素的影响，所占一级市场的市场份额占比与其他品类相比相对较低，加之行业沉疴未得到彻底整治根除，与该品类的二级市场相比，近些年来一直处于低位发展阶段。该品类市场在经历了2020年销售额的大幅紧缩之后，在2021年实现了小幅上升，尤其是在专注于古代文物艺术品的艺博会接连取消或永久取消的不利情形下，取得如此成绩颇为不易。易元数科研究院通过对全球古代文物艺术品博览会的典型代表之一——2021年TEFAF欧洲艺术和古董艺博会的观察发现，在实体展会取消的情形下，主办方推出TEFAF Online 2021线上博览会，参展商最多展示三件艺术品，运用这些艺术品讲述一个具有历史、个人或艺术意义的故事。博览会同时设有TEFAF收藏页面，该页面按创意类别和媒介对作品进行分类，并不是按参展商分类。TEFAF Online 2021此举丰富了展会的文化底蕴，为藏家提供了良好观展与消费体验，在一定程度上促进了作品销售。

四　数字化转型拓展升级，积极探索新兴领域

1. 数字化应用再布局，注重差异化经营

自2020年全球新冠疫情发生并蔓延以来，文物艺术品一级市场的诸多画廊与企业在完善与改进其数字化运营策略上投入大量资金，尤其是在数字化平台建设和在线销售方面的成本投入2021年比2019年增加了两倍，销售方在对数字化运营团队投入更大精力，增加与数字技术人员的交流频次。根据《2022艺术市场》数据统计显示：在2020年，13%的经销商将数字团队作为在线战略的一部分，到2021年，随着企业继续适应新的、更高水平的在线业务发展，这一份额翻了一番，达到了26%，将近三分之一（32%）的经销商计划在2022年仍将继续加强、扩大数字团队的能力与规模。从以上数据可以发现，一级市场的销售企业愈加注重数字化运营的布局，顺应消费者新的购买习惯，是抢占市场先机的重要策略之一。与2020年一级市场逐渐开始重视数字化运营相比，2021年一级市场的数字化转型则更为广泛深入，已从单纯的线上展厅转变为积极应用新技术和数字工具，将展示、宣传、导览、销售与售后服务为一体的综合新场域，不断刷新藏家的购藏体验，其实是对于生长于互联网时代的年轻藏家而言，数字化的购藏体验备受青睐。数字化转型的深入拓展带来了线上市场份额的扩增，通过《Hiscox online art trade report 2021》显示，2021年上半年，全球线上艺术品销售额同比增长72%，达到68亿美元。全年的总销售额约达到135亿美元，即占整个艺术市场规模的四分之一左右。相比之下，2020年的线上销售额占全年的15.8%，2019年的占比则为7.5%。尽管以上数据是对包括一、二级市场在内的所有线上市场的整体统计，但线上销售

的增长趋势已不容小觑。

　　由数字化转型带来的线上市场更多销售份额，不仅仅得益于数字技术的应用，还得益于市场经营主体在数字化的前提下进行的个性化探索。无论是销售前的展示宣传，还是销售后的藏家服务，乃至在线销售品类与价格等方面，销售方进行了差异化布局。易元数科研究院通过市场调研发现，在获客渠道方面，不仅仅依靠经营者的官方网站，还扩展到社交媒体以及其他消费类第三方平台，多渠道获得客户已成为提升销售的关键策略之一；在展售作品方面，除了应用线上独有的 VR 或 3D 等数字技术展示外，沉浸式直播导览销售，以及线上预定线下寄售相结合的方式，打消了藏家不能实地体验的顾虑；更全面的售后也成了有先见的销售商增加客户黏性的方式。

2. 把握藏家新动向，培育新市场

　　疫情影响下的文物艺术品一级市场，在经受考验的同时，也孕育了新的市场需求。随着一级市场画廊和艺博会的经商环境变化，藏家群体的规模、年龄分层以及消费喜好随之发生新的转变，尤其是在数字化转型的背景下，市场交易双方均面临了新的机遇。

　　线上市场的快速发展，吸引了新藏家进入文物艺术品市场，通过《Hiscox online art trade report 2021》的一组数据可以得知：31% 的年轻收藏家在网上购买了他们的第一件艺术品，高于 2020 年的 14%。近一半（47%）的艺术品新买家（具有三年购买经验的买家）于 2021 年首次在网上购买艺术品，而 2020 年这一比例为 30%。在线艺术市场已经成为新的艺术买家进入艺术界的入口。新藏家的涌入，也带来新的市场消费倾向，该年一级市场销售主体在如何最大限度迎合新藏家的品位进行了诸多尝试与探索，积极培育正在兴起的新市场。线上市场的数字化本质，催生了数字艺术交易在 2021 年的蓬勃发展，数字艺术的潮流性、大众性、娱乐性等诸多符合年轻一代藏家热衷的文化消费属性与区块链加密技术双重融合，数字艺术藏品市场短时间内形成聚集化、规模化效应，吸引大批新藏家入场。易元数科研究院通过调研发现，尽管在 2021 年全球仅有少量画廊进行数字艺术品（包括加密数字艺术）的销售，但他们的市场影响力已经受到业内外的广泛关注。同时，伴随着新的数字艺术创作者源源不断地加入创作行列，并将作品及时放置于一级交易市场，吸引了大量出于投资或猎奇心理的藏家纷纷入场，数字艺术藏品的市场正在不断扩大。放眼中国，近年来文化产业迅速崛起，文化自信的浓厚氛围推动了国潮新消费的市场方向。专注于传统文化与潮流艺术相融合的艺术家作品在一级市场逐渐增多，入市门槛相对较低的消费型市场正在中国大陆市场形成，规模化发展趋势将日益显现。

2021 二级市场
The Secondary Market in 2021

中国收藏
拍卖年鉴
2022

CHINESE FINE ART &
ANTIQUES AUCTION
YEARBOOK 2022

　　全球文物艺术品二级市场自经历了 2020 年疫情突发的冲击以来，行业加紧适应性自救，数字化转型提速。2021 年行业以更加包容、开放的姿态迎接瞬息万变的市场环境。伴随着全球各大经济体的逐渐复苏，二级市场的供给端与需求端日益恢复活力，2021 年总体上呈现以下特征：全球市场销售量额稳步攀升，中国市场体量优势主导；行业格局明晰稳固，各层阶拍行运营模式多元重组；拍品价位结构日趋集中化，现当代艺术板块规模扩增；亚洲藏家实力凸显，新收藏群体顺势崛起。

一　全球销售稳步增长，中国市场优势赓续

1. 全球市场量额双增，区域分布稳定

　　全球文物艺术品二级市场在经历了 2020 年市场环境不稳定因素陡增的一年之后，拍卖行业活跃度于 2021 年开始大幅度反弹，线下实体拍卖与线上拍卖交易需求与销售热度回归。从统计数据上看，2021 年全球文物艺术品公开拍卖的成交额达到 260 亿美元，比 2020 年增长了 47%[11]，与全球疫情暴发前的 2019 年相比，仍增长了 7.4%；2021 年的成交量也有所增加，以纯艺术品市场的拍卖市场来看，成交量同比增长 12%。以上数据反映出全球文物艺术品二级市场的复苏趋势，上升的数据原因出于多方面，首先是全球疫情防控在 2021 年取得新成效，各经济体复工复产基本回归正常轨道，市场活力进一步释放，为文物艺术品市场向好发展奠定了良好的经济环境；其次，拍行经过 2020 年的考验，在 2021 年更加从容应对市场变动，及时调整经营策略，提升藏家服务，保证了供应端的提速增质；此外，藏家的消费与投资习惯正在发生改变，数字化进程加速了藏家购买习惯的转变，线上交易的便利性吸引了新老藏家的关注与参与，尤其是高端拍品的投资避险属性，受到

　11　Dr.Clare McAndrew,The Art Market 2022,An Art Basel & UBS Report,P122

高净值藏家在资产配置时的青睐。

自 2020 年以来，全球文物艺术品市场的一个显著趋势是通过拍卖行进行的私人洽购市场的规模增长。对于销售方而言，私人洽购的私密性，避免了因流拍造成拍品无法短时间内再次进入市场交易的可能性，加之符合买售双方需求的价格洽谈，也最大程度促升了成交率。回顾 2020 年，由于公共拍卖日程的推迟或减少，使得私人销售增长了 36%，达到 31 亿美元。再观 2021 年，私人洽购并未因公开拍卖如期举行而有所减少，反而继续繁荣发展，增长了 32%，约达到 41 亿美元，其中包括佳士得和苏富比两家主要拍卖行公布的 30 亿美元私人洽购额。

从全球区域市场观察 2021 年文物艺术品二级市场，基本延续了 2020 年的分布格局，中国、美国和英国依旧是主导国际拍卖的中心，尽管这三个国家的成交量占该年全球二级市场总成交量的 49%，但他们的成交额已占到全球二级市场总成交额的 78%。中国二级市场成交额为 88 亿美元，占据总成交额的 33%，继续稳居全球拍卖市场的首位；美国与英国市场延续此前的全球成交额排名，分别约为 85 亿美元与 35 亿美元，成交额占比分别为 32% 与 13%，列居第二与第三的位置；在欧洲其他地区，法国的销售额增长尤为显著，增长幅度超过 60%，达到 22 亿美元，使其全球市场成交额占比由 6% 上升至 9%。易元数科研究院调研发现：中国二级市场的持续繁荣主要由中国内地与香港共同带动；美国市场的大幅度回升，主要由于高端市场的带动，在 2021 年拍卖的海外市场 TOP10 中，成交价超过千万美元的拍品均在纽约成交；英国与法国上扬的市场趋势一方面得益于拍卖活动的大规模复苏，另一方面还取决于国际性拍行在欧洲市场的深度布局。

2. 中国市场表现亮眼，西方艺术品提质扩容

在全球三大拍卖中心之列，中国市场的成交额排名自 2020 年以来超越美国稳居第一。在中国 2021 年全年 88 亿美元的拍卖成交总额中，其中中国大陆地区占最大的份额，为 68%，剩余的 32% 成交额则来自中国港澳台地区。从更为具体的细分品类观察，2021 年，中国纯艺术品拍卖市场共上拍 10.98 万件作品，成交量为 6.34 万件，成交率为 58%，成交总额达到 59.35 亿美元。较比 2020 年，2021 年中国纯艺术品市场的上拍量、成交量、成交总额的涨幅分别是 37%、58%、43%[12]，三大指标均出现上涨，可见 2021 年中国艺术市场复苏动力较足。此外，中国瓷玉杂项板块也取得显著增长，成交额为 121.12 亿元，同比上涨 63.62%。中国艺术品市场的复苏很大程度上得益于国内疫情控制稳定，为艺术市场各类活动的举办提供了基础；其次，拍卖市场主体持续深入开展拍品的缩量增质，提升了拍品的品质，诸多

---

12 Artprice & AMMA,The Art Market in 2021,P14

优秀的拍卖企业实现了品牌的升级及业务线的拓展,比如线上拍卖、金融服务、艺术展览等,中国艺术市场整体表现强劲。

2021年,西方知名现当代艺术家的作品在中国国内市场打开局面,该年不仅刷新了西方艺术家作品在中国大陆拍卖的历史纪录,甚至有西方艺术家个人成交纪录在中国诞生。比如,在北京永乐"全球化的现当代艺术夜场"中,巴尔蒂斯(Balthus)的《镜子里的猫Ⅲ》以1.667亿元成交,这一成绩不仅是艺术家本人的最高价纪录,同时也刷新了中国大陆地区最贵西方艺术品纪录。中国嘉德特别推出了"印象派及现代艺术夜场",其中莫奈《睡莲池与玫瑰》以1.541亿元成交,成为中国大陆地区西方艺术品拍卖第二高价;里希特《柱列(七联)》以8050万元成交,创西方当代艺术品在中国大陆地区市场的最高价纪录。这些拍卖业绩从一定程度上反映了中国的现当代艺术市场进一步地融入全球市场。值得关注的是,2021年是巴斯奇亚(Basquiat)作品市场在中国的丰收年。巴斯奇亚的三幅画作该年在香港的成交价均超过了3500万美元。在2020年之前,伦敦和纽约占了这位艺术家年度营业额的90%以上,而现在香港占了三分之一以上(2021年上半年为36%)。在巴斯奇亚作品成交价格前十五的拍卖纪录中,有6件成交于2021年,其中3件均来自中国香港拍场。巴斯奇亚作品在中国市场的追捧,很大程度上来自拍行的高频次专业宣传,诸如在巴斯奇亚作品开拍之前,佳士得联合Home Art在上海举办"RADIANCE"巨作大展,展品全面涵盖了巴斯奇亚1981—1986年这段艺术生涯的关键创作节点,使得藏家更为全面地了解该艺术家的创作情况。拍行对西方艺术品在中国市场的培育成果逐渐可观。

该年,放开西方文物艺术品在中国交易得到政策上的支持,国务院关税税则委员会于2021年12月印发的《2022年关税调整方案》规定,2022年调整部分商品的进出口关税。方案指出,为适应文化消费需求,从2022年1月1日起,对超过100年的油画等艺术品实施零关税。其中包括超100年的油画、粉画及其他手绘画;超100年的镶嵌画;以及超100年的拼贴画及类似装饰板。此次税收政策调整将对西方艺术品收藏形成积极推动作用。可以预见的是,西方文物艺术品在中国市场的交易份额将逐步扩增。

二 行业格局日益趋稳,运营模式多维组合

1.头部拍行高质量引领,中小拍行专精创新

全球文物艺术品二级市场当中,各层级拍行在各自领域承担不同的角色,长期以来,头部拍行发挥高质量引领作用,与中小型拍行的灵活多变,构成了丰富多元

的行业格局。2021 年，行业格局维持稳定，头部拍行仍然是贡献市场份额的主力军，中小型拍行则是在细分业务板块中发挥优势，做细做精。来自巴塞尔艺术展与瑞银集团联合发布的《2022 艺术市场》相关数据统计显示：拍卖市场的交易额高度集中于头部大型拍行，成交额前五名的拍卖行占 2021 年全球公开拍卖总成交额的一半以上，包括苏富比、佳士得、富艺斯、北京保利与中国嘉德。具体而言，2021 年苏富比全年公开拍卖总额为 59 亿美元，比 2020 年（35 亿美元）增长了近 70%。佳士得紧随其后，公开拍卖的成交总额达到了 54 亿美元，比 2020 年的 31 亿美元增长了 74%。中国的拍卖行保利拍卖的公开拍卖成交额为 18 亿美元，比 2020 年增长了 70% 以上，超过了 2019 年的 14 亿美元。中国嘉德记录的销售额为 10 亿美元，比 2020 年增长 34%，比 2019 年增长 46%。富艺斯公开拍卖的销售额达到了 9.9 亿美元，较 2020 年增长了 52%。以上数据反映出大型国际性拍行在 2021 年较强的业绩增长。成交额的大幅度提升，一方面源自拍行深厚的行业根基，无论是供给端还是消费端，均能兼顾周到，一旦疫情好转，他们的市场能动性将被极大地激发；另一方面，高质量意识是此类大型拍行业务向好的关键因素，从发掘高质量的拍品到寻找高净值的藏家，以及高质量的数字化转型策略与配套服务，都极大地促进了头部拍行的市场进一步扩张发展。此外，大型拍行的品牌效应，很大程度上提升了私人洽购的业务增长，其中，佳士得私人洽购的成交额增长了三分之一，富艺斯则增长了两倍之多，足见其聚集的品牌优势。

对于中小型拍行而言，能够在大型拍行所占市场之外，获得更多业绩需投入更多的精力和经营方式的多样化。通过易元数科研究院的市场调研发现，中小型拍行的运营在 2021 年更为灵活，精细化程度显著提高。首先是拍卖日程安排方面，线上化的普及取消了拍卖的场地限制，诸多中小型拍行在传统的春秋大拍以及四季拍之外，增设了日常线上拍卖与小而精的专题拍卖，并在提升直播和在线拍卖平台质量的建设上投入更多资金，形成良性循环。此外，一些中小型拍卖公司追随头部拍行的脚步，扩大其经营地域范围，根据大型拍行分布的城市，相继布局分公司或举办拍卖会，如此中小型拍行不仅能够与大型拍行共享短时间内聚集的藏家资源，也对当地的艺术市场构建起多层级的消费阶梯。长远来看，将对行业生态建设形成良好效应。

2. 联合跨界促升交易，数字化进程重力深耕

在全球经济逐渐从疫情中走出，正值复苏的背景之下，日益复杂多变的营商环境，使得有先见之明的拍行，在深耕传统业务的同时，着手尝试新的运营模式，以更为开放的视野加深合作，把握市场机遇。具体来看，苏富比以创意著称的"CONTEMPORARY CURATED"拍卖系列在 2021 年首次被引入亚洲市场，于苏

富比香港推出"周杰伦×苏富比"专场拍卖，46 件作品全部成交，总成交额达 8.45 亿港元，远超约 6.2 亿港元的估价。除了与周杰伦合作之外，近年来苏富比亚洲还曾经与日本设计师、韩国明星等联合举办专场拍卖和策展项目。苏富比以拍卖为契机使得娱乐界、潮流界在当代艺术领域持续跨界，在"粉丝经济"盛行的当下，拍场中明星所带来的连带效应，吸引着越来越多作为高净值人群的明星、艺人等公众人物及其所处"圈层"参与至当代艺术市场中来。另外，富艺斯与保利拍卖在 2021 年再度强强联合，来自易元数科研究院的统计显示：在 2021 年 6 月春季联拍中，两家拍行以总成交额 7.02 亿港元收槌，创下日、夜场"白手套"佳绩。良好的销售业绩，促成了两家拍行在该年秋季拍卖会继续展开合作，在联合举办的"20 世纪及当代艺术和设计"与"20 世纪及当代艺术夜场"专场中，成交额为 6.99 亿港元，与春季联拍基本持平。

2021 年数字技术在艺术品市场得到更广泛的应用，拍行为了提升用户体验，通过 AR（增强现实）、VR（虚拟现实）、MR（混合现实）技术的创新与结合，更好地服务于艺术展览、线上交易、宣传推广等方面。自 2020 年数字化转型加速度以来，二级市场的数字化进程比一级市场的布局更为快速与全面，不仅仅是运营技术层面的数字化改进，同样在新兴的通过非同质化通证技术实现的数字艺术市场加紧布局。推动 2021 年拍卖市场迅速复苏的因素之一，是通过数字化在线渠道实现的成交额持续增长。通过线上与线下同步直播形式进行拍卖虽然不是 2021 年的新业态，但是数字化直播的质量、技术与效率等方面均有了实质性的提高，并于 2021 年在整个行业中得到了更广泛的应用。数字化运营的成果是显著的，从数据上看，苏富比、佳士得和富艺斯 2021 年的在线销售额为 13 亿美元，同比 2020 年增长了 47%，比 2019 年增长了 8 倍[13]。数字艺术市场方面，大型拍行的超前行动力往往推动着市场的高速运转。该年，苏富比宣布接受以太币（与以太坊区块链挂钩的加密货币）对班克斯的两件拍品进行现场竞价，这是加密货币首次被用作拍卖会上实物艺术品的标准货币。这一支付模式的转变，将新兴数字化技术与传统拍卖行业进行了深度融合，二者的优势将在不断发展的数字技术中相得益彰。

三 价位结构集中化，现当代板块增势明显

1. 高价拍品驱动发力，中低端拍品量增质提

从拍品价位分布情况来观察全球文物艺术品二级市场，可以发现，市场的主要

13 Dr.Clare McAndrew，The Art Market 2022，An Art Basel & UBS Report，P135

份额高度集中于成交量占比较小，但成交额占比较大的高价位拍品方面；中低价位拍品的市场份额则主要来自广泛的市场存量[14]。尽管 2021 年二级市场价位结构集中化的趋势仍旧显现，但与 2019 年和 2020 年相比仍有细微差别。2019 年成交额的下降主要是由于高价拍品的数量减少；2020 年，受疫情影响，各价位拍品的成交量与成交额均呈下降趋势；2021 年，市场复苏，各价位拍品市场同步上扬，其中成交额增长最显著的则是在高价市场，中低价位市场随势提质增量。细观中国市场，来自易元数科研究院的大数据统计发现，2021 年在中国地区的中国文物艺术品交易也同样发生了高价市场驱动发力引领市场的局面，数据显示：该年中国地区成交价超过 500 万元人民币的中国文物艺术品数量为 3449 件（套），同比增多 10.19%，成交额为 226.43 亿元，同比提升 13.51%。以上数据表明中国市场对高价位精品的追逐热度不减。该年高价位拍品交易的显著增长与中低端拍品的增质提量之所以都同步向好发展，原因来自多方面：首先，就消费端而言，尽管 2021 年全球经济正在逐渐从疫情中走出并复苏，但不可回避的是，经济增速的不稳定因素依然存在，消费者此时更加看重高端拍品收藏的投资属性，出于优化资产配置的长远考虑，选择高价艺术品进行投资避险与抵抗市场冲击。其次，从供给端来看，一方面源自拍行更广泛且积极征集高质量拍品，无论是高端拍品还是中低端拍品，拍行出于提高成交率的考虑，全面提升拍品品质，也是继续做优最强的根本保证之一；另一方面，处于藏品直接供给端的藏家与收藏机构，为应对经济增速放缓的不利局面，开始选择释出一部分高质量收藏用于维持现金流，尤其在如今以需求方为市场导向的交易环境下，拍品质量是促成交易的重中之重。

2. 现当代艺术板块优势彰显，名家收藏与经典是关键

通过观察细分品类市场可以发现，全球艺术品二级市场中，因其庞大的作品数量基础，占据重要地位。根据《2022 艺术市场》的数据统计显示：2021 年，全球艺术品拍卖市场中，现当代艺术市场的份额占比最大，占该市场总成交额的 77%，而其中当代艺术部分占总成交额的 55%，为 67 亿美元，同比增长 42%。反映出现当代艺术尤其是当代艺术板块凸显出优势。由实际市场表现观察，现当代艺术的市场火热，除了具有广泛的可供选择的作品存世量优势之外，那些经过名家收藏，抑或是当代艺术家的经典之作，一旦投放市场即可受到买家追捧。以 2021 年纽约苏富比秋拍举办的"麦克罗威收藏专场"拍卖会为例，该专场推出 35 件由收藏家麦克罗威旧藏的现当代艺术作品，涵盖了毕加索、德·库宁、贾科梅蒂、罗斯科、安

14　根据 The Art Market 2022 的价位划分标准：低价拍品指价格在 5 万美元之内；中间价位拍品指价格区间从 5 万至 25 万美元和 25 万至 100 万美元不等；高价拍品指价格超过 100 万美元，包括超高价拍品，价格超过 1000 万美元。

迪·沃霍尔、波洛克等著名艺术家的经典作品，35 件拍品悉数成交，总成交逾 6.76 亿美元，其中有 24 件拍品超最高估价成交，交易氛围活跃。由此可见，具有重要藏家收藏经历的经典作品，是创造更高拍卖价值的重要驱动力。

细观中国市场，作为近三年中国文物艺术品拍卖市场里唯一持续上扬的板块，现当代艺术板块呈现出长足增长的态势，尤其是在 2021 年呈现爆发式增长。该年作品上拍数量再创新高，西方现代和当代大师作品陆续进入中国藏家的收藏体系，过去五年大热的以赵无极、朱德群、常玉为代表旅法艺术家市场开始归于平稳，而市场中坚力量开始逐渐向 70 后、80 后艺术家转移，被称为"旅法三剑客"的赵无极、朱德群以及常玉作品已经深受市场认可，以往在中国的上拍、成交情况均表现良好。然而，在 2021 年整体上拍数量增加、选择面变宽时，其作品成交表现便趋于平缓，未能再造市场热度，对其市场而言可视为进入平缓发展期。与此同时，中国现代艺术史上另一批优秀艺术家，如刘海粟、颜文樑等正进一步被市场认可。他们与"旅法三剑客"一样，同为中国现代艺术史上的大师级艺术家。凡是来源可靠，出版、展览记录相对丰富的作品，均会受到市场追捧，被视为博物馆、美术馆级的典藏。当代板块市场中坚力量的名单向中生代及青年艺术家转移。一方面，以第一代"F4"——张晓刚、岳敏君、王广义、方力钧为代表的中国当代艺术先行者，他们的许多作品已经进入到机构收藏，因此他们的经典作品在市场上出现的频次会相对降低；另一方面，在一级市场的影响和带动下，一些中生代、新生代的艺术家开始受到更加广泛的市场认可，他们于二级市场的上拍作品数量大幅度增加。藏家主要的关注点仍然集中在其经典作品上，即重要创作时期的经典创作，而非典型题材及不成熟期作品的市场则表现平平。

四 亚洲藏家实力凸显，新收藏群体扩增

1. 亚洲藏家购买力正盛，影响力与日俱增

作为二级市场的需求端，发掘与维护藏家群体，激发其购买力是拍行长期以来的重点工作之一。近年来随着亚洲藏家在拍卖市场的优异表现，他们的购买意愿正在被供给端所关注，拍行积极调配亚洲藏家的喜好拍品，他们在市场需求方面发挥着重要作用，成为定义当下市场品味与趋势的关键因素之一。

两大国际拍卖行佳士得与苏富比官方发布的 2021 年度业绩报告显示，亚洲地区的年度总成交额均创下新高，于过往几年内亦稳步提升。根据佳士得 2021 年业绩总数据显示：亚洲买家购买总额高达 16.8 亿美元，占据全球成交总额的 31%；同时亚太区藏家年轻化程度前所未有，亚洲全部买家中有三分之一来自千禧一代。

值得一提的是，2021 年下半年，佳士得中国内地客户购买总额超越香港，成为亚太区第一大收藏群体。另根据苏富比的官方数据，在苏富比全球拍卖中，约三分之一竞投金额来自亚洲藏家；而在 500 万美元以上的拍品中，46% 获亚洲藏家竞投或由其投得。在富艺斯的统计中，2021 年全年拍卖总成交额中 36% 由亚洲客户贡献，全年前十大成交拍品中一半由亚洲藏家成功投得。

此外，易元数科研究院观察亚洲艺术周的拍卖活动发现，亚洲藏家的购买力不容小觑。其中，佳士得纽约亚洲艺术周推出了包括中国瓷器及工艺品、青铜器、印度喜马拉雅及东南亚工艺精品、日韩艺术、南亚现代 + 当代艺术等七大专场总成交额为 5449 万美元（折合人民币 3.55 亿元）。9 件拍品成交价逾 100 万美元，刷新 5 项拍卖纪录。全球五大洲共 41 个国家及地区的藏家踊跃参与竞拍，前十大成交拍品中有六件由亚洲藏家竞拍购得。邦瀚斯纽约在亚洲艺术周的销售报告中则称亚洲藏家——尤其是中国大陆地区以及港澳台地区的藏家并未受旅游限制影响，通过网上平台鉴赏拍品，积极参与竞投，热度不减。

鉴于亚洲藏家的强大购买力，拍行开始布局西方新晋青年艺术家作品在亚洲市场的投放。在香港苏富比，洛伊·霍洛韦（Loie Hollowell）、贾黛·法多朱蒂米（Jadé Fadojutimi）、乔尔·梅斯勒（Joel Mesler）等新生代艺术家的作品以远高于预售估价的价格成交。同样，亚洲藏家的购藏范围也突破区域限制，在全球市场上竞拍，在伦敦弗里兹艺博会设置的拍卖环节中，亚洲竞拍者再次追捧新晋青年艺术家的作品，使售价远超预期。

2021 年，亚洲年轻藏家的喜好变化和日益增长的影响力不可否认。在过去 20 年里，亚洲藏家的影响力取得了显著的扩大，他们从极少参与全球竞拍，到学习并了解西方艺术市场趋势，再到影响全球市场拍卖，甚至当下成为引领新风尚的群体，这与亚洲藏家的日益强大的经济基础以及与时俱进的审美品位密不可分。

2. 新藏家入场规模扩大，动机与品味多元化

藏家群体的多样化分层，且日益年轻化是近年来二级市场需求端的显著变化，尤其是新藏家的入场，不仅带来了新的需求，也促使拍行为迎合新购藏群体的品位进行业务调整与布局，"千禧一代"藏家仍然是 2021 年市场关注的焦点之一。据佳士得拍卖报告显示，2021 年，其"千禧一代"的买家占亚洲买家的三分之一。据巴塞尔艺术展和瑞银集团联合发布的《艺术经销商抗逆力：2021 年度中期调查报告》显示，"千禧一代"正在花费比 2020 年更多的资金，购买更高价的作品[15]。

---

15 Dr.Clare McAndrew,Resilience in the Dealer Sector A Mid-Year Review 2021, An Art Basel & UBS Report,P74

由于新冠疫情而更加普及的线上销售模式已悄然改变人们的消费习惯，伴随计算机科学与互联网的诞生和蓬勃发展成长起来的"千禧一代"势必成为其中的主力，并构成了潮流艺术、数字艺术等新兴艺术作品市场需求的主体。在 2020 年疫情前他们便已习惯及倾向于在 Instagram 及其他互联网平台中选择艺术作品，在疫情期间更强化了这种方式，购买力凸显。近年来，中国国内由年轻藏家创立的私人机构或基金会相继揭幕，如 X 美术馆、潇当代美术馆及 Longlati 基金会等，它们在以自身定位或趣味购买艺术作品的同时，也通过面向公众的展示推动了艺术市场品味的年轻化。"千禧一代"这一在中国大部分时候同时具有藏家、画廊主、策展人、私人美术馆馆长中至少两个至多个身份的群体，正在通过公开展示自己的藏品，以及运用网络社交平台分享自身品味，进一步推动新的市场潮流。

2021 年更应关注到，通过非同质化通证技术实现的数字艺术兴起，拍卖行吸引了一批新的更年轻的加密爱好收藏家。据佳士得统计，首个亮相规范化拍卖市场的数字艺术作品——Beeple 的《每一天：前 5000 天》(Everydays: The First 5000 Days) 拍卖会，共有 2200 万人登录，其中近 60% 不满 40 岁。之所以受到如此热烈的响应，主要靠轻松驾驭加密货币的新兴竞拍者。易元数科研究院通过对苏富比调研发现，苏富比 2021 全年成交数字艺术作品超 8,500 万美元，78% 的 NFT 艺术竞拍者为新客户，其中有一半年龄在 40 岁以下。苏富比使用推特和聊天软件 Discord 等渠道直接与数字艺术和加密全层的消费者互动。这些努力显著扩大了数字化艺术品的市场影响力，2021 年直播观众超过 1660 万，各平台上的粉丝总计超过 420 万，线上拍卖的作品逾 20 万件，占拍品总量的 92%[16]。

2021 年全年，新兴藏家给予了数字艺术市场极大支持，成交率高达 88%，远超全球艺术品拍卖平均成交率，更产生了 25 件百万美元级数字作品，而在此之前，数字化作品在规范化拍卖市场上还无人问津。截至 2021 年，通过非同质化通证技术实现的数字艺术市场主要分布在美国和中国香港，前者占数字艺术市场总成交额的 93%，后者占 6%[17]。数字艺术尚未大规模在中国大陆地区拍卖市场布局，易元数科研究院根据对美国和中国香港拍卖行销售的调研发现，亚洲藏家积极跨区域参与举办的数字艺术拍卖已屡见不鲜。

---

16 数据来源：苏富比拍卖行官网

17 Artprice & AMMA,The Art Market in 2021, P51

2021 数字艺术品市场
The Digital Artworks Market in 2021

2021 年，新型冠状病毒肺炎疫情仍在全球蔓延，相对于传统文物艺术品市场在疫情"隔离"中线下交易的巨大阻力，数字艺术品因其不受时空限制的线上交易方式而得到迅速发展，其影响力也随着"元宇宙"理念的全球传播而增强。在二级市场中，数字艺术品也占据了一席之位，表现突出。3 月份，艺术家毕博尔（Beeple）的数字艺术品《每一天：前 5000 天》在纽约佳士得以 6930 万美元成交，成为在世艺术家的第三高价，并创造了数字艺术品的价格纪录。科技的发展，虚拟化理念的传播与接受，艺术品交易方式的转变等多重因素的叠加促成数字艺术品市场在 2021 年破圈并蓬勃发展。然而，数字艺术品市场短期迅速崛起的背后，法制和监管滞后，出现了一些作伪、盗链、不规范经营等行为乱象。在中国，数字艺术品市场处于谨慎摸索阶段，合理规避风险，利用新科技传播文化将是其重点发展方向。总之，在面对数字艺术品这一新兴市场领域，全球对其发展的策略与方向迥异，市场格局正在初步形成中。

新冠肺炎疫情的催化、元宇宙概念的兴起、顶级拍卖行的助推、投资者与新兴藏家的持续进入等等要素促成数字艺术品市场在 2021 年成为顶流。具体来看，由于海外与中国政策机制、技术运用等因素的差异，市场格局迥异。

一 市场格局初显，欧美地区销售占主流

2021 年，数字艺术品市场飞速发展，逐渐形成了以欧美市场为主，其他地区市场为辅的全球格局。在欧美地区，一级市场专营数字艺术品的画廊总体规模大于亚洲地区。纽约的 Superchief 画廊是世界上第一家实体数字艺术品画廊，芝加哥的 imnotArt、布拉格的 Crypto Portal、斯堪的纳维亚的 Verse、伦敦的哈克尼区

ArtSect、加拿大的 0x Society 等画廊相继开启营销数字艺术品；在亚洲地区，中国香港的 Start Art Gallery 成为亚洲首家数字艺术品实体画廊，其后上海成立了 BCA Gallery、巴厘岛建立了 Superlative 画廊。然而，这些画廊的数字艺术品的营收状况较欧美画廊较为低落。

数字艺术品的一级市场总体营收较低。根据 Artsy 对 873 名艺术品从业者的调查，约 50% 的画廊数字艺术品的总销售额在 5000 美元（约 3.2 万人民币）或以下，20% 的画廊收入在 5000 美元至 14999 美元（3.2 万至 9.7 万人民币）。5% 的画廊获得了超过 25 万美元（约 162.3 万人民币）的收入。

二级市场对数字艺术品市场的发展起到了重要的推动作用，尤其是头部拍行。在欧美地区，自 3 月份艺术家毕博尔的数字作品《每一天：前 5000 天》以 6930 万美元在纽约佳士得成交（约 4.5 亿人民币）后，数字艺术品成功破圈；紧接着 4 月份，纽约苏富比拍行主办了数字艺术家 Pak 的作品拍卖，成交额为 1680 万美元；同月，富艺斯线上首次拍卖数字艺术品《Replicator》，以 410 万美元售出。在中国地区，中国嘉德首次上拍宋婷的数字艺术品《牡丹亭 Rêve 之标目蝶恋花——信息科技穿透了"我"》，以 66.7 万元成交；北京永乐于 5 月推出中国首场线下区块链数字艺术专场，全场总成交额 483 万元，成交率达 93.33%。

可以看出，数字艺术品的交易额主要来自欧美地区。根据巴塞尔艺术展与瑞银集团联合发布的《2022 年艺术市场》报告统计，2021 年，数字艺术品成交额为 26 亿美元，虽然不是文物艺术品市场销售的主流，但对比 2019 年数字艺术品销售额的 460 万美元，涨幅已达百倍，其中二级市场的推动起到了重要作用。

二　交易平台多样化，机构合作共赢

数字艺术品的初始市场主要依托以太坊上的线上交易平台，平台构建者以欧美地区为主，分为综合型与专项型。在欧美地区，综合型的发行交易平台主要有 OpenSea、Rarible、cargo 等；专注于艺术品交易的专项型平台有 Makersplace、superrare、KnownOrign、Async Art、AART、Nifty、MEME、Zora、VIV3 等，这些交易平台以不同的审美趣味分为赛博朋克、近现代艺术、视频技术和流媒体相结合等不同的类型。欧美的数字艺术品交易市场主要集中在头部平台，如 OpenSea 和 Nifty Gateway。

由于监管政策的差异，中国的数字艺术品发行平台的类型与欧美有别。主要平台可分为两类，一类是基于互联网大型公司搭建的联盟链，以收藏功能为主，无交易功能。目前主要有腾讯"幻核"、阿里巴巴旗下的"蚂蚁链粉丝粒"等；另一类具备交易功能，但普通用户发行作品的门槛较高。综合性数字艺术品交易平台有优版权、NFT 中国等；专业的数字艺术品交易平台有 BCAEX、CryptoArt·AI、Portion、Meta 彼岸、Art Meta、新数元、umx art、稀象等。数字艺术品平台的运行模式主要集中在线上与线下共同运作。一类为线上平台与线下市场合作运营，另一类是线下市场自主建立数字平台进行展销，实现了平台交易的多样化。

为了共同促进数字艺术品市场的繁荣，平台、数字艺术家等与艺术机构多方联合，实现合作共赢。如伦敦机构 Unit London 和包括乌菲兹美术馆在内的四所意大利文化机构合作，共同推出《使艺术史永恒》(Eternalizing Art History) 的项目；数字艺术平台 La Collection 与大英博物馆合作推出日本艺术家葛饰北斋 NFT 作品；艺术家 Tezos 与巴塞尔艺术博览会建立了合作，在 2021 年迈阿密海滩巴塞尔艺术展上展示多方面的非同质代币 (NFT) 展览。多方合作减弱了机构线下交易受阻的压力，并可以利用博物馆或艺博会获得更多潜在藏家。

三　品质良莠不齐，多重因素形成定价机制

由于数字艺术品发布门槛限制较少，随着其在市场上的影响力逐渐增强，吸引了海量艺术家投入到浩瀚的数字作品的创作发布，因而作品量基数变大，作品质量呈现良莠不齐，价格相差悬殊的现象。根据数据显示，2020 年数字艺术品的初次销售平均价格为 9 美元，二次转售的平均价格为 72 美元，到 2021 年，这两个数字分别升至 586 美元和 3108 美元[18]。另外，来自 Nature《自然》杂志的研究报告表明，2017 年 6 月至 2021 年 4 月，排除拍卖行的交易，数字艺术品中只有 1% 的交易价格超过 1594 美元，75% 的数字艺术品平均销售价格低于 15 美元[19]。据易元数科研究院的调查研究表明：数字艺术品的价格由多重因素综合形成，其中成交当天加密货币的价格、作品初始定价、艺术品类型差异以及后期高频转售等因素居于重要位置。

1. 加密货币价格

数字艺术品的交易平台链接在区块链上，区块链是以加密货币进行结算的，所以数字艺术品的价格基础源自加密货币的价格，它的价格会随着加密货币的价格波动而波动，加密货币本身的涨幅波动较大。根据 2017 年 5 月之前，其价格在 100 美元以下。从 2017 年 5 月开始，其价格开始飙升，到 2018 年 1 月升至 1100 美元[20]，

---

18 数据来源：NonFungible.com

19 Nadini, M., Alessandretti, L., Di Giacinto.Mapping the NFT revolution: market trends, trade networks, and visual features. Nature.2021(11)：20902

20 数据来源：《以太坊历史价格走势图》

如果艺术家标价为 1 加密货币的数字艺术品，最终交易换算成货币的价格可能是 100 美元或 1100 美元。即使一件数字作品定价一直没有变化，它的实际价格也会发生大幅度的浮动。

2.艺术家知名度

除了加密货币本身价格波动的影响，数字艺术品的定价机制与艺术家本身产生关联。由于艺术家决定作品的初始定价，初始定价的高低跟艺术家本身的知名度密切相关。比如印尼大学生 Ghazal 将自拍像出售，初始定价仅为 0.00001ETH（3 美元），到了 12 月下旬，他将价格更改为 0.9ETH（3000 美元）。随着知名度的提升，作品定价也发生改变。可以说，数字艺术品的定价与创作者的知名度成正相关，艺术家的知名度越高，作品的初始定价就会越高。

3.作品类型差异

不同介质类型的数字艺术品价值定位也有区别，如装置、视频、数字图像等转化为数字艺术品后，对收藏而言具有易于储存、复制和分享的优势。即使藏家得到的是碎片性质的数字艺术品，并不影响其再次交易。而纯艺术品，如国画、油画、雕塑等变成数字艺术品后则会存在交易阻力，造成这种区别的主要原因有三个方面：一是由于真实藏品质感与数字艺术品存在差距，二是此类艺术品转化后的数字艺术品价格区间在几十万到几百万不等，价格对比其他类型的数字艺术品是趋高的，三是此类传统类型的作品不能吸引到更多对数字艺术品感兴趣的藏家。所以它们在数字艺术品交易平台上的流转并不理想。如优版权曾在 4 月采取盲盒形式出售 1450 幅数字艺术品，包括中国画、油画、书法、插画等形式，仅售出 367 个盲盒，成交率仅有 25.3%，相对于观念艺术和数字图像动辄 90% 以上的成交率而言，属于较低的成交率。

4.高频转售

除了本身的定价，高频转售的交易模式促使数字艺术品价格迅速得到提升，这也是其有别于传统文物艺术品市场的特性之一。从转售频率看，数字艺术品市场的转售速度大约是传统文物艺术品市场的 10 倍，根据 NonFungible.com 提供的数据，2021 年从购买到转售一件数字艺术品的平均时间是 33 天。换言之，数字艺术品会在大约一个月左右被买下并转售。目前来看，82% 的转售交易是盈利的，转售的总利润略高于 10 亿美元；从卖家、藏家活跃度看，2019 年数字艺术品市场上活跃着 1370 个藏家、865 个卖家，到 2021 年，藏家总数已经扩大到 130696 位，卖家总数达到 84182 位，76% 的藏家活跃于一手和二手转售市场；2020 年，数字艺术品的交易与一手销售密切相关，占交易总额的 75%，占交易总量的 79%。由此得出，2021 年这两个市场之间发生了转变，数字艺术品的价值提升集中于转售市场。

转售占到了相关交易价值总额的 73%，一手的交易量下滑至总交易额的 27%，这与传统文物艺术品市场明显不同。形成高频转售模式的主要原因包括多元的交易平台，多重的售卖方法，24 小时的持续交易和可匿名购买等多重因素，整个市场交易的活跃，促使形成高频转售带动价值提升的新型交易模式。

总之，数字艺术品的价格形成是多重因素共同作用的结果。其中，加密货币的价格影响艺术家赋予的初始定价，不同艺术品价值变现的差异以及高频的转售交易对其影响最为关键。从长期收藏和投资的角度来看，加密货币的不稳定性、高频的转售带来的作品溢价，也为数字艺术品市场增添了风险和不确定性。

四 艺术融合新科技，流量艺术家表现突出

数字艺术与传统艺术有所区别，它的创作及运作需要艺术与数字技术的深度融合。在所融合的新科技中，非同质化通证技术的加持，使得数字艺术品具有了新特性：唯一性、不可篡改；非同质化通证所关联的去中心化记录方式，能确保其所有交易价格和过程公开透明，有据可查；相比实物资产的市场运作，数字艺术品进行网络推广，网上交易和付款和交割时更加便捷。

数字艺术家不但需要掌握传统艺术的创作手段，还需要能够与其艺术理念融合的多元数字技术，并且可能需要组建团队，来创建自定义格式和代码的数据中心。以蔡国强为例，他的第一件数字艺术作品《瞬间的永恒——101 个火药画的引爆》仅仅是对已经成型的作品进行简单的数字加密，而他第三件数字艺术作品《你的白天烟花》就已经对外邀请区块链社群共同制作，并提供了沉浸式互动体验。对比第一件作品，第三件作品加入了数字化的互动体验，艺术家完成了从简单的数字转换到与数字科技融合的转变。这个案例说明，成功的数字艺术家需要与数字技术深入融合，甚至创作出不同于传统艺术品的作品观感、互动模式以及售卖路径。

不仅如此，易元数科研究院通过对全球数字艺术品交易额排名 1—20 的艺术家的作品调研发现，前 20 名的创作者多为流量型艺术家，名人效应能够给数字艺术品市场带来"破圈"的关注度，如 KAWS、村上隆、Daniel Arsham 等流量类艺术家。

流量艺术家交易额的突出是共识机制在发生作用，与传统艺术品交易不同，数字艺术品可以更有效地连接艺术家与粉丝，带来可观的交易额。如数字艺术家 Murat Pak（目前为止没有人能确定他是人类还是 AI 或者是团队），他在 Twitter 和 Instagram 社交平台上 2014 年创建了人工智能驱动的视觉内容共享平台"Archillect"，拥有数百万粉丝，即使他匿名存在，其作品的交易额也居高不下。

作品《Merge》总交易额达到 9200 万美元，"LOSTPOETS" NFT 交易额突破 1 亿美元，创下历史新高。

共识机制依赖的是粉丝或社群对流量艺术家的认同感，要求艺术家与粉丝／社群密切关联，作品能引起粉丝／社群的价值认同，这种认同并非简单等同于知名度，还需要多元方式的共同运作。以村上隆作品为例，3 月，村上隆在 OpenSea 拍卖自己的 108 件数字作品"Murakami·Flower"。这些"太阳花"作品被像素化处理后，却鲜有人问津，出价最高仅 20 以太币，约 27.5 万人民币，远不及最初的预估值，4 月初，村上隆在结拍前宣布撤拍。六个月后，村上隆宣布与加密潮牌 RTFKT Studios 合作，推出两万个名为 Clone X 的数字艺术品。截至 2021 年 12 月 31 日，该系列作品的交易额超过了一亿美金。两个截然相反的结果，表明在知名度之外，成功的数字艺术家还需要组建团队，创作符合数字时代审美趣味的作品，并与多方平台进行跨界联动，引发区块链藏家社群的关注和认同，才能促成共识机制形成，最终促成艺术品的售卖。

如同 20 世纪消费主义催生了波普艺术一样，数字科技助推了数字艺术品的市场发展。流量类的艺术家在市场中表现突出与共识机制密切相关，社群的审美趣味影响着数字艺术品市场的发展方向，但这种运作模式携带着价格泡沫，数字艺术品的价格并不稳定，市场发展还未成熟，还需谨慎探行。

五　收藏方式数字化，新兴藏家聚集

数字艺术品市场的活跃与藏家的积极参与密切相关，非同质化通证技术对于数字艺术收藏有重要作用，它的出现使得原来无法确权、不利于收藏的艺术，如互联网中广泛传播、用于分享的图像、影像等，变成了可以确权、能够收藏的对象；另一方面，它能把传统的实体艺术数字化，使之变成一种数字化的艺术收藏品，从而使传统的实体艺术有了新的收藏方式。以往数字艺术的价值被低估，很大程度上是因为它是免费的。非同质化通证技术增加了艺术收藏中"稀缺性""唯一性""可追溯"等要素，交易后的数字艺术品仍然在网络上被复制与传播，但只有收藏者拥有作品的原始版或限量版，因而这些艺术作品就能够产生收藏价值。此外，数字艺术品与传统艺术的收藏方式存在差异，一种是虚拟性质的收藏，一种是实体类的收藏，收藏的空间和媒介都不相同。

目前，数字艺术品市场吸引了大批新兴藏家。传统艺术品藏家则对数字艺术品收藏抱持观望态度，据巴塞尔艺术展与瑞银集团联合发布的《2022 年艺术市场》报告，艺术经销商中近一半没有兴趣销售数字艺术品。因为对于长久以来关注实体文物艺术发展的传统藏家来说，收藏数字艺术品是一个很大的挑战。在报告所调查的高净值藏家，有 74% 的受访者曾购买数字艺术品，消费中位数为人均 9000美元，88% 的人未来有兴趣购买[21]。

从购买群体的职业与年龄来看，购买数字艺术品的高净值藏家多是互联网巨头、高新科技企业家、名人和比特币投资者，根据佳士得公布的数据：此次毕博尔数字艺术品在佳士得的竞拍，总计有 33 名藏家参与竞标，有 91% 是新客户，其中 58% 的为千禧一代，33% 为 X 世代，6% 为 Z 世代，而且大多数藏家来自欧美，竞拍成功的两位藏家 Metakovan 和 Twobadour 是新加坡加密货币投资公司 Metapurse 的创始人。由于数字艺术品去中心化的特点，吸引了不同亚文化社群的藏家。以上这些藏家的共性是接受数字化的世界、接受数字化藏品，看重的是因共识产生的数字化价值，他们正在区块链上建立新的审美趣味和收藏体系。

数字艺术品市场的高流动性也吸引了投机性很强的藏家，他们主要对在短时间内购买和转售以获得投资回报感兴趣。在所有的数字艺术品交易中，来自散户的交易占市场的 81%。随着市场受到越来越多的高净值藏家的关注，交易金额大于 1 万美金而小于 10 万美金的交易占比从 3 月份的 6% 增长到 9 月份的 19%[22]，大额交易越来越普遍。

数字艺术品收藏仍在探索的过程中，未来发展方向仍具有不可预测性。未来数字艺术品的藏家可能有两个偏向，一个是更注重从金融投资品特性的藏家，另一个是更注重艺术性、原创性的藏家。

六　维护和监管成难点，流转途径待开发

全球范围来看，数字艺术品市场还处在早期发展阶段，发展速度不平衡，并未成熟，运营模式缺乏相应的监管机制，维护缺乏有效的保障，故而也引发了多种不合规的金融活动出现。

如同传统艺术品一样，数字艺术品脱离不开对艺术品的维护，它的维护主要与存储方式、存储费用密切相关。数字艺术品主要依托非同质化通证技术，此项技术是以去中心化的形式存在，但是大多数的数字艺术品线上交易平台，包括 Nifty Gateway、SuperRare、Rarible、OpenSea 等等都和传统的网络平台一样，存在一些中心化的部分。数字艺术品所对应的图片、视频等数字媒介，存储方式是由艺术

21　Dr.Clare McAndrew.The Art Market 2022.An Art Basel&UBS Report,P17

22　数据来源：Chainalysis 数据统计

家或者平台来决定的，往往采取链下存储的方式，这就意味着，如果相关数字艺术品的存储公司消失，则藏家们的收藏即化为泡沫，不复存在。而如果完全存储在链上，尤其是像视频这类大的文件，则维护成本高昂，目前存储安全缺乏更有效的保障，由于能源的限制，未来全球的电能是否能够持续支持数字存储公司的存活，也是数字艺术品收藏需要考虑的重要维度。不远的将来，中国将开放碳中和指标购买服务，各大互联网等用电大户需要购买指标方可购买商业用电，虽然说区块链技术可以确保上链数据不丢失，但在限电的情况下一些平台能否存活将是数字艺术品存储将面临的问题。

另一方面，由于数字艺术品市场刚刚兴起，各种法律法规尚不完善，市场监管职责并不明确，它主要依托的区块链、去中心化的布局，除了投资和收藏，这些平台缺乏监管以及高盈利的现状鼓励了灰色交易行为。根据巴塞尔艺术展与瑞银集团联合发布的《2022 年艺术市场》报告，现在市场存在同一所有者操作的若干账户之间不断进行交易的行为，使其收藏的数字艺术品的交易价格不断上涨；还有一些平台或者个人乘机开放二级市场，进行无序炒作。这些行为没有相应法规限制，也没有受到任何形式的强制令的约束，给市场的长期稳定造成了严重的隐患，可能将抑制市场未来的发展。

针对数字艺术市场可能带来的风险，中国采取了日益收紧的监管政策。9 月 15日，中国人民银行、中央网信办、中国证监会等十部门联合发布的《关于进一步防范和处置虚拟货币交易炒作风险的通知》（以下简称《通知》）与数字艺术品的同质化通证技术直接相关，对其金融属性保持了高度谨慎，《通知》明确指出虚拟货币及其相关活动的属性，提出应对虚拟货币交易炒作风险的工作机制，加强交易炒作风险的监管。另一方面，肯定了非同质化通证为数字艺术品传播、保藏的确证的作用。在政策影响下，10 月腾讯"幻核"与支付宝"蚂蚁链粉丝粒"相关数字艺术品取消了交易功能，确定以收藏功能为主。目前中国并未开放数字艺术品的二级转售市场，中国的数字艺术品市场的发展路径将遵循不同于海外市场的商业模式。

此外，数字艺术品与传统艺术作品有一个共同的特点，即难以估价。7 月，NFT艺术品收藏家和博物馆受托人 Eduardo Burillo 试图捐赠《Crypto Punk#5293》给ICA 迈阿密博物馆，由于鉴定工作存在困难，ICA 迈阿密博物馆最终没有接受捐赠。另一个问题在于数字艺术品并非集中在同一个区块链平台上出售和收藏，其跨平台的流转还需要技术的进一步发展，尽管区块链技术自 2008 年以来已经取得了长足的进步，但是彼此之间仍然如同孤立的岛屿相互隔绝，这种碎片化的网络结构有待区块链之间的开放和联结。其流转还有待进一步的探索，需谨慎探行。

数字艺术品市场在 2021 年的火爆和成功破圈，吸引了多个领域的高度关注，资本大量注入，虽然占据整个文物艺术品市场的份额较低，但其势如破竹的发展趋势是前所未有的市场现象。对此，全球各国主要文物艺术品市场给予积极反馈，但因其发展速度太快而监管力度滞后，造成一些成长中出现的问题。各国相关法律法规开始出台或者仍处于空白状态，中国对此限制其金融属性的发展，稳定市场秩序，重在利用其科技手段转播文化，提高大众审美认知与文化修养，复兴中国文化。相信在未来，数字化艺术市场将在监管力度不断加大的情况下走向更加理性健康的道路。

Chapter 2
Chinese Antique and Art Collection Market

第二章 中国文物艺术品收藏市场

2021 大众收藏
Ordinary People
Collection in 2021

中国收藏
拍卖年鉴
2022

CHINESE FINE ART &
ANTIQUES AUCTION
YEARBOOK 2022

当前，世界格局正在发生深刻变化，新冠肺炎疫情对全球供应链、产业链和价值链产生巨大冲击，国际资源供应不确定性，不稳定性增加，产业链中断，价值链断裂的程度有所加深。但中国经济总体上表现出明朗的复苏态势，国内生产总值达114.4 万亿元，比上年增长 8.1%，但经济总量仍未达到疫情前的水平，不同行业的复苏状况存在较大的差异 [23]。从经济战略上来看，中国正着力构建以国内大循环为主体、国内国际双循环相互促进的新发展格局，这些变化促进了文物艺术品行业的数字化转型速度，加速了制度创新。针对文物艺术品市场内部机制出现的一些问题，国家发布了多种政策措施，以推进文物艺术品收藏市场有序健康的发展。艺术品电商平台因其具备诸多优势，在经过上一年的繁荣发展之后，以更为理性的态势持续稳定发展；产业链中重要的一端藏家群体迭代共生，呈现出年龄更为年轻化，购藏品类更为多元化的特点。

一 多方政策出台，引导市场有序发展

中国作为世界第二大经济体，不断借鉴国际发达国家的经济经验，并结合自身特点，开启新的经济发展模式，正在构建以国内循环为主体，发挥国内市场优势，形成可持续的国内与国际双循环相互促进的发展格局。2021 年，"双循环"的新发展格局为文物艺术品市场的发展，提供了更高质量、更加积极有利的新环境和新支撑。

一方面国家根据"双循环"的新发展格局的要求，国家相关部门相继发布发布了政策措施促进文物艺术品的回流率，提升民间文物收藏的便利度。国家文物局于8 月 19 日发布了《国家文物局关于支持中国国际进口博览会文物类展品监管和便

23 张志前、李浩 . 2021 年中国宏观经济回顾与 2022 年展望 . 中国投资发展报告

利化措施的公告》(文物博发〔2021〕26号),明确了中国国际进出口博览会(以下简称进博会)文物类展品进出境登记及留购等服务措施,提升进博会高质量服务水平。10月25日,商务部、中央宣传部等17部门发布了《关于支持国家文化出口基地高质量发展若干措施的通知》(以下简称《若干措施》),《若干措施》提出共建机制、财政支持、金融服务、服务水平、国际合作等五方面具体措施,助力国家文化出口基地建设提质增效。尤其是第四条提升服务水平的措施中,明确支持符合条件的基地开展"两头在外"的文物、文化艺术品保税仓储、展示、交易和数字内容加工业务,加强基地人才培育体系建设,优化知识产权服务等。为加强顶层设计,加快推进北京文物艺术品产业高质量发展,北京市文物局立足首都"四个中心"城市战略定位,编制了《北京市"十四五"时期推进国际文物艺术品交易中心建设规划(2021-2025)》(以下简称"规划")。规划以深化供给侧结构性改革为主线,以文化创意、科技创新、产业融合为新生发展动能,不断健全和完善文物艺术品现代化产业体系和市场体系。

另一方面,为加强民间收藏文物管理,促进文物市场有序发展,针对文物艺术品市场诚信机制不健全、流通渠道不通畅等问题,12月份,国家文物局、国家发展改革委、市场监管总局等六部联合发布《关于加强民间收藏文物管理 促进文物市场有序发展的意见》(以下简称《意见》),《意见》从十五个方面提出了具体管理措施,从鉴定服务、市场供给、流通渠道、市场环境等方面着手一一提出明确要求,为促进民间文物艺术品收藏的发展提供了政策保障;同时期,对于区域文物艺术品的大众收藏市场的管理,上海市文物局、江苏省文物局、浙江省文物局和安徽省文物局签署了《长三角文物市场一体化规范发展战略合作框架协议》(以下简称《合作框架协议》),共同致力于建立全国首个区域性文物市场一体化合作体系,全面推动长三角文物市场向更规范、更深层次、更宽领域发展。《合作框架协议》提出了近五年的规划,到2025年为止,基本形成开放、活跃、有序、诚信的文物交易市场环境,带动整个长江经济带和华东地区文物市场的繁荣,形成高质量发展的区域集群。

纵览2021年,国家出台了多项相关促进民间文物艺术品收藏市场的政策措施,从总体到局部,从外循环到内循环,全方位多方面激活和规范文物艺术品收藏市场的潜力,切实推进了民间文物艺术品收藏市场的规范化和体系化建设,促进市场健康良性有序的发展。

二　制度创新，推动文物艺术品行业贸易便利化

2021 年是中国正式加入世界贸易组织（WTO）的第 20 年。中国积极融入全球经济体系，激活了中国发展的澎湃春潮。在这 20 年中，中国通过主动引入外部竞争，持续改善营商环境，不断加强与世界市场的融合度，最终迎来自身的突破性发展。在文物艺术品行业发展中，2021 年持续进行制度创新，推动行业贸易的便利化程度。

为了促进对外贸易的深化改革，国家在税收政策、服务水平和服务领域中不断探索，政策不断落地，营商环境不断优化。在文物艺术品市场管理领域中，中国国际进出口博览会（以下简称"进博会"）的试点改革体现得最为典型。主要体现为以下三点。

1. 税收优惠政策持续落地

2021 年，进博会上的文物艺术品依然可以享受财政部 2020 年 10 月份发布的《财关税〔2020〕38 号文件》提出的"三免"政策，即可以免除展期间销售的"艺术品、收藏品及古物"的"5 件以内免征进口关税、进口环节增值税和消费税"的税收优惠政策。此举吸引了来自英国、西班牙等 11 个国家和地区的 20 家境外文物艺术品经营机构参展，带来了诸多高价值的文物艺术品，提升了交易资源的丰富多样性。

2. 简化流通环节

为了促进国内外文物艺术品的流动性，8 月份国家文物局发布的《文物博发〔2021〕26 号》政策从第四届进博会（2021 年举行）起常态化实施，该政策有利于进一步发挥进博会人文交流平台作用，吸引更多精品文物艺术品回流，持续放大进博会溢出带动效应。上海文物局为了配合税收优惠政策的顺利实施，制定发布了《中国国际进口博览会艺术品、收藏品和古物类展品服务指南（2021 版）》，此修订版进一步简化文物艺术品类展品的进境申报、展示交易、监管服务等工作环节，优化了社会文物艺术品市场管理和服务水平。

3. 扩大文物艺术品贸易规模

2021 年进博会进一步扩大了文物艺术品贸易规模，展区面积达 1200 多平方米，申报展品 178 件，总货值超 23 亿元。展品中不乏张大千、傅抱石、吴冠中、莫奈、毕加索、达利、草间弥生等国际性知名艺术家的作品。其中佳士得、苏富比、富艺斯、大田秀则、合旋艺术等 9 家境外展商的 41 件文物艺术品达成购买意向，价值达 7.6 亿元人民币，远超上届 5 件展品 220 万元的成交额，深化改革的成绩显著。

进博会从展到销的无障碍流通，为藏家提供了藏品的多元选择，提升了文物艺

术品的流通效率，切实促进了文物艺术品交易的便利化。既有利于提高国外文物艺术品展商参与中国市场的积极性，也促进更多海外中国文物艺术品通过商业途径顺利回流。为国家推进文物艺术品市场管理综合改革试点打造了一例经典样本，推动长三角地区在创新、市场、贸易和制度方面一体化的发展，为便利文物艺术品交易提供了有效途径。

三 艺术品电商优势凸显，促升收藏热度

艺术品电商是线上文物艺术品交易的重要平台，随着国内疫情形势总体稳定和疫苗的大规模接种，经济发展稳定，电商平台获得了前所未有的发展机遇。与传统的文玩交易模式相比，文物艺术品电商平台具有多方面的优势，诸如交易模式的便利性、藏家信息的精准性、交易品类的多样性，价格的亲民性等优势，促升了整个行业的市场热度。

具体而言，文物艺术品电商平台所特有的"直播 + 竞拍 + 鉴定 + 社群"的交易模式可以解决交易链条冗长、定价模糊、赝品横行等痛点问题，有效提升成交率。其线上交易形态由于消除了时间空间的限制，为藏品供应方降低了诸如文物艺术品的储存、展览展示、图录制作等经营成本，也为藏家节约了时间和金钱，激活了整个线上市场的活力。而且，文物艺术品电商平台以其藏品品类的丰富多样性，吸引更多新藏家的参与，整体拉升了大众收藏的市场热度。不可忽视的一点是电商平台的价格具有亲民性的特点，其文物艺术品价格约在几百元到十万元之间浮动，门槛设定不高，吸引了大批年轻藏家的参与。因而，伴随着区块链、大数据等新科技的快速发展，大众对精神文化消费需求的持续释放，文物艺术品电商本身所具有的诸多优势，多方面的综合因素，促使电商平台如雨后春笋般崛起，得以蓬勃发展。

2021 年，创投资本对文物艺术品电商投以青睐之眼，赛道内多个平台先后获得高额融资。据网经社电商大数据库显示，2021 年 4 家中国文物艺术品电商获得融资，分别是域鉴文化、TheOne.art、铜师傅、葫芦兽等平台，融资总额超 2.5 亿元人民币。多元化的营销模式为电商平台带来了新的风口，用户规模呈现跨越式增长，据 iMedia Research 数据显示，2020 年文物艺术品电商行业用户规模达 6085 万人，2021 年行业用户规模增至 7782 万人，增长幅度达到 27.9%。交易规模也呈现飞跃式发展，2020 年中国文玩电商市场交易规模为 1630 亿元，2021 年则接近 3000 亿元的规模，上涨幅度达到 84.0%[24]。

---

24 艾媒咨询：《2021 年中国文玩电商行业发展研究报告》

四 新生代藏家视野国际化，收藏各具特色

在大众收藏市场生态链中，藏家作为需求方是极其重要的一环，其经济实力、审美趣味、兴趣爱好、收藏视野、交易渠道等因素决定了大众收藏市场的走向。2021年，在藏家这一清晰年龄阶层的群体中，新老藏家迭代，"千禧一代"表现更为突出，成功破圈，成为备受关注的收藏群体。

全球新生代藏家群体正持续释放着强劲活力。根据巴塞尔艺术展与瑞银集团发布的《艺术经销商抗逆力：2021年度中期调查报告》调查，2021年，"千禧一代"藏家群体的支出最高，中位数达37.8万美元，高于X世代藏家的11.8万，是婴儿潮一代藏家的四倍。他们是"最可能花费一百万美元购买艺术品"以及"所有世代中拥有最多收藏"的人群。中国的藏家群体情况与之类似。在拍卖场上挑大梁，买大货的不乏其人，在大众收藏的群体中，伴随着互联网成长起来的一代人，对于网络交易模式的认可，社交媒体平台的熟悉，国潮文化的热爱，传统文化的探索，国际性的视野等等因素，促使他们成为大众收藏的主导群体。

从这一新生代藏家的成长背景来看，他们的经济来源主要源于两个方面，一类是与家族收藏有关，是老一辈高净值藏家的后代，不仅具备经济实力，对于藏品的鉴别和欣赏眼光均更为独到，基本延续了老一辈藏家的审美趣味，以传统收藏品类诸如中国书画、文房雅玩、古典家具及古籍文献等板块作为收藏重点；另一类则是从事其他实业或者信息技术、金融等新兴职业的新富，他们拥有海外教育经历或者丰富的跨文化工作背景，视野更开阔，对于藏品的接受度更宽容、更当代，他们更为关注国际性的当代艺术和潮流艺术。新生代藏家志趣各异，购藏各具特色，当然，两类藏家的关注品类并非没有叠加。

从分布的地域上而言，新生代藏家集中分布在经济繁荣发达的一线城市，诸如北京、上海、广州等城市，因为一线城市的文化积淀更为丰富，收藏资源更为深广。从收藏渠道上来看，这一新生代藏家有着更为灵活的交易渠道，他们往往采用线上线下同时并行的交易方式，并从画廊、艺博会、拍卖行和社交媒体上获得心仪之作。他们通过社交平台去探索发现新的艺术家，了解艺术家的创作观念，与艺术家建立更多关联，追踪艺术家的创作轨迹，形成极其稳定的收藏群体。

与老一代藏家相比，新生代藏家更具国际性的购藏视野，他们并不拘泥于中国文物艺术品市场或是购藏中国艺术家的作品，而是深度参与全球文物艺术品市场，收藏态度更具包容性。在选购藏品时，他们更看重文物艺术品所传达出的文化、艺术价值是否贴近自身的情感需求，而非将是否增值放在首位。当然，藏品的流通性对新生代藏家的抉择而言也是非常关键的因素，因其只有在流通中才可以得到价值

的转换。总体来看，新生代藏家的审美趋向和购买实力已经对大众文物艺术品市场的发展形成了不容忽视的影响力，渐渐成为文物艺术品消费和投资领域内的中流砥柱，在未来将获得更广阔的发展空间。

总体上看，2021 年是大众收藏市场持续稳定发展的一年，国家更加重视民间文物艺术品收藏市场的健康发展，国家文物局、国家发展改革委、市场监管总局等六部联合发布《关于加强民间收藏文物管理 促进文物市场有序发展的意见》的政策是民间收藏市场发展史中的里程碑，国家首次出台政策明确予以引导、规范民间收藏市场，促使民间文物艺术品市场走向正轨。同时在"双循环"的经济战略发展规划中，不断提升服务水平，持续优化营商环境，促进国内外文物艺术品交流贸易，提升中国文化在全球的影响力。大众收藏的交易形式正在发生深刻的变化，艺术品电商平台正稳定趋升发展，市场产业链中重要的需求方，大众藏家规模正在不断扩大，藏家结构呈现出清晰化、年轻化的趋势，而国际化的视野、购买力的增强、购藏品类的包容性等特征，使得新生代藏家对民间文物艺术品市场产生的影响力日益得以彰显。

2021 机构收藏
Organization Collection
in 2021

中国收藏
拍卖年鉴
2022

CHINESE FINE ART &
ANTIQUES AUCTION
YEARBOOK 2022

机构收藏有别于大众收藏，与大众收藏较强的消费性、娱乐性相比，机构收藏更加注重文物艺术品在资产配置中的金融属性，投资与收益是机构收藏的主要出发点之一。此外，随着中国收藏机构日益发展壮大，一方面收藏机构的投资取向对文物艺术品一二级市场形成重要影响，另一方面收藏机构在藏品的转化上更加注重社会效益的产出，从而为机构带来无形的资产，品牌效应得以显现。2021 年，中国的机构收藏平稳发展，更多的收藏机构成立美术馆，实现由企业收藏向美术馆收藏的转变；相关政策的相继出台，为机构收藏的健康发展提供了优良的业态环境；现当代艺术依旧是机构收藏的重心，这与当下现当代艺术市场的交易炙热密不可分；与时俱进拥抱数字化时代，跨界联合形成聚合效应亦是机构收藏的经营之道。

一 民营美术馆扩增，集群式发展引领新业态

2021 年新冠疫情在中国得到了基本控制，全国各地陆续有民营美术馆的新馆开馆，形成开馆小高峰，民营美术馆规模扩增。从覆盖区域上看，新美术馆多设立在一、二线城市之中，集中于京津冀、长三角等几个核心区域。具体来看，京津冀地区新开设了南池子美术馆、海河美术馆；长三角地区以上海的浦东美术馆开馆最受瞩目，地处杭州的仓美术馆、渊美术馆、天目里美术馆以及宁波吴永良美术馆的陆续成立，在长三角掀起一波美术馆开馆的浪潮；地处齐鲁大地的青岛西海美术馆和日照潇当代美术馆为山东注入当代艺术的活力；位于西南地区的成都森的·美术馆、天府美术馆相继开馆，丰富了该地文化艺术的版图。其中浦东美术馆、西海美术馆和天目里美术馆均由国外知名建筑事务所担纲设计，为其所在城市带来崭新的文化地标，反映了机构收藏的规模进一步扩大，社会影响力逐步增强。除此之外，部分美术馆在 2021 年整装重开，如上海外滩美术馆和南京德基美术馆，两个美术馆在全面升级改造后，呈现出更加贴合公众的美术馆定位以及更加国际化与当代化

的特征。新开或重开的博物馆与美术馆不仅是所在城市的新兴文化景观，也通过拓展公共性和社群互动扮演了链接与弥合多方环节的角色，参与到当代艺术整体的生态构建之中。民营美术馆呈现出全国多点开花的状态，表明尽管有新冠疫情的影响，2021年机构收藏仍在蓬勃发展之中。

在民营美术馆各自独立运营之外，政府顶层设计所引导的集群式发展策略在2021年引领了整个业态的发展。在京津冀地区，北京市文物局发布《北京市"十四五"时期文物博物馆事业发展规划》明确提出集群化发展的方向："到2025年要实现'一轴一城、两园三带、一区一中心'等文物重点工作取得显著成效的目标。"在长三角地区，则有上海市文物局、江苏省文物局、浙江省文物局和安徽省文物局正式签署《长三角文物市场一体化规范发展战略合作框架协议》，共同致力于建立全国首个区域性文物市场一体化合作体系。集群式发展领先的上海，上海政府予以文化产业专项支持，给民营美术馆收藏留出较大的发展空间，上海政府在西岸，浦东世博会原址等地都专门规划出了美术馆、艺术中心等文化用地，形成徐汇滨江、外滩沿岸、虹桥地区等美术馆的聚集，并在新城以及远郊设立美术馆，包括浦东新区联明美术馆、金臣亦飞鸣美术馆、松江清漾美术馆、艺术百代美术馆、青浦区金夜美术馆、青浦区艺瑾美术馆等——"一江一河"布局的美术馆集群已经雏形初具。目前，集群发展的优势已经凸显，据上海市文旅局发布统计显示，2021年，上海市美术馆名录收录了96家美术馆，其中民营美术馆占71家，美术馆数量目前在全国城市中居于首位，2021年上海全市96家美术馆共举办展览950项，同比增长58.3%；全年参观人次621万，同比增长52.9%。

在经历了2020年新冠肺炎疫情对美术馆开馆、开放展览的阻碍后，2021年多地美术馆的百花齐放说明机构收藏正在整体向好发展，并且在宏观政策的指引下，集群式布局的优势日益凸显，集群聚合正逐渐引领业态发展。

二 政策引导体系化建构，税收疏堵助力企业收藏

相比于个人收藏，机构的文物艺术品收藏是高价值收藏的中坚力量，其优势是资金雄厚，能够担当高精尖藏品的购藏，并通过研发使藏品的价值更广泛的传播，产生更深远的社会意义。2021年国家通过税收政策，从规范和引导两个维度，对企业收藏的有序发展予以规范化管理和明确性引导。

一方面，国家明确了对企业收藏的税收政策执行口径，提高了政策的确定性。继2020年5月1日国家税务总局的2020年第9号公告（关于明确二手车经销等若干增值税征管问题的公告）正式实施后，税务总局在2021年6月，发布《关于

企业所得税若干政策征管口径问题的公告（国家税务总局公告 2021 年第 17 号）》对文物、艺术品资产的税务处理问题进行明确规定："企业购买的文物艺术品用于收藏、展示、保值增值的，作为投资资产进行税务处理。文物、艺术品资产在持有期间，计提的折旧、摊销费用，不得税前扣除。"这是税务总局再次对企业收藏文物艺术品的税收问题进行规范。长期以来，我国一直缺乏针对企业购买艺术品的税务条例，对于企业购入艺术品的涉税分析，主要基于《企业所得税法》及《企业所得税法实施条例》的有关规定，17 号《公告》的出台则规范了企业收藏的税务细则，对企业购买文物艺术品的统一执法标准，供征纳双方有法可依，扩大了税法的适用范围。

另一方面，国家通过免税、保税政策，推动了海外文物艺术品的流通便利，提振了企业对文物艺术品的收藏热情。一是商务部、中宣部、银保监会等 17 个部门印发《支持国家文化出口基地高质量发展措施》明确提出："支持有条件的基地内海关特殊监管区域开展文物、文化艺术品保税仓储、展示、交易及文物鉴定业务，实施进出境登记审核，在保税货物监管、仓储物流等方面予以便利，推动降低企业交易成本。"二是在 12 月 13 日，国务院税则委员会公布了 2022 年的关税调整方案，进一步强调"超过 100 年的油画等艺术品"实施零关税，主要包括三类：超 100 年的油画、粉画及其他手绘画；超 100 年的镶嵌画；超 100 年的拼贴画及类似装饰板。税收政策的调整对于艺术品收藏将产生重大利好，将促进西方艺术品加速进入中国内地市场，为企业收藏带来便利，提高企业对海外回流文物艺术品的收藏积极性。

在 2021 年，国家通过税收政策的体系化建构，精准调节企业的收藏方向和内容，一方面通过 17 号《公告》规范文物艺术品避税的漏洞，一方面通过零关税以及保税服务，降低了企业收藏交易成本，一疏一堵，推动了企业收藏的规范化。

三　现当代艺术为收藏主流，油画收藏占比攀升

机构收藏的投资取向反映了机构对某一领域文化的认同与审美趋势，同时也对一二级文物艺术品市场的供应端产生连带作用，处于供应端"投其所好"的策略正被广泛实施，反映在实际市场交易中则是某一文物艺术品板块的交易活跃，尤其是处于 500 万元以上的高端市场。易元数科研究院通过对 2021 年中国大陆地区各品类高端市场的统计发现，现当代艺术是机构收藏的主流，尤其是油画及中国当代艺术增幅显著，数据显示：成交价在 500 万元至 1000 万元的油画及中国当代艺术成交量与成交额分别大幅增长了 108.1% 与 112.0%。易元数科研究院通过市场调研

发现：该年成都新成立的一家美术馆在中国嘉德 2021 春季拍卖会"当代艺术夜场"中以 3933 万元竞得周春芽的《红石图》（三联），此作是周春芽于 1994 年在中国美术馆参加"美术批评家年度提名展（油画）组"的一件重要作品。除了周春芽的《红石图》外，这家美术馆还收藏了罗中立、何多苓等四川籍艺术家的作品，可以看出当地美术馆对地域性代表艺术家的关注。对中国本土现当代艺术家作品的深度发掘也反映在上海龙美术馆的年度购藏行动中，该年，上海龙美术馆以 46 万元在中国嘉德春拍购得中国"艳俗艺术"代表艺术家俸正杰的油画《中国肖像 NO.1》，超出最高估价 3.8 倍。除了对中国现当代艺术的关注之外，龙美术馆对西方当代艺术的收藏步伐并未停歇，在 2021 富艺斯纽约秋拍上，龙美术馆以 774.8 万美元（约合 5018.23 万元人民币）购得美国现代主义艺术家乔治亚·欧姬芙（Georgia Totto O'Keeffe）的油画《红姜色蟹爪花——夏威夷》。

机构收藏在文物艺术品收藏中，正逐渐建立起体系化和专业化的收藏体系，以全球化的审美视野，兼顾中国本土与全球现当代艺术品的收藏。在 2021 年上海宝龙美术馆表现最为突出。上海宝龙美术馆在北京保利 2021 春季拍卖会——保利富艺斯联合拍卖"20 世纪及当代艺术和设计"专场中以 1307.6 万港币（约合 1089.96 万元人民币）拍下刘野油画作品《第二个故事》；在华艺国际（北京）2021 春季拍卖会"现当代艺术夜场"中以 327.75 万元购得日本艺术家藤田嗣治于 1926 年创作的油画《睡猫》。除此之外，上海宝龙美术馆在 2021 年还推出建馆以来最大规模藏品展"现代的脉动：宝龙艺术大展"，150 余件作品横跨百年，从齐白石到"90 后"新生艺术家；从中国近现代书画名家到活跃于当代艺术舞台的乔治·康多（George Condo）、村上隆与 KAWS 等艺术家作品，如展览名"现代的脉动"所示，展览串联起一个世纪以来中国艺术的现代化之路，同时亦与中国社会现代化进程交融与共振，并从西方现当代艺术中汲取营养的历程。从公开的藏品可见，宝龙美术馆已历经个人收藏、企业收藏和美术馆收藏的过渡与跃升，而收藏脉络和方向亦从近现代书画出发，逐步覆盖中外当代艺术，同时囊括名家之作与新锐艺术家力作。从举办收藏展览的意义来看，正是通过展览促使推进其收藏谱系的学术研究，由此形成个人收藏到社会化收藏的跨越，实现了从美术馆收藏到美术馆学术研究层面的跨越。展览通过对艺术家、作品相关文献资料的挖掘、整理与研究，与社会进行文化价值共享、拓宽美术馆的边界，使馆藏作品普惠于大众，机构收藏的社会效益得以彰显。

四　跨界融合拓展新空间，数字化发展成时代趋势

2021 年收藏机构以跨界融合的方式多线发展，在运营模式上，既有跨界的全产业链的上下互通，也有美术馆与商业 IP、商场的商业跨界组合。以宝龙美术馆为例，宝龙美术馆依托于宝龙集团，通过集团的总体规划，形成了放射性的产业链布局，建立起宝龙美术馆、书藏楼、宝龙画院、宝龙艺术中心、言午画廊等文物艺术品收藏与运营机构，形成了包括公益文化事业、收藏与艺术品创作、艺术品经营与拍卖在内的立体全方位文化产业链，并将文物艺术品产业纳入宝龙集团的战略产业，与地产、商业、酒店、工业信息业一起作为集团的支柱产业进行发展。这使宝龙美术馆跟宝龙集团的其他相关产业产生一种共生的关系，支撑并推进了宝龙美术馆的发展空间；另一个方向是美术馆与商业 IP、商场的跨界合作：如"未来世代美术馆"建馆于北京朝阳大悦城，总面积近 3000 平方米，由 UCCA 与文化 IP 运营平台亚美地共同创立。首展带来了与英国 V&A 博物馆合作的"好奇女孩爱丽丝"，借助"爱丽丝"这个流行文化 IP 的艺术价值，通过美术馆和商场的受众叠加实现商业与艺术的共赢。

在自身内容的展示与拓展方面，2021 年，收藏机构面临着新冠肺炎疫情的常态化防控，催化了"VR 或 AR 呈现""直播导览""3D 化的展览""线上展览""云端讲座"等空间方式，出现了 APP 开发、新媒体、数字平台合作、短视频等新型宣传推广方式，艺术家创作方式也发生了相应改变，数字技术给收藏机构带来了新的调整与机遇，与往年相比，2021 年收藏机构的虚拟数字化展览的数量和质量较以往均有较大提升，如尤伦斯当代艺术中心的《幻景：当代艺术与增强现实》、北京时代美术馆《2021 亚洲数字艺术展》等。不仅如此，浙江省出台了《公共美术馆数字化服务与管理规范》，推进了美术馆的数字化建设向着规范化和标准化的方向迈进。实际上，收藏机构的数字化进程与人类的认知变化、科技的发展密不可分，对技术的重新解读，也为观众提供了新的认知世界的角度。艺术与数字技术的结合是大势所趋，收藏机构已经迎来数字时代，数字化成为收藏机构未来的重要发展方向。2021 年跨界融合为机构收藏扩展了发展空间，其中艺术与数字技术的融合是未来的重要趋势，其中新奇的、参与感强和互动性高的沉浸式艺术体验正在成为备受瞩目的新形态。但目前绝大多数的收藏机构仍处于将线下内容平行转移至线上的基础水平，数字技术与艺术的融合仍处于初级探索阶段。此外，与其他产业的贯通融合也成为机构收藏的发展方向，为机构收藏实现盈利提供了重要的商业途径。

Chapter 3
Global Auction Market Report of Chinese Art & Antiques

扫码解析艺术市场

说明
Introduction

中国收藏
拍卖年鉴
2022

CHINESSE FINE ART &
ANTIQUES AUCTION
YEARBOOK 2022

数据来源

　　本报告所使用数据均来自易元数科文物艺术品产业发展研究院，拍品信息经过专家及编辑的人工专业筛选。作为一个中立的开放平台，易元数科研究院与艺术类高等学府、相关政府机构、行业组织、金融机构等展开多角度合作，通过研究各细分领域下文物艺术品在不同历史时期、不同交易市场、不同交易形式及不同法律法规下的交易表现及特性，揭示文物艺术品真实价值及行业的发展规律及趋势。

地区划分

　　中国大陆：除香港、澳门、台湾三地以外，中国其他各省、自治区、直辖市；
　　亚太其他地区：包括中国香港、中国澳门、中国台湾、日本、韩国、新加坡等地区；
　　海外地区：包括北美洲、欧洲、大洋洲及除中国大陆和亚太地区以外的其他地区。

统计范围

　　1. 时间范围
　　2021年数据：2021年1月1日至2021年12月31日。
　　2. 拍卖企业范围
　　报告所使用数据经过对数据库收录的全球上千家拍卖企业从规范性、服务水平、经营业绩、诚信度四个维度进行考量，甄选来自全球的323家拍卖企业的拍品数据用于本报告。中国大陆地区入选的拍卖企业共110家，均符合《中华人民共和国拍卖法》《中华人民共和国公司法》等相关法律，具备国家文物局批准的文物拍卖企业资质，并着重参考了国家标准《拍卖企业的等级评估与等级划分》以及中国拍卖行业协会发布的行业标准；亚太及海外地区入选的拍卖企业共213家，入选资质参考各行业自律协会的评定。本年度根据2021年实际文物艺术品市场规模的变化，增加入选拍行

15 家。其中，中国大陆拍行增加 9 家，海外拍行增加 6 家。

　　3. 拍品范围

　　（1）中国文物艺术品：在中国境内及海外交易的中国艺术家的创作或原产地为中国的文物、艺术品、收藏品等；

　　（2）最低估价不低于 5000 元人民币（包括以咨询价上拍）的中国文物艺术品；

　　无底价拍品不包含在本报告中；

　　撤回的拍品不包含在本报告中。

拍品分类

　　中国大陆、亚太其他地区和海外地区的拍品数据均采用统一的分类标准：

　　中国书画：中国画、中国书法；

　　油画及中国当代艺术：油画、雕塑／装置、版画、综合媒材、水粉／水彩、影像等；

　　瓷玉杂项：陶瓷器、玉石器、古典家具、佛像唐卡、文房雅玩、金属器等；

　　收藏品：古籍文献、手稿、碑帖、邮品钱币等；

　　珠宝尚品：钟表、珠宝翡翠等。

汇率

　　拍品信息涉及多国外币，统一使用拍品成交当年平均汇率，以换算后的人民币为最终统计样本。

其他

　　报告中所有百分比及"万"以上单位的绝对数值均保留小数点后一位。为与市场保持一致，报告中出现的拍品成交价，均保留小数点后两位或三位。

　　成交价格包含佣金。

　　由于本报告是对公开拍卖市场的直接客观反映与解读，因此私人洽购以及结算进度未纳入数据考量范围。

全球中国文物艺术品拍卖市场概览

Global Chineses Art & Antiques Auction Market Overview

2021年，全球经济在新冠肺炎疫情的防控逐步稳定中强势回暖，整体基本达到疫情之前的水平，但各国经济复苏状况不一。据世界银行2022年1月发布的《全球经济展望》：2021年全球经济增长5.5%；发达经济体增长5%，其中美国经济增长5.6%，欧元区经济增长5.2%，英国经济增长5.2%；新兴市场和发展中国家经济增长6.3%。随着疫情得到了及时有效地控制，中国经济在过去一年中也实现了卓有成效的复苏和发展，经济增速达到8%，成为全球经济复苏的亮点。世界各国尤其是发达国家在疫苗接种率的大幅提高和强有力的经济刺激措施等方面有效提振了消费和投资，并将国际贸易提升至疫情前水平，但这一复苏并不均衡，非洲、拉美和加勒比地区等发展中国家的经济复苏较为滞后。全球宏观经济不平衡显而易见，各经济体间和经济体内部收入不平等正在扩大，全球经济发展依然面临着不确定性。

作为真实反映各国经济状况的文物艺术品拍卖市场，实现了市场的全面复苏。据巴塞尔艺术展与瑞银集团联合发布的《2022年艺术市场》报告分析，2021年美术、装饰艺术和古董艺术品公开拍卖的销售额（不含拍卖行私人洽购）达到263亿美元，同比2020年增长了47%，伴随着对文物艺术品线上线下市场的强烈需求和强大供应，市场全面回暖。由美国、中国、英国主导的全球文物艺术品拍卖为市场贡献了78%的市场份额，同比下降了3%；其他各国占比也均有不同幅度的下滑。中国是最大的公开拍卖市场，销售额高达88亿美元，同比2020年增长39%，超过美国，占全球市场份额的33%；美国拍卖市场份额占据32%，英国拍卖市场份额占据13%[25]。

由于千万元以上高价位精品数量大量提升，供应充足，由高端精品主要支撑的整个文物艺术品拍卖趋势因而走高。公开拍卖的销售额大幅增长，私人洽购也比去年同期增长，拍卖行私洽业务同比2020年度增长了32%，达到41亿美元。其中佳

25 Dr.Clare McAndrew, The Art Market 2021, An Art Basel & UBS Report, P122-P124

士得和苏富比拍行的私洽总额均超过 30 亿美元。伴随着全球疫苗的研发和病毒危害性的减弱，全球疫情对于政治经济的影响逐渐减弱，藏家对于市场提升信心，公开的拍卖市场和私人洽购同时得以强势复苏。

2021 年，中国文物艺术品全球拍卖市场的发展与全球文物艺术品拍卖市场总体趋势基本保持了一致，个别板块独具特色。据易元数科研究院大数据统计，中国文物艺术品全球拍卖总成交额为 536.4 亿元，比上一年增长 126.4 亿元，同比增长 30.8%，超过了疫情之前的 2019 年和 2018 年。纵观 2017 年至 2021 年近五年的中国文物艺术品市场发展动态趋势，2017 年的成交额居于五年中的峰值；2020 年的新冠疫情暴发，经济下行，严重影响了市场交易量，成交额大幅下滑，处于低谷；而 2021 年随着新冠疫情防控成效的稳定，经济逐步全面复苏，文物艺术品市场强劲回暖，显示出市场进入成熟阶段的自觉调节性。

2021 年，中国文物艺术品的全球拍卖市场呈现出与往年不同的特征，市场格局持续稳定，大陆地区市场占比逐年攀升，成交额创历史新高；市场整体继续下沉，幅度进一步加大，高价位拍品推升市场热度；中国书画板块依旧为市场中流砥柱，瓷玉杂项增长显著；全球中国文物艺术品重点拍行虽然依然主导着市场发展走向，但其集中化趋势有所缓解，市场份额占比较上一年有所降低。

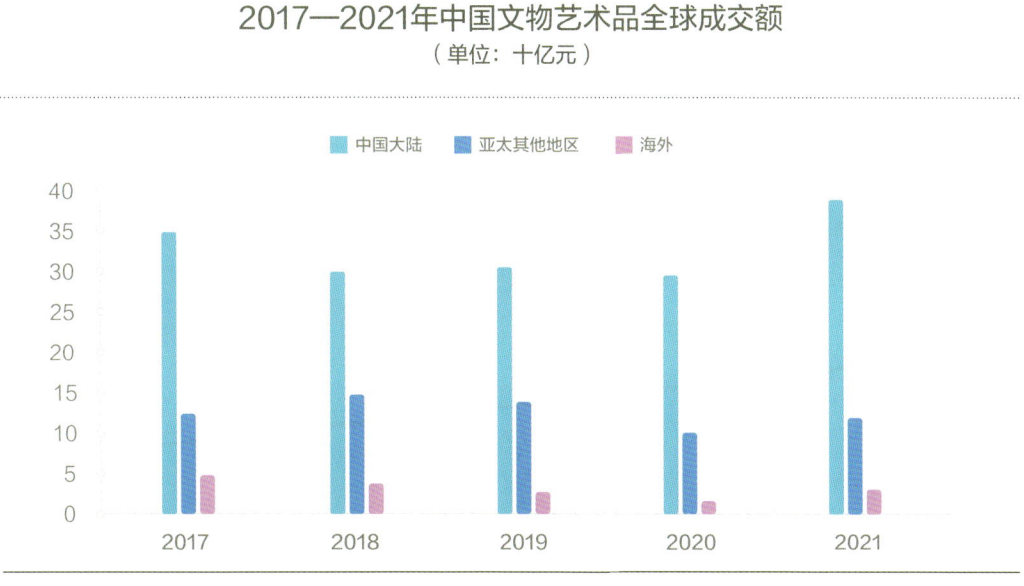

2017—2021年中国文物艺术品全球成交额
（单位：十亿元）

一　市场格局稳定，大陆地区市场成交额创高峰

2021 年，全球生产总值虽然整体降低，但发达国家与新兴经济体经济依然实现了增速发展。全球中国文物艺术品市场三大区域市场总体格局续赓，据易元数科研究

院大数据表明，2021 年度全球公开拍卖的中国文物艺术品成交总额为 536.4 亿元人民币，其中中国大陆成交额为 387.2 亿元，创自 2013 年以来的成交额历史新高，约占三大区域市场总额的 72.2%，以绝对优势位居三大区域市场首位。而且，值得注意的是，近五年内，中国大陆地区的成交额在全球三大区域市场的占比逐年上升，从 2017 年的占比 61.6% 逐年上升至 2021 年的 72.2%，其市场主体地位越来越突出，市场活力日益凸显。亚太其他地区（包含中国香港、中国澳门、中国台湾地区、日本、新加坡等地区）成交额为 118.4 亿元人民币，约占据市场总额的 22.1%，成交额止跌回升；海外地区（中国大陆及亚太其他地区以外）的中国文物艺术品拍卖成交额为 30.8 亿元人民币，约占市场份额的 5.7%，在经历了连续四年的下降趋势之后，市场终于回弹升温。

中国大陆地区经济在 2021 年强势复苏，国内生产总值达到 114 万亿元，增长 8.1%。面对复杂严峻的国内外形势和诸多风险挑战，全国上下共同努力，统筹疫情防控和经济社会发展，完成全年主要目标任务，落实常态化防控举措，疫苗全程接种覆盖率超过 85%，如期打赢脱贫攻坚战，如期全面建成小康社会，实现了第一个百年奋斗目标，疫情防控成果持续巩固，经济的稳定有序发展，促升了文物艺术品市场的全面回暖，其量额双增，并创历史新高，以绝对优势占据全球中国文物艺术品市场份额首位，彰显了其市场的成熟与韧性；亚太其他地区和海外市场稳步上升，终止了连续四年下跌的趋势，2021 年均有不同程度的市场复苏，尤其是香港地区市场，虽然经历了 2020 年的拍卖低谷，但在经济趋于稳定的大环境下，文物艺术品市场释放出前所未有的活力，各板块均有提升。海外市场的瓷器板块再现生机，整体拉升了成交额。

全球中国文物艺术品成交率在 2021 年总体再迈新台阶，三大区域市场的成交率在不同程度上均得到提高，显示出拍行对于市场走向的精准判断，对收藏家品味的高度关注和精准匹配，对于专场质量的严格把控，体现出精深的专业度。在三大区域市场中，成交率得以显著提高的是海外市场，这主要得益于北美和欧洲的成交率总体提升，北美成交率较 2020 年提升了 7.8 个百分点，欧洲成交率较 2020 年提高了 10.7 个百分点，显示出欧洲的中国文物艺术品市场的巨大潜力。

二　整体下沉幅度加大，中低价位市场蓄势发力

从 2021 年度全球三大区域的中国文物艺术品市场的平均单价来看，拍品质量整体分布状况依然延续了多年来的价格阶梯，除了海外地区平均单价上升外，中国大陆和亚太其他地区均有不同程度的下降。亚太其他地区依然是三大区域市场中拍品平均单价最高的区域，2021 年的平均单价约为 41.5 万元／件（套），同比下降

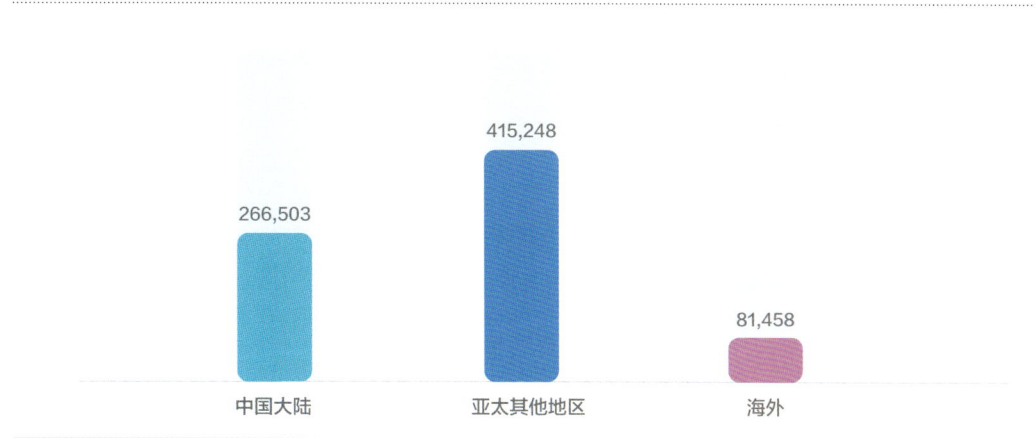

2021年中国文物艺术品全球平均成交单价
（单位：元）

266,503　中国大陆
415,248　亚太其他地区
81,458　海外

16.8%；中国大陆地区拍品的平均单价位居第二，约为26.7万元/件（套），同比下降14.9%；海外地区平均单价则位居末位，约为8.1万元/件（套），却是三大区域市场唯一平均单价上升的地区，同比上升12.3%。据易元数科研究院的大数据库显示，在中国大陆和亚太其他地区平均单价下降的阶梯中，亚太其他地区下降幅度较大，拍品平均单价下降的主要板块集中在油画、收藏品及中国书画等品类；下降板块具体分布在中国大陆地区的京津地区和长三角地区市场，亚太其他地区则主要分布在香港地区。

海外地区的平均单价上升，主要是因为除珠宝尚品板块平均单价下降之外，其他板块平均单价均有不同程度的上升，主要集中在竹木牙角、金属器、油画和近现代书画板块。竹木牙角和金属器等品类平均单价分别上浮53.5%和39.9%，油画和近现代书画板块平均单价则分别上浮了48.1%和28.3%；竹木牙角和金属器的平均单价上升则主要体现在欧洲市场中，同比提升了17.2%，其中尤以德国和法国表现最佳。就油画而言，上浮原因主要是由于北美地区的油画平均价格翻了两番，并主要集中在印象派及以后，战后及当代艺术领域，此板块多年来是北美地区最受藏家关注的领域，在经历了上一年的蓄势之后，2021年得以释放，油画单价大幅提升。近现代书画在经历了2020年的疫情严重影响之后，本是传统收藏中备受关注的一个板块，2021年的市场整体回升拉动了该板块的热度。

以五年为一个文物艺术品市场观察周期来看，自2017年至2021年期间，中国文物艺术品全球平均成交价格曲线图呈现出以下阶段性特点：三大区域市场整体走势前三年趋同，市场逐年下沉。2019年至2020年出现了差异，亚太其他地区和中国大陆地区出现了平均单价上升的趋势，海外地区依然下沉。而到了2021年，情况出现了反转，海外地区市场中止了持续下沉的趋势，而迎来了单价提升的市场复苏。

2017—2021年中国文物艺术品全球平均成交单价
（单位：万元）

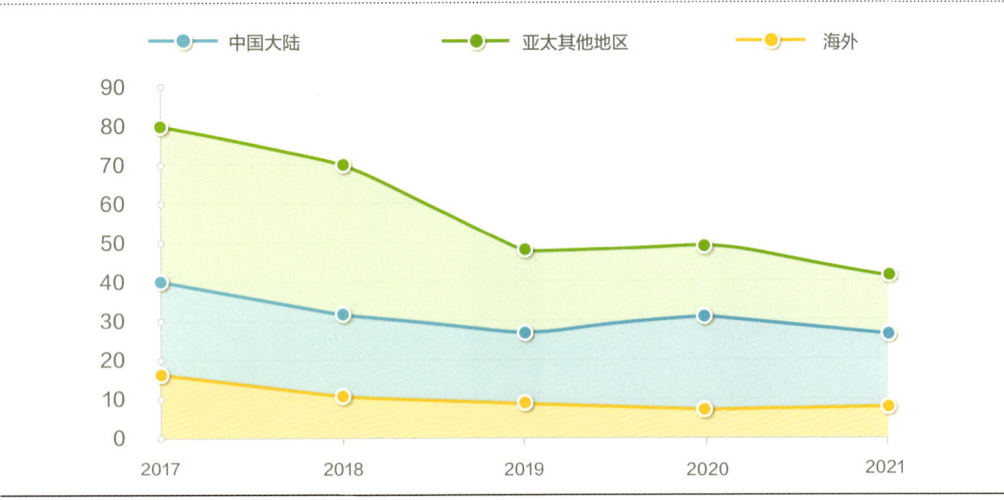

从文物艺术品的全品类成交价格分布阶梯的成交量上来看，2021年，全球中国文物艺术品市场小于或等于50万元的低价位拍品占据主流，占比高达93.3%，同比上一年占比93.0%提升了0.3个百分点，说明总量上而言，低价位拍品成交规模略有上涨。海外地区市场依然是低价位拍品成交量占比最高的区域，高达98.2%，几乎等同于上年同期占比。亚太其他地区低价位占比为89.9%，比上年同期提升了0.4个百分点，基本趋稳。由此可见，全球文物艺术品市场成交量仍接续了上一年低价位为主的特征。

2021年各地区中国文物艺术品各价位成交量分布
（单位：万件/套）

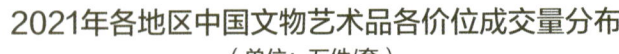

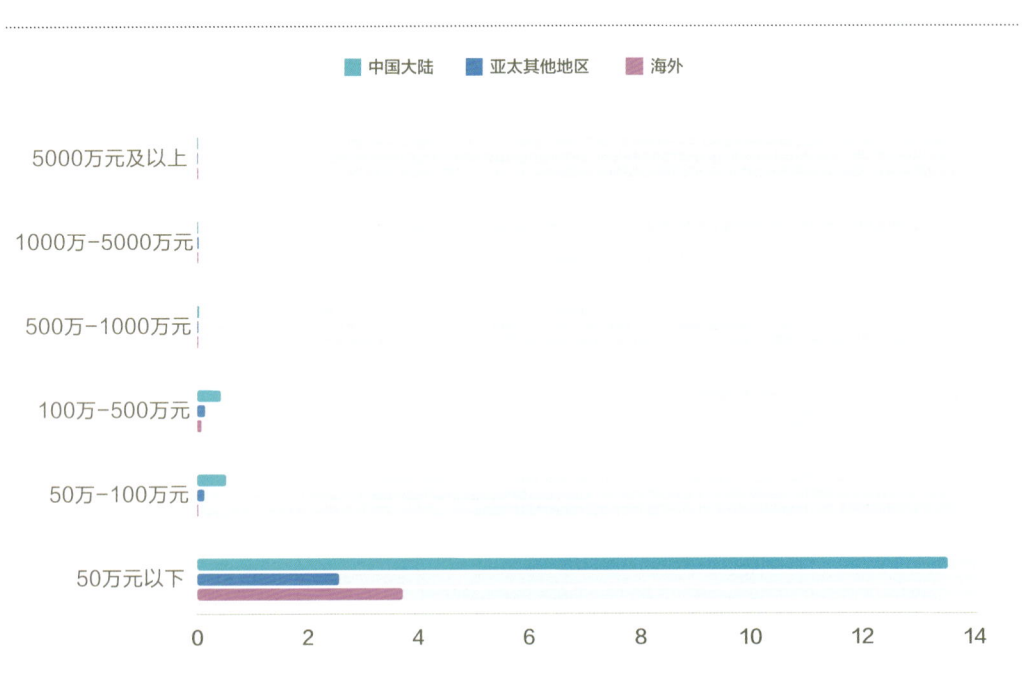

2021年各地区中国文物艺术品各价位成交额分布
（单位：亿元）

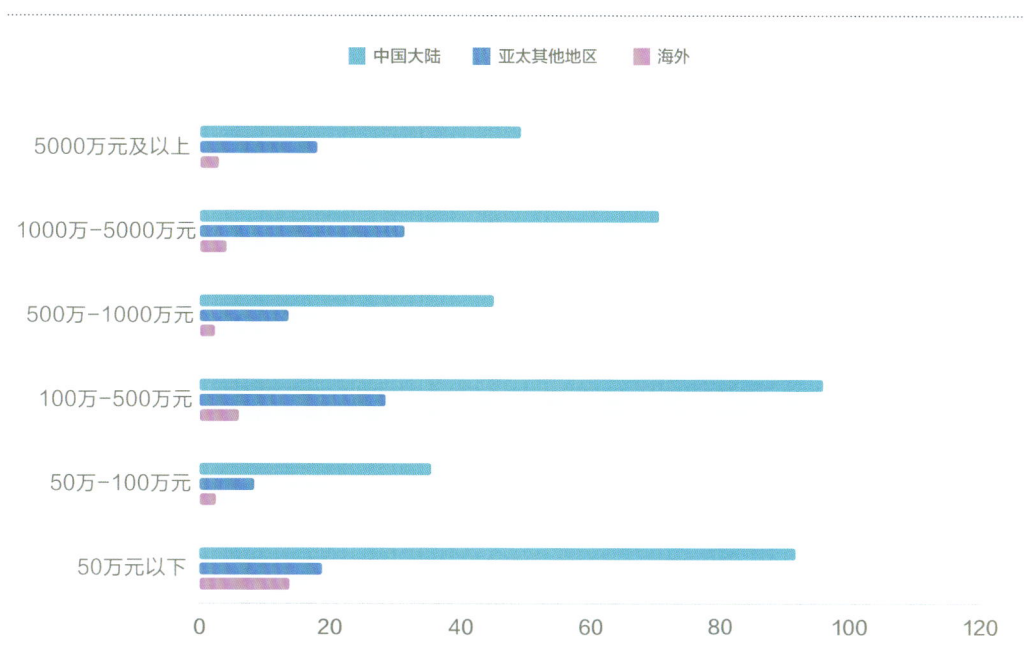

从 2021 年全球中国文物艺术品各品类成交价位分布的成交额上来看，中低价位占比总体攀升。伴随着近两年整体市场下沉的趋势，中低价位拍品的市场额度占比日益提高，悄然改变了文物艺术品市场价格呈现"倒金字塔"型的价格结构，而呈现出新的特点。据易元数科研究院的数据显示：2021 年，价位在 50 万元以内（含）的成交额为 124.3 亿元，占据市场总额的 23.2%，比去年同期占比提升 3.2 个百分点；50 万元至 100 万元价位的拍品成交额为 46.1 亿元，占比达到 8.6%，比去年同期占比提升 1 个百分点；100 万元至 500 万元价位的拍品成交额为 130.3 亿元，在各价位区间中占比最高，达到 24.3%，比去年同期占比提升了 1.7 个百分点，各大拍行减量提质的策略实施效果显著。概而言之，500 万元以下的中低价位拍品成交额占比比去年同期提升了 5.8 个百分点，相应的，500 万元以上的高价位拍品成交额占比均比去年同期占比降低了该比例，其中尤以 5000 万元以上的高价位精品市场占比下降了 4.3 个百分点，占比收缩最为明显。因而，2021 年，全球文物艺术品拍品价格结构出现较大改变，不再持续多年来 500 万元以上的高价位拍品占据绝对优势的状况，中低价位拍品的市场已经蓄势发力。

三　中国书画主导市场，瓷玉杂项增长过半

从文物艺术品拍品品类上观察，据易元数科研究院的数据统计，2021 年度中国

中国收藏
拍卖年鉴
2022

CHINESE FINE ART &
ANTIQUES AUCTION
YEARBOOK 2022

文物艺术品全球拍卖市场各品类的成交量、额较去年同期均有不同幅度的增长。从成交量上观察，瓷玉杂项位居各品类之首，中国书画、收藏品、珠宝尚品和油画及中国当代艺术依次排后。从成交额上观察，中国书画成交额依然位居各品类之首，瓷玉杂项紧随其后，油画及中国当代艺术、珠宝尚品和收藏品依次排后；但是，中国书画的量额在全品类的占比较去年有较大幅度下降，半壁江山的状况悄然改变，势头猛劲的瓷玉杂项后来居上，近几年在成交量上一直超过中国书画，而 2021 年度，该板块的成交额也越来越逼近中国书画。

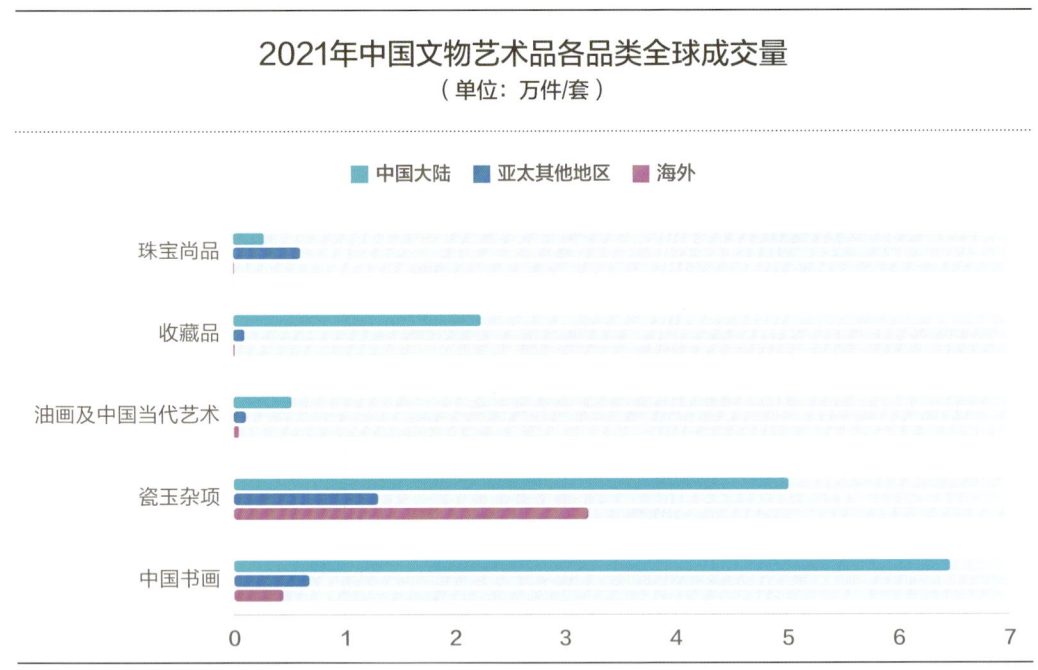

2021年中国文物艺术品各品类全球成交量
（单位：万件/套）

纵观三大区域各品类的成交量变化，我们发现：瓷玉杂项的成交量约为 9.5 万件（套），比去年同期的 6.2 万件（套）上升了 53.2%，并占全品类交易市场总量的 45.1%，比去年同期提升 1.2 个百分点，稳居第一位；中国书画的成交量位居第二，为 7.6 万件（套），比去年同期的 5.3 万件（套）提升了 43.4%，占全品类总成交量的 35.9%，比去年同期 37.5% 降低了 1.6 个百分点；收藏品的成交量为 2.4 万件（套），占据全品类文物艺术品成交总量的 11.3%；油画及中国当代艺术和珠宝尚品板块成交量合计占到总成交量的 7.7%，基本保持了平稳态势。由此可以看出，瓷玉杂项与中国书画板块的成交量上有较大变化，瓷玉杂项的成交量提升幅度高于中国书画的幅度达 10.0%，中国书画在各时期品类的成交量占比同往年相比也略有收缩。具体而言，瓷玉杂项板块成交量的上升主要集中在竹木牙角、文房雅玩和陶瓷器等细分板块中，涨幅在 54.6%—86.4% 之间。

从成交额来看各品类在 2021 年市场中的变化，我们发现：全球范围内中国书画

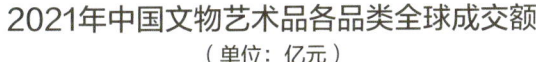

2021年中国文物艺术品各品类全球成交额
（单位：亿元）

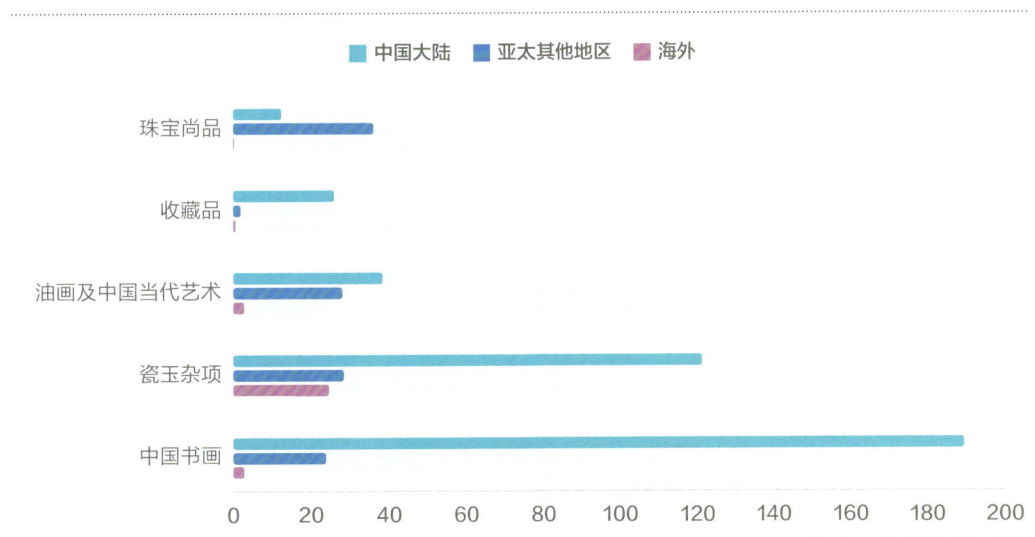

板块拍卖成交额为 216.4 亿元，比去年同期 184.0 亿元提高了 17.6%，占据全品类市场额度的 40.3%，依然稳居首位，但比去年同期占比下降了 6.7 个百分点，中国书画在全品类市场额度占比连续两年下降。中国书画具有悠久的收藏历史，其收藏的重中之重在中国大陆地区，其成交额为 87.6%，占据绝对优势。但是伴随着近年来全球瓷玉杂项的成交规模的不断扩增，线上交易方式的转变，对于鉴伪存真难度较高的中国书画而言，提高了潜在收藏的门槛，无形之中，量额的增幅远远赶不上瓷玉杂项板块。而且，2021 年度整体市场下沉，中国书画的平均价格降低了 18.3%，单幅书画作品价格趋低，而一直处于相对较低价位的瓷玉杂项此时在市场上的优势凸显出来。

2021 年，全球瓷玉杂项拍卖成交额为 174.2 亿元，比去年同期 92.6 亿元大幅上涨了 88.1%，占据整个市场份额的 32.5%，占比提升了 9.9 个百分点。作为涵盖丰富门类的瓷玉杂项板块，多年以来一直是全球收藏领域的重点，并集中成交于中国大陆地区，该年其成交额为 121.1 亿元，占据全球三大地域市场的 69.5%，亚太其他地区和海外地区平分秋色，各占约 15.0%。高价位拍品拉动了整个瓷玉杂项板块的大幅上涨，该年度瓷玉杂项 500 万元以上的成交拍品高达 446 件（套），成交额达 64.8 亿元，占据到整个瓷玉杂项板块的 37.2%。具体到细分品类而言，板块上涨猛烈的主要集中在竹木牙角、文房雅玩、玉石器和陶瓷器等板块，整体推高了板块的总额度和平均值。

珠宝尚品板块在 2021 年的成交额为 48.5 亿元，增幅显著，达到 51.6%，珠宝翡翠市场贡献了 33.1 亿元，增幅提高至 40.2%，集中体现在亚太其他地区和中国大陆地区市场。该板块连续两年增幅超过 40.0%，验证了资本投向的基本规律。在全球

中国收藏
拍卖年鉴
2022

CHINESE FINE ART &
ANTIQUES AUCTION
YEARBOOK 2022

经济增速减缓的大环境下，珠宝翡翠本身所具有的增值保值功能，再次吸引人们的注意力，致使藏家调整了收藏方向，推升了该板块的涨幅。收藏品成交额达到28.1亿元，比去年同期提升了23.3%，占据整个市场份额的5.2%。与往年截然不同的是，2021年度该板块提高的主要品类集中在邮品钱币，成交额达5.6亿元，同比大幅增长84.4%，主要的上升板块体现在机制币板块的上升。古籍文献及手稿虽然在成交量、额上为邮品钱币的一倍多，但在2021年终止了多年来持续不断升温的趋势，并呈现出回落态势，下滑幅度为16.3%，在整体经济环境不稳定时期，具有历史文献价值的古籍文献及手稿板块，经过了六年多的热度不断上升阶段后开始回落，呈现出理性发展的健康状态。油画及中国当代艺术板块成交额达到69.3亿元，成交量为7230件（套），同比增幅达到64.1%，成交额增幅则为8.9%，平均成交单价下降了33.6%，该板块市场进一步下沉。

四　全球拍卖企业中国文物艺术品成交额排行榜

2021年 TOP 20

排名	企业名称	成交额（元）
Top1	北京保利国际拍卖有限公司	8,233,486,867
Top2	中国嘉德国际拍卖有限公司	4,993,339,155
Top3	苏富比香港	3,996,633,980
Top4	佳士得香港	3,996,120,260
Top5	北京永乐国际拍卖有限公司	3,089,974,310
Top6	中贸圣佳国际拍卖有限公司	2,271,540,537
Top7	西泠印社拍卖有限公司	2,132,285,900
Top8	北京荣宝拍卖有限公司	1,978,330,995
Top9	广州华艺国际拍卖有限公司	1,934,904,650
Top10	上海嘉禾拍卖行有限公司	1,661,962,253
Top11	华艺国际（北京）拍卖有限公司	1,220,593,955
Top12	十竹斋拍卖（北京）有限公司	1,005,712,998
Top13	北京诚轩拍卖有限公司	977,921,555
Top14	保利香港拍卖有限公司	810,352,186
Top15	广东崇正拍卖有限公司	805,796,076
Top16	富艺斯香港拍卖有限公司	754,795,521
Top17	北京开拍国际拍卖有限公司	688,337,130

Top18	中国嘉德（香港）国际拍卖有限公司	677,776,996
Top19	保利（厦门）国际拍卖有限公司	669,279,890
Top20	北京翰海拍卖有限公司	512,753,131

2020年 TOP 20

排名	企业名称	成交额（元）
Top1	北京保利国际拍卖有限公司	5,370,353,726
Top2	苏富比香港有限公司	4,400,877,202
Top3	中国嘉德国际拍卖有限公司	4,206,132,389
Top4	北京永乐国际拍卖有限公司	3,282,761,482
Top5	佳士得香港有限公司	3,280,388,596
Top6	华艺国际（北京）拍卖有限公司	2,652,339,415
Top7	北京荣宝拍卖有限公司	1,467,740,795
Top8	西泠印社拍卖有限公司	1,187,854,712
Top9	中贸圣佳国际拍卖有限公司	1,137,030,963
Top10	上海嘉禾拍卖行有限公司	922,147,555
Top11	中鸿信国际拍卖有限公司	816,248,435
Top12	上海朵云轩拍卖有限公司	714,206,808
Top13	北京宝瑞盈国际拍卖有限公司	626,633,485
Top14	香港富艺斯有限公司	577,281,600
Top15	上海匡时拍卖有限公司	534,202,350
Top16	十竹斋拍卖（北京）有限公司	505,597,500
Top17	北京翰海拍卖有限公司	444,617,600
Top18	佳士得纽约有限公司	395,590,046
Top19	荣宝斋（上海）拍卖有限公司	387,643,150
Top20	保利（厦门）国际拍卖有限公司	373,551,508

　　2021年全球中国文物艺术品拍卖总成交额约为536.4亿元，其中位列前二十名的拍行成交额为424.1亿元，占据总成交额的79.1%，同比上一年占比降低了2.1个百分点。位列前五名的拍卖行成交额为243.1亿元，占据总成交额的45.3%，同比上一年降低了4.8个百分点，头部拍行的集中化趋势整体减缓，全球中国文物艺术品拍卖的重点拍行业格局基本稳定。

　　以上数据表明：中国文物艺术品全球拍卖成交额前二十名的拍行，作为行业的标杆，主导着整个拍卖行业的发展走向。资源集中化趋势减缓，整个行业结构出现了微调，销售额位居前五名和前二十名的拍行成交额比上年的占比均有所降低，集中化趋势出现了松动，中等规模的拍行逐渐在行业蓄力发展，展露手脚。

2021年，新冠肺炎疫情进入第二个年头，全球抗疫政策迥然不同，但疫情对于经济的冲击有所减弱，其病毒性对于人类的生命威胁也大幅降低，全球文物艺术品市场呈现强势反弹回暖趋势，其中中国文物艺术品市场亦高调回弹。各大拍行顺应市场经济规律，多元化经营，准确把握市场脉搏，在巩固原有藏家规模的基础上，不断拓展业务领域，增加拍卖新品类，调整拍品结构，探索经营新模式，精准对标新老藏家，运用新科技，共同助推文物艺术品市场的新高潮。其中成交额位于前五名的拍行，作为该行业的标杆企业，引领推动着行业发展的主要方向。

北京保利作为中国文物艺术品拍卖行业的引领者，2021年取得了令人瞩目的拍卖业绩。据易元数科研究院的统计数据显示，2021年其中国文物艺术品拍卖成交额为82.3亿元，连续十二年蝉联全球首位。在北京保利官网的统计中，其春秋两季大拍策划举办了80个专场，聚集了17000件艺术珍品，诞生了6件过亿拍品，124件过千万拍品，刷新多项世界艺术品拍卖纪录，春秋两季成交额高达78.09亿元，占据全年成交额的90%以上。同比2020年（55.7亿元）上升了22.39亿元。

2021年，是北京保利成立的十六周年，在经历了2020年的疫情负面影响，成交业绩大幅下滑之后逆势上扬，强势回归，北京保利在集团的拍卖战略布局下进行了整体推进，不仅在经营策略上进行了重点领域的深耕，培养新藏家群体；而且运用新科技，将线上与线下拍卖有机结合，共同促升成交率；在空间的拓展方面，除了在香港地区与其他拍行强强联手，而且将目光投向一级市场繁荣的沪上地区市场，为保利的全方位发展探索新路。

北京保利在2021年的拍品来源中，继续将主要精力放在征集高货大货，做精做专，重点深耕古董、书画、瓷杂等领域，均取得不俗成绩。逾17米长的乾隆时期的"缂丝之王"《钦定补刻端石兰亭图帖缂丝全卷》，以缂丝工艺呈现出书、画、印、碑帖的完美艺术效果，成交额高达2.415亿元，为全球最贵缂丝；明末清初黄花梨独板架几式巨型供案，长达4.53米，总重达289公斤，堪称传世体量最大的黄花梨重器，以1.15亿元刷新中国古典家具世界拍卖纪录。乾隆时期宫廷画家徐扬《平定西域献俘礼图》以图鉴史，记录乾隆帝平定西域的战功，具有重要的历史意义和艺术价值，最终以4.14亿元成交，成为2021年亚洲最贵艺术品；傅抱石仕女画巅峰之作《为罗时慧作柳荫仕女图》以9775万元成交；当代艺术板块也吸引来了藏家的兴趣，曾梵志在保利秋拍夜场中一次性上拍了9件作品，全部成交。乾隆御制有凤来仪大转心瓶以2.656亿元成交，拍出了全球最贵瓷器。而高价值拍品频出，引发藏家的积极竞投，市场景气值高涨。

数字时代，北京保利充分利用新科技助力拍卖。在拍卖预展中北京保利在线上做直播导览，吸引新藏家及专家学者的广泛关注。北京保利在线上举办了 3 场学术沙龙、讲座和 11 场直播导览活动，累计观看量近 50 万人次，不遗余力地深度挖掘文物艺术品的文物价值、艺术价值与市场价值，拍卖的同时，对文化艺术的传播也做出积极贡献。

同时，北京保利利用其 APP 和"保利拍卖网络平台"微信小程序提供同步拍、电子图录、网络同步竞价等多样化服务。网络用户观看量超 400 万人次，网络平台买家竞投活跃。网络竞投拍品达到 1136 件（套），同步拍成交额超 1.56 亿元。

除了注重征集拍品的来源之外，北京保利在经营上也多方出击，采取强强联合策略，推动行业发展。与富艺斯拍卖行（Phillips）第三度携手举办"20 世纪及当代艺术和设计"秋拍，取得佳绩。地域空间上，虽然目前北京仍是国内拍卖业的核心，但随着上海一级市场的日益繁荣和成熟，巨大的增量市场，便捷的保税服务以及新客群的魅力，吸引了保利的瞩目。一众拍卖行业重要机构驻扎上海的举动，如 2021 年试水上海并取得成效的北京华艺、开拍国际和中贸圣佳，2022 年佳士得和苏富比拍行也将启动上海拍卖，北京保利必定将上海设为其战略发展的一个方向。

而中国嘉德作为中国头部拍行的佼佼者，2021 年的拍卖成绩令人瞩目。跨越疫情阻隔，全年总成交额 58.56 亿元，线上、线下举办 18 场拍卖会，总成交额较 2020 年增长 31%，诞生 3 件亿元珍品、62 件拍品的成交价超千万元，创造 30 项拍卖成交纪录。其中，中国文物艺术品成交额为 49.9 亿元，2 件亿元拍品成交，54 件拍品成交价超千万元，67 件拍品超过五百万，全球中国文物艺术品拍卖成交额位居第二。

中国嘉德在经济发展相对稳定的时期，面对市场的多层次需求，推出多维度的经营策略，除了重点推出的高精尖拍品的春秋大拍之外，也持续拓展了四季拍和网络拍等线上形式；地域上，北京、香港两地启动，在时空的转换中满足藏家不同的需求。重力深耕中国书画领域，总成交额高达 24.2 亿元，占嘉德中国文物艺术品总成交额的 48.5%，几乎占了半壁江山，主要集中于春秋两季大拍的拍卖精品。其中春拍 11 个专场中白手套专场占据一半，平均成交率逾九成。整体成交稳中有升，是疫情后市场表现平衡、理性、丰富而充满个性的一季，同时也是线上线下联动形态日益成熟的一季。2021 秋拍举行了 43 个主题专场，7500 余件艺术品，总成交 28.93 亿元，诞生 3 件过亿元，36 件超千万元成交，6 个专场荣获白手套，15 项拍品成交纪录。尤其是其重要品牌"大观——中国书画珍品之夜"，诞生了年度近现代书画之最：张大千《秋曦图》的 1.955 亿元成交；周之冕《百花图卷》以 1.483 亿元成交；溥儒《松岩访友》以 3047.5 万元成交，创造艺术家作品成交价新纪录。2021 年新增专场"回嘉"也在中国嘉德本年度拍卖中占据重要的分量。时隔三十年、经过嘉德拍卖出去的拍品，可能经过多次流转，再次回到嘉德上拍，此为"回嘉"。其中的戴苍《渔洋山人抱琴洗桐图》卷，曾是首场"大观"之夜的重要拍品，此后也曾出现在中国嘉德，后以 3220 万元的高价成交。

嘉德取得如此佳绩，与其专业精神和对市场的精准把握密切相关，将藏家群体进行细分，针对其需求对拍品结构进行调整，更新拍卖形式，以求达到最高的市场效应。比如面对新入场的藏家，嘉德将其分为三类而采取不同的策略。一种为遵循传统的方式，拥有信任的专家，谨慎入场，具备收藏序列的愿望，周详的财务规划，可能用重金竞买顶级拍品，嘉德向其定向推荐高价值精品；另一种藏家完全依靠自己的经验、喜好和判断，比较突发的即兴出价，达成交易。更多的年轻藏家，需要一件彰显个性、论调鲜明，马上能够示人的作品，又或者具有实际功用的藏品，针对这类此类藏家，嘉德设置了线上"即刻拍"的形式，即刻满足藏家需求。嘉德将藏家需求分析细致到位，在维系原有藏家基础上，不断挖掘新的藏家群体，根据其多层次的诉求而灵活改变其营销策略，是其立足于拍卖之林的关键要素。

作为文物拍卖行业的龙头企业，中国嘉德在做好拍卖之外，对中国文化的传播也做出突出贡献。2021 年，中国嘉德共举办线下嘉德讲堂 10 场，编撰图录 115 本，录制视频 257 条，推送微信文章 1100 余篇，形成巨大品牌声浪。全年共推出线上直播 24 场，直播总时长 3780 分钟，分享收藏知识，直击展览及拍卖现场，新媒体多平台同步互动，累计观看总数逾一千万人次。其以学术引领为理念，以高质量的文化服务，挖掘、阐释、宣传文物的文化价值，营造健康理性的收藏氛围，创建了具有国际认知度和影响力的中国文物拍卖品牌。

面对波谲云诡的经济环境、藏家趣味的多元化、潮流风向的更替，庞大的市场需求，来自亚洲及其他地区新客户的参与，香港苏富比不断调整自己的策略，增加拍卖门类，不断拓展拍卖平台，缔造了该年度苏富比香港的佳绩。

苏富比香港在中国文物艺术品市场取得显著成绩。连续十六年稳居中国文物艺术品市场领先地位，据易元数科研究院数据统计显示，2021 年中国文物艺术品总成交额为 39.966 亿港元，6 件过亿拍品，62 件过千万港元拍品，56 件 500 万元以上港元拍品。其中现当代艺术板块连续七年雄踞亚洲现当代艺术市场领导地位，全年累计成交额达到 17.6 亿港元，创历史新高；全年共拍出 5 件中国现当代书画和油画亿元作品，28 件过千万港元拍品，24 件 500 万元以上港元拍品。苏富比重力深耕该板块，从征集拍品到前瞻性的销售策略，从崭新的合作项目至直播拍卖的顺应形势的探索，使得该领域成为苏富比增长最快的板块之一。秋拍中"梅洁楼"藏张大千泼彩山水巨制《春云晓霭》以 2.146 亿港元（折合人民币约为 1.782 亿元）成交，曹仲英先生"默斋"藏书画中龚贤四屏巨幅《山水通景》以 1469.5 万港元（折合人民币约为 1220.55 万元）成交。常玉《睡美人》以 8019.8 万港元（折合人民币约为 6661.16 万元）成交，该作是常玉唯一明确以恋人为模特儿的大尺幅油画；瓷玉杂项也频出重器，其中清乾隆御赏嵌"延年"龙凤纹璧紫檀插屏以 5377.1 万港元（折合人民币约为 4482.13 万元）拍出，创高古玉器世界拍卖纪录；玫茵堂旧藏——清雍正粉彩蟠桃献寿图圆盖盒以 3466 万港元（折合人民币约为 6661.16 万元）成交；宋代木雕加彩观世音菩萨坐像以 4572.80 万港元（折合人民币约为 3811.70 万元）成交，均取得了不俗的成绩。

不断创新，勇于求变是苏富比香港获得佳绩的另一关键因素。推出拍卖新品类，联合名人策展，充分利用其名人效应，获得拍卖专场的高度关注和成交。如首次推出普洱茶专场，满足亚洲藏家对于高端普洱茶的需求；引入亚洲苏富比首个球鞋专场；苏富比与新媒体艺术家 Refik Anadol 及 Digital Art Fair Asia 合作，开拓亚洲 NFT 市场，展览吸引超过 25,000 人到场参观，而 Refik 罕见的元宇宙 NFT 收藏在苏富比 NFT 网上专场以 3,940 万港币成交，创下单一艺术家 NFT 收藏的亚洲拍卖纪录。另外，苏富比与音乐文化人及艺术收藏家周杰伦合作，策展亚洲首届"CONTEMPORARY CURATED: ASIA"，取得"白手套"佳绩，总成交额达到 8.46 亿港元。

与苏富比香港并肩的佳士得香港拍卖 2021 年度同样取得历史性突破，成交额高达 81 亿港元（约合 10.3 亿美元），总体成交比率 90%，见证了亚洲市场蓬勃的活力。据易元数科研究院的统计数据表明：在中国文物艺术品拍卖中，佳士得香港 2021 年度成交额为 39.961 亿元，仅以 51.3 万元的微小差距步尘苏富比香港，位居第四名，比去年同期大幅上涨 21.6%，成交总额已经超出疫情前水平。诞生了 2 件过亿拍品，69 件过千万拍品，71 件过 500 万元拍品，斩获 50 个白手套专场，显示了头部拍行的稳固实力。

在中国文物拍卖领域中，佳士得香港重点深耕的板块在 2021 年有所转向，由上一年的中国书画和现当代艺术板块转为油画及当代艺术和珠宝尚品两大板块。常玉、赵无极仍然是拍坛常青树，总揽前三名，在春拍"20 世纪及 21 世纪艺术晚间拍卖"中，常玉最大尺幅蓝枝粉菊作品《静月莹菊》以 1.18 亿港币（折合人民币约为 9889.77 万元）成交，另一件作品，"粉红时期"的代表作——《白菊》以 5665 万港币（折合人民币约为 4722.11 万元）成交，再度印证常玉艺术市场之热。该专场中的 4 件赵无极作品均成交，成交额近 1.27 亿港币。其中，作于 1963 年农历新年除夕前一天的赵无极《24.01.63》使用颇具感染力的大红色，整幅作品洋溢着热情，充满对美好生活的向往，贴合诸多藏家的心理诉求，引起激烈的竞拍，最后以 7628 万港币（约合人民币 6358.4 亿元）成交。黄宇兴为后起之秀的新兴艺术家，近年来拍场表现上乘，其《七宝松图》以 6483 万港币（5384.7 万元人民币）成交，创造了艺术家个人成交最高价。其他现当代艺术家亦表现不俗。珠宝尚品板块在 2021 年佳士得香港取得耀眼成绩，总成交额高达 14.0 亿元人民币，占据佳士得香港中国文物艺术品拍卖总成交额的 35.0%，创历史新高。高价值拍品频频出现，成交的 500 万元以上的珠宝尚品总计达到 44 件，其中 1 件过亿拍品，27 件过千万元拍品，16 件过五百万拍品。在经济发展相对不稳定的环境下，珠宝尚品本身索具有的材质的保值增值性，是吸引藏家瞩目的关键因素。

2021 年，佳士得通过洽购展及非洽购展，全面培育亚太区新藏家，引导其收藏兴趣并提升购藏动力。根据佳士得 2021 年业绩总结数据显示，来自亚洲的藏家购买总额高达 16.8 亿美元，占据全球成交总额的 31%。亚洲藏家的购买实力不仅体现在本土，也延伸至海外，比如伦敦和纽约的佳士得拍场。并且，有 32% 的新藏家为"千禧一代"，珠宝尚品板块是其关注重点板块。在此板块通过拍卖及私人洽购共实现成交总额近 10 亿美元，与近几年相比，发展态势强劲回弹。

佳士得全球在 2021 年的私人洽购业务全球攀升，达 17 亿美元，同比 2020 年增长 12%，在私洽规模和价值上与疫情发生之前的 2019 年相比翻倍增长，显示出对高净值藏家的收藏方向、心理预期和市场判断的整体把控综合能力。

伴随着疫情防控的相对稳定状况，网络拍卖渐渐成为新常态，2021 年佳士得的成交数据表明，其将近半数的拍卖方式为网络拍卖，即使是线下拍卖，也多采用线上线下同步拍的拍卖模式。在 2021 年，约有 35% 的买家为首次参与佳士得拍卖。其中 66.7% 的藏家来自网络，网上拍卖的成交总额不断增长，达到 4.45 亿美元，同比增长 43%（数据源于佳士得官网）。

除了积极顺应时势调整拍卖模式之外，对于人才的重视，向来是佳士得立于拍场不败之地的战略之一。2021 年佳士得将 Cristian Albu 从伦敦调至香港，任命其为佳士得亚太区 20 世纪及 21 世纪艺术部联席主管，将中国藏家的收藏逻辑、收藏思考与佳士得乃至全球艺术界权威圈层传达、互通，让"重视"藏家升级为"尊重"藏家，理念的升级也为 2022 年佳士得在中国的发展奠定了良好的基础。

2021 年，是北京永乐重启的第二年，也是中国拍卖市场发展的第三十年。这一年，北京永乐继续高歌猛进，全年成交额逾 66 亿元，据易元数科研究院的数据显示，其中国文物艺术品拍卖成交额高达 30.9 亿元，位于 2021 年全球成交额的第五名，拍出 2 件过亿元拍品，41 件过千万拍品，70 件 500 万元以上拍品，并斩获 71 个拍卖"白手套"专场，成绩显著，承续上一年"苏醒"着的艺术市场的潜在朝气。其中，现当代艺术板块占据成交总额的 40% 以上，是北京永乐重点深耕的领域，其他板块则不同程度地紧缩，北京永乐将高质量的拍品集中在现当代领域，做大做强，集中优势兵力不断挖掘具备极高艺术地位、文脉传承性和稀缺程度的高品质拍品，成为立足拍卖行业的一大亮点。

2021年，永乐用更加新颖和缜密的布局方式，确立了以"求质"为核心的基础目标，展开了自身多维度的市场延展模式。如在6月份，首次联合JINGART，开启了拍卖与艺博会之间的良性联动模式，采用了"明星+新秀"并举的方式，邀请艺术家到预展现场，为拍卖助力。在厦门举办"前进中的中国当代艺术"的线上线下结合的拍卖会，镶嵌在"艺术厦门"的艺术博览会项目中，打破了传统艺博会的参展模式，以成交额2528万元完美收官，推动了厦门当代艺术市场的良性发展。

在挖掘现当代板块传统市场价值的同时，北京永乐也对进入拍场的新兴力量着重培养，为现当代艺术领域的未来市场注入更多的购买潜能。同比2020年，北京永乐获得的互联网藏家增长300%；海外藏家增长30%；Z世代藏家增长28%，"80后"藏家占据了拍场的主力。针对新兴藏家，北京永乐在延续自身"精准+稀缺"的高质量"生货"模式之外，开启了"线上直播拍卖"的新形式，明确了自身"精品夜场"+"专家直播"的网拍特色，相继推出"周春芽精品专场""擢秀——明清瓷器专场""区块链数字艺术专场"等精品特色专场。同时，北京永乐在直播赛道也进行了探索，如在"抖音"开通永乐直播账号，突破原先艺术品销售受众狭小的流量限制，将"专业拍卖"的概念不断向大众领域进行"破圈"，不断拓展网络拍卖市场维度。与时俱进，为市场把脉，推出符合藏家需求的拍品。

中国收藏
拍卖年鉴
2022
CHINESE FINE ART &
ANTIQUES AUCTION
YEARBOOK 2022

中国大陆地区市场

Mainland China Art &
Antiques Market

一 市场复苏动能增强，量额双增再创新高

2021 年，面对百年变局、世纪疫情和纷繁复杂的国内国际形势，中国大陆地区有效统筹经济发展和疫情防控，实现了"较高增长、较低通胀、较多就业"[26] 的优化组合，高质量发展取得新成效。在中国大陆地区国民经济持续稳定恢复的利好背景下，2021 年，中国大陆地区文物艺术品市场逆转了上一年因受疫情突发冲击而下探发展的趋势，实现了显著攀升，复苏动能进一步增强。纵观近五年来中国大陆地区文物艺术品市场发展趋势可以发现，由于市场主体随市不断做出应对性调整，自我调节与适应能力逐渐加强，市场的供求关系朝着健全合理的方向持续深入发展：2017 年中国大陆地区文物艺术品市场延续此前企稳回暖的形势，此后开始新一轮的调整，2018 年市场出现下行态势，成交量提升，成交额骤降，市场下沉趋势显现，

2017—2021年中国大陆地区中国文物艺术品成交额
（单位：亿元）

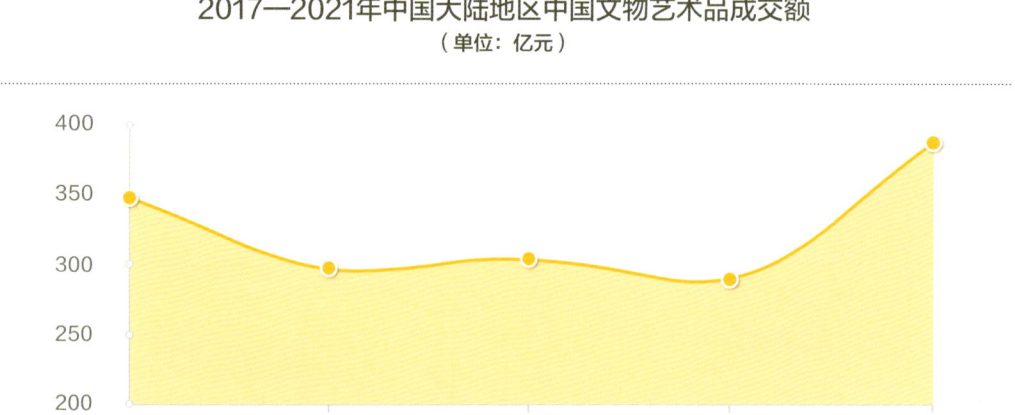

26 中国人民银行货币政策分析小组，《中国货币政策执行报告 2021 年第四季度》，2022.2，第 52 页

直至 2019 年止跌趋稳，2020 年中国大陆地区市场在全球市场紧缩中未能独善其身，呈现出稳中下降的趋势。2021 年中国大陆地区市场在外部宏观经济持续恢复与自身调节能力不断增强的双重驱动下，市场统计指标超越 2017 年，实现跨越式增长。

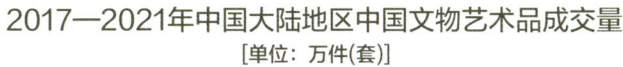

2017—2021年中国大陆地区中国文物艺术品成交量
[单位：万件（套）]

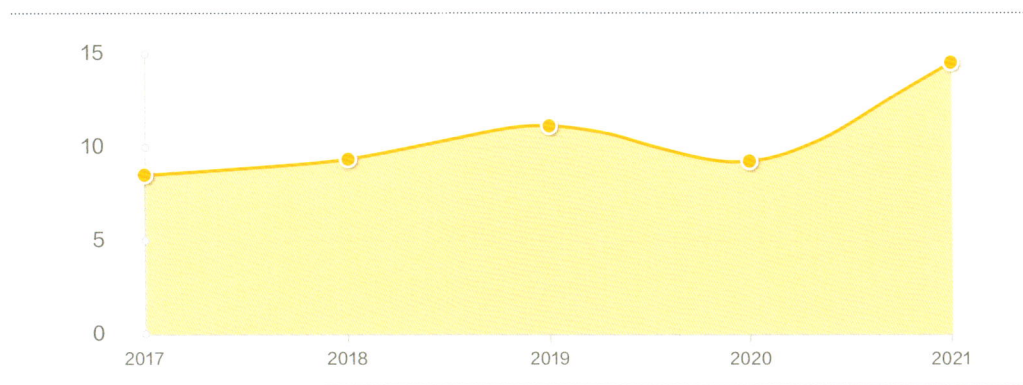

具体而言，2021 年中国大陆地区中国文物艺术品拍卖成交总额为 387.2 亿元，同比大幅提升了 33.5%，成交量为 14.5 万件（套），比 2020 年增长了 56.8%，成交额、成交量及增幅创近五年以来市场统计新高。根据易元数科研究院大数据统计发现：2021 年中国大陆地区拍品平均成交价为 26.6 万元，同比降低了 14.9%，表明在市场强势复苏情形之下，市场规模扩增的同时，价格则呈现下沉的趋势。从数据上看，市场规模的扩增直接来源于上拍量的充盈，该年上拍量为 17.8 万件（套），同比提升 56.2%，表明市场供应能力增强；价格下沉则是直接来源于估价的合理回落，该年估价中值为 20.1 万元 / 件（套），低于实际市场平均成交价，表明拍行审时度势，适当降低估价，吸引更多藏家竞拍，从而促进需求量的上涨。

观察 2017 年至 2021 年近五年中国大陆中国文物艺术品拍卖市场的成交率，总体呈现波动走高的趋势。具体来看，2017 年成交率延续此前企稳回升态势，该阶段拍卖行进行了经营策略的局部调整，"减量提质"的策略被进一步实施，拍品质量普遍提高，且市场精品趋于集中化，从而加速了成交率上扬。2018 年受整体经济下行压力加大的影响，市场信心减弱，拍品的过高估价与藏家心理预期不符而造成流拍较多，成交率回落。在经历了 2018 年的较低成交率后，2019 年中国大陆地区各拍行迅速做出反应，积极应对上一年出现的挑战，尽最大可能满足交易双方的期望值，不至拍场流标过多。2020 年在市场常态化工作展开因疫情受阻时，拍行在被极大限制的市场交易活动中稳扎稳打，积极应对市场供应量减少的挑战，保证上拍标的最大程度易手，以护住市场基本盘。2021 年中国大陆地区市场巩固了上一年的高成交

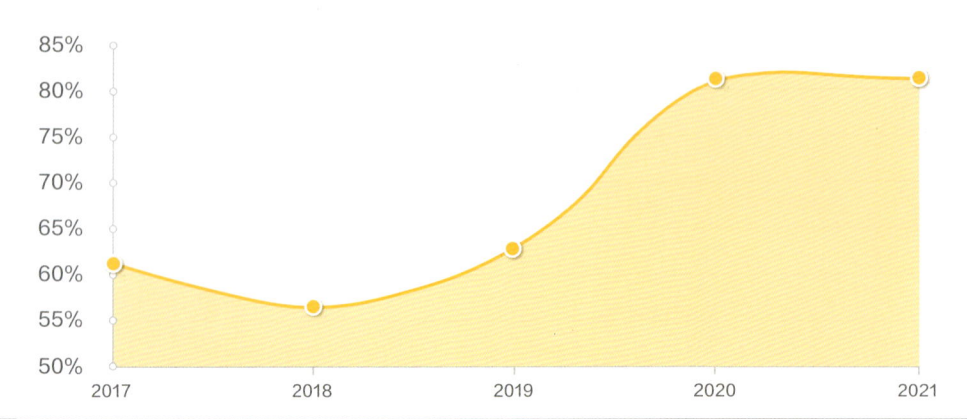

2017—2021年中国大陆地区中国文物艺术品成交率

率，处于高位发展阶段。根据易元数科研究院大数据统计显示：2021年中国大陆地区中国文物艺术品成交率为81.5%，较上一年微涨了0.3个百分点，为近五年来统计最高值。中国大陆地区中国文物艺术品成交率的提升，很大程度上得益于"白手套"专场的数量增多，从数据上看，2021年中国大陆地区"白手套"专场为912个，同比增加433个，赓续上年爆发式增长的态势。一方面受益于线上拍卖市场的显著增长，自2020年拍行加速数字化转型以来，线上拍卖市场的运行机制日益完善，在数字技术迭代升级的推动下，拍卖企业的线上业务全面深入加速发展。据易元数科研究院数据统计显示，2021年中国大陆地区"白手套"专场中线上拍场的占比约为三分之一，拍卖场次明显增多，又因线上拍品价格普遍较低，促进了成交率提高。另一方面，近年来随着文物商店与二级市场的互动性不断增强，文物商店标的保真性更受藏家的信赖，因此文物商店专场设置的增多，在一定程度上保证了拍品成交率的提升，据易元数科研究院数据统计显示，2021年"白手套"专场中，文物商店专场的数量同比增加了82场，说明文物商店的拍品备受关注，更容易在拍卖市场中易手成交。

二　各价位交易均攀升，基础市场规模扩大

2021年中国文物艺术品拍卖市场在中国大陆地区的表现，在成交价位分布上呈现出：各价位市场拍品交易皆攀升，低价位市场拍品交易基础扩大的趋势。

从数据上具体来看，首先，2021年中国大陆地区各价位区间的市场交易规模得以扩增。根据易元数科研究院数据统计显示：成交价在50万元之内拍品成交量为13.5万件（套），同比增长58.8%，成交额为91.8亿元，同比增长57.5%；成交价在50万元至500万元之内的拍品成交量为9642件（套），同比增长50.5%，成

2021 年中国大陆地区中国文物艺术品各品类成交价位分布

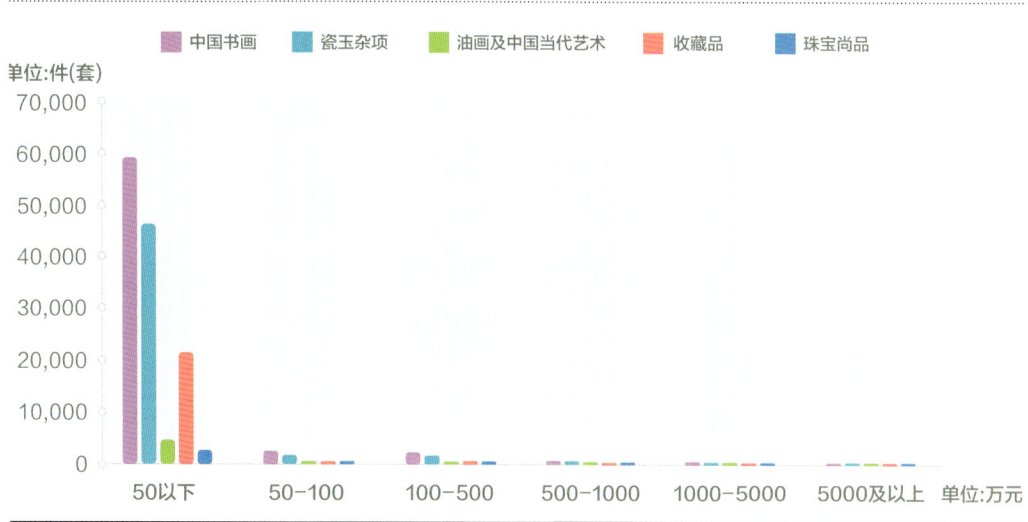

交额为 131.3 亿元，同比增长 43.0%；成交价在 500 万元以上的拍品成交量为 1062 件（套），同比增长 28.6%，成交额为 164.1 亿元，同比增长 16.4%。各价位市场的交易上涨，表明中国大陆地区市场正大幅度全面复苏。其次，低价位市场拍品交易基础呈现扩大趋势。来自易元数科研究院数据统计发现：成交价在 50 万元以内的拍品市场是该年交易最为活跃的部分，其中又以 5 万元为明显界限，细分观察，成交价在 5 万元以下的拍品成交量为 8.7 万件（套），成交额为 17.1 亿元，同比上涨幅分别为 58.2% 与 59.8%，分别占该价位区间总成交量与总成交额的 64.4% 与 18.6%；成交价在 5 万元至 50 万元的拍品成交量为 4.8 万件（套），成交额为 74.7 亿元，同比上涨幅分别为 60.0% 与 57.3%。以上数据表明 5 万元以下拍品是低价位市场的主流，该价位拍品市场的繁荣，主要来自线上拍卖市场的助推，线上拍卖市场大量价格亲民的文物艺术品集中涌现，保证了大众收藏市场供应量的充足。从消费习惯而言，大众收藏的购买力更容易向物美价廉的市场倾斜。可以预见的是，随着中国大陆地区经济稳固修复以及线上拍卖市场的深入发展，大众收藏所关注的低价位市场的规模将进一步扩增，消费型基础市场将是中国大陆地区市场增长新亮点。此外，2021 年中国大陆地区成交价位分布的集中化趋势更为明显，即低价位市场在成交量上以量取胜，高价位市场则在成交额占比上优势突出，该年各价位市场在成交量与成交额两方面均实现上涨，表明市场活力正积极释放，处于消费型的基础市场与投资型的高端市场均向好发展。

三　中国书画仍为主流，瓷杂油画增势显著

近年来中国大陆地区中国文物艺术品市场的品类分布格局较为稳固，2021 年延续了此前在成交量与成交额占比上的基本格局，局部分布中则出现了一些细微调整。该年中国书画是中国大陆地区交易品类的主流，以 189.5 亿元的成交额与 6.5 万件（套）的成交量几乎占据中国大陆地区文物艺术品拍卖市场的半壁江山，分别占该地区总成交额的 48.9% 与总成交量的 44.4%，占比较去年分别收窄了 7.1 个百分点与 3.8 个百分点。瓷玉杂项在市场份额占比上继续紧随中国书画之后，成交额为 121.1 亿元，占据市场总额的 31.3%，扩增个 6.9 百分点；成交量为 5.0 万件（套），占据市场总量的 34.4%，扩增 3.4 个百分点。油画及中国当代艺术板块的成交量与成交额占比尽管仅扩大不足 1 个百分点，但其成交量与成交额同比分别大幅增长了 90.5% 与 42.9%。在成交额占比上，收藏品与珠宝尚品占比相对较小，分别占 6.7% 与 3.2%。中国书画市场在中国大陆地区的主导地位继续显现，瓷玉杂项板、油画及中国当代艺术板块和珠宝尚品板块的市场份额得到进一步扩增，收藏品的市场占比相对其他四大品类市场在 2021 年出现微减趋势。该年中国书画市场占比领先，但与上年相比出现占比收窄的情形，主要在于瓷玉杂项板块、油画及中国当代艺术板块等市场占比体量的扩增。各板块之间占比此消彼长的状态，反映了 2021 年中国大陆地区市场

2021年中国大陆地区细分品类成交量占比

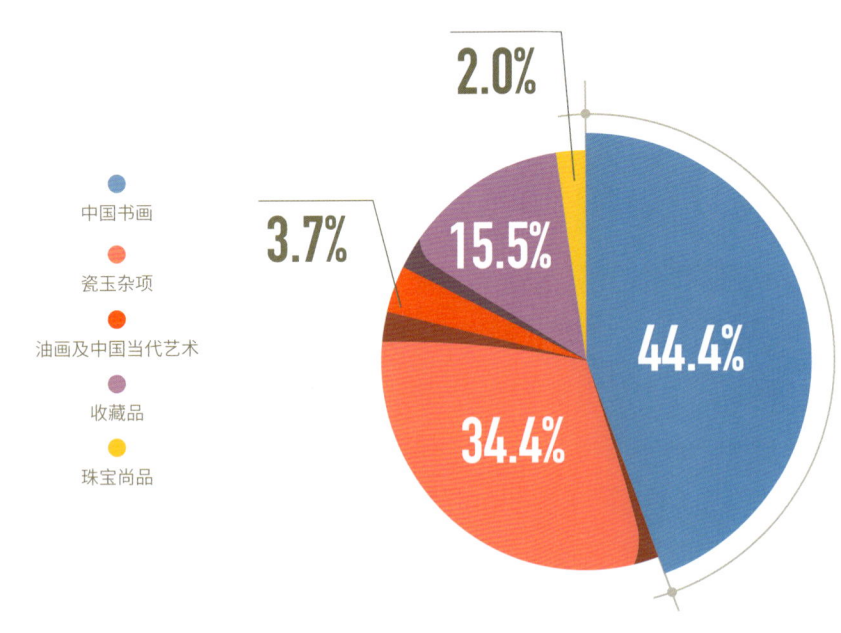

- 中国书画
- 瓷玉杂项
- 油画及中国当代艺术
- 收藏品
- 珠宝尚品

2021年中国大陆地区细分品类成交额占比

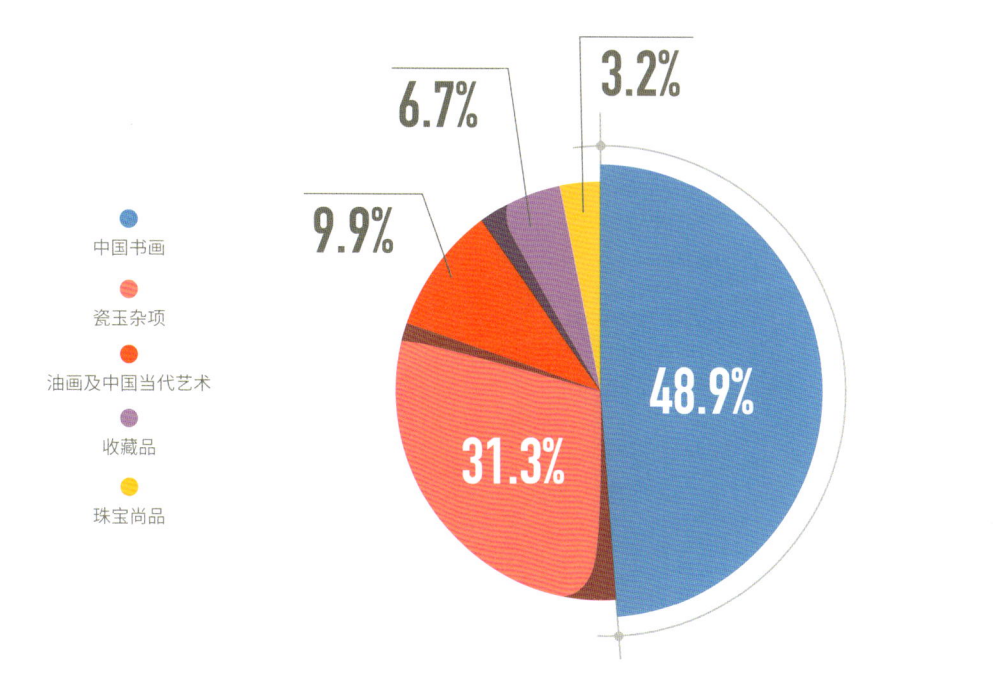

- 中国书画
- 瓷玉杂项
- 油画及中国当代艺术
- 收藏品
- 珠宝尚品

的细微变化，中国书画这一传统收藏板块由于需要藏家对诗、书、画、印等综合文化素养的较高要求，对众多艺术家风格要素的掌握，对绘画与书法鉴赏的审美力的要求，对书画作品较高（相比于其他品类）价格的承接等等因素，使得进入书画板块的门槛相对较高，2021年出现量额占比下降的态势。瓷玉杂项因其兼具观赏性与实用性而越来越吸引到藏家入场，油画及中国当代艺术板块保持涨势，表明了更多的购买力进入到该领域，购藏群体的消费与审美的指向性流动趋势显现。

1. 中国书画

中国大陆地区2021年中国书画市场呈现成交量与成交额双重上涨的趋势，同比上涨幅度分别为44.5%与16.7%。在细分二级品类中，该年的中国书画市场中的古代书画、近现代书画及当代书画各板块的成交量与2020年相比均有所提升，古代书画的成交量上涨幅度为48.9%，近现代书画紧随其后，上涨幅度为48.1%，当代艺术板块的成交量上涨29.9%。成交额方面，三个时期的中国书画市场均实现不同程度上涨。具体来看，古代书画的成交额为53.8亿元，同比增长27.8%，占据中国书画市场总成交额的28.4%；近现代书画板块成交额高达114.9亿元，同比增长12.2%，占据中国书画市场总额的60.6%；当代书画占据了中国书画市场总成交额的11.0%，为20.8亿元，同比上涨16.2%。

古代书画在2021年中国大陆地区市场中，相较近现代书画与当代书画板块，

2020—2021年中国大陆地区中国书画品类细分成交量
（单位：件/套）

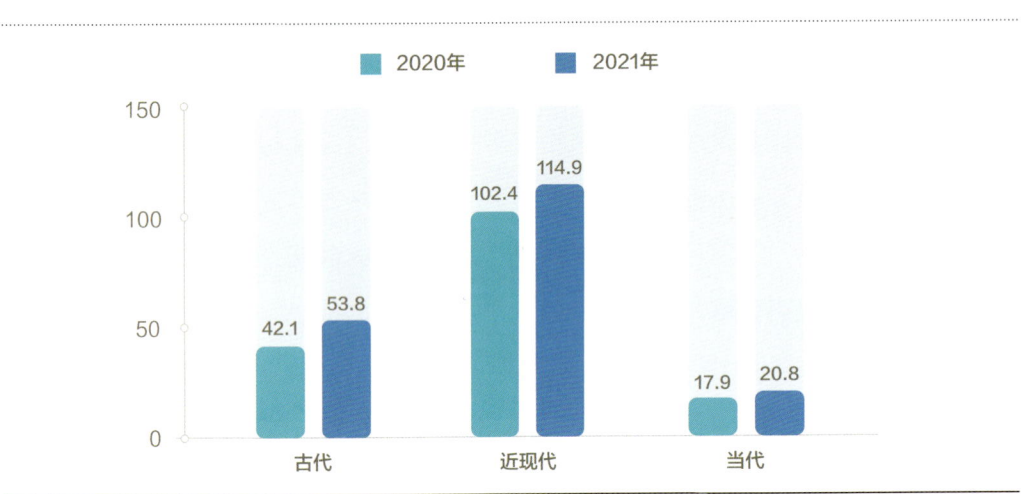

2020—2021年中国大陆地区中国书画品类细分成交额
（单位：亿元）

市场发展保持坚挺，各价位区间的成交量额均保持了较大幅度增长。其中涨幅最大的是 50 万元以下的古代书画市场，该价位成交量同比上涨 50.5% 至 1.3 万件（套），成交额同比上涨 49.2% 至 9.0 亿元。50 万元以下市场的扩容体现了古代书画的基础市场吸引更多藏家群体注资入场，尽管该基础市场的作品多为古代非著名艺术家的作品或是已载入艺术史大家的非经典之作，但因其年代久远、深具中国传统文化的意味，尤其是在文化自信日益浓厚的社会氛围之中而备受藏家关注。此外，易元数科研究院数据统计显示，成交价在 500 万元以上的古代书画市场里，其中成交价在 500 万元至 1000 万元之间的古代书画作品成交额涨幅最为显著，同比上涨 61.7%

达 6.1 亿元, 成交量为 61 件（套）, 同比上涨 45.2%。易元数科研究院通过调研发现, 2021 年中国大陆地区古代书画成交价前十名当中, 有明确皇室收藏著录的作品为 4 件, 流传有序且著录清晰; 十件拍品中, 此前曾在拍卖会中出现的作品数量超过三分之二, 该年所有"熟货"的再次上拍均超越上次拍卖纪录,"熟货"仍是头部市场的主力。

中国古代书画TOP10（中国大陆地区）

序号	地区	拍卖行	拍卖会及专场	作者	作品名称	拍卖时间	人民币成交价（含佣金）
1	北京	北京保利	北京保利2021春季拍卖会 仰之弥高——中国古代书画夜场	徐扬	《平定西域献俘礼图》	2021.06.06	414,000,000
2	北京	中国嘉德	中国嘉德2021秋季拍卖会 大观——中国书画珍品之夜·古代	周之冕	《百花图卷》	2021.12.12	148,350,000
3	北京	北京荣宝	北京荣宝2021春季拍卖会 中国书画·荣名为宝	石涛	《山麓听泉图》	2021.06.19	120,750,000
4	北京	北京保利	北京保利2021春季拍卖会 仰之弥高——中国古代书画夜场	杨维桢	《壶月轩记》	2021.06.06	90,275,000
5	北京	中国嘉德	中国嘉德2021秋季拍卖会 大观——中国书画珍品之夜·古代	郭忠恕	《避暑宫图》	2021.12.12	77,625,000
6	北京	北京保利	北京保利2021秋季拍卖会 仰之弥高——中国古代书画夜场	王振鹏	《锦标图》	2021.12.04	75,900,000
7	北京	华艺国际（北京）	北京华艺国际2021秋季拍卖会 大美——中国书画珍品之夜	陈淳	《水仙图》	2021.12.11	63,250,000
8	北京	中国嘉德	中国嘉德2021春季拍卖会 大观——中国书画珍品之夜·古代	唐寅	《行书七古诗卷》	2021.05.18	57,500,000
9	北京	北京保利	北京保利2021春季拍卖会 仰之弥高——中国古代书画夜场	金廷标	《听泉图》	2021.06.06	57,500,000
10	北京	中国嘉德	中国嘉德2021秋季拍卖会 大观——中国书画珍品之夜·古代	恽寿平	《山水花卉册》	2021.12.12	57,500,000

近现代书画板块在该年度总体呈现稳中有进的趋势, 成交额为 114.9 亿元, 同比上涨 12.2%, 对中国书画市场依然起到主导作用。在 2021 年的近现代书画拍卖成交价前 10 名中, 张大千成为高价位市场的焦点, 占据近现代书画成交额 TOP10 的半壁江山有余, 达 6 件之多, 如此成绩不仅与张大千经典之作集中释出有关, 也与投资性资本在经济复苏过程中的谨慎选择有关, 易元数科研究院经调研发现, 张大千的 6 件作品皆为名家旧藏且著录清晰, 其中不乏多次在市场上流通并轮番创造高成交价的作品, 著名艺术家的经典之作在经济恢复时期对市场的支撑作用得以彰显。易元数科研究院观察各价位近现代书画的市场分布发现, 2021 年近现代书画于成交价在 5 万元以下的价位区间取得了显著增长, 成交量与成交额的增幅分别达到

50.6% 与 43.9%，可见近现代书画的基础市场正以较大幅度扩张，市场下沉趋势进一步显现。也应注意到，该年仅成交价在 1000 万元以上的近现代书画市场成交量与成交额均下降了 15.3%，足见高价值精品市场的紧缩，究其原因，则来源于该价位市场供给量的增势微弱，同比仅微涨 4.4%，直接导致需求端相对减弱。

中国近现代书画TOP10（中国大陆地区）

排名	地区	拍卖行	拍卖会及专场	作者	作品名称	拍卖时间	人民币成交价(含佣金)
1	北京	中国嘉德	中国嘉德2021秋季拍卖会 大观——中国书画珍品之夜·近现代	张大千	《秋曦图》	2021.12.10	195,500,000
2	北京	北京永乐	北京永乐2021春季拍卖会 生命的风景——吴冠中作品专场	吴冠中	《苏醒》	2021.05.21	115,000,000
3	北京	北京保利	北京保利2021秋季拍卖会 中国书画夜场	傅抱石	《为罗时慧作柳荫仕女图》	2021.12.03	97,750,000
4	北京	华艺国际（北京）	北京华艺国际2021秋季拍卖会 大美——中国书画珍品之夜	齐白石	《广廊风图》	2021.12.11	92,000,000
5	北京	华艺国际（北京）	北京华艺国际2021秋季拍卖会 大美——中国书画珍品之夜	张大千	《松峰晓霭图》	2021.12.11	92,000,000
6	上海	上海嘉禾	上海嘉禾2021春季拍卖会 禾风——中国书画夜场	张大千	《水殿风来暗香满》	2021.07.22	76,475,000
7	北京	中国嘉德	中国嘉德2021秋季拍卖会 大观——中国书画珍品之夜·近现代	张大千	《夏山高隐图》	2021.12.10	72,450,000
8	广州	华艺国际（广州）	广州华艺国际2021春季拍卖会 大美——近现代书画珍品之夜	张大千	《黄山奇松通景》	2021.06.04	53,350,000
9	北京	北京荣宝	北京荣宝2021秋季拍卖会 中国书画·荣名为宝	齐白石; 黄宾虹等	《贞松永茂》	2021.12.02	50,025,000
10	北京	北京保利	北京保利2021秋季拍卖会 中国书画夜场	张大千	《仿诸家山水八屏》	2021.12.03	48,875,000

当代书画市场在 2021 年表现出与近现代书画市场趋同发展的态势，整体呈现稳步上升的趋势，该年其市场成交量与成交额分别上涨 29.9% 与 16.2%，增长动力主要来源于中间价位市场的显著发力，尤其是成交价在 50 万元至 100 万元当代书画市场体量的扩大。据易元数科研究院数据统计显示，2021 年当代书画市场成交价在 50 万元至 100 万元的成交量为 308 件（套），同比上涨 61.3%，成交额为 2.1 亿元，同比上涨 55.4%。通过观察该价位区间的当代书画板块可发现，拍品主要由当代学院派的中坚力量艺术家创作，完整的学脉背景与扎实的创作基础，更易受到藏家的追捧。

2.瓷玉杂项

在中国大陆地区各品类中国文物艺术品市场中，瓷玉杂项板块在 2021 年的市场热度相比上年回升幅度加大。来自易元数科研究院的大数据统计显示：该年瓷玉杂项的成交量为 5.0 万件（套），同比增多 73.9%，成交额为 121.1 亿元，同比上涨 71.4%。

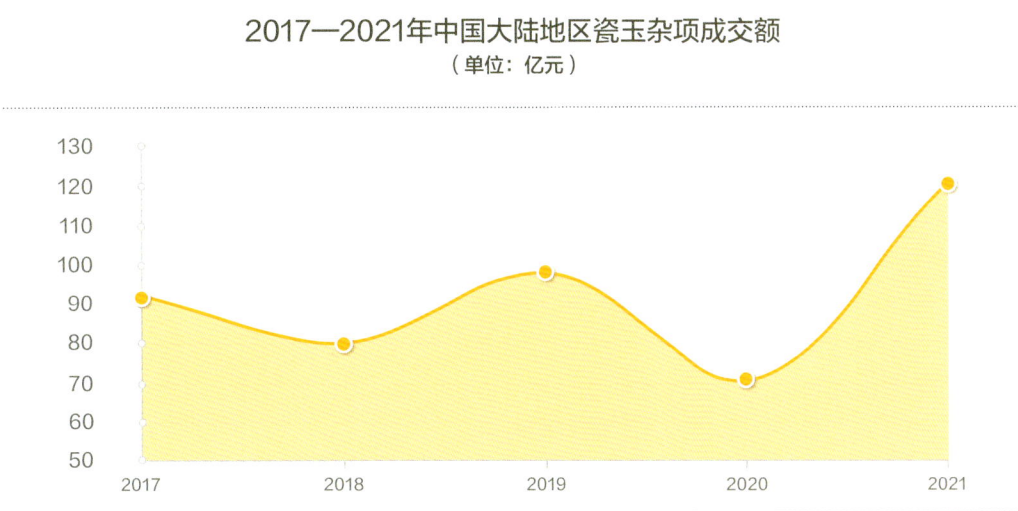

2017—2021年中国大陆地区瓷玉杂项成交额
（单位：亿元）

易元数科研究院从瓷玉杂项各价位分布的统计表明，各价位区间的成交量与成交额均大幅度提升，其中实现最大提升的区间是成交额在 5000 万元以上的拍品，该年本价位区间的成交量扩增了 1.8 倍，达到 11 件（套），成交额提升了 2.3 倍，达到 12.1 亿元。在成交额高于 5000 万元以上的瓷玉杂项中，陶瓷器占据主流，有 8 件之多，以"清乾隆 御制洋彩胭脂红地轧道雕瓷镂空'有凤来仪 百鸟朝凤'图双螭耳大转心瓶"高价领衔，成交额为 2.65 亿元，为本年度全球最高价位瓷器。此外，本年度中国大陆地区瓷玉杂项板块各价位增幅第二的是成交价在 1 万元以下的拍品，其成交量为 9318 件（套），同比上涨 73.9%，成交额为 6528.0 万元，同比上涨 90.2%。通过以上数据可以发现，2021 年瓷玉杂项板块的激增形势，动力主要得益于高精端市场在成交额上的强力助推以及基础市场在成交量上广泛促进。瓷玉杂项板块的两个增长动力，也体现了当年整体艺术市场的基本特征，即高端市场的领先驱动与基础市场的持续扩容，文物艺术品的投资属性与消费属性均成为市场增长的关键因素。

3.油画及中国当代艺术

2021 年，油画及中国当代艺术的成交总额为 38.3 亿元，比去年同期上涨了 42.9%，市场回暖趋势赓续；成交量同比上升了 90.5% 达 5344 件（套），平均每件（套）价格为 71.6 万元，比 2020 年回落了 28.0%，其中油画的平均价格为 116.3 万元／件（套），价格较 2020 年也回落了 28.0%。

细观 2021 年中国大陆地区油画及中国当代艺术板块各价位的分布可发现，成交量与成交额均呈现上涨趋势，成交量增幅最大的是成交额在 500 万元以上拍品，成交量同比上涨 1.5 倍，为 325 件（套），成交额同比上涨的 17.6%；成交额增幅最大的是在 50 万元以下的拍品，成交额同比增长 1.2 倍，成交量同比增长 89.4%。以上数据表明，中国大陆地区高端市场以及低价位市场的扩容能力在不断增强，市场的需求能力在得到进一步释放。该年高端市场成交量增幅与成交额增幅出现较大差距，从数据上看，出现差距的原因一方面在于成交价在 1000 万元至 5000 万元之间拍品成交量与成交额的减少，减少幅度分别为 9.3% 与 13.8%；另一方面在于成交价在 500 万元至 1000 万元之间的拍品是构成高端拍品市场成交量的主力，占高端市场总成交量的 62.8%，但成交额仅占 26.0%，因此，该价位是影响高端市场成交量、额变化幅度的主要因素。

2017—2021年中国大陆地区油画及中国当代艺术成交额
（单位：亿元）

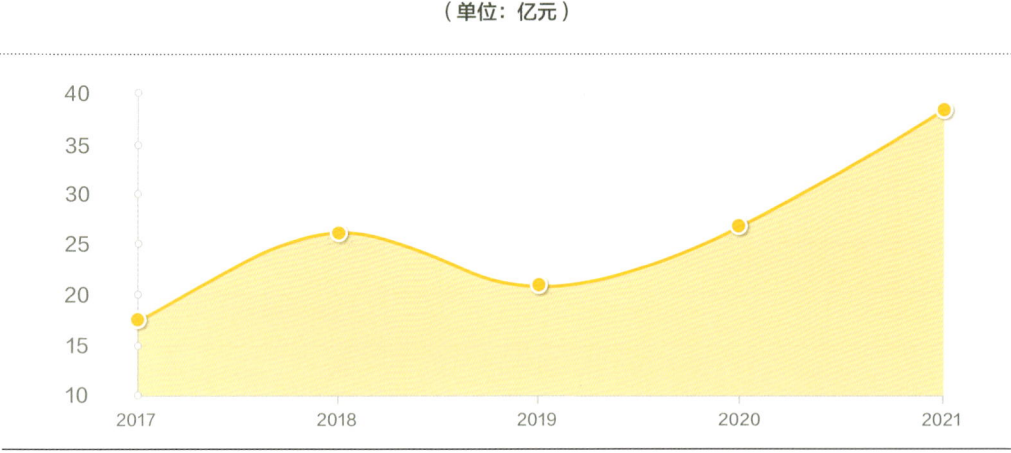

4. 收藏品

中国大陆地区收藏品板块在 2017 年和 2021 年期间，保持在 15.2 亿至 25.9 亿元之间的成交额，整体呈现稳步上涨的趋势，仅在 2019 年收藏品成交额同比稍降 4.3%。2021 年，中国大陆地区收藏品成交额为 25.9 亿元，同比增多 19.6%，占中国大陆地区市场总成交额的 6.7%；成交量为 2.2 万件（套），同比增多 36.7%，占中国大陆地区市场总成交量的 15.5%；平均价格为 11.5 万元／件（套），同比下降 22.7%，市场下沉趋势显现。

细观 2021 年收藏品板块下属各品类可发现，与 2020 年邮品钱币板块量额收紧、古籍文献及手稿量减额增的市场情形相比，2021 年表现出与上年相反的趋势：该年邮品钱币市场成交额与成交量均上涨，上涨幅度分别为 75.4% 与 84.6%；古籍文献

084

2017—2021年中国大陆地区收藏品成交额
（单位：亿元）

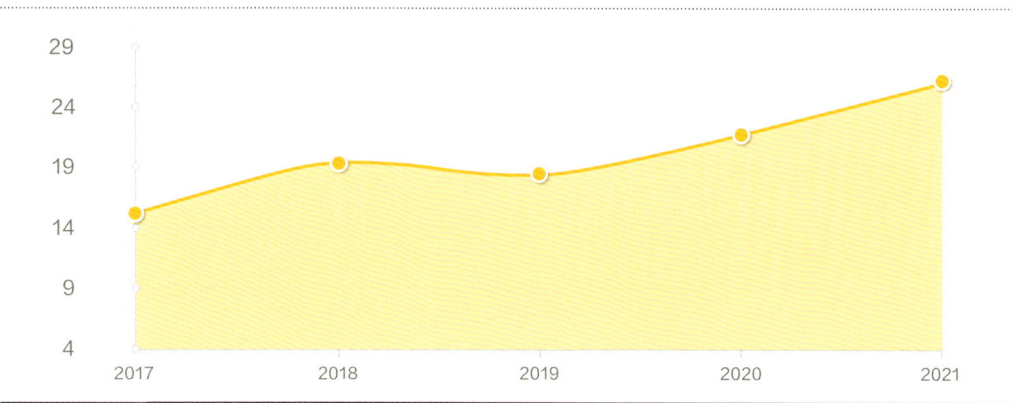

及手稿市场尽管成交量出现 30.1% 的增势，但是成交额回落了 17.4%。邮品钱币市场各价位的成交量与成交额均上涨，上涨幅度最为显著的是成交价在 500 万元至 1000 万元之间的邮品钱币，成交量为 9 件（套），同比扩增 6 件（套），成交额为 5869.4 万元，同比上涨 1.7 倍。古籍文献及手稿市场成交额的下滑，主要由于较高价位拍品市场的减弱，数据显示：成交价在 100 万元以上的各价位区间的古籍文献及手稿，成交量整体减少 7.0%，由此导致成交额相应下调，下降幅度为 33.8%。尤其是成交价在 5000 万元以上的成交量减少了 33.3%，成交额减少了 72.4%，头部市场的紧缩，进一步加剧了整体市场的下滑。

5. 珠宝尚品

2021 年中国大陆地区珠宝尚品成交量为 2899 件（套），同比上涨 54.5%，成交额为 12.4 亿元，同比上涨 46.8%，平均成交价为 42.9 万元 / 件（套），同比微降 5.0%。该年中国大陆地区珠宝尚品市场延续上一年的良好增势，继续扩容。

来自易元数科研究院的数据统计显示：珠宝尚品的市场增量主要来自成交价在 5000 万元以下的拍品，其成交量均实现不同程度的上涨，整体上涨 54.6%，相应成交额上涨 61.3%。其中涨幅最为迅猛的是成交价在 50 万元至 500 万元之间的珠宝尚品中间市场，该价位拍品成交量为 246 件（套），同比大幅增多 1.2 倍，成交额为 4.3 亿元，同比大幅攀升了 1.5 倍；此外，处于 50 万元以下基础市场的珠宝尚品板块，也实现较大幅度上涨，成交量与成交额分别上涨 50.4% 与 88.9%。通过数据可以发现，该年大陆地区珠宝尚品板块呈现中间市场高位引领、基础市场规模扩增的特征。中间以及基础市场的交易活跃，表明珠宝尚品板块已有更为广泛的受众群体，加之网络拍卖业态的持续推进，消费者通过拍行以及线上拍场购买珠宝的习惯正在逐渐形成，作为近年来中国大陆地区着重培养的市场板块，其发展前景可观。

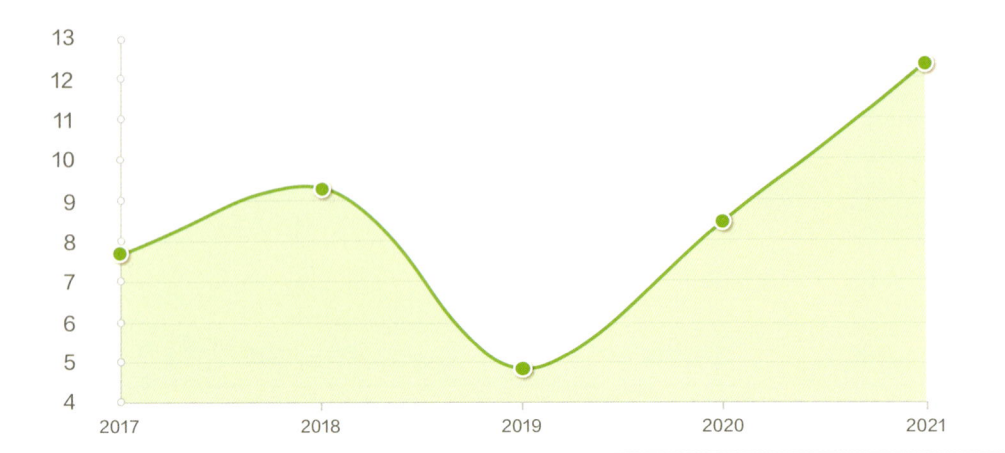

2017—2021年大陆地区珠宝尚品成交额
（单位：亿元）

四 区域分布格局稳固，珠三角地区增量提质

从中国大陆地区各区域市场发展的维度来看，2021年京津冀区域市场仍旧延续多年来的主导地位，长三角市场与珠三角市场紧随其后，长期以来，中西部地区与大陆其他地区所占市场份额相对较小。

易元数科研究院数据统计显示：京津冀地区成交额为272.0亿元，占中国大陆地区市场份额的70.2%；成交量为7.7万件（套），占中国大陆地区市场总量的53.1%，较上年成交额增长了26.5%，成交量增多47.0%。该区域市场的拍品平均成交价为35.2万元，同比回落13.9%，居其他区域市场拍品平均成交价之首，中高端文物艺术品多集中在该区域。根据易元数科研究院大数据统计结果可发现，促使京津冀市场的量额双升直接来源于各板块市场的活力释放，该年京津冀市场各板块的交易均实现了较大幅度增长，其中以瓷玉杂项的增长最为突出，成交量与成交额的上涨幅度分别为68.2%与54.4%，足见瓷玉杂项板块在该区域交易的火热。长三角区域拍卖市场成交额为79.1亿元，同比上涨了97.6%，占据中国大陆地区市场份额的20.4%，处于第二位；其成交量4.7万件（套），占整个市场份额的32.5%，拍品的平均成交价普遍低于京津冀。中西部与大陆其他地区所占整个中国大陆地区市场份额较小，中西部地区的成交量与成交额分别上涨40.6%与110.0%；大陆其他地区成交量与成交额分别减少14.8%与31.8%。

珠三角区域市场在2021年的发展表现可圈可点：成交量为1.1万件（套），同比增长56.8%，成交额为19.7亿元，同比提升2.2倍，尤为亮眼。在珠三角区域，成交额的翻倍上涨，从数据上看，来源于各交易板块的成交额大幅上涨，其中首先

086

2021年中国大陆细分地区中国文物艺术品成交额占比

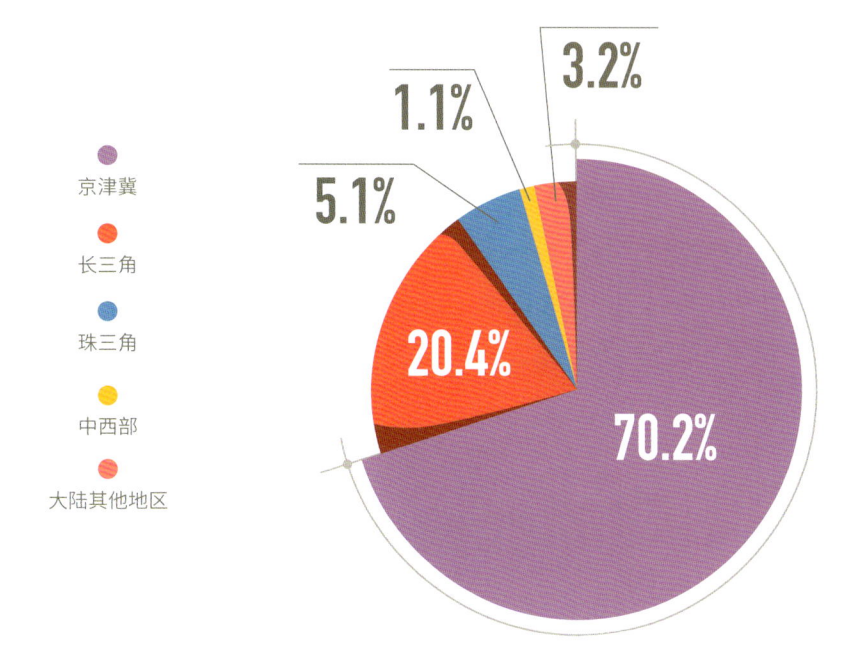

京津冀
长三角
珠三角
中西部
大陆其他地区

2021年中国大陆细分地区中国文物艺术品成交量占比

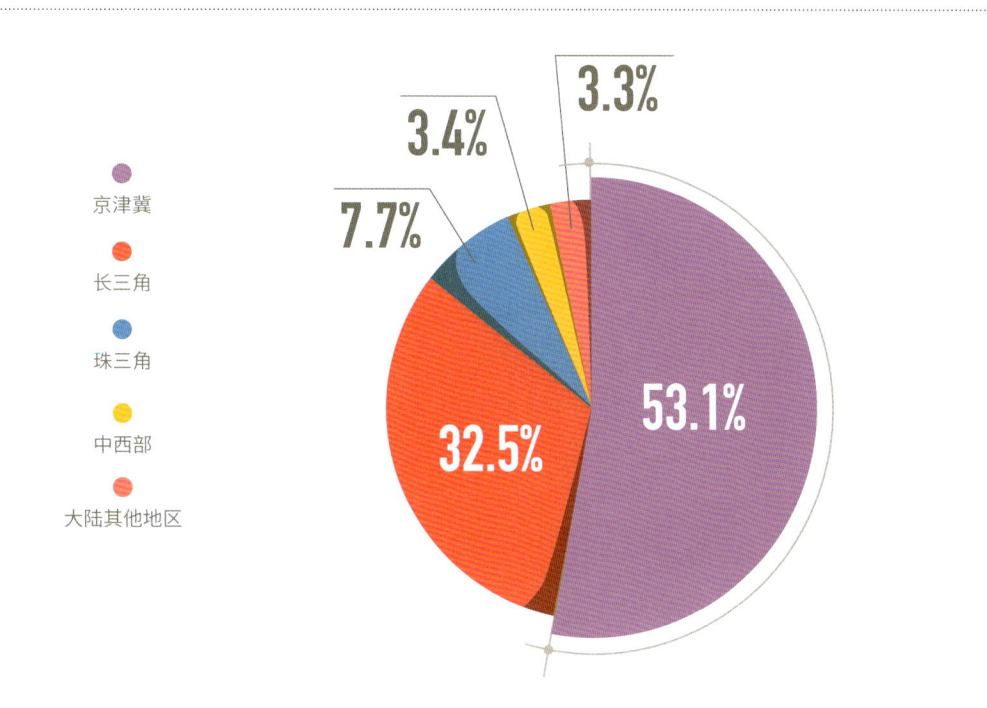

京津冀
长三角
珠三角
中西部
大陆其他地区

以珠宝尚品的涨幅领衔，该年涨幅同比扩大 8.5 倍，尽管成交量回落了 28.2%，由此可见珠宝尚品板块增质减量的特征得以显现；瓷玉杂项的成交额涨幅紧随其后，同比上涨 4.0 倍；油画及中国当代艺术的成交额涨幅为 2.1 倍，中国书画、收藏品的涨幅均为 1.6 倍。如此大幅度的增长，易元数科研究院通过市场调研与数据统计发现，珠三角市场的活跃归因于外地头部拍行在该地区的布局。2021 年 9 月，北京保利在广东深圳开展"2021'深圳'精品拍卖会"，将市场开拓至粤港澳大湾区，本场拍卖会以 4.1 亿元的成交额收槌，占珠三角地区全年成交额的 20.8%，对该区域市场的格局发展起到重要作用。以珠三角地区成交额涨幅最大的珠宝尚品板块为例，该年仅"2021'深圳'精品拍卖会"的珠宝尚品成交额就占到该地区全年珠宝尚品总成交额的三分之一以上，足以窥见头部拍行在区域市场的带动作用。近年来，头部拍行在其他地区开展拍卖活动的频次日渐增多，可视此举为头部拍行提高收益的途径之一，这种跨区域布局，一方面带动了区域市场的短期激增，另一方面从长期市场发展来看，跨区域之间的拍卖布局，对更广泛地发掘当地供给与需求资源起到催化作用，将进一步增强市场的流动性。

亚太其他地区市场
（含中国香港、中国澳门、中国台湾地区）

Asia-Pacific Art & Antiques Market (Including HongKong,Macao and Taiwan)

一　市场整体企稳回升，成交走高韧性凸显

亚太其他地区（包括中国香港、中国台湾、日本、新加坡等地）作为中国文物艺术品交易市场的重镇之一，易元数科研究院通过对其市场统计数据发现，近年来该地区的成交额一直仅次于中国大陆地区，平均所占市场份额维持在四分之一左右，并以此为中心进行细微调整。2021 年，亚太其他地区的中国文物艺术品拍卖市场成交额为 118.4 亿元人民币，同比上年提升了 19.0%，占据当年中国文物艺术品全球市场总成交额的 22.1%，较比上年收窄了 2.2 个百分点；成交量为 2.9 万件（套），同比上年增多了 45.0%，占据当年中国文物艺术品全球市场总成交量的 13.5%，较比上年收窄了 0.7 个百分点。以上数据表明，在 2021 年全球经济逐步复苏的市场环境中，中国文物艺术品拍卖在亚太其他地区市场开始企稳回升，成交量与成交额均有所上涨，扭转上一年因受疫情突发而下行的发展态势。

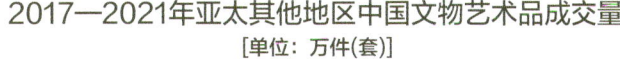

2017—2021年亚太其他地区中国文物艺术品成交量
[单位：万件(套)]

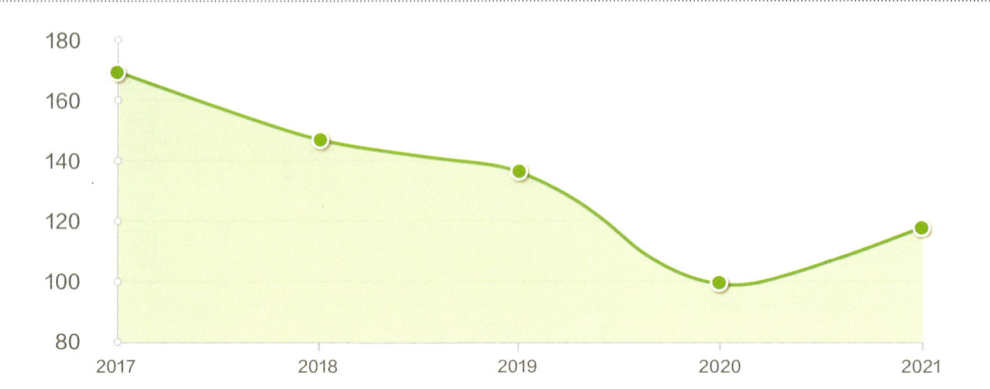

2017—2021年亚太其他地区中国文物艺术品成交额
（单位：亿元）

通过观察 2017 年至 2021 年亚太其他地区的中国文物艺术品成交量与成交额的整体走势可以发现：2017 年至 2019 年亚太其他地区中国文物艺术品的成交量整体呈现出上升发展的趋势，尤其是在 2019 年，其成交量出现显著提升，高于此前任何一年的成交量，市场占有量进一步扩大，更多中国文物艺术品现身亚太其他地区市场，但在 2020 年出现急速下滑的发展态势，2021 年扭转市局，急速攀升，创五年来成交量最高值。成交额方面，2017 年延续此前市场高涨攀升趋势，达到峰值 169.7 亿元人民币，2018 年转势下跌至 147.5 亿元人民币，同比下跌 14.0%，2019 年成交额下跌趋势较上一年有所放缓，2020 年则继续下探，成交额不及百亿元，2021 年市场反弹，复苏势头开始显现。2021 年亚太其他地区成交量、额的双重扩增，一方面受全球宏观经济复苏的有力推动，全球资金流动性比上年同期活跃的广泛影响，另一方面也与拍行审时度势，从供给源头上深度发掘，扩大市场供应量，从而促进需求的策略有关。数据显示，2021 年亚太其他地区上拍量为 3.4 万件（套），同比 2020 年增加了 35.9%，其中不乏将上拍量同比扩增超过一半的案例。如保利香港 2021 年中国文物艺术品的上拍量为 1932 件（套），比 2020 年增多了为 1162 件（套），增长幅度达 1.5 倍；日本东京中央 2021 年中国文物艺术品的上拍量为 2826 件（套），同比增多 66.5%；中国嘉德（香港）2021 年中国文物艺术品的上拍量为 2220 件（套），同比增多 51.2%；香港苏富比与香港佳士得在本年的上拍量也实现了不同幅度的上扬，平均增长接近 10.0%。亚太其他地区主要大型拍行上拍量的上涨趋势，带动了该地区整体上拍量见涨，供给端的充盈度可观，从而为需求端购买力的进一步释放提供了良好的市场基础。

易元数科研究院通过对 2017 年至 2021 年亚太其他地区中国文物艺术品的成交率统计发现：2021 年为该地区中国文物艺术品成交率五年来最高的一年，同比提升了 4.2 个百分点达到 82.8%，表明在现有的市场容量中买气高涨的氛围赓续。以亚太

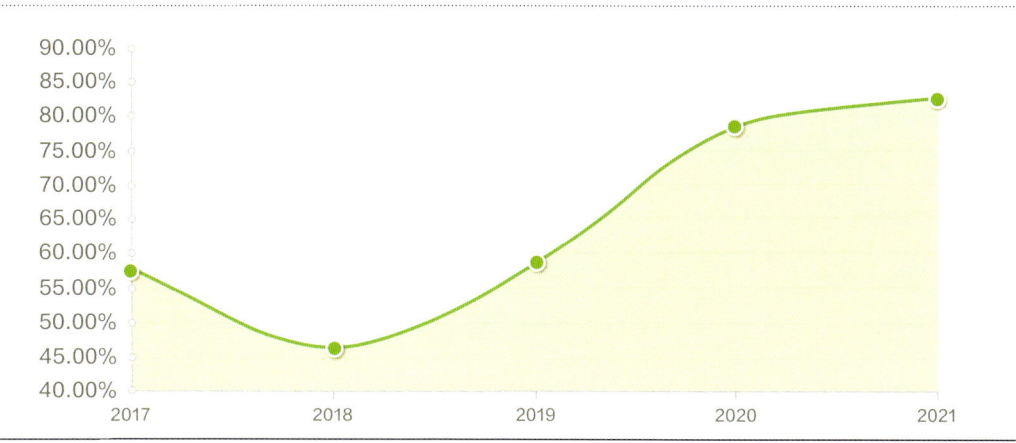

2017—2021年亚太其他地区中国文物艺术品成交率

其他地区的"白手套"专场为例，2021年该地区"白手套"专场数量为231场，同比增加了1.8倍。该地区中国文物艺术品各品类成交率同比均有所提升，其中中国书画成交率为83.1%上升2.9个百分点，瓷玉杂项成交率为82.2%上升3.4个百分点，油画及中国当代艺术成交率为87.7%上升2.6个百分点，收藏品成交率为82.4%上升6.1个百分点，珠宝尚品成交率为82.9%上升7.4个百分点。亚太其他地区各品类成交率大幅提升的动力来源于多方面，首先得益于以著名藏家旧藏为主题的专场数量进一步增多，拍品质量提高与流传序列清晰；其次在于拍行专业准确地调配，重点关注买方市场的需求，并以此作为征集的关键因素，并在价位设置上更加贴切实际，理性回归；另外，需求端经历了上一年的短暂滞缓、韬光养晦之后，随着该年资金流动性加大，刺激了购买力的激增，保证了该地区市场的高成交率。

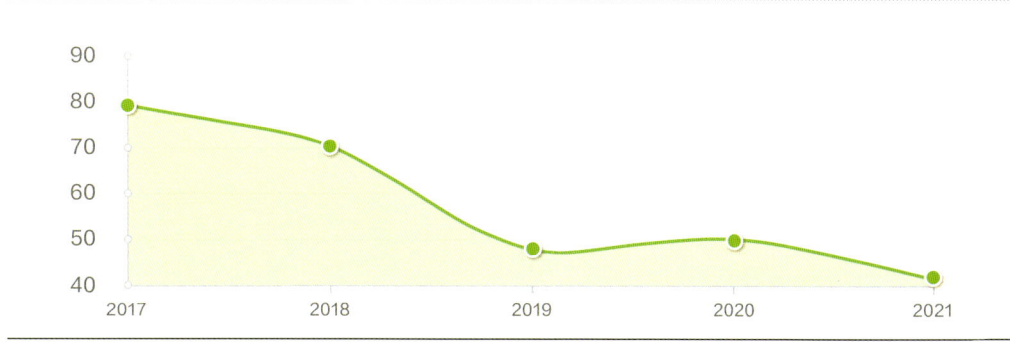

2017—2021年亚太其他地区中国文物艺术品平均成交单价
（单位：万元）

　　纵观近五年的亚太其他地区中国文物艺术品的平均成交价格，2017年平均价格是五年以来的最高值，为79.4万元/件（套），随即在2018年出现下调趋势，此年该地区中国文物艺术品的平均成交价格为 70.0 万元 / 件（套），同比 2017 年下跌了 12.0%。2019 年则继续上一年的下探趋势，平均成交价格为 48.4 万元件（套）。2020 年亚太其他地区平均成交价格实现小幅度上扬，为 49.9 万元 / 件（套）。2021 年未保持上一年的上涨态势，而是继续下沉，为 41.5 万元 / 件（套）。总体来看，近五年来年亚太其他地区平均价格处于逐步走低的状态，造成此种发展趋势的众多因素里主要在于低价位拍品市场成交量的不断攀升，一定程度上降低了总体成交价。2021 年成交价在 50 万元以下的拍品占比达 89.5%，是市场交易的主流，较上一年成交量提升了 43.8%，处于价格基础端的交易持续活跃，进一步带动市场的下沉。

二 多个价位交易活跃，中低价位备受关注

2021 年中国文物艺术品拍卖市场在亚太其他地区的表现，在成交价位分布上呈现出如下特征：多个价位交易活跃，中低价位备受关注。

2021年亚太其他地区细分价位与品类成交量

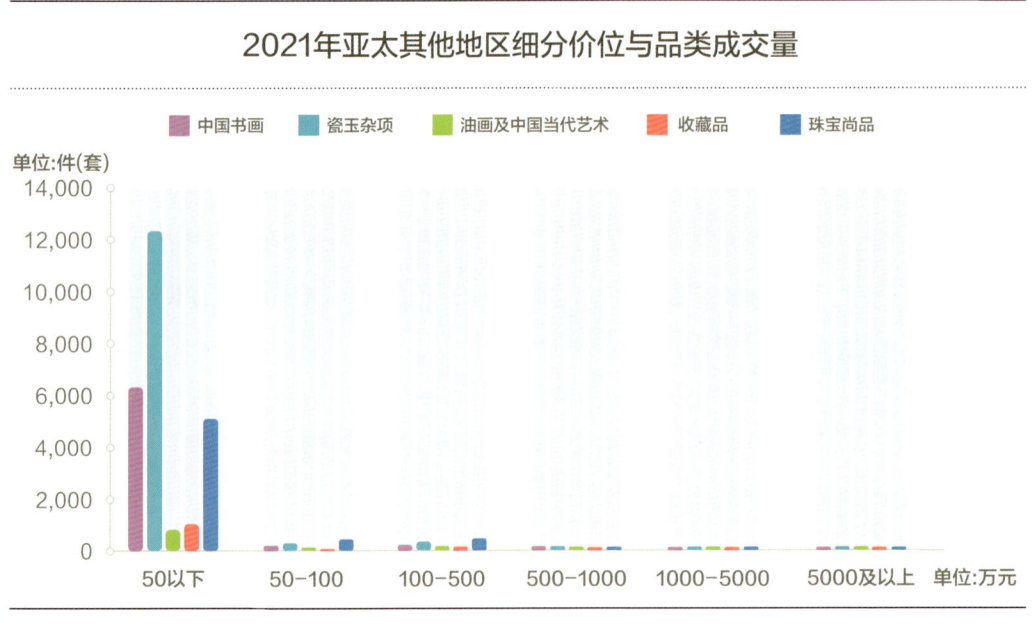

具体来看，2021 年亚太其他地区中国文物艺术品各价位市场，低价位的基础市场、中端市场以及高端市场的交易皆实现了不同程度地上涨，尤其是中低端市场的增量显著。从数据上看，该年成交价在 50 万元以下的低价位市场，成交量上涨了 44.4%，为 2.6 万件（套），成交额提升了 30.6%，为 18.8 亿元；成交价在 50 万元至 500 万元之间的中端价位市场，成交量与成交额分别上涨 38.4% 与 39.4%，达到 2500 件（套）与 36.8 亿元；成交价在 500 万元以上的高端市场也实现了提升，

成交量为 371 件（套），同比增加 29.7%，成交额为 62.8 亿元，同比上涨 7.2%。50 万元以下低价位市场的激增，很大程度上得益于网络拍卖（不含线上＋线下同步拍）的助推，来自易元数科研究院的数据统计发现，亚太其他地区低价位市场的 2.6 万件（套）成交量中有接近三分之一的成交量由网络拍卖贡献。值得关注的低价位市场中处于 5 万元以下的成交拍品，其成交量与成交额上涨幅度最大，平均涨幅为 55.0%，尤为瞩目。其中网络拍卖贡献了 37.9% 的成交量。在整个文物艺术品行业数字化转型不断深化的氛围中，网络拍卖将在低价位的基础市场中发挥更大的作用。此外，尽管成交价在 500 万元以上的高端市场整体实现了扩容上涨，但是成交价在 5000 万元以上的高精端精品市场出现了明显的紧缩。数据显示，该价位成交量为 1/ 件（套），同比减少了 26.1%，成交额为 18.0 亿元，同比缩减了 30.0%。高精端市场的紧缩，一方面受供应量相对减少的影响，出于资产保值考虑藏家惜售的情形明显；另一方面，尽管全球经济处于复苏期，但是买家对高投资仍持谨慎保守的态度。

三 瓷玉杂项以量取胜，珠宝尚品供求扩增

2021 年亚太其他地区市场的拍品构成在规模上也有所调整，对比近两年中国文物艺术品细分品类的成交量、额占比情况来看：2020 年，油画及中国当代艺术板块在成交额上以绝对优势占据第一，瓷玉杂项则在成交量上位居首位，中国书画在成交量、额占比方面皆排在第二位，珠宝尚品板块在 2020 年无论是成交量还是成交额皆同比大幅增大，买气回升，跃居第三位；收藏品板块的拍品在成交量与成交额均不抵 2019 年，占比同比呈下滑态势。2021 年亚太其他地区各板块成交量保持上年分布格局，瓷玉杂项延续上年良好发展态势，稳居成交量第一，中国书画紧随其后，其他三大板块占比排名与上年一致。成交额占比分布出现明显的板块轮动，珠宝尚品板块从上年第三位置跃居至第一位；瓷玉杂项板块成交额占比排名同比 2020 年提前一位至第二位；油画及中国当代板块成交额占比由 2020 年的第一退居至第三位；中国书画板块的成交额占比紧随油画及中国当代艺术板块之后，收藏品的成交额占比依旧甚小。

易元数科研究院统计数据显示：2021 年瓷玉杂项成交量为 1.3 万件（套），同比上年增加了 49.6%；成交额为 28.5 亿元，同比上涨 40.5%。中国书画在该年的成交量为 6882 件（套），同比上年增多了 39.4%；其成交额为 23.9 亿元，同比上涨 21.7%。珠宝尚品的成交量为 6160 件（套）、成交额为 36.0 亿元，同比分别上涨 39.4% 与 53.4%。油画及中国当代艺术的成交量为 1261 件（套），同比增加了 12.8%；其成交额为 28.1 亿元，同比减少 20.3%，是五大品类中唯一成交额减少的

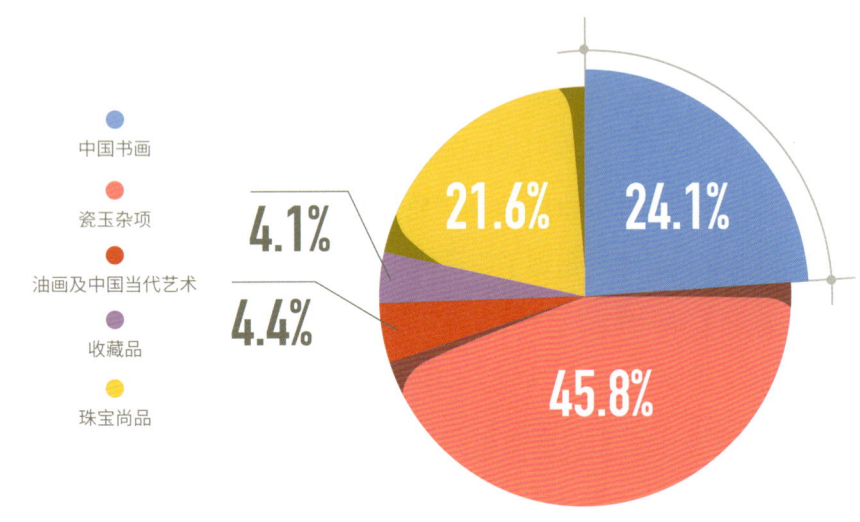

2021年亚太其他地区细分品类成交量占比

中国书画
瓷玉杂项
油画及中国当代艺术
收藏品
珠宝尚品

4.1%
4.4%
21.6%
24.1%
45.8%

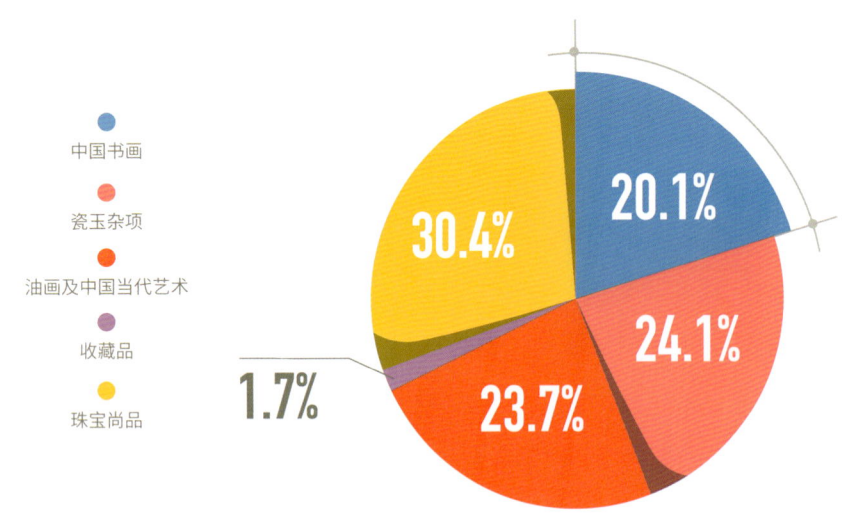

2021年亚太其他地区细分品类成交额占比

中国书画
瓷玉杂项
油画及中国当代艺术
收藏品
珠宝尚品

30.4%
20.1%
24.1%
23.7%
1.7%

板块。收藏品的成交量为 1141 件（套），同比增多 59.1%；其成交额为 2.0 亿元，上涨幅度高达 91.0%。

数据显示，瓷玉杂项板块的成交量与成交额该年在亚太其他地区占比突出，该板块市场显著增长的主要来自基础市场与高精端市场的双重驱动。2021 年亚太其他地区各价位瓷玉杂项市场的规模均实现了较大幅度的扩增，其中增长最为突出的是成交价在 5 万元以下的基础市场以及成交价在 1000 万元以上的高精端市场，这两个市场的成交量增幅度分别达到 62.2% 与 62.1%，成交额增幅分别达到 80.0% 与 73.4%。首先，成交价在 5 万元以下市场主要由古典家具与文房雅玩两个细分市场驱动，该价位内古典家具的成交量与成交额的增幅皆达到 1.2 倍；文房雅玩的成交量增幅达到 1.2 倍，成交额增幅达到 1.0 倍。古典家具与文房雅玩交易激增，表明处于基础市场端的消费型拍品得以彰显，文物艺术品的实用性与娱乐性更受基础市场的欢迎。其次，高端市场中，1000 万元以上的成交的瓷玉杂项市场迅速增长，主要由陶瓷器与玉石器两个细分市场带动。该价位内陶瓷器的成交量涨幅为 1.7 倍，成交额涨幅为 77.3%；玉石器的成交量与成交额涨幅均为 2.0 倍。易元数科研究院通过对该价位陶瓷器与玉石器拍品的调研发现，此价位拍品皆流传有序，或是皇室御藏，或是重要藏家旧藏，抑或是从著名博物馆释出，可靠的藏品来源为高精端市场提供了坚实的品质基础，更容易吸引资本的关注。

珠宝尚品在亚太其他地区一直以来是不可忽视的一大品类，自 2016 年以来其一直占据市场各品类份额的第三位置，但在 2019 年出现了变动，其成交额呈下行发展趋势，由各品类成交额排名第三下落至第四的位置，被油画及中国当代艺术板块超越。2020 年珠宝尚品板块的成交额再次提升至第三的位置，市场潜力得到释放，2021 年则延续上一年的增长势头，跃居本年度成交额第一的位置，交易成绩令人瞩目。2021 年其成交量为 6160 件（套），占据市场总量的 21.6%，比上一年增加了 1742 件（套）；成交额为 36.0 亿元，占据市场总额的 30.4%，比上年增长了 12.5 亿元；平均成交价格为 58.5 万元 / 件（套），比上年提升了 10.2%。该年度亚太其他地区珠宝尚品成交量与成交额均同比出现大幅度的上升，主要集中在珠宝翡翠板块的大幅扩增，数据显示：该年珠宝翡翠的成交量为 2750 件（套），成交额为 22.6 亿元，分别扩增 42.3% 与 42.1%，如此大幅度调整提升了珠宝尚品整个品类的市场份额占有量。从珠宝翡翠的成交价格分布来看，除成交价在 5000 万元以上拍品成交量减少 1 件（套）外，其他价位市场均出现大幅上扬趋势，增势最为明显的是成交价在 1000 万元至 5000 万元之间的珠宝翡翠，成交量与成交额均增长了 1.4 倍。如此数据进一步表明，在经济复苏时期，珠宝翡翠作为资产投资与日常消费的需求持续显现。

四 中国香港市场赓续领先，日本市场转势回暖

2021 年亚太其他地区的各细分市场延续上年分布格局，中国香港市场仍旧引领该地区市场，日本市场回暖上扬，中国台湾、新加坡市场交易排名未变，该地区的其他地区市场规模甚微。易元数科研究院数据显示：2021 年中国香港的成交量为 1.5 万件（套），成交额为 107.9 亿元，分别占据整个亚太其他地区市场份额的 54.2% 与 91.2%，以绝对优势处于亚太其他地区的主导地位。日本市场跟随中国香港市场之后，成交量为 1.1 万件（套），占亚太其他地区总成交量的 37.0%，占比扩大 9.5 个百分点，成交额为 6.5 亿元，虽与中国香港市场相去甚远，但明显领先于其他几个地区，其成交额在 2021 年增速显著，同比上年增多 87.0%，市场份额占比也进一步扩大，较比上年提升 2.0 个百分点。排列在亚太其他地区第三与第四的是中国台湾与新加坡，中国台湾该年的中国文物艺术品成交量为 1598 件（套），同比减少 40.0%，成交额为 3.4 亿元，同比减少 20.5%；新加坡该年的中国文物艺术品成交量为 924 件（套），成交额为 0.6 亿元，分别上涨了 6.8% 与 18.1%；除中国香港、日本、中国台湾和新加坡之外的亚太其他地区的市场占有量继续呈缩减之势。

中国香港作为连接中国内地市场与海外市场的交易重地，它在亚太其他地区的引领作用不断稳固，其地理位置与市场制度的优越性在亚洲地区得以彰显。中国香

2021年亚太其他地区各细分市场成交量占比

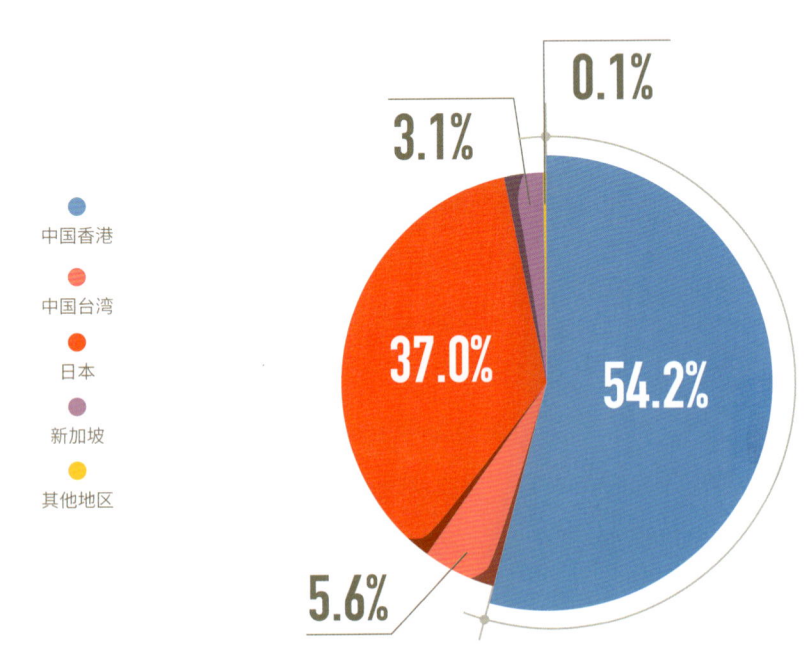

2021年亚太其他地区各细分市场成交额占比

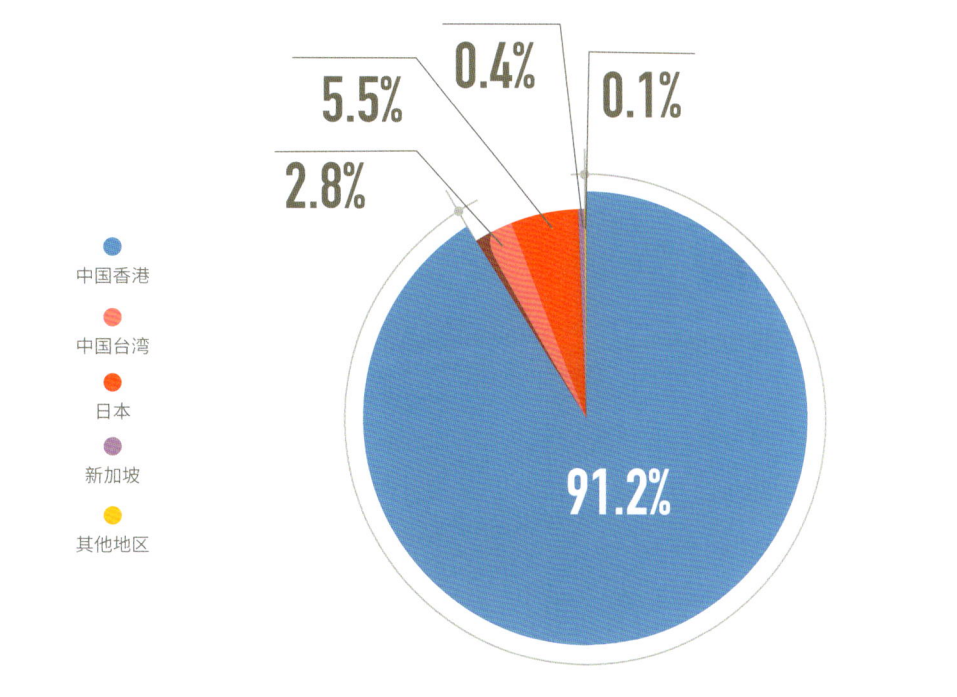

- 中国香港
- 中国台湾
- 日本
- 新加坡
- 其他地区

港的中国文物艺术品市场在亚太其他地区独占鳌头，但其成交额与所占该地区市场占比份额呈现出同比微小收窄的态势。来自易元数科研究院的统计数据显示：2021年中国香港的中国文物艺术品成交量与成交额的市场占比均收窄了0.5个百分点。纵观中国香港近五年的中国文物艺术品市场发展可发现，2017年的成交额达到近五年的峰值，为149.7亿元，2018年随着世界经济不稳定因素增多的影响，该年有了

2017—2021年中国香港中国文物艺术品成交量
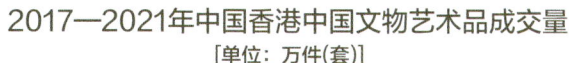
[单位：万件(套)]

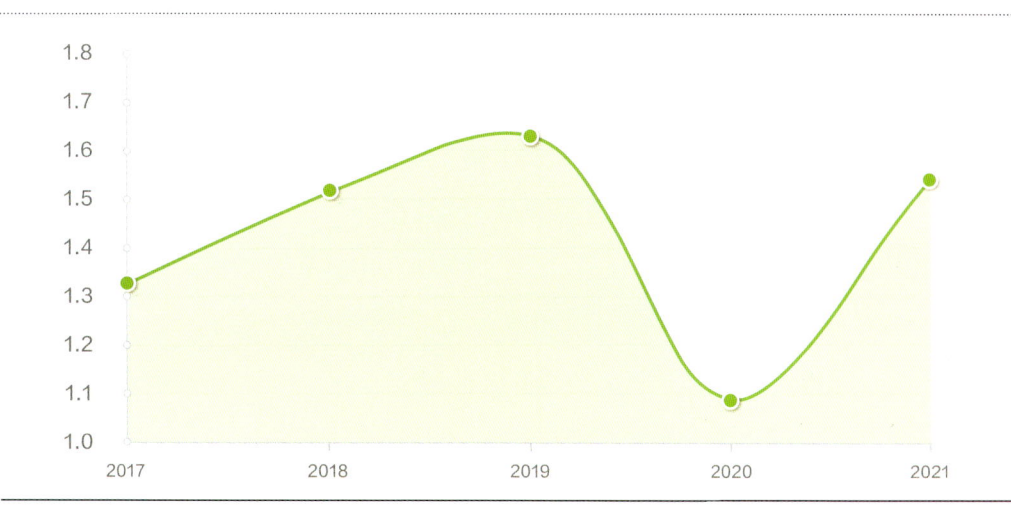

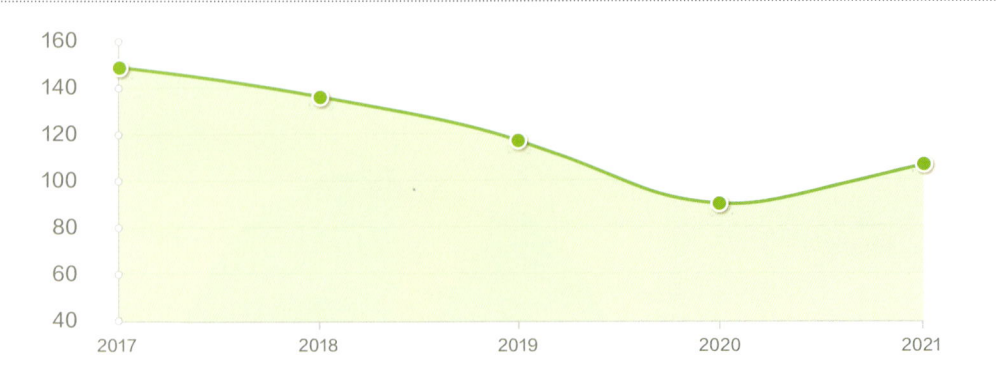

2017—2021年中国香港中国文物艺术品成交额
（单位：亿元）

较小幅度的回落，为 137.5 亿元，较 2017 年下降 8.1%，此后两年延续下探的趋势，2021 年中止了前三年的下行态势，呈现上扬的势头。再观其近五年的成交量，2017 年至 2019 年呈现不断上涨趋势，市场的买气不断上升；2019 年为 1.6 万件（套），较 2017 年增幅达 23.0%；2020 年中国香港市场的成交量在全球市场紧缩的情形下出现大幅度下滑，下降幅度为 33.3%；2021 年中国香港市场的成交量大幅度提升，基本接近全球疫情发生前的 2019 年的成交量。易元数科研究院通过进一步市场调研发现，2021 年直接促进中国香港成交额与成交量双重上涨的主要因素在于：随着疫情得到有效防控，国际出行的阻碍逐渐被打破，线下现场拍卖在 2021 年大规模复苏，市场的流动性进一步增强；加之经过上一年拍行数字化转型的全面深化布局，至 2021 年已日臻完善，买售双方已更普遍地适应了线上交易的模式，网络收藏习惯业已形成。在新的市场形势下，中国香港市场的征集工作开展相对上年更为顺利，由此促进了供给量的显著提升，该年上拍量增长了 36.4%，达到 1.9 万件（套），为处于需求端的成交量与成交额的增长提供了坚实的基础。

二级市场中拍品的平均成交价直接反映出拍品的总体质量，近五年来，亚太其他地区拍品的平均成交价总体呈现下沉的趋势，2021 年该地区拍品平均成交价为 41.5 万元 / 件（套），同比降低了 16.8%。从细分区域来看，中国香港该年的平均成交价格为 69.9 万元 / 件（套），依旧领先于亚太其他各地区的平均价格，同比 2020 年下降了 16.6%。中国台湾文物艺术品拍品平均成交价为 21.3 万元 / 件（套），排列第二，较比上年上涨 32.5%，拍品质量提升明显。日本的平均成交价格为 6.2 万元 / 件（套），比中国台湾的平均成交价格低 3.4 倍，二者差距进一步拉大，说明该年在日本拍卖市场上成交的中国文物艺术品总体价格更为亲民。2021 年在全球成交的 21 件（套）过亿元中国文物艺术品中，亚太其他地区拍出了 8 件（套），均集中在中国香港；全球成交价在 5000 万元以上的拍品共 75 件（套），亚太其他地区拍出了 22

2017—2021年亚太其他地区中国文物艺术品平均成交单价
（单位：万元）

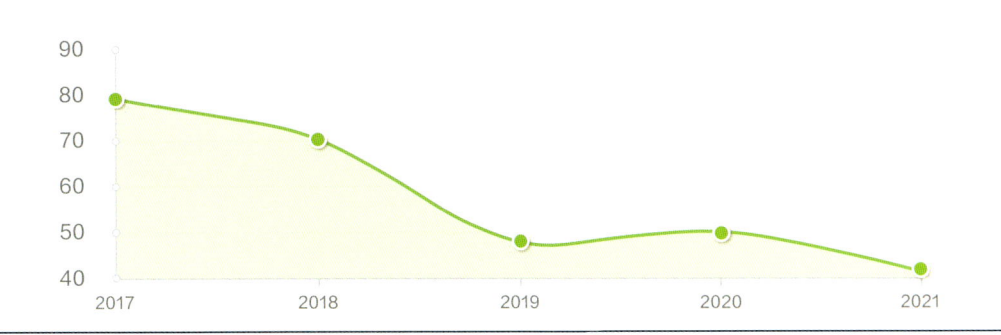

件（套），也均在香港拍出。在香港成交 500 万元以上的高价位拍品占亚太其他地区总成交额的 51.3%。由此看出，尽管该年中国香港的平均成交价有所降低，但仍是高质量拍品的集散地、巨额资本投资的青睐之所。另外，从 2021 年全球拍行中国文物艺术品成交额排名来看，成交总额位列前五的拍行里，其中有两家拍行来自香港苏富比与香港佳士得，分别位列第三与第四，在全球中国文物艺术品交易市场主体中扮演重要角色。

日本地区市场在 2021 年表现亮眼，成交量与成交额在经历了上一年的双重下跌之后，在该年扭转势局，实现回暖上升，在亚太其他地区的市场占有比重扩张。根据易元数科研究院的统计显示：2021 年日本地区市场的中国文物艺术品成交量与成交额分别上涨了 90.3% 和 87.0%。具体而言，显著的上涨趋势直接源于各品类市场的交易活力集中释放。该年日本地区中国书画的成交量为 2623 件（套），同比增多 90.0%，成交额为 2.1 亿元，同比增加 50.3%；瓷玉杂项的成交量为 7494 件（套），同比增加 91.5%，成交额为 4.1 亿元，同比扩增 1.1 倍；油画及中国当代艺术成交量与成交额同比分别大增 2.1 倍与 4.7 倍；收藏品与珠宝尚品的成交量与成交额也出现平均超过 65.2% 的跌幅。日本市场之所以呈现出如此大幅上涨的趋势，一方面受疫情有效遏制的积极影响，日本开展中国文物艺术品拍卖业务的拍行数量在增多。数据显示，2021 年参与上拍中国文物艺术品的日本拍行数量同比增加了 12.5%，表明市场的供应端规模在扩增，从而保证了上拍量的提升的基础，该年日本市场的上拍量上涨了 92.3%；另一方面，从需求端来看，供应量的增多为需求端提供了更多的选择，直接带动了成交量的提升；也因日本市场加速布局线上交易的模式，吸引了更多客户群体，对市场买气的回升起到积极的助推作用。

海外地区市场

International Art & Antiques Market

一 量额俱增，海外地区市场止降转升

2021年全球疫情影响逐渐减弱，经济总体呈现稳步复苏态势，伴随着全球文物艺术品市场不断恢复，海外地区各大顶级拍行及时调整，市场各品类拍品交易活跃，促使海外地区的中国文物艺术品拍卖市场迅速复苏，成交量与成交额下降趋势止步，呈现较强劲的增长势头。

据易元数科研究院大数据显示：2021年海外地区中国文物艺术品拍卖成交量达3.8万件（套），创近五年来新高。从近五年的海外地区成交量总体走势来看，2017年至2018年海外地区市场成交量由2.9万件（套）增长至3.2万件（套），同比增长10.3%。从2019年开始，海外地区市场增长势头回落，连续两年下降，成交量分别降至3.1万件（套）和2.8万件（套），下降幅度分别为3.1%和9.7%，2020年成交量降至近五年来最低值。步入2021年，海外地区市场成交量终于止降转升，同比大幅增长35.7%。

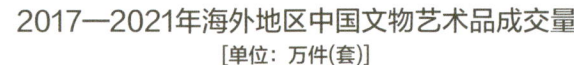

2017—2021年海外地区中国文物艺术品成交量
[单位：万件(套)]

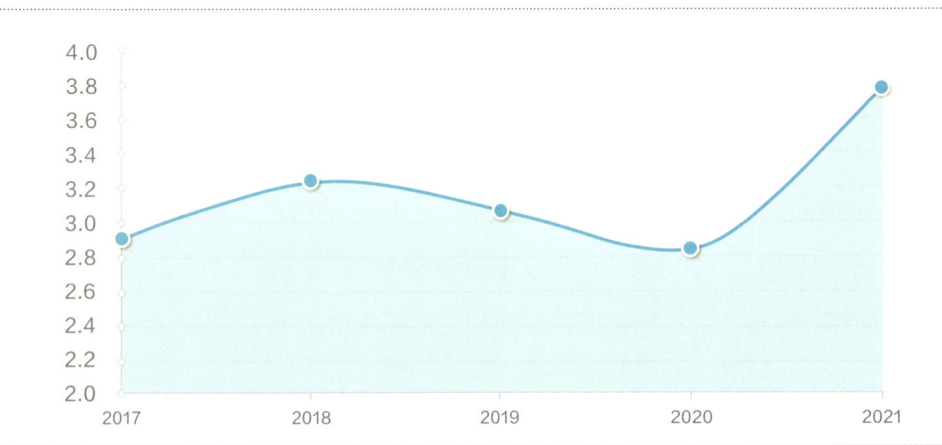

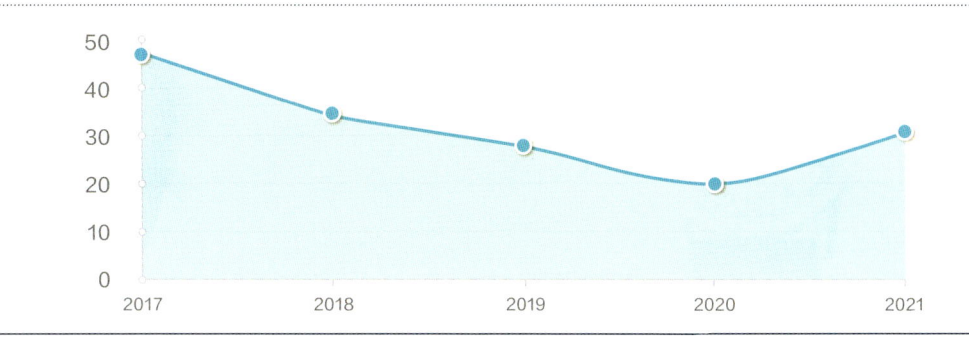

2017—2021年海外地区中国文物艺术品成交额
（单位：亿元）

在成交额方面，2021年海外地区成交额达到30.8亿元，同比增幅为50.2%。从近五年成交额总体走势来看，2017年至2020年，海外地区成交额呈逐年递减趋势，2017年成交额为47.3亿元，为近五年中的最高值，至2020年成交额降至20.5亿元，直抵近五年最低值。2021年海外地区成交额止降转升，成交额大幅回升，并超过2019年疫情发生之前的业绩。海外地区市场成交量、额的显著提升与全球经济的复苏态势密切相关。经济复苏态势增强了文物艺术品拍卖市场买卖双方的入市信心，买家参与竞买拍品的积极性提高，信心回升，卖家不断释出高质量拍品，刺激市场深层活力。经过备受压抑的2020年的市场投资需求，在经济全面回暖的趋势下，藏家对于增值保值的高价值文物艺术品别有青睐，看好其未来市场发展空间，促使高质量拍品的高成交率，拍行在经过了2020年的销售低谷之后，积极拓展文物艺术品交易渠道，调整经营策略，随着科技的发展，优化升级线上拍卖模式，同时，伴随着疫情管控措施的逐渐放开，线下拍卖重启，有效提升了全球藏家的参与度，促成了海外地区活跃的市场交易氛围。交易量额止降趋升，不仅恢复到疫情前水平，而且有较大幅度提升。

据易元数科研究院大数据发现：2021年中国文物艺术品海外市场的成交价格分布中，各价位区间的成交量都有明显的增长。50万元以下的低价位拍品成交量达到3.7万件（套），同比增长33.6%；50万元至500万元的中端拍品成交量为638件（套），同比增长27.3%；500万元至5000万元的高端拍品成交量为53件（套），同比增长39.5%；2021年超过5000万元的拍品达到4件（套），而在上一年则只有1件（套）。总体来看，2021年海外地区各价位拍品成交量同比上一年均有提升，但纵观近五年各价位区间的成交量数据，中高端拍品成交量并未超过疫情前水平，而低价位成交拍品增量显著，达到近五年最高值。

从各价位区间的拍品成交额来看，50万元以下的低价位拍品成交额为13.7亿

元，同比增长 46.1%；50 万元至 500 万元的中端拍品成交额为 8.2 亿元，同比增长
29.3%；500 万元至 5000 万元的高端拍品成交额为 6.1 亿元，同比增长 45.1%；超过
5000 万元的拍品成交额为 2.7 亿元，同比增长 382.7%。以上数据表明，2021 年海外
地区各价位拍品成交额同比上一年均大幅增长，说明整体市场交易氛围空前活跃。
尤其 5000 万元以上高端拍品的翻倍增长，奠定了整个市场的上扬基调，极大推动了
海外市场的强势回暖趋势。

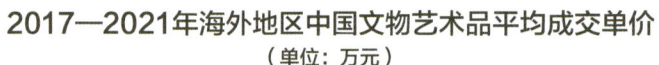

2017—2021年海外地区中国文物艺术品平均成交单价
（单位：万元）

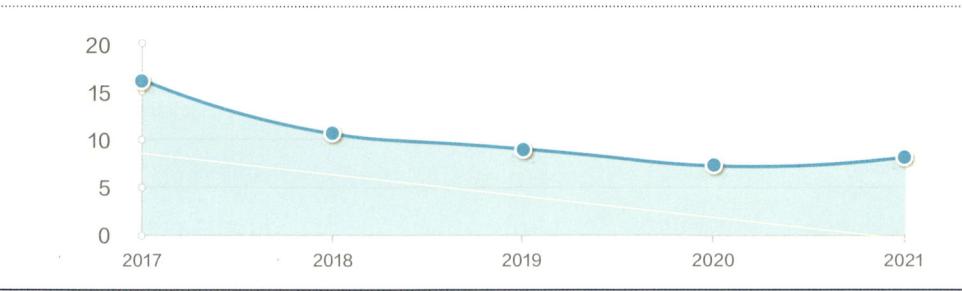

海外地区市场成交量、额的增长也促进了平均成交价的提升。2021 年海外地区
中国文物艺术品平均成交价为 8.1 万元 / 件（套），同比去年 7.2 万元 / 件（套）增长
12.5%，平均成交价格终止了四年连续下降，开始有所回升，整体市场的规模基数有
所提高，且拍品的整体质量较去年而言，大幅度提升。据易元数科大数据统计，2021
年海外地区市场 50 万元以下的拍品成交量为 3.7 万件（套），比去年同期提高 9000
件（套），提升了 32.1%；成交额为 12.9 亿元，比去年同期提高 4.1 亿元，提升了
46.6%。虽然该价格区间占据海外中国文物艺术品总成交量的 98.2%，与去年占比类同，
但整体有较大幅度提升。低价位拍品的成交量、额的大幅攀升，拉动了平均价格的整
体水平。2021 年，海外地区中国文物艺术品市场线上拍卖的稳定快速发展，也显著
提升低价位拍品的交易频次和成交概率，提高了低价位拍品成交量占比。

从海外地区拍卖市场活跃度来看，2021 年海外地区中国文物艺术品的上拍量为
5.8 万件（套），同比 2020 年上拍量的 5.0 万件套，增长 16.0%。上拍量的增多为买
家提供了更为丰富的拍品选择，提升买家入市概率。拍卖专场数量为 1382 场，同比
上一年增加了 239 场，其中白手套专场则由 2020 年的 363 场提升到 2021 年的 525 场，
增加了 162 场。白手套专场成交量达 4961 件（套），而上一年成交量为 3331 件（套），
同比增加了 48.9%。反映了海外拍行在专场方面的策略改变，不仅是专场数量呈现指

2017—2021年海外地区中国文物艺术品成交率

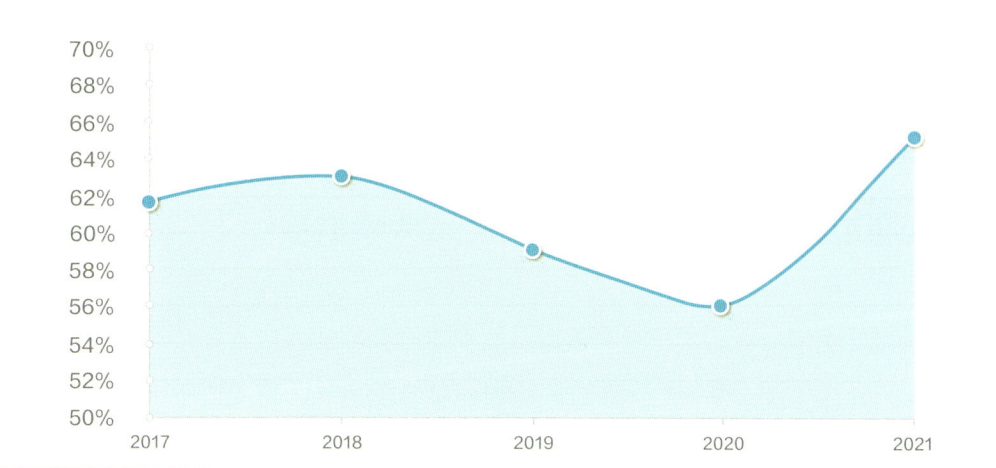

数级翻倍增长，而且成交率也是拍行关注的重点。2021年海外地区市场的成交率由上一年的56.3%攀升至64.9%，为近五年最高值。

专场数量的增长主要源于线上拍卖，不同于线下拍卖的场地、展览、图录等等各项费用的高成本支出，同时由于时空的限制只能举行有限的拍卖场次，线上拍卖因受到限制的条件较少，且拍卖的方式更为便利，各项支出成本较低，举行拍卖的频次可以大量增加，甚至于拍行采用日拍的方式，无疑促升了线上拍卖的量的指数级增加。在提升成交率方面，线上拍卖多举办50万元以下拍品，低价位拍品能够成功吸引到更多消费型新藏家，形成蔚为壮观的线上交易市场，白手套专场频频出现。另一方面，高端价位拍品的专场的举办，常以线下交易的方式推进。因为文物艺术品的特殊属性，需要眼见为实，手触为真，鉴别真伪是至关重要的一环。在众多白手套专场中，那些来源清晰，质量上乘，品相完美，兼具文物艺术品审美价值和市场价值的拍品是最受高净值藏家的青睐，保证了高成交率。如邦瀚斯举办的伦敦著名古董公司 Roger Keverne Lt 的专场，拍品涵盖西周玉璜 、战国谷纹玉璧、唐代陶俑、北齐青釉四系罐等各类精品文物。全场415件全部成交，成为该年成交数量最高的白手套专场。

海外地区市场量额的止降转升，究其原因得益于全球经济的回暖复苏，推动了各区间价格中国文物艺术品成交量额的稳定增长，尤其高价位拍品的回归，迅速拉升了整体成交额。此外，全球各大拍行线上销售数量的增加，以及其交易持续时间的延长，有效实现了销售额的持续增长，也是推动海外地区市场交易迅速复苏的因素之一。由于2020年疫情影响，线上销售急剧上升，全球顶级拍卖行均快速转向线上，线上拍卖灵活便捷的交易优势得以体现，已迅速成为拍行重要的销售渠道之一。2021年疫情形势好转，线下拍卖活动回归正常化，拍卖行得以巩固和发展传统销售渠道。

从该年拍卖现场效果来看，成交率较高的专场多采用现场竞拍、网络、电话等多种拍卖形式结合进行的，虽然不是新形式，但对实际交易质量和成交效率具有实质性的提高，拍卖行线上线下并行的交易模式，在全球文物艺术品拍卖行业中得到了更广泛的应用。

二　欧洲市场反超北美，低价位拍品持续扩增

海外地区中国文物艺术品拍卖市场以北美地区和欧洲地区为主，2021年欧美地区交易格局发生转变，表现出欧洲市场份额超过北美地区，高端拍品市场迅速回归，低价位拍品持续扩增的特征。

2021年，北美与欧洲持续引领海外地区市场，两大区域的二级市场成交量之和占比海外地区市场总额的99.3%，而成交额之和占比达到99.5%，主导地位突出。欧洲地区市场成交量为1.3万件（套），同比增长47.5%，占据海外地区总成交量的34.4%；成交额为16.0亿元，同比增长73.8%，在海外地区市场的份额占比从上一年的44.9%提升至52.0%，市场份额超过北美地区，位列第一。北美地区市场成交量为2.5万件（套），同比增长36.8%，占据海外地区总成交量的64.9%；成交额为14.6亿元，

2021年海外地区各细分市场成交量占比

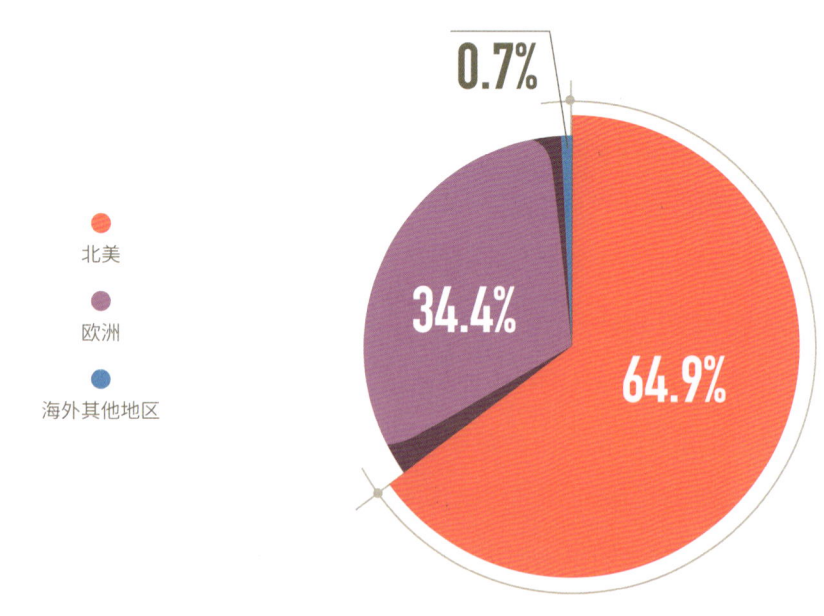

- 北美
- 欧洲
- 海外其他地区

0.7%
34.4%
64.9%

2020年海外地区各细分市场成交额占比

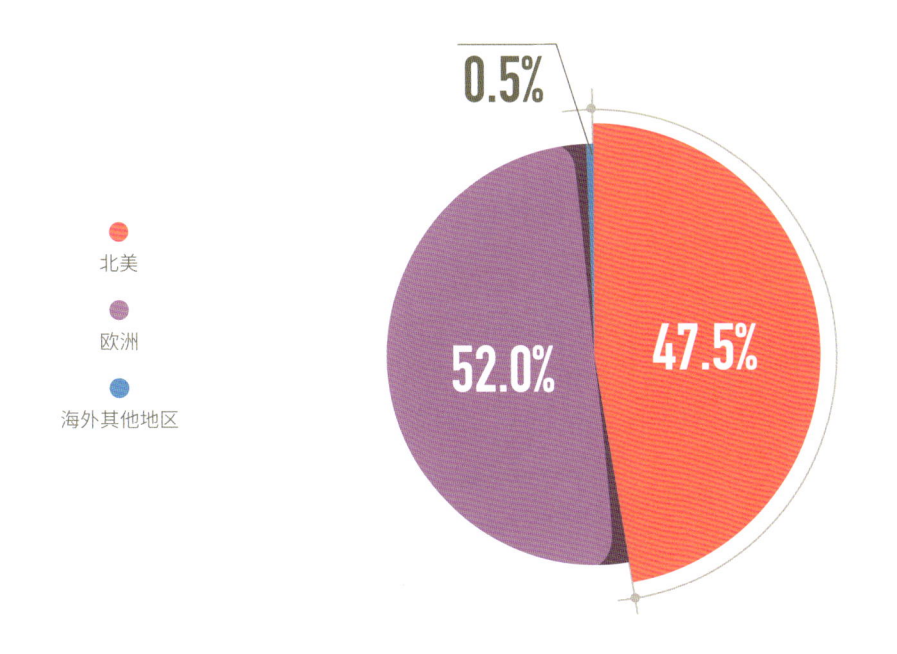

同比增长 31.5%，北美地区虽然较上一年有所增长，但从海外总体市场来看，北美地区的市场份额占比由去年的 71.2% 降至 47.4%，下降到第二位。海外其他地区市场量、额骤减，该年成交量为 272 件（套），同比下降 49.3%，占据海外地区总成交量的 0.7%。成交额为 1595.2 万元，同比下降 24.5%，市场的份额占比从上一年的 1.0% 降至 0.5%，市场规模进一步收缩。以上数据表明：2021 年海外地区各细分市场呈现不同程度的变化。北美与欧洲两大地区成交量、额较上一年均有明显的提升，而海外其他地区则出现下滑。值得关注的是，欧美两大区域市场份额占比发生转变，欧洲地区占比为 51.9%，北美地区占比为 47.4%，欧洲地区市场反超北美地区市场，居于海外地区市场第一位。

　　究其原因，主要体现在两个方面。一方面，欧洲地区市场份额的扩大与拍品品质提升有关。从上拍量来看，欧洲地区市场上拍为 1.9 万件（套），北美地区市场上拍量为 3.8 万件（套），在欧洲上拍量明显低于北美的情况下，平均成交额却远高于北美地区。欧洲地区市场 2021 年平均成交价格为 12.3 万元/件（套），北美地区市场平均成交价格为 6.0 万元/件（套），欧洲地区的中国文物艺术品的平均价格是北美地区相应市场的 2 倍之多，并同比上一年平均价格提升了 17.8%。显而易见，该年欧洲地区的成交的中国文物艺术品普遍品质高于北美地区。此外，欧洲地区中国文物艺术品的市场成交率达到 68.4%，高出北美地区市场 3.7 个百分点。这与在欧洲地区市场的拍行的估价体系、对藏家期望值的预判、对市场行情的把握等方面优于北美地区。

另一方面，欧洲地区反超北美地区市场与高端拍品的增量有关。从高端拍品的交易数据来看，2021 年欧美两大市场超过 500 万元的高端拍品共 57 件（套），其中欧洲地区市场成交量为 29 件，成交额达到 5.3 亿元，而上一年则为 18 件，成交额为 2.3 亿元，成交量额同比分别增长 61.1% 和 130.4%。北美地区市场成交量为 28 件，成交额为 3.5 亿元，而上一年为 21 件，成交额为 2.5 亿元，成交量同比增长 33.3%，成交额同比下降 40%。数据对比可以看出，欧洲市场高端拍品的量额均增长显著，而北美市场成交量虽有一定提升，但整体成交额下滑明显，说明高端拍品转战到欧洲地区市场的趋势愈加明显。欧洲市场高端拍品的增量主导了高成交额优势，有效促成了欧洲市场份额的扩增。

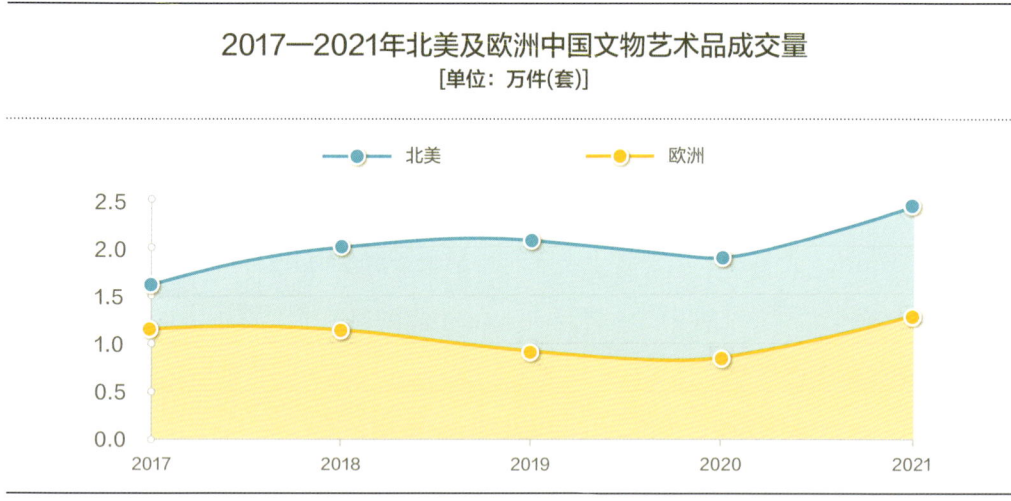

2017—2021年北美及欧洲中国文物艺术品成交量
[单位：万件(套)]

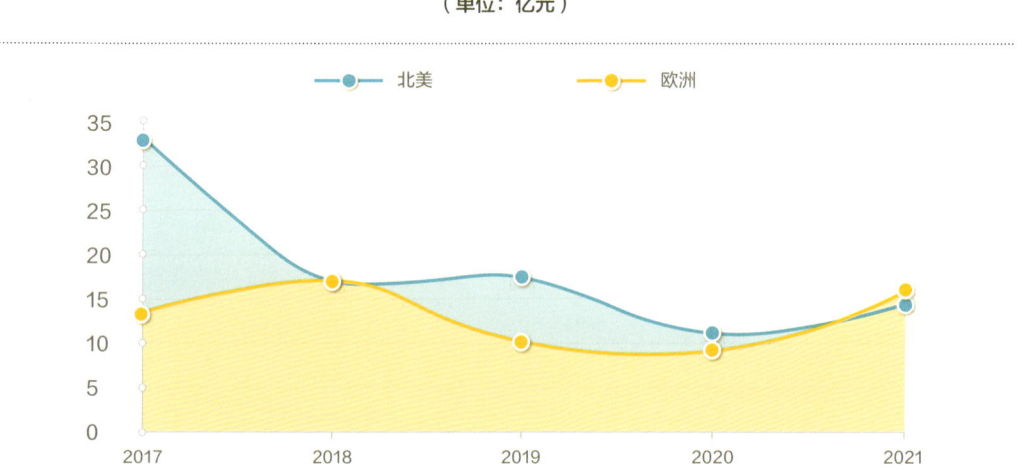

2017—2021年北美及欧洲中国文物艺术品成交额
（单位：亿元）

106

北美地区，中国文物艺术品市场以美国为主力，2021 年美国地区的成交量为 2.4 万件（套），成交额为 14.5 亿元，成交量、额分别占北美地区市场的 99.3% 和 98.6%。成交量、额的增长主要是由高端拍品的强劲交易推动的。其中，纽约作为美国地区文物艺术品交易中心城市，是高端中国文物艺术品的主要交易地点，该年在纽约成交额超过 500 万元的拍品达到 27 件，成交额达 3.3 亿元，成交量、额分别占美国地区的 26.7% 和 69.8%。高端拍品主要来自纽约的苏富比和佳士得两大拍行，品类包含陶瓷器、金属器、古典家具等 7 大类。其中佳士得纽约举办的 2021 春季拍卖会"尚：丹尼尔·夏皮罗收藏的早期中国仪式青铜器（Shang: Early Chinese Ritual Bronzes from the Daniel Shapiro Collection）"专场中，商代晚期的青铜虎鸟兽纹觥以 860.4 万美元（折合人民币为 5565.6 万元）成交。在"重要中国瓷器及工艺精品"的专场中，一件 17 世纪的黄花梨螭龙纹六方香几以 255 万美元（折合人民币为 1649.5 万元）成交。纽约的上拍量为 7761 件（套），成交率为 88.3%，均为海外地区各大中国文物艺术品交易城市中的最高值。高上拍量和高成交率反映了纽约市场交易的活跃态势，拍品供应量的提升体现了供应方对市场复苏的信心，也因此增加了藏家入市的可能性，高价值拍品的集聚，更促进了成交量、额的整体攀升。

欧洲地区以英国、法国、德国三国为主要中国文物艺术品市场。在成交量方面，英国为 3937 件（套），法国为 1996 件（套），德国为 1532 件（套）。从成交额上看，英国为 4.6 亿元，法国为 3.5 亿元，德国为 1.9 亿元，较上一年均有明显增长。据统计，三国占整个欧洲地区中国文物艺术品市场的 82.8%，其中英国依旧保持第一，法国居于第二位置，德国交易市场的升温明显，上拍量同比提升 44.3%，成交率同比提升 29.6%，成交量同比提升 176.1%，成交额实现了 5 倍以上的增长，但总额仍不及英国、法国，居于第三位。

从欧洲地区中国文物艺术品交易的主要城市来看，英国的中国文物艺术品交易市场主要聚焦在伦敦，法国则主要集中在巴黎。2021 年，伦敦的成交量为 3381 件（套），成交额为 4.8 亿元，分别占英国地区市场的 79.9% 和 93.5%。巴黎的成交量为 2205 件（套），成交额为 6.2 亿元，分别占法国地区市场的 94.7% 和 98.9%。

三　瓷玉杂项持续主导，书画油画表现优异

2021 年海外地区市场中国文物艺术品各品类交易量、额明显提升，各品类量、额占比结构保持稳定，仍然以瓷玉杂项主导，中国书画、油画及中国当代艺术紧随其后，收藏品与珠宝尚品市场份额占比极小。

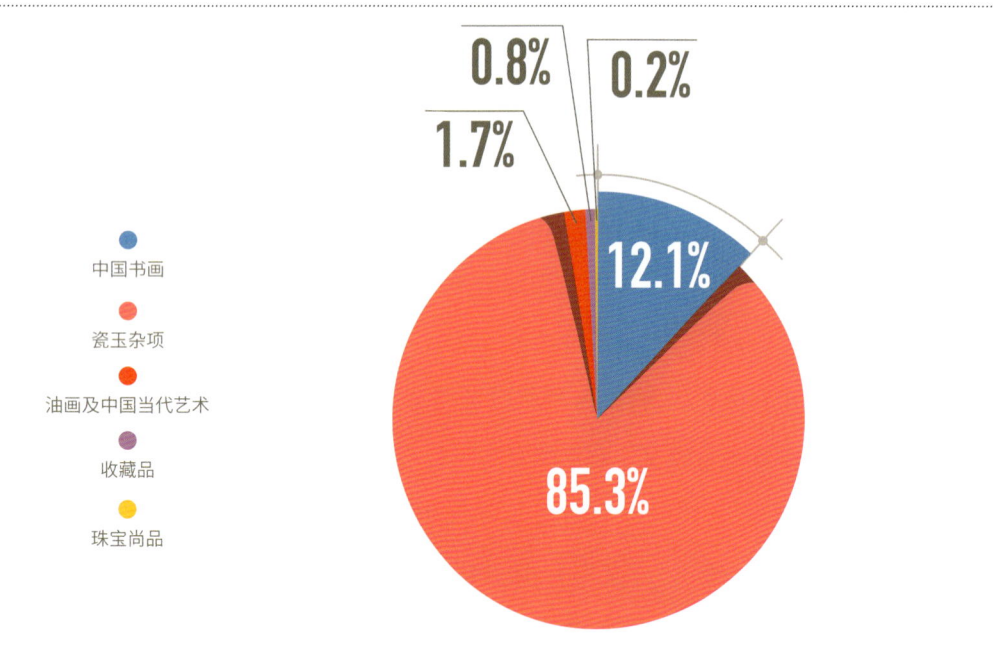

2021年海外地区细分品类成交量占比

- 中国书画
- 瓷玉杂项
- 油画及中国当代艺术
- 收藏品
- 珠宝尚品

0.8%
0.2%
1.7%
12.1%
85.3%

　　从全年成交量来看，各品类增长显著。瓷玉杂项成交量为3.2万件（套），同比增长32.1%，居于各品类首位；中国书画紧随其后，成交4572件（套），同比增长44.8%；油画及中国当代艺术共成交625件（套），同比增长29.1%；收藏品成交289件（套），同比增长27.3%；珠宝尚品成交74件（套），同比增长68.2%。纵观近五年数据，除珠宝尚品外，该年各品类成交量均为历年最高，说明各品类交易需求高涨，市场供需衔接良好。

　　从各品类成交量占比来看，瓷玉杂项占比为85.3%，中国书画占比12.1%，油画及中国当代艺术板块共成交占比1.7%，收藏品和珠宝尚品两个品类共占比1.0%，各品类占比结构保持稳定。

　　从全年成交额来看，2021年瓷玉杂项达24.6亿元，同比上年增长46.5%；中国书画达3.0亿元，同比增长57.6%；油画及中国当代艺术板块达2.9亿元，同比提升71.2%，并且为近五年来最高值；收藏品达2163万元，同比提升133.6%；珠宝尚品达200万元，同比下降8.7%。通过数据可以看出，除了珠宝尚品板块成交额略有下降外，其他各品类成交额显著提升，尤其中国书画、油画及中国当代艺术板块和收藏品三大品类，较上一年成交额均增长了一半以上。除了各品类成交量均有大幅增长，能够提升整体成交额之外，各品类高价位拍品的回归，也是拉升成交额的重要原因。如该年中国书画 500 万元以上的拍品成交额累计达 8225.5 万元，而上一年只有 2775.5 万元。油画及中国当代艺术板块 500 万元以上的拍品成交额累计达 2.0 亿元，而上一年为 1.1 亿元。收藏品板块该年有一件 898.3 万元拍品成交，而上一年高价位区间没有交易。以上数据说明面对全球经济发展的不稳定性，藏家依然十分重视高价位文物艺术品在市场中的保值作用。

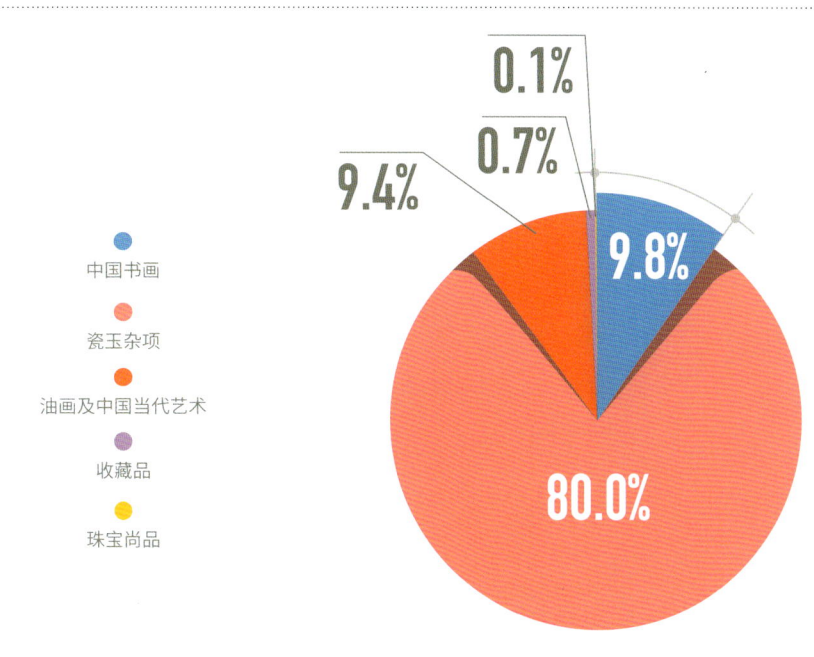

2021年海外地区细分品类成交额占比

- 中国书画
- 瓷玉杂项
- 油画及中国当代艺术
- 收藏品
- 珠宝尚品

0.1%
0.7%
9.4%
9.8%
80.0%

从各品类成交额占比来看，瓷玉杂项占比为 80.0%，中国书画占比 9.8%，油画及中国当代艺术板块共成交占比 9.4%，收藏品和珠宝尚品两个品类共占比不足 1.0%，成交额占比结构相对稳定，说明市场不仅增长势头显著，而且各品类的增长较为均衡。

从平均成交价格来看，珠宝尚品的平均交易价格下降明显，同比下降 84.2%，其他品类平均成交价格较上一年均有所提升。纵观近五年数据来看，各品类的平均成交价格普遍呈现下调趋势，尤其中国书画下降明显，由 2017 年最高的 50.7 万元降至 2021 年的 6.6 万元，成交量额大幅提升，而平均成交价持续下降，并已降至 10 万元以下，说明该品类中的低价位区间市场交易较为活跃，走向了更加大众亲民的路线。

从各个价位区间来看，海外市场各价位区间拍品成交量、额均有上升，其中低价位拍品成交量持续扩增。2021 年 50 万元以下拍品成交量为 3.7 万件（套），同比增长 32.1%，此价格区间中成交量增速最高，达到近五年来最高值；50 万至 500 万拍品

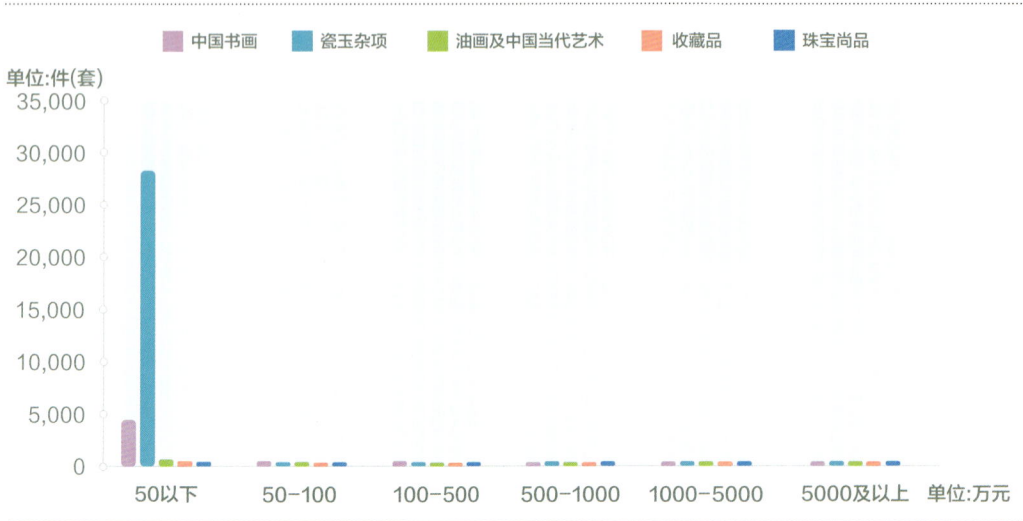

2021年海外地区细分价位与品类成交量

单位:件(套)

图例:中国书画　瓷玉杂项　油画及中国当代艺术　收藏品　珠宝尚品

（纵轴）35,000　30,000　25,000　20,000　15,000　10,000　5,000　0

（横轴）50以下　50-100　100-500　500-1000　1000-5000　5000及以上　单位:万元

成交量为 638 件（套），同比增长 27.3%；500 万元至 5000 万元之间拍品成交量为 53 件（套），同比增长 39.5%；5000 万元以上高端精品成交量为 4 件（套），而上一年该价格区间仅成交 1 件（套）。细观成交量价格区间，500 万元以下拍品中，中国书画品类成交量增速最高，而其中以近现代书画版块增长最快，同比增长 59.3%；50 万元至 500 万元之间拍品瓷玉杂项品类增长速率也较为明显，尤其该价位区间的金属器，成交量由去年的 3 件（套）增至 14 件（套）。

从成交额价格区间来看，50 万元以下拍品成交额为 13.7 亿元，同比增长 45.7%；50 万元至 500 万元之间拍品成交额为 8.2 亿元，同比增长 28.1%；500 万元至 5000 万元之间拍品成交额为 6.1 亿元，同比增长 45.2%；5000 万元以上高端拍品成交额为 2.7 亿元，同比增长 382.7%。通过数据发现，5000 万元以上的拍品中，近现代书画和佛像唐卡板块在上一年并没有实现交易,而该年两个板块各成交 1 件高价位拍品。其中，近现代书画板块于法国巴黎成交了 1 件吴冠中书画作品，成交额达 684.1 万欧元（折合人民币为 5334.1 万元）。佛像唐卡板块在德国斯图加特成交 1 件，成交额达 1047 万欧元（折合人民币为 1.1 亿元），两件高价位拍品共贡献了 1.6 亿元，整体拉升了该价格区间的成交额。

通过以上数据对比发现，2021 年中国书画市场表现较为优异，增长点主要来自近现代书画板块，该板块成交量为 2712 件（套），同比增长 55.3%，成交额达 2.1 亿元，同比增长 99.5%。值得注意的是，高价位拍品成交额提升显著。其中吴冠中的书画作品《香港夜景》，以 684.1 万欧元成交（折合人民币为 5334.1 万元），成为海外地区中国文物艺术品最高成交单价。该年 500 万元以上拍品共成交 4 件，主要来自吴冠中、李可染、林风眠、傅抱石的书画作品，总成交额达 8225 万元，而上一年度该价格区间仅有1件成交,成交额仅为603万元,因此迅速拉升了该年的中国书画市场份额。此外,该年油画市场交易成绩也十分突出,成交量为184件（套）,成交额为2.4亿元,同比增长38.3%和104.8%,成交量、额均为近五年来最高值。油画作为世界通用艺术语言,在海外地区市场中历来受藏家所重视,该年成交量增长明显,尤其以赵无极和王俊杰领衔的高价位油画拍品的成交,促使油画市场份额较上一年增长了一倍以上。

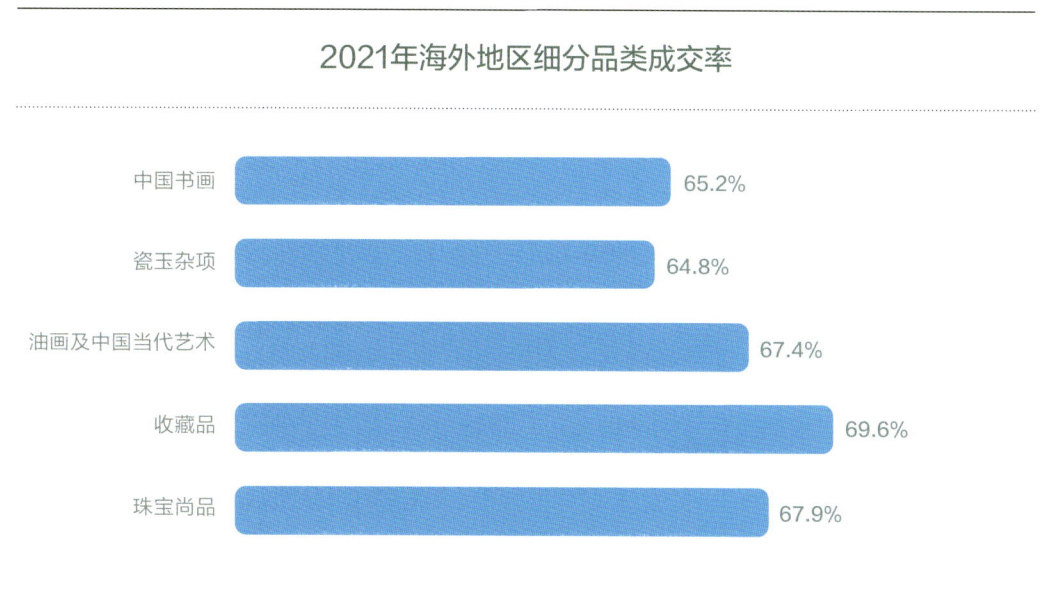

2021年海外地区细分品类成交率

品类	成交率
中国书画	65.2%
瓷玉杂项	64.8%
油画及中国当代艺术	67.4%
收藏品	69.6%
珠宝尚品	67.9%

据易元数科研究院大数据显示：2021年海外市场成交率实现上升,由上一年的56.3%攀升至64.9%,为近五年来最高,但从全球来看,成家率仍低于中国大陆和亚太其他地区,排名第三位。从海外地区市场各品类的成交率来看,各品类均有明显的增长。中国书画成交率为65.2%,同比增长10.2个百分点；瓷玉杂项成交率为64.8%,同比增长8.2个百分点；油画及中国当代艺术成交率为67.4%,同比增长15.2个百分点；收藏品成交率为69.6%,同比增长13.3个百分点,而其中邮票钱币在所有细分品类中拥有最高成交率,达到78.6%,同比增长33.4个百分点；珠宝尚品成交率为67.9%,同比增长12.9个百分点。纵观近五年数据,2021年海外地区市场中国文物艺术品各品类的成交率,除收藏品品类较2018年微降0.6个百分点,其他品类均为历年来最高值。再从各品类上拍量来看,中国书画上拍量为7009件（套）,同比增长22.1%；瓷玉杂项上拍量为5.0万件（套）,同比增长15.4%；油画及中国当代艺术上拍量为928件（套）,与上一年相同；收藏品上拍量为415件（套）,同比增长3.0%；珠宝尚品上拍量为109件（套）,同比增长36.2%。上拍量和成交率反映了供应端与需求端的市场发展水平,2021年海外地区市场上拍量和成交率的显著提升,反映出海外市场供需能力双增,不仅已恢复到疫情前水平,而且市场交易氛围十分活跃。

中国书画／油画全球指数

Fine Chinese Paintings & Calligraphy /Oil Paintings: Global Index

中国书画作为中国文物艺术品的重要门类之一，在全球范围内的中国文物艺术品拍卖市场中始终保持着举足轻重的地位。即使是在中国文物艺术品拍卖市场的波动调整期，中国书画的成交额也近乎占据市场整体份额的半壁江山，而在中国文物艺术品拍卖市场的蓬勃时期，中国书画的成交额能够占据市场总成交额的更高比值。由此可见，中国书画对中国文物艺术品拍卖市场走势的影响巨大，透过中国书画这一板块市场行情的分析可以对整个中国文物艺术品拍卖市场有一定程度的把握。

对文物艺术品的成交额、成交量、成交率、平均成交价格等常见指标进行的统计描述能够反映部分市场现象，然而由于这些指标较为单一，且文物艺术品市场本身受内外部多重因素的影响，仅凭以上数据指标的统计分析难以深入理解文物艺术品市场深层次变化，因此，艺拍全球文物艺术品指数应运而生。该指数通过多维度捕捉文物艺术品市场大数据，结合前沿统计学原理，构建起能够更全面体现文物艺术市场的指数模型。中国近现代油画的发展历史经历百余年，油画作为通行世界的画种，在中国文物艺术品拍卖市场上逐渐被广大藏家接受。尽管目前中国油画成交额只占到中国文物艺术品年总成交额的 12.9%，最近五年的数据显示，中国油画在拍卖市场的专场数量和平均成交价大幅度上升，屡屡出现超高价拍品，在中国拍卖市场上捷报频传，举足轻重，贡献了当代艺术品类中绝大部分成交额，可以被看作中国当代艺术市场的风向标。

文物艺术品区别于其他商品的一大特性就是其异质性，即每件文物艺术品均独一无二，不同文物艺术品之间没有直接可比性，无法通过简单的算数方法来计算多件艺术品的平均价格水平。为了解决这一问题，近年来，构建标准化的文物艺术品指数的研究蓬勃发展。文物艺术品理论和实践表明：构建文物艺术品指数最大的挑战在于控制文物艺术作品的异质性。目前，国际上广泛研究与应用的文物艺术品价格指数建模方式有两种：重复销售回归和特征回归。重复销售回归（Repeat Sales Regression），采用同一件文物艺术品在两个时间点的销售价格变化（又称为一对重复销售数据）构建文物艺术品指数。此方法认为文物艺术品的基本特征（如材质、尺寸等）不随时间而变化，从而解决文物艺术品的异质性问题。由于文物艺术品拍卖成交的频率普遍较低，因此重复销售数据只占全部交易数据的很小一部分，采用该方法构建艺术品指数时存在样本选择偏差的问题。但当重复销售的数据对数很大或样本期数超过 20 年时，推荐使用此方法构建文物艺术品指数。特征回归（Hedonic Regression），基于文物艺术品的基本特征构建文物艺术品指数。该方法将文物艺术品价格变动中的特征因素进行分解，以显现出各项特征的隐含价格，并从价格的总变动中剔除特征变动的影响，达到反映纯价格变动的目的，在此基础上构建文物艺术品指数。通常所选取的特征包括艺术家、尺寸、材质、题材等。采用此方法构建指数时可以选用所有的文物艺术品交易数据。在已有研究文献中，特征回归方法已经被普遍地应用于文物艺术品指数的研究，特征回归模型也已经被广泛地应用于各类文物艺术品指数的编制。

由于目前国内已有的文物艺术品指数存在一定局限：或用平均数计算模型，较为简单，无法反映文物艺术品市场真实趋势；或指数体系较为笼统单一；或数据范围仅局限于中国大陆地区市场，缺少海外地区市场的数据。本报告基于国内外已有的指数模型，结合专业的艺术史研究，推出中国书画、中国油画全球指数，意在通过科学的模型编制以及全球范围的拍卖数据对中国书画、中国油画等具有代表性的文物艺术品门类在全球文物艺术品市场的走势做出解析。

一 中国书画／油画全球指数说明

中国书画／油画全球指数来自艺拍全球文物艺术品指数，其体系下设综合指数、地区指数、分类指数以及艺术家个人指数。艺拍全球文物艺术品指数基于数据库的海量数据，对拍卖行以及拍品进行严格筛选，并对纳入指数计算的每一件拍品进行多维度特征分类，将其标准化，再以多元线性回归法拟合出作品的价格水平，从统计学角度分析市场整体价格水平随时间的变化趋势。

每类指数均分为价格指数与溢价指数两种，分别从价格水平与市场热度对目标市场进行解析。所有指数均以 2007 年为基期，对近十五年的文物艺术品市场进行分析，基期指数值为 100，指数每一年更新一次。

艺拍全球文物艺术品指数模型介绍：

（1）价格指数

价格指数包含中国书画价格指数和中国油画价格指数两大类，其各自又下设各种子类价格指数，用于反映一定时期内中国书画／油画，拍卖市场的价格水平变动趋

中国收藏
拍卖年鉴
2022

CHINESE FINE ART &
ANTIQUES AUCTION
YEARBOOK 2022

势和程度的相对数指标。该指数模型采用国际上广泛采用的特征回归模型（Hedonic Regression），为了确保模型的有效性，不同分类的指数编制会选取不同的具体特征变量。中国书画模型考虑的特征因素包括但不限于作品尺寸、幅式、题材、技法、创作年代、成交时间；中国油画模型考虑的特征因素包括但不限于画面材料、绘画风格、内容、创作年代、尺寸、成交时间等等。该指数消除了作品本身的特征因素变动对价格的影响，可以真实、准确地反映中国书画/油画作品标准化后的纯价格变动。此外，中国书画/油画价格指数都能够与上证指数 SSEC、香港恒生指数 HSI、标准普尔指数 SPX 等金融指数，以及狭义货币供应量 M1、居民消费价格指数 CPI、国民生产总值 GDP 等宏观经济指标进行标准化比较，为市场分析与投资决策提供科学可靠的依据。

（2）溢价指数

溢价指数包含中国书画溢价指数和中国油画溢价指数两大类，其各自又下设各种子类溢价指数，表示一定时期内中国书画或中国油画拍品的实际成交价格超过估价水平的相对数指标。指数值越高，则表明该板块的拍卖市场整体热度越高、景气度越高。该指数的编制参考了香港恒生 AH 股溢价指数模型。

需要说明的是，溢价指数是对成交价格相对估价水平的考察，因此以咨询价上拍的文物艺术品没有纳入模型考虑范围。同时，由于咨询价上拍的拍品一般为难以估价的罕见精品，数量极少，因此对溢价指数整体的走势不会有明显影响。

二　中国书画全球指数结果分析

数据说明

（1）时间：2007 年 1 月 1 日至 2021 年 12 月 31 日。

（2）数据量：17.7 万条全球范围内公开拍卖的成交纪录。

（3）样本拍卖行：从中国大陆、亚太其他地区、海外地区共选取了 50 家经营规范、成交结果透明度高、规模级别不同的具有代表性的拍卖企业。

（4）样本艺术家：综合考虑时期、作品风格、艺术造诣、美术史地位与成就、拍卖市场活跃度等因素后选取了 100 位具有代表性的中国书画艺术家。为了保证年鉴内容的完整性，指数样本艺术家对古代、近现代、当代的书画艺术家均有收录。

（5）时期划分：在中国书画的历史时期划分上，目前最通用和约定俗成的划分方法是将 1911 年辛亥革命发起，清朝覆亡作为重要参考点，辛亥革命之前的时间段称为"古代时期"；辛亥革命至新中国成立的时间段称为"近代"；"现代"时期指新中国成立至改革开放；"当代"则是在改革开放后至今。基于此，《中国收藏拍卖年鉴》对于中国书画艺术家年代的划分，以中国书画历史划分为基础，结合其创作活跃时间及艺术影响两大参考依据，将书画家分为三个时期：古代、近现代、当代。作品创作集中在辛亥革命之前的书画家称为古代书画家；书画作品创作年代及其活跃期集中于清末至 20 世纪下半叶的书画家称为近现代书画家；当代书画家则是活跃在当今书画市场中，不断产生新作品、新影响的艺术家。此划分方法也许仍然存在不足之处，但我们力求做到客观，给广大读者和专业人士一个相对完整、清晰的书画脉络。

1.书画市场价格总体下沉

2021 年，得益于宏观政策的调控与推动，全球经济摆脱了新冠肺炎疫情覆压之下的负增长，呈现出复苏态势。也应注意到，虽然经济持续复苏，但总体而言并未恢复至新冠肺炎疫情发生前的正常水平。反观该年中国书画在全球范围内公开拍卖的市场表现，相比 2020 年，中国书画全球市场体量呈现出显著回升的基本趋势。尽管 2021 年中国书画总体成交量与成交额较 2020 年分别上涨了 44.0% 和 17.7%，但其价格指数同比去年下跌了 36 个点至 196 点。在全球中国书画市场整体体量扩增的情形下，价格指数反而出现下探形势，表明该市场下沉趋势明显。针对此种市场表现，易元数科研究院根据大数据统计发现：2021 年全球中国书画市场价格指数下降的主要原因在于处于低价位的基础市场增势显著,带动市场价格整体下沉。数据显示：2021 年全球范围内成交价在 50 万元以下的中国书画成交量为 7.0 万件（套），同比增长 45.6%，占该年全球中国书画总成交量的 92.3%；成交额为 47.9 亿元，同比增长 43.2%，仅占该年全球中国书画总成交额的 22.1%。由此而见，50 万元以下的低价位拍品占据了该年中国书画市场交易量的主导地位，构成了广泛的市场基础，对该年度全球中国书画市场价格指数走势起关键性作用。

根据中国书画全球价格指数的总体走势来看，中国书画全球价格指数经历了 2016 年至 2017 年市场短暂回暖上升之后的首次下行回落，在 2018 年以来指数在平均值 230 点附近低位发展，2021 年中国书画全球价格指数比其平均值 230 点低 34 个点,这是自 2010 年以来,连续四年出现中国书画全球价格指数比其平均值低的情形，如此表明了中国书画全球价格在整体经济下行压力态势下继续做出适应性调整，合理回落，在经济复苏发展过程中，反映出藏家的总体收藏趋势向较低价位的中国书画倾斜，而高价位市场增速不及低价位市场的二分之一，表明处于投资端的中国书画收藏更趋谨慎。

近十五年来，中国书画全球价格指数走势整体波动较大，呈现出前期波动上升后期理性调整的特点，最高点（2013 年的 325 点）与最低点（2007 年基期的 100 点）相差达 225 点。指数均值为 230 点，远高于基期 2007 年的 100 点，表明近十五年中国书画的价格水平涨幅显著。

中国书画全球价格指数

中国书画全球价格指数 —— 平均值

通过价格指数走势图可以看出，自 2007 年至 2021 年的十五年间，中国书画在全球文物艺术品市场经历了四个阶段：

（1）低位发展期（2007 年至 2009 年），2007 年开始由美国次贷危机引发的世界金融危机致使全球文物艺术品拍卖市场连续剧烈下跌，但从中国书画全球指数走势来看，其价格水平并未受到明显影响，指数值较为稳定地保持在 100 点到 122 点。中国书画首件过亿拍品——宋徽宗赵佶的书法珍品《临唐怀素圣母帖》在这一时期诞生，但少量高价位的精品并不能代表整体市场，中国书画价格水平仍处于低位。

（2）爆发增长期（2009 年至 2011 年），全球文物艺术品市场正在经历金融危机之后的回升期，同期中国文物艺术品市场中金融资本的大量涌入和市场需求的不断膨胀，致使中国书画价格水平大幅快速上涨，从 2009 年的 122 点连续攀升至 2011 年的 298 点，涨幅达 2.4 倍。在这一阶段，北宋诗人黄庭坚的书法《砥柱铭》于 2010 年北京保利春拍以 4.36 亿元人民币成交，成为中国古代书画拍卖第一高价。这一时期，中国书画频现天价亿元拍品，诸如齐白石《松柏高丽图·篆书四言联》以 4.26 亿元成交、"元四家"之一王蒙的《稚川移居图》以 4.02 亿元成交等，市场真正进入"亿元时代"。

（3）徘徊震荡期（2011 年至 2016 年），中国书画在文物艺术品市场经历了短暂的爆发式增长之后进入了漫长的深度调整期。受到经济环境和资金不稳情况的影响，此时期全球文物艺术品拍卖市场的成交量与成交额呈现出显著波动，书画指数值波动起伏明显，最高点（2013 年的 325 点）与最低点（2016 年的 263 点）相差 62 点。

（4）低位调整期（2016 年至 2022 年），经历了前一阶段徘徊震荡的调整之后的文物艺术品市场从 2017 年释放出回暖信号，书画指数开始回升，通过一年短暂的回升后，2018 年急转直下为 230 点，下降幅度为十五年以来幅度最大，同比上年下跌

75 点。经历了 2018 年至 2019 年连续两年下行发展之后，2020 年小幅度提升，稳中见涨，但总体仍处于低位调整期，表明中国书画市场在遭遇经济发展不稳定因素增多的情况下，正迅速挤掉泡沫，积极地向更为理性的市场靠拢。纵观这一时期，从 2017 年重新反弹至高点，2018 年迅速回落略低于价格平均值，再到 2021 年延续下行态势，表明了中国书画艺术市场正在继续深化变革，实际成交趋向于重质求精。全球疫情引发的一系列连锁反应导致买家更为谨慎入藏。自 2018 年起迎来新一轮的调整，结合全球经济、政治形势以及中国书画市场近四年的发展态势来看，该板块的深度调整发展趋势在 2021 年之后仍将继续。

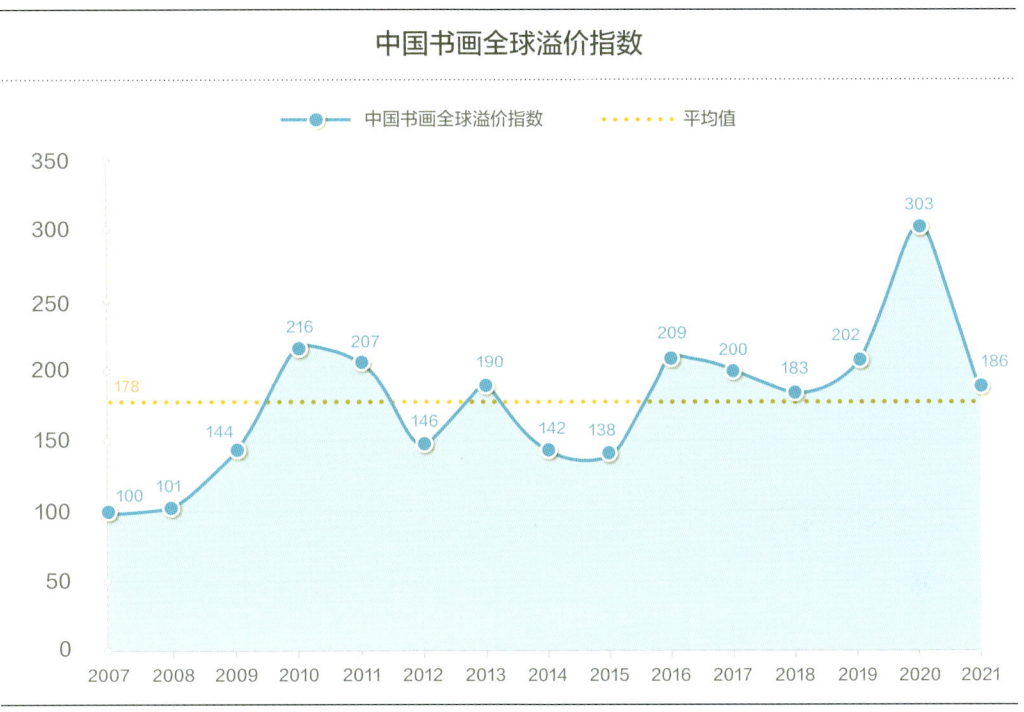

自 2007 年至 2020 年的十五年间，中国书画溢价指数的平均值为 178 点，高于基期 78 个点，说明市场整体热度较高。中国书画在全球文物艺术品市场共出现了四次热度较高的波峰，分别为 2010 年、2013 年、2016 年、2020 年。四次溢价波峰与中国书画全球价格指数的四次上升走势基本相符。值得关注的是，2020 年中国书画溢价指数主要在网络拍卖如茶兴起与高质量拍品增势显著的双重带动下，大幅上升至 303 点，同比 2019 年高出 101 个点，高于平均值 125 个点，为自 2007 年统计以来最高值。2021 年中国书画全球溢价指数转势急下，下跌 117 个点至 186 点，仅高于溢价平均值 8 个点。出现如此走势的原因来源于两个方面：一方面，拍卖企业在拍品价位设置上更为务实合理地对估价进行审视，以确保最大限度地贴近藏家的心理价位；另一方面，收藏群体在经济复苏时期对拍品的竞买态度更为谨慎，量入为出、

理性购藏成为该年需求方的消费基调。此种形势更加说明了中国书画市场正在经历全新的调整期，务实与理性的氛围愈加浓厚。

2.三大区域市场趋同发展，亚太其他地区跌幅加大

中国书画作为全球文物艺术品拍卖市场中的主要门类，始终占据着拍卖市场的半壁江山，同时，其在不同区域市场也有不同的市场表现。从 2021 年中国书画区域指数走势来看，中国大陆地区、亚太其他地区和海外地区三大区域市场基本趋同发展。

中国书画各地区指数比较

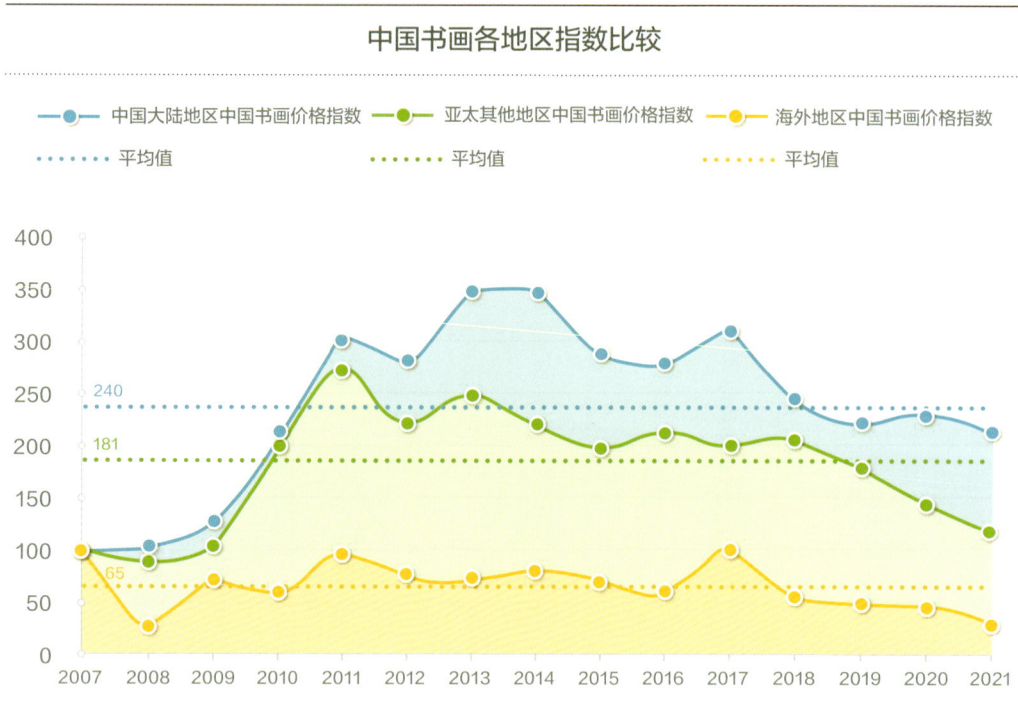

中国大陆地区的中国书画价格水平与中国书画全球价格指数走势基本相同，在 2008 年开始出现持续上升，2011 年达到波峰 305 点，之后出现小幅震荡，并于 2014 年达到自 2007 年基点统计以来的最高值 350 点，比 2011 年首次波峰高出 45 个点。2014 年之后，大陆地区中国书画价格指数基本处于波动式下行发展的态势，仅 2017 年出现短暂的价格高峰。自 2007 年基点统计以来，中国大陆地区的中国书画价格水平始终高于亚太其他地区和海外地区，表明书画市场仍以大陆市场为主导。2021 年中国大陆地区的中国书画价格指数为 211 点，同比下跌了 22 个点。此下行趋势主要由低价位市场的急速扩增与高端精品价位的紧缩导致，数据显示：2021 年中国大陆地区中国书画成交价在 50 万元以下的拍品成交量与成交额分别增长了 46.0% 与 44.2%，而成交价在 1000 万元以上的拍品成交量与成交额分别减少了 1.4% 与 25.9%，基础市场的显著扩容与高端市场的领衔作用减弱，共同影响了价格指数的走向。

118

亚太其他地区的中国书画价格水平在 2011 年达到历史高点，之后呈现连续的小幅震荡趋势，渐趋平稳。2012 年是全球文物艺术品市场进入调整期的开始，拍卖市场遇冷。另外，易元数科研究院的亚太其他地区市场半年指数统计表明，亚太其他地区市场在 2011 年下半年出现小幅下降，进入震荡期，比中国大陆市场提前半年，说明亚太其他地区市场的价格水平对市场变化更为敏感，更易受到经济波动与外部环

境的影响。2021 年亚太其他地区中国书画指数为 117 点，同比 2020 年下跌 27 个点，跌幅较其他两个区域最为明显，也是近两年连续跌破该地区中国书画价格指数平均值的一年，延续了 2020 年市场价格下行的趋势。该年亚太其他地区价格指数下探发展

的主要动因在于，成交价在 50 万元以内的低价位市场中处于 5 万元以下区间的消费型市场的急速扩张，整体拉低了该地区的指数走势。数据显示：2021 年亚太其他地区成交价在 5 万元以下的中国书画成交量与成交额分别同比增长了 51.2% 与 54.6%，消费型市场的火热反映出该地区藏家对低价位拍品的格外青睐。

海外地区中国书画价格指数

海外地区市场的中国书画价格水平在 2007 年至 2011 年发展极不稳定，出现了大幅震荡。十五年间海外市场的价格指数出现了三次波峰：2007年、2011年与2017年，波峰基本维持在基期 100 点上下浮动，其他年份则是围绕在该地区平均值附近上下摆动。其中 2008 年引人注目，该年世界金融危机全面爆发，席卷美国、欧盟和日本等世界主要金融市场，海外地区市场的中国书画指数剧烈下挫，出现了历史性断点 25 点，为统计期以来最低值。2018 年以来海外地区市场持续遇冷，遭遇了自 2008 年出现断点之后的再次低位，2021 年延续上一年的下行态势，指数为 30 点，同比 2020 年下跌了 15 个点。该年数据表明，中国书画海外市场仍在持续性收缩，无论从拍品的数量与质量，还是藏家竞拍率上均逊色于中国大陆市场和亚太其他地区市场。

3. 国画与书法市场呈现回落态势

书法和国画是中国书画的两大分类，从近十五年的书法与国画的价格指数基本走势对比来看，两者的走势基本趋同，书法的平均价格指数比国画的平均价格指数高出 25 个点，以相对高的市场优势与国画市场齐头并进而又各有千秋。

十五年来，书法与国画市场的价格指数走势与中国书画整体大致相同，都经历了快速增长、震荡波动与深度调整的阶段。2011 年至 2016 年，书法和国画市场都经历震荡阶段，波动明显，这与文物艺术品市场在经历深度持续性调整有直接关系。在这期间，书法与国画市场都经历了结构性初步调整，以适应整体市场与藏家需求。

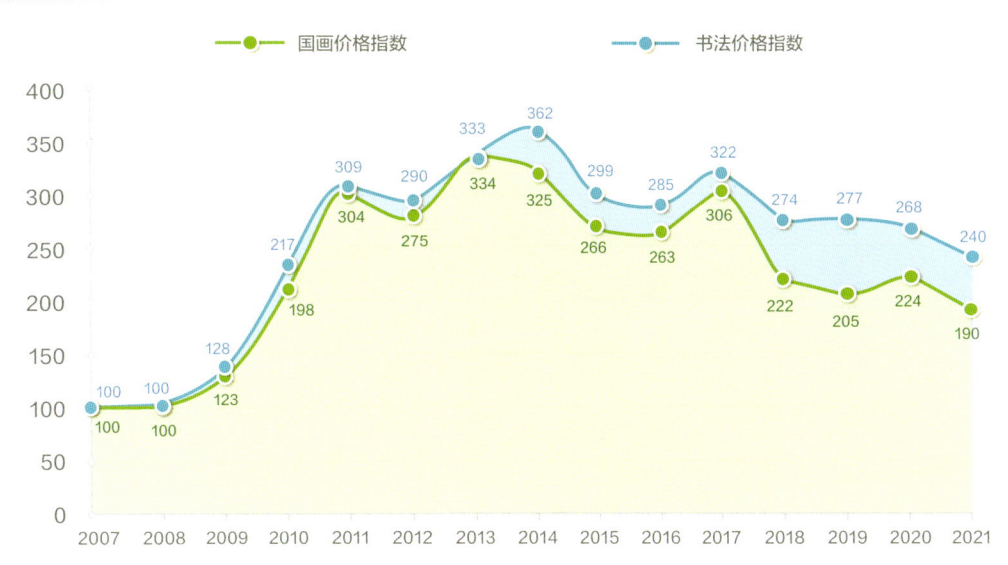

国画与书法价格指数对比

图例：●— 国画价格指数　●— 书法价格指数

自 2017 年开始，书法与国画市场开始同步持续短暂回升，尤其国画市场在 2017 年涨幅明显，说明市场经过初步调整之后，升温迹象明显。2018 年之后，受整体书画市场回落大势的影响，书法和国画价格指数总体上呈现下降的态势。2021 年国画的市场价格指数从 2020 年 224 点下跌至 190 点，降幅为 34 个点，低于国画价格指数平均值 39 个点；2021 年书法的市场价格指数从 2021 年 268 点下滑至 240 点，降幅为 28 个点，低于书法价格指数平均值 14 个点，国画价格指数降幅高于书法价格指数。整体上对比国画与书法价格指数近十五年来的走势，书法价格指数高于国画指数，尤其是自 2018 年进入调整期以来，尽管国画与书画的价格指数均呈回落态势，但书法价格指数的变化幅度相对较小，发展趋势较为平稳。

　　从书法与国画的溢价指数的对比来看，2007 年至 2021 年，两者溢价指数的走势出现较大波动，但总体趋势保持了与中国书画溢价指数走势的一致性。自 2007 年基期统计以后，国画的溢价指数一直高于书法溢价指数，平均每年相差值约为 35 点，此可以看出国画的市场热度相对高于书法的市场热度。2020 年书法市场溢价指数为自统计以来的最高值达到 271 点，该年国画溢价指数为 303 点，亦为自统计以来的最高值。2021 年国画与书法溢价指数大幅跌落，国画溢价指数跌落至 198 点，书法溢价指数跌落至 145 点。溢价指数下探主要由供给端定价的日趋合理以及需求端的谨慎购藏双重驱动所致。

　　4. 三大时期市场均降温

　　中国书画从创作时期的维度可划分为古代、近现代、当代三个时期。2020 年，在整体文物艺术市场环境继续进行深度调节之时，中国古代书画与中国近现代书画

国画与书法溢价指数比较

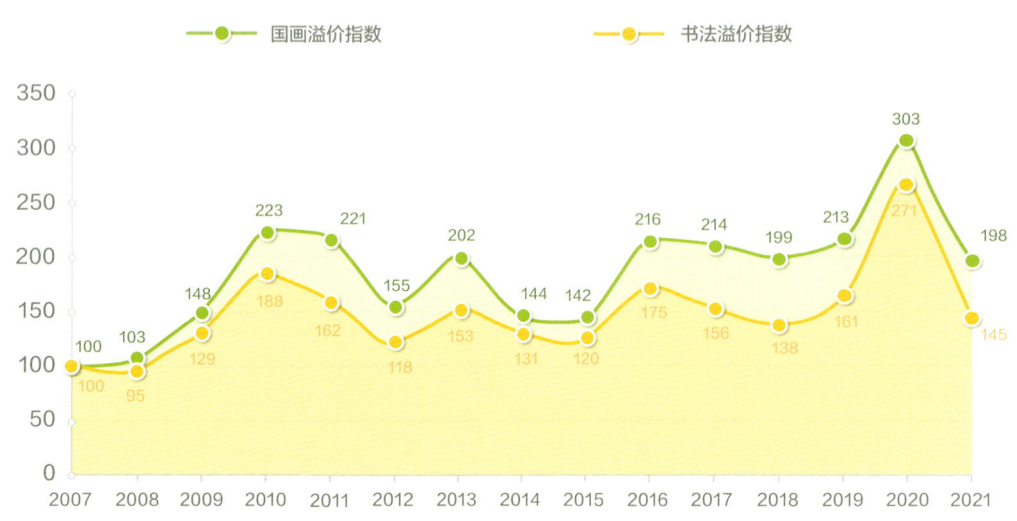

这两大板块市场稳中求进，踏实前行；而中国当代书画市场板块则持续走低。总体来看，中国书画市场处于自2017年以来的下行调整期，经历了2016年至2017年的小波峰回暖，2018年和2019年连续受国际及国内整体经济形势的左右，以及2020年以来全球疫情的影响，从最近一年的市场价格指数与平均市场价格指数的吻合度来看，古代书画与近现代书画的市场价格指数向各自的平均价格指数趋近，当代书画市场价格指数则大幅跌破其价格指数平均值。这说明拍卖行与藏家在针对全球整体经济形势考量后做出的冷静市场行为，双方遵循市场规律，将市场焦点对准精品与名家，这也是市场稳步发展的根基。从整个投资领域来看，书画成为越来越多投资者关注的重点，层次分明的藏家群体与优质藏品是未来市场发展的基石。随着市场与拍卖行的调整地不断深入，藏家也越来越专业与成熟，不再盲目跟风。对于中国书画来说，藏家看重画作质量与未来潜力，重点关注古代珍品和近现代名家精品，以及创作实力突出的当代书画家之作。

（1）古代书画市场转势下行

将2021年中国古代书画的价格指数放置在自2007年起为统计基点的中国古代书画价格指数可以发现：2007年至2021年，古代书画价格指数平均值为144点，比基期高出44点，与十五年来近现代书画市场和当代书画市场各年指数相比，处于稳扎稳打、不断深耕的阶段。从指数走势来看，古代书画出现了三次较为明显的波峰：第一次波峰为2011年的179点；第二次波峰为2014年的202点；第三次为2017年的191点，平均每三年迎来一个波峰，每个波峰之间则是连续两年的低位调整期，这与中国文物艺术品拍卖在全球的指数走势表现基本一致。2017年至2021年，古代书画指数表现出由波峰转入低位调整期的走势，在世界经济环境影响下，2018年调

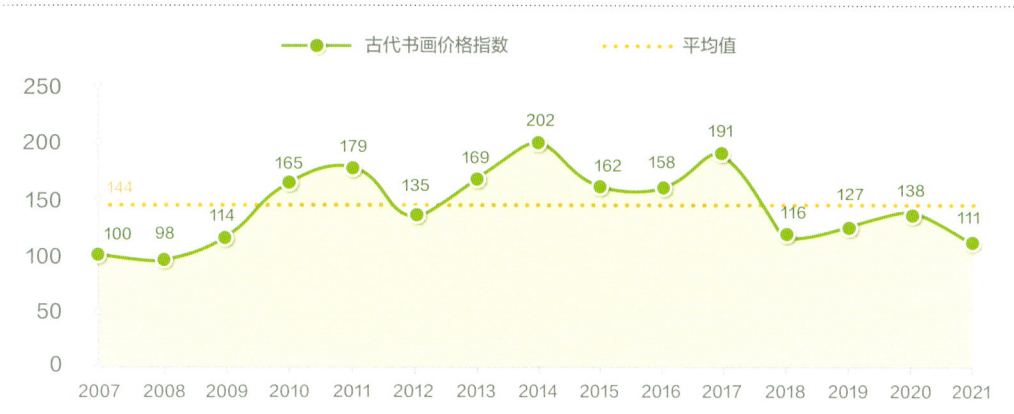

古代书画价格指数

整期的跌幅较为明显，2019 年至 2020 年小幅回升之后，于 2021 年再次下行。

　　中国古代书画所蕴含的艺术价值以及升值潜力一直是收藏者和投资人关注的焦点。2018 年古代书画市场经历了自 2012 年以来的首次价格指数触底，低于古代书画的平均价格指数 31 个点，市场遇冷明显。在此种不利局面下，2019 年之后中国古代书画市场发力扭转，并于 2020 年达到指数值为 138 点，此后 2021 年价格指数再次回落，为 111 点。导致古代书画价格指数下降的主要动因在于两个方面：一是高端拍品市场紧缩。较近现代及当代书画，古代书画因其珍贵的史料价值、艺术价值以及资源几近匮乏的稀缺性，保持着相对稳定的市场发展态势。众多藏家对市场持观望态度，暂时不愿将精品再次投入市场中，加之博物馆和美术馆馆藏大量精品，市场中能够流通的精品越来越少。货源的紧缺正是造成中国书画古代高端拍品市场紧缩的重要原因。二是低价位市场的热度不减。更为直观地反映在价格上则是成交价在 50 万元以下古代书画作品成交体量的飞涨。来自易元数科研究院大数据统计显示：2021 年 50 万元以下的古代书画作品成交量为 1.7 万件（套），比 2020 年增长了 52.8%，占据该年古代书画市场总成交量的 92.6%，低价位拍品以极大的市场占有量主导了该年古代书画价格的发展趋势。

　　古代书画的溢价指数在近十五年的平均值为 124 点，比基期高出 24 个点，市场热度总体上相对平稳。溢价指数的高低可以反映市场的热度增减，从 2021 年统计的古代书画溢价均值及该年的溢价数值来看，古代书画的市场热度明显低于近现代和当代书画市场，这与古代书画的收藏与投资门槛较高有很大关系。从古代书画溢价指数整体走势可以看出，古代书画市场前期热度不高，从 2009 年开始连续走高，在 2011 年出现大幅下跌，之后持续震荡，截至 2019 年处于较为规律的波动状态，2020 年其溢价指数随市大幅度攀升，仍然是对线上拍卖新业态的直接反应。2021 年伴随线上市场的日趋成熟发展，定价机制与购买机制更加务实理性，古代书画溢价指数明显

古代书画溢价指数

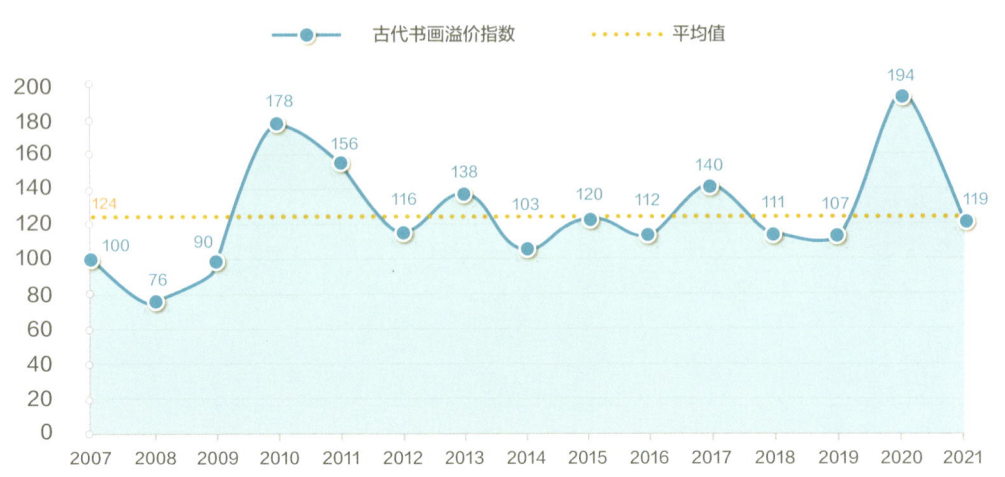

回落。结合古代书画价格指数来看，古代书画价格水平正在进入成熟稳定的发展阶段，投资环境依旧是影响市场热度与信心的最大因素，未来古代书画市场将继续保持理性回归的态势。

（2）近现代书画市场止涨回落

近现代书画市场长期以来一直占据文物艺术品拍卖市场的重要地位，纵观中国书画在拍卖市场的一贯表现，以近现代书画为主的格局已然形成。2021年，无论在成交数量、成交价格、市场影响还是单幅作品成交价方面，近现代书画作品仍是中国书画市场主力。张大千、傅抱石、齐白石等名家作品均以高价成交。在中国书画拍卖市场成交价排名前十当中，近现代书画占据半壁江山，巩固着不可撼动的市场地位。

纵观近十五年近现代书画的市场走势，其价格平均值是232点，总体呈现出前期快速增长、中期高位小幅波动、近期随势回落调整的趋势。2011年至2017年，近现代书画的指数值都高于平均水平，2012年，中国文物艺术品拍卖市场出现大幅下滑，之后一直处于深度调整状态，但从当年中国近现代书画价格指数来看，并未受到经济大环境变化过多的影响。自2012年至2017年一直在平均值以上温和震荡，经历了2013年与2014年的连续高峰，随即于2016年降至268点后，2017年再高升至306点的波峰，以上震荡表明市场转型仍在持续，藏家出手谨慎，但他们对中国近现代书画保持着较高的认可。值得注意的是，2018年近现代书画价格指数自2012年以来首次出现单年价格指数与平均价格指数最为接近的情况，相差1个点，2019年则是继续向平均值接近，与平均值等同，2020年则实现了当年价格指数回归平均价格指数值之上的利好形势。2021年近现代书画价格的整体走势较上一年明显回落。2021年近现代书画作品的价格指数的低位发展，仍然与全球经济复苏期购藏方消费需求更趋谨慎有关，加之供给端价格的适当下调，共同促使市场下沉。

近现代书画价格指数

结合近现代书画溢价指数近期的表现来看，其经历了 2012 年与 2015 年的两次较大的市场降温调节，溢价指数在 2016 年激增 89 点，达到 234 点，之后两年出现持续性小幅回落，整体仍处于较高发展水平，市场热度与信心仍然处于高位。在经历了 2018 年整体市场的内部调节之后，2019 年近现代书画的溢价指数呈现出与中国书画溢价指数同步上调的变化，溢价值为 223 点，同比增长 28 个点。2020 年近现代书画市场乘着网络新业态的东风扶摇直上，溢价值达到 316 点，位于自基期统计以来的最高值。2021 年则转势急降，回归至溢价平均值附近，为 192 点。该年溢价指数

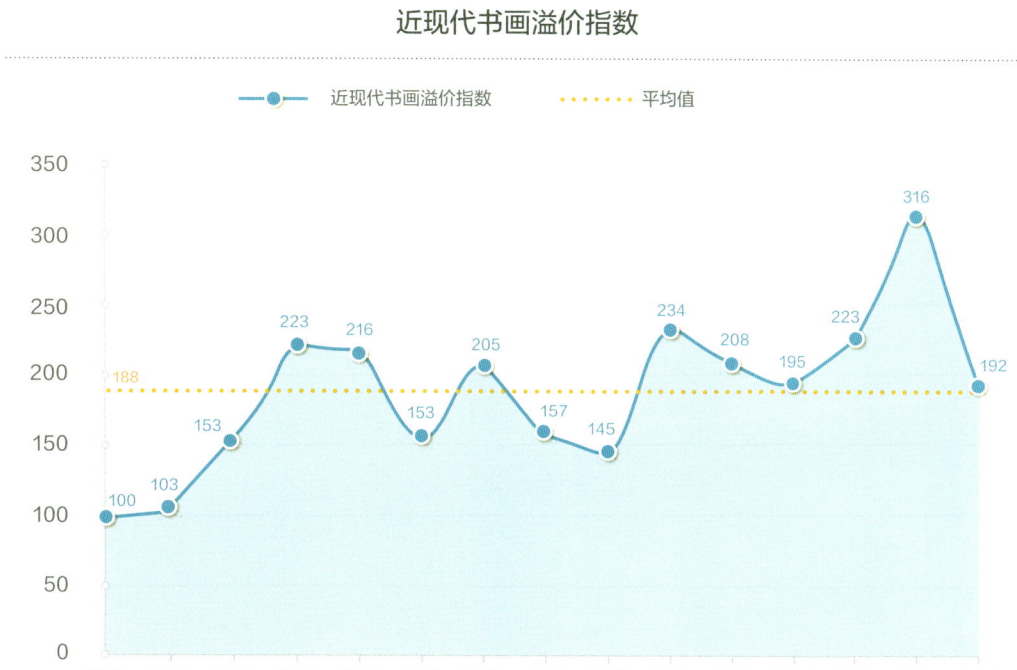

近现代书画溢价指数

的显著回调代表着拍行内部对于估价体系地合理性调整，藏家群体消费态度的理性回归。

（3）当代书画市场持续下探

当代书画市场作为中国书画市场的重要组成部分，它的市场表现力已成为把握当代艺术发展脉搏的关键性依据。一方面，随着当代书画艺术家创作呈现出形式与内容的多样化格局，投入市场的当代书画作品较为全面地呈现出与中国古代与近现代书画作品迥异的面貌；另一方面，由于当代书画创作群体年龄跨度较大，在老中青三代的当代书画创作与市场活力中呈现出明显的差异，从市场活跃度与表现力来看，整体呈现出老一代高位领跑、中年砥柱中流、青年后来居上的市场特点。当代书画正以其可持续发掘的潜力不断为中国整体书画市场注入新的活力，同时在为规范中国书画艺术品价格，画作真实价值回归方面，继续进行深度结构性调整，接受市场的考验。

纵观自 2007 年以来的中国当代书画市场的价格指数走势，总体呈现出由"谷底"稳攀"高峰"，由"高峰"迈入"高原"的趋势。从 2007 年开始，各大拍卖公司对中国书画市场进行了品类细化，当代书画作为独立类别专场活跃于拍卖场。从价格指数走势来看，中国当代书画的整体趋势是前期快速增长、中期高位起伏、近期理性调整的特点。各时期指数走势波动较大，最高点（2013 年的 419 点）与最低点（2007 年的 100 点）相差达 319 点，当代书画市场呈现出剧烈的起伏变化，从谷底到井喷，仅仅用了 7 年。当代书画指数在 2007 年至 2009 年保持了平稳的增长，从 2009 年开始，指数值持续走高，很大程度上因为中国经济快速增长，带动市场需求量突增，当代

当代书画价格指数

书画市场在 2013 年达到顶峰。随着投资环境趋于谨慎与理性，当代书画市场及时调整，2013 年到 2016 年，指数值下降幅度达到 142 点，投资变现困难导致市场信心持续下降。连续三年，拍卖整体成交量、成交价跌落明显，一些书画家价格跌幅较大，名家作品价格坚挺，但销量缩减。经过起伏的当代书画市场由高歌猛进转向理性收藏，作品的收藏价值和市场潜力成为藏家关注重点。2016 年至 2017 年，指数值出现缓慢上升，由"高峰"过渡到"高原"，其涨幅为 38 个点，增长态势相对平缓，2018年由增转降，2019 年以来连续三年延续回落的趋势。观察 2021 年当代书画市场价格指数的走势可以发现：当代书画价格指数为 182 点，比平均价格指数 250 点低出 68个点，呈下探趋势。其原因在于：当代书画市场受整体文物艺术品交易市场与全球经济形势的影响，随势下行不可避免；由于过去几年当代书画市场的价格火热随着整体经济投资环境趋稳和藏家投机运作心理的现实回归，愈加接近当代书画本身应有的价值；从市场上当代书画的创作质量而言，拍行严格实施的增质减量策略，从源头上保证了当代书画的品质，市场内部的深层调整力度不断加大，正在经历去粗取精、精益求精的深层调整，藏家对拍品质量与贴切实际价位的要求变得更为严苛，市场逐渐回归更为健康的状态。

通过观察当代书画溢价指数近十五年来的发展趋势可以看出，当代书画的投资热度经历了三个高点，分别是 2010 年的 267 点、2017 年的 268 点和 2020 年的 429 点，这三个高峰之间跌宕起伏的市场曲线，反映了当代书画市场从野蛮生长到逐渐回归理性的过程。尤其是 2012 年以后，更加清朗的市场与投资环境，使得当代书画市场不断进行内部调整，真正有价值的当代书画作品被不断发掘，造就了 2017 年的又一个投资热潮。随后两年中由于国内外投资市场环境的不利因素增多，对当代书画投资的热度有所降低，不断向其溢价指数的平均值 211 点靠近。值得关注的是 2020 年当代

当代书画溢价指数

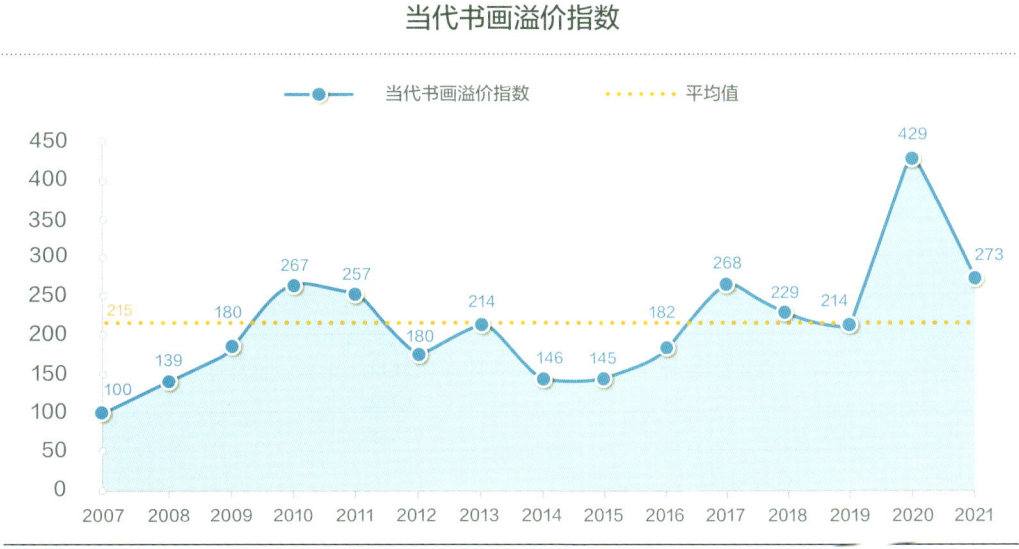

书画的溢价指数高达 429 点，同比跨越式上涨 215 个点。针对如此大幅度上涨的情形，易元数科研究院通过大数据统计与市场调研发现：影响溢价指数高升的原因在于部分样本拍行为活跃拍场气氛进行的拍卖策略调整以及拍行为积极援驰抗疫而举办公益拍卖，举办大量低估价的当代书画专场，从而拉高了整体市场的溢价值。排除 2020 年疫情突发拍行策略性调整估价的因素之外，2021 年藏家投资理性企稳，艺术家作品重视质量的趋势更为显现。应当注意到，尽管该年的溢价指数出现了大幅下降，但仍高于当代书画溢价平均值，仅低于 2020 年，为自基期统计以来的第二高位溢价值，表明当代书画市场的买气仍处高位，购藏需求的活力正在释放。

三　中国油画全球指数结果分析

数据说明

（1）时间：2007 年 1 月 1 日至 2021 年 12 月 31 日。

（2）数据量：1.5 万条全球范围内公开拍卖的成交纪录。

（3）样本拍行：从中国大陆、亚太其他地区、海外地区共选取 31 家经营规范、成交结果透明度高、规模级别不同的具有代表性的拍卖企业。

（4）样本艺术家：综合考虑艺术家所处时期、美术史地位与成就、作品在专业书刊出版、重要拍卖机构图录、样本数据计算条件等因素选取 75 位具有代表性的中国油画艺术家。

（5）时期划分：

从明代西方传教士带来油画作品至 19 世纪末土山湾画馆本土画师的创作，进入 20 世纪之前，油画已经在中国存在四百余年。但中国油画真正接轨西方近现代油画，始于 19 世纪末至 20 世纪初走出国门求学海外的艺术学子。在中国近现代油画的一百余年发展历程中，由于时代背景的复杂性，经历了五四前后、抗战时期、改革开放之后等若干发展高峰。油画艺术家的时期划分，因其各自的经历与艺术生涯的长短，无法严格依据历史事件做严格的界定。因此，在综合考虑中国近现代油画发展历程、各时期总体风格、艺术家个人创作高峰期及艺术家个人风格的基础上，《中国收藏拍卖年鉴》以 1949 年新中国成立为时间点，将中国油画艺术家划分为"20 世纪早期"和"当代"两个时期。20 世纪早期主要为留学海外或间接受教于留学归来的油画艺术家，他们的西方绘画功底深厚，不论研习欧洲学院传统或取当时流行的后印象派、野兽派、抽象主义等为发展方向，作品都具有较为浓厚的西方韵味。新中国成立后，由于历史背景的转变，我国油画具有了更多的民族特色和时代特色，逐渐走上新的发展道路。

中国当代油画则主要由活跃在新中国成立之后的艺术家作品构成，其中又以"改革开放"之后的作品为主，当代艺术家中的绝大多数依然在不断进行新的创作，使中国当代油画艺术与西方当代油画艺术形成呼应、并行且独立的关系。

此种两段时期划分法可能会存在不能详尽表达中国近现代油画和中国当代油画各细分时期特点的不足，但我们希望给读者呈现出一个相对宏观、清晰且客观的中国近现代油画和当代油画的发展脉络，为此我们还加入了"留法艺术家"和"70/80后艺术家"两个专题作为补充，更为精细地反映中国油画市场状况。

1. 油画市场阶段性特征明显

2007年至2021年的中国油画全球价格指数的均值为130点，高出基期值30点，表明近十五年来中国油画价格水平总体呈上升趋势。最高值为2020年的168点，最低值为2009年的72点，相差96点，指数值相差较大，说明中国油画市场近十五年来经历多变，市场表现呈现出阶段性特征。

从价格指数走势图可以看出，近十五年中国油画在全球文物艺术品市场中经历了三个阶段：

（1）低位骤降期（2007年至2009年）：自2007年基期统计之时，经历了海外资本连续几年对中国当代艺术的过度注入阶段，造成此前市场价值整体偏高，在2007年市场已开始显现出疲软状态。2008年开始的全球性金融危机使得海外资金骤然紧缩，此时中国当代艺术市场主要又以海外买家为主，因此对中国油画市场产生较大冲击，指数值在2008年开始呈现下跌趋势，并于2009年跌至历史最低点72点。

（2）艰难回升期（2009年至2012年）：跌至谷底的中国油画市场开始在2010年出现反弹，价格指数艰难回升，与基期100点持平。经过2010年一整年的市场培

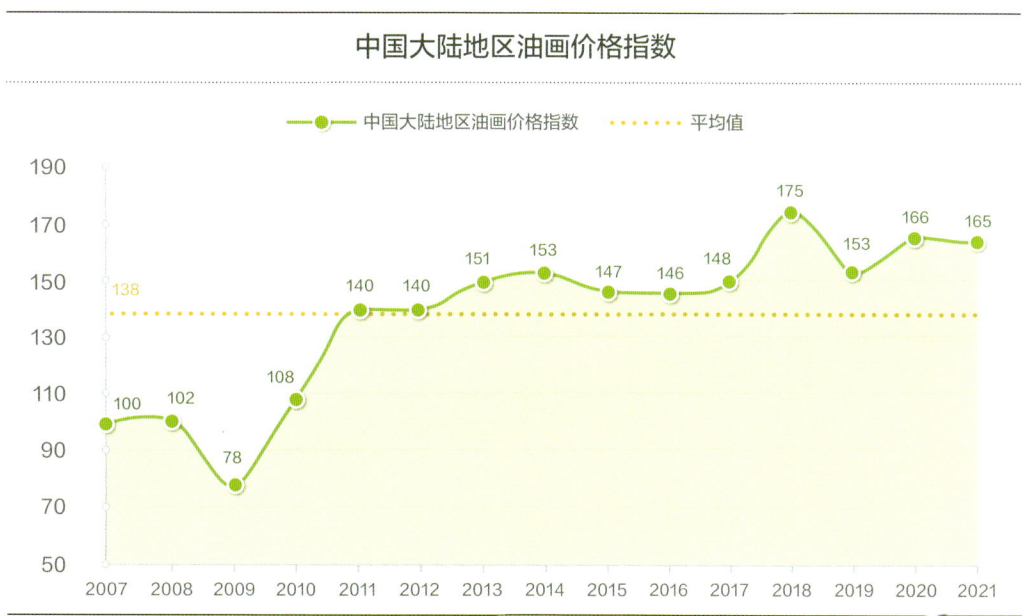

中国大陆地区油画价格指数

育，2011 年，指数从 2010 年的 100 点攀升到 127 点，增长幅度与 2010 年基本持平。2012 年则维持了 2011 年的市场平稳发展态势。在当时全球经济形势处于低迷状态下，此高点的出现传递出海外资本急于撤出中国油画艺术市场的信号。

（3）波动调整期（2012 年至 2021 年）：在此期间，指数整体呈现出平缓上升的趋势，虽然在 2015 年经历了一次个位数幅度的下跌，从 2014 年较高值 146 点跌至 138 点，但此下跌态势并未持续，转而进入缓慢增长态势。2016 年至 2020 年中国油画市场呈现平稳上升状态，并于 2020 年出现自 2007 年基点统计以来的价格指数最高值 168 点，涨幅为 2011 年以来最大。

2021 年全球中国油画价格指数为 160 点，比去年同期下降 8 点，比平均值 130 点高出 30 点。显示出油画全球艺术品市场虽然整体走势略微趋降，但仍然在平均值上方基本平稳运行，在合理的范围内变动。根据易元数科研究院的数据统计表明，主要原因在于低价位拍品成交规模扩大，成交额大幅上升。据统计，成交价在 50 万以下拍品的成交量为 358 件（套），比去年同期扩增到 124 件（套），涨幅达到 34.6%；成交额为 7360.7 万元，比去年同期提升了 3031.7 万元，涨幅为 70.0%。数据呈现，全球中国油画低价位拍品量额呈现高幅度增长，市场进一步下沉，指数趋低。

中国油画溢价指数近十五年的平均值为 55 点，较基期水平下降 45%。从油画全球溢价指数图我们可以看出，2007 年至 2011 年期间指数曲线起伏剧烈，反映出海外过多投机性资本的参与让中国油画市场对外部经济环境十分敏感。中国文物艺术品市场自 2012 年开始进入调整期，此轮调整对中国油画品类的影响尤其明显，市场热度持续处于低位。自 2012 年开始，溢价指数起伏明显缓和，说明市场调整显现效果，前期资本涌入造成的不良影响正在被消解，市场逐渐回归到理性平稳的发展轨

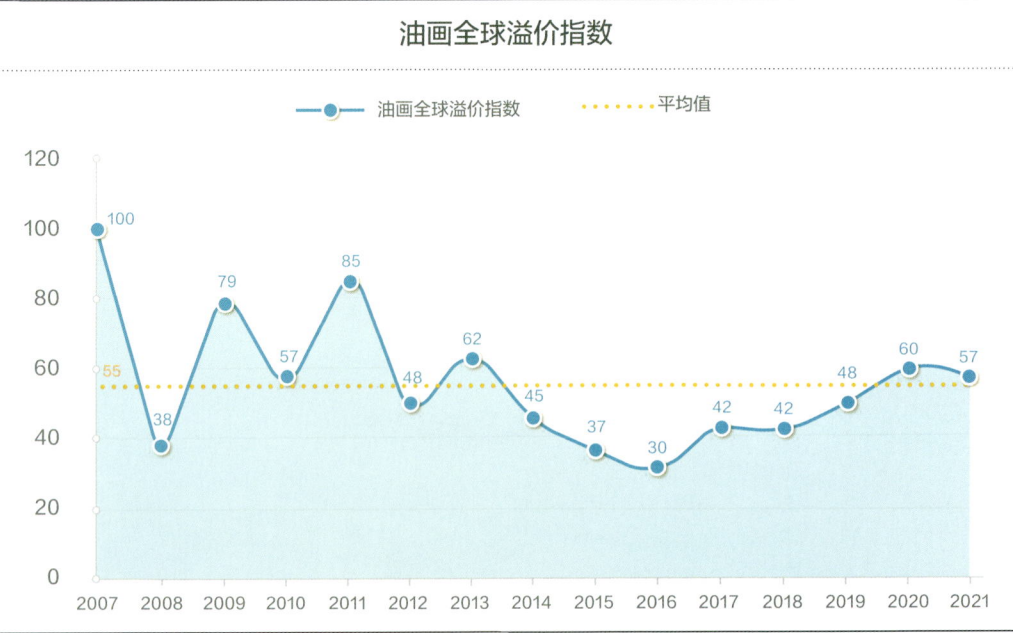

油画全球溢价指数

道上。2013 年之后至 2016 年溢价指数连续小幅度下滑,2017 年溢价指数回升至 42 点,同期油画价格指数也出现小幅度上扬,此番市场热度的回升与精品集中出现及企业扩大购藏相关,这种现象在 2017 年与 2018 年尤其明显。2019 年油画溢价指数在经历了 2017 年与 2018 年这两年的平稳发展后,实现了小幅度上涨。2020 年,疫情突袭,全球经济环境不确定性因素增多,但油画溢价指数持续攀升,反映出较高的市场活力,与该年的油画价格指数走势呈正相关,回到平均值之上,达到 60 点。

伴随着全球疫情的逐步得到控制,疫苗接种率的大幅提高,经济环境稳定因素的不断增强,全球油画艺术市场强势回暖,溢价趋势平稳。2021 年油画溢价指数为 57,高出基期 2 个点,与去年同期持平。拍行在经历了 2020 年线上市场的蓬勃发展,2021 年持续其线上拍卖的优势,并相应启动了线下市场,采取"两条腿"走路的经营模式,并紧贴市场需求,降低拍品成交额的期望值,适当调整了估值,提高成交率,取得了与去年相似的溢价值,围绕着基期上下轻微浮动,符合价值反映价格的基本经济规律。

2. 不同地区油画价格指数

根据中国油画拍品在全球各个市场的不同表现,我们将全球中国油画价格指数的地域市场划分为三个主要地区,分别为中国大陆地区油画价格指数,亚太其他地区油画价格指数和海外地区油画价格指数。 2021 年,中国油画价格指数在全球各地区市场呈现出不同的发展态势。中国大陆地区油画价格指数平稳,亚太其他地区油画价格指数小幅度回落,海外地区油画价格指数涨幅明显。

(1)中国大陆地区油画市场走势平稳

在全球不同地区市场中,中国油画的价格指数体现不同。2021 年中国大陆地区油画价格指数为 165 点,比去年同期降低 1 个百分点,价格基本走势平稳。油画价格指数比基期高出 65 个百分点,相比于全球其他两个地区油画价格走势,属于十五年来价值变化平稳的市场区域;该年油画价格指数比平均价格指数 138 点高出 27 个点,表明中国大陆地区油画板块走势平稳趋高。

易元数科研究院的统计数据表明,2021 年的中国大陆地区油画市场指数趋势走高主要体现在该年油画高价位拍品集中成交,其中 2 件过亿元拍品,33 件过千万元油画拍品的成交,主导着中国大陆地区市场的总体发展趋势。纳入油画价格指数样本的拍品低于 50 万元的低价位拍品为 298 件(套),占总比的 42.2%,反映了中国大陆地区油画的市场容量中近一半为低价位拍品,这与近两年线上拍卖的繁荣关系密切。

另外,值得注意的,在中国大陆地区所成交的油画样本拍品中,客观再现风格的占比为 52.1%,主观表现风格的占比则为 47.9%。数据表明,油画市场具象写实派只以微弱优势胜出,抽象写意派出现上升势头。这与近年来藏家的结构变化关系密切。

中国大陆地区油画价格指数

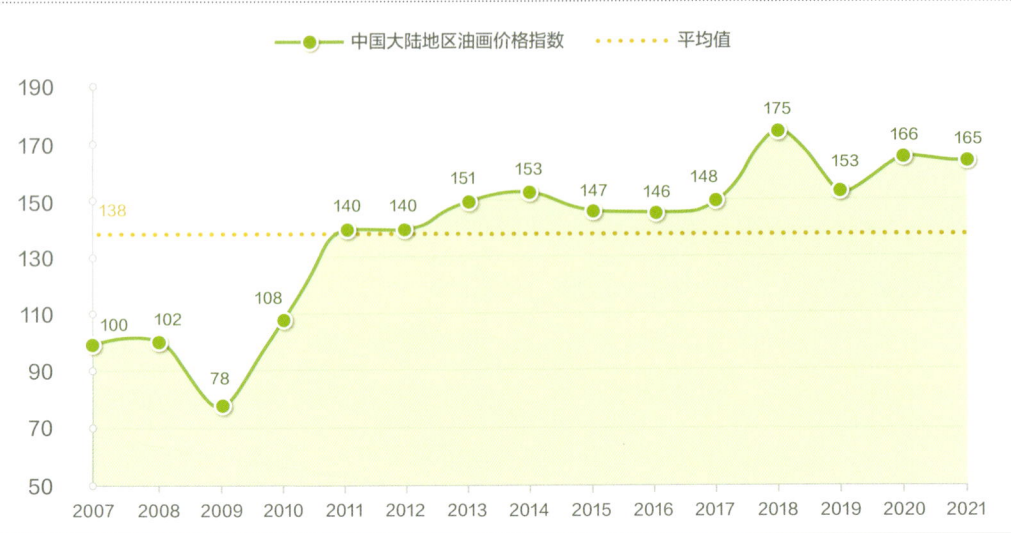

新生代藏家的入场，为抽象类油画的市场份额提升起到了关键作用；除此之外，公立美术馆、博物馆的现当代艺术展览逐年增加，画廊对于现当代艺术的重力推介，无疑对于观众和藏家的审美倾向起到潜移默化的作用。数据的变化，反映了市场发展趋势的变化，也印证了艺术审美的多元化转变。

（2）亚太其他地区油画市场小幅回落

2021年亚太其他地区油画价格指数为166点，比去年同期降低12个点，价格走势趋低，但仍居于近十五年来第二高位，市场整体表现可嘉。该年油画价格指数比基期高出66个点，与中国大陆地区价格指数几近重叠；比平均价格指数126点高出40个点，亚太其他地区油画市场价值较上年稳中有降。

亚太其他地区的油画价格指数虽然回落到与大陆基本相同的点数，但两大市场整体表现差异较大。亚太地区依然是高质量高价值油画的重要聚集地，在已成交的油画拍品中，出现2件过亿元，43件过千万元的拍品。比中国大陆地区过千万油画拍品多10件，对于高精尖价位区间而言，占尽绝对优势；经济大环境的相对稳定，推动了整体市场的健康发展，大幅提升了市场活跃度。藏家对未来市场充满信心，高价值拍品频频释出，保证了供应的充足，拍行的线下业务重新开启，市场潜力得到进一步释放，并针对高净值藏家推出精准服务，提高成交率。低于50万元的拍品只有53件（套），占总比的21.8%，再次证明了亚太其他地区市场整体由高端板块带动，中高价位拍品价格趋势决定了整体市场发展趋势。

值得注意的是，亚太其他地区成交的油画拍品风格主要由抽象写意派为主，其客观再现的拍品与主观表现的拍品的市场占比为3∶1，这一占比与以往几年的占比

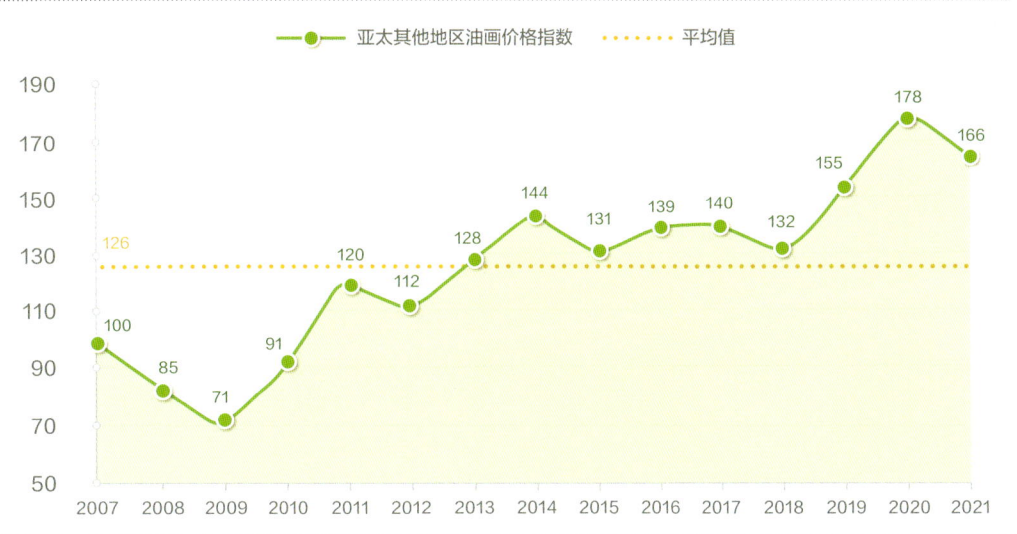

亚太其他地区油画价格指数

——●—— 亚太其他地区油画价格指数 ·········· 平均值

类似。说明了该地区以世界现当代艺术的抽象画派的审美为主，并具有高流转性，其增值保值的空间不断被藏家看好。

同时，根据易元数科研究院的数据统计，我们发现，这些备受藏家关注的现当代油画艺术拍品，无论是中国大陆地区还是亚太其他地区，基本集中在 20 世纪早期油画大家赵无极、朱德群、吴冠中等拍场"常青树"作品上，其中常玉则一直担当着拍场压轴戏，2021 年市场表现依然风头不减，在全球中国油画成交额 top10 排名中，入选四幅。其作品《群马》在华艺国际（北京）2021 春季拍卖会现当代艺术夜场中以 1.98 亿元拔得头筹；《静月莹菊》在佳士得香港春拍中以 1.8645 亿港币（折合人民币约为 98,897,726 元）成交；《裸女与北京狗》在苏富比香港 2021 春季拍卖会中一举拍得 1.05476 亿港币（折合人民币约为 87,920,574 元），《红色背景的百合花》则以 1.00325 亿港币（折合人民币约为 83,328,941 元）在佳士得香港秋拍中夺魁。当代艺术成交拍品则集中体现在曾梵志、张晓刚、周春芽和方力钧等"八五新潮"之后崛起的艺术家的作品，这与近年来的学术研究的逐渐深入及其艺术史的定位不无相关。

（3）海外地区油画市场大幅度攀升

2021 年海外地区中国油画价格指数为 180 点，创造十五年以来新高，海外油画市场走势大幅上扬；同比去年大幅增长 69 点；比基期提升了 80 点，表明了海外油画市场价值达到新高度，该年油画价格的变化幅度剧烈，几乎超过了以往的升降幅度；比海外油画市场平均价格指数 105 点高出 75 点，凸显了该年中国油画市场的价值趋高的总体状况。

据易元数科研究院的数据显示，2021 年度海外地区中国油画的四大样本拍行（苏

海外地区油画价格指数

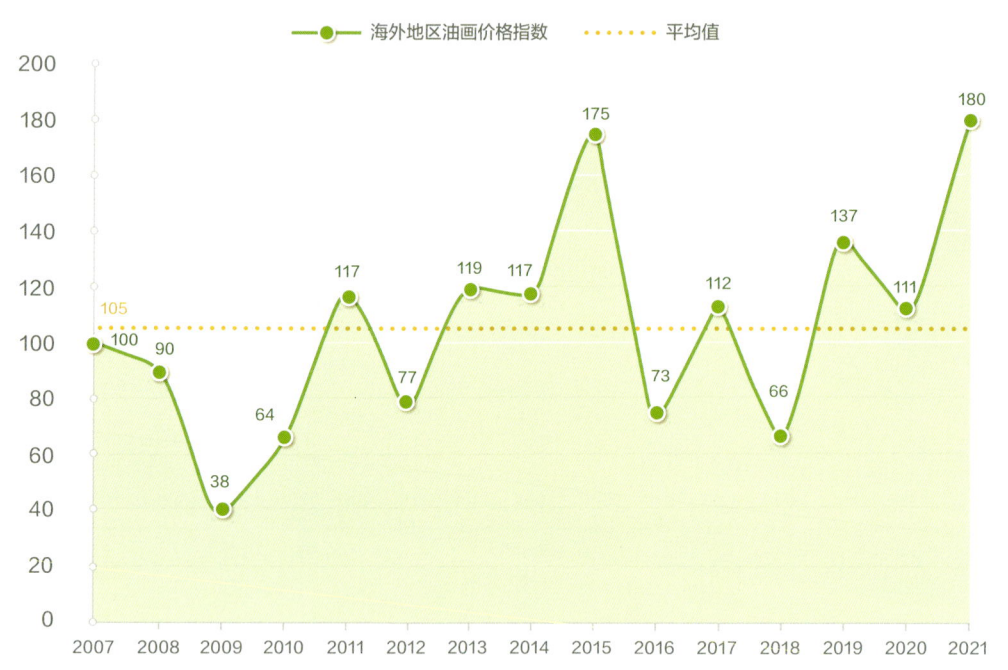

——— 海外地区油画价格指数　　……… 平均值

（图中数据点：2007: 100, 2008: 90, 2009: 38, 2010: 64, 2011: 117, 2012: 77, 2013: 119, 2014: 117, 2015: 175, 2016: 73, 2017: 112, 2018: 66, 2019: 137, 2020: 111, 2021: 180；平均值105）

富比、佳士得、菲利普斯和邦瀚斯）中备受藏家青睐的艺术家主要集中在20世纪早期的留法艺术家赵无极和朱德群，以及海外著名艺术家丁雄泉的作品上，而受到藏家主要关注的风格为主观表现的抽象油画。这类抽象油画作品都具有古典东方韵味并结合了现代表现手法，作品的市场占比达到75.0%，当代艺术则占据了艺术市场的25%，主要由曾梵志、张晓刚、刘炜等当代艺术家担当。

3.不同时期艺术家作品价格涨势稳定

油画，作为一种海外舶来品的画种，进入中国的历史长约五百年，但为中国所接纳并学习的时间大约只有百年，在国内外逐渐形成市场交易，则是20世纪90年代以后的近三十年间，我们根据油画的市场表现，从时间上主要划分为"20世纪早期"和"当代"两个时期。通过观察从2007年起这十五年的价格指数及溢价指数走势，可以发现两个不同时期作品对应的油画市场各有特点。

（1）20世纪早期艺术家作品市场基本平稳

20世纪早期油画价格指数走势和中国油画价格指数总趋势大体一致，但在2007年至2008年之间指数走势与中国油画价格指数相反，可见在中国油画市场整体处在价格上升时期，20世纪早期油画并未受到藏家的太多关注。2008年全球金融危机影响到20世纪早期油画市场，2008年至2009年一直处于低谷，2010年价格指数回到经济危机前水平。自2010年始到2017年处于波动上升趋势，并于2013年达到一次高峰。

20世纪早期油画价格指数

在 2015 年价格指数微降之后持续攀升，于 2020 年达到最高 194 点。该板块价格指数平均值为 146 点，比基期值高出 47 点，说明该板块市场发展较为平稳合理。自 2012 年开始，20 世纪早期油画价格指数上升幅度大于中国油画上升幅度，这种幅度一直保持在一个相对平稳的状态，反映了 20 世纪早期油画市场表现稳步上升并且行情向好的趋势。20 世纪早期油画市场溢价指数曲线起伏较大，溢价指数平均值为 93 点，高于中国油画全球平均溢价 38 个点，说明该板块的市场热度与整体中国油画市场热度相比要高，同时也说明了 20 世纪早期油画已备受藏家关注，市场潜力正在进一步发掘。2020 年成交的 20 世纪早期油画，并未过多受到疫情暴发的负面影响，市场呈现逆势上扬的态势。究其原因，促进市场上扬的动力主要集中在常玉、赵无极、朱德群、吴冠中等留法艺术家的作品之上。由于 20 世纪早期油画的创作数量较为稀少，近年来其学术价值被进一步挖掘，观众的接受程度不断扩大，另外出于保值性考虑，中国油画市场看好 20 世纪早期油画作品，使得该时期的油画在拍卖市场中表现不俗，深受推崇。

2021 年早期油画价格指数为 193，比去年同期下滑 1 个点，保持了整体稳定的发展趋势。与上年状况所不同的是，该年油画的成交重点艺术家集中在赵无极、朱德群与丁雄泉三位艺术家的作品，而常玉、吴冠中的作品则整体价格稳定且有走低倾向，释出较往年较少。该年丁雄泉油画作品成交量额上升，其作品集中在美人题材，因其绚丽的色彩，东方古典的韵味而受到全球越来越多的藏家欣赏，近几年市场逐渐升温。

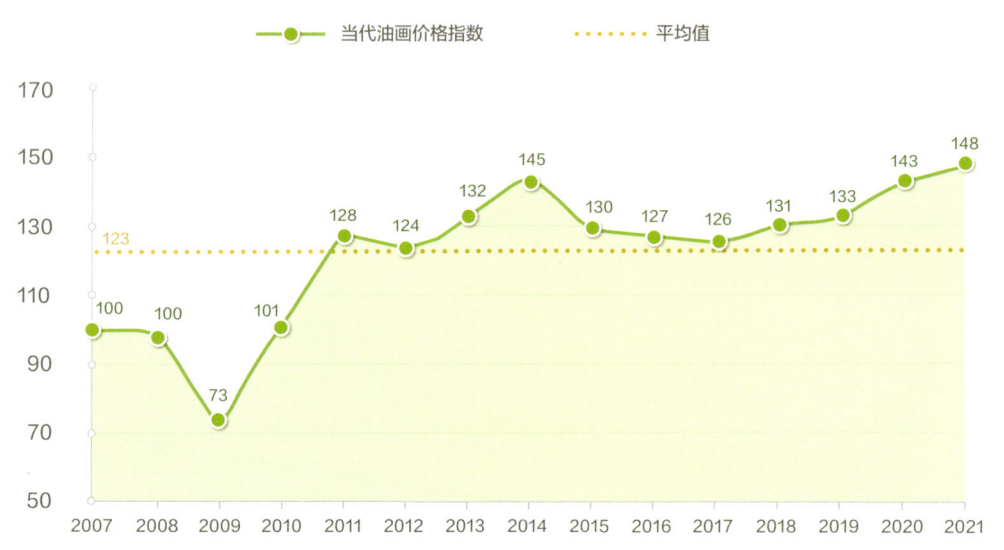

当代油画价格指数

当代油画价格指数 ● —— 当代油画价格指数　·········· 平均值

（2）当代油画板块稳中趋升

当代油画主要由活跃在新中国成立之后的艺术家作品构成，其中又以"改革开放"之后的作品占大多数，这些作品在新世纪开始后，因国内外短期资本的快速涌入经历了一次行情上涨。2008年受全球金融危机影响，包括国内艺术市场整治等一系列事件引发中国文物艺术品市场的结构性调整，行情的大起大落使得藏家对待当代油画，尤其是创作年代较近的作品越发谨慎。当代油画板块中，老中青三代的市场表现迥然不同，老一代以靳尚谊、王怀庆等为代表的艺术作品市场表现持续高价位稳健发展，中年一代以周春芽、曾梵志、方力均等已被写入当代艺术史的中坚力量为代表，市场表现以高价位精品走俏，而中等价位的作品流拍率极高，这也说明了市场对精品的追逐本质。当代油画板块里青年艺术家整体市场中低价位拍品居多，由于创作质量与风格的多变，其市场发展态势起伏不定，艺术品消费的趋势明显多于长期收藏的趋势。青年艺术家的作品仍需在一级市场中经历考验与积淀之后，才能在二级市场中长远健康发展。

从数据来看，当代油画价格指数走势基本与中国油画价格指数的走势一致。在经历2008年至2009年低潮期后，价格指数于2011年达到128点的高位，随后由于外资撤离，再次小幅度回落。但此后，国内资本接盘，并于2014年达到145点的峰值。2015年以后价格指数在小范围内向下波动明显，2018年朝着更高点发展，并在2020年达到143点，比2018年增长12个点。从2018年开始，当代油画市场较过去两年的起伏不定，短时间内呈现出向上攀升的趋势，说明该年藏家对当代油画市场的热衷与推崇处于逐步升温的状态，市场升温回暖的背后，离不开大量当代油画的经典力作频频成交。比如曾梵志的《面具系列1996 No.6》以1.61亿元人民币成交，不仅刷新艺术家的个人拍卖纪录，也创造了中国当代艺术品的最高拍卖纪录。当代油画溢价指数近十五年的总体趋势呈前期起伏剧烈，后期小幅度波动的趋势，这与2012年之前资本涌入，市场快速升温相对严重有关。后期溢价指数虽然处于低位，但价格指数均高于前期的曲线走势也表明该板块市场逐渐回归理性，不断走向成熟。

2021年当代油画全球价格指数为148，同比去年同期提升5个点，表明中国当代艺术在全球市场的稳中上升趋势。比2017年基期价格指数提高48点，比油画全球平均价格指数高出25点，持续了五年的市场增长势头，说明了当代艺术在经历了前期市场的野蛮生长之后，进入了理性稳定时期，去除了短期投资带来的投机性较强的不稳定时期。而伴随着近年来国际头部画廊对于中国当代艺术家的大力推介，艺术家在国际舞台上的活跃度不断增强；国内画廊、美术馆对于当代艺术的全面推广，主流及专业媒体对于当代艺术的持续传播，艺术家自媒体的不断发声等等综合因素，无疑助力当代艺术的接受度越来越广泛和深入，并对于激活当代艺术市场的潜力也起到至关重要的作用。

2016年到2017年，溢价指数呈现短暂上升趋势。2018年当代油画溢价指数出现明显回落，与2014年的溢价指数基本持平，2020年当代油画溢价指数同比增长了13个点，为57点，再次回到该板块溢价指数的平均值49点的上方。需要注意的是，

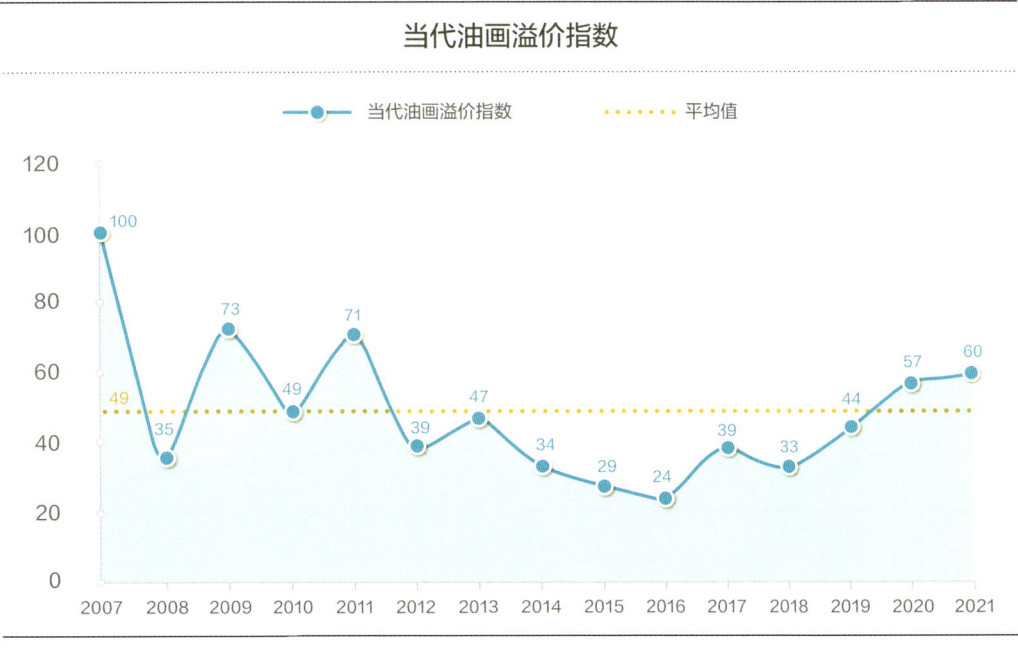

当代油画溢价指数

近年来当代油画的溢价指数始终低于平均溢价指数，说明在当代油画市场中，一方面卖方市场存在泡沫的情况，另一方面表明多数藏家谨慎投资，买卖双方仍处于不断磨合的状态。从2020年的最新走势来看，当代油画板块保持着稳定的向上趋势，在市场逐渐摆脱疫情带来的影响后，未来表现值得期待。

2021年全球当代油画溢价指数为60，同比去年高出3个点，基本处于稳中趋升的状况，这与人们对于油画市场价值的日渐认可态度相关，并看好其市场未来发展方向，油画价格的溢价稳中趋升。

4. 留法艺术家油画市场走势微降

留学（包括游学）是19世纪末20世纪上半叶兴起的中国文化史中最富时代特征的现象之一。具体到美术领域，留法艺术家吴法鼎、颜文樑、徐悲鸿、刘海粟、方君璧、林风眠、司徒乔、吴大羽、刘开渠、庞薰琹等人大多选择在法国的美术学院游学，以油画、雕塑为主要研究科目。他们既接受了西方学院派古典主义、现实主义、写实主义美术，也带回了西方现代主义诸流派，为20世纪中国美术带来了传统书画体系之外的油画、雕塑、色粉、水彩等新类别和新观念，是活跃在中国20世纪上半叶的重要美术群体之一，奠基、开拓、改变、丰富了20世纪上半叶中国美术的发展。近年来，随着中国油画市场的崛起，这些当时留学海外的艺术家的作品价值重新被市场发掘，他们之中以赵无极、吴冠中、常玉、吴大羽等最具代表性，一些重要作品纷纷回流，价格与市场认可度迅速推高。

留法艺术家油画价格指数在经历了2008年国际金融危机造成的低谷期之后，价格指数总体呈上升趋势，至2020年达到最高值332点，高出2008年最低值258点，近十五年来的平均价格指数为198点，市场表现持续向好。2020年留法艺术家油画市场被进一步拓展，为统计期以来的最高值，更多的留法油画艺术家的重要作品集中出现并以高价成交，对拉高价格指数再次起到主要促进作用。

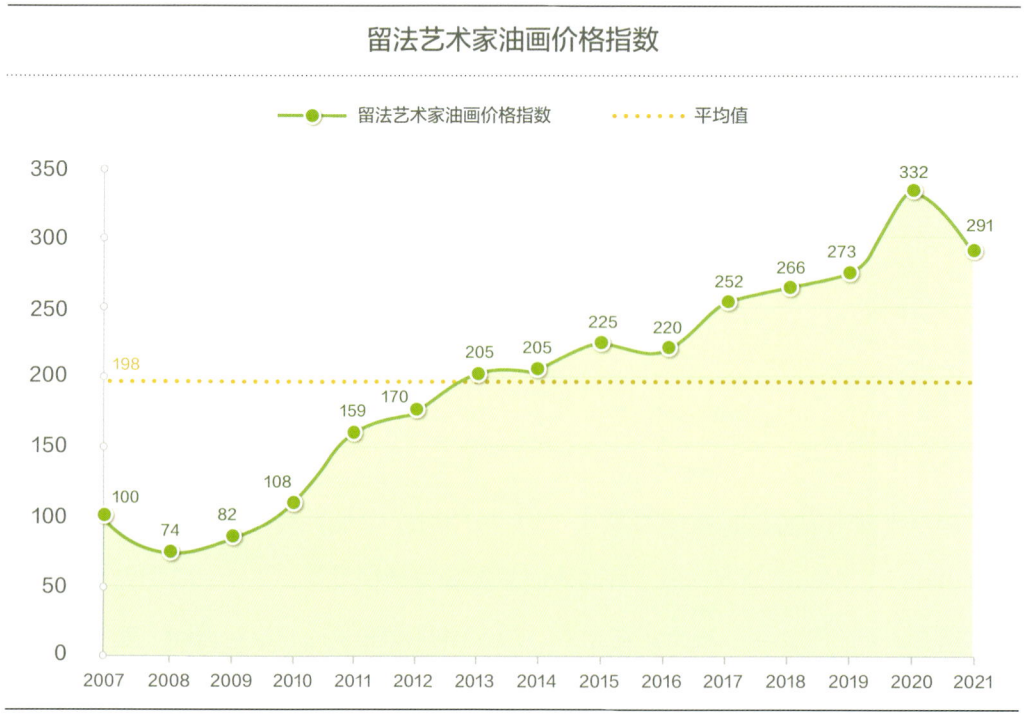

留法艺术家油画价格指数

留法艺术家油画价格指数　　平均值

2021 年留法艺术家油画价格指数为 291 点，比去年同期下降了 41 点，整体稳中趋降，在连续五年的不断攀升中，该领域首次出现了微降的趋势。主要原因是油画板块中的藏家结构正在悄然发生着变化，"千禧一代"及更年轻的藏家不断扩增，当代油画板块市场正在不断崛起，市场砝码不断加重，出现了盖过 20 世纪早期留法艺术家市场的趋势。

据数据统计，2021 年中国油画高价榜单 TOP10 之中，有 6 件作品为留法艺术家，4 件作品为当代油画。这与去年留法艺术家占到 9 件的结果迥然不同，留法艺术家油画作品市场有所紧缩，当代作品占比上升。这其中留法艺术家赵无极、常玉、朱德群仍是市场主力军，其中常玉的作品占到 4 件，赵无极、朱德群的作品各占 1 件。

5. 70/80 后艺术家作品市场稳定

70/80 后艺术家作品市场近十五年来的价格指数总体走势与当代油画价格指数的走势基本同步，大致可分为四个时期：

（1）震荡调整期（2007 年至 2013 年）：自 2007 年基期统计以来，70/80 后艺术家作品市场在 2008 年世界经济危机席卷之下，价格指数出现急速骤降，下跌至历史最低的 59 点。而后几年，价格指数在低于基期 100 点的范围内波动变化较大。市场在大额资本退去后，对 70/80 后艺术家作品市场缺乏信心，导致价格震荡较大。

（2）高位稳定期（2013 年至 2018 年）：经历了上一阶段的适应性调整，2014 年 70/80 后艺术家作品市场随着经济快速发展的势头，恢复至金融危机之前的水平，与基期 100 点持平。市场对该板块作品有了比较稳定的认可，在五年的时间内都保持在 100 点之上，且摆动幅度较为稳定，总体呈上升趋势。

（3）全新调整期（2019 年至今）：进入 2019 年之后，随着全球经济增速放缓，70/80 后艺术家的油画市场受影响较大，由此前的高位稳定阶段进入到全新的调整阶段。2019 年价格指数跌至 71 点，再次触底。在 2020 年，70/80 后艺术家油画市场打破了市场萎靡带来的影响，逆势增长至 126 点，不仅突破历史最高点，还创造了最大涨幅纪录，资本力量通过实际行动对该领域作品的保值能力给予了肯定。

2021 年，70/80 后艺术家油画价格指数为 126 点，与去年同期持平。在经历了上一年的市场高涨之后，保持了一个居高平稳的市场趋势。其中，大陆地区该板块的价格指数为 165 点，亚太其他地区的油画价格指数为 166 点，而海外地区的油画价格指数为 185 点，居三大区域指数之首。说明了海外地区 70/80 后的当代中国油画市场趋升幅度较大的态势。

总体来看，尽管自 2014 年以来 70/80 后艺术家作品市场呈上升趋势，但是与油画全球市场指数和当代油画市场指数相比，市场表现波动较大，整体来看处于低水平发展状态，具有较大差距。在数据上，70/80 后艺术家油画的平均价格指数为 94

中国收藏
拍卖年鉴
2022

CHINESE FINE ART &
ANTIQUES AUCTION
YEARBOOK 2022

70/80后艺术家油画价格指数

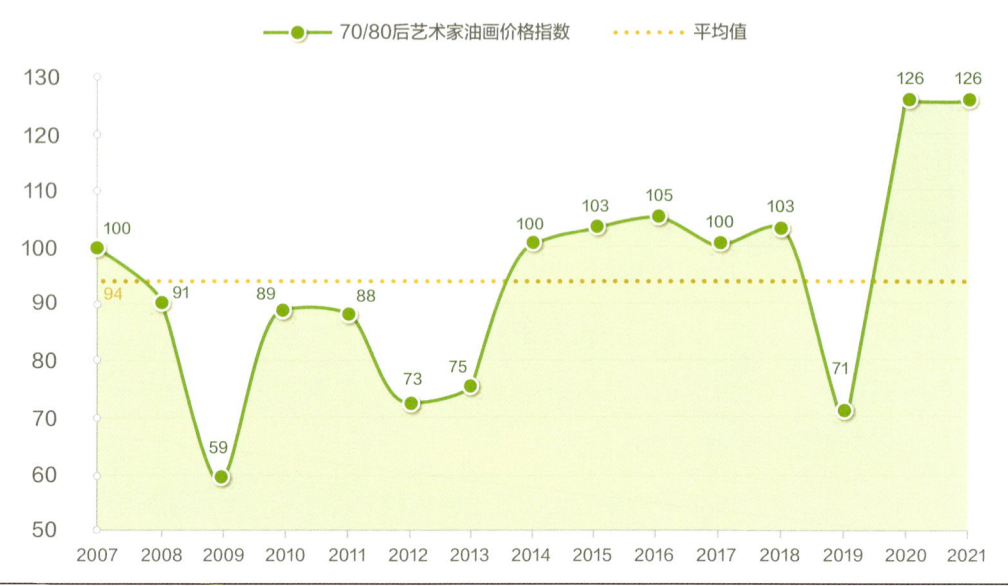

点，而油画全球市场的平均价格指数为 130 点，当代油画的平均价格指数为 123 点，70/80 后艺术家油画市场的平均价格指数与前两者的差距显而易见。尤其是在 2019 年，该年龄段艺术家的油画价格指数出现断崖式下跌，同比上一年削减 32 个点，也是自 2009 年以来的市场最低值。2020 年，该板块出现了强势反弹，藏家的热情被进一步激发出来，70/80 后艺术家油画作品再次成为投资目标，但整体来看，其价格指数仍在其他板块之下。2021 年,70/80 后艺术家油画市场保持了稳定发展的大趋势。

根据易元数科研究院的大数据表明，2021 年 70/80 中国当代油画市场的主力主要由黄宇兴、尹朝阳和欧阳春三人担当，这些具有学院派背景的艺术家，不仅具有扎实的专业功底，而且突破学院派的束缚，将自己所处的时代以及个人成长的印迹用独特的个人语言表现出来，具有高度辨识性。既具有形式的美感，亦具有思想的深度。在当代艺术的丛林中脱颖而出，成为年轻一代艺术家市场主力。同时，我们可以看到，三位艺术家的市场分布重点有很大不同。黄宇兴在 2020 年开始由头部画廊代理，开启了国际市场，主要藏家分布在欧美和中国，尹朝阳的市场重点在中国和美国，而欧阳春的市场偏重在中国和亚太其他地区。其他年轻艺术家的市场重点更多是立足于本国市场需求，偶尔出现在国际艺术博览会上，本国以外的收藏较少。

另外，虽然 70/80 后艺术家的市场经过 2020 年的猛涨达到了前所未有的市场高度，2021 年持续了这种稳定的发展态势，但当代艺术市场的生命力就在于其不稳定性，在大多数艺术家不断被重新认识和重新定义的状况下，其市场便呈现出起伏不定的发展趋势，更由于艺术家对于艺术的不断探索，不断创造新的风格，这些新风格能否短时间内受到市场认可仍是未知数，此外，受经济环境，藏家的审美偏向等因素的影响，均会造成其市场的不确定性。不同于古代艺术、近现代艺术已有艺术史定论，当代艺术，尤其是 70/80 后艺术，充满了不确定性，未经过历史的沉积，其市场的发展和未来均不甚明了，然而这也正是当代艺术市场的魅力所在。

纵观 70/80 后艺术家油画溢价指数十五年来的总体走势，呈现出前期（2007—2013）起伏剧烈，中期（2013—2019）趋于稳定，后期（2019 至今）转向一路稳定上涨。前期溢价指数的剧烈变化，主要是由于短期资本的快进快出，极大影响了藏家信心，

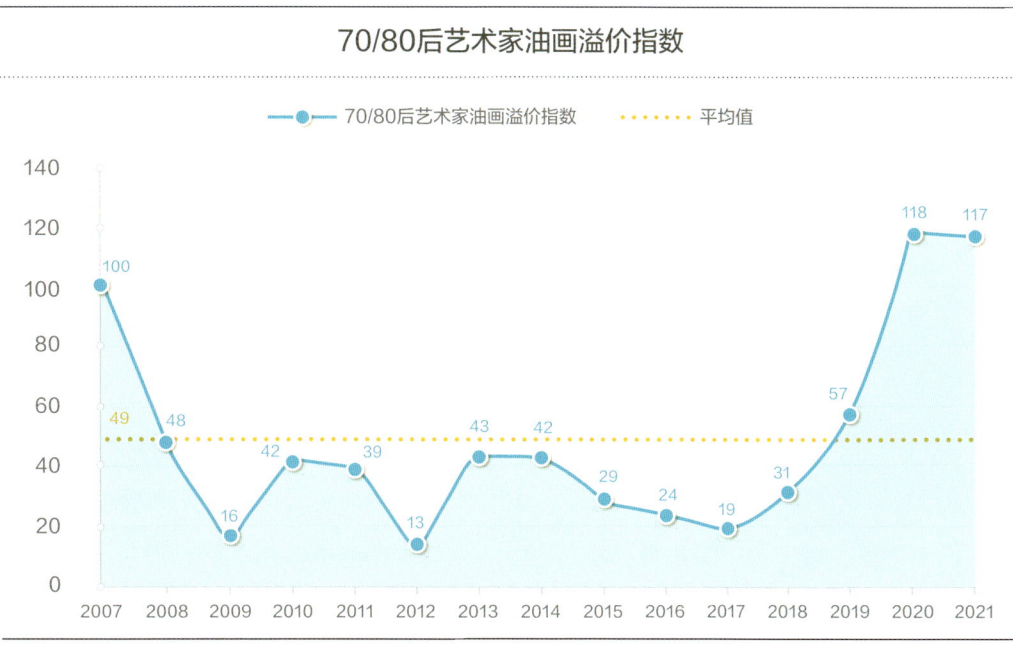

70/80后艺术家油画溢价指数

使得该板块热度难以持续，造成溢价指数前期大幅度起落并出现自统计以来的两次数值低谷。自 2013 年起溢价指数总体呈现下滑趋势，但和前期相比变化幅度逐渐平稳，符合中国油画溢价指数的走势，表明市场调整的作用已经初步显现，拍行的减量增质策略和买家的理性回归让市场逐渐回稳。2014 年之后全球经济增速放缓，不确定性因素增多，大额资本的大规模褪去直接影响了 70/80 后艺术家油画溢价指数的走势，连续四年处于平均溢价指数之下，其油画溢价均低于其基本价值。2018 和 2019 年，溢价指数小幅度回升，在 2019 年回到了平均值之上。2020 年，该板块溢价指数飞跃至 118 点，成为自统计以来的最高点，也拉动了整个油画版块溢价指数的上涨。其中原因，一方面在于拍行为了增加该板块的市场成交率，从作品起拍价上做出适应性下调。另一方面，该板块头部艺术家的市场火热直接拉动了整体溢价水平，全年有 6 件作品超过了 2019 年的最高成交价。2020 年网络拍卖逐渐成为主流，世界各地的藏家打破了地理的局限，使得竞争更加激烈。同时，由于网络普及，新藏家的入场，众多年轻藏家加入到该领域来，70/80 后艺术家油画是这部分新藏家最为关注的板块之一。综合种种因素，该年 70/80 后艺术家的油画溢价指数实现了历史性的突破。

2021 年，70/80 油画溢价指数为 117 点，同比上一年微降 1 个点，保持了稳定的溢价态势。这主要归因于当代油画主力军市场的稳定性。如黄宇兴 2021 年成交了 52 件（估价 5000 元以上）作品，成交额约为 1.12 亿元，平均成交单价约为 215.8 万元；去年同期，黄宇兴成交了 22 件（估价 5000 元以上）作品，成交额约为 3948.3 万元，平均单价约为 179.5 万元，整体高于去年。全球各大拍行在持续 2020 年蓬勃发展的线上交易的同时，伴随着疫情控制的稳定，多数恢复了线下交易。针对有形市场，合理降低市场期望值，理性估价，以保证较高的成交率，也维持了油画溢价的稳定空间。

四　重点艺术家分析：傅抱石

傅抱石（1904—1965），号抱石斋主人，是中国近现代著名绘画大家与艺术史论家。他擅画山水，中年独创"抱石皴"，笔致放逸，酣畅淋漓，气势磅礴，尤擅作泉瀑雨雾之景。他的人物画多作仕女、高士，其形象高古，意趣高洁。同时，傅抱石在美术史上的成就不容忽视，是 20 世纪中国现代美术史学史上的第一代美术史家。撰述《中国古代绘画之研究》《中国绘画变迁史纲》《中国的人物画和山水画》《中国的绘画》（上辑）等美术史著作。晚年，他结合生活，紧随时代，大胆革新，赋予中国画以新境界、新思想、新笔墨、新内容，成为新中国画的杰出代表，而且更以"思想变了，笔墨不能不变"的重要论述，引领 20 世纪中期中国画的发展潮流。

在文物艺术品二级市场中，傅抱石的画作价值被不断发掘，屡创拍卖纪录，截至目前，亦有 8 件作品过亿成交，成为中国书画市场中的典型案例。为全面呈现傅抱石作品的学术价值与市场价值，本《年鉴》从已公开发表的关于傅抱石艺术研究的众多著作文献中，以学术的严谨性，评价的公允性，视野的开阔性和内容的创新性等为着眼点，选取了两篇艺术评论文章，对于傅抱石的重点擅长的领域予以文化审美方面的论述，分别从山水画与人物画两个方面来展现傅抱石中国画作品的艺术价值；并以易元数科研究院大数据为基础，采用多个观察视角和分析维度，全面深入地分析傅抱石作品的市场发展趋势。

1. 名家品鉴

（1）《傅抱石绘画研究（1949—1965）》[27]

西岳华山，位于陕西省华阴市境内，南接秦岭，北瞰黄渭，扼守着大西北进出中原的门户。其海拔 2150 余米，山势峻峭奇险，自古以来有"华山天下险""奇险天下第一山"之誉。它有东、西、南、北、中五峰，南峰"落雁"、东峰"朝

27 万新华：《傅抱石绘画研究（1949-1965）》，人民美术出版社，2014 年，第 193 页至第 200 页

阳"、西峰"莲花",三峰鼎峙,人称"天外三峰"。还有云台、玉女二峰相辅于侧,三十六小峰罗列于前,气象森森,因山上气候多变,形成"云华山""雨华山""雾华山""雪华山"美不胜收。

面对这一切,长年居于江南的傅抱石内心受到了强烈的震撼,目睹太华奇峭的西峰雄姿和变幻的烟云,不无感慨:"对于长期生活在平畴千里的江南水乡的山水画家,对于长期沉潜在卷轴几案之间的山水画家,一旦踏上了'天下险'的华山,您能禁得住不惊喜欲狂吗?"[28] 他在青柯坪停留数小时,观其气势,察其形态,速写西峰、青柯坪和东西两侧诸峰,以扼要简练的线条速写画稿多幅,为稍后的华山创作积累了丰富的素材。

11 月 1 日,经过数日构思后的傅抱石在成都宾馆乘着酒兴作成《漫游太华》,题识"庚子秋深,漫游太华第一日,宿青柯坪,始写于成都,抱石并记",是为其第一幅华山图。诚然,华山素以"险"闻名于世,陡峭壁立,直上直下,缺少变化,比较难以入画。但在傅抱石笔下,却出人意外。他根据华山结构肌理,运用独创的抱石皴式的荷叶皴,用笔极为豪纵,上下翻飞,忽轻忽重,纵横挥洒,如乱柴积薪,而嶙峋之山岩,劲健之肌理,却又巨细无遗。《漫游太华》虽为册页小品,但小中见大,十分精彩。他没有具体去描绘险绝处,而是以飞动泼辣的笔法作大块文章,笔直的山势,重重叠叠,增强了整体气势的雄伟巍峨,山腰间以留白形式表现缥缈不定的云彩,山脚则写平缓坡地,以衬托华山的"高耸云端、壁立千仞、奇峭无伦"的气概来。很多年后,作为写生团成员之一的黄名芊依旧清晰地记得"当时下手风雨快"的情境[29]。

这幅表现华山西峰的《漫游太华》,成为傅抱石画风的一个转折点。在旅途中,傅抱石一连创作了多幅华山图,皆精彩纷呈,如《华山青柯坪》《华岳管翠》等,尽管并未完整描绘华山全貌,但华山险峻、奇崛、雄健的气象被成功地表现出来。之后,他的写生作品粗笔渲染,以面造型的趋势更为明显,在某种程度上使动感的趣味有所淡化,艺术风格更为沉郁。1961 年 4 月,回到南京后的傅抱石完全沉浸在华山图的经营之中,反复推敲,数易其稿,将画面拓宽终于完成《待细把江山图画》,再现了华山的险峻山姿的雄伟气势,题云:"待细把江山图画。庚子深秋,随江苏国画家漫游太华,归来写此,并题稼轩词句。一九六一年四月,傅抱石南京记。"这里,傅抱石先用淡墨写出山体的大概轮廓,在淡墨的轮廓上用淡赭石渲染上去,然后以中墨调和赭石画出山石的走向及其肌理,待其将干未干时,用浓墨焦墨以散锋笔法写出,浑然一体。山峰直入云霄,气势逼人,又云雾

---

28 傅抱石:《思想变了,笔墨就不能不变——答友人的一封信》,《傅抱石美术文集》,第 486—487 页。
29 黄名芊:《笔墨江山——傅抱石率团二万三千里写生实录》,第 141 页。

待细把江山图画 傅抱石 立轴 设色纸本 81cm×89.5cm 1965 年作

缭绕，虚幻空灵，近景树木葱郁，房屋、车辆、游人井然有序，更能衬托山之险峻。画面中心山峦所用的皴法是融合了荷叶皴法的散锋皴，近景处的山用斧劈皴法式的散锋皴法，远景处则用卷云乱柴皴法画出山的肌理和质感。他以大块重墨和独特的抱石皴式的荷叶皴法交替使用，既画出了山上林木之繁茂，又使山势有了丰富的变化，既体现了华山天下险，也表现华山独具的特殊美。它比披麻皴生动，有动势，更能表现出山石嶙峋的质地，又比斧劈皴运用自如，变化多，更能表现经过风化的石质山的多种特征；它比乱柴皴更加丰富，线条有曲有直，乱而有章；它比卷云皴更富表现力，柔中带刚，空间感强，真可谓寓苍劲于雄浑之中，藏秀美于宏壮之间，集概括与丰富于一体，笔力与墨韵同构。显而易见，"抱石皴"在表现山石的结构、质地和植被等方面所具有的多样变化，得到了十分完美的呈现。当然，这种激情一直持续到《西陵峡》的创作之中。

　　11 月 13 日，傅抱石一行登上"民众号"客轮驶离重庆朝天门码头，11 月 15 日 17 时抵达武汉江汉码头，饱览三峡美景，心灵受到强烈的震撼。长江三峡位于重庆、湖北省境内的长江干流上，西起重庆奉节白帝城，东至湖北宜昌南津关，全长 192 公里，由瞿塘峡、巫峡、西陵峡组成，是长江上最为奇秀壮丽的山水画廊。

两岸崇山峻岭，悬崖绝壁连绵不绝，水道狭窄曲折，滩礁棋布，多险滩，水流汹涌湍急，舟行峡中，有"石出疑无路，云升别有天"的境界。郭沫若《蜀道奇》云"万山磅礴水溟莽，山环水抱争萦纡。时则岸山壁立如着斧，相间似欲两相扶。时则危崖屹立水中堵，港流阻塞路疑无"，将三峡风光的雄奇秀逸描绘得淋漓尽致。虽然，傅抱石算是故地重游，早年也经常以唐代杜甫《闻官军收河南河北》之"即从巴峡穿巫峡，便下襄阳向洛阳"、清初吕潜《江望》之"横江门外数帆樯""早随烟月上瞿塘"来描绘长江三峡图像，但绝没有像此次壮游亲过三峡体会深切。一路上，他随时速写，勾画小稿，收集素材。12月下旬，回到南京的傅抱石反复构思，数易其稿，精心创作完成《西陵峡》，成为他晚年最具特色的代表作。

《西陵峡》"力求表现真实景物的地域特征与内在神韵，他一改过去的散锋笔法，代之以粗犷、劲挺的笔线，顺逆飞动，勾斫皴擦，线条长短互用，凌厉斜披，近似传统荷叶、乱柴皴法而又有所创发新变"[30]。傅抱石左横右拖，一块坡石即现，随即纷乱的笔锋下劈上带，巨嶂峭石插江而立，大局既定，远近山脉一一布陈，烟云出没。满纸巨壁烟云，峰不见顶，高耸挺拔，更见西陵峡之险。他以雄健的笔墨上下挥洒，既奔放而又时时控制住，既认真又率意，故用笔既有激情又有法度。在雄壮的竖皴中又略加一些细小的横皴，笔的干枯浓淡既见统一又见变化，乱而有法，法而不板，笔墨雄健苍劲、意境浩瀚博大。其天机之动，阳开阴合，迅发惊绝，固无蓬块之气，亦无蹊辙可求，使人以意测者随求得之而无穷尽。后来，西陵峡这一题材，傅抱石一再创作。

为了创作《西陵峡》《待细把江山图画》，傅抱石可谓惨淡经营，从题材、内容，到取景、布局、色调、技法，都经过了反复的琢磨和推敲。1962年2月，傅抱石接受《文汇报》记者采访时透露，创作《西陵峡》时曾经修改过18次，创作《待细把江山图画》时，正式的稿子就有38张[31]。由此，傅抱石的经营意识得见一斑。他又擅长较为具体的文学构思和意境营造，使作品富于诗意和激情。大胆下笔显示了他的气魄，而后精心收拾又显示了他的功力。近年来，有些研究者依傅抱石的一方常用闲章"往往醉后"演绎而过于强调其作画的酒精作用，而比较忽略他的经营意识，这显然是个误区。早年，傅抱石的创作也有类似的状况。据董庆生回忆，傅抱石曾以《潇潇暮雨》为例向他讲解画雨技法时谈及点景红衣小人的配置乃在大幅雨景完毕后所加，他先将之另纸画好，用剪刀剪下来，然后在山顶、山中一一试放，反复移动位置，观看推敲，看了两天，最后才确定安置在画的下

30 王先岳：《"抱石皴"的成因及风格演变》，《解放军艺术学院学报》2013年第1期，第96页。
31 周明初：《如画江山收笔底——访山水画家傅抱石》，《文汇报》1962年2月11日，第2版。

面，可谓煞费苦心[32]。显然，这充分显示了傅抱石精心投入的经营意识，点景红衣人物反映出他在豪放之外精致的一面。

一般而言，傅抱石创作时第一遍用斗笔挥洒，水分充足，以约定大体结构轮廓；而后第二遍以尖细的小笔细心收拾，墨色往往比第一遍浓，以起到提醒画面的作用。至于精心收拾，主要是指下笔前的审度，这是需要斟酌再三的。一旦构思经营确定，他下笔仍一气呵成。因此，画中的勾勒皴擦笔迹，亦充盈着鼓荡的气机，与第一遍的大笔挥洒气韵相合。为此，舒士俊曾有一形象的比喻："傅抱石作画一遍又一遍的合成在精神状态上就好像是一次又一次的'涨潮'，每一次'涨潮'之前都必须酝酿气机，两次'涨潮'前后则必须有一定的间歇，这都是他经营意识的体现。待'大潮'涨定，他经审视抉择后再略作收拾，一幅佳作便产生了。"[33]傅抱石固然富于激情，但若他没有很强的经营意识，是难以想象的。所以，傅抱石的创作，除了得之于他那"往往醉后"式的勃发才气，还得力于其超凡的经营意识对他那勃发才气的适度调节。

可以说，《西陵峡》《待细把江山图画》代表着傅抱石晚年创作的里程碑。1947 年，作为傅抱石的艺术知音之一的老舍在一篇评论中饱含深情地写道："我真爱傅先生的画！他的画硬得出奇……有人也许说：傅先生的画法是墨守成规，缺乏改造与创作。我觉得这里却有个不小的问题。我喜欢一切艺术上的改造与创作，因为保守便是停滞，而停滞便引来疾病。可是在艺术上，似乎有一样永远不能改动的东西，那便是艺术的基本力量。假若我们因为改造而失掉这永远不当弃舍的东西，我们的改造就只虚有其表，劳而无功。"[34]显然，在艺术的坚持和创新的平衡上，老舍对傅抱石有着强烈的认同。这种"改造与创作"一直贯穿至傅抱石 1949 年以后的创作中。

毋庸置疑，此次旅行写生对傅抱石的艺术道路产生了重要影响，可谓是其创作生涯的转折点。回到南京后，仍处在激情中的傅抱石先后刻了白文方印"换了人间"、朱文长方印"当惊世界殊"、白文长方印"抱石所得印象"、朱文方印"待细把江山图画"，以表达对长途写生的深刻印象。后来，他还镌刻白文方印"江山如此多娇"。通过这次壮游，画家的笔墨注入了时代的血液，创作了一大批反映时代精神的作品。1961 年 2 月 6 日，经过二万三千里革命洗礼的傅抱石由衷地发出了"思想变了，笔墨就不能不变"的感叹：

> 只有深入生活，才能够有助于理解传统，从而正确地继承传统；也

32 董庆生：《怀念抱石师》，《傅抱石先生逝世廿周年纪念集》，第 71 页。
33 舒士俊：《水墨的诗情》，复旦大学出版社，1998 年 12 月，第 341 页。
34 老舍：《傅抱石先生的画》，《大公报》1947 年 10 月 26 日，第 8 版。

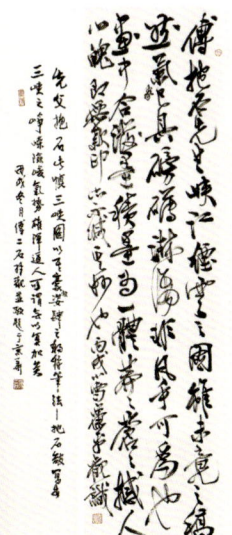

西陵峡 傅抱石 镜心 设色纸本 132cm×150cm

只有深入生活，才能够创造性地发展传统。笔墨技法，不仅仅源自生活并服从一定的主题内容，同时它又是时代的脉搏和作者的思想、感情的反映。我觉得，这一点在今天看来哪怕是不很巩固的体会，却清楚地、有力地推动了画家们思想上的尖锐斗争——对自己多年拿手的（习惯、掌握了的）"看家本钱"开始考虑问题。这是极为可贵，极为难得的。所谓考虑问题，绝非说"看家本钱"全要不得，笔墨全没用了。绝不如此。而是由于时代变了，生活、感情也跟着变了，通过新的生活感受，不能不要求在原有的笔墨技法的基础之上，大胆地赋予新的生命，大胆地寻找新的形式技法，使我们的笔墨能够有力地表达对新的时代、新的生活的歌颂与热爱。换句话，就是不能不要求"变"[35]。

这是傅抱石所代表的江苏国画家，从新时代的生活体验中对中国画创作做出的重要理论总结，闪烁着集体智慧的光芒。它不仅蕴含着丰富内容，而且达到一个时代的理论高度，深刻地影响着20世纪60年代的绘画创作。也正是这种"思想变了，笔墨就不能不变"的求变精神使得傅抱石在20世纪中期中国画发展史上占得一席之地。

---

35 傅抱石：《思想变了，笔墨就不能不变——答友人的一封信》，《傅抱石美术文集》，第487—488页。

（2）傅抱石人物故实画之美术史价值述略[36]

1942 年 10 月 10 日，傅抱石画展（壬午个展）在重庆夫子池励志社开幕。这是傅抱石本人在"美术史论学者"和"篆刻家"之上增益"国画家"身份的转捩点，也是中国近现代画史上一个颇有言说意味的事件。当时连载于《时事新报·学灯》上的傅抱石的《壬午重庆画展自序》一文是记录这一画展与傅氏画学思想及创作情形的重要文献。此文细述了该画展作品的四类题材来源，即"撷取大自然的某一部分，作画面的主题""构写前人的诗，将诗的意境，移入画面""营制历史上若干美的故实"和"全部或部分地临摹古人之作"[37] 四个部分。傅抱石一生创作了大量的古典题材绘画，图绘古人、古事并传达古意。本文探讨的人物故实画，只是这类作品中最重要的一部分[38]。

据笔者研究，中国画史上的"故实画"一门，从其概念内涵上说，是以故实（故事）成画，包含了历史、典故、诗意等并具备情节和古意的古典题材绘画：康熙四十六年 (1707) 陈邦彦纂辑《御定历代题画诗类》，专辟"故实类"，囊括了 800 余首题画诗，已将"故实画"看作一个独立的画类。纵观中国画史，人物故实画是故实画的最主要形态，内涵最为丰富，作品数量也最多。这一门类伴随着人物画的发展，自古及今，流脉不已。在近现代美术史上，傅抱石是创作人物故实画作品较多的画家，纵观傅氏一生，人物故实画也可称其最重要的艺术成就与创获之一，蕴涵着丰富的美术史价值，述其大略如下：

首先，对傅抱石人物故实画画题的考订与梳理，是这一专项画史研究的重要基础。对于多数以人物塑造和情节叙述为主的故实画而言，画题的明晰及其故实内涵的考证和辨识是研究这类作品的基础工作。就傅抱石个案来说，这一考察可以对近年来某些傅氏画集与展览中出现的画题标注错误进行辨讹，另对于画史上若干因年代久远等缘故造成画中故实本事杳渺的作品，画题的查证与承续也是美术史家亟待完成的任务。

笔者统计了 1938—1949 年傅抱石的人物故实画作品共计 275 帧，按照画题分作六个系列，即东晋六朝系列、明清之际系列、文人与画史故事系列、屈原与《楚辞》系列、唐宋诗意系列与其他。对于题材集中、作品较多的系列，再依据具体人物、故实等进行细化。其中，"东晋六朝"系列 83 帧，包括陶渊明题材 30 帧、谢安题材 25 帧、嵇康题材 12 帧、王羲之题材 9 帧、顾恺之题材 7 帧；"明清之际"系列 34 帧，其中石涛"史画"题材 18 帧；文人与画史故事系列 83 帧，包括苏东

---

36 张鹏：《傅抱石人物故实画之美术史价值述略》，《美术学报》2019 年第 6 期，第 86 页至第 92 页。

37 傅抱石著，叶宗镐编：《傅抱石美术文集》，上海古籍出版社，2003 年，第 325 页。

38 未纳入本文研讨范畴的主要是两种：第一，缺少"故实"寄寓和具体情节的山水人物画，如《观瀑图》《听泉图》《归庄图》《松林策杖》《高士探幽》《溪山放棹》《携琴访友》《风雨归舟》《巴山夜雨》等；第二，以人物为主的传统画如《品古图》《对弈图》《水阁围棋图》《西洲话旧图》等，诗意画题如《杜甫〈佳人〉诗意》《李白〈长于行〉诗意》《金昌绪〈春怨〉诗意》《白居易〈后宫词〉诗意》《松下问童子》《二十四桥明月夜》《瞿塘峡》《九张机》等。这些作品在傅氏的古典题材绘画中数量也很多，但因其没有可以究清、考实的"故实"内容及相关人物和情节，所以不纳入讨论。

蝶恋花 傅抱石 立轴 设色纸本 167cm×84cm 1958 年作

二湘图 傅抱石 立轴 设色纸本 165cm×43.5cm
1946 年作

中国收藏
拍卖年鉴
2022

CHINESE FINE ART &
ANTIQUES AUCTION
YEARBOOK 2022

坡题材 41 帧、怀素题材 8 帧、倪云林题材 6 帧等；屈原与《楚辞》系列 33 帧，包含了描绘屈原形象的 12 帧，描绘《楚辞》作品的 21 帧；唐宋诗意系列 17 帧；其他系列 22 帧，这个系列情况较复杂，有描绘忠耿之士苏武和文天祥的 3 帧，民间世俗题材的钟馗和牛郎织女 3 帧，神话故事《天女散花图》等 3 帧，另有衍伸于《擘阮图》而自创之新题《罢阮图》8 帧等。从作品数量上看，"东晋六朝"和文人与画史故事两个系列包含的作品较多。通览中国画史，傅抱石可称是图绘六朝名士与魏晋风流题材作品最多的画家。从内容上看，多取历代文人、名贤的风雅之事，传达文人逸兴与超迈怀抱。前人研究他的人物故实画，或多举屈原、苏武、文天祥等已具有明晰的象征色彩的符号式人物为例，指明画家对民族大义与爱国精神的传承；或以《丽人行》等标志性作品为例，强调画意蕴含的揭露和批判倾向。通过对其故实画作品分类梳理可知，寄寓政治、社会、伦理等思想因素，并直接关乎国家、民族等问题的题材在其作品总量中所占比例并不太大，而且这些题材也不是简单、直白地陈述某种价值或信仰，而多是运用了文人化的、偏于内敛的蕴藉与涵泳的方式。此外，这些人物故实画中某些画题的创作数量甚少，如《〈画云台山记〉图》《洗手图》《觅句图》以及石涛"史画"中的很多画题等，但学术价值很高，研究空间很大；有的画题则创作数量很多，如《赤壁舟游》《渊明沽酒》《二湘图》等，但作品的具体状态不一，有悉心构制的精品，也有逸笔草制的应酬画。对这两种情况应区别对待，综合考量，不能仅从作品数量的多寡来得出某种结论。

从傅抱石故实画的画题解析延伸到整个画史层面来看，画题研究在一定程度上可以澄清前人都在画什么的问题。笔者认为，宋元以降人物画的衰微原因不仅仅是文人业余画家群体对以山水为主要形态的文人画的赞誉和鼓吹，也包括人物画自身传统研究的缺乏和薄弱，以及后世画家对早期人物故实画画题继承的不力。从抗战时期开始，尤其是新中国成立之初，以摹写现实和大众为主的人物画的兴盛又成为一种新生传统，也在一定程度上造成了对古典故实画传统的疏离。从这个角度说，这类画题研究也是全面复兴人物画传统进而振兴当代中国画艺术的必要课题。

画题考证还包含特定的方法论意义。郭熙《林泉高致》中专设"画意"一篇，旨在说明山水画的意涵内容，石守谦在《风格、画意与画史重建——以传董元〈溪岸图〉为例的思考》一文中强调了画意研究在中国山水画史上的价值，并将之视为与风格研究并列的、解决山水画断代和作者归属问题的重要实证方法[39]。而对于在唐代之前堪为画中冠冕而余韵千载未绝的人物故实画来说，画题的探究也彰显出了山水画中画意研究的相类意义，实为研究这类作品之必须熟知的理路：另外，中国画学文献中载录了大量的故实画画题，对这些传统画题的发掘、整理与研究有助于当代古典题材人物画创作的题材拓展，在以故为新、回望传统的过程中，传统画题亦能被融入现实生命和真情实感的力量。

其次，傅抱石人物故实画的专题研究，是对傅氏个案的深入开掘及其在20世纪中国画史上的价值与地位的再度估量：傅抱石的人生与艺术历程，大致可分作四个时期：一是早年在南昌求学、从教时期；二是负笈东渡与归国居宁时期；三是抗战客蜀时期；四是1949年新中国建立之后。其中，抗战军兴后，客居重庆西郊赖家桥金刚坡的七年半时间(1939年4月至1946年10月)，无疑是傅氏个体生命与艺术成长中至关重要之时期，这一阶段的绘画创作在学术意义、艺术含量和作品数量等方面均占有至为关键的席位，主要包括他入川后饱受巴山蜀水地域灵气的滋濡而创造的极富个人面貌的山水画和以古典题材与人物刻绘为主的故实画两方面。若就学术意义和艺术贡献而言，后者绝不亚于前者，甚至不少评论者认为后者高于前者。因此，对这时期人物故实画的集中研究，是全面而深入探究傅抱石艺术的一次重要尝试，是在"傅家山水"之外的有益补充，更能够理性而客观地审视其艺术地位。这一时期，他的内心世界是极为复杂而盘曲的。但不可否认的是，"金刚坡下"是他自谓"一生最幸福的一个阶段"[40]，这种幸福感很大程度上来自于他能以个性独立的中央大学教授身份来专注于自己志趣至深的研究和

39 卢辅圣编：《解读〈溪岸图〉》，《朵云》第58集，上海书画出版社，2003年，第170页。

40 傅抱石1953年12月19日致朱洁夫信，叶宗镐编著《傅抱石年谱（增订本）》，上海书画出版社，2012年，第243页。

创作，能在思想相对自由的空间里读书思考、撰文作画，尤其是 1940 年退出 "三厅" 和辞去中央政治学校教务处编辑一职后，更是在一定程度上实现了远避尘嚣与心无杂虑。作为一个真正的文人，唯在这种环境下才能滋育出最真实而鲜活的人格：清寒敝陋的 "金刚坡下山斋" 中的傅抱石，正是以这种人格和心境与他笔下的古贤们同游同止，言笑酬酢，这份 "幸福" 确实仅可自知。正因其是真实的，也才是复杂的。天地玄黄的战争、民族危亡的忧患、漂泊难安的志忑、阖家生计的担当、治学乏书的困惑，等等这些也同样占据着他敏感的内心。如果说傅抱石的学术文章展示的是一个理性研究中时露激峻、才情奔逸的艺术家型学者人格的话，那么他图绘的如此众多的人物故实画绝对是其最真实、也最全面的人格和心态的集合。细读这些画作，我们能够追复出一个丰富而立体的傅抱石形象——他出身穷苦底层而又深怀博雅的文人情结，勤事以冷静考据为主的学术而又时常展示出画者热烈的情绪，知晓江湖规则而又敢于威武不屈仗义执言，极重乡情族谊又必须在都市中顶门立户坚毅生存，性格里的敏感胆小与对友人的慷慨豪迈兼具，经历坎坷多艰之嗟叹与常得贵人助佑之感恩并存……这些复杂多元的人格内外因素，均在他创作的人物故实画中直接或间接地显影。

从画史演进角度说，傅抱石的人物故实画创作是在自宋元以降人物画渐趋衰敝的历史空间中力振颓靡、卓然挺拔的成功范本，即如许士骐所称 "吾国人物画法，式微已久。傅兄抱石以雄浑之笔纵横挥洒，振起颓风，求神韵于迹象之外，似无法而有法"[41]。对比抗战时同在陪都重庆、在这一时期也有古典题材人物画传世的其他画家，此一时期在画题内容和形式风格等方面与傅抱石存在较多可比性的只有徐悲鸿、李可染二人。

徐悲鸿因自身性格、气质和经历等缘故，对古典题材抱以浓厚的热情，1942 年自南洋归国至 1944 年间创作了《紫气东来》《论语侍坐章》《九歌·国殇》《九歌·山鬼》等一系列人物故实画，题材涉及古贤、侠义和诗意等。人物塑造上，多以西法为之，强调人物和情节刻画的写实性，很难读到深婉的诗意和悠远的古风。西方舶来的现实主义创作手法与中国传统古典题材之间本就存在天然的方枘圆凿，因为绘制古人应有一套独立自足的体悟与创作系统。徐氏这类故实画作品中能够看到画家对厚重历史的神往，而英雄史诗般的人物身上不易找到傅抱石画中的古意和深情。同住金刚坡下的傅氏好友李可染曾任 "国立艺专" 中国人物画教席，李氏在 20 世纪 40 年代创作了众多古典题材人物画，有图可见的有《首阳二难》《浔阳琵琶》《怀素书蕉》《拨阮图》《竹林七贤》《羲之笼鹅》《东山携妓》等，另有《刘伶醉酒》《东坡赤壁》两图见于郭沫若《汐集》所载。这些人物画学习了南宋梁楷的减笔画风，富含文人雅逸且时带诙谐妙趣。客蜀期间，他的人物画已得到徐悲鸿、

---

41 同注 40，第 169 页。

老舍及傅抱石等时人的推崇。笔者认为，李氏人物故实画的题材多从传统画题得来，构图上一般是独立的人物形象，少有场景和环境的图写，纯以人物本身的仪态、表情、动作等表达出轻松闲适的文人雅致，亦与傅抱石的作品迥然有别。如现藏北京徐悲鸿纪念馆的《拨阮图》，从图像构成上看，笔者认为李可染是学习傅抱石的《擘阮图》与《罢阮图》而来，画中仕女坐弹阮咸，上方几叶芭蕉垂下，并不像傅画描绘出了幽邃的场景空间，仕女神态平和，从眼神中读不出傅氏同题画中女子的彷徨与悲情。通过这些分析可以认定，傅抱石以人物刻画为主体的故实画在 20 世纪中国画史上具有机杼独运而意蕴厚赡的研究价值。

再次，傅抱石人物故实画对传统的学习立场与经验，可为当代古典题材人物画创作实践提供启发和借鉴。傅抱石极为重视对传统绘画的学习，他曾采撷历代绘画的相关论述编成《中国绘画理论》一书，其中有言："画不师古，如夜行无烛。"[42] 早年从石涛、龚贤、八大、梅清、石溪等明清之际画家入手，在长期的美术史研习中又广汲各时期古代画家之创作精华。东瀛求学期间，观看了若干中国古代绘画作品实物和图册，极大地丰富了视觉养分。在此其中，包括了诸多历代能擅人物故实画的大师。笔者认为，傅抱石的人物故实画创作，向顾恺之、李公麟、刘松年、陈洪绶、石涛、任伯年等几家学习较多，不仅是笔墨技法的蹈袭与斟酌，还有故实画画题的借鉴、图像构成的参酌和文化精神的传承。

顾恺之是傅抱石的研究重镇之一。赴日前他撰写的《中国绘画变迁史纲》中仅仅根据《历代名画记》等前代文献对之粗述，留学后情况发生变化，他跟随导师金原省吾研治东方画论，而顾恺之正是这一系统研究之肇端，因此对其着力甚巨。尤其重要的是，他突破了早先主要凭依文字性文献进行研讨的局限，在更为优渥的读画条件下和对风格学、图像学等方法的日渐熟悉中，自我强化了对作品和图像的重视。他曾在文章中多次提到顾氏的《女史箴图》，虽尚无机会亲见藏于伦敦的古摹本原物，但对该图的画册影本必然进行过反复的研摹[43]。他认为此图"不特张华的原作意义发挥无余，只就每一段或每一个人物的构图或表情一加研究，那一种'静穆'而又'空灵'的美，真是莹然缣素之上的"[44]。这就循着"线的研究"而深入到了文图关系、构图特点和人物表情处理等更复杂层面，最后导出"静穆"和"空灵"的风格特质概括，这也成为傅氏故实画人物形象塑造的重要美学倾向。如 1943 年他首制《湘夫人》一图，其形象来源即为《女史箴图》中的班婕妤。笔者认为，两者不仅是外在形象的相似，更有这种美学倾向的清晰显影。班婕妤兼备美貌与贤德，但晚景凄怨，傅氏斟酌将此感绪特征融入"静穆"与"空灵"之间，哀而不伤，缠绻悱恻。李公麟是顾恺之的继承者，傅抱石对李公麟的学习，

---

42 傅抱石著，叶宗镐编：《傅抱石美术文集续编》，上海书画出版社，2014 年，第 22 页。

43 傅抱石《中国古代山水画史的研究》第一章的注释 16、17，提到《世界美术全集》第四卷图版 94-97 与大村西崖编《顾恺之女史箴图卷》，《傅抱石美术文集》，第 296 页。

44 傅抱石：《中国绘画"山水""写意""水墨"之史的考察》，《傅抱石美术文集》，第 184 页。

云中君和大司命 傅抱石 镜心 纸本水墨 114cm×315cm 1954 年作

主要立足于古典画题的延续上。傅抱石极为谙熟的《佩文斋书画谱》中保留了很多李公麟创作的画题，如《醉僧图》《东山图》等，它们或来自李氏之前更古老的绘画传统，或开端于他本人的独创，这些也成为傅氏笔下极具代表性的故实画题。他的《渊明沽酒图》中的陶渊明形象亦从伯时《归去来辞图》而出。此外，陈老莲是明季人物故实画的巨匠，沿承顾、李传脉，傅抱石对之也学习颇多，曾仿写其《归去来图》一帧。对于李公麟、陈老莲两家，1954 年他在给郭沫若信中谈《九歌图》创作时有所提及："考《九歌》之见于图像，如众所周知始自李龙眠，迨后元之张渥，明之陈老莲、萧尺木，清之门应兆等乃有遗迹传于今代。其流传未广或湮而不彰者，宋以后又不知若干人。以拙见言之，李龙眠所作（无论甲、乙本）最富于创造性。此外唯老莲以其孤峭的构图，脱尽前人窠臼。舍此则什九皆二家之因袭而已。"[45] 这段叙述虽是谈论《九歌图》的话题，但字里行间已对李、陈两家的图

　45 同注 40，第 254 页。

像特质做出了带有普遍性的概括。傅抱石的人物故实画在人物形象、构图布局等
方面对两家的学习也不限于《九歌图》，尚有包括陶渊明题材在内的其他作品。傅
抱石除研究石涛的画论和题画诗外，也曾在一定时期临摹过他的画作，傅氏自言：
"临摹其中的一部分。特别是人物、松树、石头，都单独临过，无意中受其影响，
至今在我的作品中仍然可以见出。"[46] 不少研究者认为，在绘画上傅抱石仅仅学习
石涛的山水，似不全面。石涛亦有不少人物画（包括蕴含故实情节的人物故实画）
传世，如傅作石涛"史画"中的《望匡庐》所本的《庐山观瀑图》（泉屋博古馆住
友藏）、表现陶渊明隐逸生活的《陶渊明诗意图册》（北京故宫博物院藏）、图绘
明清易代时隐姓埋名的逸士石户农、铁脚道人、雪庵和尚等的《山水人物图》（北
京故宫博物院藏）以及《西园雅集图》（上海博物馆藏）等等，傅抱石对这些存世
的石涛人物故实画的观看和临摹也值得注意。

46 李松：《"最后摘的果子总更成熟些"——访问傅抱石笔录》，中国画研究院编：《中国画研究》（第 8 辑），人民美术出版社，1994 年，第 251 页。

梳理了傅抱石的人物故实画与上述几家的深刻关系，我们发现，他在技法上继承了他们以线描为主体的人物刻画方法，构图上还学习了刘松年、唐寅、文徵明等为代表的人物山水画的某些特征，并在部分形象塑造上适当汲取了陈老莲、崔子忠的人物变化。尤为可贵的是，傅氏故实画在人物情态和动作表现的细腻刻画以及情景交融的环境绘制上，均体现出尊重画史传统之上的个性新变与理性创造。此外，傅抱石学习传统是广泛而深刻的，他在揣摩古代画家时，不仅学其画法，还要谙读画家的生平传记和言辞文章，研究并承嗣他们遗留下来的优秀画题与图像，并常常伴随着对其生存的历史空间和时代精神的感悟与理解。他这种对传统的学习立场是通融的而非片段的，是生命力饱满的而非机械、苍白的。傅氏故实画中蕴涵的这些学习传统的经验具有深刻的理性品格和实践色彩，对当代人物画，尤其是古典题材人物画创作充满启示性。

概言之，细读傅抱石的人物故实画，最能打动观者的，是他对民族历史文化的真诚倾慕与笃厚痴情。无论是"东晋六朝"系列的《竹林七贤》《渊明沽酒》《兰亭雅集》《山阴道上》《虎溪三笑》，还是"明清之际"系列的《龚半千诗意》《帝王轻过眼》《白岳黄山两逸民》，还包括"文人与画史故事"系列的《赤壁舟游》《醉僧图》《洗桐图》《袁安卧雪》以及《屈子行吟》《苏武牧羊》《琵琶行》《阳关图》等等，无不有一派高贵、傲岸、渊雅、清旷的精神风度流转于画境间。它不仅是古典情境的追慕和博雅故实的制作，更有一种潜在而幽邃的古意导人肃然虔敬，这正与傅抱石理解的中国文化和艺术中的"超然"相融淬。傅抱石赋予这些人物以超然古意，而惯以类型化的画境构制与高士刻绘来呈现。多是人物山水式构图，境界古雅空灵，在同系列图像中难分哪是嵇叔夜、谢东山，哪是龚半千、恽南田。不同时代的名贤们彼此顾盼，画家关乎当代的思考与感情也饱满地浸渍其身，在对古贤们千载通贯的精神内质的宏观体认与精微把握之后，进行"似与不似之间"的描画，既不失浓郁古意，又不为对影写照之狭促所牵缚、在类型化的形象和画境中勃发了最为夺目的"风格化"创造，这些"古人"既来自画史深处，又与画家基于学术理性的新变血肉相连，笔墨间袒露的是傅抱石对之倾付的情理辉映的幽怀与深致。这份对历史文化的深情以及富含超然古意的人物刻画，自然与傅氏的希古天性和文史学养相关涉，更源于他尊重传统、钦敬古典的坚定立场。抱定这一立场者，在20世纪中国画史上不乏其人，但将其融于血液之中又付于笔墨之间并以极具个性风貌的故实画形式呈现而出的，傅抱石显然是最成功者之一。抉发其美术史价值的同时，也在以其为一个独特的视角来观照当前的中国画创作状态，从这一层面上说，傅抱石及其人物故实画的价值是恒久而常新的。

2. 艺术市场分析

本报告以傅抱石相关艺术史学术研究为重要依据，以近十五年来的拍卖市场大数据为研究基础，从二级市场的视角全面分析傅抱石艺术作品的市场价值与市场变化趋势。易元数科研究院通过市场调研与数据统计发现，尽管在 2011 年秋拍时，全球中国文物艺术品市场进入了相对漫长的重度调整期，但对傅抱石书画市场并无影响，市场走势依旧坚挺。2011 年全球傅抱石个人作品成交总额甚至还达到了历史制高点——12.91 亿元。从高价位市场端来看，其中，500 万元至 1000 万元成交的拍品有 32 件（套）；1000 万元至 5000 万元成交的拍品有 28 件（套）；5000 万元至 1 亿元成交的拍品有 2 件（套）；超过亿元成交的拍品有 1 件，为北京翰海 2011 秋拍"庆云大观——近现代书画"专场中的《毛主席诗意册页》，起拍价为 1 亿元，最终以 2.30 亿元成交，成为傅抱石首件过亿元的拍品。自此，傅抱石作品的二级市场不断涌现过亿元拍品，根据易元数科研究院的大数据统计显示，截至 2021 年 12 月，成交价在亿元以上的傅抱石作品共 8 件（套），其中在 2016 年 6 月同样以 2.30 亿元成交的《云中君和大司命》，与《毛主席诗意册页》一并保持着目前傅抱石最高书画成交纪录。在近十五年中，对傅抱石及其作品的学术研究与宣传推广更为深入与全面，无论是重要艺术史学者的傅抱石研究专著出版发行，还是中国美术馆、故宫博物院、南京博物院等专业收藏机构举办研究性大展，均为傅抱石艺术市场的火热营造了浓厚的社会文化氛围，在学术研究日益精深与市场表现日益活跃的双重背景之下，加强对傅抱石艺术市场的研究显得尤为重要。

（1）傅抱石书画全球市场指数分析

傅抱石书画价格指数近十五年的均值为 337 点，与中国书画全球价格指数均值 230 点相比高出 107 个点；与中国近现代书画全球价格指数均值 232 点相比高出 105 个点；与 2007 年基期对比，傅抱石书画价格指数高出 237 点，涨幅显著。傅抱石书画价格指数的走势曲线总体呈前期波动上升、后期理性回归的趋势，阶段性特征明显。十五年来，傅抱石书画价格指数于 2016 年达到最高点，比最低值（2007 年 100 点）高出 253 个点，说明傅抱石书画作品市场近十五年来潜力得到逐步深掘，市场价格水平见涨，行情在不断调整中趋稳发展。2014 年之后，傅抱石作品的二级市场价格逐渐趋于谨慎回落，除 2016 年短暂上升之后，市场价格走势不断接近平均价格指数，涨跌幅度收窄，2021 年傅抱石全球书画价格指数为 375 点，同比下跌 31 点，依然高于平均值 38 个点。

傅抱石书画价格指数与中国书画价格指数走势和中国近现代书画价格指数走势总体较为一致。十五年以来，傅抱石书画价格指数总体经历了三次指数峰值，分别是 2011 年、2014 年、2016 年，以上三年也与中国文物艺术品市场发展的三个发力

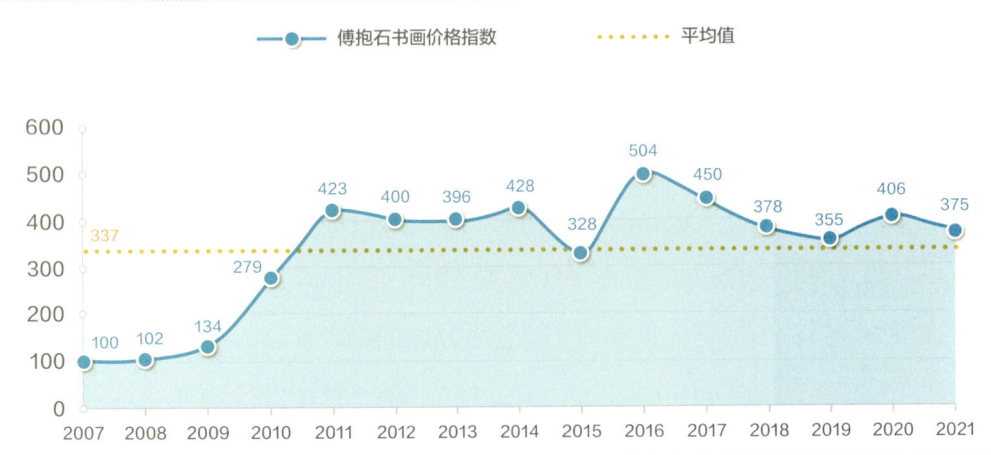

傅抱石书画价格指数

图例：●— 傅抱石书画价格指数　　……… 平均值

年份	指数
2007	100
2008	102
2009	134
2010	279
2011	423
2012	400
2013	396
2014	428
2015	328
2016	504
2017	450
2018	378
2019	355
2020	406
2021	375

（平均值 337）

点时间大致吻合。纵观傅抱石书画价格指数发展经历大致分为三个阶段：

①蓄力增长期（2007年至2011年），2008年，受国际金融危机影响，全球文物艺术品拍卖市场连续剧烈下跌，反观中国书画全球价格指数和中国近现代书画全球价格指数的走势，其价格水平并未出现异动，保持上涨趋势，傅抱石书画价格指数亦表现出类似特征。在经历了2007年至2009年三年的平稳蓄力后，于2010年开始，傅抱石书画价格指数出现了跳跃式增长发展。此阶段内诞生了傅抱石拍卖市场的首次过千万的作品《巴山夜雨》，该作于2009年11月在中国嘉德国际拍卖有限公司拍出1848万元的高价，刷新了以往傅抱石书画的拍卖纪录，成就了傅抱石作品价格由百万元到千万元的跨越。2010年与2011年，是市场集中涌现傅抱石上千万元级别精品佳作的重要年份，2010年二级市场共成交傅抱石过千万元作品18件（套），以6028.60万元成交的《琵琶行》领衔；2011年二级市场共成交傅抱石过千万元作品30件（套），以2.30亿元成交的《毛主席诗意册页》为代表。该阶段傅抱石书画价格指数的猛增与这一时段内精品的集中释出有关，在投资群体经历了全球经济危机之后，将投资目光逐渐转移到溢价空间大、回报率高的近现代书画市场。

②高位发展期（2011年至2014年），上一阶段精品的不断涌现为傅抱石书画市场的高价位发展奠定了坚实的基础，2012年与2013年经历了短暂的市场稍缓之后，于2014年出现了第二个价格指数峰值。2014年傅抱石书画价格指数高出其价格平均指数91个点，表明该时期内市场氛围高涨。这一时期内，傅抱石上千万成交的作品为94件（套），同比上一阶段增长32件（套）。

③理性调整期（2014年至2021年），伴随着中国文物艺术品市场进入理性调整期，受到经济环境和资金不稳定情况的影响，此时傅抱石书画市场的成交量和成交额出现较大幅度的调整，除2016年与2020年价格指数呈现上涨趋势之外，其他年

份均不断向价格指数平均值附近靠拢。尤其是 2016 年至 2021 年，其价格指数下探发展趋势较为明显，最高点（2016 年的 504 点）与最低点（2019 年的 355 点）相差 149 个点。总体来看，2014 年至今，傅抱石书画市场基本处于逐步回落的深度调整阶段，傅抱石书画价格指数在经历了自 2016 年以来由高走低的波动以后，在未来，傅抱石书画的价格将迎来持续性调整，价格水平将逐渐呈现稳健的发展特征。

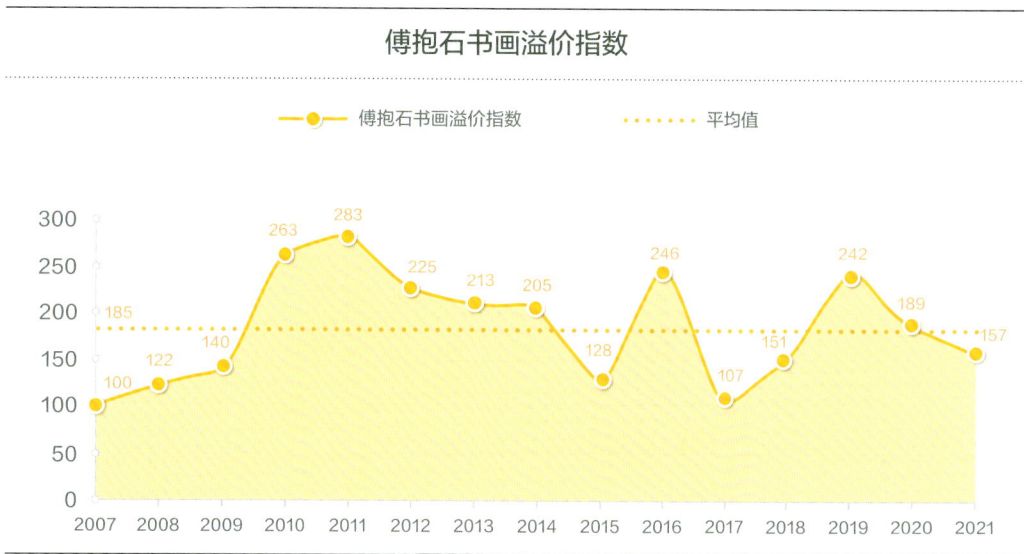

傅抱石书画作品价格近十五年来溢价指数均值为 185 点，高于基期 85 个点，与中国书画全球溢价指数平均值趋同，仅高出 1 个点，同时低于中国近现代书画全球溢价指数平均值 10 个点。从傅抱石书画溢价指数的曲线走势上看，基本符合中国近现代书画溢价指数的走势，但局部波动较为明显，2016 年最高点与 2007 年最低点相差 278 个点。傅抱石书画溢价指数近十五年来的走势经历了三个阶段，分别是：2007 年至 2011 年的高速发展期，世界经济历经 2008 年金融危机之后开始出现好转，傅抱石书画溢价指数从基期持续向上攀升，并于 2011 年到达第一个峰值，此为第一阶段。该阶段中国文物艺术品市场中金融资本的大量涌入和市场需求的不断膨胀，致使中国书画价格水平大幅快速上涨，傅抱石书画作品也随之"水涨船高"，成交价格达千万元的作品开始出现。2011 年至 2014 年的平缓调整期，该阶段艺术市场开始大力整顿，购藏需求骤然下降，入市资本逐步收紧，造成溢价走势总体呈现由高走低的态势，市场愈加理性。2014 年至今是傅抱石书画溢价指数发展的第三阶段，该阶段指数出现震荡式发展趋势，仅 2016 年与 2019 年出现大幅飙升，其他年份均低于或围绕在溢价平均值附近。值得关注的是 2016 年，傅抱石书画溢价指数飞升至 246 点，创七年以来的最高值，根据易元数科研究院该年的样本数据统计显示：2016 年度有 58.9%

中国收藏
拍卖年鉴
2022

CHINESE FINE ART &
ANTIQUES AUCTION
YEARBOOK 2022

的拍品以高于拍行最高估价的价格成交，直接促高溢价指数的数值；从具体拍品来看，也与该年大量来源明晰、参展著述记录完整、流传有序的精品集中上市有关。之后，溢价指数从高点逐渐回落，仅2019年短暂出现较高溢价，至2021年，傅抱石书画溢价指数为157点，溢价水平低于平均值。

（2）傅抱石作品全球市场统计分析

2007年至2021年，从拍卖市场交易的傅抱石作品的门类分布来看，主要集中在中国书画这一品类，以及少量手稿、信札等。据易元数科研究院统计，从傅抱石作品在全球拍卖市场的数据来看，近十五年来傅抱石作品在全球成交总量为2070件（套），成交额为106.7亿元。其中中中国书画成交2047件（套），其他品类（手稿、信札、印章等）成交23件（套），实际成交率为83.2%，处于较高水平。其中中国书画成交率为83.3%，其他品类成交率为74.2%。纵观傅抱石作品的二级市场，自2007年以来的十五年中，傅抱石作品在全球拍卖成交的品类分布中，以中国书画数量最多，占全部拍品的98.9%，其中国画作品成交量占傅抱石中国书画成交量的99.7%，书法作品成交量占傅抱石中国书画成交量的0.2%；其他品类成交量仅占总体成交量的0.1%。由此可见，拍卖市场上中国书画部分几乎构成了傅抱石作品的全部。

①成交量、成交额地理分布

基于近十五年的数据统计，傅抱石作品成交的2070件（套）中有1497件（套）成交于中国大陆地区，占总成交量的72.3%，成交额为86.1亿元，占总成交额的80.7%；358件（套）成交于亚太其他地区，占总成交量的17.3%，成交额为19.7亿元，占总成交额的18.5%；215件（套）成交于海外地区，占总成交量的10.4%，成交额为0.9亿元，占总成交额的0.8%。从傅抱石作品的成交量与成交额的地理分布来看，受傅抱石的从艺创作经历与收藏群体分布的直接影响，中国大陆地区仍然是傅抱石作品最大的市场。

结合傅抱石的艺术创作经历与目前拍卖市场上流通的傅抱石作品来看，傅抱石二级市场中的作品主要创作于20世纪40年代之后，这是傅抱石艺术创作逐渐成熟并形成个人风格的重要阶段。该时期的创作内容又以山水、人物题材为主，画中不仅有"毛主席诗意"中的苍茫山水，亦有传统文学与历史典故中的代表人物。此类的创作内容更易引起中国大陆藏家的情感共鸣，傅抱石的山水、人物等题材成为市场一度追逐的对象。由于题材内容深具中国传统文化精神，因此收藏傅抱石的藏家群体主要为华人，华人收藏群体的分布决定了傅抱石作品流通市场区域。亚太其他地区是继中国大陆之外傅抱石作品上拍最多的地区，但与中国大陆地区不同的是，该地区上拍的傅抱石作品主要以海外回流为主，多是亚太其他地区及海外重要藏家的藏品，以及为海外友人及侨居海外华人所藏作品，尺幅相对较小。这也说明了亚太其他地区

傅抱石中国书画全球成交量占比

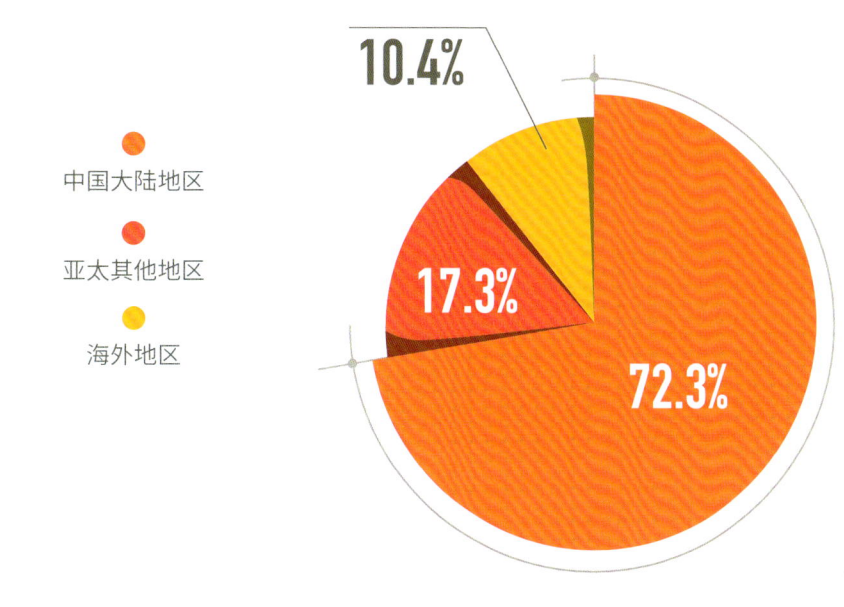

中国大陆地区

亚太其他地区

海外地区

傅抱石中国书画全球成交额占比

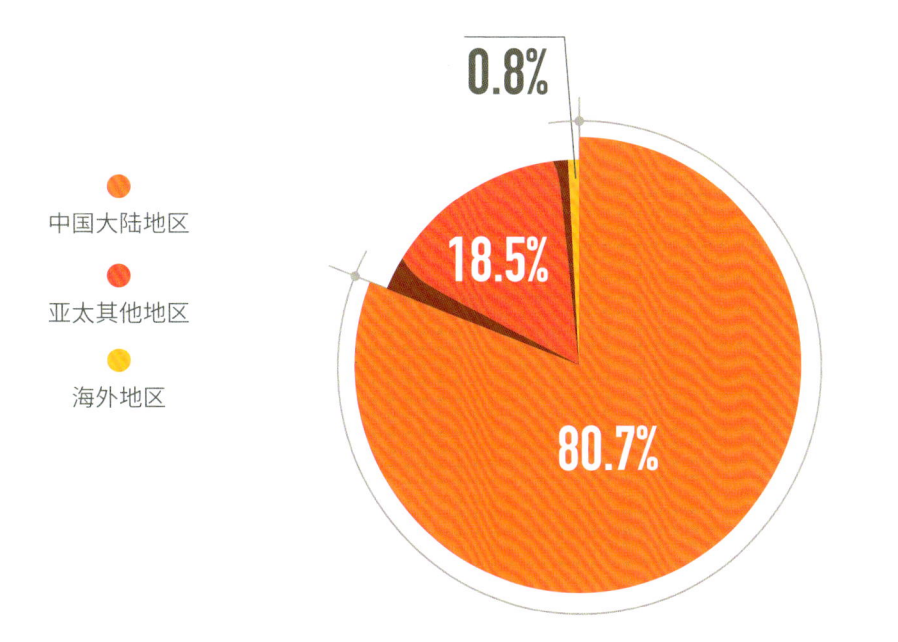

中国大陆地区

亚太其他地区

海外地区

的收藏依托于当地与国际市场的便利联系，是傅抱石作品在大陆之外重要的交易集散地。

从成交量和成交额在三大区域的不同占比可看出，傅抱石的作品在中国大陆地区价格水平较高，而在亚太其他地区与海外地区较低。这种状况反映了中国大陆市场对傅抱石作品的追捧，使得高价精品主要集中于中国大陆市场，而亚太其他地区市场和海外地区市场则相对平淡。从城市分布上来看，北京作为全国的政治文化中心，是中国大陆主要交易城市，其成交量保持主导地位，这与推动傅抱石作品成交的主要拍行大多分布于北京有关。杭州与广州作为傅抱石作品在南方市场的交易重镇，主要受傅抱石生前创作地毗邻此地有关，加之当地拍行与国内部分大型拍卖行在此展开拍卖活动，成交量与成交额位居国内前列。香港则成为傅抱石海外回流作品的主要市场，在亚太其他地区遥遥领先。

②成交作品价格区间分布

在傅抱石作品的成交价格区间统计中，按照成交作品的数量降序来看，成交数量最高作品的集中于 100 万元至 500 万元的价位区间，占总成交量的 37.6%；其次 50 万元以内区间的作品占成交总量的 28.2%；500 万元至 5000 万元区间的作品占总成交量的 23.3%；50 万元至 100 万元区间的作品占总成交量的 9.6%；5000 万元以上的拍品成交量最少，仅占总成交量的 1.3%。以上数据表明，大部分傅抱石的作品主要集中在 100 万元至 500 万元，说明拍品质量普遍较高，价格水平维持在中端区间；且 500 万元以上的高端价位市场也交易活跃。中高端价位（成交价在 100 万元以上）是傅抱石收藏市场的主力，占总成交量的 62.2%，而处于低端价位（成交价在 50 万元以下）市场的成交量相对中高端市场有所减少，占总成交量的 28.2%。二级市场中傅抱石中高端价格作品是交易的主流，这与傅抱石现实市场流通中的作品质量普遍高于近现代同时期其他艺术家的作品有关系。

从成交额的价格区间分布来看，500 万元以上的作品占据了傅抱石作品总成交额的四分之三以上，同时在成交量上占比也靠前，说明成交额在 500 万元以上的作品是构成傅抱石书画市场的重要部分，其中数量上又以 500 万元至 5000 万元价格区间的作品为主。另外，也应注意到，成交价在 50 万（含）元以下的拍品占傅抱石作品成交量的 28.2%，但该价格区间的成交额却只占总成交额的 0.5%，说明由于平均价格较低，低价位拍品推动了大众进入书画收藏领域的积极性，同时也应注意该价位拍品的品质良莠不齐的问题。通过具体分析成交额在 5000 万元以上的傅抱石书画作品可以发现，位于此价格区间的有 26 件（套）书画作品，成交价上亿元的拍品有 8 件，其中 68.8% 以上的作品皆为傅抱石创作成熟期的故实人物画代表作，其中不乏不断在拍场上创造拍卖纪录的"熟货"，表明傅抱石所作人物题材深受高精端市场青睐。在未来，傅抱

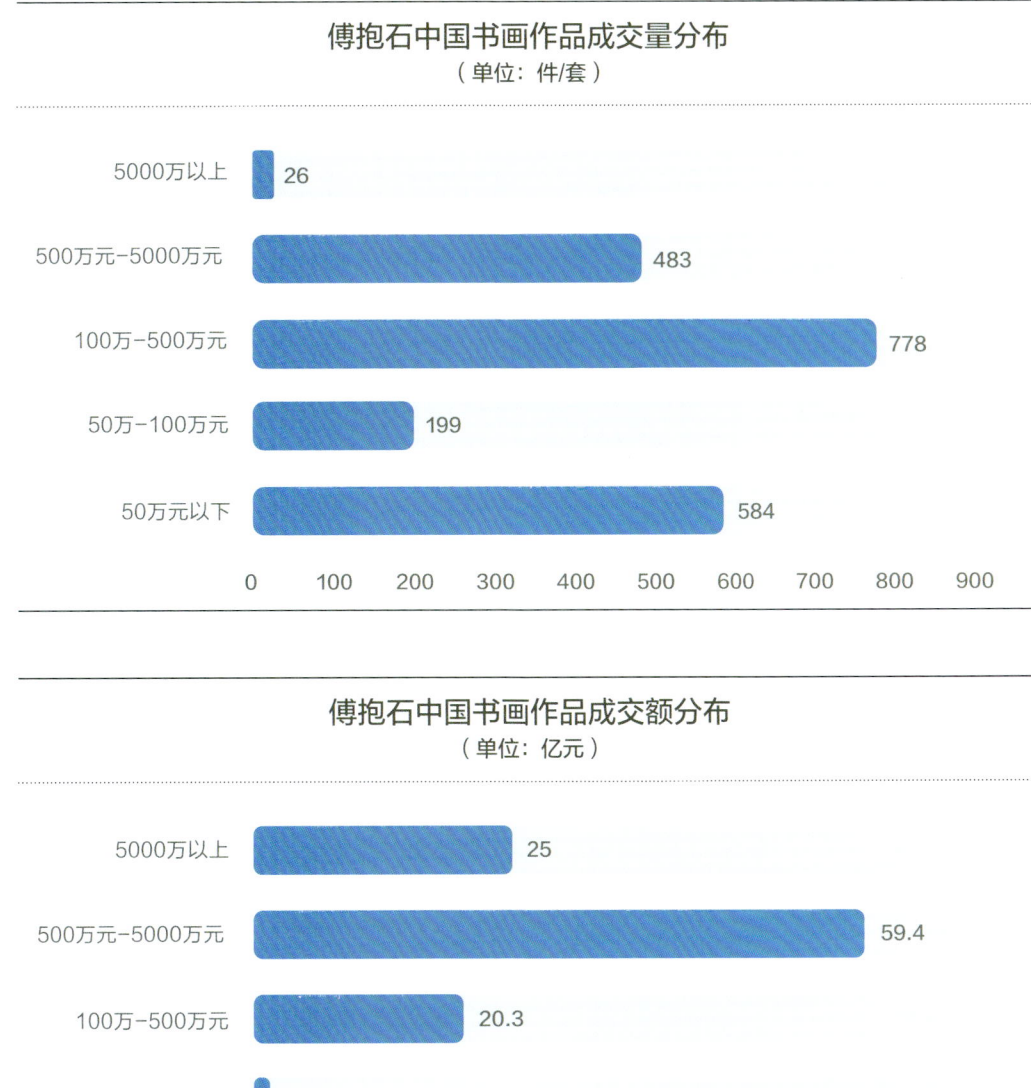

傅抱石中国书画作品成交量分布
（单位：件/套）

傅抱石中国书画作品成交额分布
（单位：亿元）

石大尺幅文学历史类主题性创作倾向明显的人物画作品将是创造高价的主力军。

③成交作品拍行分布

2007 年至 2021 年统计数据显示，傅抱石作品的拍卖主要集中出现在北京保利、中国嘉德、苏富比香港、佳士得香港、北京匡时等十家拍行。从中国大陆地区的拍行来看，京津冀地区的北京保利和中国嘉德成交量分别占到 14.2% 及 11.3%，成交额分别为 28.9 亿元和 19.8 亿元，两家拍卖行的成交额占比为 45.7%，几乎占据了傅抱石书画拍卖总额的半壁江山，是傅抱石作品在中国大陆地区拍卖的主要阵地。地处广州的拍行华艺国际（广州）凭借其地缘优势以及在中国书画板块不断深耕的业务能力，使其在中国大陆地区的南方市场独当一面。在傅抱石创作作品流通于市场相对较少的前提下，国内拍行一方面不断充分挖掘未曾现身拍场的作品，积极开拓卖方市场；另一方面，通过联合学术界积极研究傅抱石的学术价值，藏家群体的鉴藏水平不断提高，引起藏家群体对傅抱石作品艺术成就与市场价值的足够关注与重视；同时，在适当时机引出曾创造拍卖纪录的经典佳作，为拍场增添士气，可见中国大陆拍行对经营傅抱石作品市场的重视。

品类	成交额(元)	成交额占比	成交量（件/套）	成交量占比
北京保利	2895992360	27.1%	293	14.2%
中国嘉德	1982445044	18.6%	233	11.3%
苏富比香港	776822923	7.3%	104	5.0%
佳士得香港	758878256	7.1%	97	4.7%
北京匡时	695796233	6.5%	109	5.3%
华艺国际（广州）	378112298	3.5%	43	2.1%
北京翰海	446396160	4.2%	77	3.7%
北京荣宝	308516500	2.9%	69	3.3%
西泠印社	299576700	2.8%	69	3.3%
北京诚轩	176651200	1.7%	28	1.4%
其他	1951149516	18.3%	948	45.8%

　　中国大陆之外的亚太其他地区是近十五年来傅抱石作品成交的主要聚集地，其中苏富比香港是傅抱石作品的主力拍行，虽然成交量与成交额分别占 5.0% 与 7.3%，总体成交量与成交额较小。从另一方面反映出傅抱石作品在亚太其他地区和海外地区占据极少市场份额，这与傅抱石的创作数量与国际影响力有直接关系。此外，地处杭州的拍行，利用自身位置靠近傅抱石生前主要创作地的地理优势，能够在长三角地区不断深耕傅抱石作品市场，以傅抱石中晚期小尺幅作品为主营路线，对傅抱石书画市场成交额亦有贡献。其他拍卖行的傅抱石作品成交额占据其总成交额的 18.3%，根据易元数科研究院的数据统计显示，这些拍卖行主要集中于中国大陆地区，占其他地区总成交额的 61.0%，可见傅抱石作品在中国大陆地区更受欢迎。

④拍品品类分析

傅抱石作为中国近现代美术创作的关键人物，其创作集中在中国书画领域，在历年上拍的作品中，以中国画作品居多，偶见书法。因此在分析中根据傅抱石作品实际市场占有量的比例情况，择要就中国画与书法展开论述，兼顾其他品类。

2007年至2021年傅抱石作品各品类统计中，中国书画成交量为2047件（套），其中中国画成交量为2011件（套），书法成交量为36件（套），各占总成交量的97.1%与1.7%；中国书画成交额是106.6亿元，占各品类总成交额的98.9%。从以上数据的分布显示，可明显看出傅抱石中国画在市场上的绝对主导性地位。

2007年至2021年的傅抱石中国书画与各品类成交价格统计中：国画成交量的38.2%价格在100万元至500万元，25.3%价格超过500万元，26.7%价格在50万元以下，说明傅抱石中国画市场构成基本处于合理状态，中高端市场基数较为稳定，高端精品市场引领作用彰显。书法品类中以50万元以下的拍品为主，成交量占据傅抱石书法市场成交总量的72.2%；另外，成交价在100万元以上的书法仅占该市场成交总量的25.0%，但其成交额占傅抱石书法总成交额的89.6%。说明傅抱石书法市场成交量仍以中低端价位为主，成交额主要由少数的中高端书法贡献。其他品类的成交价因其数量稀少，其价格水平整体维持在50万元以下，仅有2件作品成交价超过50万元，分别为2016年在北京以143.75万元成交的"为陶白作寿山石对章"和2020年在北京以139.20万元成交的"傅抱石刻郭沫若用印一对"。以上数据显示出市场中傅抱石作品的价格区间分布具有多样化的特点，不同品类及价位的组合可以满足各类藏家的收藏及投资需求。

⑤拍品题材分析

近十五年来，傅抱石书画的上拍作品中，中国画的上拍量始终占据着最主要的市场份额，因此本小节着重分析傅抱石中国画作品中各类题材的拍卖市场表现。2007年至2021年拍卖成交的2011件（套）傅抱石中国画作品中，山水题材成交1165件（套），成交量占比57.9%，成交额为58.7亿元，占比55.2%；人物题材成交698件（套），成交量占比34.7%，成交额为42.6亿元，占比40.1%；花鸟题材成交84件（套），成交量占比4.2%，成交额为3.5亿元，占比3.3%；其他题材成交63件（套），成交量占比3.2%，成交额为1.5亿元，占比1.4%。通过对比以上数据可以发现，山水题材作品以最高成交量与成交额的优势主导傅抱石书画市场的整体走向。由此可见，拍卖市场上傅抱石山水题材更受到藏家青睐。傅抱石山水题材领先于市场的原因是多方面的：从拍品来源而言，山水题材市场流通量相对较大，具有较为广泛的受众群体；从艺术价值而言，傅抱石在传统"披麻皴"与"斧劈皴"的基础上，形成独具个人风格的"抱石皴"。主要体现在其创作的山水画题材上，笔墨技艺的创新在山水画创作

中国收藏
拍卖年鉴
2022

CHINESE FINE ART &
ANTIQUES AUCTION
YEARBOOK 2022

傅抱石作品题材细分市场成交量占比

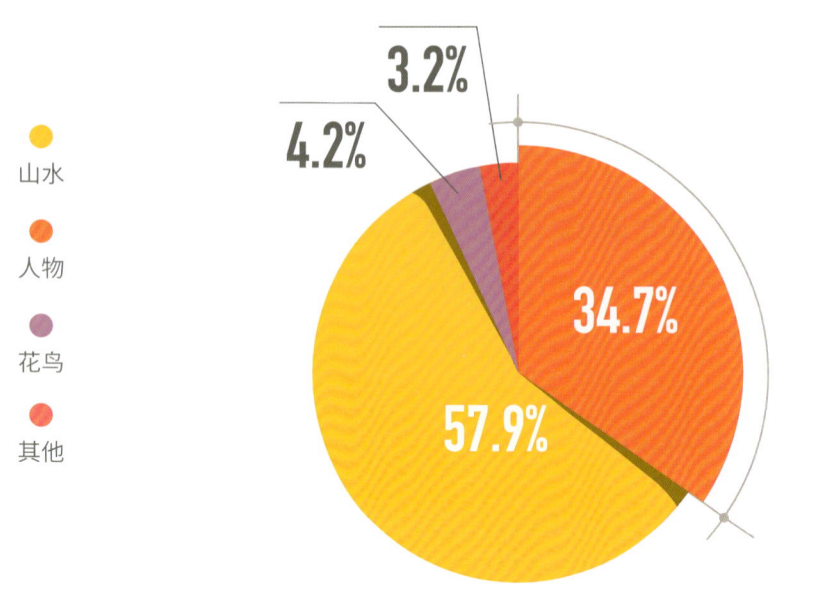

- 山水
- 人物
- 花鸟
- 其他

3.2%
4.2%
34.7%
57.9%

傅抱石作品题材细分市场成交额占比

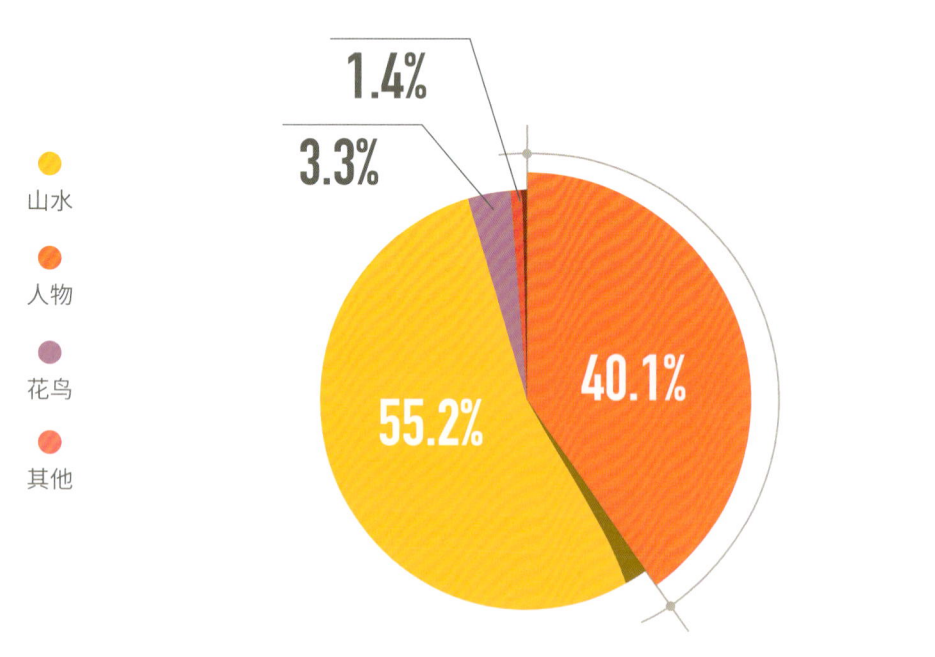

- 山水
- 人物
- 花鸟
- 其他

1.4%
3.3%
40.1%
55.2%

上得以彰显。基于以上两点，在大多数山水题材画作尤其是主题性"毛主席诗意"山水作品已被博物馆收藏的情形之下，流传于民间的此类题材一旦出现，便引得顶级藏家争相竞价，由此提升了傅抱石山水画题材的成交价，因而，傅抱石的山水画在其所有题材中的成交额占比位列首位。比如在傅抱石作品成交价过亿元的三件山水画题材作品中，有两件为"毛主席诗意"类型的作品。

从傅抱石山水题材近十五年的价格总体走势来看，与傅抱石书画指数走势大体一致。十五年以来，傅抱石山水题材价格指数总体经历了三次指数峰值，分别是2011年、2014年、2016年，发展经历大致分为三个阶段：蓄力增长期（2007年至

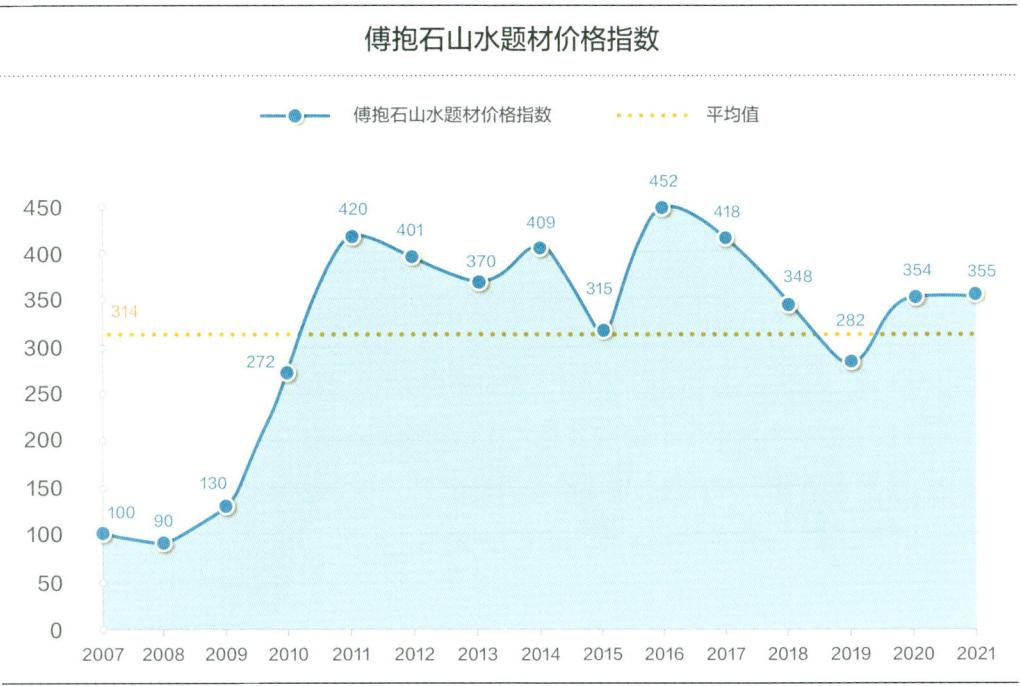

傅抱石山水题材价格指数

2011年）、高位发展期（2011年至2014年）和深度调整期（2014年至2021年）。价格指数最高点452与最低点90相差362个点，说明近十五年来傅抱石山水题材作品市场不断调整起伏。值得注意的是，傅抱石山水题材价格指数从2011年至今，除2019年外，其间都在平均值314点以上高位运行，个别年份出现短期飞涨，之后又向平均值附近靠近。此波动现象说明，傅抱石山水题材作品的二级市场基本呈现不断夯实基础、行稳致远的形势。在外部经济环境与内部上拍作品的双重调整与影响之下，以山水题材为主导的傅抱石书画作品市场在未来发展将更为稳健。

从傅抱石山水题材的溢价指数发展趋势来看，自2007年基期统计以来，十五年中其溢价指数只有五年出现过高于平均溢价指数（170点）的情况，其他十年均处于平均溢价指数之下，说明傅抱石山水题材市场的购藏热度总体处于理性发展的阶段，

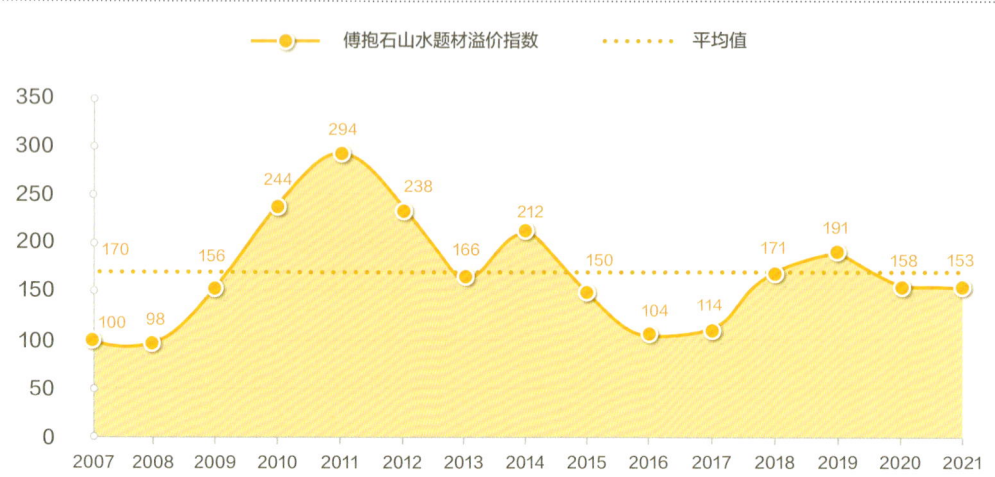

傅抱石山水题材溢价指数

尤其是当宏观经济环境出现增速放缓之时，其市场热度则随即出现不同程度的回落。值得关注的是自 2020 年以来，傅抱石山水题材溢价指数连续两年下探，虽然收窄幅度甚微，但也表明了市场溢价价格的理性调整，与宏观经济增速的关系一目了然。市场本身的供需关系也决定了这一走势，一方面供给方审时度势合理估价，以促进作品的易手率；另一方面需求端量入为出，不盲目跟进叫价，谨慎购藏的姿态显现。

傅抱石山水画具有苍茫脱俗的艺术风貌，而他的人物画则更为清新雅致。人物题材的作品已稳居傅抱石拍卖市场高成交价的前列，值得进行较为深入的研究。

纵观傅抱石人物题材近十五年的市场价格指数走势，2007 年至 2013 年总体呈现大幅上升的趋势，最高点（475 点）与基期（100 点）相差 375 个点，这与该时间段内市场大额资本的涌入、作品开始被市场挖掘有关。2014 年，随着整体艺术市场下

傅抱石人物题材价格指数

滑趋势，傅抱石人物题材市场热度也开始出现降温。此后从 2015 年至 2018 年价格指数持续升高，该题材价格指数再次迎来高位发展时期。2018 年之后傅抱石人物题材作品市场处于深度调整阶段，价格指数在平均值附近小幅度波动。如此指数走势表明，傅抱石人物题材作品近年来发展更为扎实理性，一方面在于人物题材为傅抱石艺术成熟期的代表性创作题材，如今流通于市场此题材的作品数量与质量整体上处于少且精的状态，伴随着市场的热度下降，理性回归，投机性购藏因素不断减弱，该题材的市场趋于稳定发展；另一方面，由于此类题材作品体现了傅抱石在人物画、山水画及花鸟画三方面的造诣，可谓是集大成之作。脱胎于文学经典与历史典故的人物画，充满着诗意化氛围，高质量的作品奠定了傅抱石人物题材市场的稳定性。

从傅抱石人物题材的溢价指数来看，近十五年来该题材溢价指数的平均值为 201 点，最高值（406 点）与最低值（73 点）相差 333 点，说明该题材作品的市场热度不同年份差异性较大。总体而言，2013 年是傅抱石人物题材溢价指数的分水岭，2013

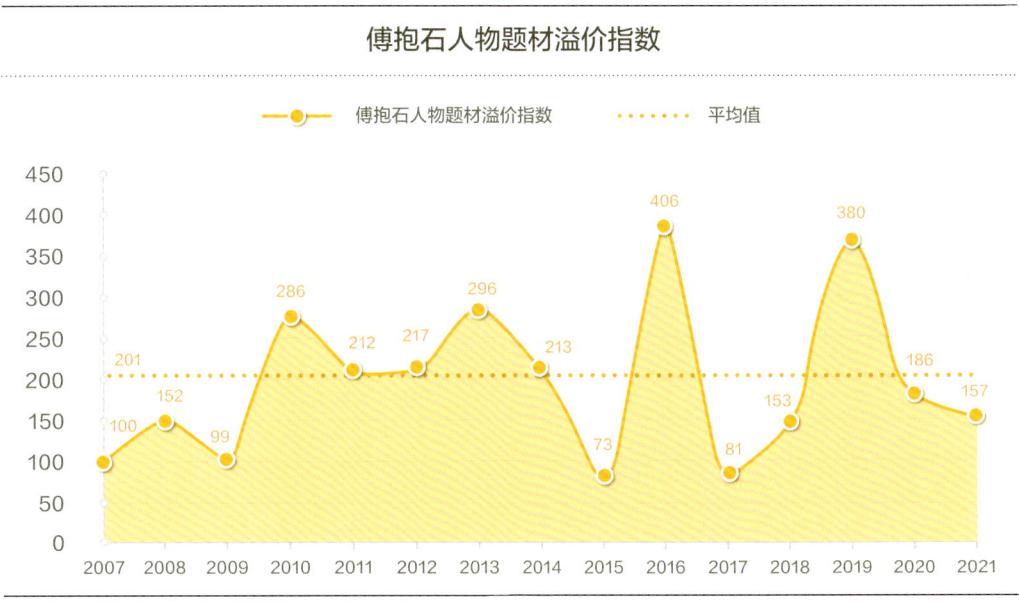

傅抱石人物题材溢价指数

年之前处于市场逐步升温阶段，自 2013 年市场热度锐减之后，傅抱石人物题材溢价指数开始呈现震荡幅度显著的态势，一方面来自艺术市场的整顿进一步加强，短期资本注入减少，造成其低位发展；另外，随着学术研究跟进与创作精品的释出，以及大型机构收藏的投资注入，促使个别年份该题材溢价指数飙升。通过傅抱石人物题材价格指数与溢价指数的总体走势来看，未来傅抱石人物题材仍然是其重要交易品类，并在一定程度上影响傅抱石书画价格的总体走向。傅抱石是中国现代美术史中举足轻重的关键人物，他的创作丰富了中国现代美术的内容与形式；从艺术价值上来讲，傅抱石人物题材中以高士和《楚辞》为主要创作对象，恬静淡雅的绘画意境与中国传统文化内涵在傅抱石独具的笔墨精髓中得以彰显，吸引藏家为之倾囊；从市场价值来看，由于大多人物题材精品均藏于美术馆、博物馆等公共收藏机构，流传于民间收藏市场的精品佳作随着拍行的深入挖掘大部分已公布于众，加之近年来藏家鉴藏水平的不断提高，去粗取精、去伪存真的能力日益增强，傅抱石人物题材市场未来将呈现稳健发展的态势。

中国收藏
拍卖年鉴
2022

CHINESE FINE ART &
ANTIQUES AUCTION
YEARBOOK 2022

中国瓷器
全球指数
Chinese Porcelain:
Global Index

中国瓷器的精密制造技术和悠久的历史传统举世瞩目，是人类物质文化史上的重要研究对象。中国瓷器精美的外形，蕴含的历史文化底蕴，一直受到世界各地人们的喜爱，并在历史的发展长河中，成为中国的一张文化名片。中国瓷器作为中国文物艺术品的重要门类之一，在全球范围内的拍卖市场中始终保持着重要的地位，甚至在某些区域超越了中国书画的市场份额。其市场容量与藏家数量甚为可观，是众多藏家关注的焦点文物艺术品类。

近十三年来，中国瓷器成交额平均已占到中国文物艺术品总成交额的 12.4%，即使是在中国文物艺术品拍卖市场的波动调整期，中国瓷器的成交量也未有削减之势，其对中国文物艺术品拍卖市场走势的影响作用不容小觑，通过对中国瓷器这一板块市场行情的分析，可以清晰地把握中国瓷器市场的发展规律与未来发展方向。通常情况下，通过对中国瓷器的成交额、成交量、成交率、平均成交价格等常见指标进行统计描述，能够反映一部分市场表现，然而由于这些指标较为单一，且中国瓷器市场本身受内外部多重因素的影响，仅凭以上数据指标的统计分析难以深入理解中国瓷器市场的发展特征。因此，艺拍全球中国瓷器指数应运而生，通过多维度分析文物艺术品市场大数据，结合前沿统计学原理，构建起能够更为全面体现中国瓷器市场的指数模型。

文物艺术品区别于其他商品的一大特性就是其异质性，即每件文物艺术品均独一无二，不同文物艺术品之间没有直接可比性，无法通过简单的算数方法来反映多件艺术品的平均价格水平。为了解决这一问题，近年来，构建标准化的文物艺术品指数的研究蓬勃发展。文物艺术品理论和实践表明：构建文物艺术品指数最大的挑战在于控制文物艺术作品的异质性。目前，国际上广泛研究与应用的文物艺术品价格指数建模方式有两种：重复销售回归和特征回归。重复销售回归 (Repeat Sales Regression)，采用同一件文物艺术品在两个时间点的销售价格变化（又称为一对重复销售数据）构建文物艺术品指数。此方法认为文物艺术品的基本特征（如材质、尺寸等）不随时间而变化，从而解决文物艺术品的异质性问题。由于文物艺术品拍卖成交的频率普遍较低，因此重复销售数据只占全部交易数据的很小一部分，采用该方法构建艺术品指数时存在样本选择偏差的问题。但当重复销售的数据对数值很大或样本期数超过 20 年时，推荐使用此方法构建文物艺术品指数。特征回归 (Hedonic Regression)，基于文物艺术品的基本特征构建文物艺术品指数。该方法将文物艺术品价格变动中的特征因素进行分解，以显现出各项特征的隐含价格，并从价格的总变动中剔除特征变动的影响，达到反映纯价格变动的目的，在此基础上构建文物艺术品指数。通常所选取的特征包括：年代、尺寸、材质、题材等。采用此方法构建指数时可以选用所有的文物艺术品交易数据。在已有研究文献中，特征回归方法已经被普遍地应用于文物艺术品指数的研究，特征回归模型已经被广泛地应用于各类文物艺术品指数的编制。

由于目前国内已有的文物艺术品指数存在一定局限：或为简单的平均数计算，模型较为单一，无法反映文物艺术品市场真实趋势；或指数体系较为笼统；或数据范围仅局限于中国大陆地区，缺少海外地区的数据。本报告基于国内外已有的指数模型，结合专业的陶瓷史研究与艺术史研究，推出中国瓷器指数，意在通过科学的模型编制以及全球范围的拍卖数据对中国瓷器这一具有代表性的文物艺术品门类在全球文物艺术品市场的走势做出解析。

一 中国瓷器全球指数说明

中国瓷器全球指数来自艺拍全球文物艺术品指数，其体系下设综合指数、地区指数、各时期指数。艺拍全球文物艺术品指数基于数据库的海量数据，对拍卖行以及拍品进行严格筛选，并对纳入指数计算的每一件拍品进行多维度特征分类，将其标准化，再以多元线性回归法拟合出作品的价格水平，从统计学角度分析市场整体价格水平随时间的变化趋势。

每类指数均分为价格指数与溢价指数两种，分别从价格水平与市场热度对目标市场进行解析。所有指数均以 2009 年为基期，对近十三年的文物艺术品市场进行分析，基期指数值为 100，指数每一年更新一次。

艺拍全球中国瓷器指数模型介绍：

（1）价格指数

价格指数包含中国瓷器全球价格指数、中国瓷器各地区价格指数和中国瓷器各时期价格指数三大类，其各自又下设子类价格指数，用于反映一定时期内中国瓷器拍卖市场的价格水平变动趋势和程度的相对数指标。该指数模型采用国际上广泛采用

的特征回归模型 (Hedonic Regression)，为了确保模型的有效性，不同分类的指数编制会选取不同的具体特征变量。中国瓷器指数模型考虑的特征因素包括但不限于釉色、器形、年代、尺寸、款识等。该指数消除了作品本身的特征因素变动对价格的影响，可以真实、准确地反映中国瓷器标准化后的纯价格变动。此外，中国瓷器价格指数均能够与上证指数 SSEC、香港恒生指数 HSI、标准普尔指数 SPX 等金融指数，以及狭义货币供应量 M1、居民消费价格指数 CPI、国民生产总值 GDP 等宏观经济指标进行标准化比较分析，为市场分析与投资决策提供科学可靠的依据。

（2）溢价指数

溢价指数包含中国瓷器全球溢价指数、中国瓷器各地区溢价指数和中国瓷器各时期溢价指数三大类，其各自又下设各种子类溢价指数，表示一定时期内中国瓷器拍品的实际成交价格超过估价水平的相对数指标。指数值越高，则表明该板块的拍卖市场整体热度越高、景气度越高。该指数的编制参考了香港恒生 AH 股溢价指数模型。需要说明的是，溢价指数是对成交价格相对估价水平的考察，因此以咨询价上拍的文物艺术品没有纳入模型考虑范围。同时，由于咨询价上拍的拍品一般为难以估价的罕见精品，数量极少，因此对溢价指数整体的走势不会有明显影响。

二 中国瓷器全球指数结果分析

数据说明

（1）时间：2009 年 1 月 1 日至 2021 年 12 月 31 日。

（2）数据量：16.8 万条全球范围内公开拍卖的成交纪录。

（3）样本拍卖行：从中国大陆、亚太其他地区、海外地区共选取了 81 家经营规范、成交结果透明度高、规模级别不同的具有代表性的拍卖企业。

（4）时期划分：

纵观中国陶瓷发展史，东汉时期（25—220 年）青釉瓷器烧制成功（含铁量在 2% 以下，烧成温度可达 1200—1270℃），其胎质缜密，釉色青润，正式揭开了中国瓷器的第一篇章。三国两晋时期是青瓷普及与发展的阶段。唐代瓷器名窑中的河北邢窑与定窑的"影透白瓷"烧制成功，符合当今国际通用的"瓷器"标准——"透影性"，成为中国陶瓷史上的一次质的飞跃。北方白瓷与浙江越窑等地的青瓷在地理上交相辉映，形成了"南青北白"的制瓷格局。宋代是我国陶瓷空前发展的时期，该时期与制瓷业相关科技的发展，为制瓷业提供了有利条件，此时的瓷器无论从质量还是数量上均超过了此前历史上任何时期。例如举世闻名的"五大名窑"——定、汝、官、哥、钧窑，以及驰誉古今的磁州窑、耀州窑、龙泉窑、建阳窑、景德镇窑等都是其中最高典范。元代制瓷业则是在继承宋代的基础上有所创新，其中以景德镇窑青花和釉里红瓷器最为出色。中国古代制瓷业发展到明代，瓷器的生产进入了一个崭新的历史阶段，通过设置御器厂（官窑）专为宫廷供应瓷器的景德镇窑瓷器争奇斗艳，发展突出，晚明景德镇的民窑青花瓷与五彩瓷的制造也独树一帜，此时中国瓷器的对外贸易和制瓷技术的对外传播变得更为频繁。清代初期的康熙、雍正、乾隆三朝景德镇制瓷工艺盛况空前，除以景德镇的官窑为中心外，各地民窑的发展迅速，并取得很大的成就，尤其随着西风渐进，瓷器外销，西洋原料及技术的传入，使中国制瓷业更为丰富多元。如果说清初阶段我国瓷器的制造发展达到了历史的又一高峰，则以后由于社会经济、政治的日渐衰落，加之科学技术的保守落后与制瓷工艺的粗制滥造，导致了晚清与民国初期的瓷器质量开始下降，此种局面直到20世纪50年代以后才得到逐渐改变。基于中国瓷器的历史发展脉络，《中国收藏拍卖年鉴》同时结合中国文物艺术品市场对中国瓷器时期划分的普遍习惯，将中国瓷器按照时期划分为：高古瓷、明清瓷、民国及以后瓷器三大门类。高古瓷是相对于明清瓷的概念，泛指包括东汉在内的魏晋南北朝、隋唐五代、宋元各朝代所制作烧成的各类瓷器，尤以宋代的"五大名窑"瓷器与元代的青花瓷为典型。明清瓷则是指明代及清代这五百余年间烧造的各类官窑与民窑瓷器。民国及以后的瓷器包括1912年至1949年之间的民国瓷器与1949年新中国成立之后的现当代瓷器。

1. 中国瓷器价格平稳趋降，市场热度显著攀升

近十三年来，中国瓷器全球价格指数整体走势未出现巨大波动，在不同经济环境下理性调整，变化幅度相对较为缓和。中国瓷器全球价格指数最高点（2012年的144点）与最低点（2016年和2019年的90点）相差54点，与其他板块诸如中国书画、油画等动辄上百点的指数差值相比，显得更为平稳。中国瓷器全球价格指数均值为108点，略高于基期2009年的100点，说明该板块的市场发展收藏群体广泛，基础坚实，未来发展潜力大。通过价格指数走势图可以看出，2009年至2021年这十三年间，中国瓷器在全球文物艺术品市场经历了三个阶段：

（1）高速增长期（2009年至2012年），中国瓷器市场经历了2007年与2008年全球经济危机波及影响之后，于2009年出现高速增长的态势，截至2012年连续四年上涨，涨至144点，为统计以来的最高值，与基期100点相比，高出44点。这一时期内中国瓷器市场亿元级别拍品不断涌现，2010年，一件清乾隆粉彩镂空"吉庆有余"转心瓶在伦敦以5.54亿元人民币的成交价改写了中国瓷器拍卖纪录，也创下了当时全球范围内中国文物艺术品交易的最高价格，中国瓷器市场的"亿元时代"发展正酣。

中国瓷器全球价格指数

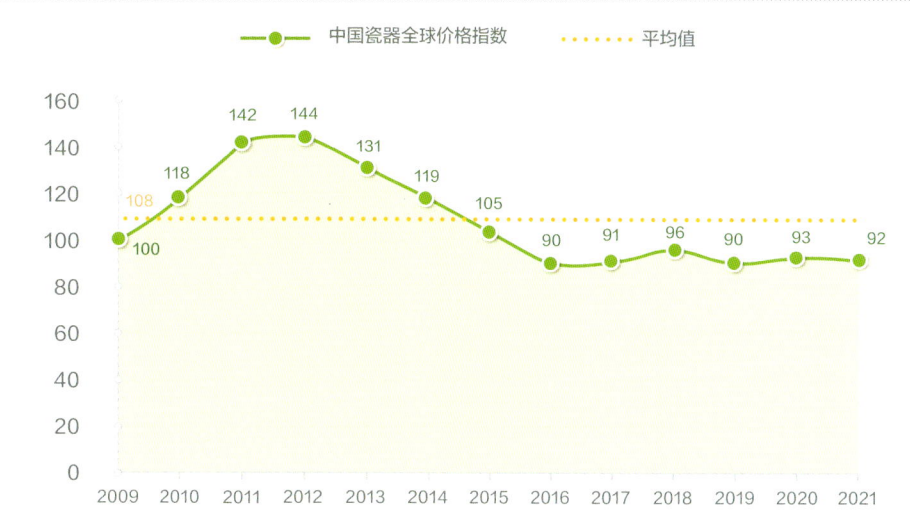

（2）理性回落期（2012 年至 2016 年），受全球经济环境遇冷和资金供给不稳定情况的影响，全球文物艺术品市场受到波及，中国瓷器市场也在此调整期内不断做出理性回落的趋势给予回应。自 2013 年起由此前的 144 点，逐步下降至 2016 年的 90 点，该年为自统计以来的指数值最低值。中国瓷器市场全球价格指数不断进行下探性动作，只是在 2014 年下探动作的幅度有所放缓。

（3）企稳发展期（2016 年至 2021 年），经历此前四年的理性回落调整之后，中国瓷器市场于 2017 年释放出短暂的回暖信号，上升到 91 点，尽管此时指数的发展水平仍处于指数平均值之下，但在全球经济发展放缓的 2018 年，其他板块的中国文物艺术品市场大部分处于下行态势之时，中国瓷器全球价格指数在 2018 年呈现出逆市攀升之举，同比 2017 年再增 5 个点，2019 年则随市回落。在 2020 年全球经济整体下行情形下，中国瓷器全球价格指数再次逆势上扬，做到稳中有升。2021 年在经济整体复苏的大环境下，中国瓷器全球价格指数趋稳发展，仅收窄 1 个点，相比其他文物艺术品价格指数走势更为稳健。

自 2009 年至 2021 年的十三年，中国瓷器全球溢价指数的平均值为 202 点，高于基期 102 个点，说明该板块市场整体热度较高。从易元数科研究院统计的中国瓷器全球溢价指数走势来看，2016 年是市场热度的分水岭，虽然在经济相对较好的年份，出现了三次小高峰，分别是 2010 年的 144 点，2014 年的 149 点和 2016 年的 154 点，但增长幅度并不大，且一直处于平均值之下。市场热情的集中爆发则是出现在 2017 年之后，除 2019 年出现下行趋势外，其他年份均保持了较大幅度的上涨趋势，并于 2021 年达到自统计以来的溢价最高值 392 点，比平均值高出 190 点，更比基期 100

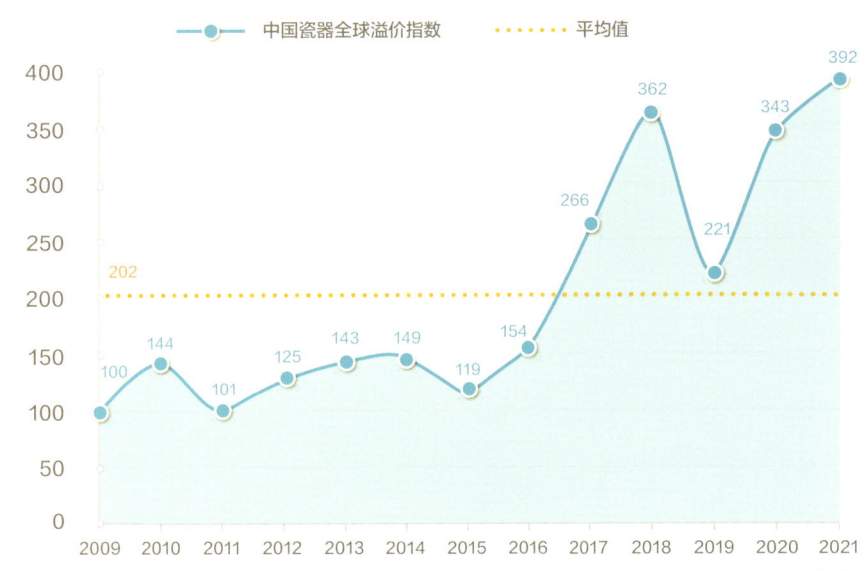

中国瓷器全球溢价指数

点高出 292 个点。2021 年中国瓷器全球溢价指数在全球经济逐渐复苏的利好背景下，涨势喜人，取得如此的成绩动因来自多方面。首先，从数据统计层面而言，2021 年全球高溢价值直接受海外地区高溢价值的影响，在中国大陆地区与亚太其他地区溢价值均下降的情形下，仅靠海外地区的极高溢价值拉动了全球瓷器溢价指数的上涨。其次，海外地区溢价指数的大幅提升，一方面受统计口径中样本拍行扩大的影响，另一方面与海外市场拍品供给结构深化变革有关。

2. 三大地区市场特征分明，海外地区市场买气提升

中国瓷器有着广泛的收藏群体，遍布世界各地，从易元数科研究院对中国瓷器市场统计区域划分来看，其在中国大陆地区、亚太其他地区以及海外地区的市场表现各有千秋，特征明显。

中国大陆地区的中国瓷器价格指数的上涨幅度略微大于中国瓷器全球价格指数的走势，整体保持着相对稳定的发展态势。中国大陆地区中国瓷器指数的平均值为106 点，仅比基期高出 6 个点，说明市场发展相对扎实稳健。2011 年，中国大陆地区的中国瓷器价格指数与中国瓷器全球价格指数的走势基本一致，保持着相对稳定、变化幅度较小的发展态势。该年中国大陆地区中国瓷器指数达到了近十三年统计的最高值 137 点。高点的出现，一方面由于大陆拍行基于中国瓷器在 2010 年市场的大好形势，做出藏家群体的数量不断上升与入场积极性正盛的判断，在拍卖专场设置上重推中国瓷器来赓续上一年的市场活力；另一方面在于该年随着中国大陆地区房地产等产业的调整，大陆拍行明显察觉到社会上部分资金开始转向文物艺术品市场中入行

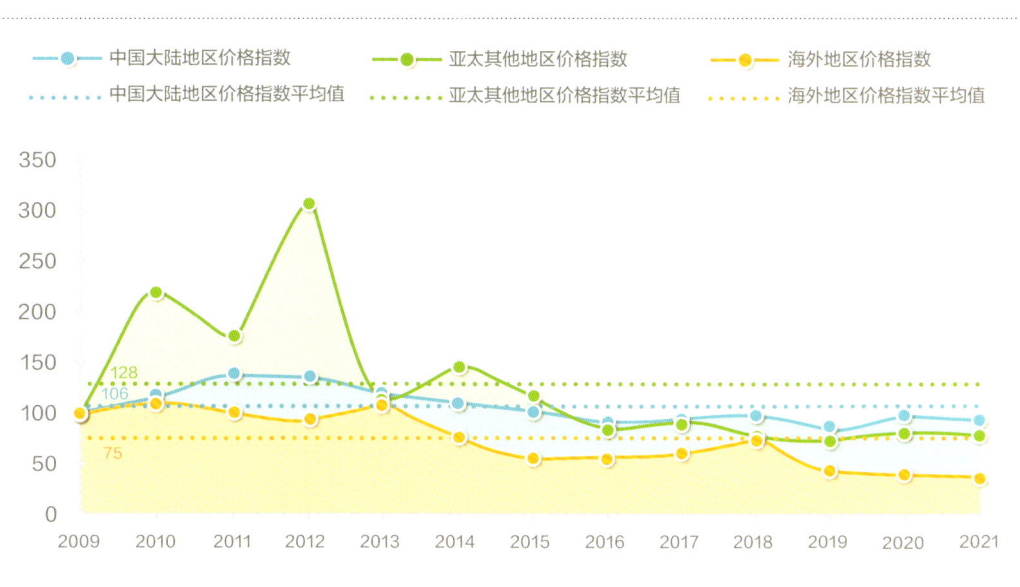

中国瓷器各地区价格指数比较

门槛相对较低的瓷器板块。新藏家面孔频现，热钱的大量集中涌入提高了大陆地区中国瓷器的市场走势。经历了 2011 年的短暂激增之后，此后中国大陆地区中国瓷器市场不断下调，并于 2016 年开始，其价格指数值连续低于基期的 100 点，该年也为中国大陆地区中国瓷器指数的最低点 96 点。值得注意的是，尽管 2016 年的中国大陆地区中国瓷器指数为 96 点，但仍高于另外两个统计区域的指数值，且自 2016 年始，逐年以微小幅度围绕基期价格水平浮动。2021 年中国大陆地区中国瓷器市场价格指数同比回落 1 个点，调整幅度为自基期统计以来的最小值，表明市场处于平稳发展期，稍显下沉趋势。影响 2021 年中国大陆地区中国瓷器市场指数平稳发展、小幅度回落的主要原因在于：在高价位市场持续发力以及低价位基础市场显著扩增的共同作用下，保持了价格指数平稳发展的基本态势。根据易元数科研究院的样本统计数据显示，2021 年中国大陆地区成交价在 500 万元以上的高价位瓷器成交量为 142 件（套），同比增长了 65.1%，成交额为 21.1 亿元，同比增长了 68.8%；成交价在 50 万元以下的低价位市场成交量为 2.1 万件（套），同比增长了 84.7%，成交额为 12.4 亿元，同比增长了 90.9%。在两个价位市场规模同时增长的情形下，因低价位拍品占据瓷器总成交量的 94.7%，是大陆地区市场交易的主流，又因其成交量同比增幅最大，从而使得该年中国大陆地区瓷器价格指数稳中见落，价格稍显下调。亚太其他地区在 2016 年之前一直领先于其他两个地区，处于高位发展阶段，是中国瓷器市场中的佼佼者，其价格指数最高值在 2012 年达到 308 点，远远高于该区域平均值 137 点，此后市场急剧下滑，并在平均值以下低位前行。2021 年亚太其他地区的中国瓷器价格指数为 78 点，较 2020 年小幅度下降 3 个点。在中国大陆地区平稳回落之时，亚太其他地区的市场也随势而行，保持了较为稳健的发展势头，该地区的瓷器价格水平同比微降。2021年亚太其他地区瓷器价格水平的变化因素，一方面取决于各价位市场体量保持了良好的增势，另一方面也取决于基础市场在该地区成交量占有率发挥了日益重要的作用。

海外地区的中国瓷器收藏群体的市场容量与参与度的作用一直不可小觑。近十三年来，海外地区中国瓷器价格指数与全球中国瓷器价格指数发展趋势大致相同，并向中国大陆地区看齐，几乎保持着同样的发展步调。2021 年海外地区的中国瓷器价格指数为 41 点，同比 2020 年下探 1 个点，价格水平发展趋稳。其价格指数平均值为 75 点，低于基期 25 个点，继续处于低位发展的状态，这与中国瓷器的大量精品与收藏群体主要集中于中国大陆地区和亚太其他地区有关，在海外地区瓷器市场里，中低端价位拍品是交易的主体。根据易元数科研究院的样本数据统计发现：海外地区成交价在 50 万元以下中国瓷器的成交量为 1.1 万件（套），同比增长了 10.9%，尤其是成交价在 1 万元至 5 万元的中国瓷器，成交量更是在增长了 12.7%，在各价位的瓷器中涨势明显。以上数据表明，中国瓷器的消费型市场在海外地区占有举足轻重的地位。

通过对比中国大陆地区、亚太其他地区与海外地区的中国瓷器溢价指数来看，三大区域的市场热度呈现不同态势。2009 年至 2016 年，中国大陆地区与亚太其他地区的溢价指数不分伯仲。2016 年后，中国大陆地区的溢价指数实现了进一步飞跃，市场热度大涨，一度大幅超越亚太其他地区，2018 年到达 524 点，比其溢价平均值高出 202 点，比亚太其他地区该年的溢价值高出 109 点。2020 年，中国大陆地区藏家的买气一骑绝尘，溢价指数达到历史新高 808 点，并取得近几年内的最大涨幅；亚太地区的溢价指数的涨幅虽然没有大陆地区明显，也达到了历史第二高值的332 点，考虑到 2020 全球经济增速放缓，取得如此成绩更加难能可贵。2021 年大陆地区与亚太其他地区的中国瓷器溢价指数同步下探，在经济复苏时期拍行的估价务实回归与藏家的理性竞投二者互相作用，市场交易基调日趋谨慎。再观海外地区中国瓷器溢价指数，近十三年来基本保持在基期 100 点之下，稳步低位前行，其平均溢价值为 74 点。自 2016 年以来，相较于其他两个区域高涨的买气，海外地区由于文化认同、经济紧缩等原因，一直保持着惯有的冷静与谨慎。但是 2021 年，随着易元数科研究院扩大对海外地区样本拍行的统计之后，海外地区的溢价指数一转此前低位发展的态势，而是扶摇直上，成了除基期之外最高的溢价值（97 点），进而影响了该年全球中国瓷器溢价水平。海外地区高溢价的出现，主要原因在于扩大样本拍行统计之后，更多海外当地交易口碑良好的拍行被纳入考察的范畴，而此类拍行多善于上拍小

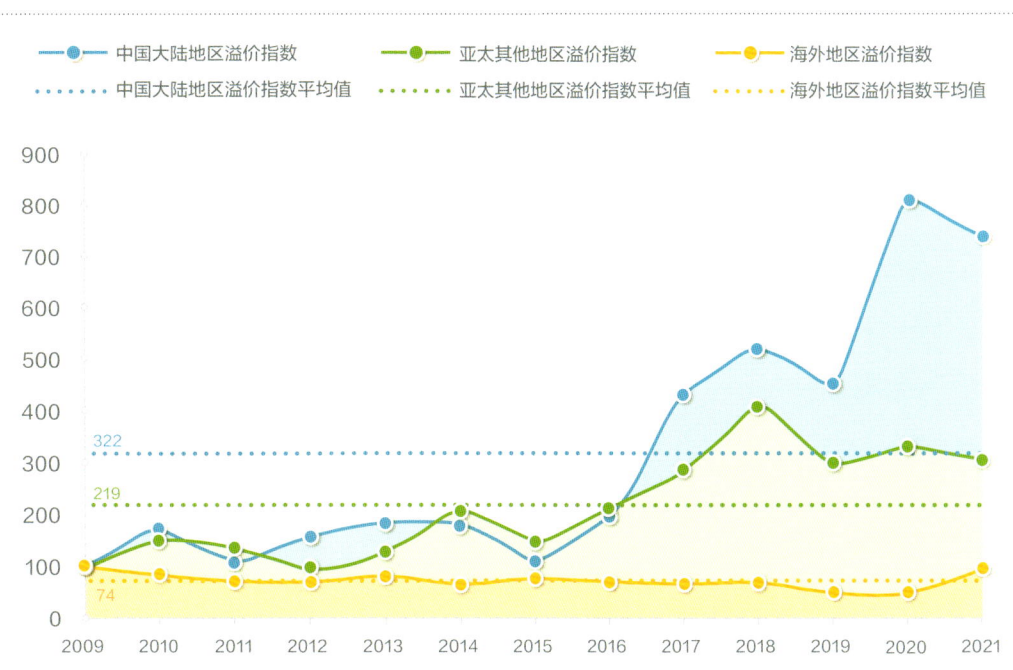

中国瓷器各地区溢价指数比较

而精、物美价廉的日用瓷，并在定价策略上下足功夫，普遍以较低估价吸引更多藏家入场，从而为拍出更高价格奠定了买方基础。易元数科研究院通过最新样本拍行的统计发现：有 82.6% 的拍品在 5 万元以内成交，其中最高估价低于 1 万元的占比高达 70.3% 以上数据表明物美价廉的拍品以及拍行充满智慧的估价策略，共同促使了海外地区中国瓷器溢价的大幅度攀升。

3. 中国瓷器各时期细分市场表现各异

根据中国陶瓷史发展和中国文物艺术品市场对中国瓷器时期划分的普遍习惯，将中国瓷器按照时期分为：高古瓷、明清瓷、民国及以后瓷器三大门类。近十三年来，这三大时期的中国瓷器市场发展特点显著，形势各异，共同构成了中国瓷器市场的丰富业态。总体来看，在十三年的统计区间内，三大时期的中国瓷器市场发展愈加理性，能够在不同经济时期做出相应的调整，不断向价格指数平均值靠近。2021 年，各时期中国瓷市场的发展态势表现各异，并呈现以下特征：

（1）高古瓷市场复苏回暖

高古瓷是中国瓷器市场的重要组成部分，由于年代久远，作品存世量普遍较少，尤其是精品，存世量与上拍量凤毛麟角，但其重要的历史价值与古朴大方的工艺美学深得海内外藏家喜爱。加之中国大陆地区对高古瓷的上拍一直处于严格审查的监管状态，仅许流传有序、记录在案的高古瓷进入市场流通，因此高古瓷市场在中国大陆地区市场表现较为紧俏，而在亚太其他地区和海外地区市场更为宽裕。

中国瓷器各时期价格指数比较

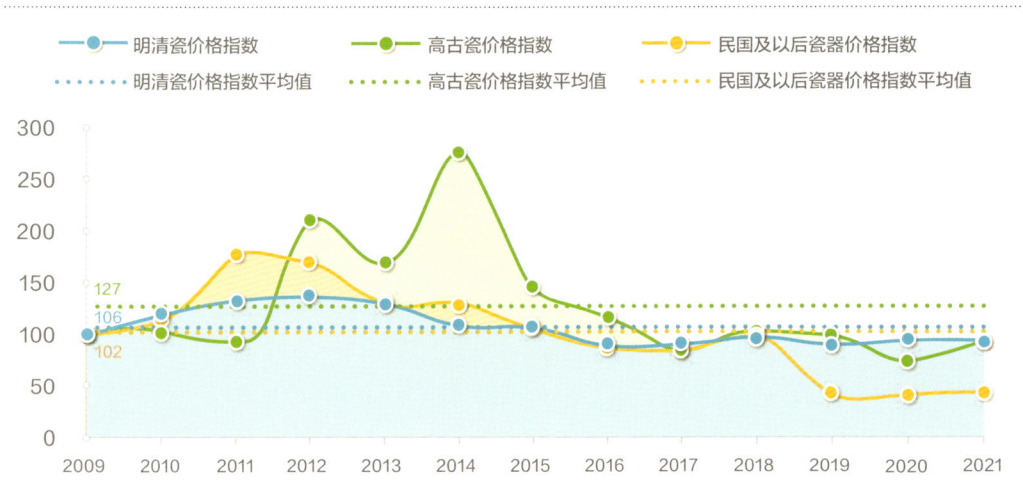

中国瓷器各时期溢价指数比较

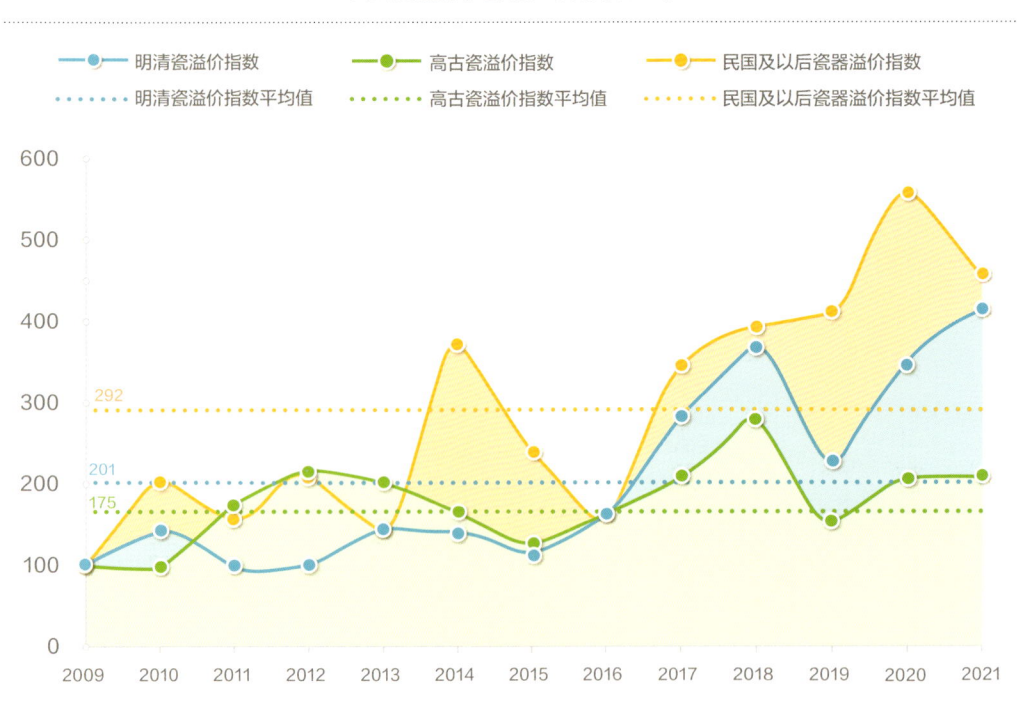

　　十三年来，高古瓷价格指数较明清瓷和民国及以后瓷器的市场走势相比基本处于高位发展状态，尤其是 2012 年至 2014 年，其各年份指数值均高于其他两个时期中国瓷器指数值。2014 年高古瓷价格指数的一路飙升则得益于亚太其他地区和海外地区的国际大拍行在高古瓷拍场上的集中发力，该年诞生了首件过亿元的高古瓷，"北宋定窑划花八棱大碗"以 1.16 亿元的天价成交，使得高古瓷市场备受鼓舞。高古瓷器价格指数的均值为 127 点，比基期高出 27 点，分别比明清瓷价格指数平均值和民国及以后瓷器价格指数平均值高出 21 点和 25 点，可见其市场的深厚实力。2018 年，

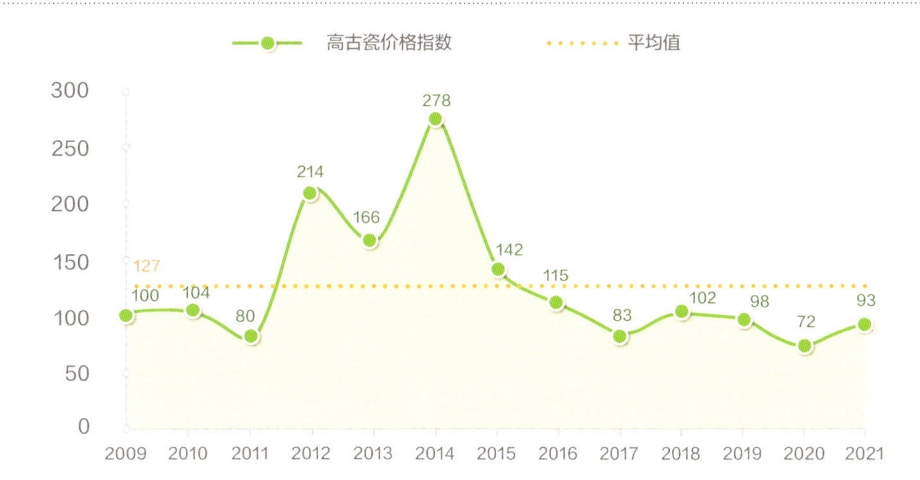

高古瓷价格指数

高古瓷价格指数由 2017 年的 83 点飞速增长至 102 点，涨幅达 22.9%，其增长速度也同样赶超另外两个时期的中国瓷器，并向其价格指数平均值逐渐靠近。2018 年，中国瓷器成交价 TOP10 中，仅一件元青花缠枝"福禄万代"大葫芦瓶以 5681 万元位居前十，其市场有待进一步深掘。2020 年，高古瓷受全球经济下行影响较大，价格指数骤降为 72 点，成为自统计以来的历史新低，比平均值低 55 个点。2021 年高古瓷价格指数回弹，同比提升 21 个点，到达 93 点。高古瓷价格水平的上涨主要来自样本拍行拍品品质的全面提升，尤其是高价位市场的拍品质量提升显著。拍行的估价直接反映了拍品的质量高低，据易元数科研究院样本数据统计显示，该年成交价在 500 万元以上的高古瓷的最高估价平均上涨了 16.2%。此外，在高古瓷高位发展的同时，也存在市场低位发展的价格洼地。以价格指数的均值作为高古瓷市场价格水平的判断指标来看，十三年间，仅有 2012 年、2013 年、2014 年及 2015 年四个年份的年度指数高于均值，其中 2015 年仅以 7 个点的微弱幅度勉强站在均值线之上，其他年份则以 20 至 60 多点的幅度处于均值线之下。2011、2017、2020 年和 2021 年的价格指数甚至不及基期水平，说明了高古瓷市场仍存在投资收藏的价值空间。随着我国对文物艺术品交易制度和相关法律法规的不断完善，拍行与藏家对市场的不断深入开拓，高古瓷的发展将行稳致远。

结合高古瓷的溢价指数来看，其平均值为 175 点，十三年来，有六年的溢价值在平均值之上，尤以 2012 年和 2018 年溢价最为明显；与基期 100 点相比，仅有一个年份低于 100 点，其他年份均高于基期值。从近五年的发展态势来看，市场热度在 2016 年至 2018 年之间有了显著的提升，并于 2018 年达到了自统计以来的历史最高值 280 点，比溢价平均值高出 105 个点，反映出藏家的入藏热情高涨，市场信心处

高古瓷溢价指数

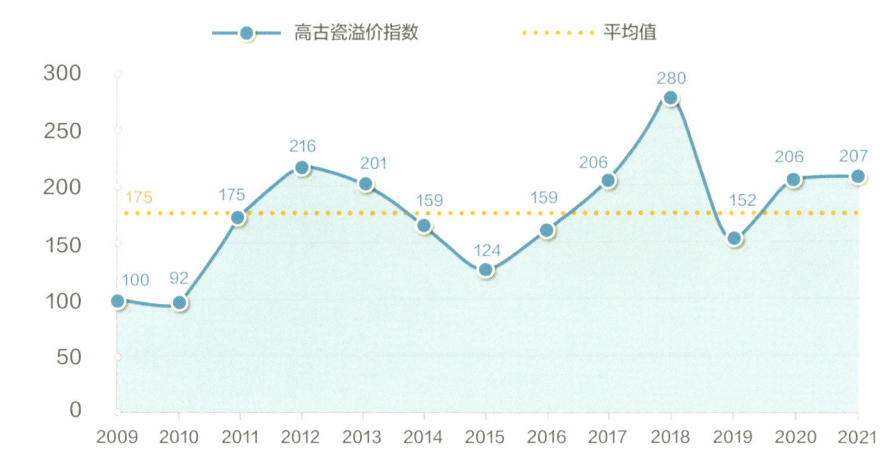

于高位, 随后在 2019 年大幅回落至 152 点。2020 年在不利于市场发展的因素增多之时, 溢价指数逆势走高, 这一方面和拍卖公司在网拍活动中降低起拍价的策略有关, 同时网拍带来新藏家的加入, 使买家间竞争激烈, 高古瓷溢价指数反弹至 206 点。2021 年高古瓷溢价指数延续上一年的发展势头, 稳步提升一个点至 207 点, 在网络拍卖日益成熟以及灵活的估价方式的氛围中, 藏家对高古瓷的追捧热度依旧不减。

（2）明清瓷市场价格稳中回落, 买气显著提升

明清瓷价格指数

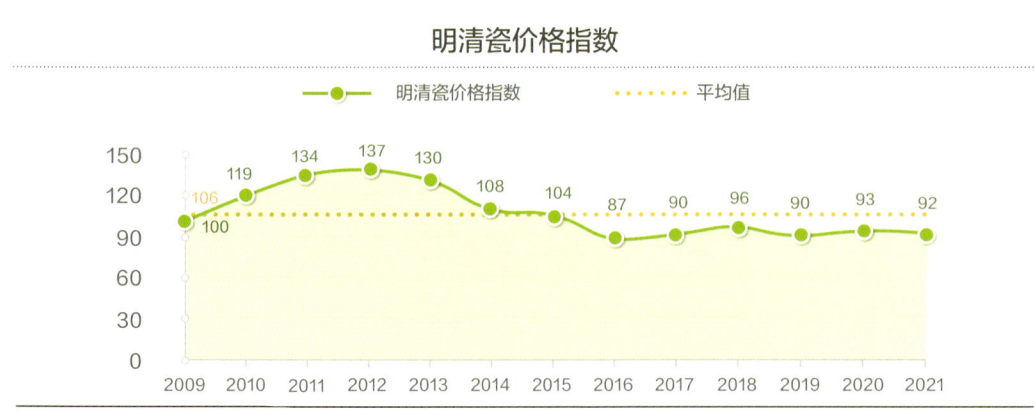

明清瓷作为中国瓷器市场的重要板块, 因收藏群体众多, 对市场成交额贡献最大, 故其价格走势可看作是中国瓷器市场的晴雨表。明清瓷十三年来的价格指数走势与中国瓷器全球指数的发展形势与涨跌幅度基本趋同, 同样经历了高速增长、理性回落和蛰伏发展的三个历史时期。自 2012 年始, 明清瓷市场出现下探性发展趋势, 并于 2016 年下行探底, 此后市场开始出现回暖迹象, 连续两年稳步增长, 于 2018 年达到 96 点, 向其价格指数平均值靠近。2020 年明清瓷市场引领中国瓷器市场整体上涨,

同比增加 3 个点。2021 年明清瓷价格指数同比收窄 1 个点，发展形势趋稳。明清瓷市场十三年的平均价格指数为 106 点，略高于基期 2009 年的 100 点，最高值（2012 年的 137 点）与最低值（2016 年的 87 点）相差 50 点，此差值明显低于高古瓷与民国及以后瓷器的指数差值，说明其市场发展相对稳定扎实。根据易元数科研究院的明清瓷市场样本统计数据显示，2021 年明清瓷成交价在 50 万元以下的拍品数量同比增长了 47.0%，成交额增长了 54.2%，在 2021 年经济逐渐复苏浪潮中，各大拍行进一步扩大基础市场的规模，以量取胜，带动市场价格整体下沉。此外，高价位拍品明清瓷作为保值资产的属性增强，市场需求强劲，刺激了高端市场的购藏活力。根据易元数科研究院的大数据统计显示：2021 年，明清瓷包揽了该年中国瓷器成交价 TOP10 榜单，又以清代康熙、雍正、乾隆"清三代瓷"为主力，其中"清乾隆 洋彩锦上添花镂空'有凤来仪 百鸟朝凤'图螭耳转心瓶"以 2.65 亿元人民币的价格在北京保利春季拍卖会拍出，拔得该年中国瓷器成交价的头筹。

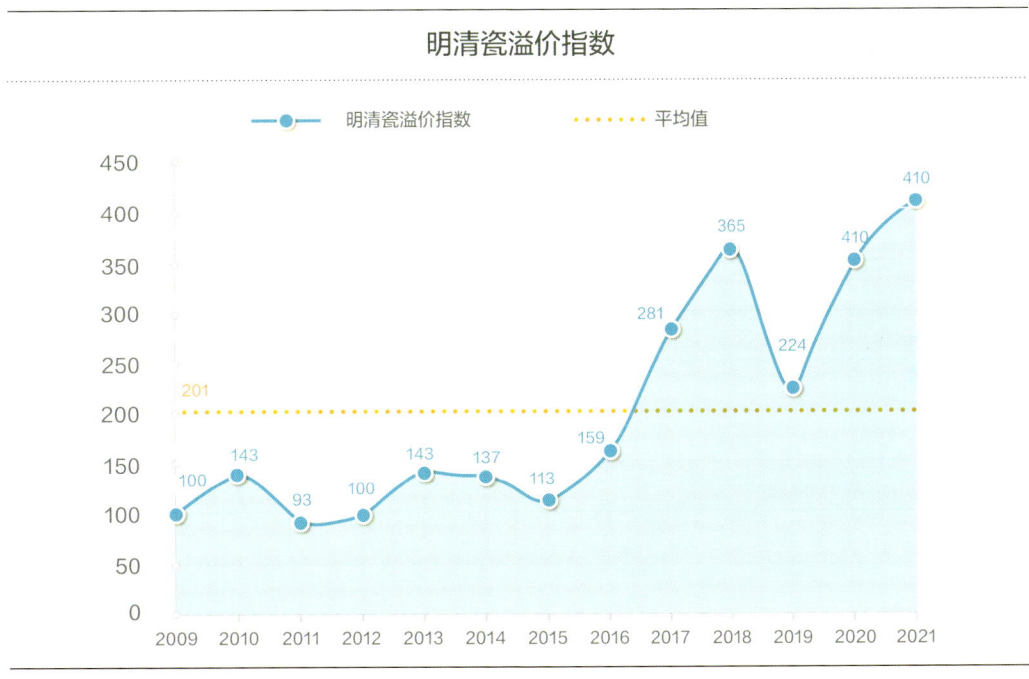

明清瓷溢价指数

从明清瓷十三年来的溢价指数来看，其溢价指数平均值为 201 点，2016 年之前各年份的溢价指数值均在平均值之下低位发展，波动起伏较小。2016 年之后，明清瓷市场的热度不断大幅攀升，并于 2021 年达到历史峰值 410 点，同比上涨 63 个点，购藏热度空前高涨。该年明清瓷市场高溢价的形成，一方面来源于经济恢复时期消费需求的迅速回升，宏观上带动了市场购藏气氛的高涨；另一方面，在经历了上一年疫情突发的艰难探索，该年拍行已在疫情防控与业务发展中逐渐摸索出适应新时期市场变化的路径，合理估价、降低入场标准，吸引了更多藏家入场参与，买方市场业已形成。

（3）民国及以后瓷器价格微涨，热度稍退

民国及以后瓷器是中国瓷器市场领域中的新生力量，由于其存世时间相比高古瓷与明清瓷过于短暂，且制瓷工艺良莠不齐。诸多因素影响，使其收藏群体规模相对其他两大时期的瓷器基数较小，更易受到整体经济环境的左右，从而出现较大的价格波动。

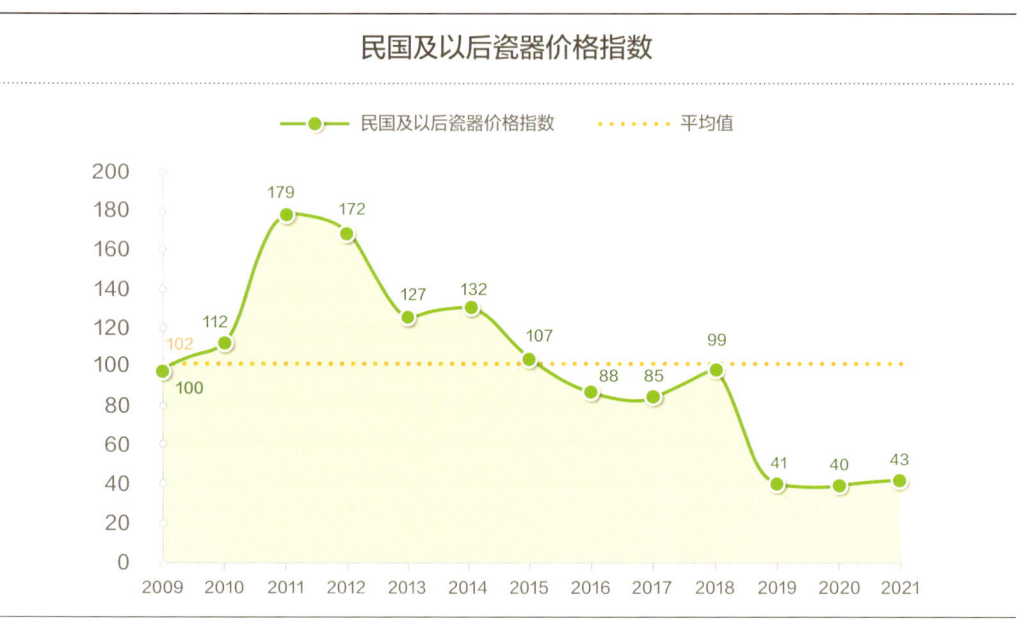

民国及以后瓷器价格指数

民国及以后瓷器的价格指数自 2009 年基期 100 点以来，在十三年内经历了由稳步增长至高峰再到曲折式深入调整、随势而动的市场发展态势。具体来看，民国及以后瓷器的市场价格指数 2011 年达到统计期内的历史最高值 179 点。2012 年，受全球经济发展放缓的普遍影响，其价格指数随中国文物艺术品市场出现同步起伏，螺旋式下跌动作一直延续到 2017 年的 85 点。以 2012 年为例，横向比较高古瓷、明清瓷和民国及以后瓷器的价格指数趋势可以发现：在 2012 年，除了民国及以后瓷器价格指数下跌之外，其他两大时期的瓷器价格指数均出现了不同程度的上涨，且都在该年达到了价格指数最高值。说明了民国及以后瓷器由于其本身的特质与藏家群体的小众化，难以在经济遇冷的年份抵御市场寒冬。2018 年，民国及以后瓷器的价格指数经历了多年市场沉淀之后出现了小幅回升，但在 2019 年全球经济增速放缓的环境中遭受断崖式下跌，跌至 41 点。2020 年全球经济形势在新冠疫情的笼罩中继续下行，民国及以后瓷器市场依旧在底部徘徊，仅比 2019 年少一个点，下降至 40 点，几近触底。2021 年，该市场依旧在低位徘徊发展，同比上年价格微涨，指数值上涨 3 个点。该年价格指数上涨主要动力来自高价位市场的扩增，据样本数据显示：2021 年民国及以后瓷器成交价超过 500 万元的拍品成交了 4 件，而上年最高价的民国及以后瓷器仅拍出 299 万元，高价位拍品对价格指数的上涨起到重要的拉动作用。

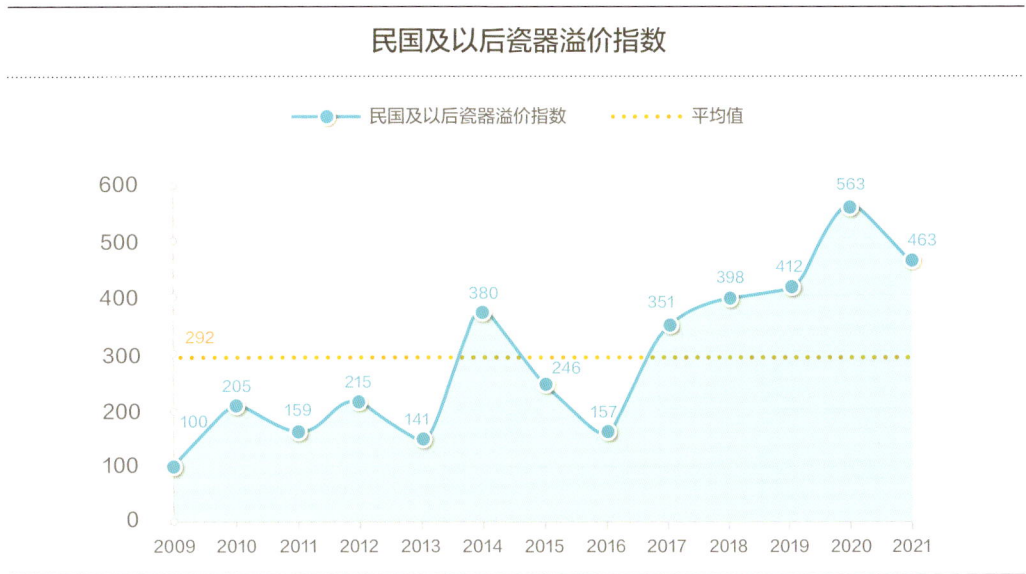

民国及以后瓷器溢价指数

—●— 民国及以后瓷器溢价指数　·······　平均值

纵观民国及以后瓷器溢价指数，与其指数呈现出完全相悖的发展态势，从 2009 年至 1021 年的十三年发展期间，呈现出不断曲折式攀升，不断调整的溢价状况。其溢价平均值为 292 点，近五年的溢价指数一路攀升，均高于平均溢价值，直到 2021 年转势回落至 463 点，但仍属高位。在买方市场日益成熟的环境中，拍卖行尽可能压低预估价格以促成交易，实际成交价格是预估价的几倍甚至几十倍，由此整体抬高了溢价值。2021 年，民国及以后瓷器溢价指数下行，表明市场热度较上一年有所减弱，处于供给端的拍行在估价机制上趋于理性回归，更接近拍品的实际价格；位于需求端的藏家群体在经济复苏期购藏更为谨慎，量入为出、合理竞买的基调日益显现。

Chapter 4
High Value Lots in 2021

第四章　年度重要拍品图录

扫码解析艺术市场

张大千　1978 年作 《秋曦图》
中国嘉德　2021/12/20　LOT 297
镜心 设色纸本　88cm×183 cm
成交价　RMB 195,500,000

来 源
香港著名企业家、资深收藏家吕国文珍藏。

著 录
1.《吕国文藏珍集》，香港制版有限公司，1989 年，图编 28。
2.《传统与创新——20 世纪中国绘画》，香港艺术馆，1995 年，第 196—197 页。

展 览
1."传统与创新——20 世纪中国绘画"，香港艺术馆，1995.10.27—1996.1.14。
2."传统与创新——20 世纪中国绘画"，新加坡美术馆，1996.4.25—1996.6.15。
3."传统与创新——20 世纪中国绘画"，英国伦敦大英博物馆，1996.7.26—1996.9.29。
4."传统与创新——20 世纪中国绘画"，德国科隆东亚美术馆，1996.10.18—1997.1.15。

释 文
六十七年秋八月，写似碧桃大家法教。八十叟张大千爰，双溪摩耶精舍。
钤印：戊午、张爰之印、大千居士、摩耶精舍

按　语

　　张大千是 20 世纪中国画坛最具影响力的关键性人物之一。他的作品涉及山水、人物、花鸟等诸多题材，画法擅长工写结合，并开创了泼彩技法，在传统泼墨法基础上增加了重彩的溶绘，极大丰富了中国水墨的表现力和艺术感染力，发展出了中国画的新艺术风格。他创立了名闻遐迩的大风堂画派，俗称"大千画派"，并传承影响至今。

　　《秋曦图》是张大千晚年泼墨泼彩传世作品中的集大成之作。画作表现他在台湾的居所"摩耶精舍"于清晨雨后的群山之中所呈现的刹那美景。作品创作于 1978 年，香港著名企业家吕国文是张大千的好友，曾恳求张大千为他创作一幅最好的泼彩画作，张大千既以新居周围景色为灵感，历时近二十日创作出这幅作品。

　　《秋曦图》尺幅宏大，通篇以重彩经营，画面之上将石青、石绿、白粉、朱橙等诸多色彩参合交融，以石青泼染右侧主峰，石绿泼染左侧次峰，两山之上铺陈的白粉渲染为清晨穿行于峰巅的云雾，横贯画面的朱橙，表现为映照万物的秋日晨曦。通过青、绿、白、赤诸重彩的反复泼染，"摩耶精舍"周围之景象似欲破纸而出。晚年的张大千在创作上开始重新审视传统与现代，将东西方艺术再次冶于一炉，《秋曦图》在传统的泼墨画法基础上，吸纳了抽象绘画风格，画面中的云山烟雾以抽象形式用重彩墨晕的泼洒来表现，强化了墨与色的表现力，实现了西方抽象色彩表现与东方传统审美意境的结合。

　　近年拍卖市场，张大千的泼墨泼彩作品不断刷新纪录，越来越受到藏家的关注。《秋曦图》由原藏家吕国文珍藏四十三载，是张大千晚年泼墨泼彩的典型代表作，曾被张大千称为"在香港的作品，当以此为第一"，具有极高的艺术价值。

中国收藏
拍卖年鉴
2022

CHINESE FINE ART &
ANTIQUES AUCTION
YEARBOOK 2022

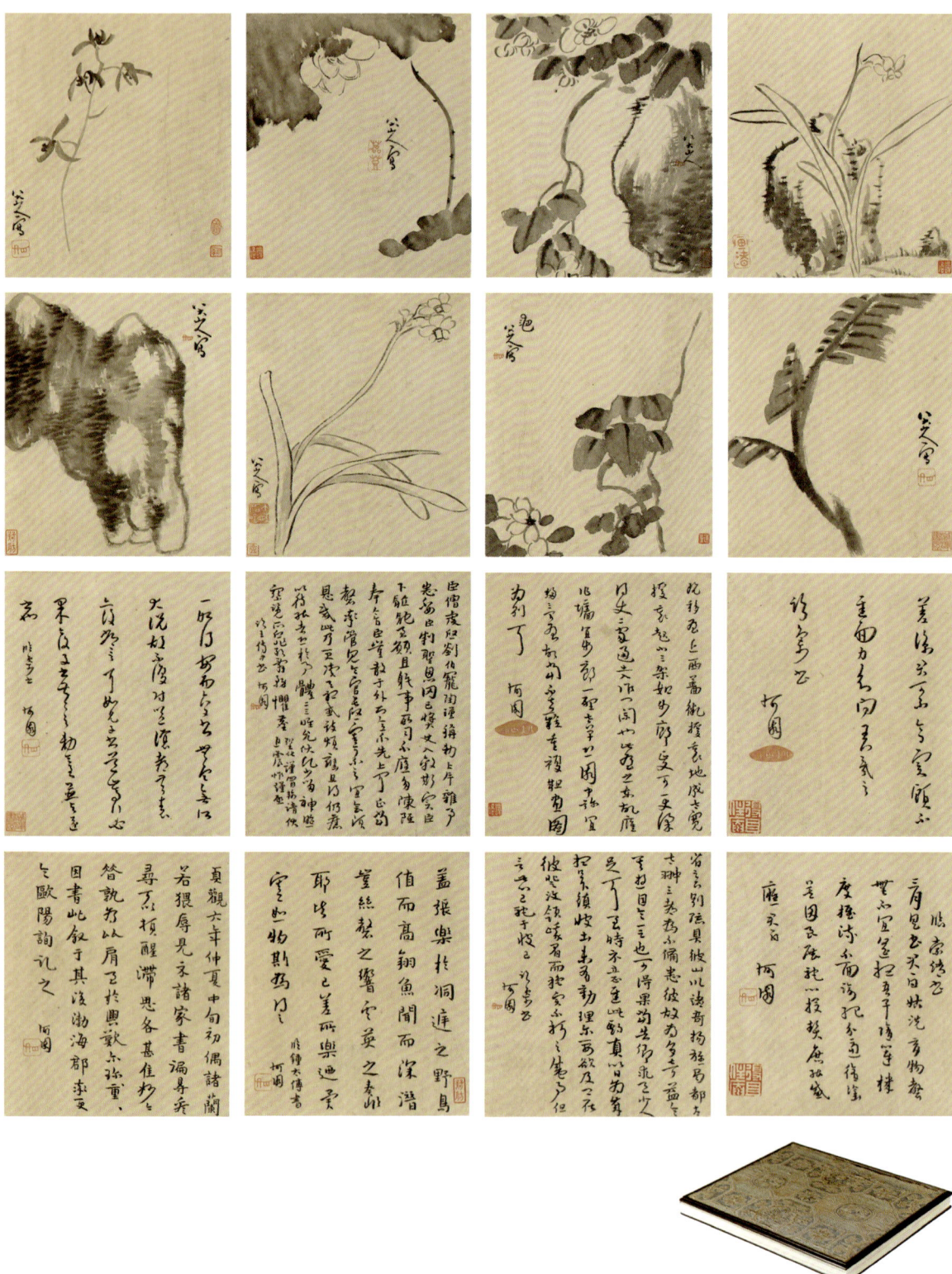

八大山人　书画合璧册

西泠印社　2021/01/15　LOT 950

册页　水墨纸本　25.5cm×22cm×16

成交价　RMB 21,620,000

八大山人 文禽兰竹图轴
中贸圣佳 2021/05/21 LOT 827
立轴 水墨纸本 177cm×43cm
成交价 RMB 24,725,000

八大山人 游鱼图
西泠印社 2021/07/24 LOT 1701
立轴 水墨纸本 104cm×47.5cm
成交价 RMB 9,200,000

八大山人 竹鸟
北京保利 2021/12/04 LOT 2067
镜心 水墨纸本 25cm×38.5cm
成交价 RMB 11,960,000

191

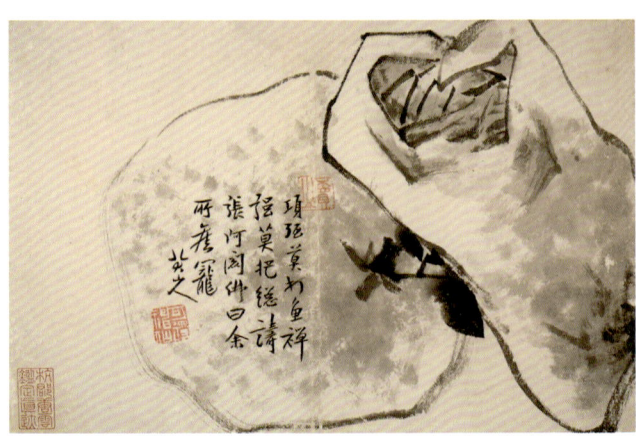

中国书画 —— 古代 —— 八大山人

中国收藏
拍卖年鉴
2022

CHINESE FINE ART &
ANTIQUES AUCTION
YEARBOOK 2022

八大山人　仿倪瓒山水
北京保利　2021/06/06　LOT 1943
立轴　水墨纸本　125cm×58cm
成交价　RMB 41,400,000

八大山人　香橼佛手
北京保利　2021/12/04　LOT 2068
镜心　水墨纸本　25cm×38.5cm
成交价　RMB 13,110,000

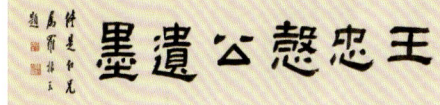

陈淳 草书《春词》卷
中国嘉德 2021/12/12 LOT 1184
手卷 水墨纸本 34cm×95.5cm
成交价 RMB 9,200,000

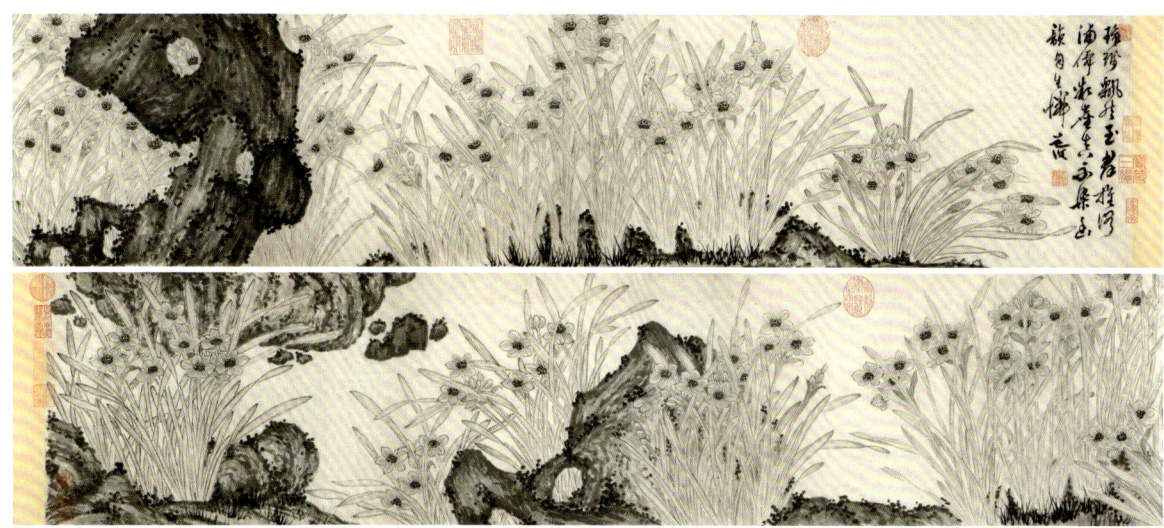

陈淳 水仙图
北京华艺 2021/12/11 LOT 34
手卷 水墨纸本 26cm×240.5cm
成交价 RMB 63,250,000

陈洪绶 写寿图
上海朵云轩　2021/07/07　LOT 0551
立轴 设色绢本　135cm×59cm
成交价　RMB 8,352,000

丁云鹏　1604 年作 洗象图
十竹斋（北京）　2021/12/09　LOT 1323
立轴 设色纸本　126cm×49cm
成交价　RMB 11,500,000

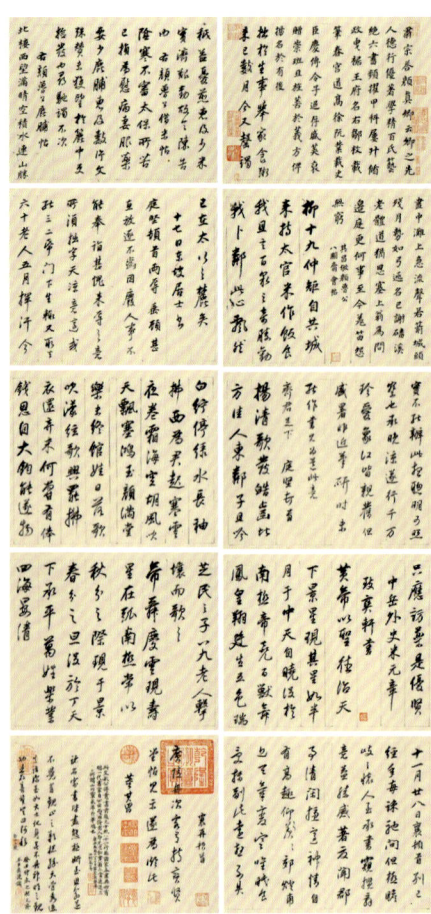

董其昌　临诸家帖册
中国嘉德　2021/10/13　LOT 616
册页 水墨纸本　26cm×31.5cm×10
成交价　HKD 57,750,000　RMB 47,966,572

董其昌　青林长松图
北京荣宝　2021/06/19　LOT 341
立轴　水墨纸本　130cm×47cm
成交价　RMB 21,850,000

董其昌　仿倪黄山水图
佳士得香港　2021/11/29　LOT 857
立轴　水墨纸本　133cm×50 cm
成交价　HKD 12,250,000　RMB 10,174,727

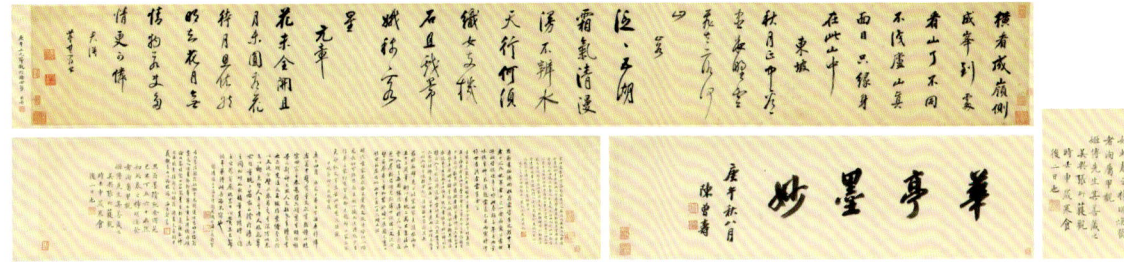

董其昌　临宋四家行草卷
北京开拍　2021/03/21　LOT 398
手卷　水墨纸本　引首 27.6cm×97.5cm；本幅 27.6cm×229cm；题跋 27.6cm×127.4cm
成交价　RMB 5,232,500

法若真　1674 年作　溪山优游图卷
西泠印社　2021/07/24　LOT 1599
手卷　水墨纸本　29cm×400cm
成交价　RMB 5,060,000

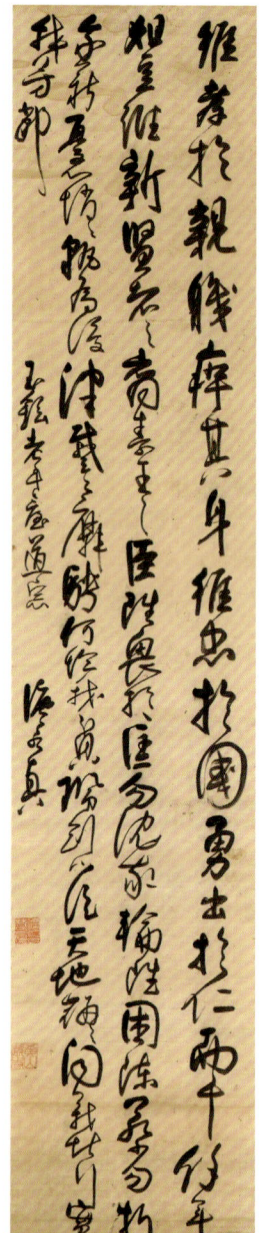

法若真　草书
佳士得香港　2021/11/29　LOT 845
立轴　水墨绫本　239.5cm×48.5cm
成交价　HKD 11,050,000　RMB 9,178,020

傅山、傅眉　醉翁先意
佳士得香港　2021/11/29　LOT 828
册页　设色纸本　25.5cm×23.5 cm×7
成交价　HKD 13,450,000　RMB 11,171,435

中国书画 ┈┈┈┈ 古代 ┈┈┈┈ 傅山

傅山　小楷《金刚经》

中国嘉德　2021/12/12　LOT 1182

册页　水墨纸本　28.5cm×11.5cm×33

成交价　RMB 5,290,000

龚贤　山水通景
苏富比香港　2021/10/12　LOT 2557
条屏　水墨绢本　280 cm×58 cm×4
成交价　HKD 14,695,000　RMB 12,205,520

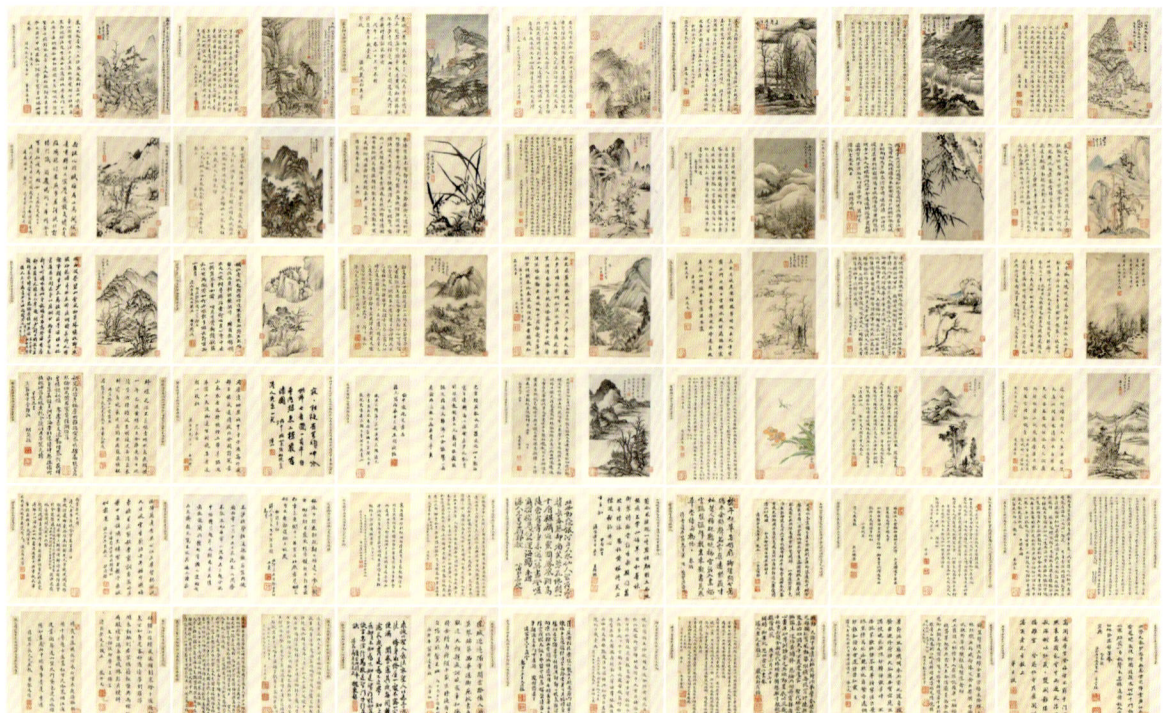

龚贤、傅山、梁清标、纳兰容若、洪昇等七十八家致高江邨同人书画册
中国嘉德　2021/12/12　LOT 1171
册页　水墨设色　24.5 cm×15 cm×84
成交价　RMB 69,230,000

中国书画 ┈┈┈┈┈ 古代 ┈┈┈┈┈ 郭忠恕 韩祐 何绍基

郭忠恕 避暑宫图
中国嘉德 2021/12/12 LOT 1196
立轴 设色绢本 174cm×102cm
成交价 RMB 77,625,000

韩祐 子孙绵瓞图
中鸿信 2021/07/15 LOT 1212
镜心 设色绢本 20.5cm×21.5cm
成交价 RMB 5,405,000

何绍基 隶书 节临《淮源庙碑》
中国嘉德 2021/12/12 LOT 1210
立轴 水墨纸本 298cm×55cm×4
成交价 RMB 8,280,000

中国收藏
拍卖年鉴
2022

CHINESE FINE ART &
ANTIQUES AUCTION
YEARBOOK 2022

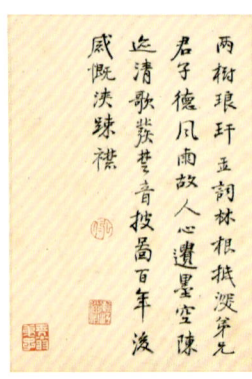

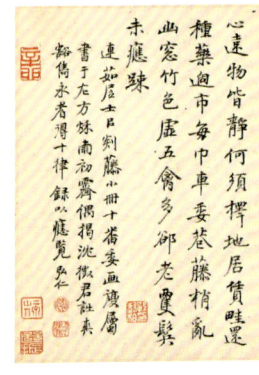

弘仁 书画合璧册
苏富比香港 2021/04/19 LOT 3076
册页 设色纸本 18.7cm×13cm×4
成交价 HKD 128,456,000 RMB 107,075,783

弘仁 溪山清阁图
北京保利 2021/06/06 LOT 1942
立轴 设色纸本 122cm×41cm
成交价 RMB 20,700,000

弘旿 松桂长春
中国嘉德 2021/12/12 LOT 1203
立轴 设色纸本 126.5cm×55.5cm
成交价 RMB 29,900,00

华嵒 仿马远山水
北京保利 2021/06/06 LOT 1921
立轴 设色绢本 150cm×77cm
成交价 RMB 5,750,000

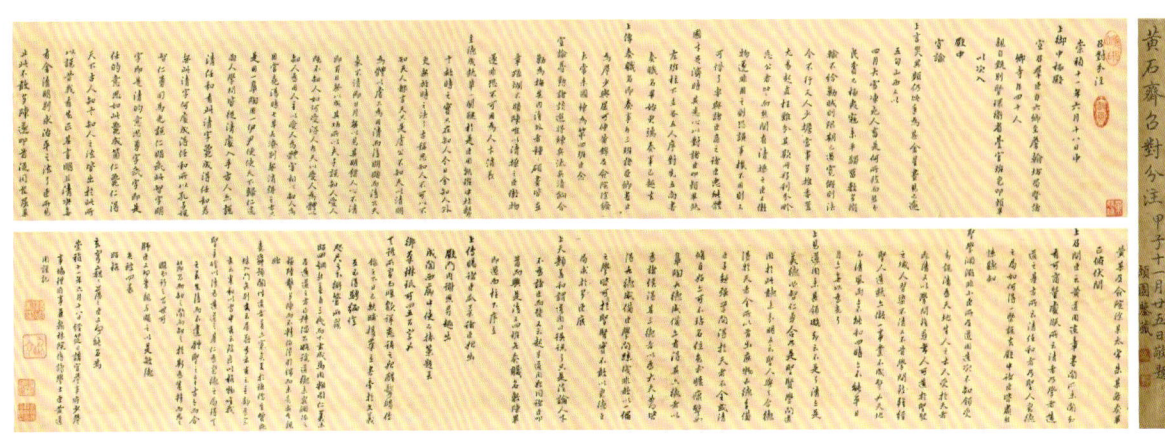

黄道周　召对分注

佳士得香港　2021/11/29　LOT 826

手卷 水墨绢本　26.4cm x 287 cm

成交价　HKD 9,250,000　RMB 7,682,957

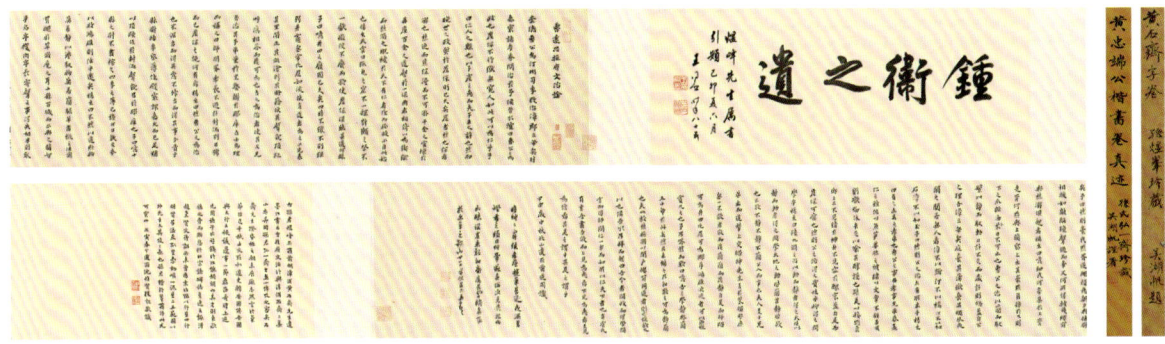

黄道周　曹远思　推府文治论

西泠印社　2021/01/15　LOT 940

手卷 水墨绫本　引首 78.5cm×32cm；画心 263cm×31.5cm；题跋 43cm×31.5cm

成交价　RMB 16,675,000

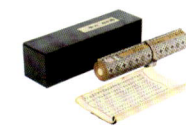

黄慎　群仙拱寿图轴

中贸圣佳　2021/05/21　LOT 831

立轴 设色绢本　211cm×100cm

成交价　RMB 6,095,000

金农 为虚谷写墨竹
中国嘉德 2021/05/18 LOT 381
立轴 水墨纸本 101cm×31cm
成交价 RMB 6,900,000

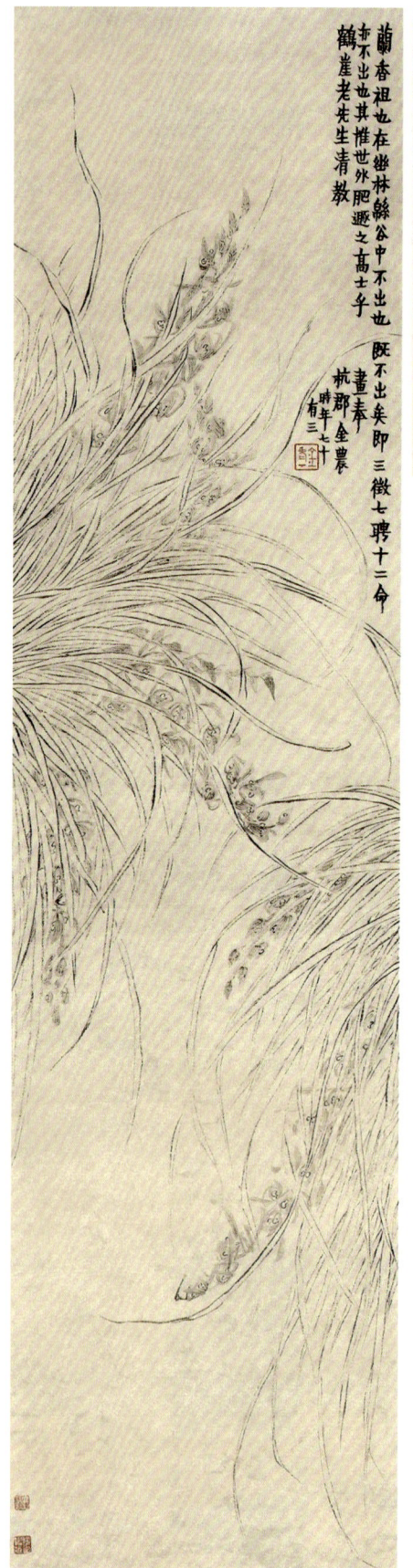

金农 幽兰图
北京保利 2021/06/06 LOT 1923
立轴 水墨纸本 117.5cm×29cm
成交价 RMB 5,520,000

中国书画·······古代······金农　金廷标　柯九思

金农　1760 年作　墨梅图
中贸圣佳　2021/12/29　LOT 926
镜心　水墨纸本　136cm×28.5cm
成交价　RMB 5,577,500

金廷标　听泉图
北京保利　2021/06/06　LOT 1947
立轴　设色纸本　112.7cm×148.3cm
成交价　RMB 57,500,000

柯九思　元　墨竹图
佳士得香港　2021/11/29　LOT 854
立轴　水墨绢本　147.5cm×100.8cm
成交价　HKD 9,250,000　RMB 7,682,958

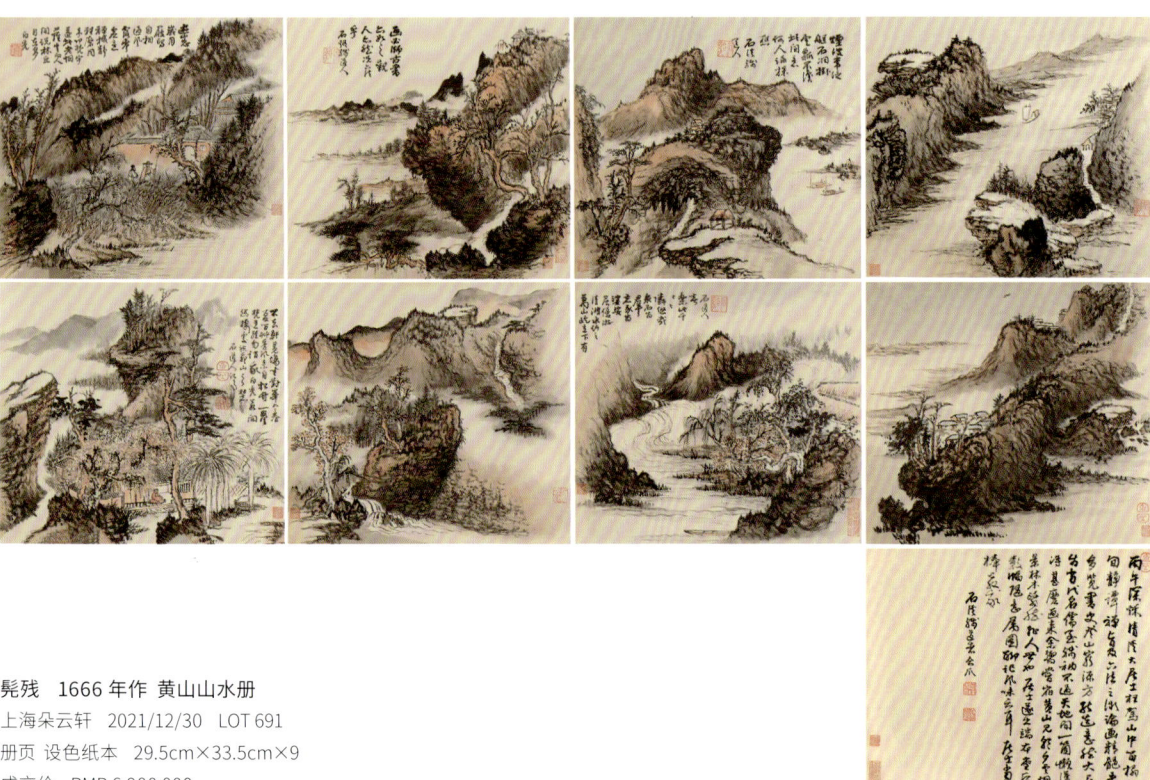

髡残　1666 年作　黄山山水册
上海朵云轩　2021/12/30　LOT 691
册页　设色纸本　29.5cm×33.5cm×9
成交价　RMB 6,900,000

蓝瑛　四景山水屏
十竹斋（北京）　2021/05/29　LOT 1551
条屏　设色绢本　178.5cm×48cm×4
成交价　RMB 22,080,000

蓝瑛　松阴图
北京荣宝　2021/06/19　LOT 340
立轴 设色纸本　278cm×99cm
成交价　RMB 13,225,000

冷枚　杨万里诗意图
中国嘉德　2021/05/18　LOT 382
镜心 设色绢本　118.5cm×66cm
成交价　RMB 5,175,000

中国收藏
拍卖年鉴
2022

CHINESE FINE ART &
ANTIQUES AUCTION
YEARBOOK 2022

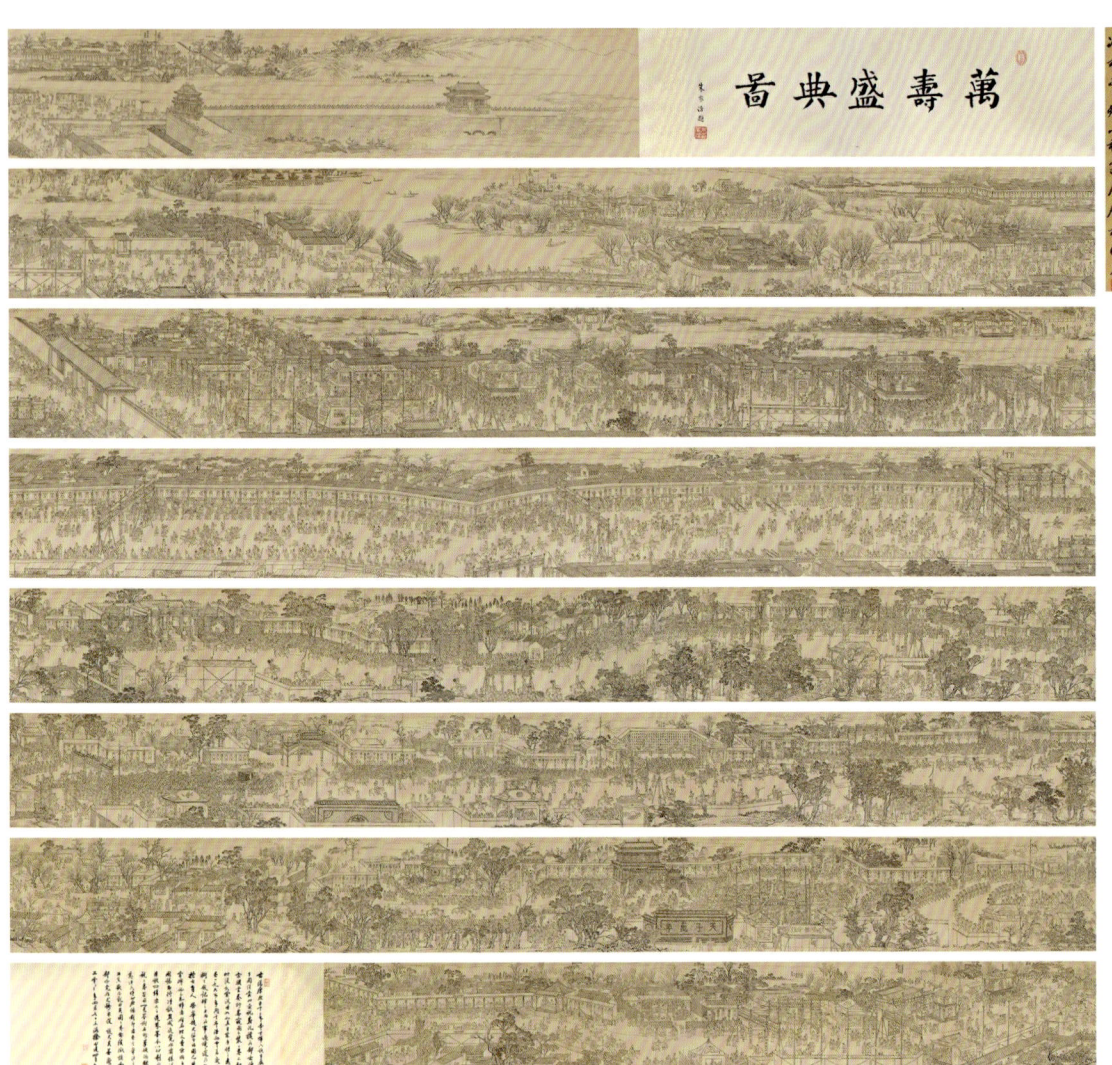

冷枚　万寿盛典图

北京保利　2021/06/06　LOT 1936

手卷　水墨纸本　引首 27cm×86cm；画心 26.5cm×809cm；题跋 27cm×47cm

成交价　RMB 12,650,000

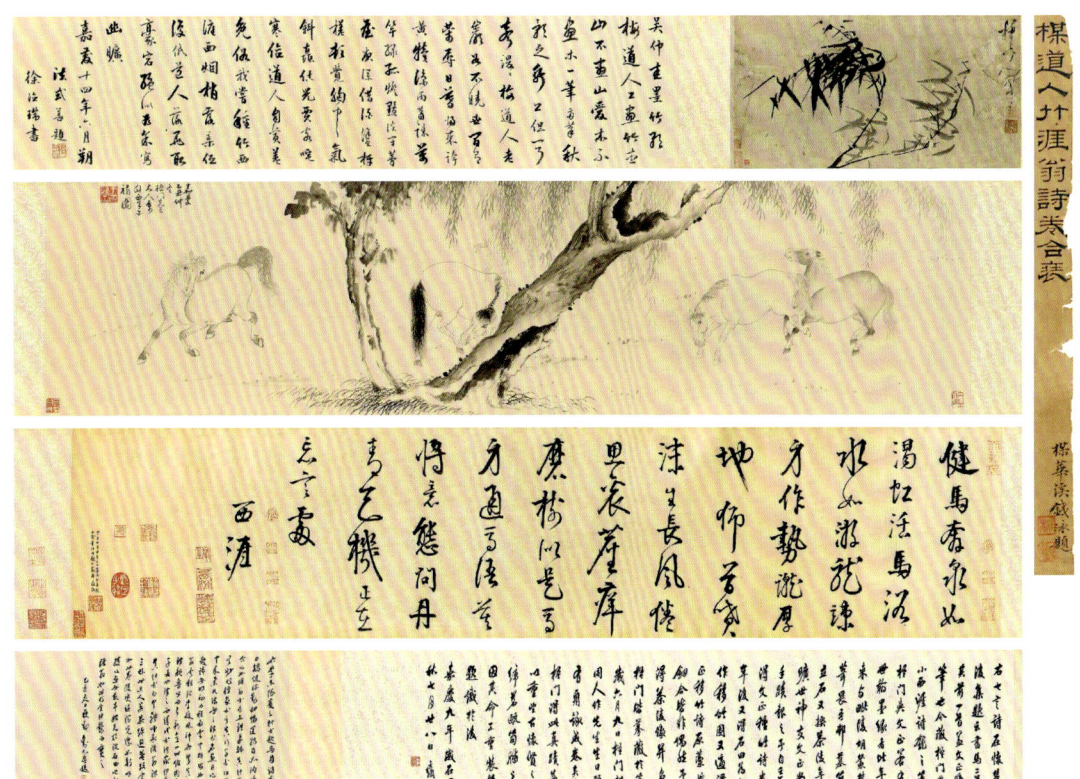

李东阳 画马诗
北京永乐 2021/05/20 LOT 850
手卷 水墨绫本 29cm×130cm
成交价 RMB 9,200,000

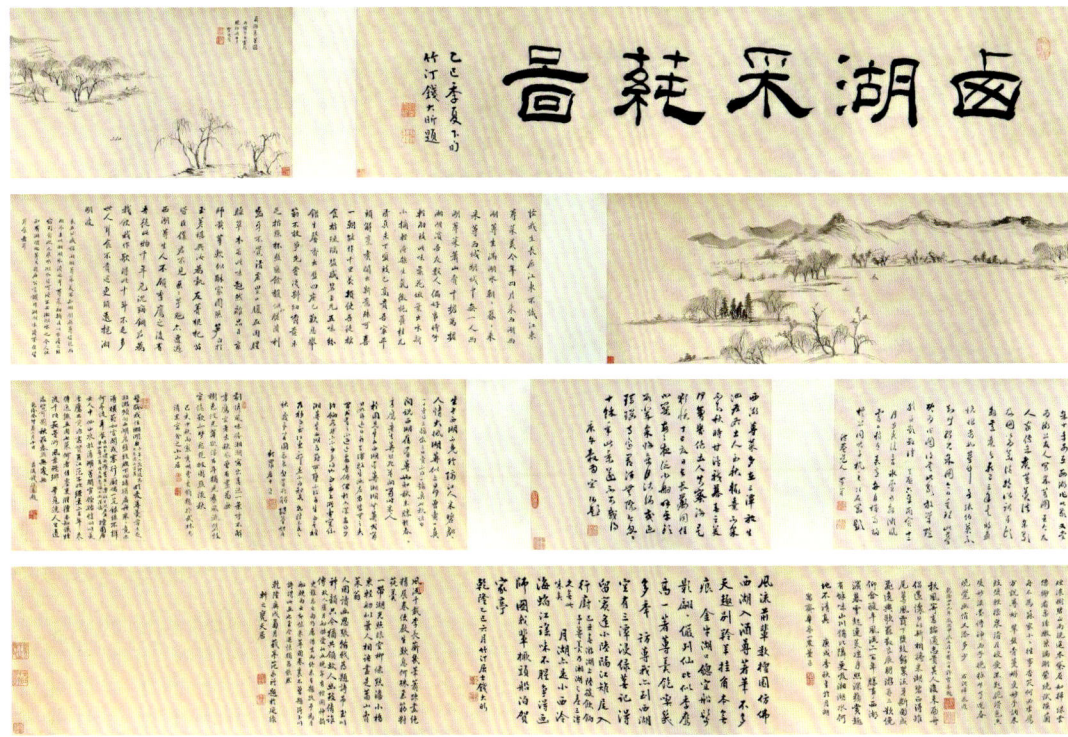

李流芳 1626年作 西湖采莼图
北京保利 2021/06/06 LOT 1949
手卷 水墨纸本 引首 27cm×117cm；画心 27.2cm×122cm；题跋 26.5cm×121.7cm；27cm×39cm；27cm×245cm
成交价 RMB 5,865,000

中国书画 —— 古代 —— 梁楷 罗聘

梁楷 雪景山水
北京保利 2021/06/06 LOT 1928
立轴 水墨绢本 23cm×24cm
成交价 RMB 13,570,000

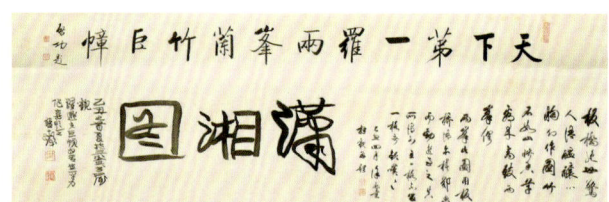

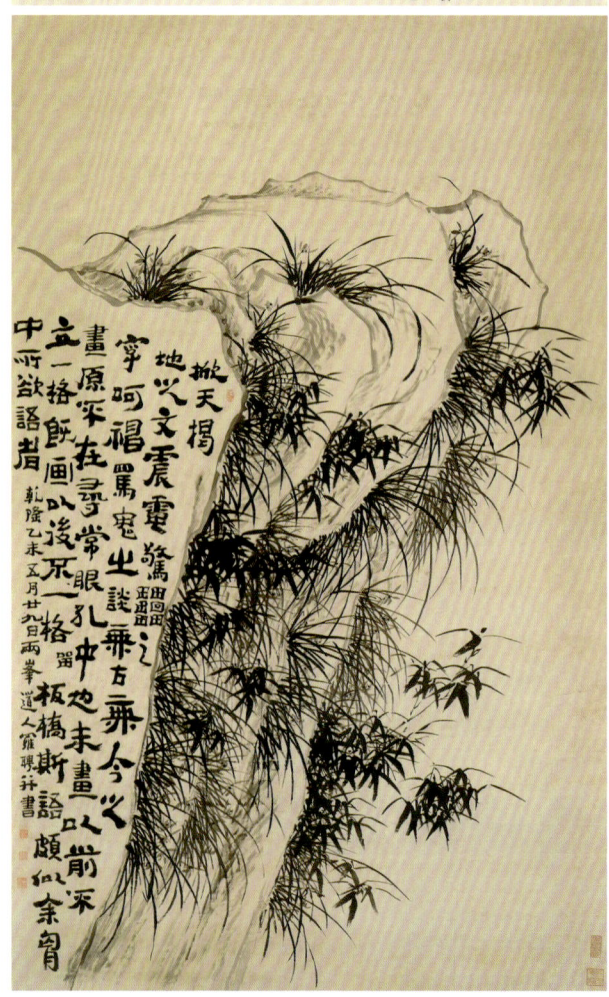

罗聘 1775 年作 潇湘图
北京保利 2021/12/04 LOT 2064
立轴 水墨纸本 219cm×135cm
成交价 RMB 6,900,000

中国书画 ──── 古代 ──── 吕留良 等

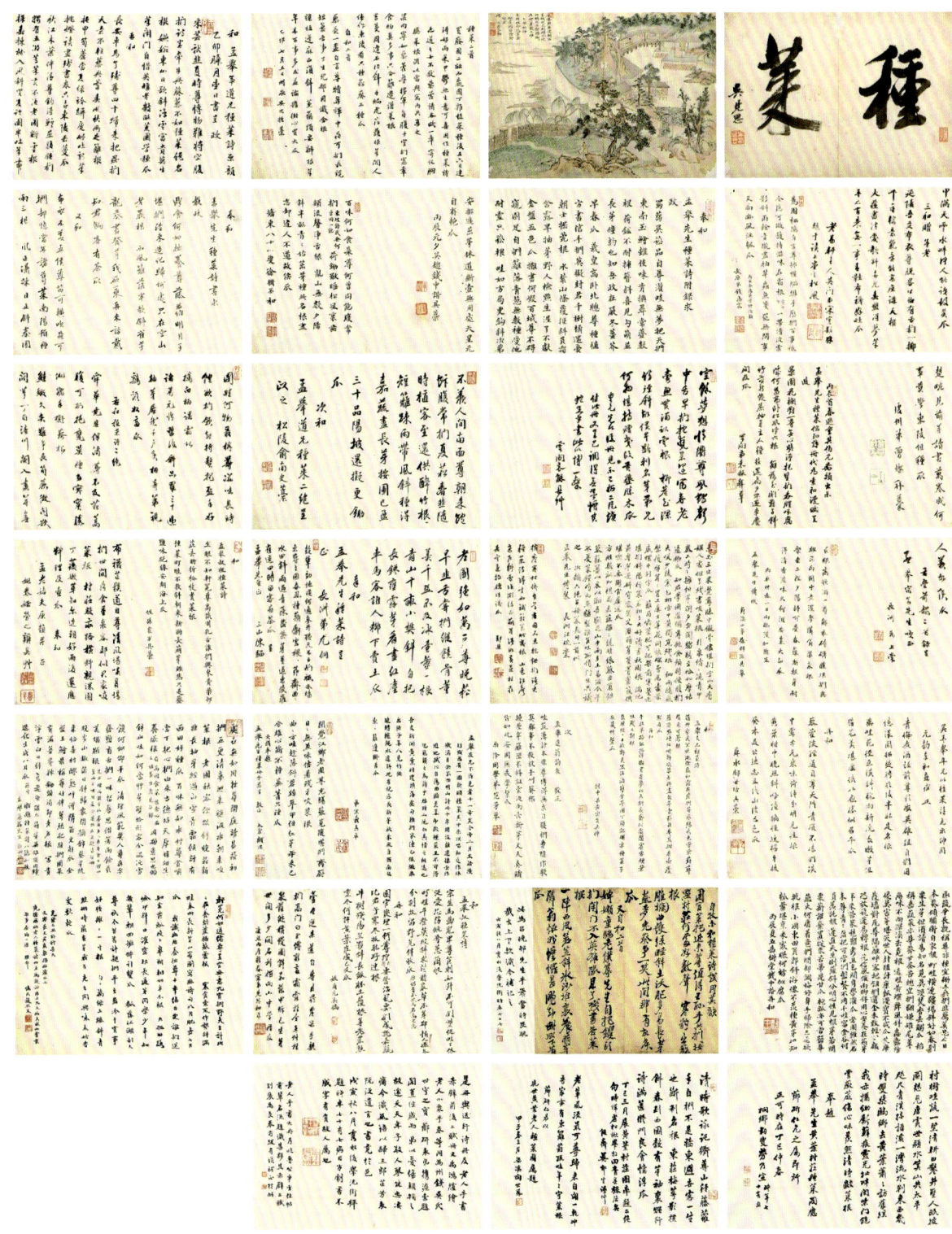

吕留良、吴之振、黄宗羲等　种菜诗唱和诗册系列作品
华艺国际（北京）　2021/06/05　LOT 813
册页　纸本　尺寸不一
成交价　RMB 33,000,000

马守真、王稺登　水仙兰石图卷

中贸圣佳　2021/05/21　LOT 822

手卷　水墨纸本　画心 40cm×473cm；题跋 40cm×70cm

成交价　RMB 8,855,000

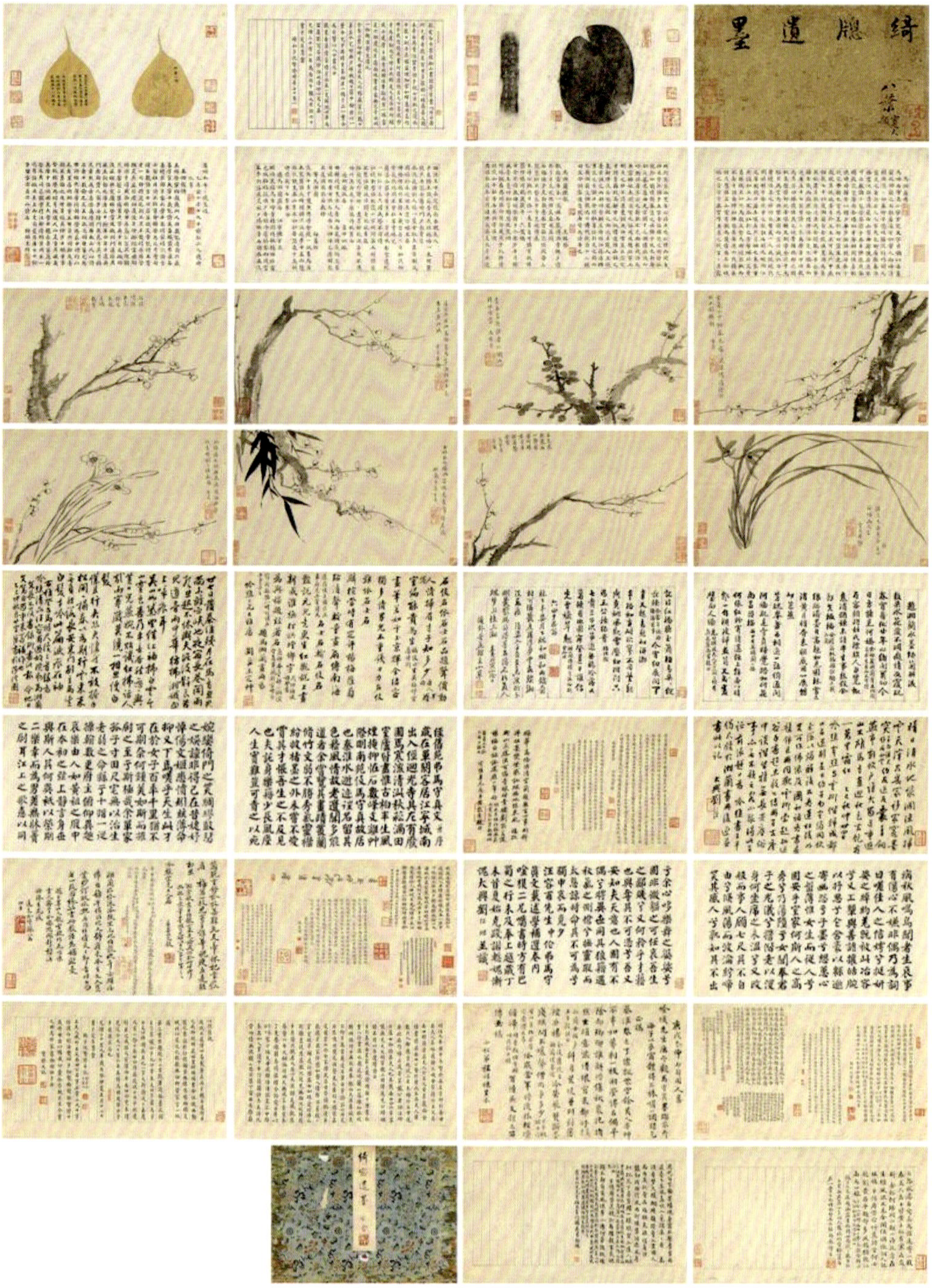

马湘兰　绮窗遗墨

北京开拍　2021/03/21　LOT 516

册页　设色纸本　画心 17cm×28.5cm×8；拓片、贝叶、书法 20.5cm×34cm×25

成交价　RMB 8,625,000

马远 松下弹琴图
中国嘉德 2021/12/12 LOT 1195
立轴 设色绢本 166.50cm×99cm
成交价 RMB 34,500,000

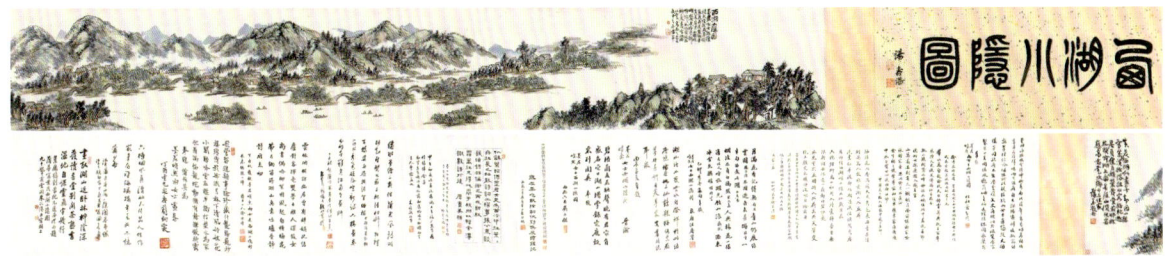

蒲华 西湖小隐图
北京保利 2021/06/05 LOT 1027
手卷 设色纸本 引首32cm×81cm；画心34cm×250.5cm；题跋34cm×290cm
成交价 RMB 8,625,000

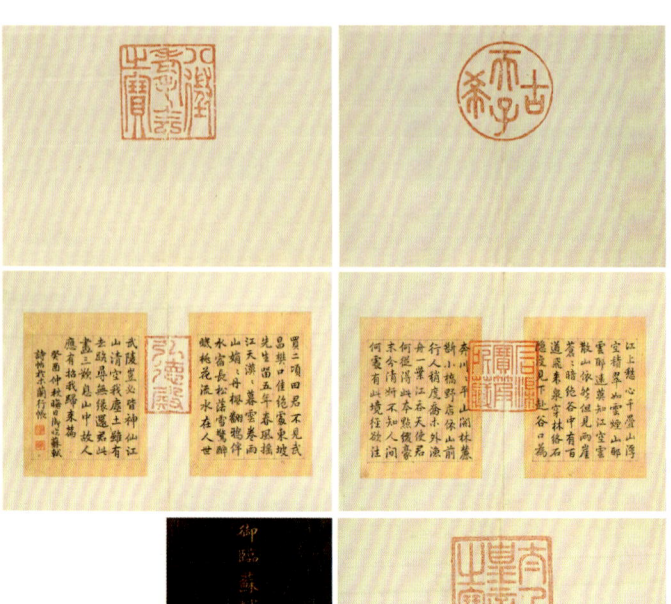

乾隆帝 1753年作 御临苏轼诗帖册
中贸圣佳 2021/11/29 LOT 917
册页 水墨纸本 7.5cm×6cm×4
成交价 RMB 10,925,000

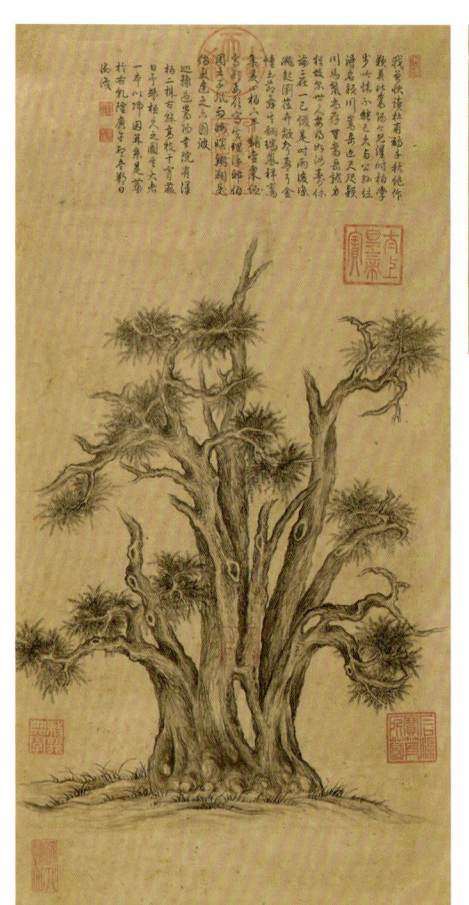

乾隆帝 御笔嵩阳汉柏图
西泠印社 2021/07/24 LOT 1604
立轴 水墨纸本 58cm×29cm
成交价 RMB 41,400,000

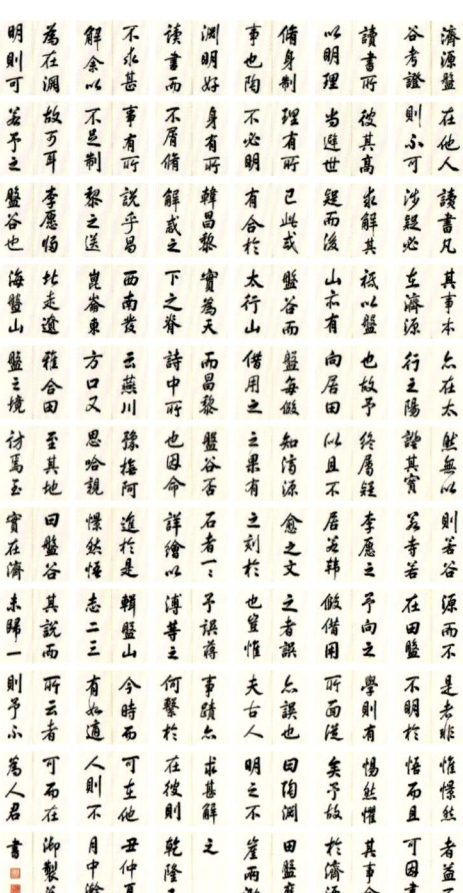

乾隆帝 济源盘谷考证
上海匡时 2021/12/29 LOT 380
册页 水墨纸本 62.5cm×62cm×66
成交价 RMB 5,520,000

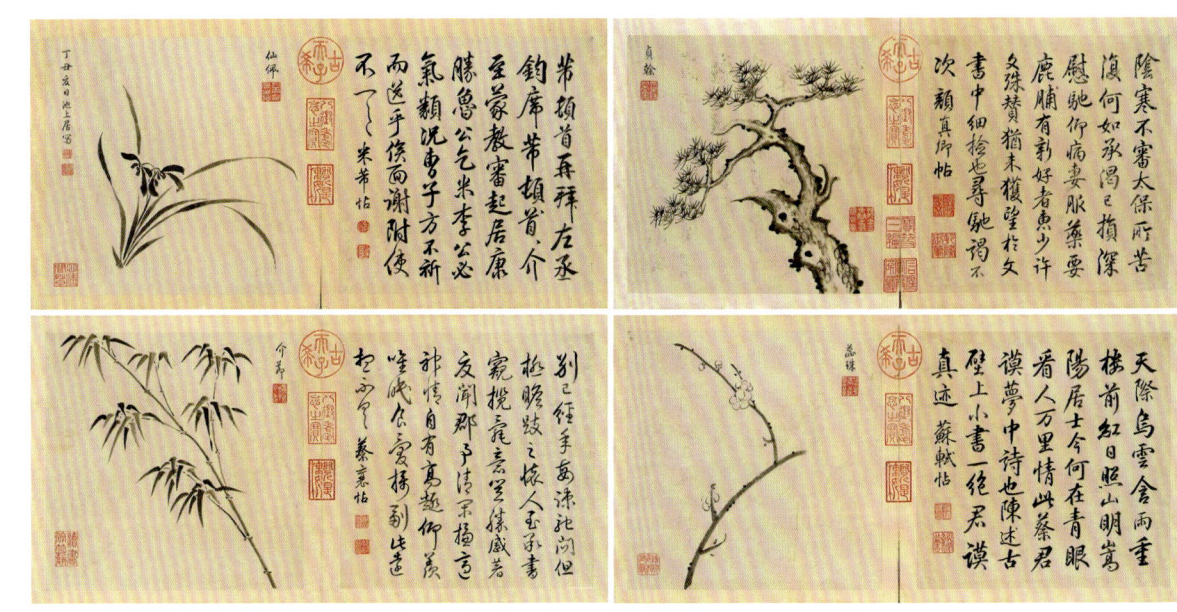

乾隆帝　书画合璧册
北京保利　2021/12/04　LOT 2058
册页 水墨纸本　24.5cm×24.5cm×8
成交价　RMB 11,500,000

乾隆帝　御笔行书《夫余国传订讹》卷
中贸圣佳 2021/05/21 LOT 806
手卷 水墨宫笺　引首 33cm×85cm；本幅 33cm×84.5cm
成交价　RMB 34,960,000

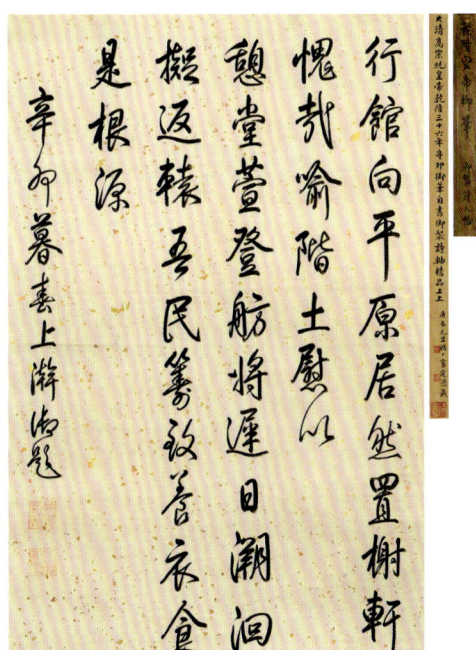

乾隆帝　御笔行书《题养源斋》
北京保利　2021/11/04　LOT 2056
立轴 水墨纸本　150.5cm×96.5cm
成交价　RMB 6,440,000

任伯年　1879 年作　孔雀迎春（粉本）、孔雀迎春（成稿）

北京荣宝　2021/12/02　LOT 1034

立轴 设色纸本　粉本 215cm×55cm；成稿 245.5cm×60.5cm

　成交价　RMB 7,475,000

任伯年　1882 年作 花鸟四屏
北京永乐　2021/12/02　LOT 152
立轴 设色纸本　148cm×38.5cm×4
成交价　RMB 10,925,000

沈士充　1632 年作 招隐图卷
佳士得香港　2021/11/29　LOT 894
设色纸本 手卷　33cm×1527cm
成交价　HKD 53,050,000　RMB 44,062,800

中国书画
古代
沈周

中国收藏
拍卖年鉴
2022

CHINESE FINE ART &
ANTIQUES AUCTION
YEARBOOK 2022

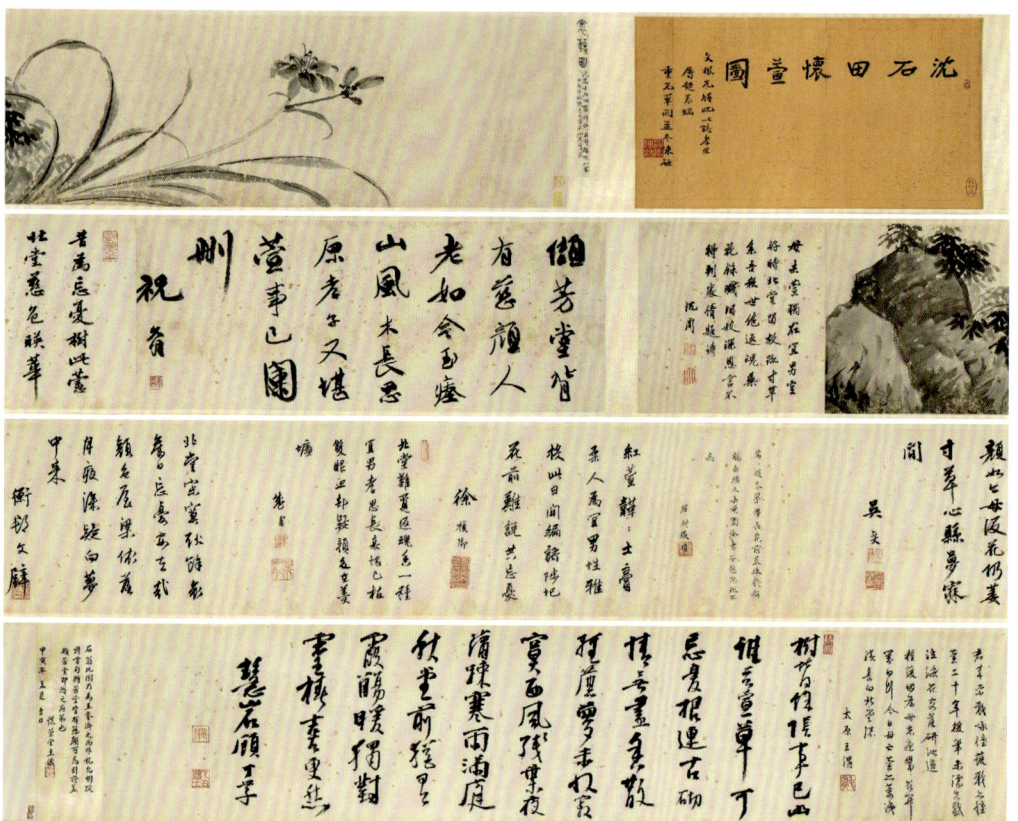

沈周　怀萱图

中鸿信　2021/07/15　LOT 1215

手卷　水墨纸本　画心 28.5cm×138cm；题跋 28.5cm×381cm；引首 28.5cm×51cm

成交价　RMB 7,532,500

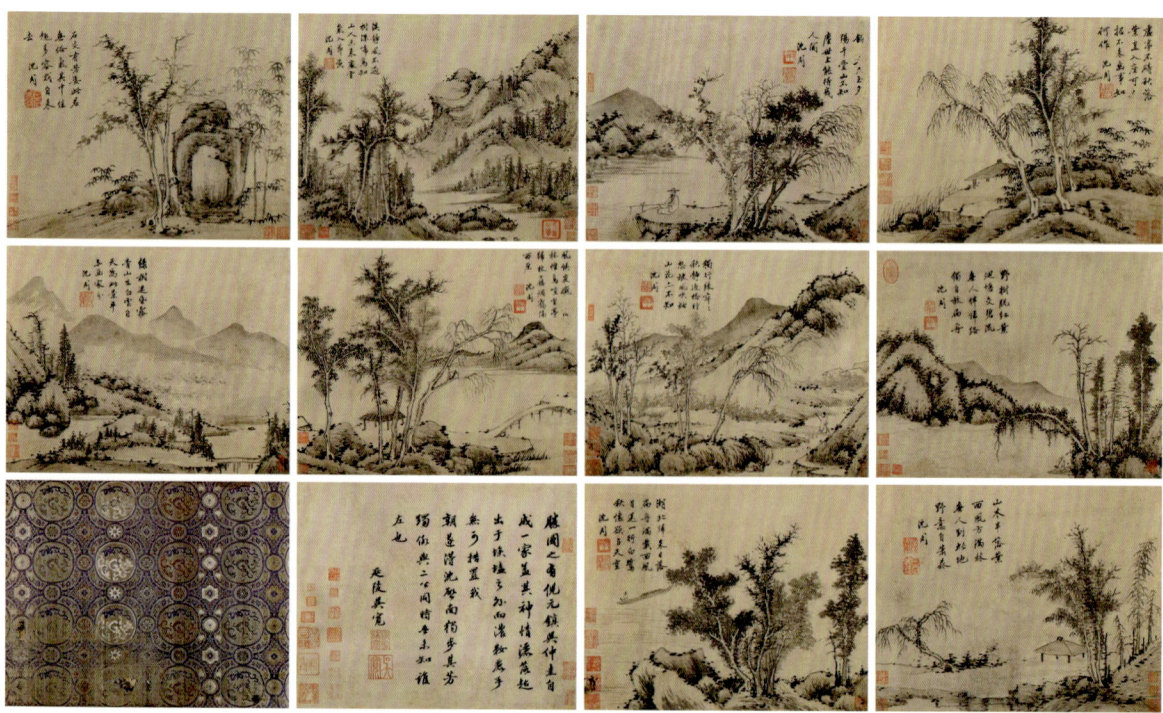

沈周　仿元人山水册

广东崇正　2021/12/14　LOT 763

册页　水墨纸本　34cm×43cm×11

成交价　RMB 5,060,000

中国书画 ——— 古代 ——— 沈周　石涛

沈周　谷林堂诗意
北京保利　2021/06/06　LOT 1962
立轴　设色纸本　151cm×65cm
成交价　RMB 20,125,000

石涛　梅石水仙
北京保利　2021/12/04　LOT 2066
立轴　水墨纸本　150cm×48cm
成交价　RMB 11,500,000

中国收藏
拍卖年鉴
2022

CHINESE FINE ART &
ANTIQUES AUCTION
YEARBOOK 2022

石涛　1698 年作　翻风滴露图
北京保利　2020/10/18　LOT 4037
立轴　水墨纸本　228cm×99cm
成交价　RMB 28,750,000

石涛　1704 年作　兰石图
北京保利　2021/06/06　LOT 1939
镜心　水墨纸本　65cm×36cm
成交价　RMB 5,520,000

石涛　黄山紫玉屏
北京开拍　2021/03/21　LOT 399
立轴　水墨纸本　95cm×46cm
成交价　RMB 6,900,000

石涛　番人秋狩图
北京保利　2021/06/06　LOT 1940
立轴　设色纸本　161cm×61cm
成交价　RMB 29,900,000

中国书画 ──── 古代 ──── 孙克弘　唐寅

孙克弘　水图册
北京保利　2021/12/04　LOT 2032
册页　设色绢本　25.5cm×33cm×11
成交价　RMB 11,500,000

唐寅　石湖秋胜图
北京保利　2021/06/06　LOT 1958
手卷　设色绢本　23cm×234.5cm；23cm×25cm
成交价　RMB 6,670,000

219

中国收藏
拍卖年鉴
2022

CHINESE FINE ART &
ANTIQUES AUCTION
YEARBOOK 2022

中国书画 ── 古代 ──── 唐寅　天然和尚

唐寅　行书七古诗卷
中国嘉德　2021/05/18　LOT 394
手卷　水墨纸本　30cm×262cm；30cm×40cm
成交价　RMB 57,500,000

唐寅　水亭午翠图
广东崇正　2021/07/19　LOT 823
立轴　设色绢本　156cm×64.8cm
成交价　RMB 9,200,000

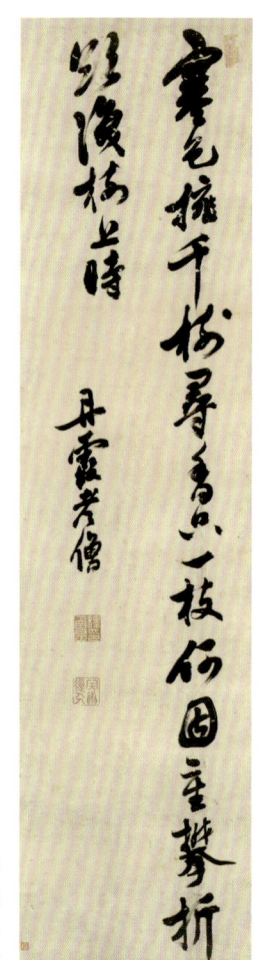

天然和尚　行书五言诗
西泠印社　2021/01/15　LOT 944
立轴　水墨纸本　170cm×42cm
成交价　RMB 5,750,000

中国书画 —— 古代 —— 完颜允恭 王达

金世宗太子楚王允恭玉花骢图真迹国宝立轴 廿九六〇康辰春仲 古盃

完颜允恭　玉花骢图
北京华艺　2021/12/11　LOT 15
立轴 设色绢本　153cm×133cm
成交价　RMB 11,500,000

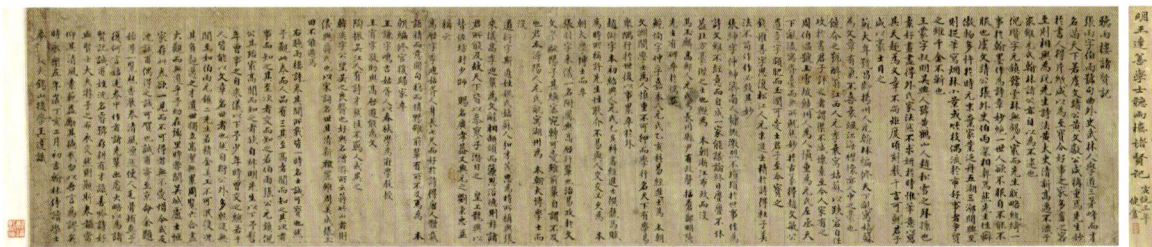

王达　听雨楼诸贤记卷
西泠印社　2021/01/15　LOT 941
手卷 水墨纸本　24.5cm×113cm
成交价　RMB 6,095,000

中国收藏
拍卖年鉴
2022
CHINESE FINE ART &
ANTIQUES AUCTION
YEARBOOK 2022

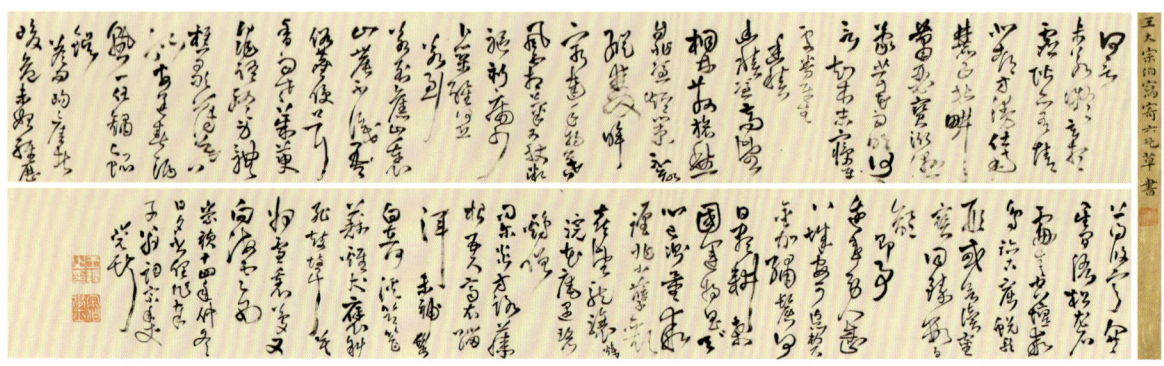

王铎　草书五律卷
中国嘉德　2021/05/18　LOT 374
手卷　水墨绫本　26cm×355.5cm
成交价　RMB 25,875,000

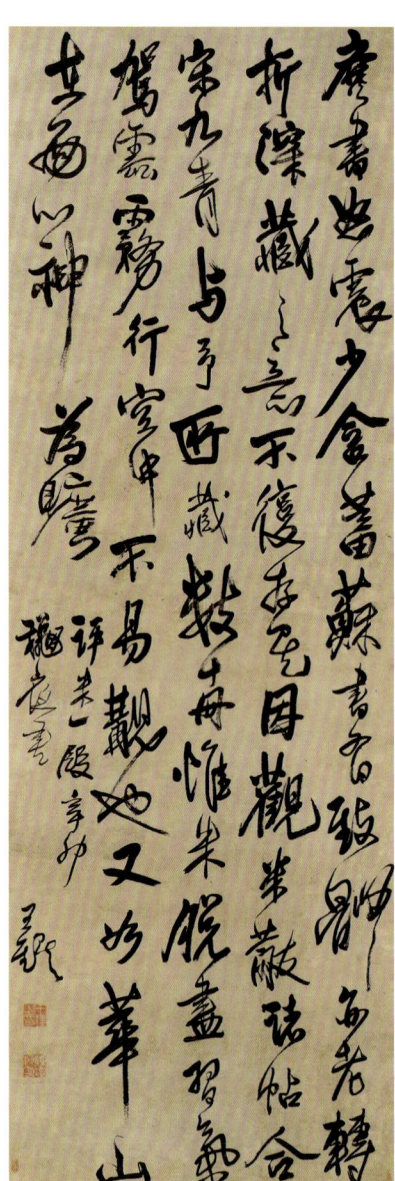

王铎　草书　自作诗《评米一段》
十竹斋（北京）　2021/05/29　LOT 1821
立轴　水墨纸本　248cm×84cm
成交价　RMB 7,360,000

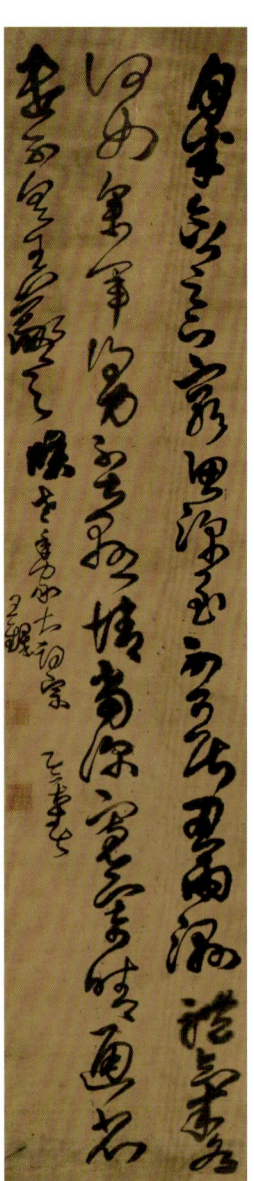

王铎　草书　临王羲之《月半念足下帖》
十竹斋（北京）　2021/12/09　LOT 1505
册页　水墨纸本　202.5cm×45cm
成交价　RMB 7,820,000

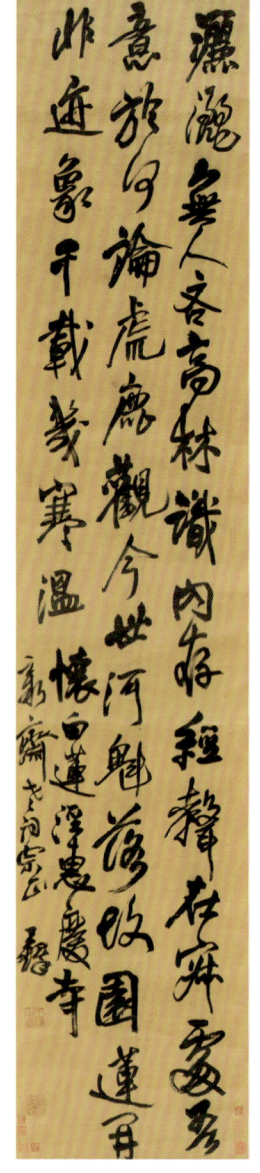

王铎　行书　五言诗
西泠印社　2021/01/15　LOT 932
立轴　水墨绫本　247cm×50cm
成交价　RMB 6,555,000

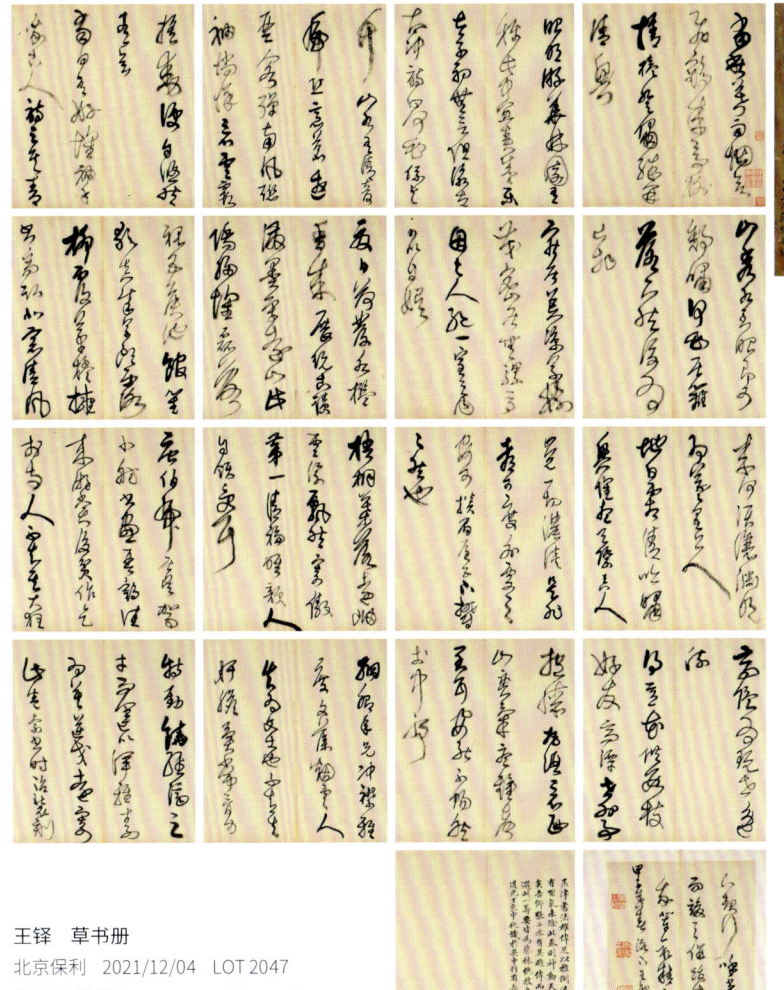

王铎 草书册

北京保利 2021/12/04 LOT 2047

册页 水墨纸本 31.5cm×29cm×18

成交价 RMB 9,200,000

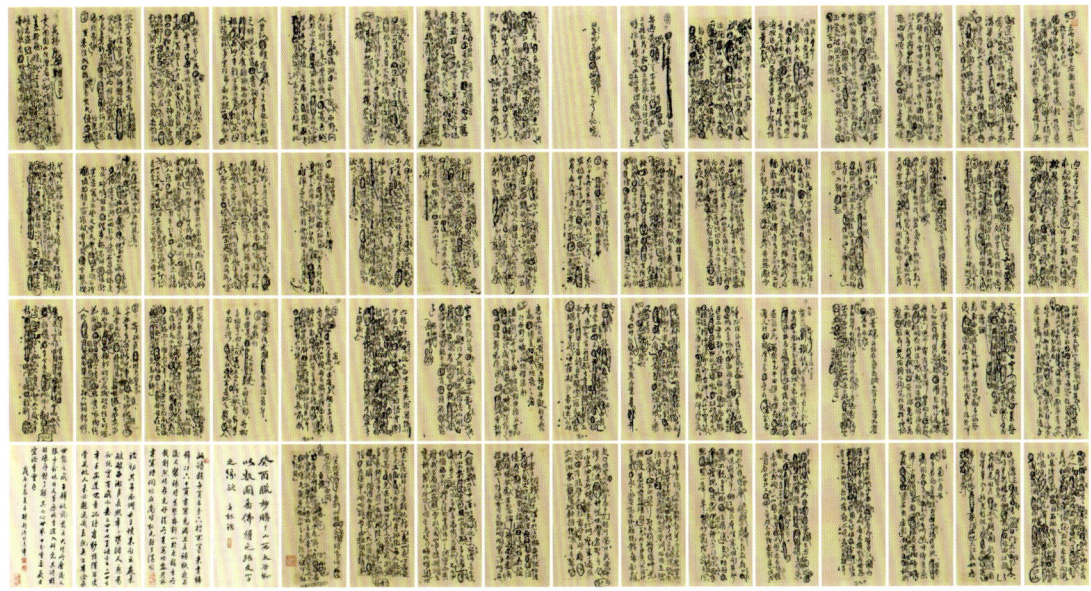

王铎 行书 诗稿墨迹六十开

北京荣宝 2021/12/02 LOT 227

册页 水墨纸本 29.5cm×14cm×60（诗文）

成交价 RMB 18,400,000

中国收藏
拍卖年鉴
2022

CHINESE FINE ART &
ANTIQUES AUCTION
YEARBOOK 2022

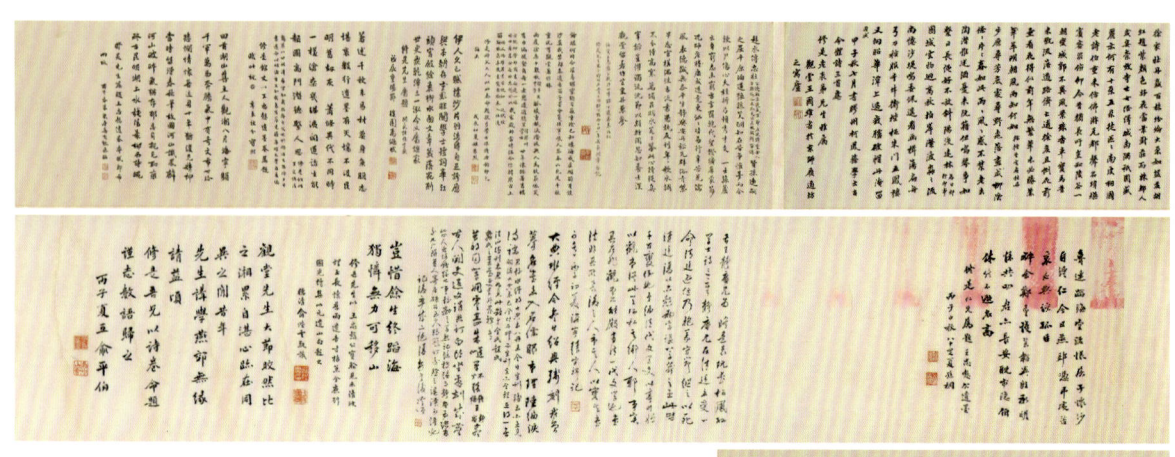

王国维　行书 柯凤荪诗
中国嘉德　2021/12/10　LOT 368
手卷 水墨纸本　31cm×99cm
成交价　RMB 9,200,000

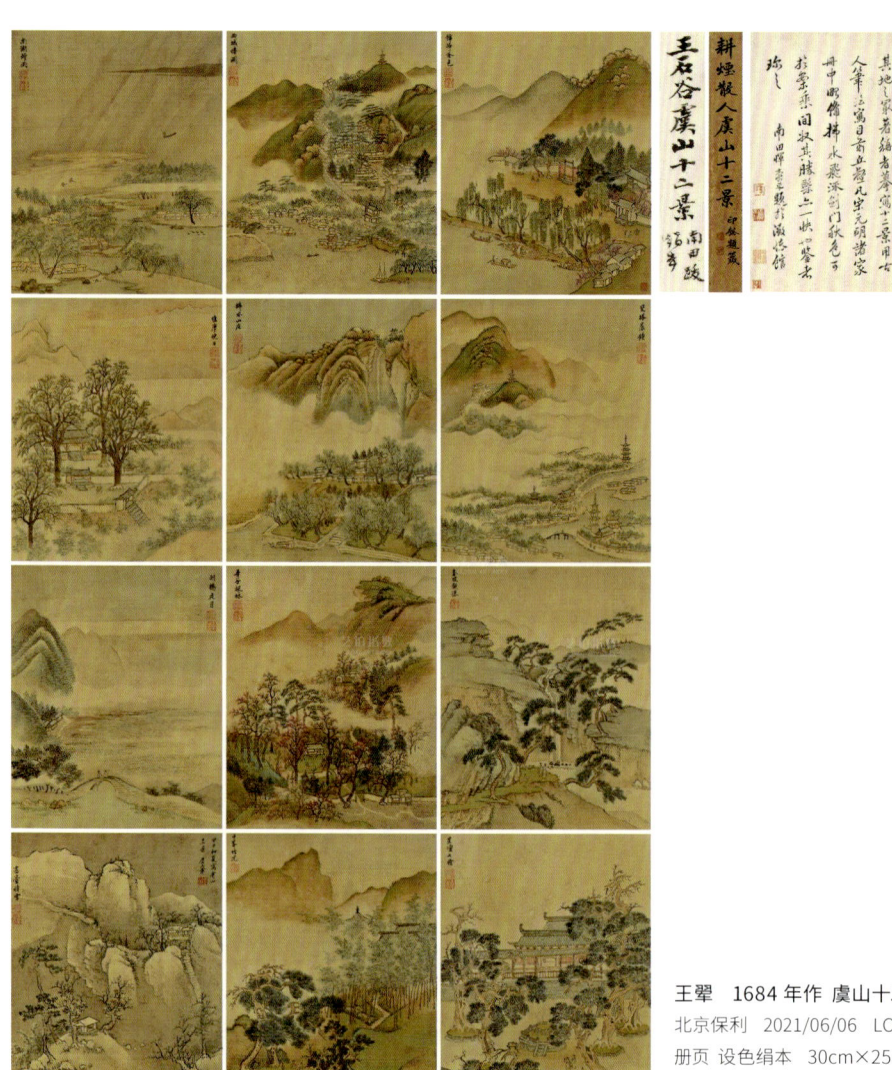

王翚　1684年作 虞山十二景
北京保利　2021/06/06　LOT 1945
册页 设色绢本　30cm×25cm×12（山水）
成交价　RMB 14,950,000

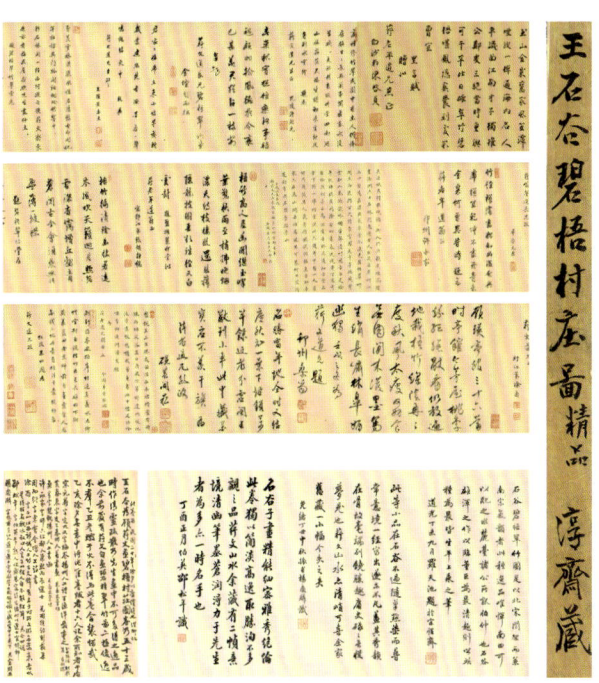

王翚　碧梧村庄图

西泠印社　2021/01/15　LOT 892

手卷 设色纸本 画心 132cm×26.5cm；题跋 336cm×27cm；52cm×29cm

成交价　RMB 11,500,000

王翚　1708 年作 古木清流图

佳士得香港　2021/11/29　LOT 864

手卷 设色纸本　17cm×120 cm

成交价　HKD 8,890,000　RMB 7,383,945

王翚 仿惠崇水村图
中国嘉德 2021/05/18 LOT 377
立轴 设色纸本 142cm×50.5cm
成交价 RMB 9,890,000

王鉴 仿黄公望山水
佳士得香港 2021/11/29 LOT 865
立轴 水墨纸本 105.5cm×48cm
成交价 HKD 9,850,000 RMB 8,181,312

王鉴、王时敏、王湘碧 仿古山水册
中贸圣佳 2021/12/29 LOT 921
册页 设色纸本 31cm×20.5cm×16
成交价 RMB 13,685,000

中国书画 —— 古代 —— 王蒙　王冕　王时敏　王原祁

王蒙　煮茶图
中国嘉德　2021/12/12　LOT 1175
立轴　设色纸本　99.5cm×46.3cm
成交价　RMB 36,800,000

王冕　梅竹松石图
中国嘉德　2021/12/12　LOT 1197
立轴　水墨绢本　171.7cm×86cm
成交价　RMB 11,500,000

王时敏　1672 年作　夏山晓霁
上海朵云轩　2021/07/07　LOT 0553
立轴　设色纸本　94.5cm×52.5cm
成交价　RMB 5,800,000

王原祁　仿董北苑春山图
北京保利　2021/12/04　LOT 2080
立轴　设色绢本　164cm×52cm
成交价　RMB 5,750,000

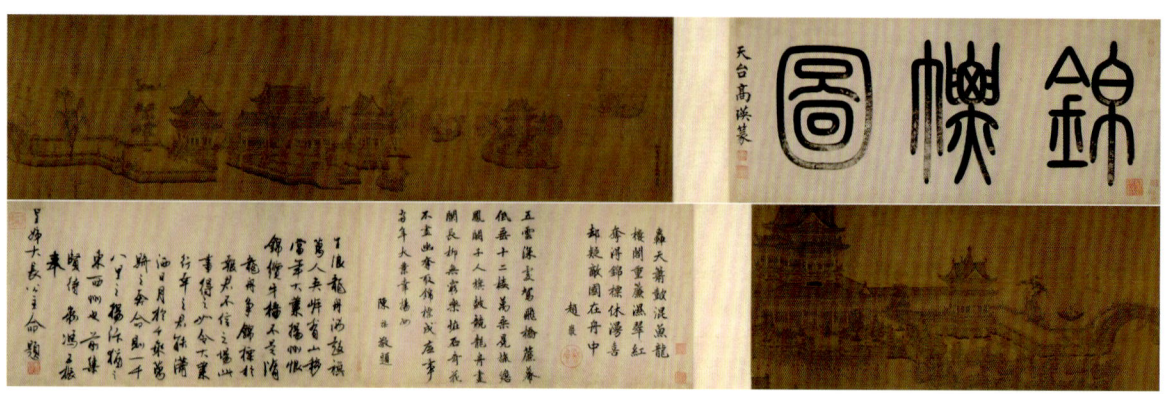

中国书画 —— 古代 —— 王振鹏 文伯仁

中国收藏
拍卖年鉴
2022

CHINESE FINE ART &
ANTIQUES AUCTION
YEARBOOK 2022

王振鹏　锦标图
北京保利　2021/12/04　LOT 2071
手卷 水墨绢本　引首 31.5cm×74cm；画心 31.5cm×185cm；题跋 31.5cm×118.5cm
成交价　RMB 75,900,000

文伯仁　1548 年作　众山皆响
北京华艺　2021/06/05　LOT 814
手卷 设色金笺　29cm×373cm
成交价　RMB 31,680,000

文伯仁 1554 作 深山古寺

北京永乐 2021/05/20 LOT 864

立轴 水墨纸本 81cm×33cm

成交价 RMB 5,405,000

文徵明、仇英 1544 年作 寒林钟馗

上海朵云轩 2021/07/07 LOT 0546

立轴 水墨纸本 61cm×30.5cm

成交价 RMB 10,208,000

中国书画 ——— 古代 ——— 文伯仁 文徵明 仇英

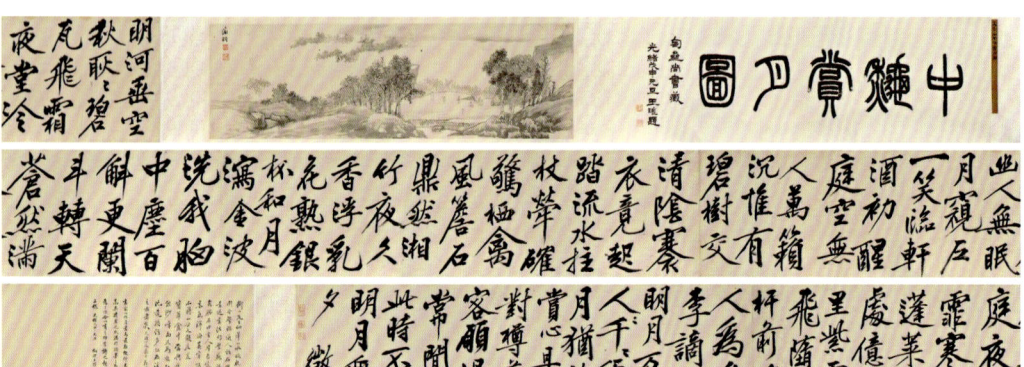

文徵明　中秋赏月书画合璧卷
北京保利　2021/06/06　LOT 1957
手卷 水墨纸本　引首 37cm×109cm；画心 33cm×108.5cm；书法 37cm×585cm；题跋 37cm×50cm
成交价　RMB 6,900,000

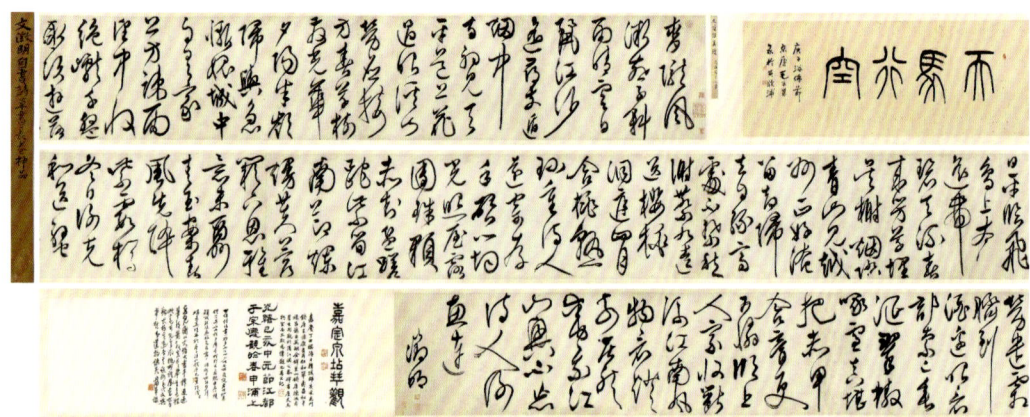

文徵明　行草自书诗长卷
广东崇正　2021/07/19　LOT 831
手卷 水墨纸本　引首 34cm×89cm；本幅 36.5cm×717cm；后跋 34cm×99cm
成交价　RMB 5,060,000

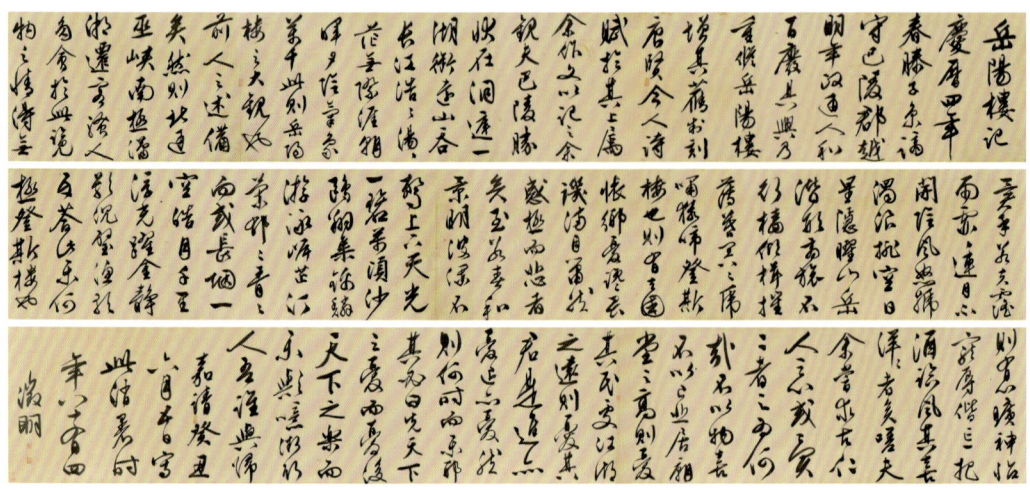

文徵明　行书岳阳楼记
北京保利　2021/06/06　LOT 1956
手卷 水墨纸本　47.5cm×972cm
成交价　RMB 7,130,000

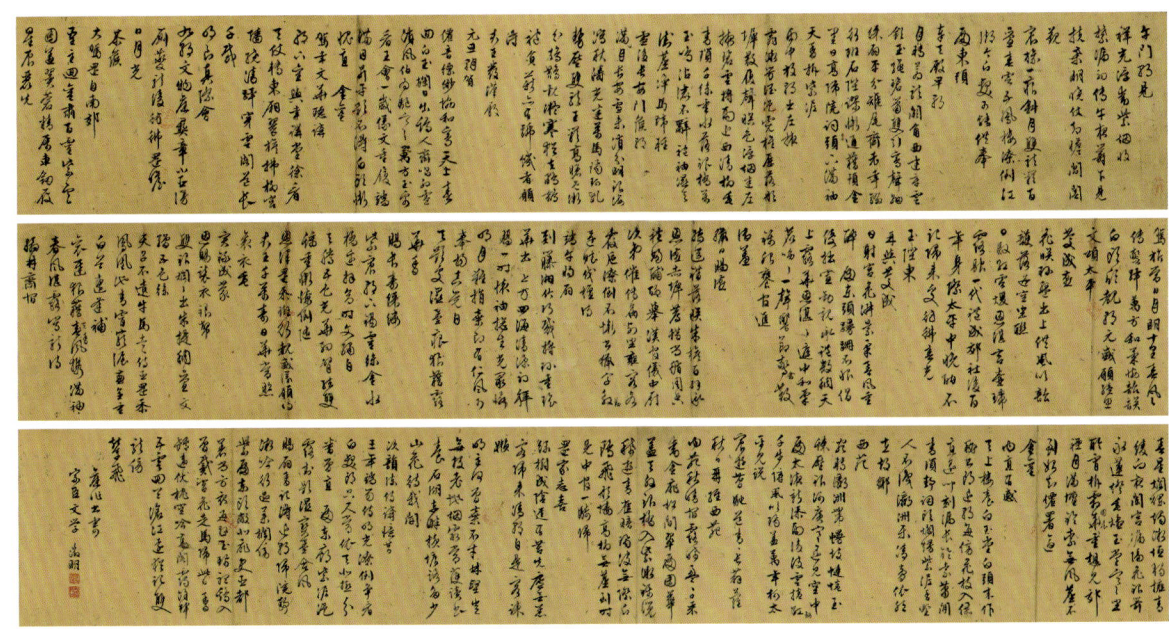

文徵明 行书杂诗卷
北京荣宝 2021/06/19 LOT 338
手卷 水墨纸本 26cm×378cm
成交价 RMB 28,175,000

文徵明 行书自书诗
中国嘉德 2021/05/18 LOT 393
立轴 水墨纸本 29.5cm×514cm
成交价 RMB 9,200,000

文徵明 行书七首诗
佳士得香港 2021/05/26 LOT 839
手卷 水墨纸本 35cm×706cm
成交价 HKD 18,250,000 RMB 15,212,470

吴大澂　临西庐山水册

上海匡时　2021/07/08　LOT 254

册页　设色纸本　46cm×29.5cm×12

成交价　RMB 5,635,000

吴宽等 宅园玉延亭图卷
西泠印社 2021/01/15 LOT 923
手卷 水墨纸本 引首 72cm×24cm；画心 120cm×24.5cm；书法 907.5cm× 约 24.5cm
成交价 RMB 12,075,000

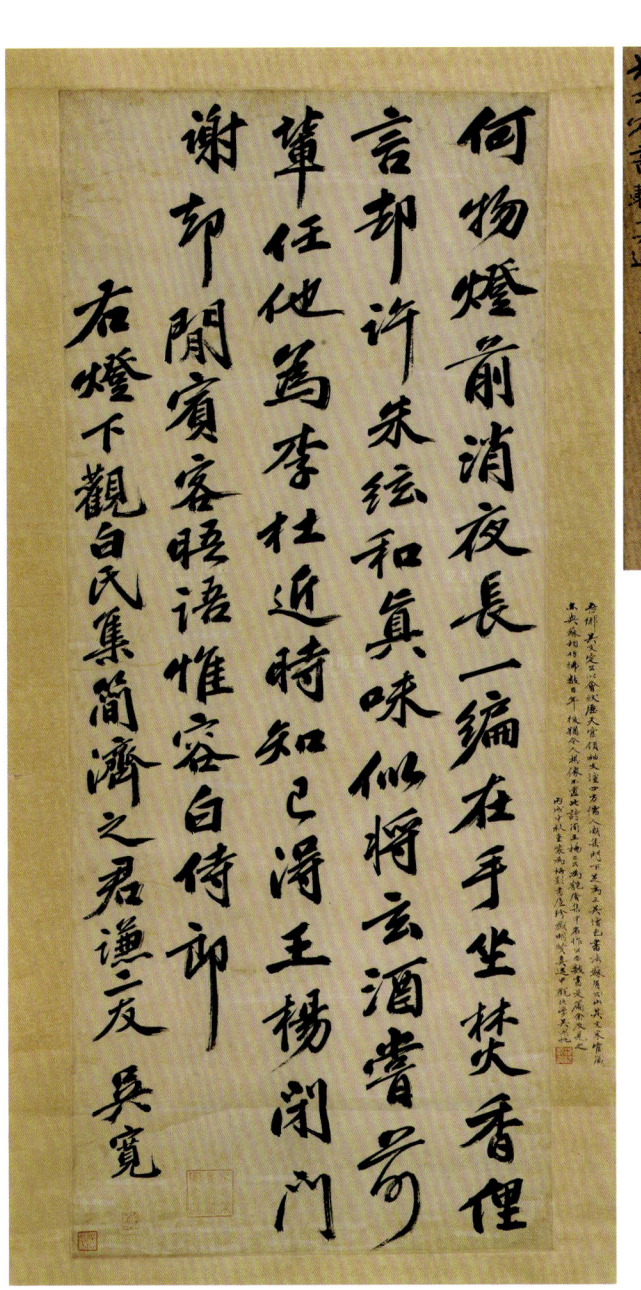

吴宽 行书灯下观白氏集简济之君谦二友
北京保利 2021/06/06 LOT 1910
立轴 水墨纸本 120cm×50cm
成交价 RMB 7,130,000

项元汴 1589 年作 山回松深图
上海嘉禾 2021/07/22 LOT 8020
立轴 水墨纸本 88.5cm×27.5cm
成交价 RMB 5,405,000

中国收藏
拍卖年鉴
2022

CHINESE FINE ART &
ANTIQUES AUCTION
YEARBOOK 2022

萧云从 溪山高隐
苏富比香港 2021/04/19 LOT 3075
立轴 水墨纸本 86cm×44.7cm
成交价 HKD 6,225,000 RMB 5,188,911

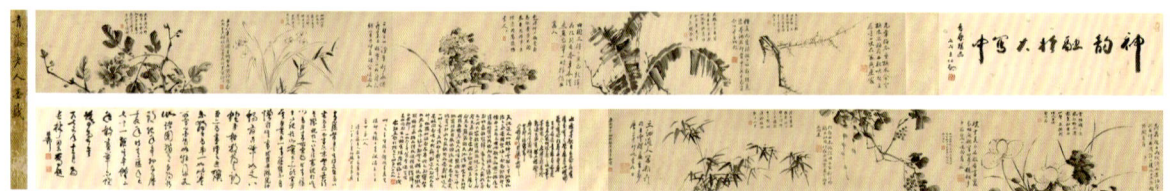

徐渭 1591 年作 墨花八段卷
西泠印社 2021/07/24 LOT 1561
水墨纸本 手卷 引首 84cm×31cm；画心 545.5cm×31cm；题跋 207.5cm×30.5cm

成交价 RMB 29,325,000

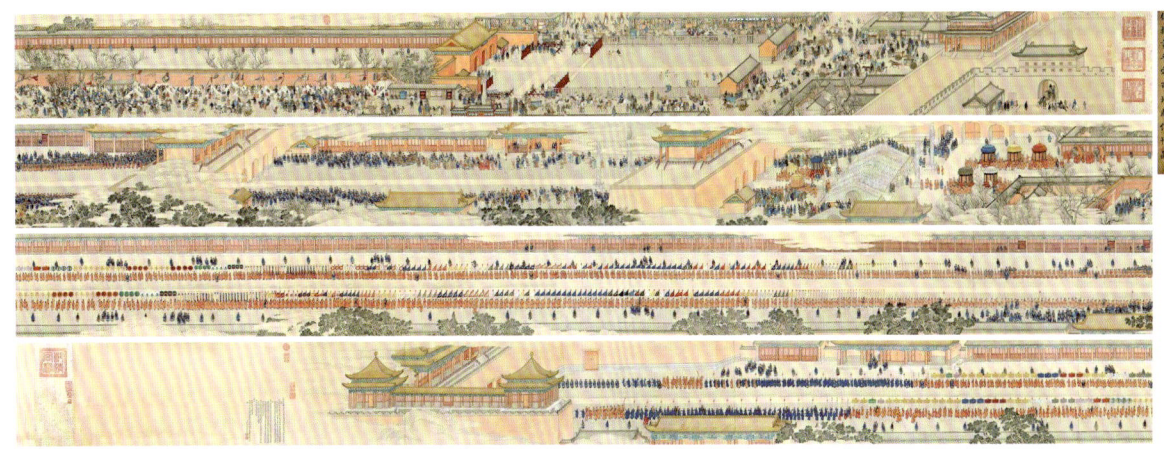

徐扬　平定西域献俘礼图
北京保利　2021/06/06　LOT 1935
手卷　设色纸本　43cm×1865cm
成交价　RMB 414,000,000

颜峄　1728年作　仙山楼阁通景十二屏
北京保利　2021/12/04　LOT 2079
立轴　设色绢本　180cm×52.5cm×12
成交价　RMB 5,520,000

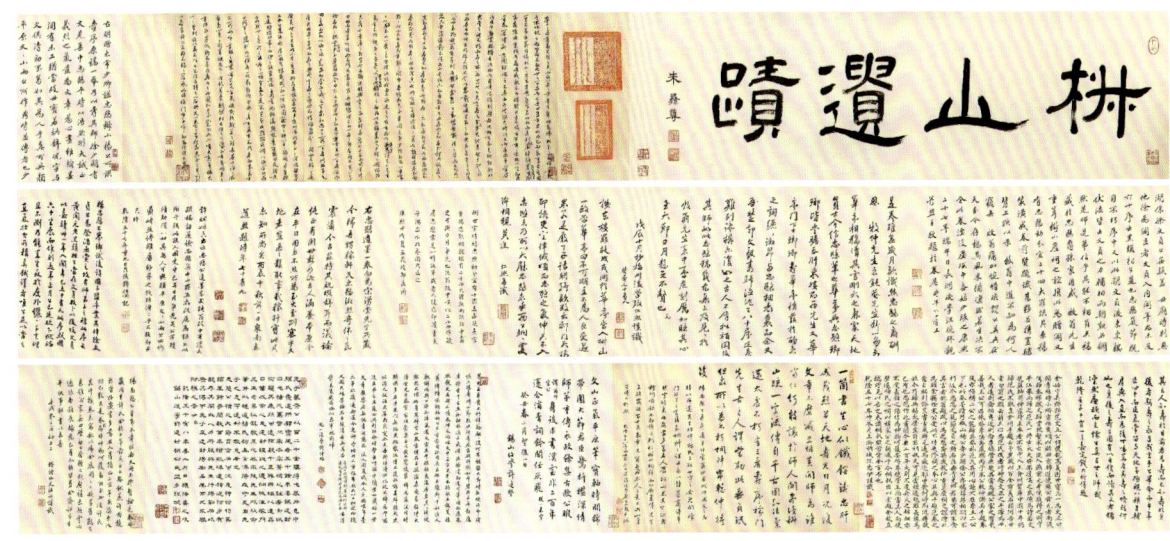

杨继盛　寿徐文贞遗稿
北京华艺　2021/06/05　LOT 812
手卷　水墨纸本　引首 29cm×65cm；本幅 29cm×423cm
成交价　RMB 5,989,000

中国书画——古代——杨维祯 姚绶

中国收藏
拍卖年鉴
2022

CHINESE FINE ART &
ANTIQUES AUCTION
YEARBOOK 2022

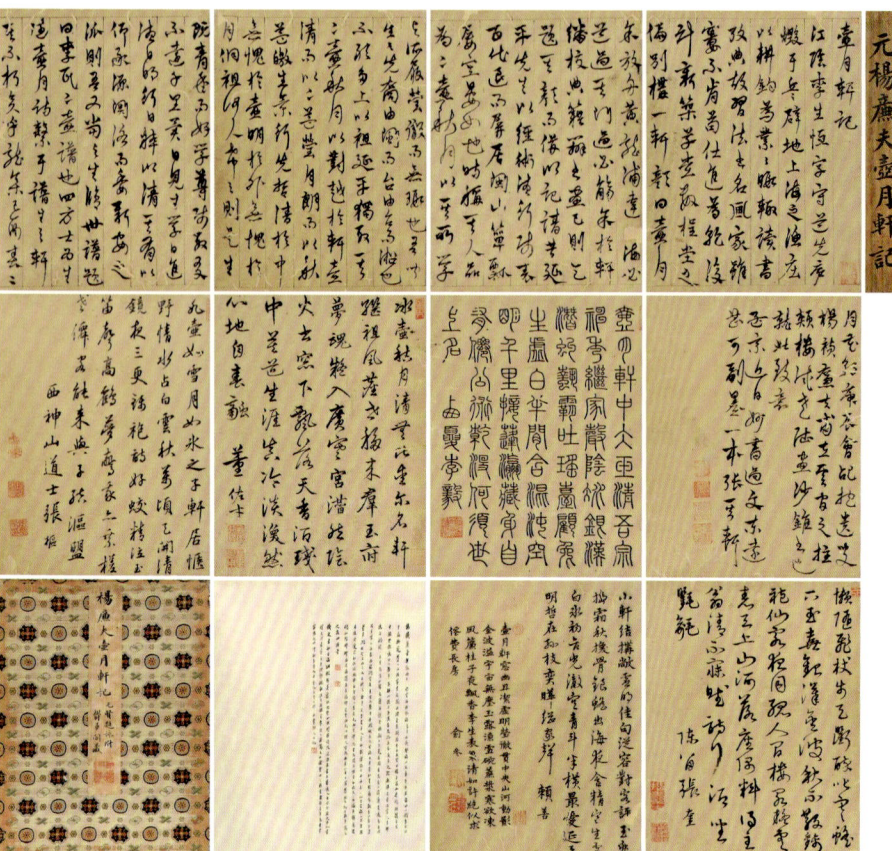

杨维祯　壶月轩记
北京保利　2021/06/06　LOT 1917
镜心　水墨纸本　33cm×25.5cm×11
成交价　RMB 90,275,000

姚绶　春酒放舟图
西泠印社　2021/01/15　LOT 922
立轴　水墨纸本　35.5cm×62cm
成交价　RMB 7,475,000

姚绶　丹丘草泽垂竿图

西泠印社　2021/07/24　LOT 1559

立轴　设色纸本　115.5cm×31.5cm

成交价　RMB 5,750,000

姚文瀚　婴戏图轴

中贸圣佳　2021/05/21　LOT 817

立轴　设色纸本　162cm×78cm

成交价　RMB 7,992,500

伊秉绶　1805 年作　昨叶书堂

北京永乐　2021/05/20　LOT 852

镜心　水墨纸本　38cm×135cm

成交价　RMB 20,125,000

雍正帝　1730 年作　御笔"福"
北京保利　2021/12/04　LOT 2053
镜心 宫廷手绘云龙纹库绢　181.5cm×101cm
成交价　RMB 16,675,000

雍正帝　楷书"建牙伟略"
北京保利　2021/12/04　LOT 2054
镜心 水墨绫本　71cm×247cm
成交价　RMB 16,675,000

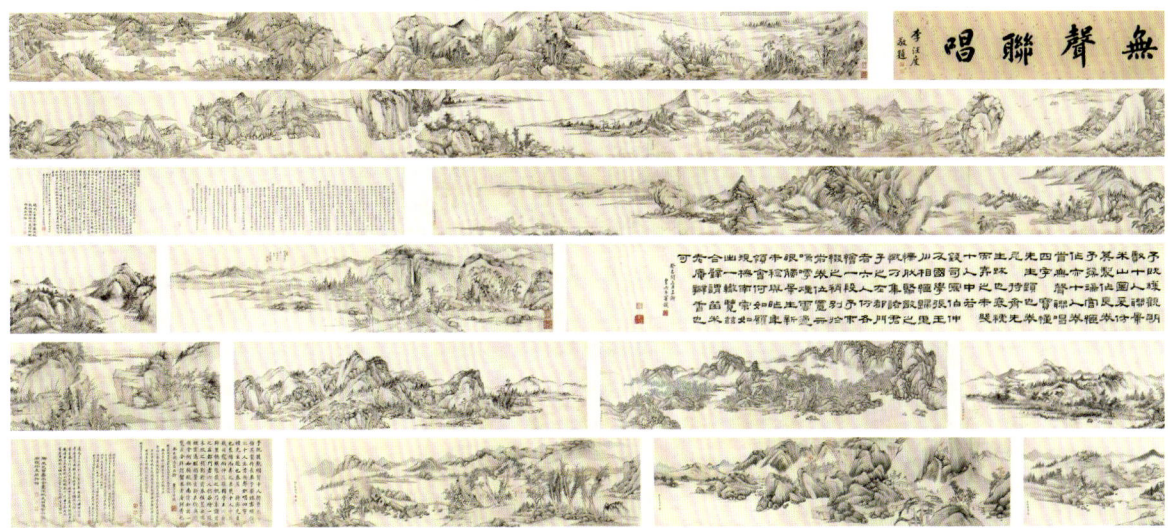

永瑢 等　仿米云山上下卷

北京保利　2021/06/06　LOT 1934

手卷 设色纸本　上卷：前跋 33cm×200cm；画心 33cm×956cm；跋 32cm×190cm；

下卷：画心 32cm×1291cm；后跋 33cm×98cm

成交价　RMB 15,525,000

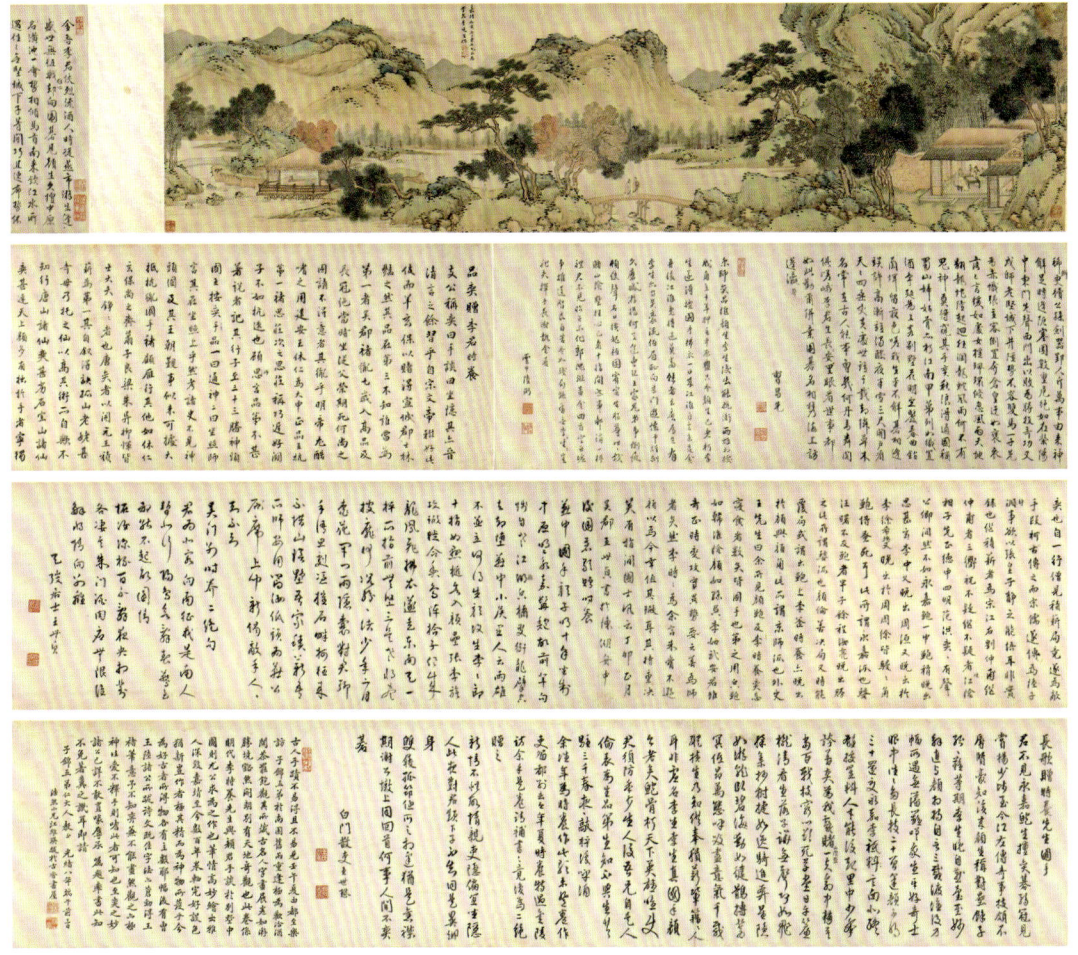

尤求　秋窗博弈图

中国嘉德　2021/12/12　LOT 1190

手卷 设色绢本　31.5cm×127.5cm

成交价　RMB 53,130,000

余省　1741 年作　鱼藻图
北京华艺　2021/06/05　LOT 815
手卷　设色纸本　28.5cm×157.8cm
成交价　RMB 28,050,000

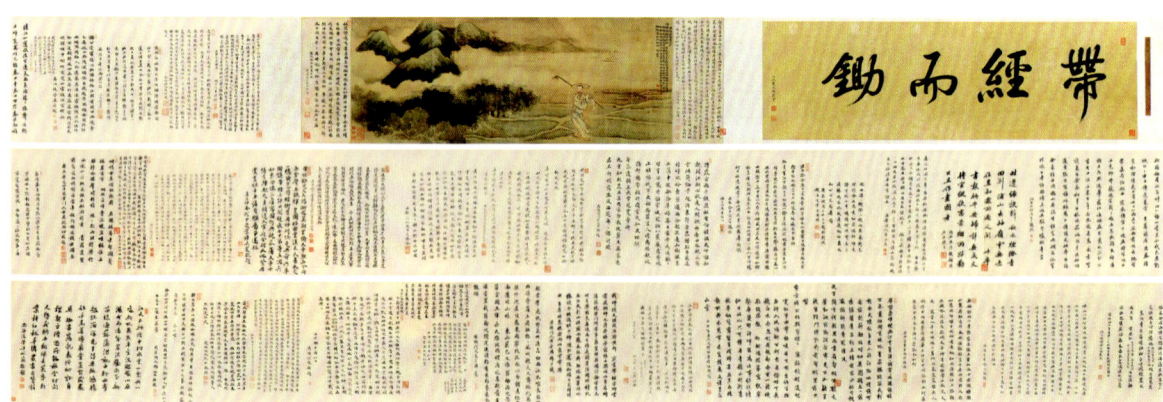

禹之鼎　1700 年作　带经荷锄图
北京永乐　2021/05/20　LOT 848
手卷　设色绢本　画心 39cm×102cm; 题跋 39cm×821cm
成交价　RMB 8,050,000

恽寿平　山水花卉册
中国嘉德　2021/12/12　LOT 1191
册页　水墨设色　23.5cm×36.5cm×11
成交价　RMB 57,500,000

恽寿平　国香春霁图
佳士得香港　2021/11/29　LOT 867
立轴　设色绢本　134.5cm×68.5 cm
成交价　HKD 59,650,000　RMB 49,544,693

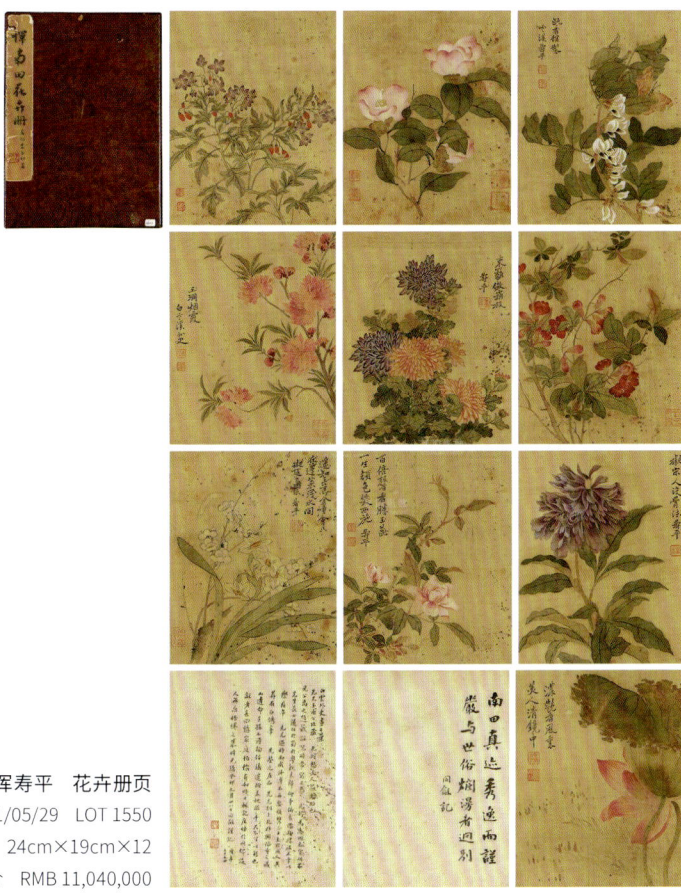

恽寿平　花卉册页
十竹斋（北京）　2021/05/29　LOT 1550
册页　水墨纸本　24cm×19cm×12
成交价　RMB 11,040,000

241

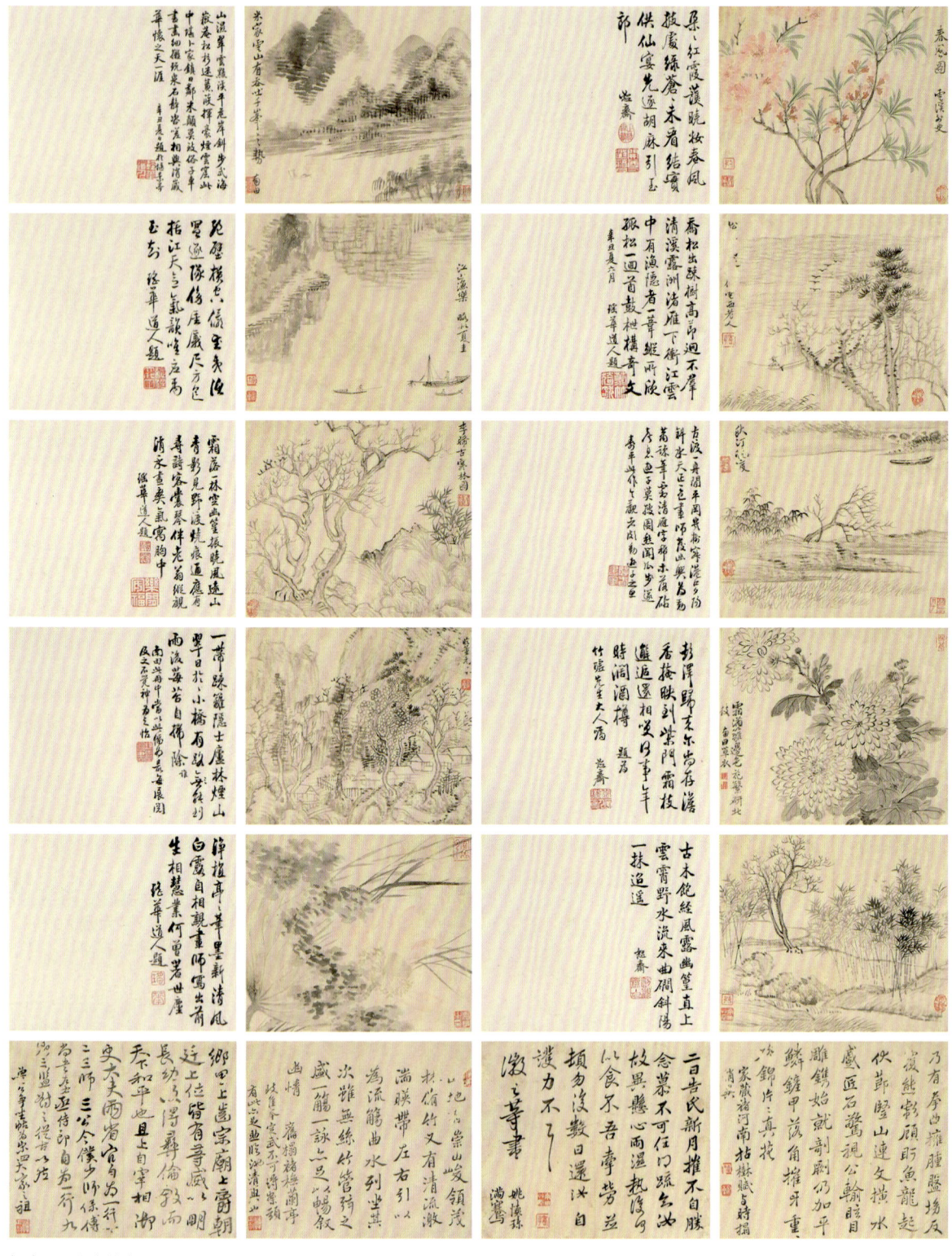

恽寿平　山水花卉册

北京保利　2021/12/04　LOT 2037

册页 设色纸本　画心 19cm×22cm×10；题跋 19.5cm×22.5cm×10；尾跋 18.5×22cm×4

成交价　RMB 5,290,000

张灵 看耕图

北京保利 2021/12/04 LOT 2043

立轴 设色纸本 146cm×70.5cm

成交价 RMB 9,200,000

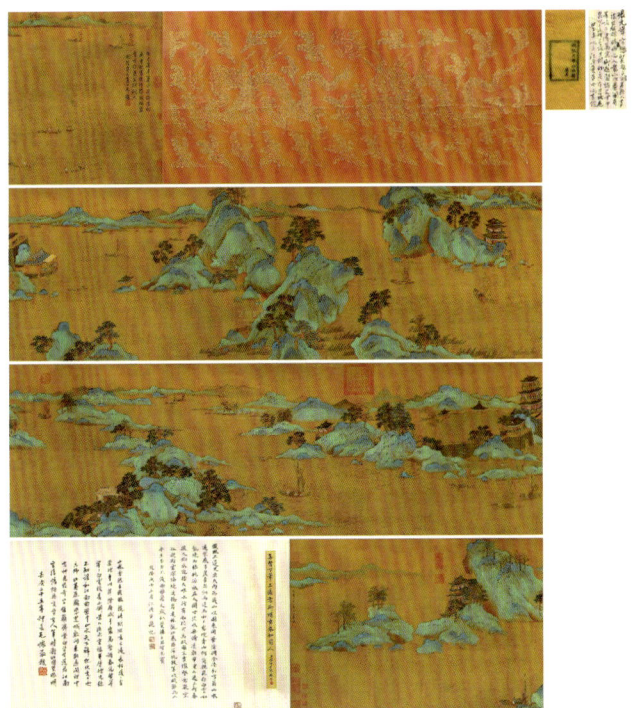

张元举 明 重彩金碧山水卷

中鸿信 2021/07/15 LOT 1208

手卷 设色绢本 画心 44cm×379cm；题跋 48cm×60cm

成交价 RMB 7,705,000

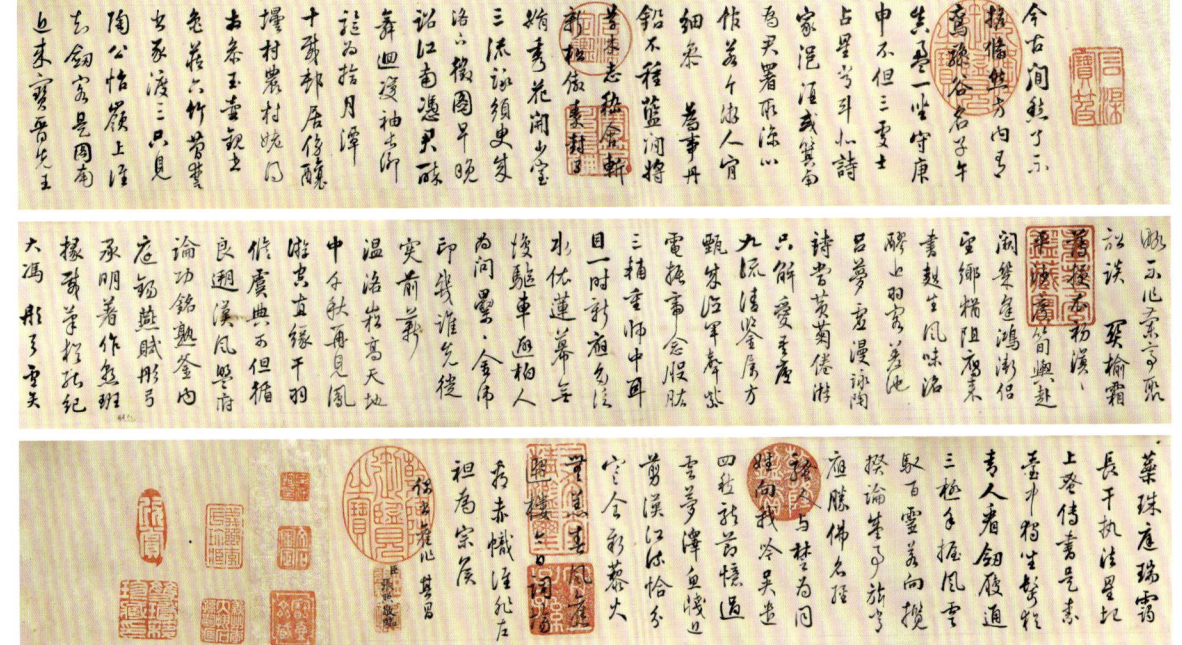

张照 临董其昌书杂诗

北京华艺 2021/12/11 LOT 38

手卷 水墨纸本 7.5cm×113cm

成交价 RMB 9,142,500

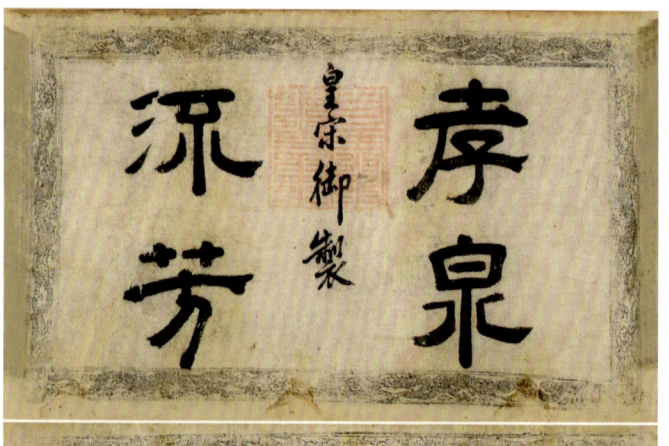

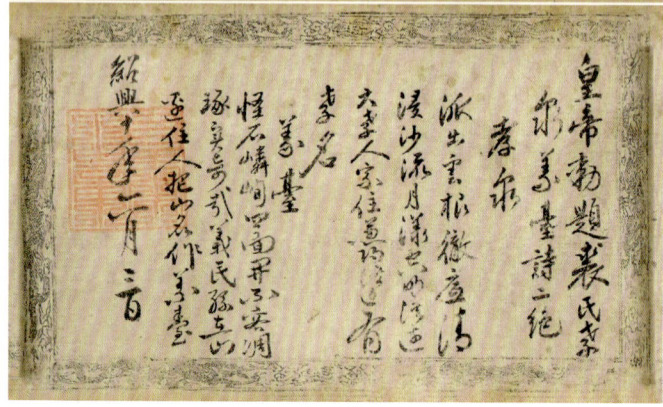

赵构 1140年作 皇帝勅题裴氏孝泉义台诗二绝
北京永乐 2021/12/02 LOT 179
镜心 水墨纸本 35.5cm×59.7cm；36.5cm×59.5cm
成交价 RMB 17,825,000

赵佶 晴竹图
北京保利 2021/06/06 LOT 1964
立轴 设色绢本 123.5cm×54.5cm
成交价 RMB 16,100,000

赵千里 神阙千秋图
中鸿信 2021/07/15 LOT 1440
手卷 设色绢本 引首 36.5cm×85cm；画心 36.5cm×195.5cm；题跋 36.5cm×103cm

成交价 RMB 12,420,000

赵之谦 1865 年作 陶炼野逸册
北京保利 2021/12/04 LOT 2075
册页 设色纸本 18cm×52.5cm×12
成交价 RMB 19,780,000

赵之谦 1872 年作 夏日芳菲
上海朵云轩 2021/07/07 LOT 0549
条屏 设色纸本 177.5cm×47cm×4
成交价 RMB 9,860,000

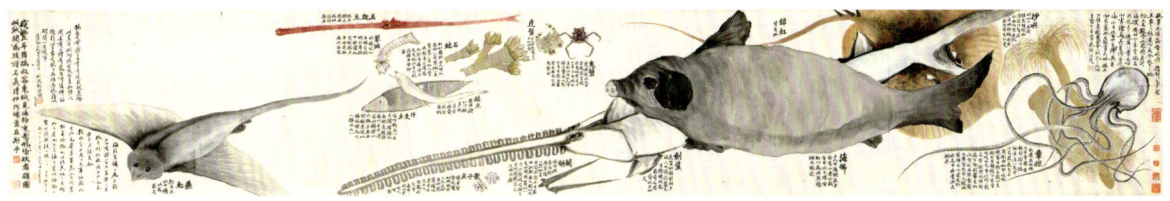

赵之谦 异鱼图
中国嘉德 2021/05/18 LOT 384
手卷 设色纸本 引首 35.5cm×92cm; 画心 35.5cm×224cm
成交价 RMB 25,300,000

周之冕 百花图卷
中国嘉德 2021/12/12 LOT 1194
手卷 设色纸本 32cm×1717cm
成交价 RMB 148,350,000

245

中国收藏
拍卖年鉴
2022

CHINESE FINE ART &
ANTIQUES AUCTION
YEARBOOK 2022

朱伦瀚 潇湘烟霭图
北京保利 2021/12/04 LOT 2022
立轴 设色绢本 146.8cm×62.5cm
成交价 RMB 17,250,000

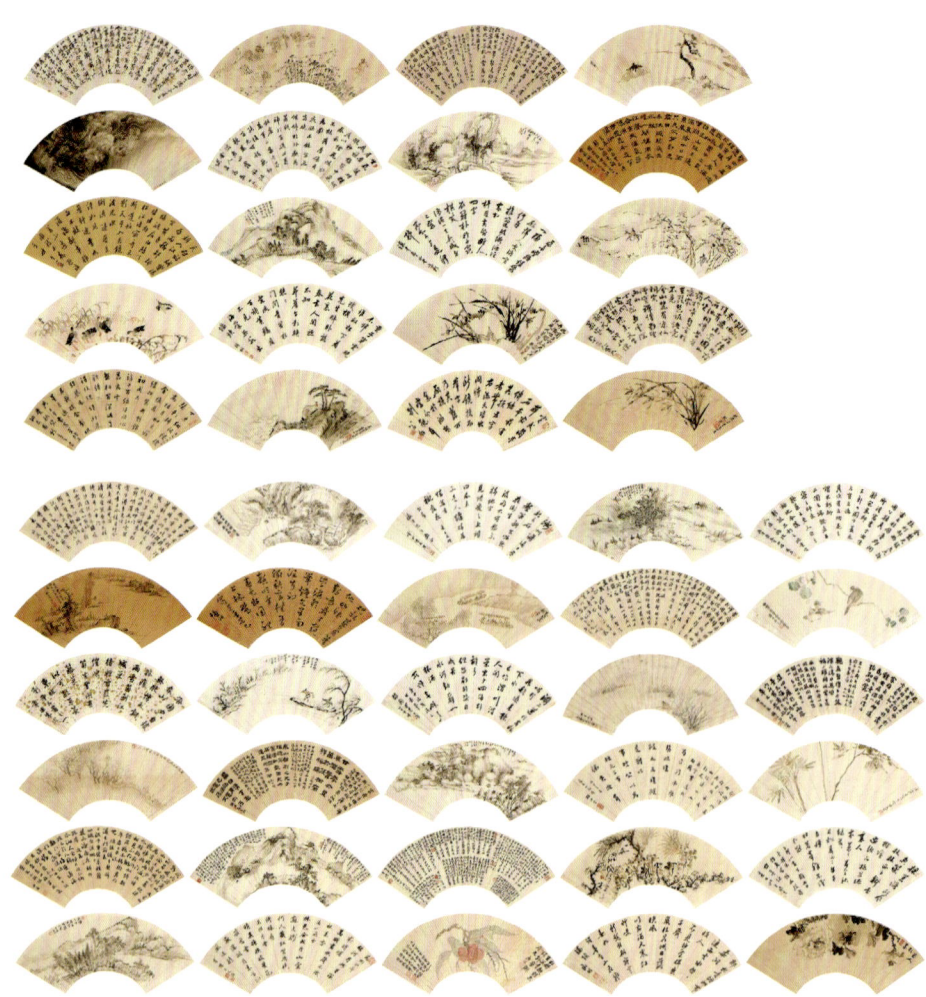

朱廷梁 等 书法、书法 等扇面（共五十幅）
横滨国际 2021/04/15 LOT 2556
扇面 水墨纸本 尺寸不一
成交价 JPY 96,112,500 RMB 5,777,322

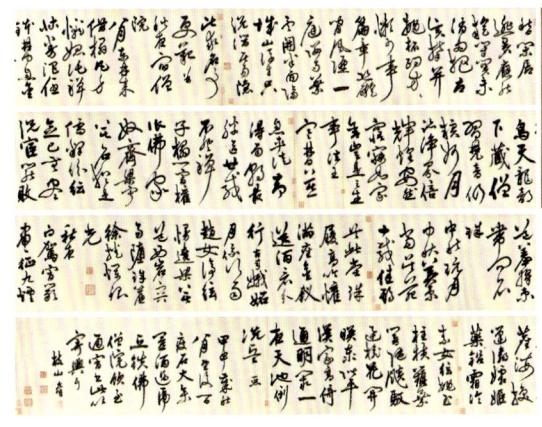

祝允明 草书自作诗卷
北京保利　2021/06/06　LOT 1959
手卷 水墨纸本　31cm×662cm
成交价　RMB 6,900,000

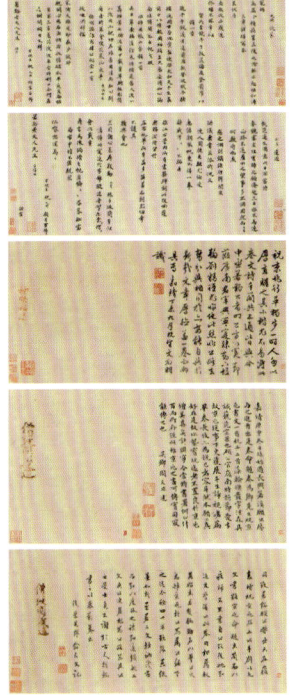

祝允明 楷书诗文手札卷
北京荣宝　2021/06/19　LOT 337
手卷 水墨纸本　信札一 24.8cm×61cm；
信札二 24.8cm×56.8cm；文徵明题跋 22.2cm×45cm；
周天球题跋 22.5cm×41.5cm；俞允文题跋 22.8cm×43.5cm
成交价　RMB 21,850,000

佚名 秋林牧童图
2021/12/12　LOT 1198
立轴 设色绢本　88cm×49cm
成交价　RMB 17,250,000

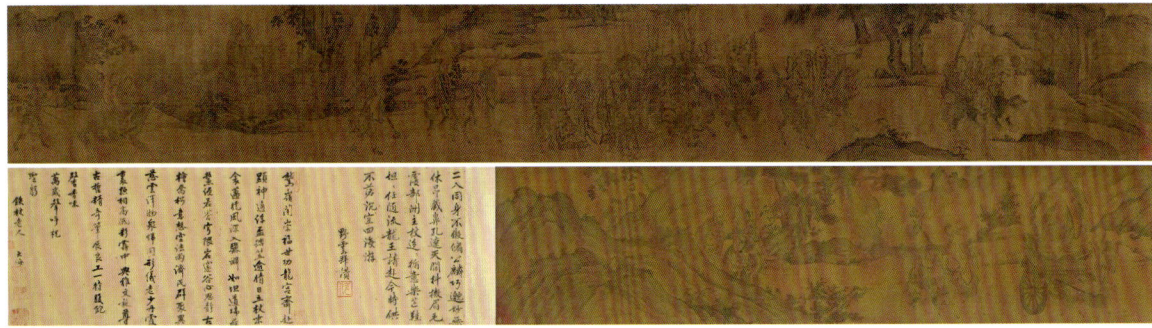

佚名 群仙赴会
上海朵云轩　2021/07/07　LOT 0556
手卷 水墨绢本　28.5cm×331cm
成交价　RMB 5,220,000

佚名　14-15 世纪 绢本水月观音
上海朵云轩　2021/07/07　LOT 1421
立轴 设色绢本　109cm×66cm
成交价　RMB 7,192,000

佚名　1793 年作 钦命中正殿绘罗古罗尊者像
北京华艺　2021/06/05　LOT 819
镜心 设色布本　裱边 122.5cm×68.1cm；
画像 82.5cm×56cm；题跋 27.5cm×57.5cm
成交价　RMB 5,500,000

佚名　南宋 高士临眺
北京华艺　2021/06/05　LOT 804
团扇 设色绢本　直径 26.5cm
成交价　RMB 16,720,000

佚名　松下高士团扇
保利（厦门）　2021/05/06　LOT 128
团扇 设色绢本　直径 22.6cm
成交价　RMB 6,325,000

佚名　南宋 寻梅访友图
北京华艺　2021/06/05　LOT 805
镜片 设色绢本　24cm×24.5cm
成交价　RMB 12,980,000

佚名　金 芦鸭图
2021/12/04　LOT 2021
立轴 设色绢本　152.5cm×85cm
成交价　RMB 10,982,500

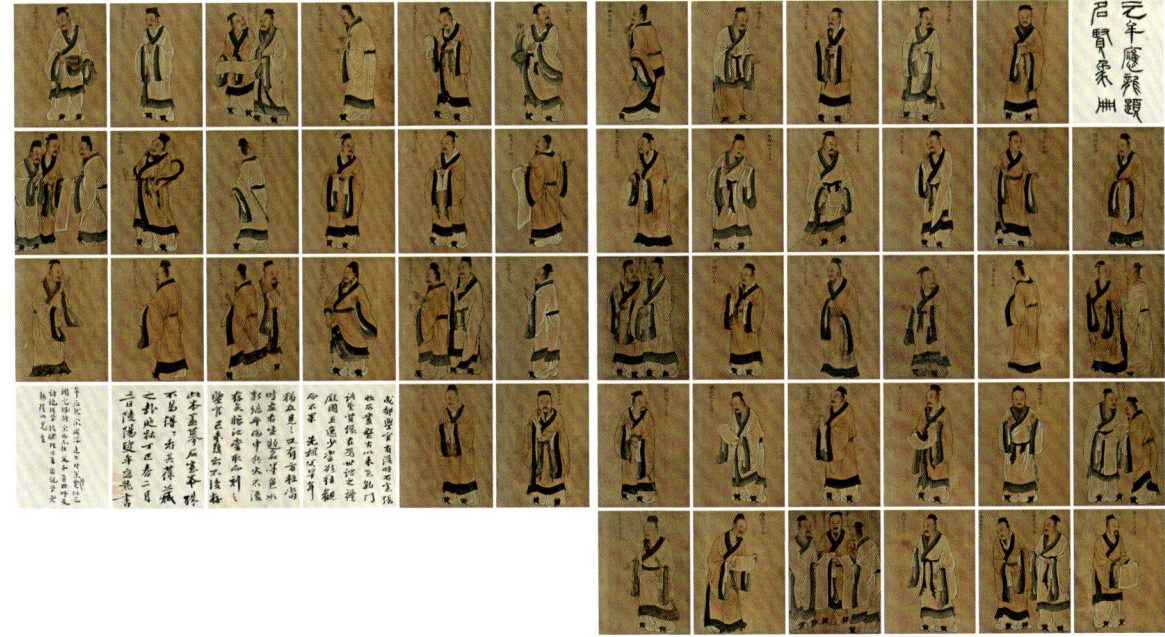

佚名　孔门名贤像册
北京保利　2021/06/06　LOT 1954
册页 设色绢本　尺寸不一
成交价　RMB 10,005,000

佚名　金井玉栏
北京保利　2021/06/06　LOT 1927
立轴　设色绢本　直径 25cm
成交价　RMB 5,290,000

佚名　高士观梅图
2021/12/12　LOT 1173
团扇　设色绢本　29cm×28.5cm
成交价　RMB 12,535,000

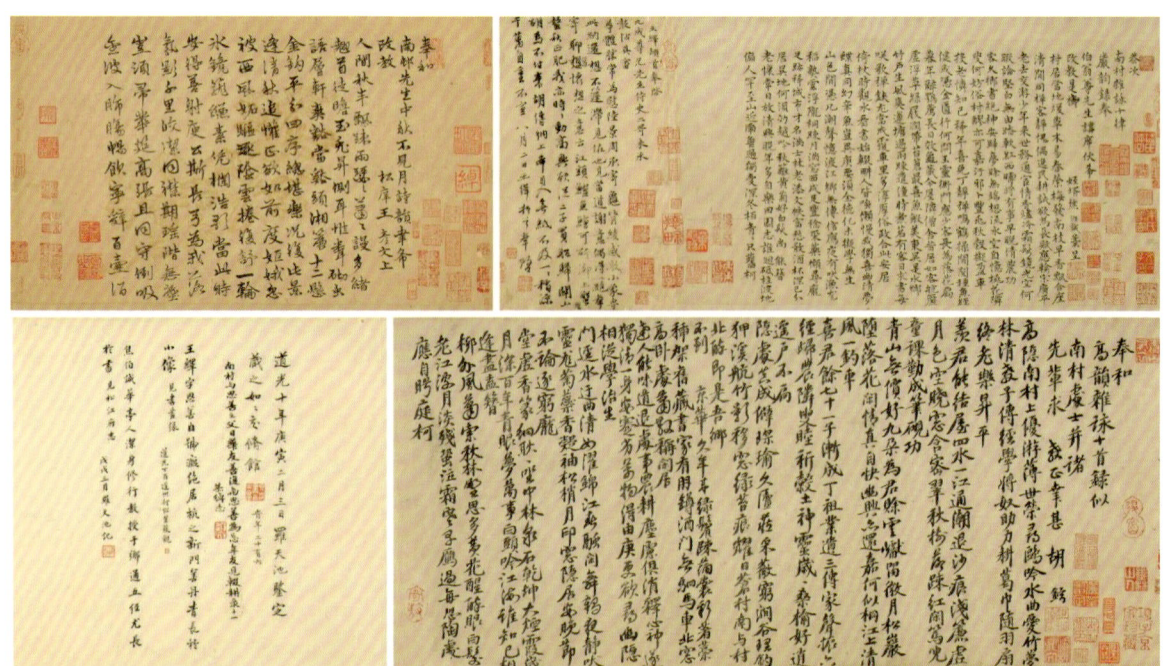

佚名　明初诸家和陶南村诗稿
佳士得 香港　2021/11/29　LOT 824
手卷　水墨纸本　28.5cm×64.5cm；28.2cm×55cm；28cm×41.5cm

成交价　HKD 41,050,000　RMB 34,095,720

白雪石　千峰竞秀万树争春
中国嘉德　2021/12/10　LOT 325
镜心 设色纸本　116cm×305cm
成交价　RMB 5,520,000

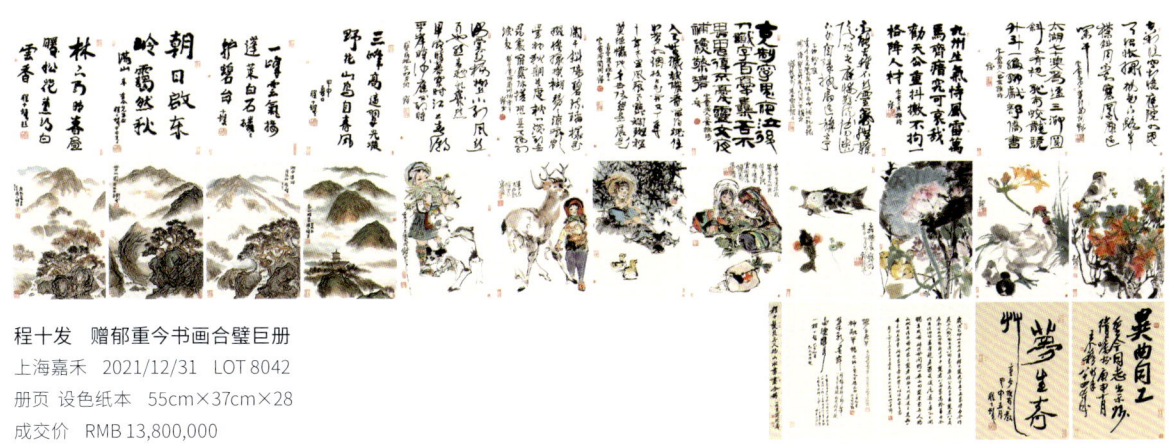

程十发　赠郁重今书画合璧巨册
上海嘉禾　2021/12/31　LOT 8042
册页 设色纸本　55cm×37cm×28
成交价　RMB 13,800,000

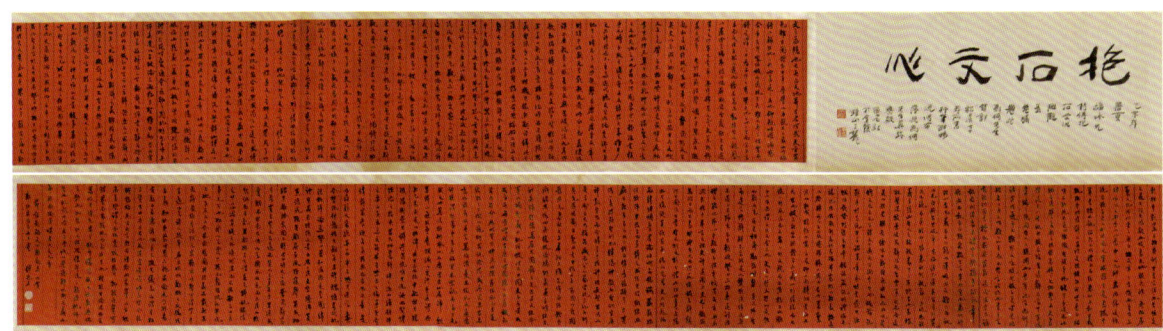

傅抱石　行书 刘勰《文心雕龙》
北京荣宝　2021/06/19　LOT 142
手卷 水墨纸本　题跋 32.5cm×76cm；本幅 32.5cm×348cm
成交价　RMB 6,900,000

傅抱石　1945 年作　为罗时慧作柳荫仕女图
北京保利　2021/12/03　LOT 3555
立轴 设色纸本　73.7cm×42cm
成交价　RMB 97,750,000

傅抱石　1945 年作　访石图
北京保利　2021/12/03　LOT 3550
立轴 设色纸本　150cm×41cm
成交价　RMB 17,250,000

傅抱石　1945 年作　秋声赋
北京保利　2021/06/05　LOT 1018
镜框 设色纸本　133.4cm×33.3cm
成交价　RMB 11,270,000

傅抱石　1947 年作　松下高士
北京荣宝　2021/06/19　LOT 317
镜心 设色纸本　89cm×56cm
成交价　RMB 6,900,000

傅抱石 1953 年作 屈原
北京保利 2021/06/05 LOT 1049
立轴 设色纸本 诗堂 26×84cm；画心 62×88cm
成交价 RMB 44,620,000

傅抱石 1948 年作 水阁围棋
广州华艺 2021/03/31 LOT 65
立轴 设色纸本 113cm×39cm
成交价 RMB 16,500,000

傅抱石 1947 年作 湘君图
北京荣宝 2021/06/19 LOT 318
立轴 设色纸本 64cm×33cm
成交价 RMB6,900,000

傅抱石 1965 年作 待细把江山图画
北京荣宝 2021/06/19 LOT 316
立轴 设色纸本 81cm×89.5cm
成交价 RMB 23,000,000

傅抱石　1962 年作　韶山
北京华辰　2021/12/08　LOT 452
镜心 设色纸本　42cm×71.5cm
成交价　RMB 9,315,000

傅抱石　1962 年作　湘夫人
上海明轩　2021/12/30　LOT 196
立轴 设色纸本　80cm×56cm
成交价　RMB 8,050,000

傅抱石　1964 年作　韶山关公桥
广州华艺　2021/03/31　LOT 64
镜框 设色纸本　68cm×93cm
成交价　RMB 45,650,000

傅抱石　1961 年作　延安图
北京荣宝　2021/06/19　LOT 315
立轴 设色纸本　45.3cm×68.6cm
成交价　RMB 16,100,000

傅抱石　1962 年作　玄武湖之春

北京保利　2021/06/05　LOT 1048

镜心 设色纸本　110cm×52cm

成交价　RMB 23,575,000

傅抱石　1965 年作　井冈山黄洋界

北京保利　2021/06/05　LOT 1062

立轴 设色纸本　89cm×48cm

成交价　RMB 5,980,000

傅抱石　1965 年作　换了人间

北京保利　2021/06/05　LOT 1064

镜心 设色纸本　97cm×40cm

成交价　RMB 7,015,000

傅抱石　1965 年作　江山多娇

北京永乐　2021/05/20　LOT 931

立轴 设色纸本　33cm×45.5cm

成交价　RMB 8,222,500

傅抱石　镜泊飞泉
中贸圣佳　2021/05/21　LOT 879
立轴　水墨纸本　81cm×106cm
成交价　RMB 9,200,000

傅抱石　杜牧诗意
中国嘉德　2021/05/19　LOT 785
立轴　设色纸本　89.5cm×44.5cm
成交价　RMB 9,775,000

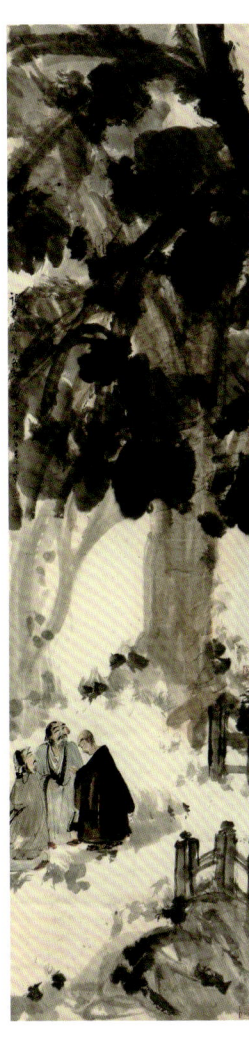

傅抱石　虎溪三笑图
北京保利　2021/12/03　LOT 3552
立轴　设色纸本　167cm×41cm
成交价　RMB 24,150,000

傅抱石　品茗图
中国嘉德　2021/05/19　LOT 786
镜心　设色纸本　143cm×34cm
成交价　RMB 17,250,000

傅抱石　镜泊飞泉图
西泠印社　2021/07/25　LOT 3589
镜片　设色纸本　97.5cm×180.5cm
成交价　RMB 28,520,000

傅抱石　天池瀑布

西泠印社　2021/01/16　LOT 2712

立轴　设色纸本　96.5cm×58cm

成交价　RMB 16,100,000

傅抱石　太白《庐山谣》诗意

苏富比香港　2021/04/21　LOT 2553

立轴　设色纸本　79.8cm×54.2cm

成交价　HKD 11,065,000　RMB 9,223,341

傅抱石　悬瀑鸣泉

佳士得香港　2021/11/30　LOT 1195

镜框　设色纸本　90cm×51.5cm

成交价　HKD 6,850,000　RMB 5,689,541

傅抱石　湘夫人

中国嘉德　2021/12/10　LOT 302

立轴　设色纸本　99cm×54cm

成交价　RMB 14,950,000

傅抱石　西园雅集
北京开拍　2021/03/21　LOT 409
镜心　设色纸本　54cm×80cm
成交价　RMB 23,000,000

傅抱石　雪景山水
佳士得巴黎　2021/06/09　LOT 98
立轴　设色纸本　128cm×41cm
成交价　EUR 680,000　RMB 5,301,885

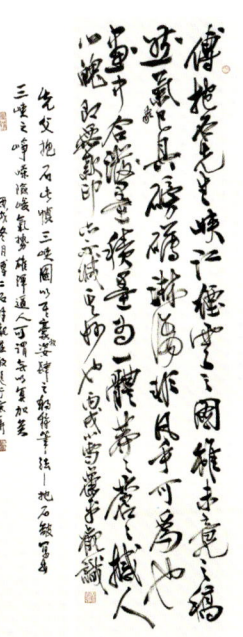

傅抱石　西陵峡
北京永乐　2021/05/20　LOT 935
镜心　设色纸本　132cm×150cm
成交价　RMB 9,200,000

傅抱石　春风杨柳万千条
中国嘉德　2021/12/10　LOT 299
镜心　设色纸本　99.5cm×54.5cm
成交价　RMB 5,290,000

傅抱石　松荫对弈
上海匡时　2021/12/29　LOT 285
立轴　水墨纸本　131cm×32.5cm
成交价　RMB 6,900,000

傅抱石　芙蓉国里尽朝晖
北京开拍　2021/03/21　LOT 438
镜心　水墨纸本　33cm×45cm
成交价　RMB 8,452,500

中国书画 ———— 近现代 ———— 关山月

关山月　1973 年作 俏不争春
北京荣宝　2021/06/19　LOT 301
立轴 设色纸本　140.5cm×99cm
成交价　RMB 18,975,000

关山月　黄河颂
广东崇正　2021/01/07　LOT 457
立轴 设色纸本　223.5cm×143.5cm
成交价　RMB 13,800,000

关山月　红梅
北京华艺　2021/06/04　LOT 927
镜片 设色纸本　96.5cm×152cm
成交价　RMB 11,550,000

何海霞　1994 年作　映日荷花别样红　通景六屏
广州华艺　2021/03/31　LOT 67
条屏　设色纸本　131cm×66cm×6
成交价　RMB 6,490,000

何海霞　岸岩千壁立
上海匡时　2021/12/29　LOT 216
镜心　设色纸本　143.5cm×365.5cm
成交价　RMB 20,470,000

何海霞　王维诗意图
北京华艺　2021/06/04　LOT 66
镜片　设色纸本　145cm×368cm
成交价　RMB 11,880,000

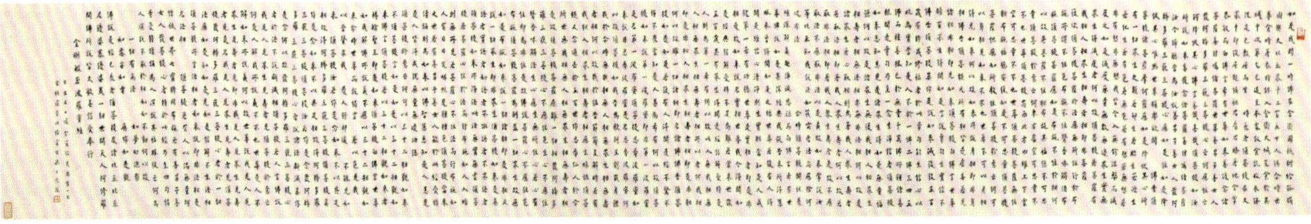

弘一 书法《金刚经》
北京文津阁 2021/03/26 LOT 88
册页 水墨纸本 43.5cm×265cm
成交价 RMB 18,170,000

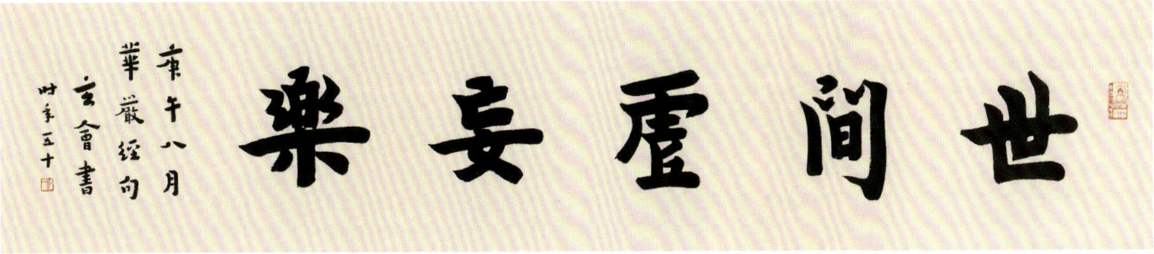

弘一 楷书"世间虚妄乐"
中贸圣佳 2021/05/21 LOT 850
横额 水墨纸本 30cm×136.5cm
成交价 RMB 7,820,000

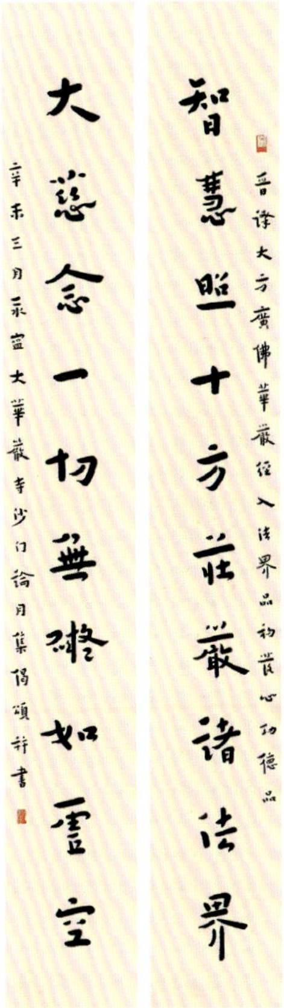

弘一 1931年作 楷书十言
上海朵云轩 2021/07/07 LOT 0527
对联 水墨纸本 141.5cm×19cm×2
成交价 RMB 6,032,000

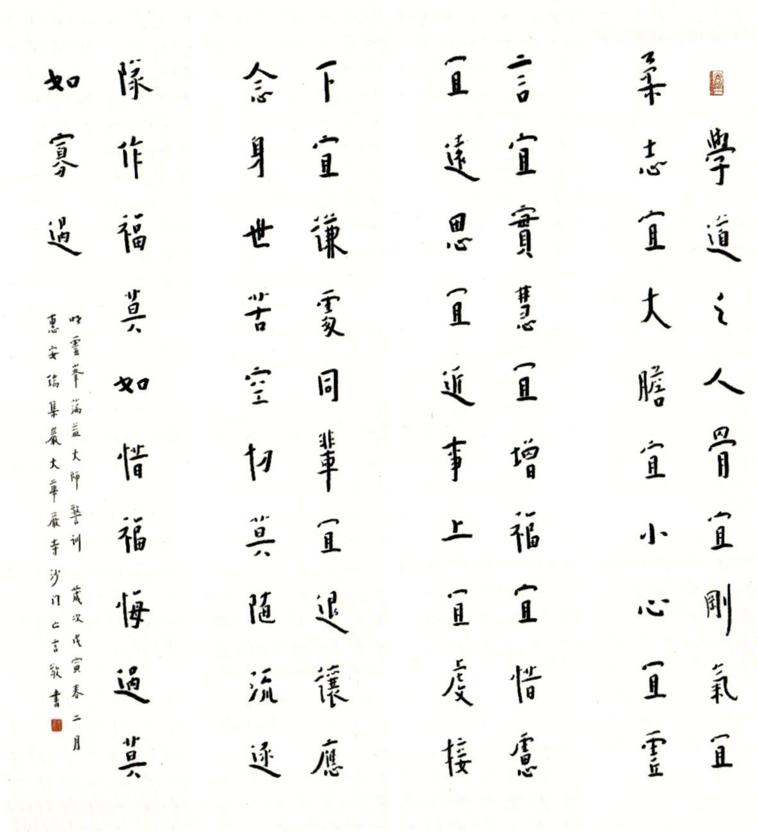

弘一 行书《蕅益大师警训》
北京保利 2021/12/03 LOT 3396
立轴 水墨纸本 145cm×33cm×4
成交价 RMB 5,980,000

弘一　行书偈语联句
十竹斋（北京）　2021/05/29　LOT 1510
立轴 纸本水墨　62.5cm×98.5cm
成交价　RMB 12,880,000

弘一　行书《华严经》偈颂四屏
十竹斋（北京）　2021/12/09　LOT 1318
立轴 水墨纸本　124.5cm×36cm×4
成交价　RMB 14,720,000

黄宾虹　1952 年作　溪亭高逸图
北京保利　2021/06/05　LOT 1087
立轴 设色纸本　96cm×45cm
成交价　RMB 7,820,000

黄宾虹　1947 年作　拟董北苑山水
上海嘉禾　2021/07/22　LOT 8059
手卷 设色纸本　34.5cm×137.5cm
成交价　RMB 19,205,000

黄宾虹 1929 年作 金陵春晓图
北京保利 2021/06/05 LOT 1086
立轴 设色纸本 147cm×58.5cm
成交价 RMB 5,060,000

黄宾虹 1949 作 黄山归耕图
北京保利 2021/12/03 LOT 3549
立轴 设色纸本 130.3cm×64.5cm
成交价 RMB 6,670,000

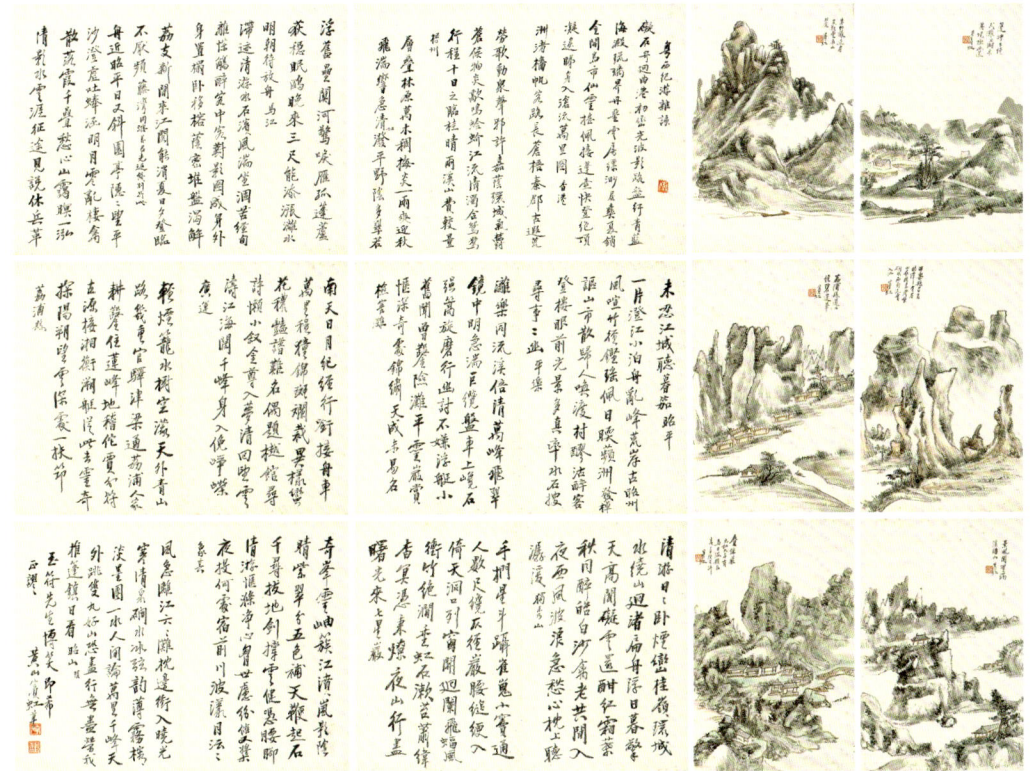

黄宾虹 桂海纪游诗画
佳士得香港 2021/11/30 LOT 1076
册页 设色纸本
画 33.3cm×22 cm×6; 书法 33.3cm×44 cm×6
成交价 HKD 8,650,000 RMB 7,184,603

中国书画 — 近现代 — 黄宾虹

中国收藏
拍卖年鉴 2022

CHINESE FINE ART &
ANTIQUES AUCTION
YEARBOOK 2022

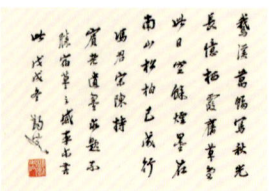

**黄宾虹　为冯宗陈作墨笔山水
并马一浮《行书七言诗》**
中国嘉德　2021/12/10　LOT 311
镜心　水墨纸本　103cm×48.5cm
成交价　RMB 11,270,000

黄宾虹 宿雨初收
中国嘉德　2021/12/10　LOT 310
立轴　设色纸本　27cm×31.5cm
成交价　RMB 8,740,000

黄宾虹　深山读书图
北京开拍　2021/03/21　LOT 451
立轴　设色纸本　96cm×57cm
成交价　RMB 8,970,000

黄宾虹　约 1947 年作 幽林深处
北京永乐　2021/12/02　LOT 331
立轴　设色纸本　73.5cm×33cm
成交价　RMB 11,500,000

黄宾虹　湖山欲雨
中国嘉德　2021/05/19　LOT 795
立轴　设色纸本　68cm×30.5cm
成交价　RMB 8,280,000

黄宾虹　西山垂钓图
中国嘉德（香港）　2021/04/22　LOT 254
立轴　设色纸本　68cm×33.5cm
成交价　HKD 7,475,000　RMB 6,230,861

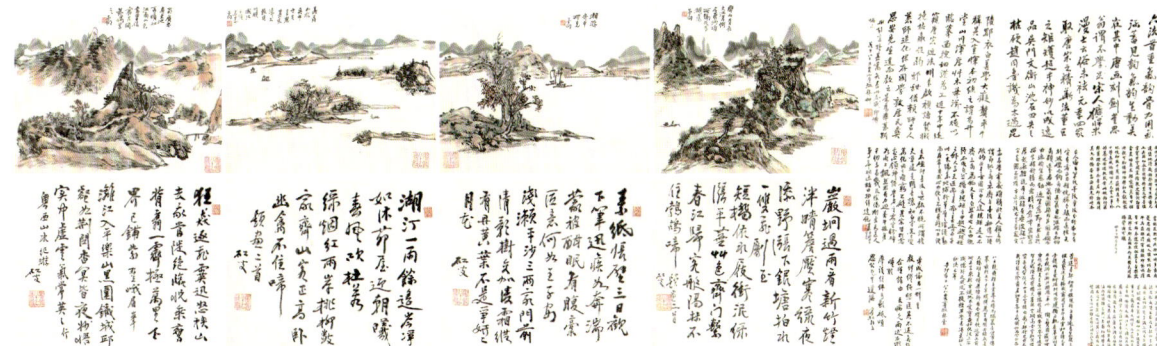

黄宾虹 致陶广书画册（八十感言书画册及手书画论十九开）局部
上海嘉禾 2021/07/22 LOT 8060
册页 设色纸本 37cm×34cm；31.5cm×12cm×12；26cm×18cm×6
成交价 RMB 8,740,000

黄宾虹 黄山松谷纪游
上海匡时 2021/07/08 LOT 301
立轴 设色纸本 90cm×48cm
成交价 RMB 11,040,000

黄宾虹 蜀游山水
中国嘉德 2021/12/10 LOT 312
立轴 设色纸本 151cm×82cm
成交价 RMB 24,725,000

黄君璧　1973 年作　黄山瀑布
北京荣宝　2021/12/02　LOT 640
镜心 设色纸本　86.8cm×180cm
成交价　RMB 7,475,000

黄胄　1975 年作　公社种鸡场
北京保利　2021/06/05　LOT 1067
镜心 设色纸本　139cm×69cm
成交价　RMB 5,290,000

黄胄　1977 年作　草原颂歌图
北京永乐　2021/12/02　LOT 306
镜心 设色纸本　123cm×68cm
成交价　RMB 18,630,000

黄胄　广阔天地大有作为
广东崇正　2021/12/15　LOT 354
立轴 设色纸本　142.5cm×80cm
成交价　RMB 10,465,000

黄胄　丰收运粮图
西泠印社　2021/01/16　LOT 2727
横披　设色纸本　69.5cm×138cm
成交价　RMB 5,060,000

黄胄　育羔图
北京保利　2021/12/03　LOT 3567
立轴　设色纸本　179.7cm×96.3cm
成交价　RMB 14,950,000

黄胄　1976 年作　驯马图
北京保利　2021/06/05　LOT 1069
镜心　设色纸本　204.5cm×141cm
成交价　RMB40,825,000

中国收藏
拍卖年鉴
2022

CHINESE FINE ART &
ANTIQUES AUCTION
YEARBOOK 2022

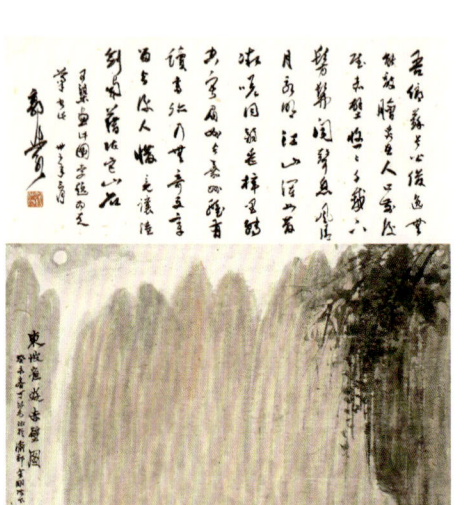

李可染　1943 年作 东坡夜游赤壁图
北京永乐　2021/05/20　LOT 938
镜心 设色纸本　画心 63cm×55cm；诗堂 26cm×55cm
成交价　RMB 5,175,000

李可染　1963 年作 黄山
北京荣宝　2021/12/02　LOT 617
镜心 设色纸本　70cm×46.5cm
成交价　RMB 8,682,500

李可染　1964 年作 漓江渔歌图
北京荣宝　2021/06/19　LOT 314
镜心 设色纸本　73cm×50cm
成交价　RMB 6,325,000

李可染　1965 年作 雨后复斜阳
北京荣宝　2021/06/19　LOT 312
镜心 设色纸本　69cm×46cm
成交价　RMB 11,500,000

李可染　1965 年作　江南鱼米之乡
北京荣宝　2021/06/19　LOT 311
立轴 设色纸本　69.7cm×46.2cm
成交价　RMB 15,065,000

李可染　1987 年作　峡江万里图
上海嘉禾　2021/07/22　LOT 8089
镜框 设色纸本
画心 99cm×67.5cm；诗堂 37.5cm×67.5cm
成交价　RMB 17,825,000

李可染　1986 年作　高岩飞瀑图
上海嘉禾　2021/12/31　LOT 8048
水墨纸本 镜片　128cm×68cm
成交价　RMB 34,040,000

李可染　1978 年作　黄海烟霞
北京保利　2021/06/05　LOT 1115
镜心 设色纸本　69cm×46cm
成交价　RMB 13,800,000

中国收藏
拍卖年鉴
2022
CHINESE FINE ART &
ANTIQUES AUCTION
YEARBOOK 2022

中国书画 —— 近现代 —— 李可染

李可染　1989 年作　巍巍万重山
北京保利　2021/06/05　LOT 1059
镜心 设色纸本　76.5cm×105cm
成交价　RMB 48,300,000

李可染　兰亭图
北京保利　2021/12/03　LOT 3546
镜心 设色纸本　85cm×52cm
成交价　RMB 17,020,000

李可染　日出东方
北京保利　2021/12/03　LOT 3544
138.5cm×62.5cm
成交价　RMB 40,250,000

李可染　黄海烟云
中国嘉德　2021/12/10　LOT 313
镜心 设色纸本　69cm×54cm
成交价　RMB 5,175,000

中国书画 —— 近现代 —— 李可染

李可染　春雨江南图

广东崇正　2021/01/07　LOT 83

镜片 设色纸本　68cm×45cm

成交价　RMB 7,935,000

李可染　江山览胜图

十竹斋（北京）　2021/12/09　LOT 1360

立轴 设色纸本　92cm×62cm

成交价　RMB 13,340,000

李可染　蜀山春雨图

北京保利　2021/12/03　LOT 3547

镜心 设色纸本　83cm×50cm

成交价　RMB 7,820,000

李可染　黄山奇峰

北京保利　2021/12/03　LOT 3545

立轴 设色纸本　68cm×46cm

成交价　RMB 8,740,000

中国收藏
拍卖年鉴
2022

CHINESE FINE ART &
ANTIQUES AUCTION
YEARBOOK 2022

李苦禅　1973 年作 英姿飒爽
北京保利　2021/12/03　LOT 3598
立轴 设色纸本　161cm×144 cm
成交价　RMB 9,660,000

林风眠　戏曲人物
佳士得香港　2021/11/30　LOT 1065
镜心 彩墨纸本　65cm×65 cm
成交价　HKD 6,250,000　RMB 5,191,187

林风眠　闹天宫
苏富比香港　2021/10/11　LOT 3062
镜心 彩墨纸本　42cm×51cm
成交价　HKD 9,613,000　RMB 7,984,461

林风眠　宝莲灯
佳士得香港　2021/11/30　LOT 1142
镜心 彩墨纸本　65.5cm×65.5 cm
成交价　HKD 6,850,000　RMB 5,689,541

中国书画

近现代

林风眠

林风眠　人物风景花鸟册
上海嘉禾　2021/11/14　LOT 241
册页 彩墨纸本　画 34cm×34cm×10；书法 35cm×35cm×11
成交价　RMB 18,000,000

林风眠　八美图（一组八件）
中国嘉德（香港）　2021/04/23　LOT 36
镜框 彩墨纸本　34.5cm×34.5cm×8
成交价　HKD 7,590,000　RMB 6,326,720

林风眠　荷花图
中国嘉德（香港）　2021/10/12　LOT 32
镜心　彩墨纸本　69cm×137.5 cm
成交价　HKD 11,850,000　RMB 9,842,491

林风眠　风景
苏富比香港　2021/10/11　LOT 3063
镜心　彩墨纸本　41.3cm×50cm
成交价　HKD 6,225,000　RMB 5,170,422

林风眠　火烧赤壁
苏富比香港　2021/04/18　LOT 1011
立轴　彩墨纸本　68.9cm×68.7cm
成交价　HKD 9,855,000　RMB 8,214,734

林风眠　荷塘
苏富比香港　2021/04/21　LOT 2620
镜框　彩墨纸本　68.6cm×69.8cm
成交价　HKD 6,830,000　RMB 5,693,215

刘旦宅 击鞠图
中国嘉德 2021/05/19 LOT 781
立轴 设色纸本 68cm×134.5cm
成交价 RMB 8,280,000

陆俨少 1952 年作 代耕小组
北京华艺 2021/06/04 LOT 928
立轴 设色纸本 131.5cm×65.5cm
成交价 RMB 25,850,000

陆俨少 春山涧道
上海朵云轩 2021/12/30 LOT 663
立轴 设色纸本 137cm×68cm
成交价 RMB 5,175,000

陆俨少 巫峡云涛
上海匡时 2021/07/08 LOT 218
镜片 设色纸本 97cm×180cm
成交价 RMB 12,075,000

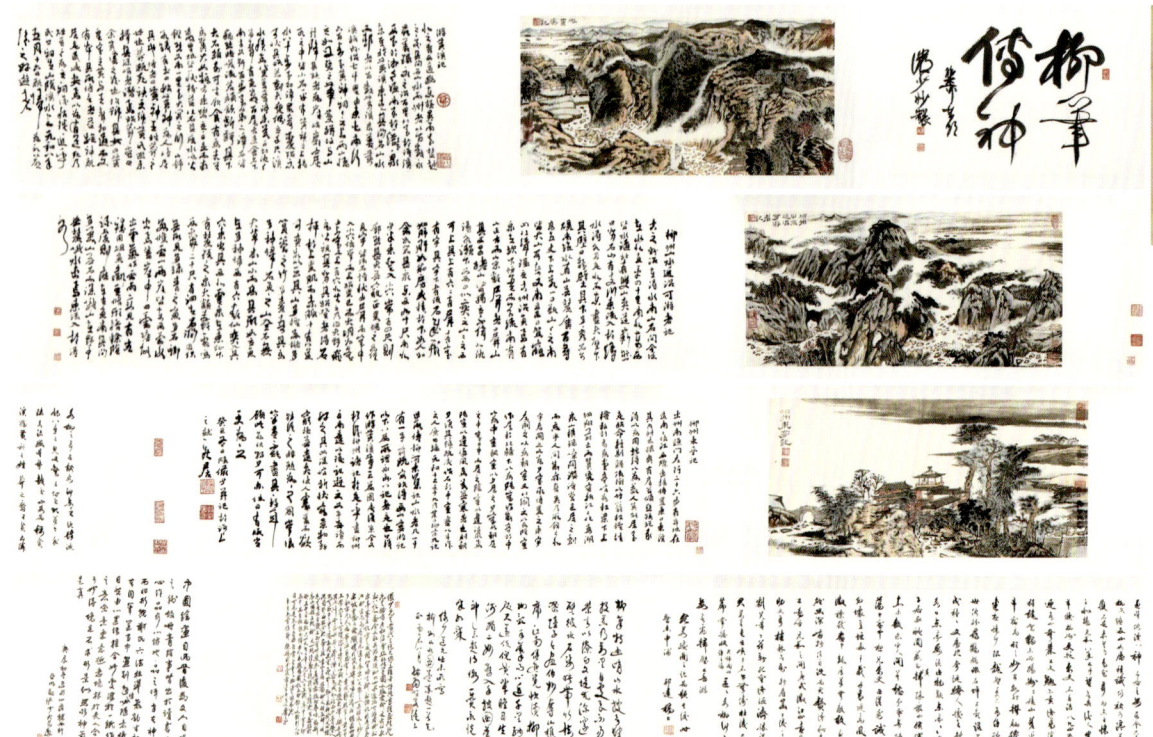

陆俨少　柳文三记
北京保利　2021/06/05　LOT 1096
手卷 设色纸本　引首 26cm×39cm；画心 26cm×54cm×3；题跋 26cm×183cm
成交价　RMB 5,520,000

陆俨少　江山胜景册
上海匡时　2021/12/29　LOT 292
册页 设色纸本　38cm×54cm×12
成交价　RMB 13,800,000

陆俨少　皖南风光
上海匡时　2021/12/29　LOT 221
立轴 设色纸本　137cm×70cm
成交价　RMB 8,165,000

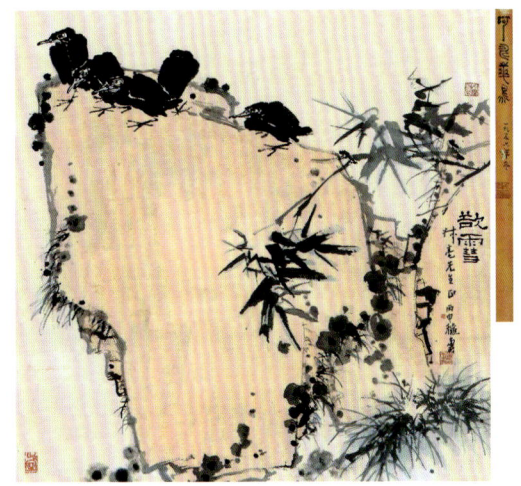

欧阳中石 水调歌头 井冈山
中鸿信 2021/07/14 LOT 224
镜心 水墨纸本 194cm×504cm
成交价 RMB 5,290,000

潘天寿 1956 年作 欲雪
广州华艺 2021/03/31 LOT 66
立轴 设色纸本 82cm×81cm
成交价 RMB 27,500,000

潘天寿 1962 年作 鸶憩顽石图
北京荣宝 2021/06/19 LOT 310
立轴 设色纸本 76cm×41cm
成交价 RMB 5,520,000

潘天寿 仿八大笔意
北京保利 2021/06/05 LOT 1098
镜心 设色纸本 71cm×45cm
成交价 RMB 17,825,000

潘天寿 指墨 红荷图
中国嘉德 2021/05/19 LOT 792
镜心 设色纸本 47.5cm×175cm
成交价 RMB 16,675,000

潘天寿　雨后江山铁铸成
中国嘉德　2021/05/19　LOT 744
立轴 设色纸本　74.5cm×51cm
成交价　RMB 13,800,000

潘天寿　指墨 红荷晴霞图
北京保利　2021/06/05　LOT 1037
立轴 设色纸本　133cm×50.5cm
成交价　RMB 15,870,000

潘天寿　鹰石图
北京保利　2021/12/03　LOT 3532
立轴 设色纸本　214cm×47cm
成交价　RMB29,325,000

潘天寿　竹谷图
佳士得香港　2021/11/30　LOT 1077
立轴 设色纸本　100cm×45.9 cm
成交价　HKD 11,650,000　RMB 9,676,373

潘天寿　映日
北京荣宝　2021/06/19　LOT 309
立轴 设色纸本　87.1cm×64.3cm
成交价　RMB19,550,000

潘玉良　1963 年作 双美娉婷
北京华艺　2021/06/05　LOT 8504
镜心 彩墨纸本　66.5cm×50cm
成交价　RMB 14,080,000

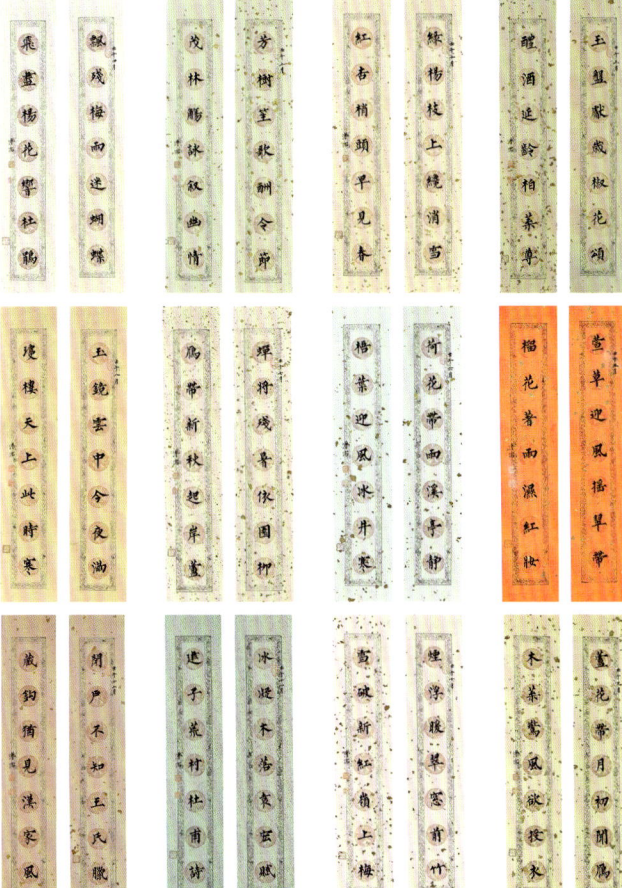

溥儒　楷书十二月令联
苏富比香港　2021/10/11　LOT 3164
对联 水墨纸本　61.5cm×11.8cm×24
成交价　HKD 9,734,000　RMB 8,084,963

溥儒　松岩访友
中国嘉德　2021/12/10　LOT 287
立轴 设色纸本　309cm×94cm
成交价　RMB 30,475,000

281

齐白石　1922 年作　老当益壮
北京荣宝　2021/12/02　LOT 624
立轴　设色纸本　105cm×41cm
成交价　RMB 5,750,000

齐白石　1931 年作　行书五言联
北京荣宝　2021/06/19　LOT 303
立轴　水墨纸本　133.5cm×27cm×2
成交价　RMB 7,130,000

齐白石　1950 年作　寿桃图
北京荣宝　2021/06/19　LOT 302
立轴　设色纸本　129.7cm×33cm
成交价　RMB 15,525,000

齐白石　1952 年作　荷花鸳鸯
北京荣宝　2021/06/19　LOT 328
立轴　设色纸本　181cm×56.7cm
成交价　RMB 23,575,000

齐白石　独立远瞩图
北京华辰　2021/12/08　LOT 427
立轴　水墨纸本　179cm×47.5cm
成交价　RMB 8,050,000

齐白石　柳牛图
保利香港　2021/04/23　LOT 453
立轴　水墨纸本　137cm×34.5cm
成交价　HKD 6,600,000　RMB 5,501,496

齐白石　1936 年作　工笔花虫册
北京华艺　2021/06/04　LOT 908
册页　设色纸本　34cm×34cm×8
成交价　RMB 20,350,000

齐白石　1950 年作　多寿图
北京永乐　2021/05/20　LOT 940
镜心　设色纸本　141cm×48.5cm
成交价　RMB 9,200,000

齐白石　博古四屏
中国嘉德　2021/12/10　LOT 339
条屏　设色纸本　99.5cm×34cm
成交价　RMB 17,250,000

齐白石　石榴大吉
北京荣宝　2021/12/02　LOT 613
立轴 设色纸本　135.5cm×33cm
成交价　RMB 5,980,000

齐白石　花果翎毛虫鱼册页
北京荣宝　2021/12/02　LOT 623
册页 设色纸本　32.5cm×33cm×8
成交价　RMB 20,700,000

齐白石　松柏独立图
北京保利　2021/12/03　LOT 3538
立轴 设色纸本　242.5cm×61cm
成交价　RMB 29,900,000

齐白石　多子、大利、大寿
北京荣宝　2021/12/02　LOT 607
立轴 设色纸本　68cm×33.5cm×3
成交价　RMB 6,900,000

齐白石　蔬果动物四屏
北京荣宝　2021/06/19　LOT 305
镜心　设色纸本　65.5cm×32.5cm×4
成交价　RMB 7,475,000

齐白石　蔬果花鸟册
北京荣宝　2021/06/19　LOT 350
册页　设色纸本　27cm×34cm×10
成交价　RMB 39,100,000

齐白石　送学图
北京保利　2021/12/03　LOT 3535
条屏　设色纸本　140cm×37cm
成交价　RMB 16,790,000

齐白石　灵雕苍肃
中国嘉德　2021/05/19　LOT 717
立轴　水墨纸本　171cm×47cm
成交价　RMB 18,400,000

285

齐白石　一帆风顺图
西泠印社　2021/01/16　LOT 2756
立轴 设色纸本　102cm×39.5cm
成交价　RMB 9,430,000

齐白石　喜上眉梢
北京保利　2021/12/03　LOT 3577
立轴 设色纸本　165cm×43cm
成交价　RMB 6,325,000

齐白石　夕阳晚归图
中国嘉德　2021/12/10　LOT 336
立轴 设色纸本　95.5cm×30cm
成交价　RMB 6,900,000

齐白石　太平
保利香港　2021/11/28　LOT 504
立轴 设色纸本　99cm×48.5cm
成交价　HKD 7,200,000　RMB 5,980,248

齐白石 玉兰斑鸠
北京保利 2021/12/03 LOT 3533
立轴 设色纸本 178cm×47cm
成交价 RMB 7,245,000

齐白石 钟馗
佳士得香港 2021/11/30 LOT 1154
立轴 设色纸本 101.2cm×33.4 cm
成交价 HKD 6,250,000 RMB 5,191,188

齐白石 紫藤蜜蜂图
北京荣宝 2021/12/02 LOT 614
立轴 设色纸本 75cm×29cm
成交价 RMB 5,750,000

齐白石 香卉佳果四屏
北京诚轩 2021/05/18 LOT 135
镜心 设色纸本 105.5cm×35.4cm×4
成交价 RMB 5,577,500

齐白石　杂画册
北京保利　2021/06/05　LOT 1090
册页　设色纸本　28cm×17cm×8
成交价　RMB8,050,000

齐白石　鸢尾蝴蝶图
中国嘉德　2021/12/10　LOT 331
立轴　设色纸本　99.5cm×33cm
成交价　RMB 7,590,000

齐白石　长年长年
北京华辰　2021/12/08　LOT 442
立轴　水墨纸本　105cm×42.5cm
成交价　RMB 6,095,000

齐白石　郑孝胥　菊花蜻蜓·楷书节录《述书赋》
中国嘉德　2021/12/10　LOT 338
扇面　设色纸本　23cm×67cm
成交价　RMB 5,175,000

齐白石 黄宾虹等 贞松永茂

北京荣宝 2021/12/02 LOT 622

册页 设色纸本 29.5cm×39cm×192

成交价 RMB 50,025,000

中国收藏
拍卖年鉴
2022

CHINESE FINE ART &
ANTIQUES AUCTION
YEARBOOK 2022

启功　山水八砚屏
北京荣宝　2021/06/19　LOT 15
条屏　设色纸本　22cm×7cm×8
成交价　RMB 5,635,000

启功　田世光　徐操　等　1947 年作　京都八条屏
北京荣宝　2021/12/02　LOT 609
立轴　设色绢本　201cm×42cm×8
成交价　RMB 6,785,000

饶宗颐　汉人吉语
苏富比香港　2021/10/11　LOT 3124
立轴　设色纸本　131cm×66.5cm×4
成交价　HKD 8,040,000　RMB 6,677,944

王雪涛　1941 年作　家园
北京银座　2021/09/24　LOT 608
镜心　设色纸本　117cm×203.5cm
成交价　RMB 5,750,000

石鲁　1962 年作　牧牛图
北京保利　2021/12/03　LOT 3564
立轴　设色纸本　198cm×52cm
成交价　RMB 9,200,000

王雪涛　争艳
北京保利　2021/06/05　LOT 1118
镜心　设色纸本　82cm×150cm
成交价　RMB 6,785,000

魏紫熙　1999 年作　黄洋界
北京保利　2021/12/03　LOT 3562
镜心　设色纸本　142cm×363cm
成交价　RMB 12,650,000

吴昌硕　1910 年作　春风满庭图
北京荣宝　2021/06/19　LOT 306
立轴　设色纸本　137cm×63cm
成交价　RMB 9,775,000

吴昌硕　1918 年作　石鼓文
上海嘉禾　2021/07/22　LOT 606
条屏　水墨纸本　171cm×59.5cm×6
成交价　RMB 11,500,000

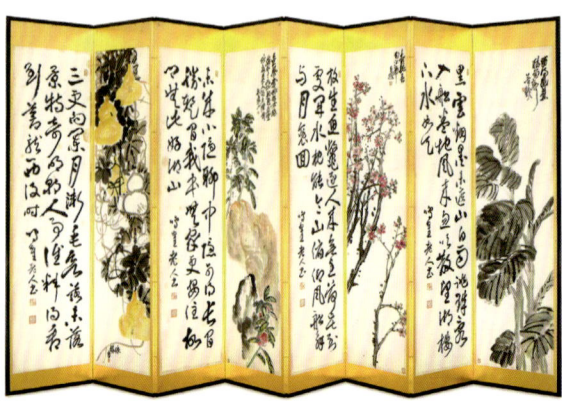

吴昌硕 日下部鸣鹤　花卉书法屏风
佳士得香港　2021/11/30　LOT 1161
条屏 设色纸本 150.5cm×40.3 cm×16
成交价　HKD 8,050,000　RMB 6,686,250

吴昌硕　三千年结实之桃
西泠印社　2021/01/16　LOT 2685
立轴 设色纸本　172cm×88cm
成交价　RMB 5,290,000

吴昌硕　石鼓文九言联
中国嘉德　2021/12/10　LOT 374
对联 设色纸本　244cm×55.5cm×2
成交价　RMB 8,050,000

吴昌硕　花卉四屏
中国嘉德　2021/12/10　LOT 353
条屏　设色纸本　187cm×48.5cm×4
成交价　RMB 18,400,000

吴昌硕　1923年作　行书八言联
北京荣宝　2021/06/19　LOT 307
立轴　水墨纸本　135.5cm×31cm×2
成交价　RMB 5,980,000

中国收藏
拍卖年鉴
2022

CHINESE FINE ART &
ANTIQUES AUCTION
YEARBOOK 2022

吴冠中　1988 年作　泼墨漓江
北京华艺　2021/06/04　LOT 929
镜片 设色纸本　65cm×130cm
成交价　RMB 5,280,000

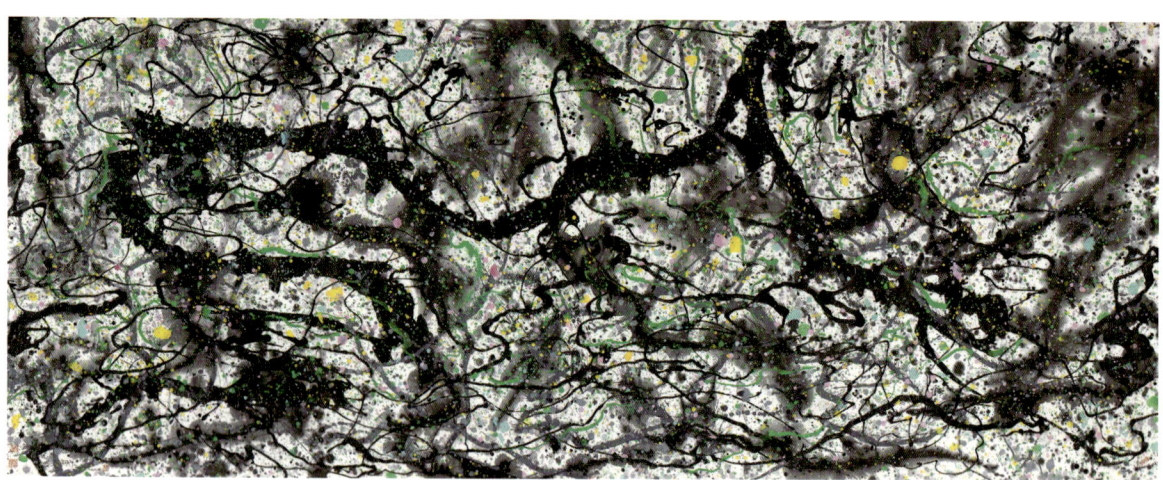

吴冠中　1994 年作　苏醒
北京永乐　2021/05/21　LOT 1808
立轴 纸本彩墨　150cm×360cm
成交价　RMB 115,000,000

吴冠中　泊岸
苏富比香港　2021/04/21　LOT 2621
镜框 设色纸本　67.7cm×138.4cm
成交价　HKD 8,040,000　RMB 6,701,822

吴冠中　20 世纪 80 年代作　松魂
北京永乐　2021/05/21　LOT 1809
立轴　纸本水墨　148cm×201cm
成交价　RMB 36,800,000

吴冠中　峨眉山月思李白
中国嘉德　2021/05/20　LOT 2068
立轴　彩墨纸本　139cm×68cm
成交价　RMB 6,670,000

吴冠中　江南小楼
中国嘉德　2021/12/10　LOT 191
镜心　设色纸本　68.5cm×53.5cm
成交价　RMB 5,635,000

297

中国书画 ········· 近现代 ········· 吴冠中

中国收藏
拍卖年鉴
2022

CHINESE FINE ART &
ANTIQUES AUCTION
YEARBOOK 2022

吴冠中　墙上春色
苏富比香港　2021/04/21　LOT 2622
镜框 设色纸本　45.4cm×111.4cm
成交价　HKD 8,645,000　RMB 7,206,126

吴冠中　水田
苏富比香港　2021/04/21　LOT 2523
镜框 设色纸本　68.2cm×137cm
成交价　HKD 8,645,000　RMB 7,206,126

吴冠中　清奇古怪
苏富比香港　2021/10/11　LOT 3144
镜框　设色纸本　68.1cm×137.8cm
成交价　HKD 12,275,000　RMB 10,195,493

吴冠中　长江三峡
佳士得香港　2021/05/27　LOT 1150
立轴　彩墨纸本　135.5cm×67.5cm
成交价　HKD 9,850,000　RMB 8,210,566

吴冠中　鲁迅故乡
苏富比香港　2021/04/21　LOT 2518
镜框　设色纸本　66.8cm×65.5cm
成交价　HKD 6,467,000　RMB 5,390,6330

吴湖帆　1939 年作　蜀葵倚姿
广州华艺　2021/03/31　LOT 63
镜框　设色金笺　69cm×31cm
成交价　RMB 7,590,000

吴湖帆　行书十言联　密林巨嶂图
上海匡时　2021/12/29　LOT 246
中堂　设色纸本　画 126cm×62cm；对联 131cm×20.5cm×2
成交价　RMB 13,225,000

吴湖帆　1958 年作　溪山秋晓
上海明轩　2021/12/30　LOT 33
镜心　设色纸本　23.5cm×98cm
成交价　RMB 15,525,000

谢稚柳　柳荫群马图
上海嘉禾　2021/12/31　LOT 8037
镜心 设色纸本　53cm×136cm
成交价　RMB 8,300,000

谢稚柳　荷塘鹡鸰
上海嘉禾　2021/11/14　LOT 162
镜心 设色纸本　103cm×290cm
成交价　RMB 29,670,000

徐悲鸿　1930 年作　风雨鸡鸣图

广东崇正　2021/07/19　LOT 617

立轴 设色纸本　81cm×48cm

成交价　RMB 8,395,000

徐悲鸿　古柏森然

苏富比香港　2021/10/11　LOT 3196

立轴 设色纸本　110.3cm×109.3cm

成交价　HKD 18,325,000　RMB 15,220,562

徐悲鸿　1932 年作　庐山泉石

北京华艺　2021/06/04　LOT 910

镜框 设色纸本　111cm×108cm

成交价　RMB 11,000,000

徐悲鸿　1933 年作　日暮倚修竹

北京永乐　2021/05/21　LOT 906

立轴 设色纸本　148cm×42cm

成交价　RMB 9,200,000

徐悲鸿　1943 年作　竹下雄鸡图
北京荣宝　2021/06/19　LOT 330
立轴　设色纸本　148cm×54cm
成交价　RMB 13,800,000

徐悲鸿　安危不动心
中国嘉德　2021/05/19　LOT 701
镜心　设色纸本　112cm×54cm
成交价　RMB 7,590,000

徐悲鸿　苍松双鹤·行书五言联一堂
中国嘉德　2021/05/19　LOT 705
中堂　设色纸本　画 129cm×77cm；对联 134.5cm×33.5cm×2
成交价　RMB 23,000,000

徐悲鸿　柏阴真龙
北京诚轩　2021/05/18　LOT 87
立轴　设色纸本　148.5cm×53cm
成交价　RMB 5,980,000

中国书画 —— 近现代 —— 徐悲鸿

徐悲鸿　双吉平安
苏富比香港　2021/10/11　LOT 3097
立轴 设色纸本　154.5cm×40.7cm
成交价　HKD 6,225,000　RMB 5,170,422

徐悲鸿　双鹫
北京保利　2021/06/05　LOT 1054
立轴 设色纸本　120cm×90.5cm
成交价　RMB 22,425,000

徐悲鸿　榕树双牛
北京保利　2021/12/03　LOT 3528
立轴 设色纸本　114cm×55cm
成交价　RMB 10,580,000

徐悲鸿　钟馗
北京保利　2021/06/05　LOT 1051
镜框 设色纸本　111cm×51.5cm
成交价　RMB 9,200,000

徐悲鸿　钟馗图
北京保利　2021/12/03　LOT 3570
立轴　设色纸本　105cm×60.5cm
成交价　RMB 11,500,000

徐悲鸿　雄鹰图
北京华艺　2021/12/11　LOT 57
立轴　设色纸本　130.5cm×76.5cm
成交价　RMB 7,130,000

于非闇　1955 年作 红杏枝头春意闹
北京保利　2021/12/03　LOT 3596
立轴　设色绢本　83cm×111cm
成交价　RMB 53,130,000

305

张大千　1940 年作　临石涛山水
北京银座　2021/09/24　LOT 632
立轴 设色纸本　132.5cm×67cm
成交价　RMB 5,117,500

张大千　1946 年作　赤壁夜游
北京荣宝　2021/06/19　LOT 554
立轴 设色纸本　116cm×67cm
成交价　RMB 5,750,000

张大千　1944 年作　湘女垂袖
北京永乐　2021/05/20　LOT 956
立轴 设色纸本　106cm×50.5cm
成交价　RMB 6,152,500

张大千　1946 年作　松阴敷坐
上海朵云轩　2021/07/07　LOT 0518
立轴 设色绢本　150cm×74cm
成交价　RMB 10,440,000

张大千　1945 年作　玉川品茶图

北京银座　2021/09/24　LOT 633

镜心　设色纸本　41cm×101.5cm

成交价　RMB 13,915,000

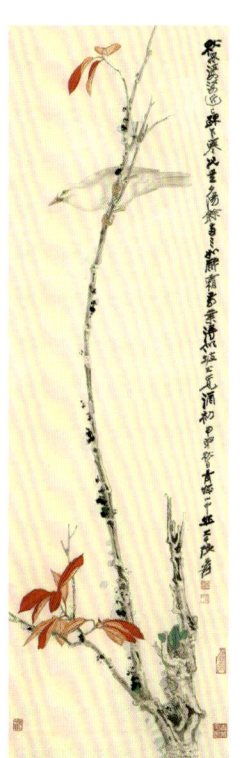

张大千　1944 年作　白头红叶图

北京荣宝　2021/06/19　LOT 319

立轴　设色纸本　120.5cm×37.5cm

成交价　RMB 11,270,000

张大千　1946 年作　竹溪六逸

北京荣宝　2021/06/19　LOT 321

立轴　设色纸本　155cm×78cm

成交价　RMB 10,350,000

张大千　1941 年作　文会图

北京永乐　2021/05/20　LOT 959

立轴　设色纸本　122cm×59cm

成交价　RMB 9,085,000

中国收藏
拍卖年鉴
2022

CHINESE FINE ART &
ANTIQUES AUCTION
YEARBOOK 2022

张大千　1949 年作　白衣观音
上海明轩　2021/12/30　LOT 195
立轴　水墨纸本　115cm×40cm
成交价　RMB 5,865,000

张大千　1949 年作　秋壑鸣泉
上海明轩　2021/12/30　LOT 37
立轴　设色纸本　115cm×56cm
成交价　RMB 8,625,000

张大千　1966 年作　秋山萧寺
北京荣宝　2021/06/19　LOT 323
立轴　设色纸本　194cm×102cm
成交价　RMB 7,475,000

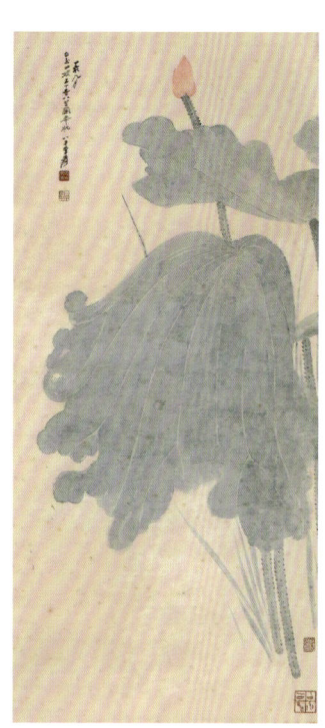

张大千　初荷
中贸圣佳　2021/05/21　LOT 871
镜心　设色纸本　124cm×56cm
成交价　RMB 6,785,000

张大千　临大涤子山水
佳士得香港　2021/11/30　LOT 1091
立轴　设色纸本　361.5cm×142 cm
成交价　HKD 8,650,000　RMB 7,184,603

张大千　1962 年作　黄山奇松通景

北京华艺　2021/06/04　LOT 921

立轴 设色纸本　207.5cm×148.5cm×2

成交价　RMB 53,350,000

张大千　春江钓艇

北京保利　2021/06/05　LOT 1004

镜心 彩墨纸本　27cm×48cm

成交价　RMB 5,290,000

中国收藏
拍卖年鉴
2022

CHINESE FINE ART &
ANTIQUES AUCTION
YEARBOOK 2022

张大千　碧塘白荷
佳士得香港　2021/11/30　LOT 1080
镜心 设色纸本　86cm×84.5 cm
成交价　HKD 12,250,000　RMB10,174,727

张大千　碧红之后的雾中风景
佳士得香港　2021/05/27　LOT 1059
立轴 设色纸本　213cm×75cm
成交价　HKD 25,450,000　RMB 21,214,102

张大千　峨眉三顶
北京荣宝　2021/12/02　LOT 638
立轴 设色纸本　133.5cm×70cm
成交价　RMB6,555,000

张大千　仿石溪山水
中国嘉德　2021/05/19　LOT 687
镜心 设色纸本　139cm×60cm
成交价　RMB 6,325,000

张大千 仿诸家山水八屏
北京保利 2021/12/03 LOT 3607
条屏 设色纸本 151cm×40.8cm×8
成交价 RMB 48,875,000

张大千 仿顾恺之醉舞图
中国嘉德 2021/12/10 LOT 289
立轴 设色纸本 124.5cm×60cm
成交价 RMB 40,250,000

张大千 冬岚幽居
中国嘉德 2021/12/10 LOT 296
镜心 彩墨纸本 45cm×53cm
成交价 RMB 5,750,000

中国收藏
拍卖年鉴
2022

CHINESE FINE ART &
ANTIQUES AUCTION
YEARBOOK 2022

张大千　丁未泼彩
北京保利　2021/12/03　LOT 3542
立轴 设色纸本　127cm×63cm
成交价　RMB 40,250,000

张大千　春雪初溶
中国嘉德（香港）　2021/10/13　LOT 424
镜心 彩墨纸本　43.5cm×58.5cm
成交价　HKD 21,210,000　RMB 17,616,813

张大千　春云晓霭
苏富比香港　2021/10/11　LOT 3065
镜心 彩墨纸本　100.5cm×140cm
成交价　HKD 21,4631,000　RMB 178,270,362

张大千　佛头青牡丹
苏富比香港　2021/10/11　LOT 3159
镜心 设色纸本　55cm×40.3cm
成交价　HKD 13,485,000　RMB 11,200,506

张大千　荷塘高士
北京保利　2021/12/03　LOT 3606
立轴 设色纸本　174cm×92cm
成交价　RMB 5,635,000

张大千　古寺听帆
北京保利　2021/12/03　LOT 3543
镜心 设色纸本　45cm×60cm
成交价　RMB 14,950,000

张大千　寒塘夕照
北京保利　2021/05/17　LOT 3025
镜心　设色金笺　43cm×60cm
成交价　RMB 5,405,000

张大千　江村滴翠
中国嘉德　2021/12/10　LOT 295
镜心　设色纸本　62.5cm×112.5cm
成交价　RMB 8,050,000

张大千　寥沈秋天
北京保利　2021/12/03　LOT 3559
立轴 设色纸本　117cm×65cm
成交价　RMB 9,085,000

张大千　摹莫高窟晚唐供养菩萨
北京保利　2021/12/03　LOT 3531
立轴 设色纸本　74.5cm×51cm; 27.5cm×51cm
成交价　RMB 13,800,000

张大千　李检法定林萧散图
华艺国际　2021/12/11　LOT 59
立轴 设色纸本　123cm×57cm
成交价　RMB 45,425,000

张大千　琼峰雪拥图
苏富比香港　2021/04/21　LOT 2595
镜框 泼墨纸本　53cm×41cm
成交价　HKD 12,275,000　RMB 10,231,949

张大千　泼彩钩金朱荷
北京保利　2021/12/03　LOT 3541
镜心　彩墨纸本　58cm×116cm
成交价　RMB 36,225,000

张大千　看山须看故山青
北京保利　2021/12/03　LOT 3560
立轴　设色纸本　103cm×50.7cm
成交价　RMB 6,440,000

张大千　青城南望
北京开拍　2021/03/21　LOT 485
镜心　设色纸本　156cm×82cm
成交价　RMB 20,700,000

张大千　菩萨
广东崇正　2021/12/15　LOT 307
镜心 设色纸本　50cm×72cm
成交价　RMB 9,660,000

张大千　巫峡清秋
上海匡时　2021/07/08　LOT 214
立轴 设色纸本　114cm×43cm
成交价　RMB 6,900,000

张大千　危峦耸秀
北京保利　2021/06/05　LOT 1055
镜框 彩墨纸本　44.5cm×52cm
成交价　RMB 6,440,000

张大千　山顶庙宇
佳士得香港　2021/05/24　LOT 22
立轴 彩墨金箔　127.7cm×63cm
成交价　HKD 209,100,000　RMB 174,297,396

中国书画 ———— 近现代 ———— 张大千

中国收藏
拍卖年鉴
2022

CHINESE FINE ART &
ANTIQUES AUCTION
YEARBOOK 2022

张大千　无象之象
苏富比香港　2021/04/21　LOT 2666
镜框　泼墨纸本　158cm×70cm
成交价　HKD 24,375,000　RMB 20,318,025

张大千　无量寿佛
上海匡时　2021/12/29　LOT 186
立轴　设色纸本　104cm×53cm
成交价　RMB 6,095,000

张大千　夏山高隐图
中国嘉德　2021/12/10　LOT 288
立轴　设色纸本　161cm×63cm
成交价　RMB 72,450,000

张大千　盛唐藻井
苏富比香港　2021/04/21　LOT 2671
镜框　设色绢本　62cm×64.5cm
成交价　HKD 6,225,000　RMB 5,188,911

张大千　松间见白龙
北京保利　2021/12/03　LOT 3561
立轴　设色纸本　172cm×93cm
成交价　RMB 10,580,000

张大千　秋曦图
中国嘉德　2021/12/10　LOT 297
镜心　彩墨纸本　88cm×183cm
成交价　RMB 195,500,000

张大千　云山居隐
佳士得香港　2021/11/30　LOT 1178
镜心　彩墨纸本　72.5cm×122.7cm
成交价　HKD 24,250,000　RMB 20,141,807

张大千　晓春
中国嘉德　2021/05/19　LOT 692
镜心　设色纸本　94cm×43cm
成交价　RMB 8,625,000

中国收藏
拍卖年鉴
2022

CHINESE FINE ART &
ANTIQUES AUCTION
YEARBOOK 2022

张大千　溪山云屋
十竹斋（北京）　2021/12/09　LOT 1355
立轴　设色纸本　132.5cm×52cm
成交价　RMB 6,325,000

张大千　溪山烟霭
北京保利　2021/05/17　LOT 3023
镜心　设色纸本　71cm×48cm
成交价　RMB 7,590,000

张大千　照殿红牡丹
苏富比香港　2021/10/11　LOT 3158
镜心　设色纸本　55cm×40.3cm
成交价　HKD 13,485,000　RMB 11,200,506

张大千　自画像与黑虎
苏富比香港　2021/04/18　LOT 8003
镜框　设色金笺　176cm×96cm
成交价　HKD 57,218,000　RMB 47,694,636

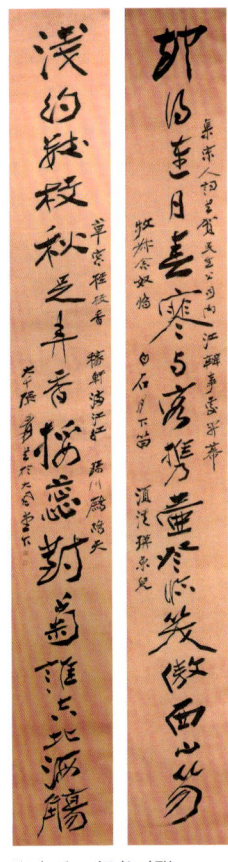

张大千　行书对联
邦瀚斯香港　2021/06/01　LOT 887
立轴　水墨笺本　352.8cm×47.2cm×2
成交价　HKD 7,812,500　RMB 6,512,188

张大千　闲吟策杖倚天风
北京保利　2021/12/03　LOT 3558
立轴　设色纸本　82cm×41.5cm
成交价　RMB 18,975,000

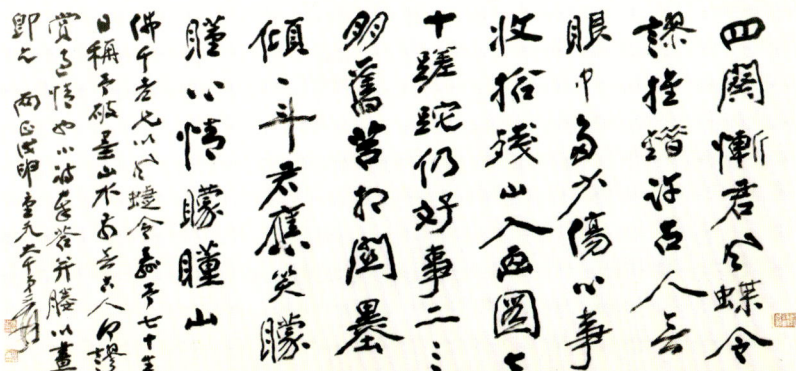

张大千　五亭山色图·行书风蝶七律诗
北京保利　2021/06/05　LOT 1056
镜心　彩墨纸本　62cm×128cm×2
成交价　RMB 19,550,000

中国收藏
拍卖年鉴
2022

CHINESE FINE ART &
ANTIQUES AUCTION
YEARBOOK 2022

中国书画 —— 当代 —— 陈家泠 范曾 冯大中

陈家泠　西柏坡
上海嘉禾　2021/11/14　LOT 288
条屏　设色纸本　200cm×500cm
成交价　RMB 12,000,000

范曾　2002 年作　苏子侣鹤图
北京华艺　2021/06/04　LOT 68
镜心　设色纸本　147cm×370cm
成交价　RMB 11,440,000

冯大中　1993 年作　秋水长天
北京荣宝　2021/12/02　LOT 3068
镜心　设色纸本　152.5cm×313cm
成交价　RMB 6,325,000

姜国华　2018 年作　戊戌年集宝珠花卉册山水册
保利（厦门）　2021/05/06　LOT 392
册页 设色纸本　84cm×60cm×13
成交价　RMB 11,500,000

李华弋　2018 年作　逸意宁远（一）
苏富比香港　2021/04/18　LOT 1030
纸本 水墨　175.5cm×369.7cm
成交价　HKD 11,065,000　RMB 9,223,341

刘广　林亭豪逸
北京保利　2021/06/06　LOT 933
镜心 水墨纸本　123cm×239cm
成交价　RMB 5,520,000

中国书画 ———— 当代 ———— 刘国松　卢禹舜　沈勤

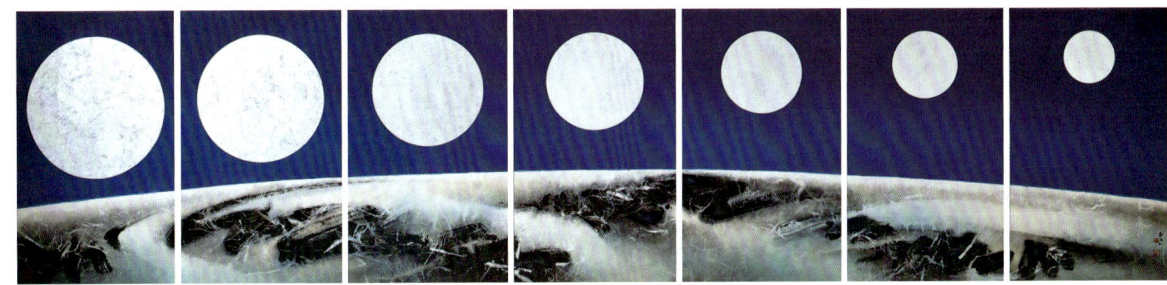

刘国松　1972—1979 年作　如来
苏富比香港　2021/04/18　LOT 1053
纸本 综合媒材　94cm×392cm
成交价　HKD 8,645,000　RMB 7,206,126

卢禹舜　2012 年作　天地大美
北京华艺　2021/06/04　LOT 75
镜心 设色纸本　143.5cm×543.5cm
成交价　RMB 20,350,000

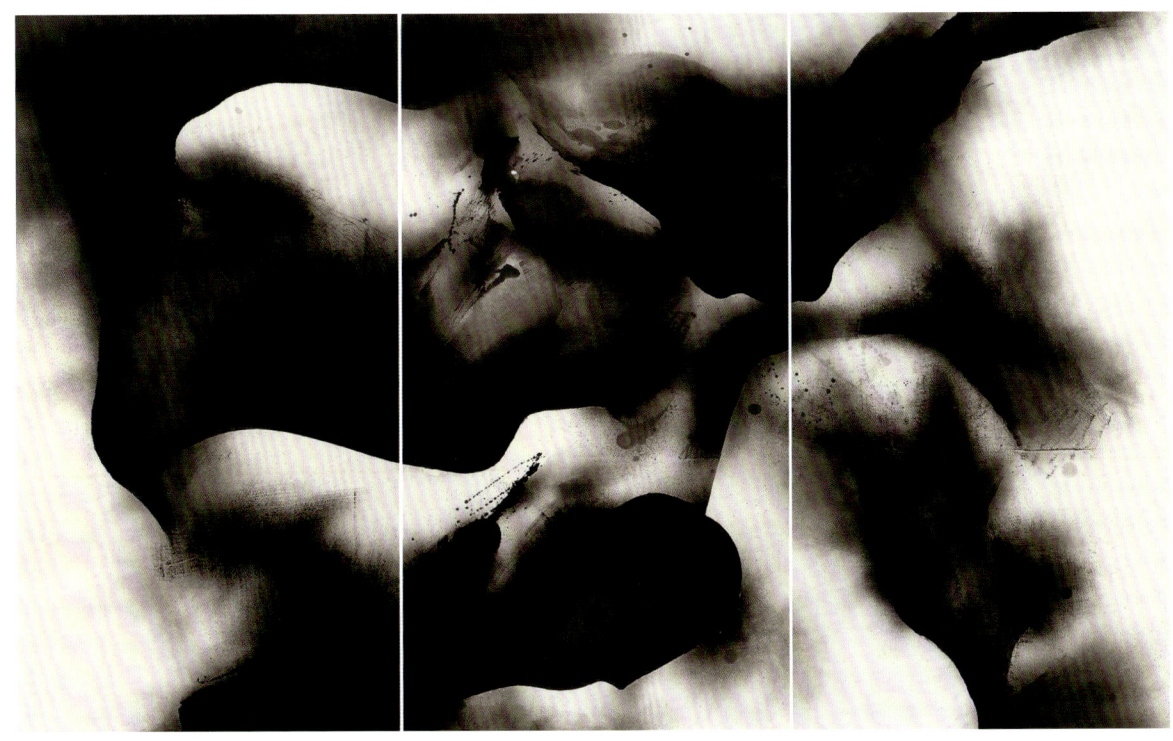

沈勤　1985 年作　黑白 · 山
北京华艺　2021/12/10　LOT 8512
水墨纸本　184cm×290cm
成交价　RMB 5,520,000

常玉　20 世纪 30 年代初作　群马

北京华艺　2021/6/5　LOT 8510
纤维板　油画　110cm×103cm
成交价　RMB 198,000,000

著 录

1. 巴黎《VU》杂志，第 204 期，1932 年，第 179 页。
2. 台北《常玉油画全集》，国巨基金会、大未来艺术出版社，2001 年，第 56 页。
3.《常玉》，河北教育出版社，2007 年，第 57 页。
4.《先锋·颓废》，河北教育出版社，2009 年，第 155 页。
5.《世界名画家——常玉》，河北教育出版社，2010，第 106 页。
6.《常玉——寄黑 藏白 醉粉红》，大未来林舍画廊艺术有限公司，2018，第 298 页。

流传序列

1. 法国藏家购于第四十三届独立沙龙展览会
2. 亚洲私人收藏

展 览

"第 43 届独立沙龙展览"，巴黎，1932 年，3655 号作品

按 语

　　裸女、花卉与动物是常玉笔下最常见的三大题材，他一生创作了 84 幅动物题材的油画作品，其中"马"是常玉动物作品中最钟爱的题材。常玉对"马"的钟爱，富有浓厚的个人情感因素，常玉的父亲以画马享誉家乡南充，马的形象在早年已深深铭刻在常玉的童年记忆中，根植于其美学思想中。在他以"马"为题材的 34 幅作品中，关于群马的作品仅有 6 幅，此幅《群马》是其中刻画最为细致，且用色极其独特的一幅。

　　《群马》描绘了七匹马儿在明媚的金色原野上，悠然嬉戏的场景。常玉以明媚绮丽的橘红作为主色，通过橘红和浅橘黄两种色彩的对比，对空间进行切分，用简洁的线条勾勒出阳光照耀下的金色原野、湖泊、沙洲等景象。整幅画面通过简括的马儿造型和色彩的层次转折，将西方现代艺术中几何形态和纯度色彩，与中国传统绘画中"留白"的独特空间观念相结合，营造出一个极富想象力的空间，展现了中西艺术技法与观念的融合之美。

　　《群马》所描绘的空澄原野是一片自由的天地，马儿无缰骄骜，徜徉于天地之中。马儿形象简约概括，两两相依、三五成群，或腾跃、或俯首、或屈腿，形态生动，妙趣横生。画面焦点落于一匹仰卧撒欢儿的斑点马上，展现出天真烂漫的一面，让人心生喜悦。整个画面温暖明媚、绮丽梦幻，给人予生机盎然、天真烂漫的美好感受。

　　《群马》是常玉于 1932 年参加第 43 届独立沙龙展览的参展作品。法国《VU》杂志 1932 年第 204 期让·格劳迪（Jean GALLOTTI）曾报道了此作品："由常玉所作的《群马》，是画家的天真呢，还是他在探索某种风格，亦或是异国风情的概念呢？"这也是常玉早年唯一刊登的作品，后以 4000 法郎的价格售出。

　　如今，常玉的动物题材作品多数已收藏于台湾历史博物馆，市场流通量稀少，藏家十分惜售，私人收藏的常玉作品当中，殊难寻获相类之作，因此，此幅《群马》具有不可替代的学术与收藏价值。

蔡国强 1986 年作 太古神话：夸父追日
中国嘉德（香港） 2021/04/23 LOT 74
布面 油彩 火药 180cm×125cm
成交价 HKD 9,200,000 RMB 7,668,752

常玉 20 世纪 50 年代作 静月莹菊
佳士得香港 2021/05/24 LOT 26
纤维板 油画 91.5cm×48cm
成交价 HKD 118,645,000 RMB 98,897,726

常玉 1934 年作 无题
佳士得香港 2021/12/02 LOT 325
布面 油画 73.5cm×50.5cm
成交价 HKD 21,850,000 RMB 18,148,392

常玉 20 世纪 40 年代作 红色背景的百合花
佳士得香港 2021/12/01 LOT 10
纤维板 油画 91cm×50cm
成交价 HKD 100,325,000 RMB 83,328,942

常玉 1950 年作 睡美人
苏富比香港 2021/10/09 LOT 1019
纤维板 油画 71cm×127cm
成交价 HKD 80,198,000 RMB 66,611,657

常玉 20 世纪 30 年代作 瓶中粉红菊
佳士得香港 2021/12/01 LOT 45
布面 油画 81cm×54cm
成交价 HKD 21,850,000 RMB 18,148,392

常玉 20 世纪 30 年代作 白菊
佳士得香港 2021/05/24 LOT 27
布面 油画 73cm×50cm
成交价 HKD 56,650,000 RMB 47,221,174

常玉　20 世纪 30 年代初作　群马
北京华艺　2021/06/05　LOT 8510
纤维板　油画　110cm×103cm
成交价　RMB 198,000,000

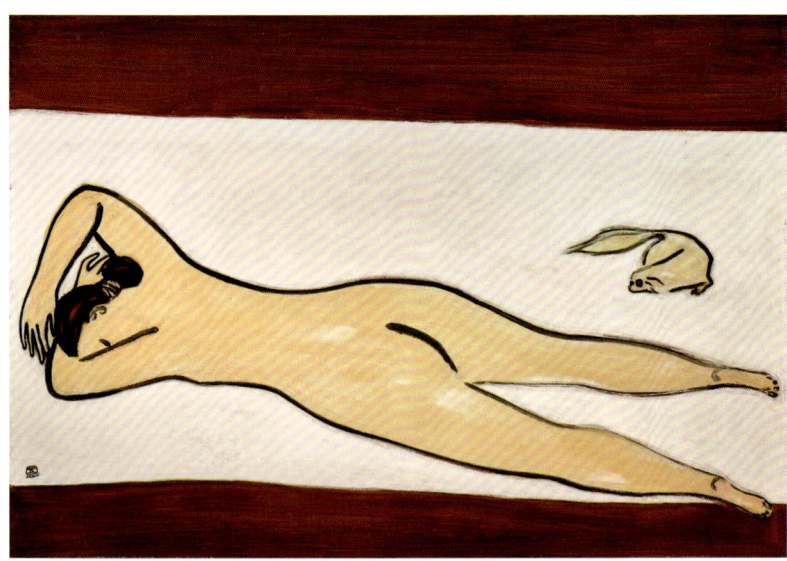

常玉　20 世纪 50 年代作　裸女与北京狗
苏富比香港　2021/04/18　LOT 8004
纤维板　油画　84cm×122cm
成交价　HKD 105,476,000　RMB 87,920,575

常玉　约 1931 年作　电线上的燕子
富艺斯香港　2021/11/30 LOT 24
布面　油画　50cm×80.5cm
成交价　HKD 29,290,000　RMB 24,327,981

油画及中国当代艺术 —— 陈丹青

陈丹青　1980 年作 西藏组画·牧羊人
北京保利　2021/06/04　LOT 3307
木板 油画　78.6cm×52.3cm
成交价 RMB 161,000,000

陈丹青　1983 年作 康巴汉子
佳士得香港　2021/12/01 LOT 63
布面 油画　102cm×76.5cm
成交价 HKD 6,730,000　RMB 5,589,871

陈丹青　2015 年作 书帖丛林之一（五联画）
中国嘉德　2021/11/28　LOT 2106
布面 油画　101.5cm×76cm×5
成交价 RMB 9,200,000

331

陈丹青　1983 年作　康巴汉子
中贸圣佳　2021/12/30　LOT 5891
布面 油画　100.5cm×75.5cm
成交价　RMB 5,980,000

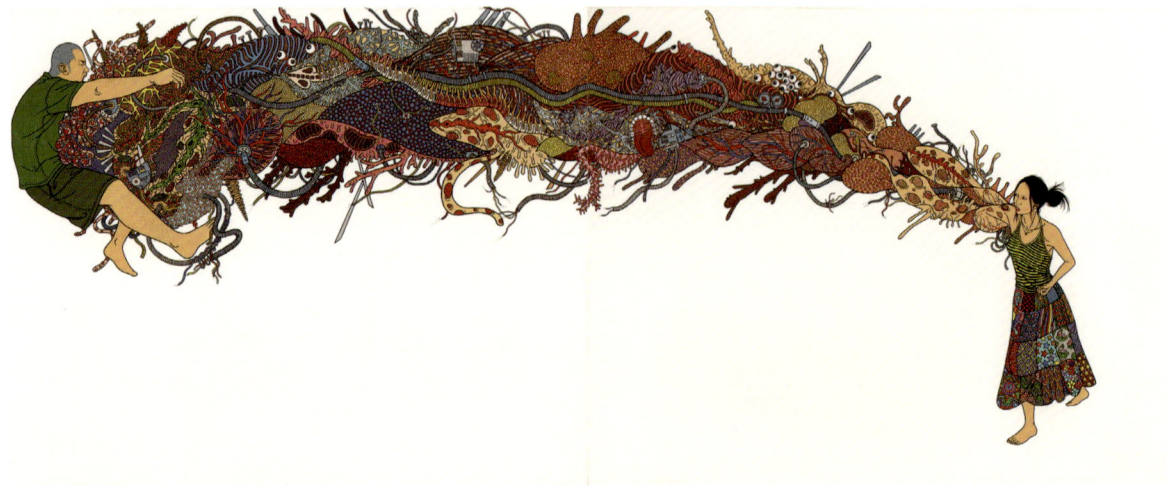

陈飞　2007 年作　左拳无力
佳士得香港　2021/05/24 LOT 16
布面 亚克力　130cm×320cm
成交价　HKD 7,210,000　RMB 6,009,968

油画及中国当代艺术 —— 陈钧德 陈逸飞

陈钧德 1978 年作 上海的早晨
上海朵云轩 2021/07/07 LOT 1714
布面 油画 120cm×160cm
成交价 RMB 6,380,000

陈逸飞 1998 年作 水乡——桥头
北京永乐 2021/12/03 LOT 2040
布面 油画 99cm×139cm
成交价 RMB 5,520,000

陈逸飞　1992 年作　雪景
中国嘉德　2021/05/20　LOT 1971
布面 油画　120cm×150cm
成交价　RMB 17,825,000

陈逸飞　1998 年作　上海梦
上海嘉禾　2021/07/23　LOT 2423
布面 油画　179cm×121cm
成交价　RMB 32,775,000

陈逸飞　2000 年作　神采
北京保利　2021/06/04　LOT 3329
布面 油画　250cm×100cm
成交价　RMB 5,175,000

丁雄泉　1994 年作　十姊妹
佳士得香港　2021/05/24　LOT 56
布面 亚克力　202cm×485.5cm
成交价　HKD 6,250,000　RMB 5,209,750

方力钧　1993 年作　1993 4 号
苏富比香港　2021/04/19　LOT 1117
布面 亚克力　180cm×230cm
成交价　HKD 24,375,000　RMB 20,318,025

耿建翌　1985 年作 灯光下的两个人
中国嘉德　2021/05/20　LOT 2082
布面 油画　118cm×155cm
成交价　RMB 74,750,000

关良　1929 年作 少女
北京永乐　2021/05/21　LOT 1829
布面 油画　45cm×32cm
成交价　RMB 7,245,000

何多苓 1991 年作 行走的女人与跳跃的狼

北京开拍 2021/03/21 LOT 345

布面 油画 93.5cm×108cm

成交价 RMB 6,325,000

何多苓 1992 年作 海滩

中贸圣佳 2021/12/30 LOT 5886

布面 油画 117cm×96cm

成交价 RMB 7,245,000

油画及中国当代艺术———— 何多苓 黄宇兴

黄宇兴 2015—2016 年作 新世界

北京华艺 2021/12/10 LOT 8327

布面 丙烯 215cm×518cm

成交价 RMB 10,120,000

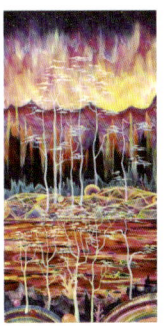

黄宇兴 2016—2019 年作 七宝松图

佳士得香港 2021/12/01 LOT 2

布面 亚克力 200cm×696.5cm

成交价 HKD 64,830,000 RMB 53,847,150

中国收藏
拍卖年鉴
2022

CHINESE FINE ART &
ANTIQUES AUCTION
YEARBOOK 2022

黄宇兴　2019 年作　黄河入海口旁的新兴城市
佳士得香港　2021/05/24 LOT 18
布面 亚克力　199cm×295cm
成交价　HKD 9,250,000　RMB 7,710,430

贾蔼力　2007 年作　无名日 2
北京永乐　2021/05/21　LOT 1988
布面 油画　267.5cm×400cm
成交价　RMB 26,450,000

贾蔼力　2009 年作　紫色的疯景
北京永乐　2021/12/03　LOT 2133
布面 油画　263cm×203cm
成交价　RMB 16,100,000

贾蔼力　2011—2012 年作　无题
佳士得香港　2021/05/24　LOT 13
布面 油画　232cm×200cm
成交价　HKD 12,010,000　RMB 10,011,056

贾蔼力　2012 年作 福岛
中国嘉德　2021/11/28　LOT 2167
布面 油画　240cm×170cm
成交价　RMB 7,590,000

贾蔼力　2013—2014 年作 北柳草岛的回忆
苏富比香港　2021/06/18　LOT 32
布面 油画　220cm×180cm
成交价　HKD 8,645,000　RMB 7,206,126

靳尚谊　1979 年作 小提琴手
中国嘉德　2021/05/20　LOT 2102
布面 油画　73.5cm×54cm
成交价　RMB 23,000,000

郎世宁　清乾隆初年作 纯惠皇贵妃油画像
北京保利　2021/12/05　LOT 5572
纸板 油画　54.6cm×41.9cm
成交价　RMB 69,000,000

油画及中国当代艺术 ⋯⋯⋯ 贾蔼力　靳尚谊　郎世宁

李真　1999 年作　大士
保利香港　2021/04/21　LOT 143
铜塑　110cm×207cm×250cm
成交价　HKD 7,200,000　RMB 6,001,632

李真　2001 年作　大士骑龙
中国嘉德（香港）　2021/04/23　LOT 90
铜塑　330cm×293cm×200cm
成交价　HKD 17,825,000　RMB 14,858,207

林风眠　山林秋色
上海匡时　2021/07/08　LOT 247
布面　油画　70cm×70cm
成交价　RMB 7,475,000

油画及中国当代艺术 ·········· 林寿宇　刘海粟

林寿宇　1964 年作 绘画浮雕
佳士得香港　2021/05/24　LOT 73
布面 混合材料　117cm×117cm
成交价　HKD 6,610,000　RMB 5,509,832

刘海粟　1956 年作 庐山含鄱口行云
北京保利　2021/06/04 LOT 3315
布面 油画　60cm×90cm
成交价　RMB 5,175,000

刘海粟　1978 年作 复兴公园雪景
中国嘉德　2021/11/28　LOT 2063
布面 油画　71.5cm×92cm
成交价　RMB 23,000,000

油画及中国当代艺术 —————— 刘炜

刘炜　1965 年作　风景
苏富比香港　2021/04/19　LOT 1125
布面 油画　250cm×200cm
成交价　HKD 12,275,000　RMB 10,231,949

刘炜　2008 年作　风景
北京永乐　2021/05/21　LOT 1908
布面 油画　170cm×170cm
成交价　RMB 7,590,000

刘炜　2004 年作　花和装饰性元素
北京永乐　2021/12/03　LOT 2074
布面 油画　80cm×245cm
成交价　RMB 7,590,000

刘炜　2006 年作　山石图
中国嘉德　2021/05/20　LOT 1905
布面 油画　直径 149.5cm
成交价　RMB 5,520,000

刘小东　1990 年作　午后
中国嘉德　2021/11/28　LOT 2112
布面 油画　93.5cm×123cm
成交价　RMB 5,520,000

刘小东　1995 年作　儿子
苏富比香港　2021/04/19　LOT 1118
布面 油画　136.6cm×151.6cm
成交价　HKD 10,460,000　RMB 8,719,038

刘小东　2008 年作　上火（三联作）
北京华艺　2021/12/10　LOT 8617
布面 油画　250cm×200cm×3
成交价　RMB 12,880,000

刘野　1995 年作　第二个故事
富艺斯香港　2021/06/07　LOT 195
布面 油画　45cm×45cm
成交价　HKD 13,076,000　RMB 10,899,631

刘野　2000 年作　希望 1 号
佳士得香港　2021/05/24　LOT 7
布面 亚克力　45cm×38cm
成交价　HKD 10,450,000　RMB 8,710,702

刘野　1995 年作　蒙德里安的黄和蓝
保利香港　2021/04/21　LOT 146
布面 亚克力　45cm×45cm
成交价　HKD 7,440,000　RMB 6,201,686

刘野　2000 年作　她是如此美丽
邦瀚斯香港　2021/11/25　LOT 12
布面 丙烯　46cm×38cm
成交价　HKD 6,252,500　RMB 5,193,264

刘野　2001 年作 教皇拯救了一只小猪
中国嘉德　2021/11/28　LOT 2110
布面 油画　102cm×102cm
成交价　RMB 17,250,000

刘野　2005 年作 雪中安徒生
北京永乐　2021/05/21　LOT 1936
布面 油彩 丙烯　直径 80cm
成交价　RMB 5,175,000

刘野　2002 年作 您好，蒙德里安
邦瀚斯香港　2021/11/25　LOT 11
布面 丙烯　60.2cm×45.2cm
成交价　HKD 11,652,500　RMB 9,678,450

刘野　2002 年作 天使
佳士得香港　2021/12/02　LOT 127
布面 亚克力　40cm×30cm
成交价　HKD 6,850,000　RMB 5,689,542

刘野　2007 年作 鸟
佳士得香港　2021/05/24　LOT 6
布面 油画　120cm×90cm
成交价　HKD 16,450,000　RMB 13,712,062

刘野 2007 年作 我是画家
佳士得香港　2021/12/02　LOT 128
布面 亚克力　59.5cm×45cm
成交价　HKD 7,450,000　RMB 6,187,896

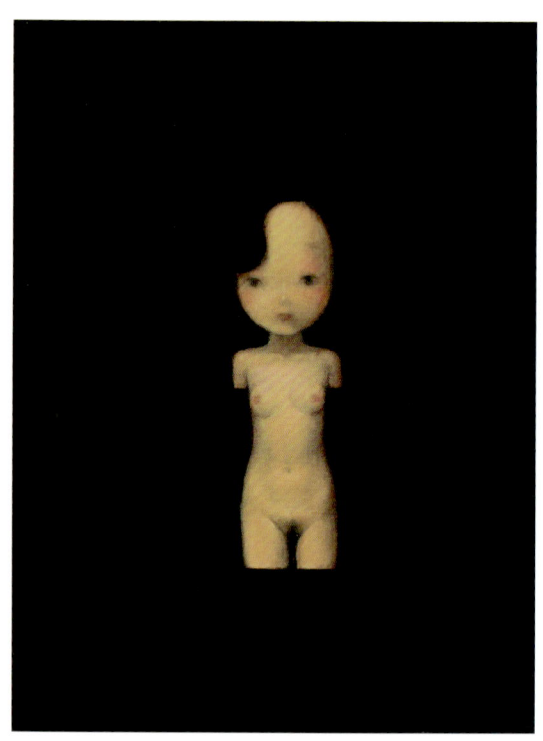

刘野　2011—2012 年作 竹子 竹子 百老汇
北京保利　2021/06/04　LOT 3319
布面 丙烯　600cm×900cm
成交价　RMB 80,500,000

刘野　2007 年作 维纳斯
北京开拍　2021/11/13　LOT 44
布面 丙烯　42cm×32cm
成交价　RMB 7,590,000

罗中立　1983 年作　春蚕
北京保利　2021/09/25　LOT 320
布面 油画　200cm×134cm
成交价　RMB 41,745,000

油画及中国当代艺术⋯⋯⋯⋯⋯ 罗中立　潘玉良

潘玉良　20 世纪 40 年代作　瓶中菊
中国嘉德　2021/05/20　LOT 1729
布面 油画　32cm×41cm
成交价　RMB 7,245,000

347

潘玉良　1944 年作　静物 桃子
北京华艺　2021/06/05　LOT 8503
布面 油画　46cm×55cm
成交价　RMB 5,500,000

潘玉良　1944 年作　静物 青瓶百合
北京华艺　2021/06/05　LOT 8502
布面 油画　46cm×55cm
　成交价　RMB 5,500,000

尚扬　1987 年作　大风景系列——一家子
北京华辰　2021/12/07　LOT 367
布面 油画　81cm×89cm
成交价　RMB 5,520,000

尚扬　2006—2007 年作　董其昌计划—8
上海明轩　2021/12/30　LOT 142
布面 油画　128.5cm×249cm×2
成交价　RMB 9,315,000

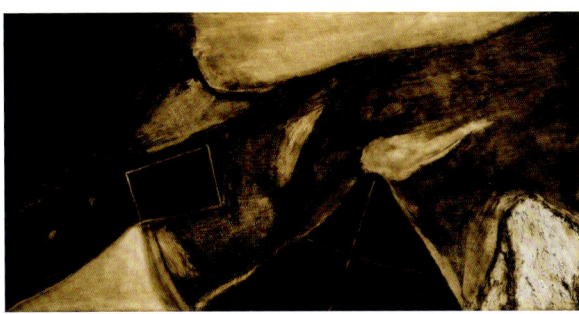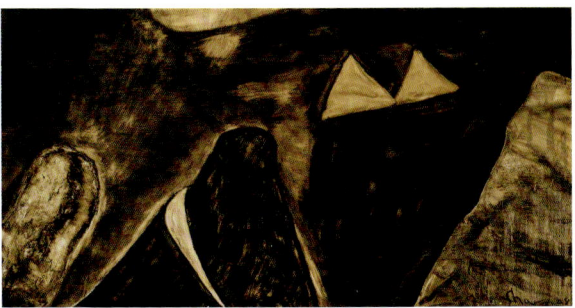

尚扬　2008 年作　董其昌计划—17
北京永乐　2021/05/21　LOT 1947
布面 油彩 丙烯　128cm×496cm
成交价　RMB 12,650,000

油画及中国当代艺术

尚扬　孙宗慰

中国收藏
拍卖年鉴
2022

CHINESE FINE ART &
ANTIQUES AUCTION
YEARBOOK 2022

尚扬　1991—1995 年作　有早茶的大风景
北京保利　2021/06/04　LOT 3318
布面　丙烯　168cm×118cm
成交价　RMB 6,325,000

尚扬　2008 年作　董其昌计划—12
北京保利　2021/12/02　LOT 2914
布面　油画　360cm×290cm
成交价　RMB 11,615,000

孙宗慰　1948 年作　庭院里的阳光
中国嘉德　2021/11/29　LOT 1531
布面　油画　83cm×67cm
成交价　RMB 5,520,000

王广义　1987—1988 年作　后古典系列：蒙娜丽莎之后
苏富比香港　2021/04/19　LOT 1119
布面 油画　112.8cm×78.4cm
成交价　HKD 8,040,000　RMB 6,701,822

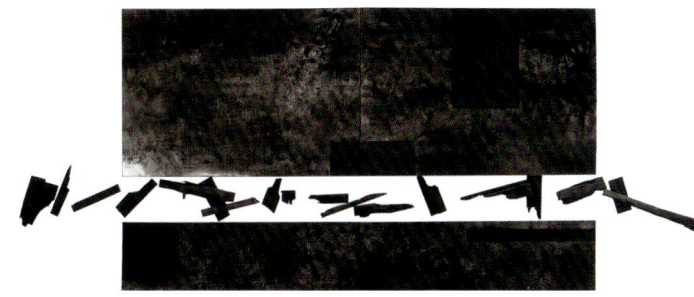

王怀庆　2012—2013 年作　永字八法
北京永乐　2021/05/21　LOT 1945
布面 综合材料　150cm×420cm；60cm×420cm
成交价　RMB 71,875,000

王沂东　1994 年作　花烛夜
保利（厦门）　2021/11/04　LOT 1569
布面 油画　105cm×138cm
成交价　RMB 6,900,000

351

中国收藏
拍卖年鉴
2022

CHINESE FINE ART &
ANTIQUES AUCTION
YEARBOOK 2022

吴大羽 1980 年作 花韵—9
北京永乐 2021/05/21 LOT 1815
布面 油画 34.5cm×29.5cm
成交价 RMB 7,015,000

吴大羽 约 1980 年 鸾跂惊鸿
中国嘉德 2021/05/20 LOT 2058
布面 油画 52.5cm×37.5cm
成交价 RMB 9,200,000

吴大羽 花韵
中国嘉德 2021/10/12 LOT 37
布面 油画 60cm×48cm
成交价 HKD 10,680,000 RMB 8,870,701

吴冠中 1963 年作 富春江边
北京保利 2021/06/04 LOT 3311
木板 油画 61cm×46cm
成交价 RMB 26,450,000

吴冠中 1972 年作 喜鹊
北京永乐 2021/12/03 LOT 2029
纸板 油画 36cm×28cm
成交价 RMB 6,900,000

吴冠中 1973 年作 黄山竹林
中国嘉德 2021/05/20 LOT 2069
布面 油画 61cm×46cm
成交价 RMB 32,200,000

吴冠中 1980 年作 清水江边
北京永乐 2021/05/21 LOT 1806
布面 油画 60cm×60cm
成交价 RMB 9,775,000

吴冠中 1977 年作 漓江之滨（一）
佳士得香港 2021/12/01 LOT 44
木板 油画 59.5cm×41.5cm
成交价 HKD 23,050,000 RMB 19,145,100

油画及中国当代艺术 ……… 吴冠中

353

吴冠中　1977 年作　金色田野
佳士得香港　2021/12/01　LOT 14
木板 油画　61.3cm×46cm
成交价　HKD 33,850,000　RMB 28,115,472

吴冠中　新居
中国嘉德　2021/10/12　LOT 35
布面 油画　36cm×28cm
成交价　HKD 8,574,000　RMB 7,121,479

吴冠中　1987 年作　桂林象鼻山
北京保利　2021/12/02　LOT 2884
布面 油画　60cm×75cm
成交价　RMB 10,580,000

吴冠中　1996 年作　池塘人家（故乡）
中国嘉德（香港）　2021/04/23　LOT 59
布面 油画　61.4cm×46cm
成交价　HKD 13,800,000　RMB 11,503,128

吴冠中 1991 年作 滨江城市富阳（江南小镇）

佳士得香港 2021/05/24 LOT 35

布面 油画 38cm×45.5cm

成交价 HKD 8,650,000 RMB 7,210,294

吴冠中 1997 年作 漓江竹林

苏富比香港 2021/04/18 LOT 1015

木板 油画 56.5cm×41cm

成交价 HKD 8,645,000 RMB 7,206,126

吴冠中 丁香

中国嘉德 2021/10/12 LOT 36

布面 油画 45.5cm×38.3cm

成交价 HKD 20,040,000 RMB 16,645,024

吴冠中 戒台寺

北京华辰 2021/12/07 LOT 354

纸本 综合媒材 72cm×50.5cm

成交价 RMB 8,940,000

吴冠中　1976 年作　龙须岛
北京永乐　2021/12/03　LOT 2030
木板　油画　46cm×61cm
成交价　RMB 7,820,000

吴作人　1933 年作　静物
中国嘉德　2021/11/28　LOT 2058
布面　油画　77cm×66cm
成交价　RMB 8,050,000

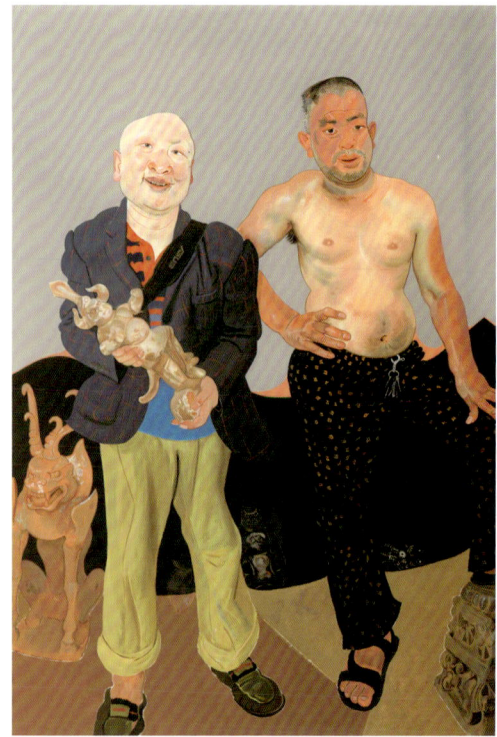

忻东旺　2012 年作　古玩
北京华辰　2021/06/19　LOT 322
布面　油画　240cm×160cm
成交价　RMB 6,037,500

油画及中国当代艺术

徐悲鸿 星星画会

徐悲鸿 1941 年作 林丹桂肖像
北京永乐 2021/05/21 LOT 1827
布面 油画 73cm×56cm
成交价 RMB 7,130,000

星星画会成员作品整体拍卖（共计 21 件）
北京宝瑞盈 2021/06/06 LOT 606
布面 油画 尺寸不一
成交价 RMB 7,130,000

油画及中国当代艺术 ⋯⋯⋯⋯ 闫振铎　颜文樑

中国收藏
拍卖年鉴
2022

CHINESE FINE ART &
ANTIQUES AUCTION
YEARBOOK 2022

闫振铎　2008 年作　牛
北京翰海　2021/06/05　LOT 1239
布面 油画　180cm×250cm
成交价　RMB 5,520,000

颜文樑　山林清溪
北京永乐　2021/05/21　LOT 1817
布面 油画　58.6cm×79.5cm
成交价　RMB 5,980,000

油画及中国当代艺术 ⋯⋯⋯ 杨飞云 余本 喻红 岳敏君

杨飞云 1995 年作 大植物
北京保利 2021/09/25 LOT 318
布面 油画 130cm×97cm
成交价 RMB 6,670,000

余本 1976 年作 市郊菜园
广州华艺 2021/03/31 LOT 8014
布面 油画 70cm×91cm
成交价 RMB 10,780,000

喻红 2009 年作 天井(四联作)
北京华艺 2021/06/05 LOT 8517
布面 丙烯 500cm×600cm
成交价 RMB 6,710,000

岳敏君 1997 年作 自画像
苏富比香港 2021/04/19 LOT 1120
布面 油画 248cm×362cm
成交价 HKD 8,040,000 RMB 6,701,822

中国收藏
拍卖年鉴
2022
CHINESE FINE ART &
ANTIQUES AUCTION
YEARBOOK 2022

曾梵志　1994 年作　面具系列 18 号
苏富比香港　2021/04/19　LOT 1115
布面　油画　149.5cm×130cm
成交价　HKD 14,695,000　RMB 12,249,164

曾梵志　1996 年作　面具系列 1996 第 12 号
北京永乐　2021/05/21　LOT 1911
布面　油画　100cm×80cm
成交价　RMB 11,270,000

曾梵志　1997 年作　面具系列 1997 第 0 号
佳士得香港　2021/05/25　LOT 224
布面　油画　60cm×50cm
成交价　HKD 6,250,000　RMB 5,209,750

曾梵志　1997 年作　面具系列 1997 第 3 号
北京永乐　2021/12/03　LOT 2066
布面　油画　150cm×129.9cm
成交价　RMB 17,825,000

油画及中国当代艺术 —— 曾梵志

曾梵志 2000 年作 面具系列 2000 第 14 号
佳士得香港 2021/12/02 LOT 137
布面 油画 70cm×50cm
成交价 HKD 6,490,000 RMB 5,390,529

曾梵志 2006 年作 天空
北京永乐 2021/05/21 LOT 1910
布面 油画 220cm×150cm
成交价 RMB 5,290,000

曾梵志 2007 年作 太平有象
中国嘉德 2021/05/20 LOT 2087
布面 油画 200cm×200cm
成交价 RMB 9,430,000

曾梵志 2010 年作 福鹿
北京保利 2021/06/04 LOT 3306
布面 油画 220cm×180cm
成交价 RMB 9,200,000

油画及中国当代艺术 ⋯⋯⋯⋯ 曾梵志

曾梵志　2007 年作　肖像
佳士得香港　2021/05/25　LOT 241
布面 油画　220cm×145cm
成交价　HKD 6,850,000　RMB 5,709,886

曾梵志　2007 年作　无题 07-10-8
上海嘉禾　2021/12/31　LOT 1420
布面 油画　215cm×330cm
成交价　RMB 19,000,000

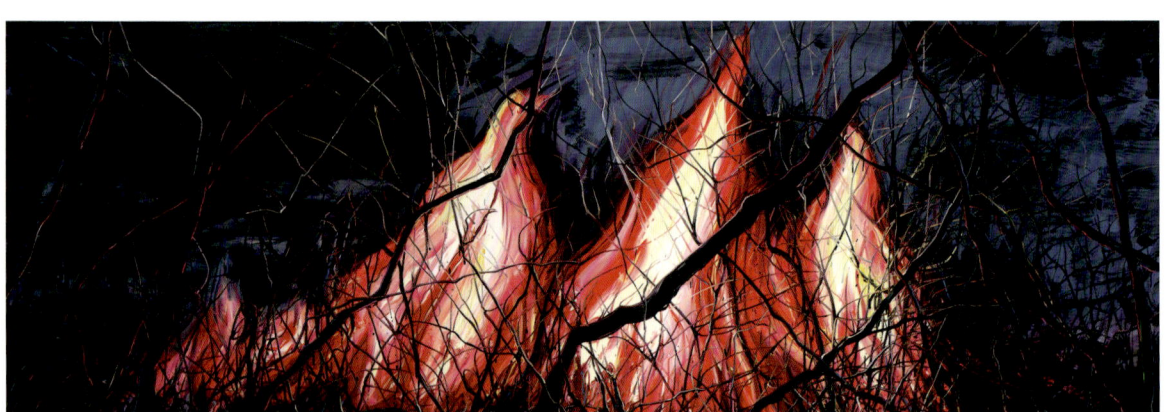

曾梵志　2008 年作　火（双联作）
北京保利　2021/12/02　LOT 2919
布面 油画　330cm×215cm×2
成交价　RMB 9,200,000

曾梵志　2010 年作　无题
佳士得香港　2021/05/24　LOT 64
布面 油画　280cm×540cm
成交价　HKD 20,650,000　RMB 17,213,014

曾梵志 2010 年作 江山如此多娇之二
佳士得香港 2021/12/01 LOT 15
布面 油画 250cm×1050cm
成交价 HKD 39,850,000 RMB 33,099,012

曾梵志 2010 年作 猿（双联作）
北京保利 2021/12/02 LOT 2920
布面 油画 250cm×180cm×2
成交价 RMB 10,465,000

曾梵志 2000 年作 面具系列
北京保利 2021/06/04 LOT 3305
布面 油画 197cm×69cm
成交价 RMB 16,100,000

曾梵志 2008 年作 无题 08-5-13
苏富比香港 2021/04/19 LOT 1128
布面 油画 200cm×200cm
成交价 HKD 10,460,000 RMB 8,719,038

曾梵志 2011 年作 无题 11-4-4
北京保利 2021/12/02 LOT 2923
布面 油画 200cm×200cm
成交价 RMB 8,165,000

中国收藏
拍卖年鉴
2022

CHINESE FINE ART &
ANTIQUES AUCTION
YEARBOOK 2022

曾梵志　2011 年作　虎
北京保利　2021/12/02　LOT 2924
布面 油画　200cm×200cm
成交价　RMB 11,155,000

曾梵志　2012 年作　智者（双联作）
北京保利　2021/12/02　LOT 2921
布面 油画　400cm×200cm×2
成交价　RMB 35,650,000

曾梵志　2012 年作　毕加索
佳士得香港　2021/03/22　LOT 3
布面 油画　180cm×150cm
成交价　HKD 7,690,000　RMB 6,410,076

曾梵志　2012 年作　祈祷（双联作）
北京保利　2021/12/02　LOT 2918
布面 油画　400cm×200cm×2
成交价　RMB 37,950,000

油画及中国当代艺术 ……… 曾梵志　张恩利　张荔英

曾梵志　2014 年作 一苇渡江
北京永乐　2021/05/21　LOT 1912
布面 油画　260cm×180cm
成交价　RMB 20,700,000

张恩利　1997 年作 吸烟者
北京保利　2021/12/02　LOT 2901
布面 油画　170cm×150cm
成交价　RMB 5,865,000

张恩利　2002 年作 吸烟
佳士得香港　2021/05/24　LOT 15
布面 油画　150cm×170cm
成交价　HKD 6,490,000　RMB 5,409,804

张荔英　约 20 世纪 60 年代中旬作 静物（中秋节）
佳士得香港　2021/12/01　LOT 51
布面 油画　81cm×54cm
成交价　HKD 10,090,000　RMB 8,380,653

油画及中国当代艺术

张荔英　张培力　张晓刚

张荔英　约 1963 年作　万代兰
佳士得香港　2021/05/24　LOT 31
布面 油画　65cm×54cm
成交价　HKD 6,850,000　RMB 5,709,886

张培力　1984 年作　水上运动
北京永乐　2021/12/03　LOT 2044
布面 油画　83cm×130cm
成交价　RMB 7,475,000

张晓刚　1993 年作　血缘：母与子 1 号
苏富比香港　2021/04/19　LOT 1116
布面 油画　115.7cm×146cm
成交价　HKD 33,450,000　RMB 27,882,582

油画及中国当代艺术——张晓刚

张晓刚　1995 年作　血缘——大家庭：同志 5 号；血缘——大家庭：同志 8 号
佳士得香港　2021/05/24　LOT 47
布面　油画　130cm×100cm×2
成交价　HKD 9,850,000　RMB 8,210,566

张晓刚　1995 年作　血缘：大家庭 12 号
北京永乐　2021/05/21　LOT 1914
布面　油画　150cm×190cm
成交价　RMB 81,190,000

张晓刚　1997 年作 血缘：大家庭 9 号
佳士得香港　2021/12/01　LOT 62
布面 油画　149cm×189cm
成交价　HKD 25,450,000　RMB 21,138,516

张晓刚　1997 年作 血缘：大家庭 1 号
苏富比香港　2021/10/09　LOT 1120
布面 油画　100cm×130cm
成交价　HKD 12,275,000　RMB 10,195,492

张晓刚　1998 年作 全家福第 13 号
富艺斯香港　2021/06/08　LOT 16
布面 油画　150cm×150cm
成交价　HKD 10,535,000　RMB 8,781,555

张晓刚　2006 年作 兄弟
北京保利　2021/06/04　LOT 3310
布面 油画　120cm×150cm
成交价　RMB 5,750,000

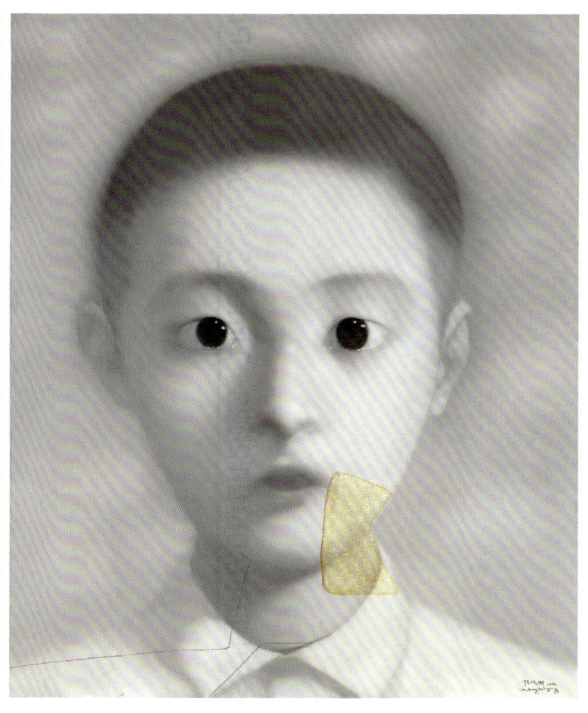

张晓刚　1999 年作 血缘──大家庭：同志 20 号、21 号

佳士得香港　2021/05/25　LOT 233

布面 油画　130cm×110cm

成交价　HKD 6,850,000　RMB 5,709,886

张晓刚　2001 年作 全家福

北京永乐　2021/12/03　LOT 2067

布面 油画　100cm×120cm

成交价　RMB 5,290,000

张晓刚　2008 年作 绿墙──两张单人床

北京华辰　2021/12/07　LOT 369

布面 油画　300cm×500cm

成交价　RMB 10,925,000

赵无极　1951 年作　在灰色风景中的恋人
罗芙奥　2021/12/05 LOT 224
布面 油画　54cm×73cm
成交价　NTD 54,080,000　RMB 12,483,827

赵无极　1951 年作　无题（黄金城市）
苏富比香港　2021/04/18　LOT 1033
布面 油画　88.7cm×115.7cm
成交价　HKD 74,453,000　RMB 62,061,043

赵无极　1951 年作　男子肖像
苏富比香港　2021/10/09　LOT 1018
硬板 油画　52.4cm×44.7cm
成交价　HKD 7,435,000　RMB 6,175,437

赵无极　1952 年作 无题（月满千帆）
佳士得香港　2021/12/01　LOT 40
布面 油画　105cm×120cm
成交价　HKD 54,250,000　RMB 45,059,508

赵无极　1952—1955 年作 庄园 07.52-05.06.55
苏富比香港　2021/04/18　LOT 1018
布面 油画　54cm×65cm
成交价　HKD 15,905,000　RMB 13,257,772

赵无极　1952 年作 风景
罗芙奥　2021/07/18　LOT 244
布面 油画　65cm×92cm
成交价　NTD 80,960,000　RMB 18,688,806

油画及中国当代艺术 ⸺ 赵无极

赵无极　1953 年作　行在植物中
苏富比巴黎　2021/12/02　LOT 22
布面 油画　64.8cm×80.9cm
成交价　EUR 1,585,500　RMB 12,146,040

赵无极　1953 年作　阿拉伯城市
苏富比巴黎　2021/06/03　LOT 107
布面 油画　81cm×65cm
成交价　EUR 4,416,300　RMB 34,433,405

赵无极　1955 年作　中国城
中国嘉德　2021/11/28　LOT 2075
布面 油画　54cm×65cm
成交价　RMB 13,800,000

赵无极　1976 年作 23.09.76（双联作）
中国嘉德　2021/10/12　LOT 41
布面 油画　50cm×84cm
成交价　HKD 6,850,000　RMB 5,689,542

赵无极　1955 年作 花
佳士得香港　2021/12/01　LOT 11
布面 油画　55cm×46cm
成交价　HKD 19,450,000　RMB 16,154,976

赵无极　1960 年作 12.04.60
保利香港　2021/04/21　LOT 161
布面 油画　100cm×81cm
成交价　HKD 60,000,000　RMB 50,013,600

赵无极　1956 年作　九皋
佳士得香港　2021/05/24　LOT 29
布面 油画　92cm×86cm
成交价　HKD 20,650,000　RMB 17,213,014

赵无极　1965 年作　5.8.65
苏富比巴黎　2021/12/02　LOT 13
布面 油画　129cm×95.5cm
成交价　EUR 3,497,100　RMB 26,790,234

赵无极　1956 年作　微小
苏富比巴黎　2021/06/03　LOT 2
布面 油画　54cm×65cm
成交价　EUR 3,899,250　RMB 30,402,023

赵无极　1960 年作　09.02.60
苏富比香港　2021/04/18　LOT 1017
布面 油画　73cm×92cm
成交价　HKD 15,905,000　RMB 13,257,772

赵无极 1960 年作 25.9.60
苏富比香港 2021/12/14 LOT 6206
布面 油画 130cm×162cm
成交价 HKD 50,324,000 RMB 41,798,611

赵无极 1962 年作 12.01.62
佳士得香港 2021/05/25 LOT 262
布面 油画 46cm×55.2cm
成交价 HKD 9,850,000 RMB 8,210,566

油画及中国当代艺术 —————— 赵无极

赵无极 1961 年作 2.6.1961
苏富比巴黎 2021/10/26 LOT 16
布面 油画 73cm×116cm
成交价 EUR 2,311,500 RMB 17,707,708

中国收藏
拍卖年鉴
2022

CHINESE FINE ART &
ANTIQUES AUCTION
YEARBOOK 2022

赵无极　1962 年作 13.02.62
苏富比香港　2021/04/18　LOT 1021
布面 油画　129.5cm×161.5cm
成交价　HKD 162,926,000　RMB 135,808,597

赵无极　1968 年作 22.01.68
苏富比香港　2021/10/09　LOT 1044
布面 油画　73cm×92cm
成交价　HKD 28,005,000　RMB 23,260,673

赵无极　1963 年作 24.01.63
佳士得香港　2021/05/24　LOT 24
布面 油画　115cm×88cm
成交价　HKD 76,280,000　RMB 63,583,957

赵无极　1963 年作 14.05.6318
苏富比香港　2021/06/18　LOT 18
布面 油画　100cm×80.5cm
成交价　HKD 38,834,000　RMB 32,370,469

赵无极　1967 年作　30.11.67
罗芙奥　2021/12/05　LOT 223
布面 油画　65cm×100cm
成交价　NTD 76,480,000　RMB 17,654,643

赵无极　1968 年作　24.10.68
北京永乐　2021/05/21　LOT 1813
布面 油画　114cm×161.5cm
成交价　RMB 59,800,000

赵无极　1981 年作　10.2.81
佳士得纽约　2021/05/13　LOT 50 B
布面 油画　200cm×161.9cm
成交价　USD 3,030,000　RMB 19,599,919

油画及中国当代艺术
赵无极

中国收藏
拍卖年鉴
2022

CHINESE FINE ART &
ANTIQUES AUCTION
YEARBOOK 2022

赵无极　1974 年作　04.09.74
苏富比香港　2021/04/19　LOT 784
布面 油画　81cm×65cm
成交价　HKD 7,435,000　RMB 6,197,519

赵无极　1979 年作　31.10.75-06.09.79
佳士得香港　2021/03/22　LOT 6
布面 油画　95cm×108cm
成交价　HKD 8,410,000　RMB 7,010,240

赵无极　1982 年作　17.12.82
佳士得香港　2021/05/25　LOT 252
布面 油画　81cm×65cm
成交价　HKD 16,810,000　RMB 14,012,144

赵无极　1986 年作　17.9.86
北京永乐　2021/12/03　LOT 2033
布面 油画　60cm×73cm
成交价　RMB 5,807,500

赵无极　1991 年作 10.01.91

北京永乐　2021/05/21　LOT 1814

布面 油画　130cm×162cm

成交价　RMB 34,500,000

赵无极　1993 年作 5.10.93

北京华艺　2021/06/05　LOT 8506

布面 油画　81cm×65cm

成交价　RMB 9,350,000

赵无极　1994 年作 30.11.94

中国嘉德　2021/11/28　LOT 2077

布面 油画　54cm×65cm

成交价　RMB 5,520,000

赵无极　2006 年作 2006 巴黎

佳士得巴黎　2021/06/30　LOT 208

布面 油画　195cm×130cm

成交价　EUR 1,316,000　RMB 10,260,707

赵无极　1994 年作 20.5.94
佳士得香港　2021/12/02　LOT 339
布面 油画　54cm×65cm
成交价　HKD 9,250,000　RMB 7,682,958

赵无极　2001 年作 25.5.2001
佳士得香港　2021/12/02　LOT 340
布面 油画　146.5cm×115cm
成交价　HKD 14,650,000　RMB 12,168,144

赵无极　1999 年作 28.12.99
苏富比香港　2021/04/18　LOT 1036
布面 油画　114cm×146cm
成交价　HKD 5,728,000　RMB 38,117,032

赵无极　1951—1952 年作　港口—29.04.52
佳士得香港　2021/05/24　LOT 25
布面 油画　73.5cm×92.5cm
成交价　HKD 30,010,000　RMB 25,015,136

赵无极　约 1952 年作　无题（巴黎圣母院）
富艺斯香港　2021/11/30　LOT 25
布面 油画　37cm×43cm
成交价　HKD 10,051,000　RMB 8,348,260

油画及中国当代艺术 ⋯⋯⋯⋯ 赵无极

赵无极　2004 年作　无题
佳士得香港　2021/05/25　LOT 253
布面 油画　60cm×72.8cm
成交价　HKD 12,250,000　RMB 10,211,110

赵无极　2007 年作　2007.3.22
佳士得巴黎　2021/10/21　LOT 212
布面 油画　97cm×195cm
成交价　EUR 1,340,000　RMB 10,265,338

381

周春芽　1994 年 红石图
中国嘉德　2021/05/20　LOT 2089
布面 油画　150cm×120cm×3
成交价　RMB 39,330,000

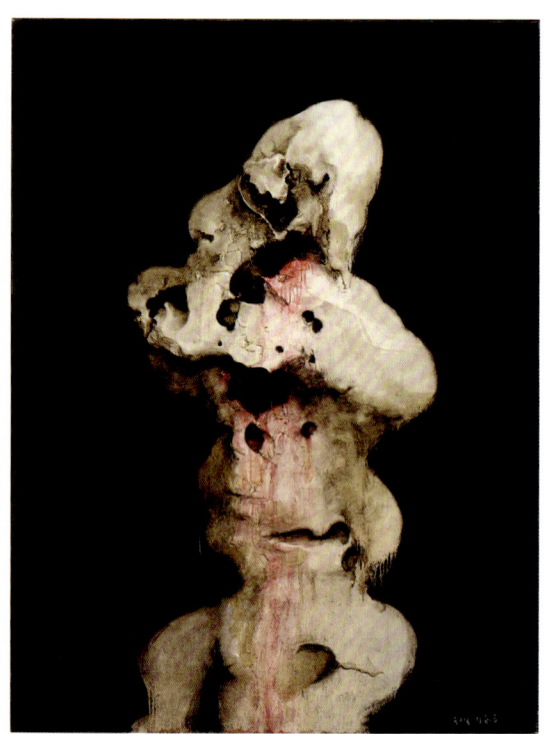

周春芽　1999 年作 太湖石
北京永乐　2021/05/21　LOT 1927
布面 油画　200cm×150cm
成交价　RMB 20,815,000

周春芽　2007 年作 回过头的 TT
北京永乐　2021/05/21　LOT 1926
布面 油画　248cm×198.5cm
成交价　RMB 5,980,000

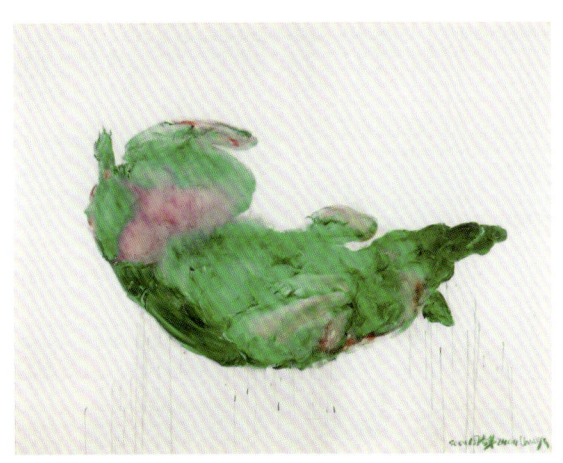

周春芽　2001 年作　绿狗
上海明轩　2021/12/30　LOT 3
布面 油画　200cm×250cm
成交价　RMB 10,925,000

周春芽　2006 年作　桃花风景系列：湖上艳色
罗芙奥　2021/07/18　LOT 245
布面 油画　200cm×250cm
成交价　NTD 51,840,000　RMB 11,966,746

周春芽　2006 年作　香桃花
苏富比香港　2021/10/10　LOT 537
布面 油画　200cm×250cm
成交价　HKD 7,193,000　RMB 5,974,433

周春芽　2011 年作　玉人似花枝
罗芙奥　2021/12/05　LOT 221
布面 油画　200cm×280cm
成交价　NTD 38,400,000　RMB 8,864,256

周春芽　2013 年作　春风拂槛露华浓
北京保利　2021/06/04　LOT 3301
布面 油画　160cm×210cm×2
成交价　RMB 9,775,000

周春芽　2013 年作 桃花林
富艺斯 香港　2021/06/08　LOT 15
布面 油画　150cm×200cm
成交价　HKD 7,268,000　RMB 6,058,314

周春芽　2018 年作 瘦西湖春色
北京永乐　2021/05/21　LOT 1925
布面 油画　180cm×250cm
成交价　RMB 7,762,500

朱德群　1970 年作 构图 NO.338
北京保利　2021/06/04　LOT 3313
布面 油画　113.6cm×145.4cm
成交价　RMB 13,800,000

朱德群　1958 年 破晓
中国嘉德　2021/05/20　LOT 2026
布面 油画　130cm×96.5cm
成交价　RMB 8,970,000

朱德群　2007 年作 和谐之音
佳士得香港　2021/05/24　LOT 28
布面 油画　130cm×190cm
成交价　HKD 8,650,000　RMB 7,210,294

朱德群　2003—2004 年作 永恒的刹那
佳士得香港　2021/05/24　LOT 23
布面 油画　130cm×324cm
成交价　HKD 22,450,000　RMB 18,713,422

中国收藏
拍卖年鉴
2022

CHINESE FINE ART &
ANTIQUES AUCTION
YEARBOOK 2022

朱德群　2006 年作　无垠苍穹
北京永乐　2021/05/21　LOT 1812
布面 油画　130cm×195cm
成交价　RMB 9,775,000

朱德群　2006 年作　万象腾形
北京华艺　2021/12/10　LOT 8611
布面 油画　130cm×97cm
成交价　RMB 5,290,000

朱德群　1968 年作 复兴的气韵
中国嘉德　2021/11/28　LOT 2014
布面 油画　89cm×130cm
成交价　RMB 8,050,000

朱德群　1968—1970 年作 无题
苏富比香港　2021/10/09　LOT 1045
布面 油画　162cm×127.2cm
成交价　HKD 36,475,000　RMB 30,295,770

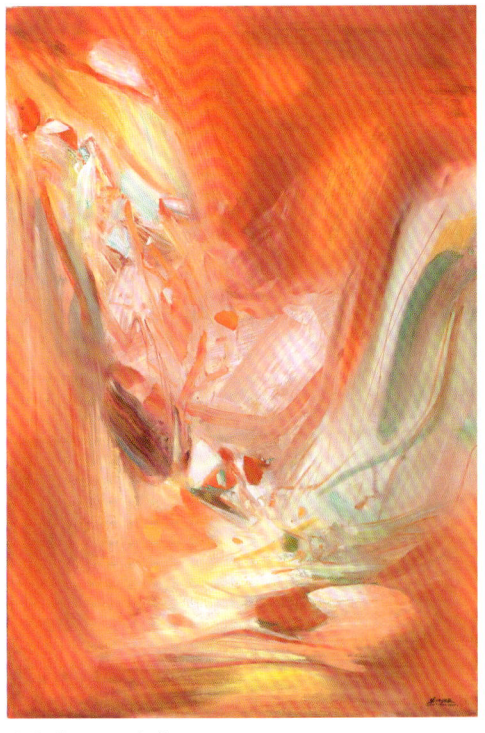

朱德群　1974 年作 NO.532
十竹斋（北京）　2021/04/25　LOT 1012
布面 油画　130cm×89cm
成交价　RMB 9,296,000

朱德群　1985 年作　一九八五年五月十五日
苏富比香港　2021/10/09　LOT 1050
布面 油画　100cm×81cm
成交价　HKD 11,791,000　RMB 9,793,487

朱德群　1986 年作　雪景
罗芙奥　2021/07/18　LOT 240
布面 油画　73cm×61cm
成交价　NTD 26,400,000　RMB 6,094,176

朱德群　1986 年作　盛世雪
苏富比香港　2021/04/18　LOT 1020
布面 油画　193cm×384.7cm
成交价　HKD 229,568,000　RMB 191,358,702

朱德群　1989 年　冬眠
中国嘉德　2021/05/20　LOT 2059
布面 油画　97cm×130cm
成交价　RMB 6,670,000

朱德群　1989 年作　光之旋回
罗芙奥　2021/07/18　LOT 242
布面 油画　97cm×130cm
成交价　NTD 25,200,000　RMB 5,817,168

朱德群　1990 年作　发光体
苏富比香港　2021/04/19　LOT 782
布面 油画　116cm×89cm
成交价　HKD 9,613,000　RMB 8,013,012

朱德群　2001 年作　纷繁
苏富比香港　2021/04/19　LOT 785
布面 油画　130cm×195.5cm
成交价　HKD 9,855,000　RMB 8,214,734

朱德群　1990 年作　幻化的地平线
罗芙奥　2021/12/05　LOT 222
布面 油画　160cm×130cm
成交价　NTD 33,600,000　RMB 7,756,224

朱德群　1990 年作　穿越
佳士得香港　2021/12/02　LOT 334
布面 油画　130cm×195cm
成交价　HKD 10,450,000　RMB 8,679,666

油画及中国当代艺术 ———— 朱铭　朱曜奎

朱铭　1988 年作　十字手
中诚国际　2021/10/03　LOT 202
铜雕　356cm×180cm×365.5cm
成交价　NTD 34,080,000　RMB 7,867,027

朱曜奎　2001 年作　黄河魂
保利（厦门）　2021/05/05　LOT 1350
布面　油画　100cm×200cm
成交价　RMB 9,200,000

流传序列

苏格兰贵族家族旧藏，得自 1875 年，并由后代递藏

伦敦佳士得，1999 年 6 月 5 日，编号 99

著 录

1. 伦敦皇家艺术学院，《中国——三个皇帝》，伦敦，2006 年，第 296 页，编号 222。

2. 首都博物馆，《首届世界华人典藏大展》，北京，2010 年，第 48—49 页。

展 览

1. "中国——三个皇帝"，伦敦皇家艺术学院，2006，编号 222

2. "首届世界华人典藏大展"，首都博物馆，2010.9.28—2021.1.9

按 语

　　御制洋彩胭脂红地轧道雕瓷镂空"有凤来仪 百鸟朝凤"图双螭耳大转心瓶是清代乾隆官窑瓷器中的稀世珍品。此转心瓶由上下内外四部分组合而成，分别为颈瓶、腹瓶、底瓶、内胆瓶。外壁颈瓶、底瓶以胭脂红地轧道洋彩绘制纹饰，两侧贴塑螭龙耳，腹瓶外壁精雕祥云山林之景，山石嶙峋，花木葱茏，一五彩凤凰飞于云端，意为"有凤来仪"。轻转瓶颈，内胆随之转动，从瓶身镂空观瞧内胆，各式瑞鸟纷繁，鹌鹑、芦雁、锦鸡、鹰、孔雀、鸳鸯等不一而足，或驻足仰望，或翩翩飞腾，成双成对，有如手卷于眼前徐徐展开，似闻百鸟齐鸣，意为"百鸟朝凤"。瓶体将洋黄、果绿、矾红、金彩等多种色彩和谐统一，集松石绿釉、胭脂红料彩、蓝料彩等各样珍稀材料为一身，汇轧道、镂雕、转心等多种工艺于一体，画面繁复富丽，处处透露出皇室威仪。巧夺天工，美艳华贵。

　　此转心瓶为乾隆皇帝命御窑厂督陶官唐英定烧，是唐英设计中最瑰丽华贵、新奇精巧的一例。此瓶或为进贡乾隆之新年贺礼，或为庆贺崇庆皇太后六旬大寿之贺礼。

　　此转心瓶为乾隆时期御制洋彩佳作，中西艺术风格相互融合，凤鸟山水是传统中国绘画题材，而洋彩装饰与转心之效，深得巴洛克风格之精髓，无论绘画技艺还是烧造工艺，均体现了清代官窑洋彩瓷器制作的最高水平。镂空转心瓶在清代已是稀世珍品，流传至今的寥寥可数，多为博物馆所藏，此瓶是近年来市面流通的屈指可数的镂空转心瓶整器，为难得一见的珍品。

清乾隆　洋彩锦上添花镂空"有凤来仪 百鸟朝凤"图螭耳转心瓶

北京保利　2021/06/07　LOT 5153

高　63cm

成交价　RMB 265,650,000

隋或唐 白釉高足杯
苏富比纽约　2021/09/21　LOT 156
高 8.3cm
成交价　USD 842,800　RMB 5,438,579

唐三彩骆驼
苏富比伦敦　2021/05/12　LOT 7
高 80cm
成交价　GBP 668,400　RMB 6,004,678

金 磁州窑白地黑花蝶恋花纹小口瓶
中国嘉德　2021/10/14　LOT 1061
高 25.7cm
成交价　HKD 7,404,000　RMB 6,149,688

金 钧窑天蓝釉紫红斑小碗
苏富比香港　2021/10/13　LOT 3634
口径 8.5cm
成交价　HKD 12,275,000　RMB 10,195,492

金 钧窑天蓝釉紫红斑折沿盘
苏富比香港　2021/04/22　LOT 16
口径 18.5cm
成交价　HKD 26,795,000　RMB 22,335,240

南宋 湖田窑青白釉刻划牡丹纹梅瓶
北京开拍　2021/03/21　LOT 390
高 38.5cm
成交价　RMB 25,070,000

宋 白釉刻 1746 年乾隆皇帝御制诗银锭式枕

邦瀚斯纽约　2021/03/15　LOT 86

长 21.2cm

成交价　USD 882,312　RMB 5,707,341

元　青花孔雀缠枝牡丹纹梅瓶
北京保利　2021/12/05　LOT 5433
高 39.5cm
成交价　RMB 10,350,000

元　青花龙纹高足碗
北京保利　2021/12/05　LOT 5432
高 10.2cm；宽 11.5cm
成交价　RMB 7,820,000

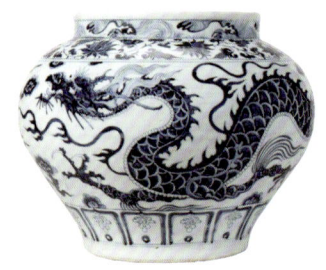

元　青花云龙纹罐
北京保利　2021/06/07　LOT 5045
口径 33cm；高 27.5cm
成交价　RMB 34,500,000

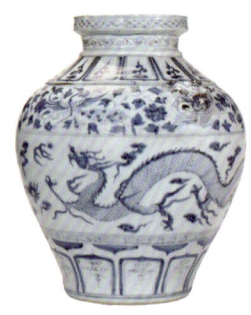

元　青花云龙纹铺首耳盘口罐
北京保利　2021/06/07　LOT 5043
高 38.5cm
成交价　RMB 6,440,000

元　青花云龙纹玉壶春瓶
北京保利　2021/06/07　LOT 5044
高 14.5cm
成交价　RMB 7,590,000

明永乐　青花如意开光折枝莲纹执壶
中国嘉德（香港）　2021/10/14　LOT 1067
高 29cm
成交价　HKD 17,115,000　RMB 14,215,547

明永乐 青花缠枝花纹折沿盆
北京宝瑞盈　2021/06/06　LOT 274
口径 32cm；高 15cm
成交价　RMB 12,650,000

明永乐 青花菱形开光折枝莲纹菱花口折沿盘
东京中央　2021/03/18　LOT 2152
口径 37.5cm；高 7cm
成交价　HKD 12,339,400　RMB 10,285,630

明永乐 青花缠枝莲纹玉壶春瓶
佳士得香港　2021/12/03　LOT 2941
高 28cm
成交价　HKD 21,850,000　RMB 18,148,391

明永乐 青花葡萄纹折沿盘
北京永乐　2021/05/22　LOT14
口径 37.8cm
成交价　RMB 11,270,000

明永乐 青花飞鸣宿食图罐
北京大羿、北京中汉联合　2021/05/17　LOT 800
高 30cm；口径 19.6cm；腹径 34.2cm
成交价　RMB 28,980,000

明永乐 青花缠枝花葡萄纹折沿盘
北京华艺　2021/06/05　LOT 1821
口径 38.4cm
成交价　RMB 5,060,000

瓷玉杂项 —— 陶瓷器 —— 元明清 —— 釉下彩

明永乐 青花伊斯兰花纹绶带耳葫芦扁瓶

保利香港　2021/12/02　LOT 3581

高 26cm

成交价　HKD 8,160,000　RMB 6,777,614

明永乐 青花葡萄缠枝花纹折沿盘

北京保利　2021/06/08　LOT 6658

口径 37cm

成交价　RMB 5,290,000

明永乐 青花葡萄纹菱花口折沿盘

苏富比香港　2021/04/22　LOT 3612

口径 44cm

成交价　HKD 17,115,000　RMB 14,266,379

明永乐 青花外缠枝花纹内折枝花果纹墩式碗

北京保利　2021/12/06　LOT 6349

口径 20.5cm

成交价　RMB 5,175,000

明宣德 青花海水白龙纹碗

上海嘉禾　2021/11/14　LOT 326

口径 28.5cm；高 9.5cm

成交价　RMB 6,900,000

明宣德 青花外莲瓣内缠枝莲纹碗

中国嘉德（香港）　2021/10/14　LOT 1043

口径 20.9cm

成交价　HKD 6,585,000　RMB 5,469,435

明宣德 青花香草夔龙纹罐
佳士得香港　2021/05/28　LOT 2985
高 18.3cm
成交价　HKD 31,450,000　RMB 26,215,462

明宣德 青花海水海兽纹高足杯
北京永乐　2021/05/22　LOT 11
高 7.7cm
成交价　RMB 57,500,000

明宣德 青花菱形开光云龙纹十瓣葵花式碗
佳士得香港　2021/05/28　LOT 2927
口径 20.2cm
成交价　HKD 6,850,000　RMB 5,709,886

明宣德 青花芦雁图蟋蟀罐
中贸圣佳　2021/05/20　LOT 923
口径 14cm；高 8.6cm
成交价　RMB 5,750,000

明宣德 青花狮子戏球图罐
苏富比香港　2021/10/13　LOT 3635
高 22.8cm
成交价　HKD 11,065,000　RMB 9,190,478

明宣德 青花折枝花果纹葵口碗
北京保利　2021/06/08　LOT 6662
口径 22.5cm；高 8cm
成交价　RMB 8,050,000

瓷玉杂项　陶瓷器　元明清　釉下彩

明宣德 青花折枝花卉瑞果纹葵口碗
北京华艺　2021/06/05　LOT 1824
口径 22.6cm
成交价　RMB 5,500,000

明宣德 青花藏文"永平安颂"高足碗
北京保利　2021/06/07　LOT 5093
口径 16.8cm
成交价　RMB 55,775,000

明成化 青花海水祥云纹盖罐
北京中汉　2021/05/18　LOT 21
高 18.3 cm
成交价　RMB 9,200,000

明嘉靖 青花庭院婴戏图罐
保利香港　2021/12/02　LOT 3583
高 34.5cm
成交价　HKD 11,760,000　RMB 9,767,738

清雍正 青花"喜上梅梢"图如意耳扁瓶
保利（厦门）　2021/11/05　LOT 1334
高 22.9cm
成交价　RMB 9,200,000

清雍正 青花缠枝花纹尊
北京保利　2021/06/07　LOT 5118
高 70cm
成交价　RMB 12,650,000

清雍正　青花缠枝花纹荸荠瓶
北京保利　2021/09/26　LOT 577
高 22cm
成交价　RMB 5,750,000

清雍正　仿永乐青花折枝荔枝纹如意耳扁瓶
北京保利　2021/06/07　LOT 5042
高 26.5cm
成交价　RMB 9,200,000

清雍正　青花折枝花鸟图如意耳扁瓶
北京保利　2021/12/05　LOT 5448
高 22cm
成交价　RMB 5,750,000

清雍正　青花龙穿缠枝花纹大盘
北京开拍　2021/03/21　LOT 388
口径 50cm
成交价　RMB 14,950,000

清雍正　青花折枝荔枝图如意耳扁瓶
保利香港　2021/04/21　LOT 3211
高 26.5cm
成交价　HKD 10,560,000　RMB 8,802,393

清雍正或乾隆　青花秋狝图盘口尊
中贸圣佳　2021/05/20　LOT 1051
高 69.8cm
成交价　RMB 6,670,000

清乾隆 青花缠枝莲托八吉祥纹铺首耳尊
北京保利　2021/12/05　LOT 5556
高 48.8cm
成交价　RMB 9,200,000

清乾隆 青花缠枝花纹贯耳尊
中国嘉德　2021/11/28　LOT 3235
高 51.5cm
成交价　RMB 5,750,000

清乾隆 青花龙穿缠枝莲纹胆式瓶
保利香港　2021/04/21　LOT 3215
高 46cm
成交价　HKD 45,600,000　RMB 38,010,336

清乾隆 青花农耕图双耳扁瓶
北京华艺　2021/06/05　LOT 1815
高 59cm
成交价　RMB 66,000,000

清乾隆 青花莲花八吉祥纹双耳抱月瓶
北京保利　2021/06/08　LOT 6504
高 49.5cm
成交价　RMB 7,590,000

清乾隆 青花缠枝并蒂莲纹蒜头瓶
北京保利　2021/06/07　LOT 5114
高 28.7cm
成交价　RMB 8,280,000

清乾隆　青花苍龙教子图螭耳扁瓶

中国嘉德　2021/05/18　LOT 3091

高 29.5cm

成交价　RMB 32,200,000

清乾隆　青花苍龙教子图荸荠瓶

西泠印社　2021/07/25　LOT 4653

高 24.7cm

成交价　RMB 12,650,000

清乾隆　青花缠枝花纹贯耳尊

北京保利　2021/06/07　LOT 5120

口径 38.5cm；高 51cm

成交价　RMB 6,900,000

清乾隆　青花缠枝花纹如意耳葫芦尊

北京保利　2021/06/07　LOT 5113

高 18.2cm

成交价　RMB 20,125,000

清乾隆　青花螭龙捧"寿"字如意耳葫芦形扁瓶（一对）

北京大羿　2021/11/27　LOT 607

高度 17.7cm

成交价　RMB 5,520,000

清乾隆　青花缠枝番莲纹贯耳扁瓶

北京保利　2021/12/05　LOT 5545

高 34.9cm

成交价　RMB 12,650,000

清乾隆 青花海水云龙捧"寿"字折沿盘
厦门博乐德 2021/06/27 LOT 142
口径 44.3cm；高 9cm
成交价 RMB 9,775,000

清乾隆 青花莲花八吉祥纹双耳抱月瓶（一对）
北京保利 2021/06/07 LOT 5119
高 49.2cm
成交价 RMB 23,000,000

清乾隆 青花莲池图贯耳壶
保利香港 2021/12/02 LOT 3404
高 54cm
成交价 HKD 24,000,000 RMB 19,934,160

清乾隆 青花折枝花果纹梅瓶
上海嘉禾 2021/07/22 LOT 1517
高 33cm
成交价 RMB 8,855,000

清乾隆 青花折技瑞果纹梅瓶
北京华艺 2021/12/11 LOT 1221
高 32.3cm
成交价 RMB 9,200,000

清乾隆 青花折枝花果"三多"纹梅瓶
北京永乐 2021/05/22 LOT 29
高 31.7cm
成交价 RMB 8,625,000

清嘉庆 青花夔凤福寿纹双耳胆式瓶
厦门博乐德 2021/01/22 LOT 133
高 31cm
成交价 RMB 5,175,000

明正德 黄地青花折枝花果纹盘
北京永乐 2021/05/22 LOT 21
口径 29.2cm
成交价 RMB 8,050,000

清雍正 黄地青花缠枝花纹"三羊开泰"尊
保利香港 2021/04/21 LOT 3210
高 32.5cm
成交价 HKD 7,200,000 RMB 6,001,632

清雍正 黄地青花折枝花果纹冬瓜罐
上海嘉禾 2021/12/31 LOT 1777
高 27cm;口径 13cm
成交价 RMB 9,200,000

清康熙 青花釉里红团花纹摇铃尊（一对）
中国嘉德（香港） 2021/10/14 LOT 1055
高 22.5cm
成交价 HKD 15,360,000 RMB 12,757,862

清康熙 釉里红折枝花纹苹果尊
上海明轩 2021/12/30 LOT 101
口径 9.6cm
成交价 RMB 6,785,000

清康熙 青花釉里红加彩海水江崖云龙戏珠纹敛口缸
北京保利　2021/06/07　LOT 5116
口径 42cm；高 29cm
成交价　RMB 24,380,000

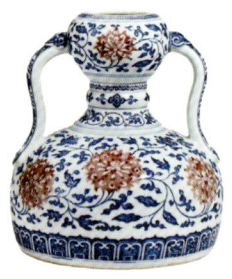

清雍正 青花釉里红缠枝莲纹如意耳蒜头口瓶
中国嘉德（香港）　2021/04/23　LOT 1373
高 18.5cm
成交价　HKD 9,200,000　RMB 7,668,752

清雍正 青花釉里红海水云龙纹如意耳扁瓶
北京永乐　2021/05/22　LOT 25
高 44.5cm
成交价　RMB 9,200,000

清乾隆 青花釉里红"琴棋书画"人物图灯笼尊
北京保利　2021/12/05　LOT 5541
高 48cm
成交价　RMB 13,110,000

清乾隆 青花釉里红缠枝宝相花纹梅瓶
北京保利　2021/06/07　LOT 5115
高 35.4cm
成交价　RMB 29,900,000

清乾隆 青花釉里红缠枝莲纹梅瓶
北京保利　2021/12/05　LOT 5542
高 34.6cm
成交价　RMB 14,950,000

清乾隆 青花釉里红海水云龙纹如意耳扁瓶
厦门博乐德　2021/12/07　LOT 919
高 32cm
成交价　RMB 8,500,000

清乾隆 唐英制青花釉里红玉堂富贵图灯笼尊
北京保利　2021/12/05　LOT 5544
高 45.6cm
成交价　RMB 8,050,000

清乾隆 青花釉里红海水云龙戏珠纹如意耳扁瓶
北京大羿　2021/05/17　LOT 801
高 38.8cm
成交价　RMB 23,575,000

明成化 青花加矾红彩云龙纹碗
北京保利　2021/12/05　LOT 5435
口径 21.2cm
成交价　RMB 10,350,000

清雍正 青花加矾红彩云龙纹直颈瓶
中国嘉德（香港）　2021/04/23　LOT 1366
高 29.5cm
成交价　HKD 9,775,000　RMB 8,148,049

清乾隆 青花加矾红彩云龙纹螭耳扁瓶
昆明雅士得　2021/12/20　LOT 200
高 51cm
成交价　RMB 14,375,000

明洪武 釉里红缠枝牡丹纹玉壶春瓶
上海嘉禾　2021/07/22　LOT 1542
高 31.5cm
成交价　RMB 6,900,000

明永乐 釉里红锥拱海水苍龙教子图梅瓶
中国嘉德　2021/11/28　LOT 3304
高 41.3cm
成交价　RMB 74,750,000

清雍正 釉里红海水凸刻白龙纹梅瓶
弗里曼　2021/04/08　LOT 12
高 11cm
成交价　USD 2,895,000　RMB 18,726,654

清乾隆 釉里红凤衔牡丹纹象耳方尊
中国嘉德　2021/05/18　LOT 3098
高 23.2cm
成交价　RMB 9,200,000

清乾隆 釉里红九龙闹海纹如意耳扁瓶
中国嘉德　2021/05/18　LOT 3090
高 29.2cm
成交价　RMB 8,395,000

清乾隆 釉里红锦纹如意耳蒜头口扁瓶
北京永乐　2021/05/22　LOT 30
高 17.5cm
成交价　RMB 13,800,000

清乾隆　釉里红九云龙闹海纹如意耳扁瓶
北京保利　2021/06/07　LOT 5117
高 25.8cm
成交价　RMB 21,850,000

明 定窑白釉"官"字款刻莲瓣纹倒流壶
北京保利　2021/12/05　LOT 5648
宽 16cm
成交价　RMB 7,820,000

明永乐　甜白釉玉壶春瓶
北京永乐　2021/05/22　LOT 13
高 26cm
成交价　RMB 5,750,000

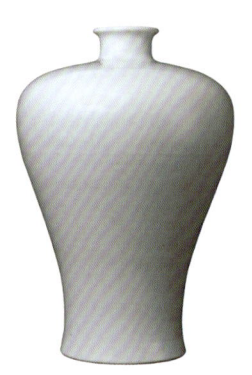

清雍正　白釉梅瓶
北京永乐　2021/05/22　LOT 18
高 33.5cm
成交价　RMB 7,475,000

清雍正　仿官釉凸刻"菊花团寿"纹螭耳扁壶
保利（厦门）　2021/11/05　LOT 1320
高 50.5cm
成交价　RMB 10,695,000

清雍正　仿哥釉纸槌瓶
北京保利　2021/09/26　LOT 569
高 16.8cm
成交价　RMB 6,095,000

清乾隆　浆胎仿定窑白釉浮雕缠枝莲纹玉壶春瓶（一对）
中国嘉德　2021/11/28　LOT 3323
高 17.1cm
成交价　RMB 6,555,000

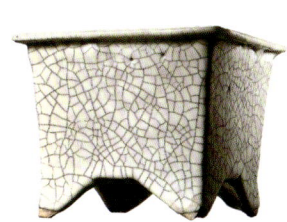

明 哥釉四方花器

中贸圣佳　2021/05/20　LOT 1081

高 11.5cm；宽 14.5cm

成交价　RMB 6,325,000

明初 龙泉窑青釉净瓶（一对）

中国嘉德　2021/11/30　LOT 5191

高 49cm

成交价　RMB 6,670,000

明永乐 龙泉窑青釉玉壶春瓶

中国嘉德　2021/11/30　LOT 5189

高 25cm

成交价　RMB 6,440,000

明初 青釉钵

北京博美　2021/12/03　LOT 60

高 7.5cm；口径 13cm；底部口径 6.3cm

成交价　RMB 5,865,000

清康熙 东青釉凸刻菊瓣瓶

北京保利　2021/12/05　LOT 5451

高 21.1cm

成交价　RMB 5,750,000

清雍正 粉青釉塑贴蟠螭尊

北京保利　2021/06/07　LOT 5029

高 17cm

成交价　RMB 7,015,000

瓷玉杂项 ┈┈┈ 陶瓷器 ┈┈┈ 元明清 ┈┈┈ 颜色釉

411

清雍正 粉青釉刻弦纹长方花盆
佳士得香港　2021/12/03　LOT 2911
长 37.3cm
成交价　HKD 16,450,000　RMB 13,663,205

清雍正 仿哥釉六方撇口瓶
北京保利　2021/12/05　LOT 5533
高 69.4cm
成交价　RMB 9,200,000

清雍正 仿官釉五瓣瓜棱瓶
佳士得香港　2021/12/03　LOT 2914
高 24.5cm
成交价　HKD 6,850,000　RMB 5,709,886

清雍正 仿汝釉出戟双耳尊
北京保利　2021/06/07　LOT 5015
高 32.3cm
成交价　RMB 8,510,000

清乾隆 粉青釉塑贴蟠螭冬瓜罐（一对）
佳士得香港　2021/12/03　LOT 2912
高 26.1cm
成交价　HKD 26,650,000　RMB 22,135,223

清乾隆 粉青釉浮雕"苍龙教子"图罐
保利香港　2021/12/02　LOT3501
高 34.6cm
成交价　HKD 52,800,000　RMB 43,855,152

清乾隆　粉青釉刻划团"寿"字花卉纹如意耳蒜头口尊

北京保利　2021/12/05　LOT 5534

高 22.8cm

成交价　RMB 7,820,000

清乾隆　粉青釉六连瓶

北京保利　2021/06/07　LOT 5030

高 24.4cm

成交价　RMB 6,440,000

清乾隆　粉青釉刻划海水云龙纹天球瓶

西泠印社　2021/07/25　LOT 4689

高 60cm

成交价　RMB 5,175,000

清乾隆　粉青釉凸刻夔龙纹如意耳蒜头口尊

北京保利　2021/06/07　LOT 5112

高 18cm

成交价　RMB 25,300,000

清乾隆　粉青釉凸刻团螭纹观音瓶

佳士得香港　2021/12/03　LOT 2910

高 23.2cm

成交价　HKD 18,850,000　RMB 15,656,621

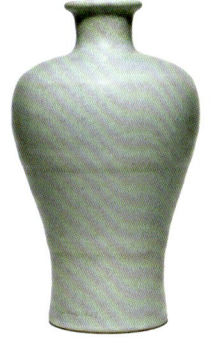

清乾隆　仿汝釉凸弦纹梅瓶

苏富比纽约　2021/09/21　LOT 57

高 22.8cm

成交价　USD 806,500　RMB 5,204,336

瓷玉杂项 ······ 陶瓷器 ······ 元明清 ······ 颜色釉

清乾隆 仿汝釉绶带耳汉壶尊
北京保利　2021/12/05　LOT 5424
高 29.5cm
成交价　RMB 6,900,000

清乾隆 仿汝釉双耳抱月瓶
北京保利　2021/09/26　LOT 568
高 36cm
成交价　RMB 5,405,000

清乾隆 仿官釉绶带耳汉壶尊
北京保利　2021/06/07　LOT 5111
高 31cm
成交价　RMB 6,785,000

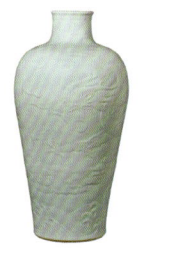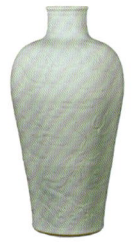

清乾隆—嘉庆 粉青釉凸刻海水苍龙教子图梅瓶
中国嘉德　2021/05/18　LOT 3089
高 70cm
成交价　RMB 10,120,000

清嘉庆 粉青釉描金二龙赶珠纹壮罐
佳士得香港　2021/05/28　LOT 2938
高 32.6cm
成交价　HKD 7,450,000　RMB 6,210,022

清乾隆 茶叶末釉贯耳六方壶
保利（厦门）　2021/05/06　LOT 971
高 45cm
成交价　RMB 5,405,000

清乾隆 茶叶末釉如意耳蒜头口尊

北京保利　2021/12/05　LOT 5535

高 18.1cm

成交价　RMB 13,800,000

清康熙 豇豆红釉凸刻菊瓣瓶

北京保利　2021/06/07　LOT 5020

高 8cm

成交价　RMB 5,520,000

清雍正 胭脂水釉小杯

苏富比香港　2021/04/22　LOT 13

口径 6.5cm

成交价　HKD 6,225,000　RMB 5,188,911

明初 钧窑天蓝釉长方花盆（刻"一"）

上海嘉禾　2021/07/22　LOT 1519

长 24.5cm；宽 18.5cm；高 11.5cm

成交价　RMB 71,300,000

明初 钧窑玫瑰紫釉葵花式花盆托（刻"六"）

中国嘉德　2021/05/18　LOT 3165

口径 21.3cm

成交价　RMB 11,500,000

明初 钧窑玫瑰紫釉葵花式花盆托

中国嘉德（香港）　2021/10/14　LOT 1062

口径 26cm

成交价　HKD 22,965,000　RMB 19,074,499

瓷玉杂项 ……… 陶瓷器 ……… 元明清 ……… 颜色釉

415

清雍正 炉钧釉如意耳蒜头口尊

北京保利　2021/12/05　LOT 5536

高 27.5cm

成交价　RMB 27,600,000

清雍正 炉钧釉蒜头瓶（一对）

苏富比香港　2021/10/13　LOT 3641

高 26.6cm

成交价　HKD 21,350,000　RMB 17,733,096

清雍正 宝石蓝釉观音瓶

北京保利　2021/12/05　LOT 5429

高 38.2cm

成交价　RMB 7,130,000

清乾隆 宝石蓝釉金银彩"三多"纹螭龙耳扁瓶

中贸圣佳　2021/05/20　LOT 936

高 31.6cm

成交价　RMB 8,625,000

清乾隆 洒蓝釉描金题乾隆皇帝御制诗塑贴粉彩荷莲连瓷座壁瓶

中国嘉德　2021/05/18　LOT 3172

高 51.3cm

成交价　RMB 10,350,000

清雍正 松石绿釉菊瓣盘

北京保利　2021/06/07　LOT 5022

口径 17.6cm

成交价　RMB 5,750,000

瓷玉杂项 ———— 陶瓷器 ———— 元明清 ———— 颜色釉

清乾隆 炉钧釉浮雕金彩"夔龙拱福"纹螭耳瓶
北京保利　2021/06/07　LOT 5126
高 37.5cm
成交价　RMB 37,950,000

清乾隆 青花地白花瓜皮绿釉"富贵白头"双喜图
莲托八吉祥纹盘
北京保利　2021/06/07　LOT 5027
口径 47.8cm
成交价　RMB 28,750,000

清雍正 粉彩春风碧桃图胆式瓶
中贸圣佳　2021/12/29　LOT 951
高 38.5cm
成交价　RMB 8,625,000

清雍正 珊瑚红地洋彩九秋同庆图碗（一对）
中国嘉德　2021/05/18　LOT 3151
口径 13cm
成交价　RMB 8,510,000

清雍正 松绿地粉彩花卉纹菱花式包袱尊
保利香港　2021/04/21　LOT 3217
高 31cm
成交价　HKD 6,000,000　RMB 5,001,360

清雍正 粉彩八桃结树图圆盒
苏富比香港　2021/10/13　LOT 3656
口径 19.2cm
成交价　HKD 34,660,000　RMB 28,788,249

清雍正 粉彩过枝桃花绶带鸟图盘
保利香港　2021/04/21　LOT 3222
口径 17.3cm
成交价　HKD 6,600,000　RMB 5,501,496

清雍正 白釉暗刻八吉祥粉彩过枝福寿双全图盘
北京大羿　2021/11/27　LOT 604
口径 20.5cm
成交价　RMB 6,095,000

清乾隆　粉彩无量寿佛
北京保利　2021/12/05　LOT 5550
高 29.5cm
成交价　RMB 8,050,000

清乾隆　洋彩妙相罗汉坐像
中贸圣佳　2021/05/20　LOT 934
高 30.4cm
成交价　RMB 5,520,000

清乾隆　洋彩锦上添花镂空"有凤来仪 百鸟朝凤"图螭耳转心瓶
北京保利　2021/06/07　LOT 5153
高 63cm
成交价　RMB 265,650,000

清乾隆　祭蓝釉描金福庆连连夹白地粉彩折枝花果纹撇口尊
北京中汉　2021/05/18　LOT 41
高 69.1 cm
成交价　RMB 5,750,000

清乾隆　洋彩进宝图螭耳大瓶
北京保利　2021/12/05　LOT 5553
高 77cm
成交价　RMB 22,425,000

清乾隆　胭脂红地洋彩锦上添花西洋花卉纹夹炉钧釉象耳转心瓶
北京保利　2021/12/05　LOT 5537
高 40.2cm
成交价　RMB 82,225,000

清乾隆 淡黄地洋彩洋莲纹开光题乾隆帝御制诗如意耳玉壶春式壁瓶
中贸圣佳　2021/05/20　LOT 1035
高 19.2cm
成交价　RMB 11,500,000

清乾隆 胭脂红地洋彩锦上添花西洋花卉纹观音瓶
北京保利　2021/06/07　LOT 5124
高 27.8cm
成交价　RMB 11,270,000

清乾隆 淡粉红地洋彩锦上添花云凤纹盖碗
佳士得香港　2021/05/28　LOT 2955
口径 10.2cm
成交价　HKD 6,730,000　RMB 5,609,858

清乾隆 洋彩鹿鹤同春图蒜头瓶
北京保利　2021/09/26　LOT 530
高 27.5cm
成交价　RMB 5,462,500

清乾隆 洋彩百鹿尊
北京保利　2021/12/05　LOT 5551
高 44.2cm
成交价　RMB 13,800,000

清乾隆 洋彩锦纹琵琶包袱壁瓶
北京宝瑞盈　2021/06/06　LOT 241
高 31cm
成交价　RMB 5,980,000

清乾隆　洋彩巴洛克式藤蔓洋菊花卉纹碗
北京保利　2021/06/07　LOT 5122
口径 11cm
成交价　RMB 10,925,000

清乾隆　粉彩"海晏河清"图碗
北京大羿　2021/11/27　LOT 310
口径 14.9cm
成交价　RMB 5,520,000

清乾隆　松石绿地洋彩洋花夹白地洋彩八仙庆寿图如意云头口瓶
东京中央（香港）　2021/09/12　LOT 1407
高 38.5cm；口径 24.3cm
成交价　HKD 22,960,000　RMB 19,070,346

清乾隆　青花加粉彩"梅雀报喜"图扁瓶
北京永乐　2021/05/22　LOT 28
高 28.7cm
成交价　RMB 17,250,000

清乾隆　金地洋彩洋莲八吉祥纹五供一套
苏富比纽约　2021/09/21　LOT 58
高 37.3cm
成交价　USD 988,000　RMB 6,375,554

中国收藏
拍卖年鉴
2022

CHINESE FINE ART &
ANTIQUES AUCTION
YEARBOOK 2022

清乾隆 唐英制粉彩题诗四季花鸟图四条屏

保利（厦门） 2021/05/06 LOT 967

79cm×26cm×4

成交价 RMB 11,500,000

清乾隆 松石绿地洋彩描金题乾隆皇帝御制诗瓷板挂屏

北京保利 2021/06/07 LOT 5147

98.5cm×63cm

成交价 RMB 10,925,000

清乾隆 洋彩雕刻进宝图瓷板挂屏

北京保利 2021/12/05 LOT 5552

93.5cm×71cm

成交价 RMB 5,750,000

清乾隆 松石绿地洋彩花卉福寿绵长如意耳瓶（一对）
保利（厦门） 2021/05/06 LOT 968
高 33cm
成交价 RMB 11,500,000

清乾隆 淡粉红地洋彩锦上添花洋莲八吉祥纹花觚（一对）
中贸圣佳 2021/05/20 LOT 935
高 24.2cm
成交价 RMB 9,085,000

清乾隆 胭脂红地洋彩西洋花卉纹开光题乾隆帝御制诗灯笼式螭耳壁瓶（一对）
北京保利 2021/06/07 LOT 5145
高 20.5cm
成交价 RMB 5,520,000

清乾隆 洋彩夔龙衔洋莲纹贲巴瓶（一对）
佳士得香港 2021/12/03 LOT 2909
口径 15cm
成交价 HKD 6,250,000 RMB 5,191,187

清乾隆 粉彩百花不露地葫芦瓶
广东崇正 2021/12/15 LOT 1220
高 33cm
成交价 RMB 5,520,000

清乾隆 淡黄地粉彩海水云龙纹豆
佳士得香港 2021/05/28 LOT 2951
高 27cm
成交价 HKD 11,050,000 RMB 9,210,838

清嘉庆 绿地洋彩洋莲纹夹白地洋彩"连生吉庆"婴戏图瓶
北京永乐 2021/05/22 LOT 31
高 31cm
成交价 RMB 6,900,000

清嘉庆 绿地洋彩洋莲"三多"纹天球瓶
保利香港 2021/04/21 LOT 3218
高 30.5cm
成交价 HKD 6,240,000 RMB 5,201,414

清嘉庆 淡黄地洋彩洋莲福寿纹夹白地洋彩群仙祝寿图螭耳瓶
中贸圣佳 2021/12/29 LOT 955
高 30.2cm
成交价 RMB 7,475,000

清道光 淡黄地洋彩"福囍寿"洋莲纹海棠式包袱瓶
北京永乐 2021/05/22 LOT 32
高 21cm
成交价 RMB 5,750,000

清道光 粉彩杏林春燕图玉壶春瓶
北京大羿 2021/11/27 LOT 309
高 31cm
成交价 RMB 5,290,000

清光绪 粉彩皮球花纹开光花鸟图海棠式尊（一对）
北京保利 2021/12/06 LOT 6311
高 50.5cm
成交价 RMB 5,520,000

清康熙 五彩西厢记人物故事图铃铛杯（一对）
北京保利　2021/09/26　LOT 533
口径 8cm
成交价　RMB 7,705,000

清雍正 斗彩缠枝花纹碗（一对）
北京博美　2021/12/03　LOT 64
高 6.4cm；口径 12.3cm；底部口径 5cm
成交价　RMB 6,727,500

清雍正 斗彩芳草子母鸡图碗
北京保利　2021/12/05　LOT 5547
高 15.4cm
成交价　RMB 10,120,000

瓷玉杂项 ┈┈┈ 陶瓷器 ┈┈┈ 元明清 ┈┈┈ 彩瓷

中国收藏
拍卖年鉴
2022

CHINESE FINE ART &
ANTIQUES AUCTION
YEARBOOK 2022

明成化 斗彩莲池图扁罐
中贸圣佳　2021/12/29　LOT 944
口径 9.7cm；高 10.7cm
成交价　RMB 9,890,000

明万历 青花五彩龙凤穿花纹蒜头瓶
东京中央　2021/09/11　LOT 643
高 47cm
成交价　JPY 215,640,000　RMB 12,737,854

清雍正 珐琅彩繁花似锦图碗
中国嘉德　2021/05/18　LOT 3180
口径 10.2cm
成交价　RMB 7,360,000

清乾隆 珐琅彩西洋妇孺图瓶（锯颈）
多伊尔纽约　2021/09/20　LOT 189
高 2.5cm
成交价　USD 2,400,000　RMB 15,487,176

民国 王步矾红加黑彩罗汉图四联屏

北京永乐 2021/05/22 LOT 187

56.5cm×32.3cm×4

成交价 RMB 9,085,000

民国 粉彩四爱图瓷板四条屏

北京华艺 2021/06/05 LOT 2060

75cm×20cm×4

成交价 RMB 5,500,000

民国 青花陶渊明爱菊图瓶
中贸圣佳 2021/12/30 LOT 1056
高 25.5cm
成交价 RMB 11,270,000

民国 粉彩桃花纹瓶
苏富比巴黎 2021/12/09 LOT 178
高 38cm
成交价 EUR 920,000 RMB 7,047,844

汉 玉辟邪
中国嘉德（香港） 2021/10/14 LOT 1105
宽 6.5 cm
成交价 HKD 10,680,000 RMB 8,870,701

汉 白玉双龙衔环纹出廓璧
中国嘉德（香港） 2021/10/14 LOT 1136
高 26.8 cm
成交价 HKD 23,550,000 RMB 19,560,394

清乾隆 御制白玉双面巧雕山水人物插屏（一对）
北京永乐 2021/05/22 LOT 37
屏长 18cm；宽 1.7cm；高 24.5cm
成交价 RMB 8,625,000

清乾隆 御制白玉龙纹觥
北京保利 2021/09/26 LOT 546
高 18.5cm
成交价 RMB 21,850,000

清乾隆 御制"贞符晶采"白玉"长宜子孙"璧册页
北京华艺 2021/06/05 LOT 1813
长 13.5cm；册页长 15.6cm；宽 9.5cm
成交价 RMB 8,800,000

清乾隆 御制"题和阗玉山水图"山子
苏富比香港 2021/10/13 LOT 3601
高 21.3cm
成交价 HKD 9,855,000 RMB 8,185,464

清乾隆　白玉长宜子孙佩
北京保利　2021/09/26　LOT 544
长 11.8cm
成交价　RMB 7,992,500

清乾隆　白玉御题"第五拔杂哩逋荅喇尊者"
苏富比香港　2021/10/13　LOT 3622
高 22.6 cm
成交价　HKD 8,887,000　RMB 7,381,453

清乾隆　白玉饕餮纹御制诗出戟方尊
北京永乐　2021/05/22　LOT 38
高 20cm
成交价　RMB 7,475,000

清乾隆　白玉镂雕夔龙凤纹"长宜子孙"佩
台北宇珍　2021/08/15　LOT 109
长 20.3cm
成交价　NTD 24,780,000　RMB 5,720,215

清乾隆　白玉雕崔子忠桐荫博古图玉壶
北京保利　2021/12/05　LOT 5591
高 27 cm
成交价　RMB 10,810,000

清　玉瑞兽
厦门博乐德　2021/12/07　LOT 934
长 11cm；高 8.5cm
成交价　RMB 5,500,000

当代　万方皈依图
北京荣宝　2021/06/19　LOT 5671
长 15.6cm；宽 8.5cm；高 2.2cm
成交价　RMB 14,950,000

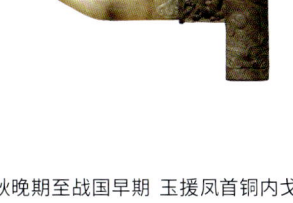

春秋晚期至战国早期　玉援凤首铜内戈
佳士得香港　2021/12/03　LOT 2754
长 13.5 cm
成交价　HKD 9,850,000　RMB 8,181,311

清乾隆　碧玉透雕松山献瑞图大香筒（一对）
苏富比纽约　2021/03/17　LOT 15
高 24.7cm
成交价　USD 806,500　RMB 5,216,942

清乾隆　黄玉仿古龙纹佩
北京保利　2021/12/05　LOT 5594
宽 12.5 cm
成交价　RMB 16,100,000

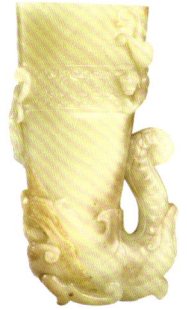

清乾隆　黄玉龙首杯
苏富比香港　2021/10/13　LOT 3605
高 16.2cm
成交价　HKD 6,225,000　RMB 5,170,422

清乾隆　御制黄玉雕螭龙捧寿如意
北京华艺　2021/12/11　LOT 1234
长 31.5cm
成交价　RMB 20,470,000

431

中国收藏
拍卖年鉴
2022

CHINESE FINE ART &
ANTIQUES AUCTION
YEARBOOK 2022

清乾隆　翡翠雕鳌鱼观音立像
北京博美　2021/12/03　LOT 614
净高 34 cm；总高 40.5 cm
成交价　RMB 11,500,000

清乾隆　翡翠饕餮纹狮纽活环耳方鼎
邦瀚斯伦敦　2021/11/02　LOT 56Y
高 13.3cm
成交价　GBP 1,222,750　RMB 10,872,154

清中期　翡翠观音
北京华艺　2021/06/05　LOT 1828
高 68.5cm
成交价　RMB 29,700,000

商晚期　褐玉虎
佳士得纽约　2021/09/24　LOT 703
长 11.6 cm
成交价　USD 1,086,000　RMB 7,007,947

战国晚期　龙形玉珮
佳士得香港　2021/12/03　LOT 2713
长 9.1 cm
成交价　HKD 15,250,000　RMB 12,666,497

战国晚期 / 西汉早期　玉透雕龙凤纹珮
佳士得香港　2021/12/03　LOT 2723
长 10 cm
成交价　HKD 6,850,000　RMB 5,689,541

瓷玉杂项 ———— 佛像唐卡 ———— 铜鎏金

唐 鎏金铜莲华手观音坐像
苏富比香港 2021/10/12 LOT 3505
高 27.6cm
成交价 HKD 12,880,000 RMB 10,697,999

元 铜鎏金释迦牟尼坐像
西泠印社 2021/01/16 LOT 3449
高 38cm
成交价 RMB 12,650,000

元 阿弥陀佛
北京中汉 2021/05/18 LOT 117
高 32.5cm
成交价 RMB 8,682,500

元 铜鎏金绿度母
北京保利 2021/12/05 LOT 5615
高 44.2cm
成交价 RMB 7,935,000

大理 铜鎏金阿嵯耶观音
北京永乐 2021/12/02 LOT 3019
高 29cm
成交价 RMB 9,027,500

14 世纪 铜鎏金释迦牟尼
北京保利 2021/12/05 LOT 5616
高 51cm
成交价 RMB 13,800,000

14 世纪 西藏铜鎏金弥勒菩萨
中国嘉德　2021/05/19　LOT 3727
高 29cm
成交价　RMB 6,670,000

14 世纪 铜鎏金双身胜乐金刚
北京保利　2021/06/07　LOT 5068
高 30cm
成交价　RMB 6,210,000

明 阿弥陀佛
上海匡时　2021/07/08　LOT 576
高 130cm
成交价　RMB 33,465,000

明 弥勒佛
上海匡时　2021/12/29　LOT 699
高 53cm
成交价　RMB 8,970,000

明 地藏王菩萨像
中贸圣佳　2021/05/21　LOT 1758
高 95.5cm
成交价　RMB 6,325,000

明 铜鎏金道教天官神像
十竹斋（北京）　2021/12/09　LOT 3349
高 60cm
成交价　RMB 25,300,000

明永乐 永乐无量寿佛

上海匡时 2021/07/08 LOT 525

高 18.5cm

成交价 RMB 15,870,000

明永乐 永乐四臂秘密文殊

上海匡时 2021/07/08 LOT 557

高 21.5cm

成交价 RMB 6,670,000

明永乐 莲花手菩萨

上海嘉禾 2021/12/31 LOT 1750

高 39cm

成交价 RMB 5,175,000

明永乐 铜鎏金文殊师利菩萨坐像

东京中央 2021/09/11 LOT 645

高 15.7cm

成交价 JPY 86,256,000 RMB 5,095,141

明永乐 铜鎏金无量寿佛

上海明轩 2021/12/30 LOT 117

高 21cm

成交价 RMB 5,117,500

明永乐 铜鎏金千尊佛母像

上海嘉禾 2021/07/22 LOT 8108

高 70cm

成交价 RMB 27,025,000

中国收藏
拍卖年鉴
2022
CHINESE FINE ART &
ANTIQUES AUCTION
YEARBOOK 2022

明永乐 铜鎏金文殊菩萨
北京保利　2021/06/08　LOT 6598
高 25.8cm
成交价　RMB 5,635,000

明永乐 铜鎏金金刚萨埵
中国嘉德　2021/05/19　LOT 3716
高 18.5cm
成交价　RMB 7,647,500

明宣德 御制铜鎏金文殊菩萨像
十竹斋（北京）　2021/12/09　LOT 3343
高 26cm
成交价　RMB 8,050,000

明宣德 御制铜鎏金自在观音坐像
北京保利　2021/06/07　LOT 5091
高 150cm
成交价　RMB 126,500,000

明宣德 金刚手菩萨像
中贸圣佳　2021/05/21　LOT 1757
高 26cm
成交价　RMB 9,775,000

明宣德十年 铜鎏金南海水月观音像
中国嘉德　2021/05/19　LOT 3728
高 78cm
成交价　RMB 46,000,000

明成化　御制鎏金金刚菩萨像

德国纳高　2021/06/23　LOT 8

高 94cm

成交价　EUR 14,070,000　RMB 109,702,242

明弘治四年　观音菩萨比丘应身像

中贸圣佳　2021/05/21　LOT 1726

高 41.5cm

成交价　RMB 6,095,000

15 世纪　索南弥勒立像

北京中汉　2021/11/28　LOT 39

高 53.5 cm

成交价　RMB 7,475,000

17 世纪　铜鎏金药师佛

北京保利　2021/06/07　LOT 5073

高 29.5cm

成交价　RMB 5,980,000

17 世纪　铜鎏金无量寿佛

北京永乐　2021/05/22　LOT 6

高 32.2cm

成交价　RMB 12,420,000

17 世纪　铜鎏金四臂观音

北京永乐　2021/05/22　LOT 5

高 25.8cm

成交价　RMB 11,385,000

17 世纪 铜鎏金红财神
北京永乐 2021/05/22 LOT 7
高 19.8cm
成交价 RMB 10,580,000

17 世纪 扎什伦布寺铜鎏金莲师日光像
北京大羿 2021/05/17 LOT 316
腹径 34.2cm
成交价 RMB 5,175,000

17 世纪 铜鎏金五世班禅洛桑益西
北京永乐 2021/05/22 LOT 4
高 18.5cm
成交价 RMB 12,075,000

清 宝源佛母
北京中汉 2021/11/28 LOT 156
高 36 cm
成交价 RMB 9,200,000

清康熙 铜鎏金无量寿佛
北京华艺 2021/12/11 LOT 1250
高 42cm
成交价 RMB 11,500,000

清乾隆 御制释迦牟尼佛像
上海嘉禾 2021/12/31 LOT 1751
高 70cm
成交价 RMB 10,465,000

清乾隆 宫廷御制铜合金胜乐金刚像
中国嘉德 2021/11/29 LOT 3873
高 81.5cm
成交价 RMB 34,500,000

西魏大统五年 铜释迦牟尼佛坐像
苏富比香港 2021/10/12 LOT 3503
高 28.2cm
成交价 HKD 17,115,000 RMB 14,215,547

宋 木雕加彩观世音菩萨坐像
苏富比香港 2021/04/18 LOT 8002
高 178cm
成交价 HKD 45,728,000 RMB 38,117,031

宋至金 木雕加彩观世音菩萨坐像
苏富比巴黎 2021/12/09 LOT 46
高 62cm
成交价 EUR 678,000 RMB 5,193,954

金 木观音坐像
佳士得巴黎 2021/06/09 LOT 17
高 82cm
成交价 EUR 2,900,000 RMB 22,610,981

12 世纪 铜合金观音
上海匡时 2021/12/29 LOT 671
高 51.5cm
成交价 RMB 6,900,000

明宣德 铜髹漆持国天王站像
厦门博乐德　2021/12/07　LOT 812
高 70cm
成交价　RMB 6,600,000

清康熙 宫廷御制檀香木胎彩绘描金胜乐金刚像
北京永乐　2021/05/22　LOT 10
高 65cm
成交价　RMB 5,520,000

清康熙 木漆金文殊菩萨坐像
佳士得纽约　2021/03/19　LOT 820
高 94.1cm
成交价　USD 1,350,000　RMB 8,732,637

清康熙 宫廷御制檀香木胎彩绘描金密集金刚像
北京永乐　2021/05/22　LOT 9
高 65cm
成交价　RMB 5,520,000

20 世纪 大理石雕半跏趺坐菩萨像
中国嘉德（香港）　2021/04/21　LOT 1048
高 92cm
成交价　HKD 9,660,000　RMB 8,052,189

大明正德九年 内修阎魔敌唐卡

北京永乐 2021/12/02 LOT 3023

高 66cm

成交价 RMB 5,175,000

约 1550-1600 年 黄花梨榻
邦瀚斯伦敦　2021/05/13　LOT 11
长 213cm；宽 63cm；高 54cm
成交价　GBP 862,750　RMB 7,750,652

明末清初 黄花梨攒曲尺围子四柱架子床
北京保利　2021/12/05　LOT 5516
长 210cm；宽 146cm；高 213cm
成交价　RMB 14,375,000

明晚期 黄花梨束腰榻
佳士得香港　2021/05/28　LOT 2803
长 197cm；宽 105cm；高 47.5 cm
成交价　HKD 6,250,000　RMB 5,209,750

清早期 黄花梨攒"卍"字纹六柱架子床
北京保利　2021/06/08　LOT 6714
长 206.5cm；宽 106.5cm；高 205.5cm
成交价　RMB 8,165,000

清早期 黄花梨螭龙团花六柱架子床
北京保利　2021/06/08　LOT 6716
长 213.4cm；宽 143.5cm；高 236.2cm
成交价　RMB 9,775,000

明晚期 黄花梨花稜腿圆角柜连原底座
佳士得香港　2021/05/28　LOT 2804
长 79.3cm；宽 42.6cm；高 52cm
成交价　HKD 6,850,000　RMB 5,709,886

明末清初 黄花梨无闪杆方角柜成对
中国嘉德 2021/11/30 LOT 5057
长 111.5cm；宽 55cm；高 172cm
成交价 RMB 5,520,000

明末清初 黄花梨螭龙捧寿纹万历柜（一对）
北京保利 2021/06/08 LOT 6713
长 132cm；宽 64cm；高 203cm
成交价 RMB 17,825,000

清康熙 黄花梨框黑漆描金苍龙教子图方角柜
北京保利 2021/12/05 LOT 5515
长 157.5cm；宽 55cm；高 173.5cm
成交价 RMB 5,290,000

明晚期 黄花梨鸣凤纹大四出头官帽椅
中贸圣佳 2021/12/30 LOT 2933
长 67.2cm；宽 51cm；高 130.5cm
成交价 RMB 7,820,000

明晚期 黄花梨马蹄足大四出头官帽椅成对
中国嘉德 2021/05/19 LOT 4674
长 60.3cm；宽 47.6cm；高 119cm
成交价 RMB 6,440,000

明末清初 黄花梨麒麟引凤纹四出头官帽椅（一对）
北京保利 2021/12/05 LOT 5510
长 49.5cm；宽 65.4cm；高 107.6cm
成交价 RMB 25,300,000

瓷玉杂项 —— 古典家具 —— 黄花梨

中国收藏
拍卖年鉴
2022

CHINESE FINE ART &
ANTIQUES AUCTION
YEARBOOK 2022

明末清初 黄花梨麒麟纹圈背交椅
佳士得香港 2021/05/28 LOT 2809
长 73.7cm；宽 62.2cm；高 106.6cm
成交价 HKD 65,975,000 RMB 54,994,121

明末清初 黄花梨罗锅枨方足四出头官帽椅（一对）
北京保利 2021/12/05 LOT 5511
长 58cm；宽 44cm；高 115cm
成交价 RMB 9,890,000

清早期 黄花梨卷草纹四出头官帽椅（一对）
中贸圣佳 2021/05/21 LOT 1544
长 56.6cm；宽 47.3cm；高 118.6cm
成交价 RMB 8,050,000

17 世纪 黄花梨攒靠背南官帽椅
邦瀚斯伦敦 2021/05/13 LOT 24
长 45.3cm；宽 56.3cm；高 93cm
成交价 GBP 598,750 RMB 5,378,966

17 世纪 黄花梨嵌大理石圈椅（一对）
佳士得纽约 2021/09/24 LOT 1003
长 59cm；宽 48.3 cm；高 95.8 cm
成交价 USD 930,000 RMB 6,001,280

明末至清初 黄花梨六方材霸王枨条桌成对
苏富比香港 2021/04/22 LOT 29
长 183cm；宽 51.7cm；高 84.5cm
成交价 HKD 24,375,000 RMB 20,318,025

明末清初　黄花梨无束腰马蹄腿独板大翘头案
中国嘉德　2021/11/30　LOT 5114
长 242.5cm；宽 52.5cm；高 93.5cm
成交价　RMB 8,970,000

明末清初　黄花梨独板架几式巨型供案
北京保利　2021/12/05　LOT 5506
长 453cm；宽 56cm；通高 93cm
成交价　RMB 115,000,000

明末清初　黄花梨独板夹头榫带托螭龙纹翘头供案
西泠印社　2021/07/24　LOT 2290
长 215.5cm；宽 46.8cm；高 88.5cm
成交价　RMB 5,520,000

明　黄花梨插肩榫平头案
中贸圣佳　2021/05/21　LOT 1552
长 90cm；宽 42cm；高 76.5cm
成交价　RMB 7,762,500

清早期　黄花梨寿字纹独板面架几案
北京保利　2021/06/08　LOT 6712
长 262.5cm；宽 44cm；高 93cm
成交价　RMB 8,050,000

清早期　黄花梨独板高束腰五足带托泥圆香几
中国嘉德　2021/11/30　LOT 5095
直径 80.5cm；高 84.8cm；面厚 3cm
成交价　RMB 20,700,000

清早期 黄花梨螭龙纹独板面翘头案
北京保利　2021/12/05　LOT 5509
长 251.5cm；宽 45.3cm；高 92.5cm
成交价　RMB 9,775,000

清晚期 黄花梨螭龙纹大翘头案
佳士得纽约　2021/09/24　LOT 1030
长 231.7 cm；宽 56.5 cm；高 83.8 cm
成交价　USD 1,110,000　RMB 7,162,818

清 黄花梨炕几
佳士得纽约　2021/03/19　LOT 739
长 184.2 cm；宽 35.6cm；高 36.8cm
成交价　USD 1,614,000　RMB 10,440,352

17 世纪　黄花梨螭龙纹六方香几
佳士得纽约　2021/03/19　LOT 830
长 57.2 cm；宽 49.2 cm；高 88.9 cm
成交价　USD 2,550,000　RMB 16,494,981

18—19 世纪 黄花梨圆矮桌
佳士得纽约　2021/03/19　LOT 835
高 33 cm；直径 85.1 cm
成交价　USD 822,000　RMB 5,317,205

清雍正或乾隆 御制紫檀雕西番莲纹有束腰带托泥扶手椅
佳士得纽约　2021/09/24　LOT 1010
长 69.2 cm；宽 50.8 cm；高 111.8 cm
成交价　USD 1,074,000　RMB 6,930,511

瓷玉杂项 ———— 古典家具 ———— 紫檀

清乾隆　紫檀云龙纹扶手椅六把
中贸圣佳　2021/05/20　LOT 914
长 60.5cm；宽 47cm；高 88.5cm
成交价　RMB 13,800,000

清乾隆　御制紫檀雕西番莲纹束腰带托泥扶手椅（一对）
佳士得香港　2021/12/03　LOT 3026
长 69.2 cm；宽 51.5 cm；高 113 cm
成交价　HKD 14,050,000　RMB 11,669,789

清乾隆　紫檀浮雕螭龙捧寿罗汉床
中鸿信　2021/07/14　LOT 2410
长 220cm；宽 140cm；高 93cm
成交价　RMB 5,520,000

清　紫檀瓜瓞绵绵纹宝座
佳士得巴黎　2022/12/08　LOT 58
长 124 cm；宽 116.5 cm；高 82.5 cm
成交价　EUR 920,000　RMB 7,047,844

清乾隆　紫檀百宝嵌框缂丝龙舟竞渡葫芦挂屏（一对）
北京保利　2021/12/05　LOT 5587
高 100cm
成交价　RMB 5,290,000

447

中国收藏
拍卖年鉴
2022

CHINESE FINE ART &
ANTIQUES AUCTION
YEARBOOK 2022

清乾隆 紫檀百宝嵌大挂屏
北京保利　2021/06/07　LOT 5151
长 140.5cm；宽 79.5cm
成交价　RMB 6,325,000

清 宫廷御用紫檀嵌六棱型博古纹插屏
上海嘉禾　2021/11/4　LOT 11
长 122cm；宽 33cm；高 190cm
成交价　RMB 7,130,000

清乾隆 紫檀西番莲纹高束腰展腿式长方几
北京保利　2021/12/05　LOT 5522
长 53cm；宽 37.5cm；高 93.8cm
成交价　RMB 5,750,000

清乾隆 紫檀嵌大理石福寿八吉祥清供图十扇围屏
苏富比香港　2021/04/22　LOT 3624
长 366.4cm；高 180cm
成交价　HKD 8,645,000　RMB 7,206,126

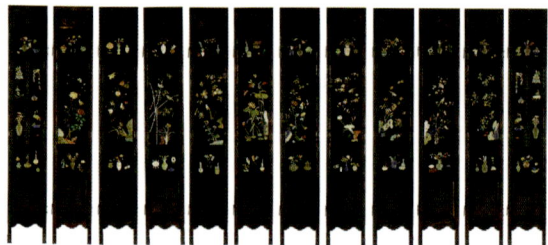

清 紫檀雕福寿八吉祥嵌百宝十二扇屏风
厦门博乐德　2021/01/22　LOT 173
每扇宽 35cm；高 210cm
成交价　RMB 5,750,000

清康熙 顾绣狩猎图十二扇屏风
北京保利　2021/06/07　LOT 5152
长 295cm；宽 48.8cm
成交价　RMB 13,800,000

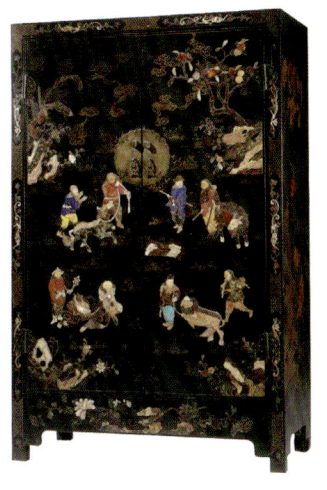

清乾隆 黑漆胡人献宝柜（一对）
北京保利　2021/12/06　LOT 6446
长 94cm；宽 44cm；高 147 cm
成交价　RMB 5,980,000

清中期 红木嵌百宝群仙祝寿图插屏（一对）
东京中央　2021/09/12　LOT 1411
长 140cm；宽 68cm；高 236cm
成交价　HKD 16,800,000　RMB 13,953,912

清中期 剔红花鸟图八角锦面方桌
北京博美　2021/12/03　LOT 628
长 104.5cm；宽 104.5cm；高 84.5 cm
成交价　RMB 5,520,000

449

商 仲夷尊
北京保利　2021/12/05　LOT 5574
高 21 cm
成交价　RMB 5,635,000

商 青铜饕餮纹高鼎
佳士得巴黎　2021/06/09　LOT 15
高 20.8 cm
成交价　EUR 920,000　RMB 7,173,138

商晚期 铜宁矢觥
上海明轩　2021/12/30　LOT 119
高 16.8cm
成交价　RMB 17,250,000

商晚期 青铜枭尊
佳士得巴黎　2022/12/08　LOT 113
高 24.1cm
成交价　EUR 1,520,000　RMB 11,644,264

商晚期 青铜饕餮纹贯耳壶
东京中央（香港）　2021/03/18　LOT 2149
高 40.6cm
成交价　HKD 46,123,000　RMB 38,446,287

商晚期 青铜饕餮纹方彝
佳士得纽约　2021/03/18　LOT 504
高 22 cm
成交价　USD 1,110,000　RMB 7,180,168

商晚期 青铜虎鸟兽纹觥

佳士得纽约　2021/03/18　LOT 505

长 29.8 cm

成交价　USD 8,604,000　RMB 55,656,006

商晚期 子龚鼎（一对）

苏富比纽约　2021/09/21　LOT 1

高 16.5 cm

成交价　USD 1,895,500　RMB 12,231,642

商晚期 小子□簋

苏富比纽约　2021/03/17　LOT 193

宽 28.3cm

成交价　USD 5,434,500　RMB 35,153,715

商晚期 犬祖辛祖癸鼎

苏富比纽约　2021/09/21　LOT 31

高 26 cm

成交价　USD 1,472,000　RMB 9,498,801

商晚期 中妇鬲鼎

北京保利　2021/12/05　LOT 5575

高 23cm；直径 17cm

成交价　RMB 12,650,000

西周早期 "作宝彝"柱足青铜簋

北京保利　2021/06/07　LOT 5128

直径 18.1cm；高 18.8cm；重 3020g

成交价　RMB 33,580,000

451

西周或宣王时期 仲义父作新客鼎
苏富比纽约　2021/09/21　LOT 27
高 32.9 cm
成交价 USD 1,835,000　RMB 11,841,236

战国 六山六叶镜
北京永乐　2021/05/22　LOT 783
直径 18cm；重量 562g
成交价　RMB 10,580,000

东汉"雒家作镜"画纹带神兽镜
北京保利　2021/06/07　LOT 5506
直径 23.5 cm；重量 1694g
成交价　RMB 8,280,000

唐 双鹦鹉衔绶镜
上海匡时　2021/07/08　LOT 776
直径 30.6cm；厚度 0.8cm；重 3643g
成交价　RMB 5,060,000

明 五山十五叶纹镜
中贸圣佳　2021/05/20　LOT 2428
直径 19.5cm；厚 0.6cm
成交价　RMB 7,245,000

明 嫦娥玉兔月宫镜
中贸圣佳　2021/12/30　LOT 1967
直径 17.7cm；厚 0.65cm
成交价　RMB 5,520,000

清 透雕虬龙纹复合镜

北京保利　2021/12/05　LOT 5198

直径 16cm；重 419 g

成交价　RMB 6,957,500

清 海兽葡萄镜

北京保利　2021/12/05　LOT 5213

直径 17.7 cm；重 1608g

成交价　RMB 5,175,000

清康熙 铜嵌银丝云龙赶珠纹大鬲炉

北京博美　2021/06/06　LOT 1025

直径 30cm；净高 13.5cm；重 14100g

成交价　RMB 5,865,000

清乾隆 蚰耳炉

中贸圣佳　2021/05/20　LOT 908

直径 7.2cm；通高 3.4cm

成交价　RMB 7,532,500

清乾隆 御制铜铸"赶珠云龙"图巨型五供

北京保利　2021/12/05　LOT 5570

炉宽 87cm、高 78cm；瓶高 75 cm；烛台高 92cm、宽 43 cm

成交价　RMB 28,175,000

清早 / 中期 铜佛狮（一对）

佳士得巴黎　2022/12/08　LOT 116

高 96cm

成交价　EUR 920,000　RMB 7,047,844

453

汉 铜鎏金羽人瑞兽纹樽

中国嘉德（香港） 2021/10/14 LOT 1071

直径 42cm；高 41cm

成交价 HKD 18,870,000 RMB 15,673,233

明 鎏金铜海水云气纹编钟

佳士得巴黎 2021/06/09 LOT 55

高 28cm

成交价 EUR 800,000 RMB 6,237,512

清康熙 御制铜鎏金蒲牢纽八卦纹"南吕""姑洗"编钟

北京保利 2021/12/05 LOT 5573

高 30.5 cm

成交价 RMB 9,200,000

清乾隆 御制铜鎏金錾刻嵌彩料太平有象

北京保利 2021/12/05 LOT 5581

高 67.3 cm

成交价 RMB 13,800,000

明晚期 局部鎏金铜仙人立像两座

佳士得纽约 2021/09/24 LOT 908

高 169.5 cm

成交价 USD 1,158,000 RMB 7,472,562

清康熙 御制铜胎掐丝珐琅童子

上海明轩 2021/12/30 LOT 77

高 29cm；28.5cm

成交价 RMB 12,650,000

明景泰 御制掐丝珐琅缠枝番莲纹盒
佳士得香港　2021/12/03　LOT 2957
直径 12.4 cm
成交价　HKD 26,050,000　RMB 21,636,869

明宣德 掐丝珐琅石榴纹盖盒
邦瀚斯伦敦　2021/11/02　LOT 234
直径 12cm
成交价　GBP 622,750　RMB 5,537,219

明 御制掐丝珐琅饕餮龙纹（晋姜）带盖方鼎
上海明轩　2021/12/30　LOT 78
高 68cm；长 45.5cm；宽 32cm
成交价　RMB 9,200,000

清乾隆 掐丝珐琅双龙耳鹤足瑞鹿大香薰
上海明轩　2021/12/30　LOT 76
高 65cm
成交价　RMB 5,750,000

清乾隆 掐丝珐琅甪端熏炉（一对）
佳士得香港　2021/05/28　LOT 3016
高 51.5cm
成交价　HKD 6,000,000　RMB 5,001,360

清乾隆 掐丝珐琅御制诗洋菊图挂屏
佳士得香港　2021/05/28　LOT 3018
长 142.5 cm；宽 83.5cm
成交价　HKD 9,250,000　RMB 7,710,430

清乾隆 铜胎珐琅大香炉
中贸圣佳　2021/05/20　LOT 976
直径 98cm；高 161cm（带座）
成交价　RMB 7,532,500

清乾隆 铜胎掐丝珐琅仿古铜鼎式朝冠耳三足炉
北京保利　2021/06/07　LOT 5127
高 68cm；重 28.5kg
成交价　RMB 6,670,000

清乾隆 铜胎掐丝珐琅胡人献宝狮纽大熏炉
北京保利　2021/12/05　LOT 5601
长 111cm
成交价　RMB 9,200,000

清乾隆 铜胎掐丝珐琅太平有象驮宝塔成对
北京保利　2021/09/26　LOT 610
高 124cm；长 96cm
成交价　RMB 5,175,000

清乾隆 御制掐丝珐琅寿字暗八仙拱宝珠寿字五爪龙纹长颈瓶
佳士得香港　2021/05/28　LOT 2901
高 30.5 cm
成交价　HKD 7,690,000　RMB 6,410,076

清乾隆 御制画珐琅瓜棱式壶
邦瀚斯伦敦　2021/11/02　LOT 40
长 15cm
成交价　GBP 2,062,750　RMB 18,341,065

唐 银局部鎏金犀牛纹盘
佳士得纽约　2021/09/24　LOT 708
直径 15.2cm
成交价　USD 1,050,000　RMB 6,775,639

唐 银桃形瑞兽纹碗
佳士得纽约　2021/09/24　LOT 709
直径 16.5cm
成交价　USD 1,110,000　RMB 7,162,818

明万历 御制、御用金累丝錾云龙纹嵌宝石执壶
上海明轩　2021/12/30　LOT 118
高 28.5cm
成交价　RMB 45,425,000

清乾隆 御制金胎累丝嵌红宝石东珠盘龙文房香薰蒜头瓶
北京保利　2021/06/08　LOT 6587
高 32.5cm
成交价　RMB 5,750,000

中国收藏
拍卖年鉴
2022

CHINESE FINE ART &
ANTIQUES AUCTION
YEARBOOK 2022

明洪熙 永乐仁孝文皇后青玉龙纽谥宝
苏富比香港　2021/04/22　LOT 3601
10cm×7.2cm×10.2cm
成交价　HKD 43,430,000　RMB 36,201,510

明　白玉蹲龙"隆福徽音"方玺
北京永乐　2021/05/22　LOT 358
5.6cm×5.6cm×5.5cm
成交价　RMB 6,785,000

清雍正　青田石"宝亲王宝""随安室"宝玺（一组两方）
中国嘉德　2021/05/18　LOT 3237
2.2cm×2.1cm×3.8 cm；1.5cm×3.4cm×3.8 cm
成交价　RMB 5,520,000

清乾隆　御用寿山石盘螭纽章
西泠印社　2021/07/25　LOT 4015
2.3cm×4.4cm
成交价　RMB 5,577,500

清乾隆　白玉交龙纽方玺"乾隆御笔之宝"
北京保利　2021/09/26　LOT 550
13cm×13cm×9.5cm
成交价　RMB 9,200,000

清乾隆　白玉瑞兽纽三连环长方章
台北宇珍　2021/08/15　LOT 106
4cm×2cm×9cm / 2.4cm×2cm×9cm / 1cm×2cm×9cm
成交价　NTD 24,780,000　RMB 5,720,215

清乾隆　乾隆帝御宝田黄石卷书式玺
苏富比香港　2021/10/13　LOT 3650
2.6cm×1.2cm×4.1cm
成交价　HKD 6,467,000　RMB 5,371,425

清乾隆　古稀天子之宝
北京保利　2021/06/07　LOT 5132
6.4cm×6.4cm×6cm
成交价　RMB 28,750,000

清乾隆　御制白玉蹲龙纽"八征耄念之宝""向用五福"宝玺（一组）
北京华艺　2021/06/05　LOT 1816
2.6cm×2.6cm×5.2cm；2.6cm×1.65cm
成交价　RMB 37,400,000

清乾隆　御宝交龙纽白玉玺
苏富比香港　2021/04/22　LOT 3603
10.4cm×10.4cm×7.8cm
成交价　HKD 145,691,000　RMB 121,442,189

清乾隆　御制檀香木雕交龙纽"太上皇帝之宝"宝玺
广东崇正　2021/07/19　LOT 1556
14.8cm×14.8cm×13cm；重 1256g
成交价　RMB 23,000,000

清乾隆　白玉雕进宝图笔筒
苏富比纽约　2021/03/17　LOT 14
高 18.7cm
成交价　USD 1,351,000　RMB 8,739,105

瓷玉杂项 ………… 文房雅玩 ………… 印章　笔筒

459

清乾隆 御制墨彩"雪事八咏"御题诗小笔筒
北京保利　2021/12/05　LOT 5549
高 9.4 cm
成交价　RMB 8,625,000

清乾隆 御制洋彩锦上添花福寿如意甲子万年转心笔筒
上海明轩　2021/12/30　LOT 96
高 12.7 cm
成交价　RMB 5,865,000

清康熙 御制松花石镶嵌鱼龙砚
北京保利　2021/12/05　LOT 5564
长 17.2 cm
成交价　RMB 7,590,000

清乾隆 御铭三十六洞天端砚
西泠印社　2021/01/15　LOT 1149
10.3cm×6.2cm×5.4cm
成交价　RMB 6,670,000

清 吴昌硕林吉人圭璋砚
中贸圣佳　2021/05/21　LOT 1223
20.8cm×15.2cm×2.8cm
成交价　RMB 8,970,000

明早期 钧窑月白釉鼓钉洗
北京大羿　2021/11/27　LOT 605
直径 21.6cm
成交价　RMB 9,257,500

明宣德 青花云龙纹十棱葵瓣式洗
保利（厦门）　2021/11/05　LOT 1333
直径 20.7cm；高 5cm
成交价　RMB 25,300,000

明宣德 青花云龙纹十棱洗
北京华艺　2021/06/05　LOT 1823
直径 20.7cm
成交价　RMB 26,950,000

明 官窑青釉折腰洗
北京保利　2021/06/07　LOT 5216
直径 13.2cm
成交价　RMB 11,500,000

明 天青釉单鋬洗
北京博美　2021/06/06　LOT 847
长 17.3cm；高 5.8cm
成交价　RMB 6,785,000

明 天青釉葵口洗
中贸圣佳　2021/12/29　LOT 1394
直径 15.5cm
成交价　RMB 5,060,000

清乾隆 白玉福寿双龙耳洗
北京保利　2021/09/26　LOT 551
宽 26.2cm
成交价　RMB 7,590,000

东汉及清乾隆 御赏嵌"延年"龙凤纹璧紫檀插屏
苏富比香港 2021/04/22 LOT 9
高 30.8cm
成交价 HKD 53,771,000 RMB 44,821,354

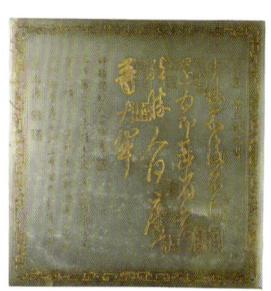

清乾隆 御制青白玉填金王献之《中秋帖》暨
《洛神赋十三行》插屏
北京保利 2021/06/07 LOT 5108
30.7cm×29.6cm×1.7cm
成交价 RMB 28,175,000

清乾隆 宫廷造办处和田玉带皮籽料连铜鎏金器座"金风玉露"山子摆件
北京博美 2021/12/03 LOT 609
18.5cm×18.5cm×40cm
成交价 RMB 6,095,000

明正德 阿拉伯文炉瓶盒三事
中贸圣佳 2021/05/20 LOT 946
炉 18.7cm×11cm×13.8cm；盒 7cm×7cm×5.2cm
成交价 RMB 17,020,000

清康熙 宜兴梅枝形笔搁
苏富比伦敦 2021/11/03 LOT 35
长 11.5cm
成交价 GBP 741,000 RMB 6,588,645

清乾隆 御制斗彩瑞莲福至心灵水盂（一对）
北京华艺 2021/12/11 LOT 1209
直径 5.5cm
成交价 RMB 9,200,000

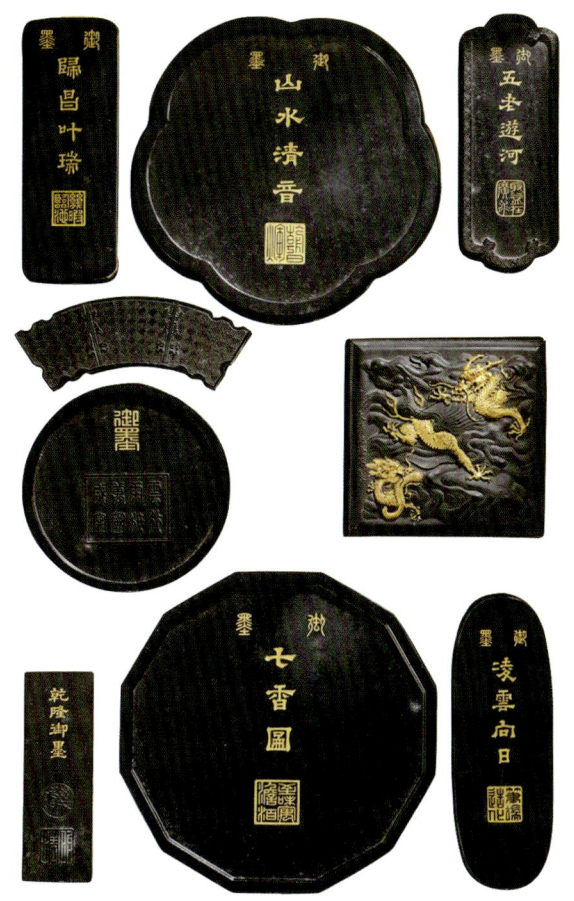

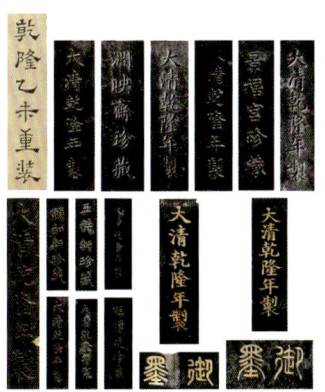

清乾隆"龙香"御墨一套
北京保利　2021/12/05　LOT 5565
尺寸不一
成交价　RMB 10,350,000

清康熙 陈鸣远制 爵
上海匡时　2021/12/29　LOT 58
宽 17cm；高 20cm
成交价　RMB 19,090,000

清康熙 陈鸣远制 朱泥大南瓜壶
中国嘉德　2021/11/28　LOT 3118
高 28.2cm
成交价　RMB 8,510,000

现代 顾景舟制 僧帽壶
上海匡时　2021/12/29　LOT 74
宽 15.8cm；高 11.5cm
成交价　RMB 7,475,000

现代 顾景舟制 僧帽壶
北京翰海　2021/12/17　LOT 1456
长 12.5cm；高 8.5cm
成交价　RMB 6,728,000

现代 顾景舟制 双圈壶
南京十竹斋　2021/06/27　LOT 3155
容量 500cc
成交价　RMB 9,200,000

现代 顾景舟制 紫砂四方侧角壶
保利（厦门）　2021/11/05　LOT 1348
宽 17.5cm
成交价　RMB 7,245,000

现代 瞿应绍制 子冶石瓢
南京十竹斋　2021/06/27　LOT 3174
容量 300cc
成交价　RMB 8,050,000

10 世纪或更早 凤势式"惊涛"琴
邦瀚斯香港　2021/12/02　LOT 79
通长 121.6cm；肩长 20.8cm；尾宽 15cm
成交价　HKD 9,852,500　RMB 8,183,387

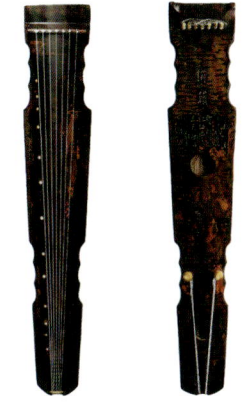

宋"僴籁"连珠式琴
北京保利　2021/12/05　LOT 5634
通长 126.5cm；肩宽 21.8cm；尾宽 13.8cm
成交价　RMB 9,545,000

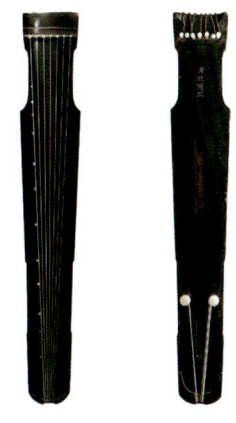

宋"清流戛玉"仲尼式琴
北京保利　2021/12/05　LOT 5632
通长 121.8cm；肩宽 18.8cm；尾宽 13.5cm
成交价　RMB 6,095,000

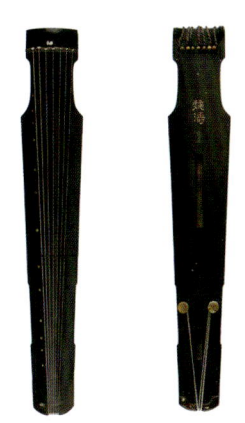

南宋嘉熙"秋涛"仲尼式琴
北京保利　2021/06/07　LOT 5185
通长 119cm；肩宽 19.3cm；尾宽 12.3cm
成交价　RMB 11,270,000

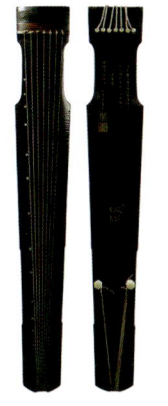

南宋"环佩"仲尼式古琴
中国嘉德　2021/11/30　LOT 5149
通长 117cm；肩宽 17.2cm；尾宽 11cm
成交价　RMB 5,750,000

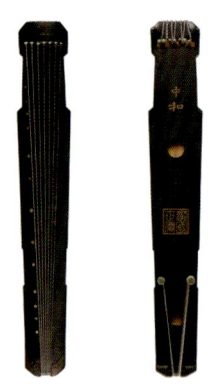

明崇祯 高罗佩"中和琴室"藏"中和"潞王琴
北京保利 2021/06/07 LOT 5187
通长 120cm；肩宽 18.5cm；尾宽 14cm
成交价 RMB 6,095,000

清乾隆 御制"湘江秋碧"连珠式琴
北京保利 2021/12/05 LOT 5588
通长 101.5cm；肩宽 16.8cm；尾宽 12cm
成交价 RMB 43,700,000

明万历 缂丝荷塘鸳鸯图
北京永乐 2021/05/22 LOT 56
高 105cm
成交价 RMB 5,175,000

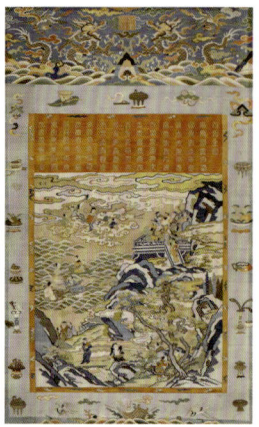

清早期 宫廷缂丝瑶池集庆百寿全图挂帐
中贸圣佳 2021/12/30 LOT 2081
长 310cm；宽 190cm
成交价 RMB 5,290,000

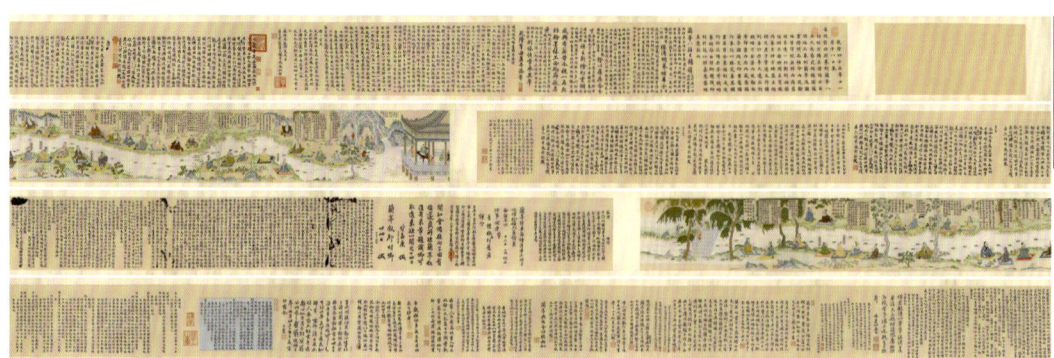

清乾隆 钦定补刻端石兰亭图帖缂丝全卷
北京保利 2021/06/07 LOT 5142
长 1714.5cm；宽 31.6cm
成交价 RMB 241,500,000

清乾隆 御制缂丝刺绣无量寿佛像
苏富比香港　2021/10/13　LOT 3652
高 69.5cm
成交价　HKD 6,225,000　RMB 5,170,422

明 御制皇家地毯
佳士得巴黎　2021/11/23　LOT 224
长 507cm；宽 451cm
成交价　EUR 6,881,000　RMB 52,713,276

清 东珠朝珠
厦门博乐德　2021/12/07　LOT 926
直径 1.1cm×108
成交价　RMB 6,200,000

宋 剔犀宝相花纹漆盘
佳士得香港　2021/05/28　LOT 2958
口径 21.2cm
成交价　HKD 8,050,000　RMB 6,710,158

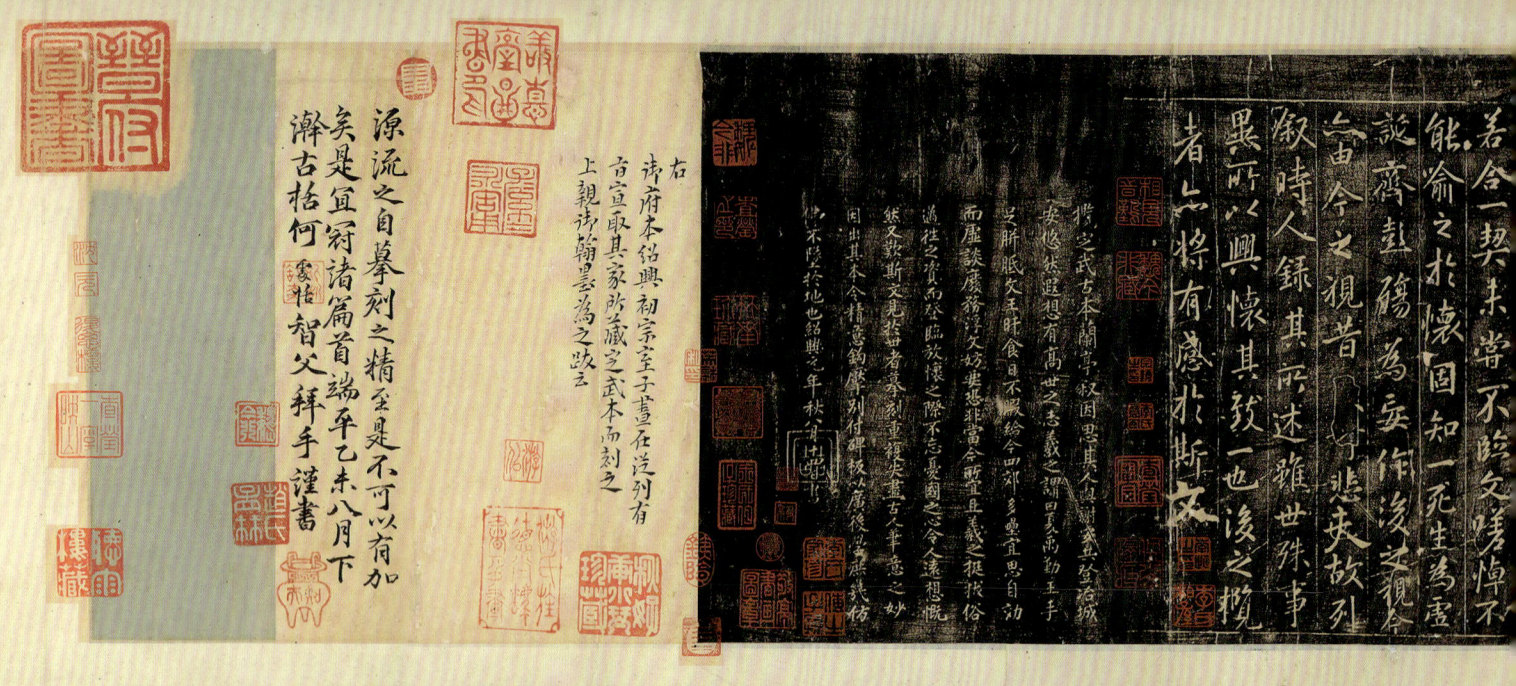

鉴藏印

1. 朱㭎（1358—1398）：晋府书画之印、珍秘、翰墨清赏、敬德堂章、坎离卦小章、敬德堂图书印、子子孙孙永宝用、晋府图书

2. 赵孟林（元或明）：赵氏孟林

3. 查莹（1743—?）：查莹之印、竹南珍藏、查莹一字映山、查氏映山秘玩、查莹审定、映山鉴藏、听雨楼藏、听雨楼

4. 英和（1771—1840）：英和私印

5. 李意西（清代）：李氏意西

6. 李慎（清代）：李慎之印、李氏柏孙、李氏家珍、传之子孙

7. 岳琪（1829—1891）：小琴岳琪秋好轩审定真迹印、岳小琴珍藏书画印、秋好轩小琴珍藏

8. 魏今非（1903—1983）：魏氏今非暂得于己、退思楼、魏今非、相见时难、魏今非藏

9. 其他：宗镜之印、沈元、王德诚印、王氏伯子珍藏、敬亭、敬亭书画图章、铁隐、鼎彝器印

著　录

1. [宋] 桑世昌：《兰亭考》卷二，《睿赏——高宗皇帝》。

2. [宋] 桑世昌：《兰亭考》卷十一，《传刻——御府》。

3. [明] 胡世安：《禊帖综闻》卷五，《御府》，南京图书馆藏清初刻本。

4. [清] 卞永誉：《式古堂书画汇考》，书卷第五，《宋御府拓定武兰亭卷》。

5. [清] 倪涛：《六艺之一录》卷一百六十，《宋御府拓定武兰亭卷》，台湾商务印书馆，1986 年。

6. [清] 吴升：《大观录》，唐贤法书卷二，《宋御府拓定武兰亭卷》。

7. [日] 宇野雪村：《游相本兰亭考》，《东洋研究》，1973 年 3 月，第 31 页。

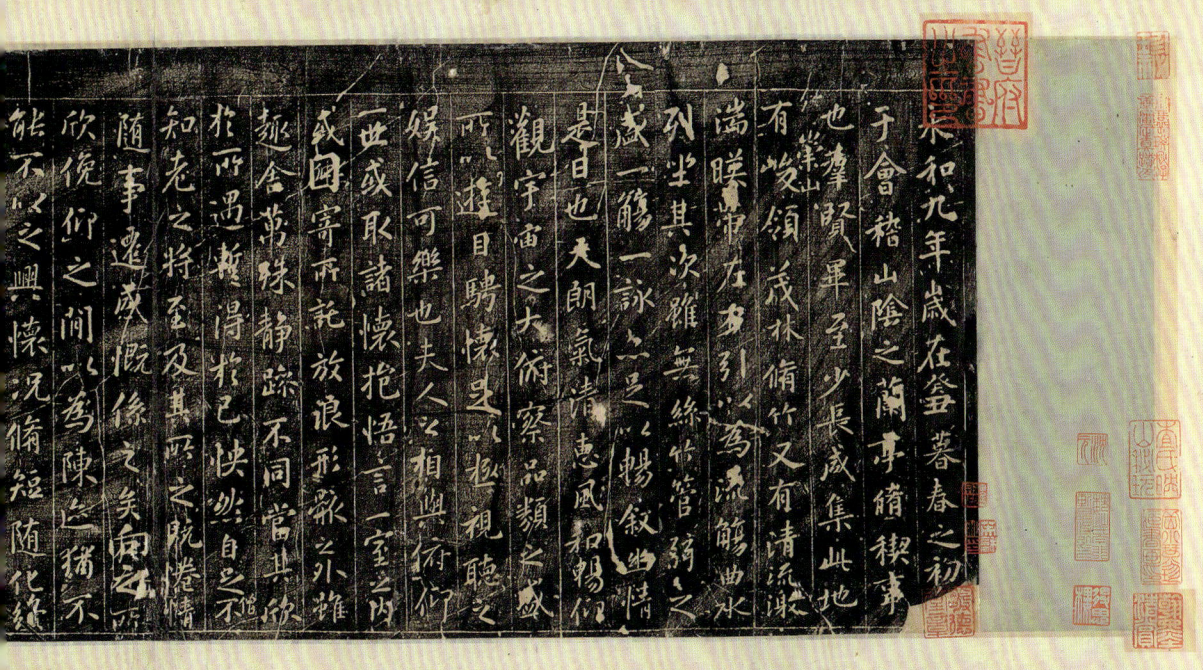

宋拓 宋御府拓定武兰亭卷——游相兰亭甲之一
北京保利 2021/12/04 LOT 2051
宋拓本 纸本手卷 拓本 25.5cm×83.8cm；跋纸 1：25.6cm×27cm；
跋纸 2：26cm×43.5cm；跋纸 3：28.2cm×10.9cm；跋纸 4：24.4cm×15.4cm
成交价 RMB 57,500,000

8. 张珩：《木雁斋书画鉴赏笔记》，《宋拓御府兰亭卷》，文物出版社，2000 年，第 248 页。
9. 顾廷龙：《顾廷龙文集》，"宋游相藏兰亭述略"，上海科学技术文献出版社，2002 年，第 481 页。
10. 白锐：《唐宋〈兰亭序〉接受问题研究》，南方出版社，2009 年，第 174 页。
11. 陈一梅：《宋人关于〈兰亭序〉的收藏与研究》，中国美术学院出版社，2011 年，第 95 页。
12. 张珩：《木雁斋书画鉴赏笔记 4》，上海书画出版社，2015 年，第 2250—2251 页。
13. 王连起：《中国书画鉴定与研究 王连起卷 下》，《关于〈兰亭序〉的若干问题》，故宫出版社，2018 年，第 638—639 页。

按 语

　　东晋王羲之是中国的书圣，行书《兰亭序》则是其书法的代表作品，被称为"天下第一行书"。因原作已佚，后世摹刻浩如烟海，今传世《兰亭序》可分为两大类：墨本和刻本。墨本指摹本和临写本，其中以冯承素摹本最为知名，现藏北京故宫博物院。刻本中以定武最为著名，定武本是宋代流行的刻本之一，由于黄庭坚等人的赞扬，日益为人所重。此作《宋拓 宋御府拓定武兰亭卷——游相兰亭甲之一》即是定武本之一。

　　游相为南宋理宗朝丞相游似，他收藏王羲之兰亭序拓本百种，以天干编次，从甲乙至壬癸每干十种。帖前有蓝纸小签，标明天干编号和帖名，如，"甲之一御府本""甲之二御府领字从山本"之类，此拓本题签"甲之一御府本"当属其中，且为游相收藏兰亭序拓本的第一件，既珍且罕。游相所藏兰亭序拓本绝大多数明初皆归于朱元璋第三子晋王朱棡晋府，因此所见游相兰亭几乎都有晋府鉴藏印记。其装裱格式、钤印部位，无论卷册，基本相同。该拓本明末清初散佚，始增加不同藏家印记。

　　《宋拓 宋御府拓定武兰亭卷——游相兰亭甲之一》可谓品相完备，递藏清晰、集宋拓、宋墨，汇宋高宗书迹、丞相游似精藏、多位名人题跋于一体，故而具有重要的文物价值、版本价值与艺术价值。又因其为宋刻宋拓，珍罕之至，解决了诸如定武兰亭在南宋独尊，领字从山本兰亭、颍上兰亭、褚临兰亭、五言兰亭诗等相关学术研究问题而深具史学价值。

中国收藏
拍卖年鉴
2022

CHINESE FINE ART &
ANTIQUES AUCTION
YEARBOOK 2022

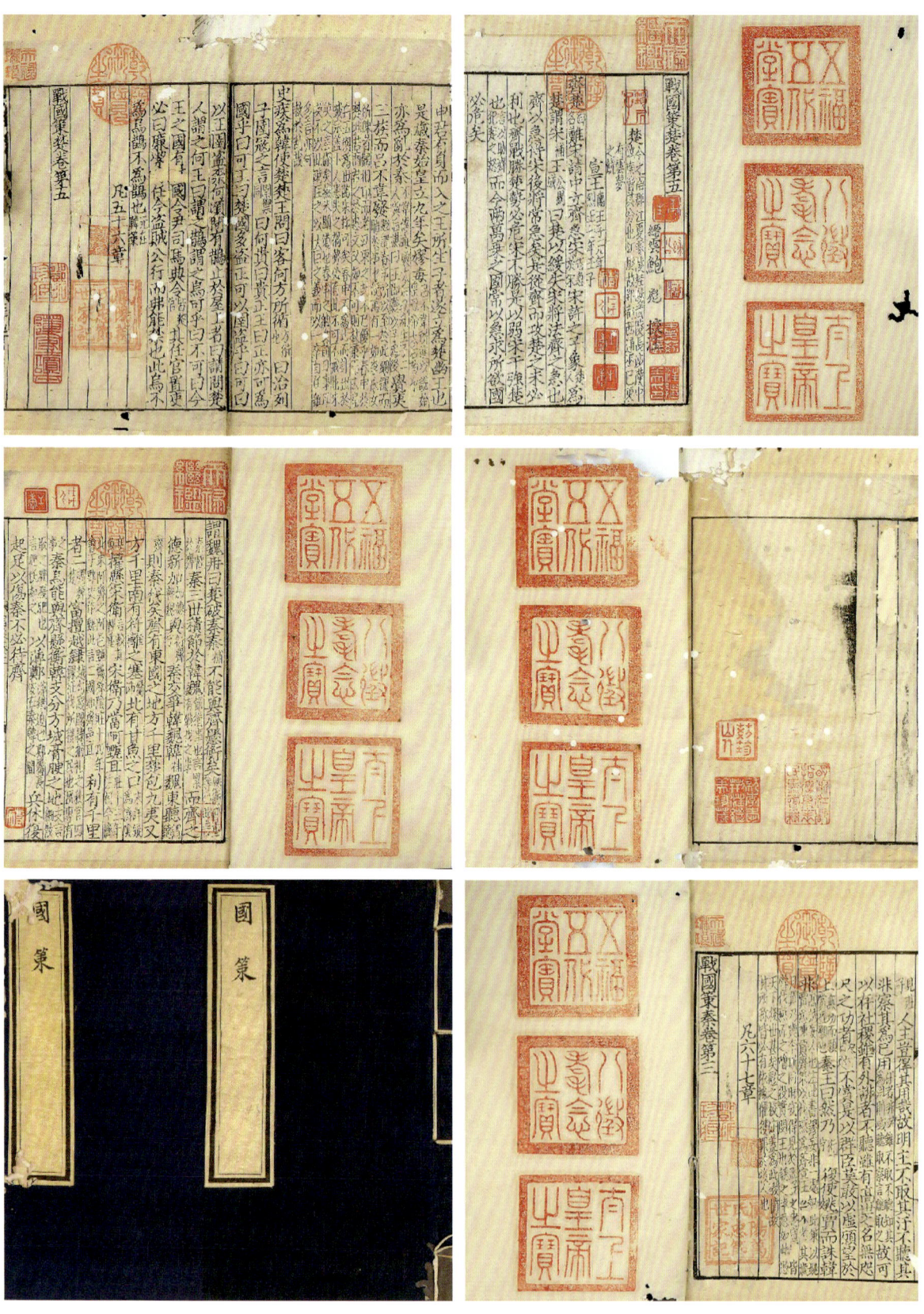

宋 鲍彪 校注　天禄琳琅旧藏战国策存二卷

北京华艺　2021/06/05　LOT 822

线装 黄麻纸　41.5cm×29cm×6

成交价　RMB 20,900,000

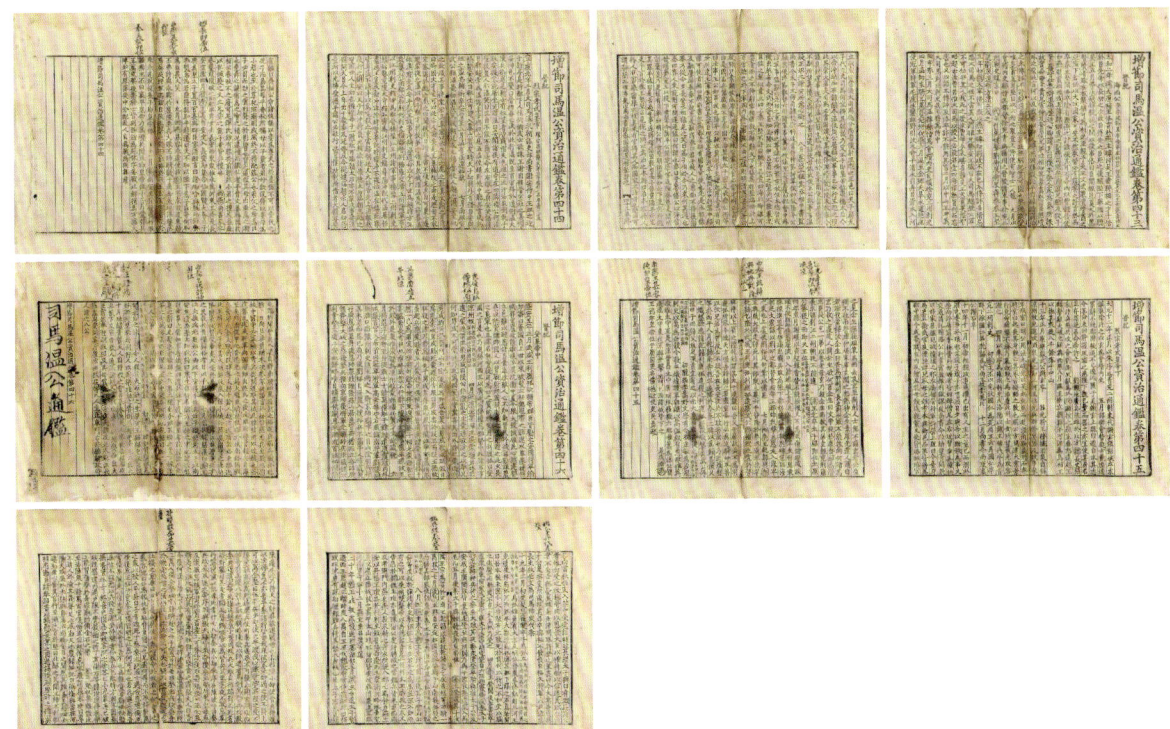

宋淳熙年间　增节司马温公资治通鉴　四十三至四十六卷
北京永乐　2021/05/20　LOT 1589
宋刻孤本　24.8cm×14.9cm
成交价　RMB 16,330,000

明万历四十三年　吴继仕熙春楼刻本
中贸圣佳　2021/12/29　LOT 919
六册纸本　线装　41cm×29.5cm
成交价　RMB 8,740,000

中国收藏
拍卖年鉴
2022

CHINESE FINE ART &
ANTIQUES AUCTION
YEARBOOK 2022

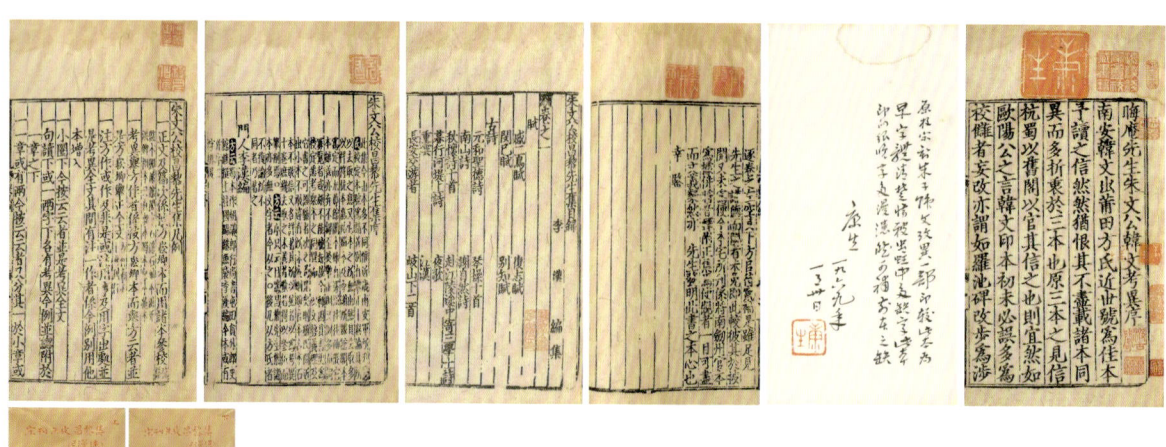

朱文公校　昌黎先生集四十卷外集十卷传一卷遗文一卷
北京华艺　2021/12/11　LOT 50
宋元刻本　26.5cm×15cm
成交价　RMB 20,930,000

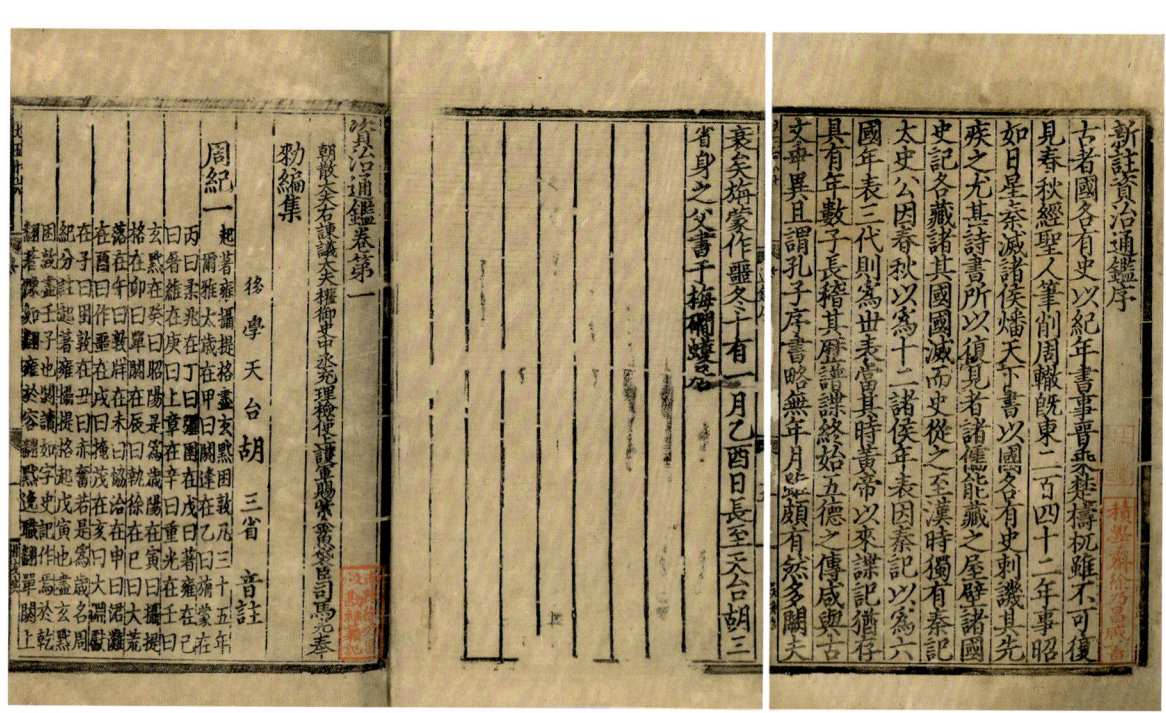

明正德九年　司马光、胡三省撰 注释资治通鉴音注二百九十四卷、资治通鉴释文辨误十二卷补修印本
十竹斋（北京）2021/05/29　LOT 1555
共三十函三百册　线装　26.5cm×17cm
成交价　RMB 29,900,000

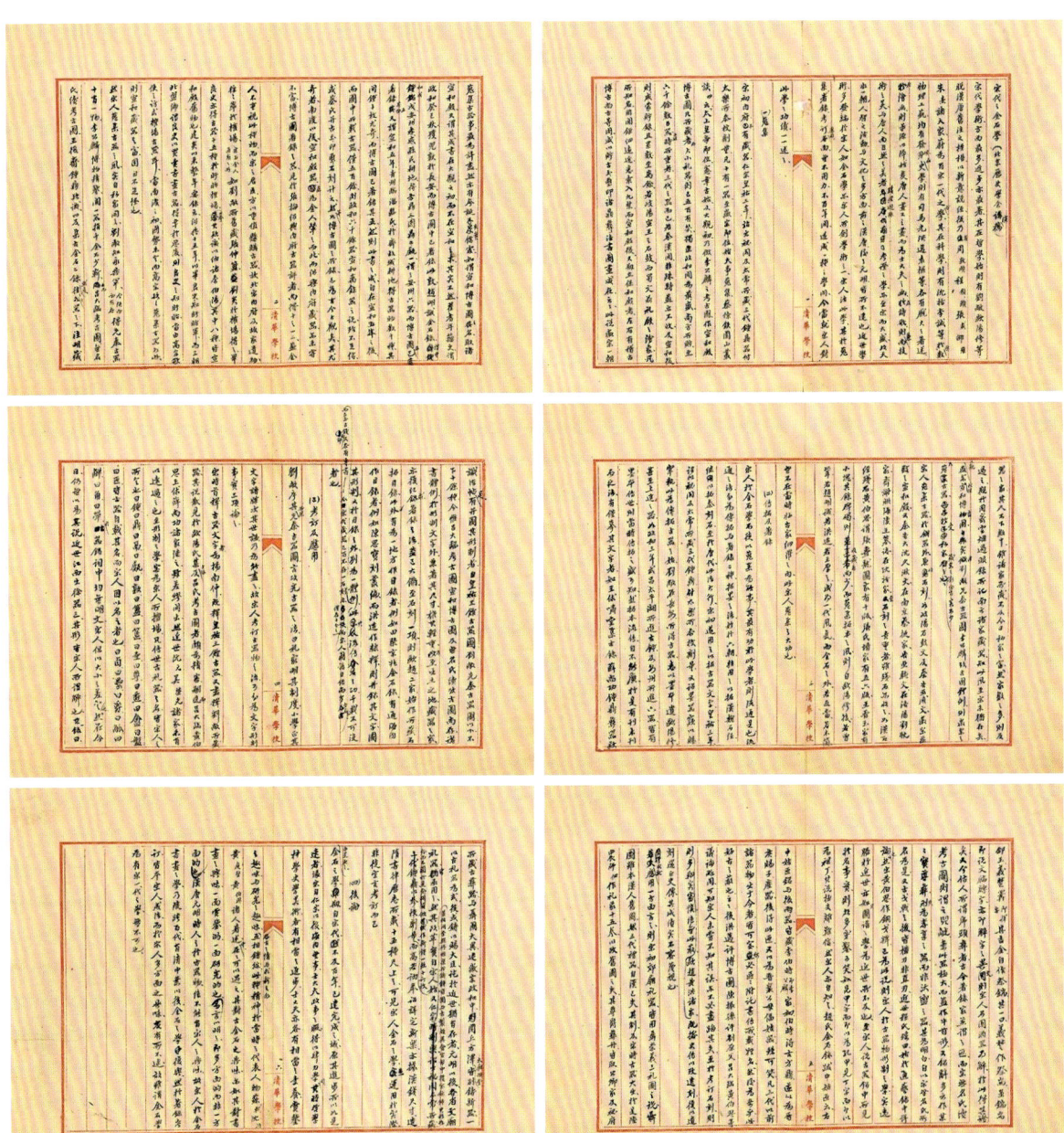

王国维　宋代之金石学手稿

北京保利　2021/06/05　LOT 1031

册页　水墨纸本　29cm×41.5cm×6

成交价　RMB 5,060,000

中国收藏
拍卖年鉴
2022

CHINESE FINE ART &
ANTIQUES AUCTION
YEARBOOK 2022

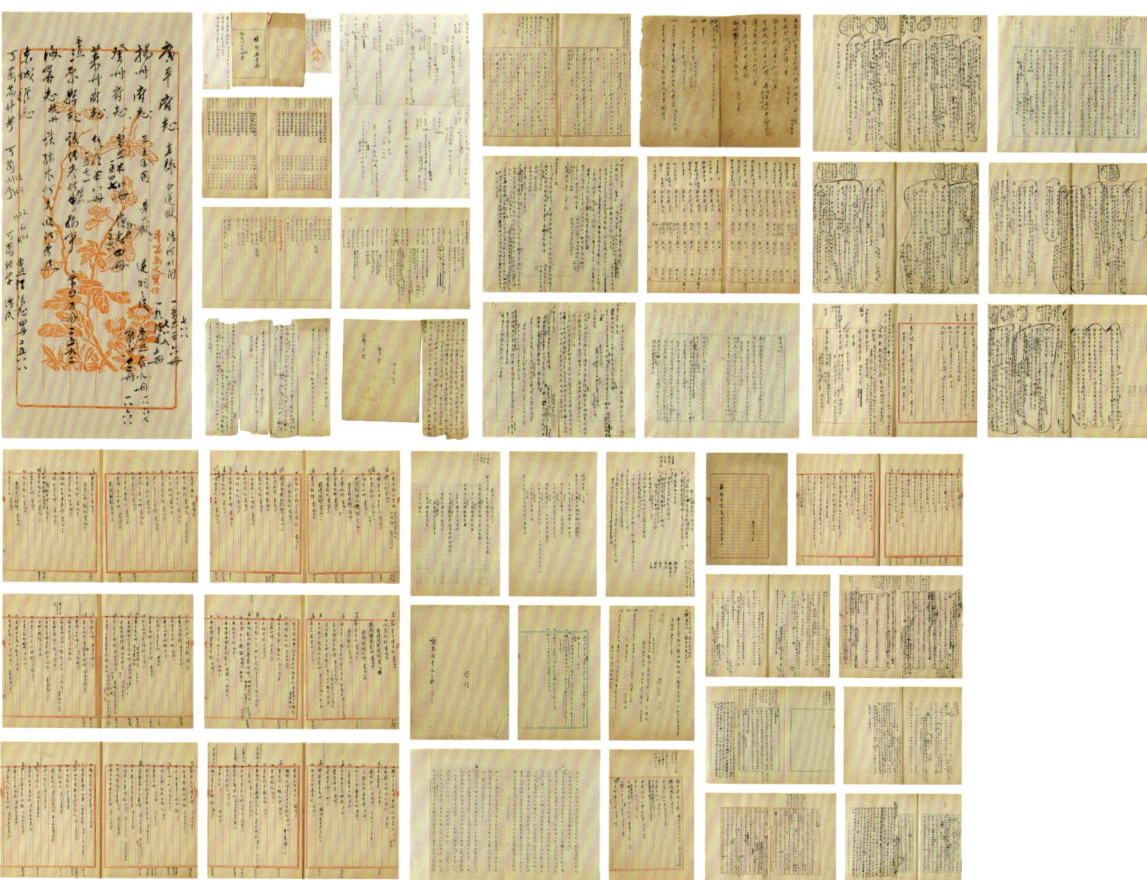

陈垣　重要著作及稿本
北京荣宝　2021/12/02　LOT 643
手稿 纸本　尺寸不一
成交价　RMB 7,130,000

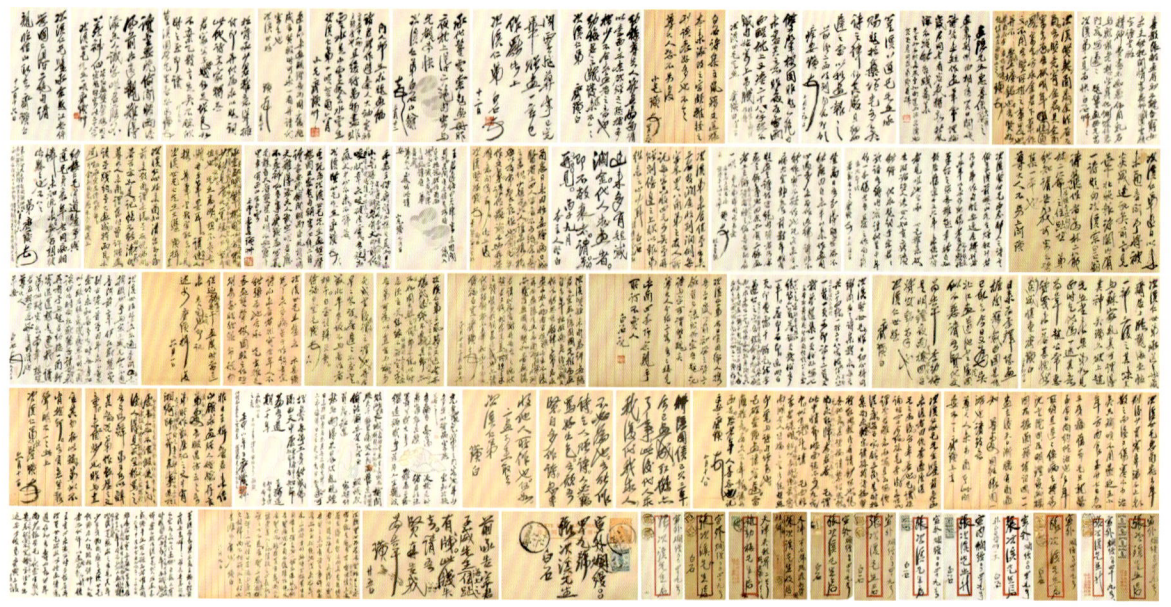

齐白石　致张次溪等人信札
北京保利　2021/06/05　LOT 1000
镜心 水墨纸本　尺寸不一
成交价　RMB 26,450,000

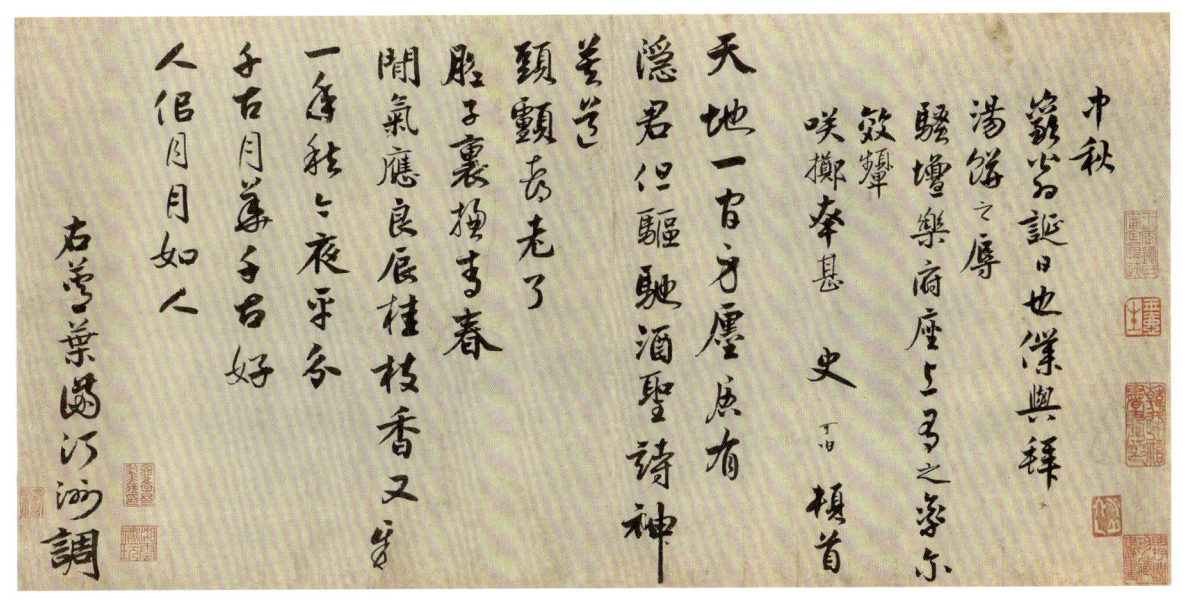

史可伯　中秋贺寿札

华艺国际（北京）　2021/12/11　LOT 26

镜框　水墨纸本　30cm×62.5cm

成交价　RMB 23,000,000

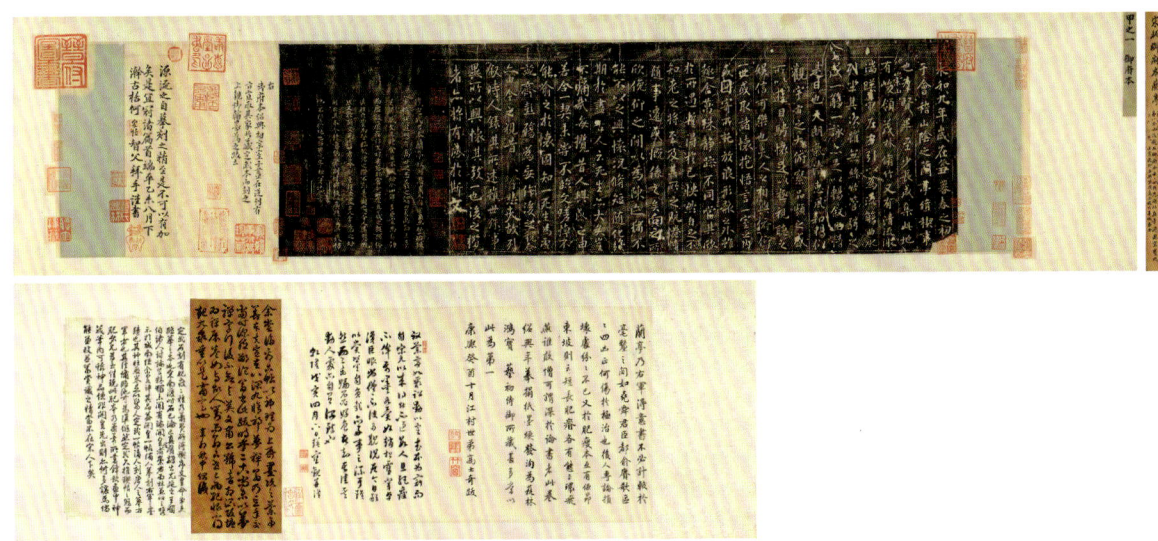

宋拓　宋御府拓定武兰亭卷──游相兰亭甲之一

北京保利　2021/12/04　LOT 2051

宋拓本　纸本手卷

拓本 25.5cm×83.8cm；跋纸 1：25.6cm×27cm；跋纸 2：26cm×43.5cm；

跋纸 3：28.2cm×10.9cm；跋纸 4：24.4cm×15.4cm

成交价　RMB 57,500,000

中国收藏
拍卖年鉴
2022

CHINESE FINE ART &
ANTIQUES AUCTION
YEARBOOK 2022

颜真卿争座位帖

北京永乐　2021/12/02　LOT 1080

拓本　纸本　31cm×15cm

成交价　RMB 7,820,000

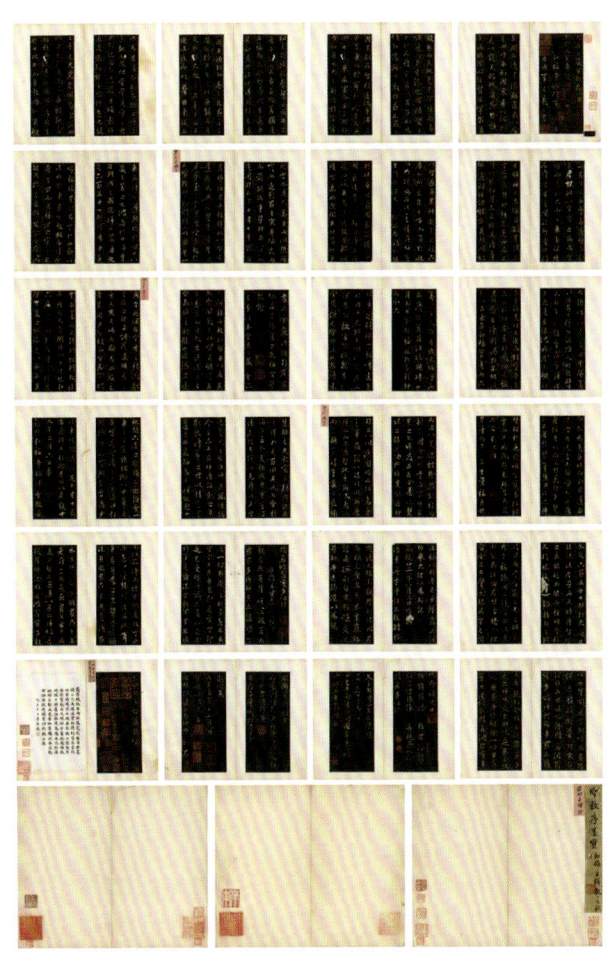

宋拓 唐怀仁集王羲之书圣教序

西泠印社　2021/07/23　LOT 529

南宋拓本 纸本　33cm×19.5cm

成交价　RMB 5,980,000

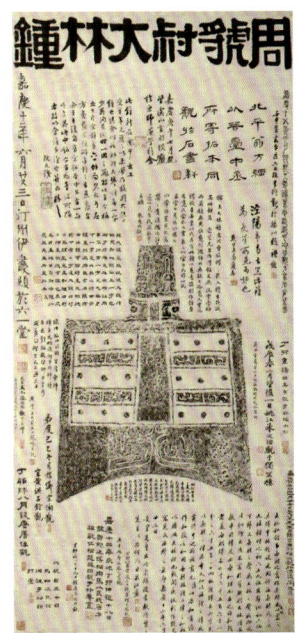

伊秉绶、阮元、张廷济、孙星衍等题　周虢叔大林钟

北京华艺　2021/06/02　LOT 9196

拓本 纸本　131.5cm×60cm

成交价　RMB 5,060,000

1898 年戊戌 江南省造光绪元宝"珍珠龙"版库

平七钱二分银币一枚

北京诚轩　2021/12/01　LOT 2352

直径 39.7mm；重 26.87g

成交价　RMB 8,120,000

477

收藏品

邮品钱币

中国收藏拍卖年鉴
2022

CHINESE FINE ART &
ANTIQUES AUCTION
YEARBOOK 2022

1901 年　四川省造光绪元宝库平七钱二分银币一枚
北京诚轩　2021/12/01　LOT 2490
直径 39.69mm
成交价　RMB 5,800,000

光绪丁未年　大清金币一两银质龙面试样 PCGS SP58
北京华艺　2021/12/11　LOT 7189
重 31g
成交价　RMB 7,245,000

光绪三十三年　东三省造光绪元宝库平七钱二分银币一枚
北京诚轩　2021/12/01　LOT 2759
直径约 39mm
成交价　RMB 5,278,000

宣统三年　大清银币"长须龙"版壹圆样币 /PCGS SP63
北京诚轩　2021/05/19　LOT 1633
直径 39mm；重约 27g
成交价　RMB 5,750,000

1949 年　贵州省造壹圆银币一枚
北京诚轩　2021/12/01　LOT 2848
直径 39mm
成交价　RMB 5,858,000

1985 年　联合国妇女十年　纪念 100 元纪念金质样币一枚
北京华艺　2021/12/11　LOT 7659
直径 2.3cm；重 8g
成交价　RMB 7,935,000

2000 年 中国人民银行发行 "千年纪念" 10KG 纯金纪念币
上海明轩　2021/12/30　LOT 116
直径 17.8cm；厚 2.5cm；重 10kg
成交价　RMB 6,957,500

2013 年 原箱特别茅台酒
中国嘉德　2021/05/18　LOT 4064
每瓶 500ml；120 瓶；共 20 箱
成交价　RMB 7,130,000

2012 年 贵州茅台酒（原箱）
北京永乐　2021/05/22　LOT 3634
每瓶 500ml；600 瓶；共 50 箱
成交价　RMB 5,060,000

2013 年 贵州茅台酒
北京永乐　2021/05/22　LOT 3633
每瓶 500ml；600 瓶；共 100 箱
成交价　RMB 7,153,000

1974 年 葵花牌贵州茅台酒原木箱
苏富比伦敦　2021/06/18　LOT 1
每瓶约 1000g；共 24 瓶
成交价　GBP 1,000,000　RMB 8,983,660

20 世纪 20 年代 双狮同庆号青饼普洱茶
保利香港　2021/04/24　LOT 1253
总重约 2183g
成交价　HKD 9,480,000　RMB 7,902,149

479

艳彩紫粉红钻石及钻石戒指

佳士得香港　2021/05/23　LOT 2011

重 15.81ct，戒指 6 号

成交价　HKD 226,275,000　RMB 188,613,789

重 量

在粉色系的钻石之中，大于 1 克拉的仅有 17%，超过 5 克拉的不到 2%，仅有 1% 重量逾 10 克拉，所以大克拉对于粉色钻石而言非常难得。此颗粉色钻石的重达 15.81 克拉，是目前拍卖市场上最大的艳彩紫粉红钻石。

颜 色

粉色钻石包括 I 型和 II 型，细分为浅紫粉红色、粉红色、橘黄粉红色。目前，美国 GIA 依色将粉色钻石分为 Light（浅彩）、Fancy（中彩）、Fancy Deep（深彩）、Fancy Vivid（艳彩）等八个等级，此颗粉钻色泽浓艳饱满，完美融合了紫色与粉红色两种色调，颜色达到了最高等级 Fancy Vivid（艳彩），在所有粉色钻石中只有 4% 可以获评此级别，因而可称得上粉色钻石中的极品。

净 度

粉色钻石颜色常常伴有褐色、橙色和棕色等杂色，特殊的形成原因也使得粉钻晶体较小、杂质较多且难以切割。此颗紫粉红钻石净度为"内部无瑕"，同时属于罕见的 Type II a 钻石，在世界上所有宝石级钻石中，只有不到 2% 属于 Type II a 级。

切 工

这颗紫粉红钻石的原石重达 48.52 克拉，由于对品质上的极致要求，工匠切割过程中的损耗多达近三分之二，这种专属定制的切割方式虽然没有最大程度保留钻石的重量，但却将这枚紫粉色红钻石优质的颜色、净度和透明度展现到了极致。

按 语

已知的紫粉色钻石寥寥无几，天然紫粉色钻石的颜色主要是由钻石晶体的塑性变形所产生，颜色主要包括橙粉色、紫粉色、粉红色、棕粉色等。主要产地为澳大利亚的阿盖尔（Argyle）和俄罗斯的雅库斯（Yakuti），目前非洲和巴西也不断有高品质的粉色钻石产出。在粉色钻石交易中，粉色带紫色或橘色调的钻石价格通常高于带棕色调的粉色钻石。通常粉色钻石的价格高低与颜色、琢型、切工和净度等级有关，且澳大利亚阿盖尔矿场的粉色系钻石价格高于同品级的其他产地粉色钻石。在过去十年来，由于资源渐进枯竭，位居全球粉红钻石产量之冠的阿盖尔矿场于 2020 年年底停止运作，市场对粉色钻石需求却与日俱增，尤其是高品质的粉色钻石。

随着克拉数的增大和颜色等级的提升，粉色钻的收藏价值随之升高。超过 10 克拉的艳彩级粉色钻已属少数，大克拉的高净度艳彩紫粉红钻寥寥无几。这颗紫粉红钻被美国宝石学院（GIA）评为世上已知最大艳彩紫粉红色钻石，达到最高彩钻成色等级，净度为内部无瑕。因而，无论从史上最大的克拉数粉色钻来看，还是从颜色等级和超高净度来看，这颗紫粉红色钻石都称得上为极其稀有的珍品。

中国收藏
拍卖年鉴
2022

CHINESE FINE ART &
ANTIQUES AUCTION
YEARBOOK 2022

彩橙粉色钻石配钻石戒指
北京保利　2021/09/26　LOT 1131
重 12.62ct，戒指 6 号
成交价　RMB 12,650,000

彩棕橘粉红钻石戒指
佳士得香港　2021/05/23　LOT 1938
重 20.02ct，戒指 5¾ 号
成交价　HKD 11,410,000　RMB 9,510,920

粉钻戒指
上海嘉禾　2021/07/22　LOT 1238
重 5.30ct，戒指 12 号
成交价　RMB 7,935,000

粉钻戒指
北京永乐　2021/12/02　LOT 6196
重 20ct
成交价　RMB 8,050,000

浓彩橘粉红色钻石及钻石戒指
佳士得香港　2021/11/28　LOT 1960
重 5.31ct，戒指 6 号
成交价　HKD 12,250,000　RMB 10,174,728

浓彩紫粉红色钻石戒指
苏富比香港　2021/04/20　LOT 1693
重 5.05ct，戒指 5¾ 号
成交价　HKD 13,485,000　RMB 11,240,557

艳彩紫粉红钻石及钻石戒指

佳士得香港　2021/05/23　LOT 2011

重 15.81ct，戒指 6 号

成交价　HKD 226,275,000　RMB 188,613,789

艳彩紫粉色钻石戒指

保利香港　2021/11/27　LOT 2016

重 2.08ct，戒指 5¾ 号

成交价　HKD 10,800,000　RMB 8,970,372

艳彩粉红及钻石戒指

佳士得香港　2021/05/23　LOT 1993

重 4.19ct，戒指 6 号

成交价　HKD 50,650,000　RMB 42,219,814

蒂芙尼设计 天然"莫桑比克"红宝石戒指

苏富比香港　2021/04/20　LOT 1671

重 10.13ct，戒指 5¾ 号

成交价　HKD 7,798,000　RMB 6,500,101

缅甸"抹谷鸽血红"红宝石配钻石戒指

保利香港　2021/04/22　LOT 2137

重 8.07ct

成交价　HKD 31,200,000　RMB 26,007,072

天然"马达加斯加"红宝石配钻石戒指

苏富比香港　2021/07/09　LOT 1732

重 15.45ct，戒指 6½ 号

成交价　HKD 8,645,000　RMB 7,180,451

天然"缅甸鸽血红"红宝石配钻石戒指
苏富比香港　2021/10/12　LOT 1901
重 6.03ct，戒指 6¼ 号
成交价　HKD 20,140,000　RMB 16,728,083

红宝石及钻石戒指
佳士得香港　2021/05/23　LOT 2007
重 6.04ct，戒指 6 号
成交价　HKD 14,050,000　RMB 11,711,518

艳彩黄色钻石戒指
佳士得香港　2021/05/23　LOT 1936
重 31.17ct，戒指 5¾ 号
成交价　HKD 16,690,000　RMB 13,912,116

艳彩黄色钻石戒指
苏富比香港　2021/04/20　LOT 1677
重 8.88ct，戒指 6 号
成交价　HKD 8,645,000　RMB 7,206,126

宝格丽设计"克什米尔皇家蓝"蓝宝石配钻石戒指
保利香港　2021/11/27　LOT 2113
重 13.36ct，戒指 6 号
成交价　HKD 15,600,000　RMB 12,957,204

海瑞温斯顿设计 天然"克什米尔"蓝宝石配钻石戒指
苏富比香港　2021/10/12　LOT 1847
重 10.16ct，戒指 5½ 号
成交价　HKD 9,129,000　RMB 7,582,456

"巴西帕拉依巴"配钻石戒指
佳士得香港　2021/05/23　LOT 1983
重 14.20ct，戒指 5¾ 号
成交价　HKD 6,250,000　RMB 5,209,750

艳彩蓝色钻石及钻石戒指
佳士得香港　2021/11/28　LOT 1959
重 3.32ct，戒指 6½ 号
成交价　HKD 45,850,000　RMB 38,082,552

彩蓝绿色 SI1 钻石戒指
西泠印社　2021/01/16　LOT 3324
直径 13mm，重约 5.07g，钻石 4.08ct
成交价　RMB 6,325,000

D 色 IIa 钻石戒指
富艺斯香港　2021/11/27　LOT 596
重 20.27ct，戒指 6 号
成交价　HKD 15,980,000　RMB 13,272,828

D 色钻石戒指
苏富比香港　2021/04/20　LOT 1678
重 10.41ct，戒指 5¾ 号
成交价　HKD 6,467,000　RMB 5,390,633

F 色 IIa 钻石戒指
佳士得香港　2021/05/23　LOT 1935
重 20.88ct，戒指 5 ½ 号
成交价　HKD 11,650,000　RMB 9,710,974

珠宝尚品

珠宝翡翠

戒指

中国收藏
拍卖年鉴
2022

CHINESE FINE ART &
ANTIQUES AUCTION
YEARBOOK 2022

宝格丽设计 D 色钻石戒指
苏富比香港　2021/10/12　LOT 1812
重 10.10ct，戒指 5¾ 号
成交价　HKD 7,193,000　RMB 5,974,434

蒂芙尼设计 D 色 IIa 钻石戒指
苏富比香港　2021/04/20　LOT 1672
重 13.47ct，戒指 6 号
成交价　HKD 12,275,000　RMB 10,231,949

海瑞温斯顿设计 D 色钻石戒指
苏富比香港　2021/10/12　LOT 1848
重 10.87ct，戒指 6 号
成交价　HKD 9,371,000　RMB 7,783,459

海瑞温斯顿设计 D 色钻石戒指
苏富比香港　2021/04/20　LOT 1757
重 12.14ct，戒指 6 号
成交价　HKD 9,250,000　RMB 7,710,430

卡地亚戒托 D 色钻石戒指
苏富比香港　2021/07/09　LOT 1829
重 12.12ct，戒指 5¾ 号
成交价　HKD 8,524,000　RMB 7,079,949

卡地亚设计 D 色 IIa 钻石戒指
保利香港　2021/11/27　LOT 2008
重 10ct，戒指 6¼ 号
成交价　HKD 7,440,000　RMB 6,179,590

D 色 IIa 钻石戒指

佳士得香港　2021/05/23　LOT 1975

重 10.02ct，戒指 5 ½ 号

成交价　HKD 6,250,000　RMB 5,209,750

D 色钻石戒指

佳士得香港　2021/05/23　LOT 2010

重 12.55ct，戒指 5¾ 号

成交价　HKD 10,810,000　RMB 9,010,784

D 色 IIa 钻石戒指

富艺斯香港　2021/06/05　LOT 665

重 10.59ct，戒指 6 号

成交价　HKD 7,510,000　RMB 6,260,036

D 色 IIa 钻石戒指

佳士得香港　2021/11/28　LOT 1980

重 10.63ct，戒指 5¾ 号

成交价　HKD 18,250,000　RMB 15,158,268

"哥伦比亚"天然祖母绿钻石戒指

佳士得香港　2021/05/23　LOT 2003

重 12.50ct，戒指 6 号

成交价　HKD 10,450,000　RMB 8,710,702

天然"哥伦比亚"祖母绿钻石戒指

苏富比香港　2021/04/20　LOT 1670

重 13.52ct，戒指 5¾ 号

成交价　HKD 7,193,000　RMB 5,995,797

珠宝尚品 ┈┈┈┈ 珠宝翡翠 ┈┈┈┈ 戒指 项链／吊坠

中国收藏
拍卖年鉴
2022

CHINESE FINE ART &
ANTIQUES AUCTION
YEARBOOK 2022

浓彩绿色钻石戒指
苏富比香港　2021/10/12　LOT 1882
重 5.29ct，戒指 6½ 号
成交价　HKD 23,770,000　RMB 19,743,124

艳彩蓝色钻石、彩粉红色及浓彩粉红色钻石戒指
苏富比香港　2021/10/12　LOT 1871
重 3.01ct，戒指 5½ 号
成交价　HKD 35,023,000　RMB 29,089,754

天然"帝王绿"翡翠配钻石戒指
苏富比香港　2021/04/20　LOT 1688
重 35.75ct，戒指 6½ 号
成交价　HKD 6,225,000　RMB 5,188,911

翡翠"五福临门"及红宝石吊坠
佳士得香港　2021/11/28　LOT 1941
项链 695mm，吊坠长 77mm
成交价　HKD 24,250,000　RMB 20,141,808

"四季平安"天然翡翠珠配钻石及红宝石项链
苏富比香港　2021/04/20　LOT 1765
钻石重 2.02ct，珠链长约 700mm
成交价　HKD 23,407,000　RMB 19,511,139

缅甸天然翡翠珠配红宝石及钻石项链
保利香港　2021/11/27　LOT 2145
红宝石重约 4.69ct，钻石共重约 1.31ct，珠链长约 570mm
成交价　HKD 18,000,000　RMB 14,950,620

天然满绿木那种翡翠蛋面配钻石吊坠项链
保利（厦门）　2021/05/05　LOT 1195
镶钻石约 34.14g，长约 436mm
成交价　RMB 14,950,000

满绿翡翠大蛋面吊坠
北京永乐　2021/12/02　LOT 6132
成交价　RMB 13,800,000

天然玻璃种满绿翡翠配红宝石及钻石珠项链
北京华艺　2021/06/04　LOT 6082
长约 540mm
成交价　RMB 14,300,000

天然满绿翡翠、红宝石及钻石珠链
中国嘉德　2021/05/21　LOT 5181
重约 70.18g，长约 610mm
成交价　RMB 5,175,000

天然满绿翡翠珠链
广州华艺　2021/03/31　LOT 6082
珠直径约 10mm，总长逾 1m
成交价　RMB 14,850,000

缅甸老坑冰种帝王绿佛手挂坠
十竹斋（北京）　2021/04/25　LOT 3061
约 38.2mm×24mm×6.5mm
成交价　RMB 5,658,000

489

珠宝尚品

珠宝翡翠

项链／吊坠

天然满绿翡翠珠链
保利（厦门） 2021/05/05 LOT 1233
长约 530mm
成交价 RMB 37,375,000

"欧旋碧海邀紫气"缅甸天然紫罗兰翡翠山水雕纹牌
北京保利 2021/06/07 LOT 4065
尺寸 69.53mm×52.94mm×17.78mm
成交价 RMB 9,200,000

"赞比亚"天然祖母绿配钻石吊坠项链
富艺斯香港 2021/11/23 LOT 2050
全长 450mm，吊坠长 34mm
成交价 HKD 8,115,000 RMB 6,740,238

卡地亚设计 祖母绿及钻石项链
佳士得香港 2021/05/23 LOT 2002
长 375mm
成交价 HKD 16,090,000 RMB 13,411,980

海瑞温斯顿设计 祖母绿及钻石胸针／吊坠
佳士得香港 2021/11/28 LOT 1978
长 58mm
成交价 HKD 13,450,000 RMB 11,171,436

蒂芙尼设计 D 色 IIa 钻石项链
苏富比香港 2021/04/20 LOT 1673
重 18.44ct
成交价 HKD 14,090,000 RMB 11,744,860

蒂芙尼设计 D 色钻石项链

苏富比香港　2021/07/09　LOT 1715

重 10.01ct，钻石长约 430mm

成交价　HKD 6,830,000　RMB 5,672,930

蒂芙尼设计 D 色钻石项链

苏富比香港　2021/10/12　LOT 1880

重 10.03ct，长约 435mm

成交价　HKD 6,830,000　RMB 5,672,930

罗纳德·亚伯兰设计 钻石吊坠项链

佳士得香港　2021/11/28　LOT 1955

重 73.68ct，坠长 46mm

成交价　HKD 38,650,000　RMB 32,102,304

罗纳德·亚伯兰设计 钻石吊坠项链

佳士得香港　2021/11/28　LOT 1982

重 36.20ct，长 475mm

成交价　HKD 21,850,000　RMB 18,148,392

镶铂金钻石项链

佳士得香港　2021/11/28　LOT 1966

长 439mm

成交价　HKD 6,250,000　RMB 5,191,188

钻石吊坠项链

佳士得香港　2021/05/23　LOT 1937

珍珠钻坠子 505ct，吊坠 40mm，项链 406—434cm

成交价　HKD 20,650,000　RMB 17,213,014

百达翡丽设计 红宝石及钻石项链
佳士得香港　2021/05/23　LOT 1892
长 385mm
成交价　HKD 6,000,000　RMB 5,001,360

"斯里兰卡"蓝宝石及钻石项链
佳士得香港　2021/05/23　LOT 2006
长 465mm
成交价　HKD 7,690,000　RMB 6,410,076

梨形 D 色钻石及白水晶手镯
苏富比香港　2021/04/20　LOT 1744
重 63.66ct
成交价　HKD 46,877,000　RMB 39,074,792

"喀什米尔"天然蓝宝石及钻石手链
佳士得香港　2021/11/28　LOT 1969
蓝宝石重 5.18—1.67ct，钻石重 2.68—1.49ct，长 177mm
成交价　HKD 20,650,000　RMB 17,151,684

"天赐圆满"天然满色翡翠手镯
苏富比香港　2021/04/20　LOT 1766
直径约 55.2mm，壁厚 10.12mm
成交价　HKD 30,425,000　RMB 25,361,063

缅甸天然满绿翡翠手镯
北京保利　2021/06/07　LOT 4067
内径约 55.55mm，壁厚约 11.91mm，宽约 12.46mm
成交价　RMB 10,350,000

缅甸天然翡翠手镯

保利香港　2021/04/22　LOT 2136

内径约 56.87mm，壁厚 12.59mm

成交价　HKD 36,000,000　RMB 30,008,160

天然玻璃种满绿翡翠手镯

北京华艺　2021/06/04　LOT 6106

直径 57mm，壁厚 13.5mm

成交价　RMB 13,200,000

天然翡翠手镯

中国嘉德　2021/11/30　LOT 5481

直径约 56mm，总重约 82.89g

成交价　RMB 15,870,000

天然满绿翡翠手镯

中国嘉德　2021/11/30　LOT 5601

直径 53mm

成交价　RMB 6,900,000

天然满色翡翠手镯（核"绿"）

苏富比香港　2021/10/12　LOT 1837

内径 56.3mm，壁厚 10.66mm

成交价　HKD 15,905,000　RMB 13,210,534

缅甸天然满绿翡翠手镯

北京保利　2021/06/07　LOT 4066

内径约 58.27mm，壁厚约 8.27mm，宽约 15.83mm

成交价　RMB 11,500,000

"天作之合"天然满绿翡翠福对镯
保利（厦门） 2021/11/04 LOT 1782
内直径约 57.1mm，外直径约 83.8mm，壁厚约 13.9mm
内直径约 57.3mm，外直径约 83.8mm，壁厚约 13.8mm
成交价 RMB 53,475,000

天然满绿翡翠福镯
保利（厦门） 2021/05/05 LOT 1153
内径约 58.1mm，外直径约 81.5mm，壁厚约 12.1mm
成交价 RMB 6,900,000

高冰满绿翡翠圆镯
西泠印社 2021/07/25 LOT 5175
直径 58mm，壁厚约 13mm，重约 91.56g
成交价 RMB 11,270,000

"怀金垂紫"高冰粉紫翡翠对镯
西泠印社 2021/01/16 LOT 3301
圈口 57mm、58mm，壁厚约 12.5mm、13.1mm
壁宽约 12.2mm、13mm，重约 90.91g、103.66g
成交价 RMB 6,325,000

"哥伦比亚"祖母绿配钻石耳坠一对
苏富比香港 2021/10/12 LOT 1821
重 16.63ct、15.03ct
成交价 HKD 6,225,000 RMB 5,170,423

"哥伦比亚"天然祖母绿及有色钻石耳环
佳士得香港 2021/05/23 LOT 2004
重 7.32ct、6.46ct
成交价 HKD 15,850,000 RMB 13,211,926

天然"帝王绿"翡翠耳环一对
苏富比香港　2021/04/20　LOT 1681
重 13.30ct、12.20ct
成交价　HKD 6,951,000　RMB5,794,076

D 色钻石耳坠一对
苏富比香港　2021/04/20　LOT 1692
重 12.38ct、11.92ct
成交价　HKD 11,065,000　RMB 9,223,341

"戈尔康达"钻石耳环
佳士得香港　2021/11/28　LOT 1981
重 5.1ct、5.02ct，长 11mm
成交价　HKD 11,650,000　RMB 9,676,374

艳彩蓝色钻石及钻石耳环
佳士得香港　2021/11/28　LOT 1961
重 3.06ct、2.61ct，长 35mm
成交价　HKD 57,850,000　RMB 48,049,632

钻石耳环
佳士得香港　2021/05/23　LOT 2009
重 7.04ct、6.96ct，直径 28mm
成交价　HKD 8,410,000　RMB 7,010,240

海瑞温斯顿设计 缅甸蓝宝石、钻石耳环
保利香港　2021/04/22　LOT 2101
蓝宝石重 24.01ct、22.92ct，耳环长约 30mm
成交价　HKD 9,000,000　RMB 7,502,040

蓝宝石及钻石耳环
佳士得香港　2021/11/28　LOT 1968
重 8.94ct、8.77ct，长 36mm
成交价　HKD 24,850,000　RMB 20,640,162

天然"缅甸鸽血红"红宝石配钻石耳坠一对
苏富比香港　2021/04/20　LOT 1697
重 5.24、5.05ct
成交价　HKD 6,830,000　RMB 5,693,215

缅甸"鸽血红"红宝石配钻石耳环
保利香港　2021/11/27　LOT 2050
重 5.03ct、5.02ct，长约 52mm
成交价　HKD 14,400,000　RMB 11,960,496

红宝石及钻石耳环
佳士得香港　2021/11/28　LOT 1951
重 5.19ct、5.03ct，长 30mm
成交价　HKD 24,850,000　RMB 20,640,162

天然满绿翡翠蛋面配钻石及蓝宝石项链及戒指套装
中国嘉德　2021/11/30　LOT 5602
钻石项链长约 454mm，最宽约 15.5mm，吊坠尺寸约 48mm×32mm
翡翠蛋面尺寸约 29mm×23.7mm×9.0mm，戒指 10 号
项链约 21.2mm×18.4mm×6.1mm，总重量约 120.8g

成交价　RMB 13,800,000

"斯里兰卡"蓝宝石配钻石胸针、戒指
保利香港　2021/11/27　LOT2083
蓝宝石克重 102.91ct，胸针尺寸 75mm×65mm，戒指 6 号
成交价　HKD 14,400,000　RMB 11,960,496

卡地亚设计 翡翠配红宝石及钻石项链及手链套装

佳士得香港　2021/11/28　LOT 1974

项链 390mm，手链 180mm

成交价　HKD 8,050,000　RMB 6,686,250

卡地亚设计 "皇家蓝" 蓝宝石配钻石首饰套装

保利香港　2021/11/27　LOT 2084

项链长约 380mm，手链长约 180mm，戒指 6½ 号

耳环长约 50mm

成交价　HKD 14,400,000　RMB 11,960,496

艳彩黄色钻石及钻石首饰套装

佳士得香港　2021/11/28　LOT 1901

项链 400mm，耳环 25mm

成交价　HKD 16,690,000　RMB 13,862,547

D 色 IaB 钻石

苏富比香港　2021/04/20　LOT 1676

重 9.48ct

成交价　HKD 7,435,000　RMB 6,197,519

D 色 IIa 钻石

苏富比香港　2021/07/09　LOT 1

重 101.38ct

成交价　HKD 95,135,000　RMB 79,018,180

D 色 IIa 钻石

保利香港　2021/11/27　LOT 2103

重 20.80ct

成交价　HKD 18,000,000　RMB 14,950,620

D色 IIa 钻石
保利香港　2021/11/27　LOT 2027
重 10.41ct
成交价　HKD 8,640,000　RMB 7,176,298

D 色钻石
苏富比香港　2021/10/19　LOT 8002
重 10.88ct
成交价　HKD 7,193,000　RMB 5,974,434

D 色钻石
苏富比香港　2021/10/12　LOT 1911
重 20.88ct
成交价　HKD 18,083,000　RMB 15,019,559

D 色钻石
苏富比香港　2021/10/12　LOT 1912
重 30.88ct
成交价　HKD 29,941,000　RMB 24,868,695

D 色 IIa 钻石
苏富比香港　2021/04/20　LOT 1764
重 39.88ct
成交价　HKD 28,005,000　RMB 23,343,848

D 色 IIa 钻石
苏富比香港　2021/04/20　LOT 1762
重 22.88ct
成交价　HKD 22,560,000　RMB 18,805,114

百达翡丽　约 2019 年制 白金双表盘天文机械腕表
保利香港　2021/04/22　LOT 2351
直径 44mm
成交价　HKD 31,800,000　RMB 26,507,208

劳力士　约 1998 年制 铂金计时腕表
苏富比香港　2021/04/23　LOT 2154
直径 40mm
成交价　HKD 24,375,000　RMB 20,318,025

百达翡丽　1946 年制 铂金世界时间腕表
佳士得香港　2021/05/22　LOT 2507
直径 31mm
成交价　HKD 14,650,000　RMB 12,211,654

百达翡丽　1949 年制 18K 红金世界时间腕表
佳士得香港　2021/05/22　LOT 2508
直径 31mm
成交价　HKD 17,650,000　RMB 14,712,334

百达翡丽　1954 年制 18K 金腕表
佳士得香港　2021/05/22　LOT 2511
直径 36mm
成交价　HKD 7,810,000　RMB 6,510,104

百达翡丽　1965 年制 18K 金双表冠世界时间链带腕表
佳士得香港　2021/05/22　LOT 2509
直径 35.5mm
成交价　HKD 15,850,000　RMB 13,211,926

百达翡丽 1970 年制 18K 金自动上弦万年历腕表
佳士得香港 2021/05/22 LOT 2513
直径 37.5mm
成交价 HKD 29,050,000 RMB 24,214,918

百达翡丽 1953 年制 18K 黄金万年历计时腕表
富艺斯香港 2021/06/05 LOT 822
直径 37.7mm
成交价 HKD 15,375,000 RMB 12,815,985

百达翡丽 1992 年制 18K 玫瑰金自动三问万年历腕表
富艺斯香港 2021/06/05 LOT 852
直径 36mm
成交价 HKD 9,325,000 RMB 7,772,947

百达翡丽 约 2019 年制 18K 玫瑰金自动腕表
富艺斯香港 2021/06/05 LOT 988
直径 42mm
成交价 HKD 6,542,000 RMB 5,453,150

百达翡丽 约 2013 年制 粉红金瞬跳万年历三问陀飞轮腕表
苏富比香港 2021/10/13 LOT 2138
直径 41mm
成交价 HKD 6,043,500 RMB 5,019,671

百达翡丽 2008 年制 白金万年历计时腕表
苏富比香港 2021/10/13 LOT 2207
直径 36mm
成交价 HKD 6,104,000 RMB 5,069,921

百达翡丽 2006 年制 白金万年历链带腕表
苏富比香港 2021/10/13 LOT 2209
直径 40mm
成交价 HKD 7,435,000 RMB 6,175,437

百达翡丽 约 2009 年制 铂金万年历追针计时腕表
苏富比香港 2021/10/13 LOT 2208
直径 36.5mm
成交价 HKD 7,677,000 RMB 6,376,439

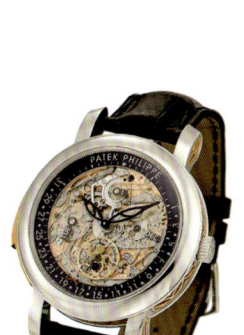

百达翡丽 约 2014 年制 铂金及粉红金三问万年历腕表
苏富比香港 2021/10/13 LOT 2238
直径 43mm
成交价 HKD 6,951,000 RMB 5,773,431

百达翡丽 约 2013 年制 铂金镶钻万年历三问陀飞轮腕表
苏富比香港 2021/10/13 LOT 2242
直径 41mm
成交价 HKD 12,880,000 RMB 10,697,999

百达翡丽 1981 年制 白金万年历腕表
苏富比香港 2021/10/13 LOT 2263
直径 37mm
成交价 HKD 10,097,000 RMB 8,386,467

百达翡丽 1953 年制 黄金万年历计时腕表
苏富比香港 2021/10/13 LOT2262
直径 37.5mm
成交价 HKD 9,855,000 RMB 8,185,464

中国收藏
拍卖年鉴
2022

CHINESE FINE ART &
ANTIQUES AUCTION
YEARBOOK 2022

弗朗索瓦·保罗·儒纳　约 1999 年制 铂金陀飞轮腕表
苏富比香港　2021/10/13　LOT 2095
直径 38mm
成交价　HKD 15,905,000　RMB 13,210,534

百达翡丽　1946 年制 18K 金追针计时腕表
佳士得香港　2021/11/27　LOT 2509
直径 33mm
成交价　HKD 13,450,000　RMB 11,171,436

百达翡丽　1951 年制 18K 金万年历腕表
佳士得香港　2021/11/27　LOT 2510
直径 37.8mm
成交价　HKD 13,450,000　RMB 11,171,436

百达翡丽　1946 年制 18K 金三问腕表
佳士得香港　2021/11/27　LOT 2508
直径 34mm
成交价　HKD 23,050,000　RMB 19,145,100

百达翡丽　约 2012 年制 铂金三问万年历腕表
佳士得香港　2021/11/27　LOT 2378
直径 42mm
成交价　HKD 6,850,000　RMB 5,689,542

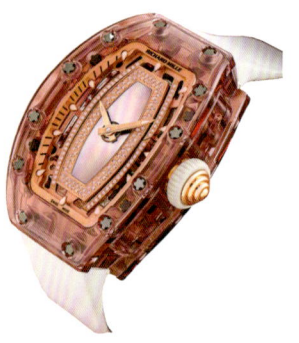

里查德米尔　约 2016 年制 粉红水晶镶钻石自动腕表
佳士得香港　2021/11/27　LOT 2294
长 47mm，宽 32mm
成交价　HKD 10,450,000　RMB 8,679,666

劳力士　约 1968 年制 黄金计时腕表
富艺斯香港　2021/11/25　LOT 819
直径 37mm
成交价　HKD 13,560,000　RMB 11,262,800

百达翡丽　1973 年制 铂金自动万年历腕表
富艺斯香港　2021/11/25　LOT 852
直径 37.5mm
成交价　HKD 17,795,000　RMB 14,780,349

劳力士　约 1971 年制 精钢计时链带腕表
富艺斯香港　2021/11/25　LOT 1043
直径 37.5mm
成交价　HKD 8,962,000　RMB 7,443,748

百达翡丽　1890 年制 18K 红金自鸣怀表
佳士得香港　2021/05/22　LOT2506
直径 54mm
成交价　HKD 14,050,000　RMB 11,711,518

清乾隆　御制铜鎏金嵌东珠宝石太平有象自鸣钟
广东崇正　2021/07/19　LOT 1573
高 75cm
成交价　RMB 9,637,000

清乾隆　御制铜鎏金嵌宝石转花转水法大吉葫芦钟
广东崇正　2021/12/15　LOT 1496
高 945mm，直径 315mm
成交价　RMB 32,200,000

中国收藏
拍卖年鉴
2022
CHINESE FINE ART &
ANTIQUES AUCTION
YEARBOOK 2022

清乾隆或嘉庆 铜鎏金御题诗西洋游戏人物钟
北京保利　2021/12/05　LOT 5585
高 460mm
成交价　RMB 40,250,000

2021 年
高价拍品榜单
Top 10 High Value
Lots in 2021

2021 年综合 TOP 10

序号	地区	拍卖行	拍卖会及专场	Lot号	作品名称	拍卖时间	成交价（含佣金）
1	北京	北京保利	北京保利 2021 春季拍卖会 仰之弥高——中国古代书画夜场	1935	徐扬《平定西域献俘礼图》	20210606	RMB 414,000,000
2	北京	北京保利	北京保利 2021 春季拍卖会 禹贡 II ——乾隆御制洋彩雕瓷有凤来仪大转心瓶	5153	清乾隆 洋彩锦上添花镂空"有凤来仪 百鸟朝凤"图螭耳转心瓶	20210607	RMB 265,650,000
3	北京	北京保利	北京保利 2021 春季拍卖会 禹贡 I ——乾隆御制缂丝兰亭图帖与古稀天子的天朝盛世	5142	清乾隆 钦定补刻端石兰亭图帖缂丝全卷	20210607	RMB 241,500,000
4	北京	北京华艺	华艺国际(北京)2021 春季拍卖会 现当代艺术夜场	8510	常玉《群马》	20210605	RMB 198,000,000
5	北京	中国嘉德	中国嘉德 2021 秋季拍卖会 大观——中国书画珍品之夜·近现代	297	张大千《秋曦图》	20211210	RMB 195,500,000
6	香港	苏富比香港	苏富比香港 2021 春季拍卖会 超越传奇:现代艺术品夜场	1020	朱德群《盛世雪》	20210418	HKD 229,568,000 RMB 191,358,702
7	香港	佳士得香港	佳士得香港 2021 春季拍卖会 瑰丽珠宝及翡翠首饰	2011	艳彩紫粉红钻石及钻石戒指	20210523	HKD 226,275,000 RMB 188,613,789

序号	地区	拍卖行	拍卖会及专场	Lot号	作品名称	拍卖时间	成交价（含佣金）
8	香港	苏富比香港	苏富比香港 2021 秋季拍卖会 中国书画	3065	张大千《春云晓霭》	20211011	HKD 214,631,000 RMB 178,270,362
9	香港	佳士得香港	佳士得香港 2021 春季拍卖会 20 世纪和 21 世纪艺术夜场	22	张大千《碧峰古寺》	20210524	HKD 209,100,000 RMB 174,297,396
10	北京	北京保利	北京保利 2021 春季拍卖会 现当代艺术夜场	3307	陈丹青《西藏组画·牧羊人》	20210604	RMB 161,000,000

中国书画—国画

序号	地区	拍卖行	拍卖会及专场	Lot号	作品名称	拍卖时间	成交价（含佣金）
1	北京	北京保利	北京保利 2021 春季拍卖会 仰之弥高——中国古代书画夜场	1935	徐扬《平定西域献俘礼图》	20210606	RMB 414,000,000
2	北京	中国嘉德	中国嘉德 2021 秋季拍卖会 大观——中国书画珍品之夜·近现代	297	张大千《秋曦图》	20211210	RMB 195,500,000
3	香港	苏富比香港	苏富比香港 2021 秋季拍卖会 中国书画专场	3065	张大千《春云晓霭》	20211011	HKD 214,631,000 RMB 178,270,362
4	香港	佳士得香港	佳士得香港 2021 春季拍卖会 20 世纪和 21 世纪艺术夜场	22	张大千《碧峰古寺》	20210524	HKD 209,100,000 RMB 174,297,396
5	北京	中国嘉德	中国嘉德 2021 秋季拍卖会 大观——中国书画珍品之夜·古代	1194	周之冕《百花图卷》	20211212	RMB 148,350,000
6	北京	北京荣宝	2021 春季艺术品拍卖会 中国书画·荣名为宝	342	石涛《山麓听泉图》	20210619	RMB 120,750,000
7	北京	北京永乐	永乐 2021 春季拍卖会 生命的风景——吴冠中作品专场	1808	吴冠中《苏醒》	20210521	RMB 115,000,000

序号	地区	拍卖行	拍卖会及专场	Lot号	作品名称	拍卖时间	成交价（含佣金）
8	香港	苏富比香港	苏富比香港 2021 春季拍卖会 中国古典绘画专场	3076	弘仁 《书画合璧册》	20210419	HKD 128,456,000 RMB 107,075,783
9	北京	北京保利	北京保利 2021 秋季拍卖会 中国书画夜场	3555	傅抱石 《为罗时慧作柳荫仕女图》	20211203	RMB 97,750,000
10	北京	北京华艺	华艺国际(北京)2021 秋季拍卖会 大美——中国书画珍品之夜	53	齐白石 《广豳风图》	20211211	RMB 92,000,000

中国书画—书法

序号	地区	拍卖行	拍卖会及专场	Lot号	作品名称	拍卖时间	成交价（含佣金）
1	北京	北京保利	北京保利 2021 春季拍卖会 仰之弥高——中国古代书画夜场	1917	杨维祯 《壶月轩记》	20210606	RMB 90,275,000
2	北京	中国嘉德	中国嘉德 2021 春季拍卖会 大观——中国书画珍品之夜·古代	394	唐寅 《行书七古诗卷》	20210518	RMB 57,500,000
3	香港	中国嘉德（香港）	中国嘉德香港 2021 秋季拍卖会 观想——中国古代书画	616	董其昌 《临诸家帖册》	20211013	HKD 57,750,000 RMB 47,966,572
4	北京	中贸圣佳	中贸圣佳 2021 春季拍卖会 琳琅——重要中国书画及古籍夜场	806	乾隆帝 《夫余国传订讹》卷	20210521	RMB 34,960,000
5	香港	佳士得香港	佳士得香港 2021 秋季拍卖会 中国古代书画专场	824	明初诸家 《和陶南村诗稿卷》	20211129	HKD 41,050,000 RMB 34,095,719
6	北京	北京荣宝	北京荣宝 2021 春季艺术品拍卖会 中国书画·荣名为宝	338	文徵明 《行书杂诗卷》	20210619	RMB 28,175,000
7	北京	中国嘉德	中国嘉德 2021 春季拍卖会 大观——中国书画珍品之夜·古代	374	王铎 《草书五律卷》	20210518	RMB 25,875,000
8	北京	北京荣宝	北京荣宝 2021 春季艺术品拍卖会 中国书画·荣名为宝	337	祝允明 《楷书诗文手札卷》	20210619	RMB 21,850,000

序号	地区	拍卖行	拍卖会及专场	Lot号	作品名称	拍卖时间	成交价（含佣金）
9	北京	北京华艺	华艺国际（北京）2021 秋季拍卖会 大美——中国书画珍品之夜	37	沈初《临苏轼九帖》	20211211	RMB 20,700,000
10	北京	北京永乐	永乐 2021 春季拍卖会 中国古代书画专场	852	伊秉绶《昨叶书堂》	20210520	RMB 20,125,000

油画及中国当代艺术

序号	地区	拍卖行	拍卖会及专场	Lot号	作品名称	拍卖时间	成交价（含佣金）
1	北京	北京华艺	华艺国际（北京）2021 春季拍卖会 现当代艺术夜场	8510	常玉《群马》	20210605	RMB 198,000,000
2	香港	苏富比香港	苏富比香港 2021 春季拍卖会 超越传奇：现代艺术品夜场	1020	朱德群《盛世雪》	20210418	HKD 229,568,000 RMB 191,358,702
3	北京	北京保利	北京保利 2021 春季拍卖会 现当代艺术夜场	3307	陈丹青《西藏组画·牧羊人》	20210604	RMB 161,000,000
4	香港	苏富比香港	苏富比香港 2021 春季拍卖会 超越传奇：现代艺术品夜场	1021	赵无极《13.02.62》	20210418	HKD 162,926,000 RMB 135,808,597
5	香港	佳士得香港	佳士得香港 2021 春季拍卖会 20 世纪和 21 世纪艺术夜场	26	常玉《静月莹菊》	20210524	HKD 118,645,000 RMB 98,897,726
6	香港	苏富比香港	苏富比香港 2021 春季拍卖会 跨时空杰作	8004	常玉《裸女与北京狗》	20210418	HKD 105,476,000 RMB 87,920,575
7	香港	佳士得香港	佳士得香港 2021 秋季拍卖会 20 世纪和 21 世纪艺术夜场：艺行者	10	常玉《红色背景的百合花》	20211201	HKD 100,325,000 RMB 83,328,941
8	北京	北京永乐	永乐 2021 春季拍卖会 国际视野——全球化的当代艺术夜场	1914	张晓刚《血缘：大家庭 12 号》	20210521	RMB 81,190,000
9	北京	北京保利	北京保利 2021 春季拍卖会 现当代艺术夜场	3319	刘野《竹子 竹子 百老汇》	20210604	RMB 80,500,000
10	北京	中国嘉德	中国嘉德 2021 春季拍卖会 当代艺术夜场（一）	2103	冷军《蒙娜丽莎——关于微笑的设计》	20210520	RMB 80,500,000

陶瓷器

序号	地区	拍卖行	拍卖会及专场	Lot号	作品名称	拍卖时间	成交价（含佣金）
1	北京	北京保利	北京保利 2021 春季拍卖会 禹贡Ⅱ——乾隆御制洋彩雕瓷有凤来仪大转心瓶	5153	清乾隆 洋彩锦上添花镂空 "有凤来仪 百鸟朝凤"图螭耳转心瓶	20210607	RMB 265,650,000
2	北京	北京保利	北京保利 2021 秋季拍卖会 禹贡Ⅰ——盛清御瓷新风尚	5537	清乾隆 胭脂红地洋彩锦上添花西洋花卉纹夹炉钧釉象耳转心瓶	20211205	RMB 82,225,000
3	北京	中国嘉德	中国嘉德 2021 秋季拍卖会 宸赏——明清御瓷珍玩	3304	明永乐 釉里红锥拱海水苍龙教子图梅瓶	20211128	RMB 74,750,000
4	上海	上海嘉禾	上海嘉禾 2021 春季艺术品拍卖会 《魏黄姚紫》——室内陈设美学专场	1519	明初期 钧窑天蓝釉长方花盆（刻"一"）	20210722	RMB 71,300,000
5	北京	北京华艺	华艺国际(北京)2021 春季拍卖会 大美——古代宫廷器物夜场	1815	清乾隆 青花农耕图双耳扁瓶	20210605	RMB 66,000,000
6	北京	北京永乐	永乐 2021 春季拍卖会 藏山隐海·茧山龙泉堂海兽纹高足杯	11	明宣德 青花海水海兽纹高足杯	20210522	RMB 57,500,000
7	北京	北京保利	北京保利 2021 春季拍卖会 恒吉祥，永平安——信仰与皇权之夜(下)	5093	明宣德 青花藏文"永平安颂"高足碗	20210607	RMB 55,775,000
8	香港	保利香港	保利香港 2021 秋季拍卖会 盛清皇权：清乾隆粉青釉浮雕"苍龙教子图"大罐	3501	清乾隆 粉青釉浮雕"苍龙教子"图罐	20211202	HKD 52,800,000 RMB 43,855,152
9	香港	保利香港	保利香港 2021 春季拍卖会 华瓷御彩：重要清代御窑瓷器甄选	3215	清乾隆 青花龙穿缠枝莲纹胆式瓶	20210421	HKD 45,600,000 RMB 38,010,336
10	北京	北京保利	北京保利 2021 春季拍卖会 禹贡Ⅰ——乾隆御制缂丝兰亭图帖与古稀天子的天朝盛世	5126	清乾隆 炉钧釉浮雕金彩"夔龙拱福"纹螭耳瓶	20210607	RMB 37,950,000

玉石器

序号	地区	拍卖行	拍卖会及专场	Lot号	作品名称	拍卖时间	成交价（含佣金）
1	香港	苏富比香港	苏富比香港 2021 春季拍卖会 中国艺术品专场Ⅲ	9	东汉、清乾隆 御赏嵌"延年"龙凤纹璧紫檀插屏	20210422	HKD 53,771,000 RMB 44,821,354

序号	地区	拍卖行	拍卖会及专场	Lot号	作品名称	拍卖时间	成交价（含佣金）
2	上海	上海嘉禾	上海嘉禾 2021 春季艺术品拍卖会《禾风》——中国书画夜场	8107	现代 祥云瑞鹤	20210722	RMB 40,825,000
3	北京	北京荣宝	北京荣宝 2021 春季艺术品拍卖会 石蕴山辉·巴林石集珍专场	6101	巴林女儿红摆件	20210619	RMB 31,050,000
4	北京	北京华艺	华艺国际(北京)2021 春季拍卖会 大美——古代宫廷器物夜场	1828	清中期 翡翠观音	20210605	RMB 29,700,000
5	深圳	北京保利	北京保利 2021"深圳"精品拍卖会 凝沚——诸家雅蓄中国古董珍玩	546	清乾隆 御制白玉龙纹觥	20210926	RMB 21,850,000
6	北京	北京华艺	华艺国际(北京)2021 秋季拍卖会 大美——古代宫廷器物夜场	1234	清乾隆 御制黄玉雕螭龙捧寿如意	20211211	RMB 20,470,000
7	香港	中国嘉德(香港)	中国嘉德香港 2021 秋季拍卖会 玄礼四方——中国古代玉器	1136	汉 白玉双龙衔环纹出廓璧	20211014	HKD 23,550,000 RMB 19,560,394
8	北京	北京保利	北京保利 2021 秋季拍卖会 禹贡Ⅱ——郎世宁绘《纯惠皇贵妃油画像》暨重要宫廷艺术	5594	清乾隆 黄玉仿古龙纹佩	20211205	RMB 16,100,000
9	北京	北京荣宝	北京荣宝 2021 春季艺术品拍卖会 怜香惜玉·沉香玉器当代雕刻作品专场	5671	当代 万方皈依图	20210619	RMB 14,950,000
10	香港	佳士得香港	佳士得香港 2021 秋季拍卖会 云中玉筵——重要亚洲私人古玉珍藏:春秋战国篇	2713	战国晚期 龙形玉佩	20211203	HKD 15,250,000 RMB 12,666,497

佛像唐卡

序号	地区	拍卖行	拍卖会及专场	Lot号	作品名称	拍卖时间	成交价（含佣金）
1	北京	北京保利	北京保利 2021 春季拍卖会 恒吉祥，永平安——信仰与皇权之夜(下)	5091	明宣德 御制铜鎏金自在观音坐像	20210607	RMB 126,500,000
2	斯图加特	德国纳高	德国纳高 2021 春季拍卖会 斯图加特亚洲艺术作品展——第一部分	8	明成化 御制铜鎏金金刚菩萨像	20210623	EUR 14,070,000 RMB 109,702,242

序号	地区	拍卖行	拍卖会及专场	Lot号	作品名称	拍卖时间	成交价（含佣金）
3	北京	中国嘉德	中国嘉德 2021 春季拍卖会 旃檀林——佛教艺术集萃	3728	明宣德十年 铜鎏金南海水月观音像	20210519	RMB 46,000,000
4	香港	苏富比香港	苏富比香港 2021 春季拍卖会 跨时空杰作	8002	宋 木雕加彩观世音菩萨坐像	20210418	HKD 45,728,000 RMB 38,117,031
5	北京	中国嘉德	中国嘉德 2021 秋季拍卖会 旃檀林——佛教艺术集萃	3873	清乾隆 宫廷御制铜合金胜乐金刚像	20211129	RMB 34,500,000
6	上海	上海匡时	上海匡时 2021 春季拍卖会 云水禅心——佛教及铜炉艺术精粹	576	明 阿弥陀佛	20210708	RMB 33,465,000
7	上海	上海嘉禾	上海嘉禾 2021 春季艺术品拍卖会《禾风》——中国书画夜场	8108	明永乐 铜鎏金千尊佛母像	20210722	RMB 27,025,000
8	北京	十竹斋（北京）	十竹斋 2021 秋季艺术品拍卖会 皇家长物——宫廷陈设及佛像专场	3349	明 铜鎏金道教天官神像	20211209	RMB 25,300,000
9	巴黎	佳士得巴黎	佳士得巴黎 2021 春季拍卖会 亚洲艺术	17	金 木观音坐像	20210609	EUR 2,900,000 RMB 22,610,981
10	上海	上海匡时	上海匡时 2021 春季拍卖会 云水禅心——佛教及铜炉艺术精粹	525	明永乐 永乐无量寿佛	20210708	RMB 15,870,000

古典家具

序号	地区	拍卖行	拍卖会及专场	Lot号	作品名称	拍卖时间	成交价（含佣金）
1	北京	北京保利	北京保利 2021 秋季拍卖会 逍遥座——黄花梨独板架几式巨型供案 重要名藏明清古典家具	5506	明末清初 黄花梨独板架几式巨型供案	20211205	RMB 115,000,000
2	香港	佳士得香港	佳士得香港 2021 春季拍卖会 赫维宁汉庄园珍藏中国古典家具	2809	明末清初 黄花梨麒麟纹圈背交椅	20210528	HKD 65,975,000 RMB 54,994,121
3	北京	北京保利	北京保利 2021 春季拍卖会 禹贡 I ——乾隆御制缂丝兰亭图帖与古稀天子的天朝盛世	5108	清乾隆 御制青白玉填金王献之《中秋帖》暨《洛神赋十三行》插屏	20210607	RMB 28,175,000

中国收藏
拍卖年鉴
2022

CHINESE FINE ART &
ANTIQUES AUCTION
YEARBOOK 2022

序号	地区	拍卖行	拍卖会及专场	Lot号	作品名称	拍卖时间	成交价（含佣金）
4	北京	北京保利	北京保利 2021 秋季拍卖会 逍遥座——黄花梨独板架几式巨型供案 重要名藏明清古典家具	5510	明末清初 黄花梨麒麟引凤纹四出头官帽椅（一对）	20211205	RMB 25,300,000
5	北京	中国嘉德	中国嘉德 2021 秋季拍卖会 清隽明朗——明清古典家具精品	5095	清早期 黄花梨独板高束腰五足带托泥圆香几	20211130	RMB 20,700,000
6	香港	苏富比香港	苏富比香港 2021 春季拍卖会 中国艺术品专场III	29	明末至清初 黄花梨六方材霸王枨条桌（成对）	20210422	HKD 24,375,000 RMB 20,318,025
7	北京	北京保利	北京保利 2021 春季拍卖会 逍遥座——重要名藏明清古典家具	6713	明末清初 黄花梨螭龙捧寿纹万历柜（一对）	20210608	RMB 17,825,000
8	纽约	佳士得纽约	佳士得纽约 2021 春季拍卖会 重要中国瓷器及工艺精品	830	17 世纪 黄花梨螭龙纹六方香几	20210319	USD 2,550,000 RMB 16,494,981
9	北京	北京保利	北京保利 2021 秋季拍卖会 逍遥座——黄花梨独板架几式巨型供案 重要名藏明清古典家具	5516	明末清初 黄花梨攒曲尺围子四柱架子床	20211205	RMB 14,375,000
10	香港	东京中央（香港）	东京中央 2020 年十周年香港专场拍卖会 无界	1411	清中期 红木嵌百宝群仙祝寿图插屏（一对）	20210912	HKD 16,800,000 RMB 13,953,912

金属器

序号	地区	拍卖行	拍卖会及专场	Lot号	作品名称	拍卖时间	成交价（含佣金）
1	纽约	佳士得纽约	佳士得纽约 2021 春季拍卖会 商：珍藏高古青铜礼器	505	商晚期 青铜虎鸟兽纹觥	20210318	USD 8,604,000 RMB 55,656,006
2	上海	上海明轩	上海明轩 2021 秋季艺术品拍卖会 一间屋	118	明万历 御制、御用金累丝錾云龙纹嵌宝石执壶	20211230	RMB 45,425,000
3	香港	东京中央（香港）	中央拍卖 3 月东京·香港联合拍卖（香港） 香港专场	2149	青铜饕餮纹贯耳壶	20210318	HKD 46,123,000 RMB 38,446,287
4	纽约	苏富比纽约	苏富比纽约 2021 春季拍卖会 中国重要艺术品专场	193	商晚期 小子口簋	20210317	USD 5,434,500 RMB 35,153,715

序号	地区	拍卖行	拍卖会及专场	Lot号	作品名称	拍卖时间	成交价（含佣金）
5	北京	北京保利	北京保利 2021 春季拍卖会 禹贡Ⅰ——乾隆御制缂丝兰亭图帖与古稀天子的天朝盛世	5128	西周早期 "作宝彝"柱足青铜簋	20210607	RMB 33,580,000
6	北京	北京保利	北京保利 2021 秋季拍卖会 禹贡Ⅱ——郎世宁绘《纯惠皇贵妃油画像》暨重要宫廷艺术	5570	清乾隆 御制铜铸"赶珠云龙"图巨型五供	20211205	RMB 28,175,000
7	香港	佳士得香港	佳士得香港2021秋季拍卖会 重要中国瓷器及工艺精品	2957	明景泰 御制掐丝珐琅缠枝番莲纹盒	20211203	HKD 26,050,000 RMB 21,636,869
8	伦敦	邦瀚斯伦敦	邦瀚斯伦敦 2021 秋季拍卖会 帕里中国艺术收藏	40	清乾隆 御制画珐琅瓜棱式壶	20211102	GBP 2,062,750 RMB 18,341,065
9	上海	上海明轩	上海明轩 2021 秋季艺术品拍卖会 一间屋	119	铜宁矢觥	20211230	RMB 17,250,000
10	北京	中国嘉德	中国嘉德香港 2021 秋季拍卖会 紫气东来——东波斋藏中国古代艺术臻品	1071	汉 铜鎏金羽人瑞兽纹樽	20211014	HKD 18,870,000 RMB 15,673,233

文房雅玩

序号	地区	拍卖行	拍卖会及专场	Lot号	作品名称	拍卖时间	成交价（含佣金）
1	香港	苏富比香港	苏富比香港2021春季拍卖会 重要中国艺术品专场	3603	清乾隆 御宝交龙钮白玉玺	20210422	HKD 145,691,000 RMB 121,442,189
2	北京	北京华艺	华艺国际（北京）2021 春季拍卖会 大美——古代宫廷器物夜场	1816	清乾隆 御制白玉蹲龙钮"八征耄念之宝""向用五福"宝玺（一组）	20210605	RMB 37,400,000
3	香港	苏富比香港	苏富比香港 2021 春季拍卖会 重要中国艺术品专场	3601	明洪熙 永乐仁孝文皇后青玉龙钮谥宝	20210422	HKD 43,430,000 RMB 36,201,510
4	北京	北京保利	北京保利 2021 春季拍卖会 禹贡Ⅰ——乾隆御制缂丝兰亭图帖与古稀天子的天朝盛世	5132	清乾隆 古稀天子之宝	20210607	RMB 28,750,000
5	北京	北京华艺	华艺国际（北京）2021 春季拍卖会 大美——古代宫廷器物夜场	1823	明宣德 青花云龙纹十棱洗	20210605	RMB 26,950,000

序号	地区	拍卖行	拍卖会及专场	Lot号	作品名称	拍卖时间	成交价（含佣金）
6	厦门	保利（厦门）	保利厦门 2021 秋季拍卖会 玄览——重要古董器物专场	1333	明宣德 青花云龙纹十棱葵瓣式洗	20211105	RMB 25,300,000
7	广州	广东崇正	广东崇正 2021 春季拍卖会 造极·古代器物艺术珍品及 重要藏家旧藏	1556	清乾隆 御制檀香木雕交龙纽 "太上皇帝之宝"宝玺	20210719	RMB 23,000,000
8	北京	北京保利	北京保利 2021 春季拍卖会 佞宋——十面灵璧山居 暨诸名藏古陶瓷清翫	5216	明 官窑青釉折腰洗	20210607	RMB 11,500,000
9	北京	北京保利	北京保利 2021 秋季拍卖会 禹贡Ⅱ——郎世宁绘《纯惠皇 贵妃油画像》暨重要宫廷艺术	5565	清乾隆 "龙香"御墨(一套共十方)	20211205	RMB 10,350,000
10	北京	北京大羿	北京大羿 2021 秋季拍卖会 龙焱	605	明早期 钧窑月白釉鼓钉洗	20211127	RMB 9,257,500

竹木牙角

序号	地区	拍卖行	拍卖会及专场	Lot号	作品名称	拍卖时间	成交价（含佣金）
1	北京	北京荣宝	北京荣宝 2021 春季艺术品 拍卖会 怜香惜玉·沉香玉器当代雕刻 作品专场	5620	郑尧锦 《揽雀尾》	20210619	RMB 13,800,000
2	北京	北京荣宝	北京荣宝 2021 春季艺术品 拍卖会 怜香惜玉·沉香玉器当代雕刻 作品专场	5619	郑尧锦 《非生非灭》	20210619	RMB 10,695,000
3	北京	北京荣宝	北京荣宝 2021 春季艺术品 拍卖会 苍荣粹柏·雅柏作品专场	5510	郑尧锦 《风雅颂》	20210619	RMB 6,900,000
4	北京	北京保利	北京保利 2021 春季拍卖会 禹贡Ⅰ——乾隆御制缂丝兰 亭图帖与古稀天子的 天朝盛世	5137	明嘉靖—万历 周柱制紫檀百宝嵌苏武 牧羊图双层盖盒	20210607	RMB 3,680,000
5	北京	中国嘉德	中国嘉德 2021 春季拍卖会 清隽明朗——明清古典家具 精品	4640	清乾隆 紫檀嵌珐琅御题诗三镶 如意	20210519	RMB 3,450,000
6	北京	北京荣宝	北京荣宝 2021 春季艺术品 拍卖会 怜香惜玉·沉香玉器当代雕刻 作品专场	5625	郑尧锦 《若愚》	20210619	RMB 3,220,000
7	上海	上海嘉禾	上海嘉禾 2021 春季艺术品 拍卖会 《古董珍玩》——瓷器、玉器、 杂项专场	1082	明 沉香如来佛祖	20210722	RMB 2,185,000

序号	地区	拍卖行	拍卖会及专场	Lot号	作品名称	拍卖时间	成交价（含佣金）
8	北京	北京博美	北京博美2021秋季拍卖会《璀夜集》——宫廷·珍玩专场	623	清康熙 紫檀百宝嵌苏武牧羊图双层大盖盒	20211203	RMB 2,185,000
9	伦敦	苏富比伦敦	苏富比伦敦2021秋季拍卖会 美国山姆和玛娜·迈尔斯收藏专场	368	18世纪 紫檀百宝嵌胡人戏狮纹双层套盒	20211104	GBP 226,800 RMB 2,016,605
10	上海	中贸圣佳	中贸圣佳2021上海秋季拍卖会 方物——古代文人书房长物	2414	明 文徵明款紫檀嵌八宝香盒	20211229	RMB 1,955,000

鼻烟壶

序号	地区	拍卖行	拍卖会及专场	Lot号	作品名称	拍卖时间	成交价（含佣金）
1	北京	北京保利	北京保利2021秋季拍卖会 禹贡Ⅱ——郎世宁绘《纯惠皇贵妃油画像》暨重要宫廷艺术	5597	清乾隆 铜胎画珐琅西洋人物烟壶	20211205	RMB 4,600,000
2	香港	苏富比香港	苏富比香港2021 德国私人珍藏鼻烟壶 网上专场拍卖会	3033	清嘉庆 铜胎北京画珐琅胭脂红山水人物图鼻烟壶	20210210	HKD 3,024,000 RMB 2,520,685
3	纽约	苏富比纽约	苏富比纽约2021春季拍卖会 重要中国艺术品专场	64	清乾隆 铜胎北京画珐琅西洋人物图鼻烟壶	20210921	USD 378,000 RMB 2,439,230
4	上海	上海匡时	上海匡时2021秋季拍卖会 书斋名陶专场	75	清 紫砂鼻烟壶（一组）	20211229	RMB 2,323,000
5	香港	保利香港	保利香港2021春季拍卖会 怀藏日月：法国杜尚家族藏重要中国艺术珍品（一）	3301	清雍正 仿翠涅白料金地珐琅彩福寿纹桃形鼻烟壶	20210421	HKD 2,400,000 RMB 2,000,544
6	香港	苏富比香港	苏富比香港2021 德国私人珍藏鼻烟壶 网上专场拍卖会	3016	清乾隆 铜胎北京画珐琅胭脂红山水鼻烟壶	20210210	HKD 1,764,000 RMB 1,470,399
7	北京	北京保利	北京保利2021春季拍卖会 挹古芳——宫廷艺术与重要瓷器、玉器、工艺品	6491	清乾隆 涅白料胎画珐琅洞石牡丹烟壶	20210608	RMB 1,380,000
8	北京	北京保利	北京保利2021春季拍卖会 挹古芳——宫廷艺术与重要瓷器、玉器、工艺品	6484	清乾隆 白玉留皮御题诗烟壶	20210608	RMB 1,265,000
9	纽约	邦瀚斯纽约	邦瀚斯纽约2021秋季拍卖会 艾米丽·伯恩·柯蒂斯中国鼻烟壶收藏专场	669	清乾隆 御制珐琅彩鼻烟壶	20210921	USD 137,812 RMB 889,302

序号	地区	拍卖行	拍卖会及专场	Lot号	作品名称	拍卖时间	成交价（含佣金）
10	上海	上海嘉禾	上海嘉禾首届冬季艺术品拍卖会《古董赏珍》——瓷器、玉器、杂项专场	2072	清乾隆白玉鼻烟壶	20211231	RMB 552,000

古籍文献及手稿

序号	地区	拍卖行	拍卖会及专场	Lot号	作品名称	拍卖时间	成交价（含佣金）
1	北京	北京保利	北京保利 2021 秋季拍卖会 仰之弥高——中国古代书画夜场	2051	宋拓 宋御府拓定武兰亭卷——游相兰亭甲之一	20211204	RMB 57,500,000
2	北京	十竹斋（北京）	2021 春季艺术品拍卖会 十竹名斋——中国臻品艺术专场	1555	司马光、胡三省撰 注释资治通鉴音注二百九十四卷、资治通鉴释文辨误十二卷补修印本	20210529	RMB 29,900,000
3	北京	北京保利	北京保利 2021 春季拍卖会 来函知清吉——齐白石信札专场	1000	齐白石致张次溪等人信札	20210605	RMB 26,450,000
4	北京	北京保利	北京保利 2021 秋季拍卖会 仰之弥高—中国古代书画夜场	2052	宋 写本《续高僧传》	20211204	RMB 23,000,000
5	北京	北京华艺	华艺国际（北京）2021 秋季拍卖会 大美——中国书画珍品之夜	26	史可伯 中秋贺寿札	20211211	RMB 23,000,000
6	北京	北京华艺	华艺国际（北京）2021 秋季拍卖会 大美——中国书画珍品之夜	50	朱文公校昌黎先生集四十卷外集十卷传一卷遗文一卷	20211211	RMB 20,930,000
7	北京	北京华艺	华艺国际（北京）2021 春季拍卖会 大美——古代书画珍品之夜	822	鲍彪（宋）校注 天禄琳琅旧藏战国策存二卷	20210605	RMB 20,900,000
8	北京	北京永乐	永乐 2021 春季拍卖会 古籍善本·名家信札墨迹·写经	1589	增节司马温公资治通鉴四十三至四十六卷	20210520	RMB 16,330,000
9	北京	北京保利	北京保利 2021 秋季拍卖会 古籍文献 金石碑帖 翰墨菁萃西文经典（含九雁斋甄选碑帖、民国政要致黎元洪函札、养心阁藏大方手迹）	101	梁启超题赠徐新六唐摩诃般若波罗蜜经	20211204	RMB 11,960,000
10	北京	北京保利	北京保利 2021 秋季拍卖会 古籍文献 金石碑帖 翰墨菁萃西文经典（含九雁斋甄选碑帖、民国政要致黎元洪函札、养心阁藏大方手迹）	102	元 光明禅师李惠月写《大方广佛华严经卷第七十五》（尊名泥金银写本）	20211204	RMB 8,855,000

邮品钱币

序号	地区	拍卖行	拍卖会及专场	Lot号	作品名称	拍卖时间	成交价（含佣金）
1	北京	北京诚轩	北京诚轩 2021 秋季拍卖会 机制币（二）	2352	1898 年戊戌 江南省造光绪元宝"珍珠龙"版库平七钱二分银币一枚	20211201	RMB 8,120,000
2	北京	北京华艺	华艺国际(北京)2021 秋季拍卖会 金银器·金银锭·古代钱币·现代金银币	7659	1985 年 联合国妇女十年纪念 100 元纪念金质样币一枚 NGC PF67ULTRA CAMEO（撤销发行，实铸 4 枚）	20211211	RMB 7,935,000
3	北京	北京华艺	华艺国际(北京)2021 秋季拍卖会 丰碑——李伟先、马定祥旧藏徽章及历代钱币专场	7189	光绪丁未年造 大清金币一两银质龙面试样 PCGS SP58（马定祥旧藏存世孤品）	20211211	RMB 7,245,000
4	上海	上海明轩	上海明轩 2021 秋季艺术品拍卖会 一间屋	116	2000 年 中国人民银行发行"千年纪念"10KG 纯金纪念币	20211230	RMB 6,957,500
5	北京	北京诚轩	北京诚轩 2021 秋季拍卖会 机制币（二）	2848	1949 年 贵州省造壹圆银币一枚	20211201	RMB 5,858,000
6	北京	北京诚轩	北京诚轩 2021 秋季拍卖会 机制币（二）	2490	1901 年 四川省造光绪元宝库平七钱二分银币一枚	20211201	RMB 5,800,000
7	北京	北京诚轩	北京诚轩 2021 春季拍卖会 机制币	1633	宣统三年 大清银币"长须龙"版壹圆样币 /PCGS SP63	20210519	RMB 5,750,000
8	北京	中国嘉德	中国嘉德 2021 秋季拍卖会 刘长龙先生收藏区票邮品	7174	全国山河一片红邮票四方连	20211212	RMB 5,750,000
9	北京	北京诚轩	北京诚轩 2021 秋季拍卖会 机制币（二）	2759	光绪三十三年 东三省造光绪元宝库平七钱二分银币一枚	20211201	RMB 5,278,000
10	北京	北京诚轩	北京诚轩 2021 春季拍卖会 机制币	1976	袁世凯像中华帝国洪宪纪元飞龙"L.GIORGI"签字版拾圆纪念金币样币 /PCGS SP62	20210519	RMB 4,600,000

珠宝尚品

序号	地区	拍卖行	拍卖会及专场	Lot号	作品名称	拍卖时间	成交价（含佣金）
1	香港	佳士得香港	佳士得香港 2021 春季拍卖会 香港玫瑰珠宝及翡翠首饰	2011	艳彩紫粉红钻石及钻石戒指	20210523	HKD 226,275,000 RMB 188,613,789

序号	地区	拍卖行	拍卖会及专场	Lot号	作品名称	拍卖时间	成交价（含佣金）
2	香港	苏富比香港	苏富比香港 2021 春季拍卖会 密匙 10138	1	D 色 IIa 钻石	20210709	HKD 95,135,000 RMB 79,018,180
3	厦门	保利（厦门）	保利厦门 2021 秋季拍卖会 瑰丽珠宝与腕表手袋	1782	"天作之合"天然满绿翡翠福对镯	20211104	RMB 53,475,000
4	香港	佳士得香港	佳士得香港 2021 秋季拍卖会 瑰丽珠宝及翡翠首饰	1961	艳彩蓝色钻石及钻石耳环	20211128	HKD 57,850,000 RMB 48,049,631
5	香港	佳士得香港	佳士得香港 2022 春季拍卖会 香港瑰丽珠宝	1993	艳彩粉红及钻石戒指	20210523	HKD 50,650,000 RMB 42,219,814
6	香港	苏富比香港	苏富比香港 2021 春季拍卖会 香港瑰丽珠宝	1744	梨形 D 色钻石及白水晶手镯	20210420	HKD 46,877,000 RMB 39,074,792
7	香港	佳士得香港	佳士得香港 2021 秋季拍卖会 瑰丽珠宝及翡翠首饰	1959	艳彩蓝色钻石及钻石戒指	20211128	HKD 45,850,000 RMB 38,082,551
8	厦门	保利（厦门）	保利厦门 2021 春季拍卖会 珠宝腕表与装饰艺术	1233	天然满绿翡翠珠链	20210505	RMB 37,375,000
9	香港	佳士得香港	佳士得香港 2021 秋季拍卖会 瑰丽珠宝及翡翠首饰	1955	罗纳德·亚伯兰设计钻石吊坠项链	20211128	HKD 38,650,000 RMB 32,102,304
10	香港	保利香港	保利香港 2021 春季拍卖会 璀璨珠宝专场	2136	缅甸天然翡翠手镯	20210422	HKD 36,000,000 RMB 30,008,160

Chapter 5

Global Antique and Art Industry Events in 2021

第五章　年度全球文物艺术品行业大事记

中国收藏
拍卖年鉴
2022
CHINESE FINE ART &
ANTIQUES AUCTION
YEARBOOK 2022

爱尔兰实施艺术家基本收入计划

1月6日，爱尔兰旅游、文化、艺术、爱尔兰语、体育和媒体部长凯瑟琳·马丁（Catherine Martin）发起一项线上咨询，为该国艺术家设立基本收入的计划征求意见。马丁称该计划是"一代人仅有一次的政策干预"，旨在帮助在疫情危机中遭受经济损失的艺术、文化、现场表演和活动领域工作者。该计划的名额为两千名文化艺术工作者，时间跨度为三年。委员会建议设立一个基本收入试点计划，向入选的艺术工作者提供每小时10.50欧元的收入。该计划面对的主要问题是申请资格和挑选程序，不会对申请人进行经济收入调查，挑选过程是非竞争性的。计划支付形式为周薪制，总收入尚未确定。

政府已为该计划拨出2500万欧元，在冬季末开始发放。

"欧洲文化遗产技能联盟"启动

1月11日至14日，由"伊拉斯谟计划+"（Erasmus+）出资的项目"欧洲文化遗产技能联盟"（CHARTER）举办线上启动会议，欧洲博物馆组织网络（NEMO）出席会议。包括高校、行业组织、政府部门在内的27个文化遗产界组织将形成持久合力，以提供文化行业所需未来技能。联盟致力于建立方法论，让遗产界能够评估、设计和制定一个全方位行业技能战略。计划将制定一个路线图，以形成行业战略蓝本，蓝本聚焦文化遗产各行业的核心技能要求。计划将涉及技能缺口的主要领域，在计划框架内，欧洲博物馆组织网络将参与欧盟范围内的文化遗产技能和从业者面貌战略分析，为文化遗产教育培训需求制定政策建议，承担该计划的宣传工作并确保其可持续性。

该计划为期4年，将获得近400万欧元经费。

日本原美术馆永久关闭"奈良美智绘画室"

1月12日，日本人气最高的私人美术馆——原美术馆宣布永久关闭。它由建筑师渡边仁操刀，于 1938 年落成。建筑物原为实业家原邦造的宅第，1979 年，原邦造后人决定把宅第改建为美术馆，用以展出现当代艺术，成为原美术馆。近年，美术馆年久失修，修缮费用和技术难题让馆方一筹莫展，决定关闭东京原美术馆，馆中著名展品奈良美智的《*My Drawing Room*》等艺术品将迁往群马县别馆"原美术馆 ARC"收藏。

陕西发现秦始皇政务大殿遗址

1月17日，陕西省考古研究院通过多年考古发掘，发现秦咸阳城遗址北区整体布局出现新貌，其宫、署、郭各区分列并利用人工壕沟结合自然环境区分界域；宫区核心区得以确认，宫区 6 号建筑具备政务大殿条件；郭区面积约为宫殿官署区面积的 2 倍，近 960 万平方米。秦咸阳城遗址所在渭河北岸自然地貌呈向北渐高的台塬状，自南向北分别是渭河北岸滩地、一级阶地、二级阶地。考古确认秦咸阳城郭区分布于滩地，宫殿官署区分布于一级阶地，位于郭区东北部；王陵与国人墓地分布于一、二级阶地，位于整个遗址西北部。

最新考古发掘表明，制陶手工业作坊区面积近 960 万平方米，超过原定范围近 12 倍，为秦咸阳城郭区。2020 年考古学者对最东部水域堆积进行勘探和试掘，判断东部水域为文献记载的兰池。这条东西走向的断续水系可能对应汉代文献所记载的长池，它是秦咸阳城内一处重要水利设施，同时也是宫殿官署区与郭区之间的重要分隔线。

官署区高等级手工业制作点、郭区综合功能性质的确定，说明在秦统一后，渭北区的城市功能整体从政治中心开始转变，越来越多地承担了少府、内史等机构的经济管理功能。

蓬皮杜艺术中心将从 2023 年起闭馆四年修缮

1月25日，法国文化部长罗斯利娜·巴舍洛（Roselyne Bachelot）宣布，拥有欧洲最大现代艺术收藏的巴黎蓬皮杜艺术中心将于 2023 年起暂时闭馆翻修，预计 2027 年重新开放。这座由伦佐·皮亚诺和理查德·罗杰斯设计，1977 年落成的标志性建筑亟须修复，计划进行的修缮工作包括清除窗户和外墙的石棉，以及改造建筑物外部标志性的彩色外露水管、电力和空调管道以及电梯。目前预计修复费用约为 2.43 亿美元。

蓬皮杜艺术中心是法国国家现代艺术博物馆的所在地，并设有公共图书馆和 IRCAM 音乐研究中心。2020 年 3 月疫情暴发以来，多次被迫对公众关闭。闭关修缮期间，机构必须找到存放艺术品的临时展览场地，以及大约 19812 平方米的空间，以接待每年使用其设施的约 140 万研究人员和学生。

尘封四十余年，庞贝古迹博物馆重开

1 月 25 日，因第二次世界大战和伊尔皮尼亚大地震闭馆长达四十余年的意大利庞贝古迹博物馆（The Antiquarium of Pompeii）重新开放，并将作为展示和讲述庞贝故事的永久展览空间。

庞贝古迹博物馆由意大利考古学家朱塞佩·菲奥雷利于 1874 年主持建造落成，其坐落在维纳斯神庙平台下方，俯瞰着古城西门，是庞贝古城日常生活以及火山爆发受害者模型的展览地。1926 年，阿梅代奥·马尤里对其进行了扩建，添加了标明 1748 年以来挖掘工作最新进展的大型地图，充实大量藏品，并规划了一条路线，游客可以清晰了解这座城市从桑尼特时代（公元前 4 世纪）至公元 79 年火山喷发的完整历史。

新庞贝古迹博物馆，除了陈列古城中著名的文物——金手镯之屋的壁画、莫雷金银器和米南德故居的卧躺餐厅外，还展出考古公园最近的发掘成果。

国家文物局印发 2021 年工作要点

1 月 27 日，国家文物局印发 2021 年工作要点。2021 年是中国共产党成立 100 周年，是全面建设社会主义现代化国家开局之年。国家文物局将坚持以习近平新时代中国特色社会主义思想为指导，深入贯彻党的十九大和十九届二中、三中、四中、五中全会精神，紧紧围绕习近平总书记关于文物工作系列重要论述和重要指示批示精神，持续推进《关于加强文物保护利用改革的若干意见》等中央文件落地见效，做好"十四五"时期文物事业发展谋篇布局和起航定向，在新的历史起点推进文物事业实现新发展，以优异成绩迎接建党 100 周年。2021 年的工作重点包含以下五大方面：一、始终坚持以习近平新时代中国特色社会主义思想统领文物工作；二、持续深化文物领域制度建设；三、稳步提升文物基础和重点工作管理效能；四、不断扩大中华文化国际影响力；五、全面增强文物工作支撑保障能力。

纽约华人博物馆火灾后推出新数字平台

1月27日，纽约美国华人博物馆推出新的数字平台，向公众开放其收藏的数百件藏品。展览的200多件文物包括剪报、历史照片、餐馆招牌、政治竞选海报以及华裔艺术图像等。其中引人注目的展品包括艺术家黛比·李1989年用棉被创作的作品，其中的图像展示了服装厂中的华人工人形象。其他的展品包括中国乐器、20世纪初的中文打字机等物。

令人关注的此次平台上做了一个聚焦于2020年火灾的虚拟展览，讲述了博物馆、城市工人和支持者对火灾的反应。去年1月23日，该博物馆的档案馆遭遇火灾，许多在美华人的历史记忆几乎埋没于尘土之中。火灾发生前，博物馆的工作人员已经对3.5万多件藏品进行了数字化处理，之后工作人员成功挽救出一些实物。

上海颁发首张古玩市场文物商店经营资格许可证

1月29日，上海首张古玩市场文物商店经营许可证近日落地。目前，上海共有古玩市场百余个，包括虹桥古玩城、藏宝楼、中福古玩城等。上海虹桥古玩城成为上海首家以古玩市场为主体、获得文物经营许可的单位。

上海虹桥古玩城面积近10万平方米，时常举办各项展览、鉴宝、讲座、论坛、拍卖等活动，被业界称为"亚洲第一古玩城"，定期举行的春秋两季古玩艺术品交易会是上海唯一的大型古玩庙会。获颁首证，得益于国家和上海对民间文物艺术品市场发展的推动和规范；作为上海古玩行业的领头羊，上海虹桥古玩城自身具有的综合优势也发挥了巨大影响。

二月大事记
February

中国收藏
拍卖年鉴
2022

CHINESE FINE ART &
ANTIQUES AUCTION
YEARBOOK 2022

德国文化部提供 12 亿美元，资助关闭的文化机构

2 月 4 日，德国文化部宣布向文化部门提供 12 亿美元的资助，支持自去年秋天以来由于疫情危机关闭的文化机构。资助计划是 2020 年 7 月启动的 "Neustart Kultur"（文化新开始）计划的第二部分，第一笔援助也是 12 亿美元。

由于新冠病例激增，德国博物馆和大型艺术机构自去年 11 月 1 日起被迫关闭，几周后，随着病毒的持续肆虐，画廊也纷纷关闭。文化部承认，艺术文化界受疫情影响"尤其大"。文化部部长莫尼卡·格鲁特斯（Monika Grütters）表示："第二笔文化资助为深受疫情影响的文化界送去了希望和鼓励的信号。"她期望这笔资金能在国际上树立榜样。

南京市私人博物馆群落咨询服务项目竞争性磋商公告正式发布

2 月 5 日，南京市建邺区云锦城私人博物馆群落咨询服务项目竞争性磋商公告正式发布，这意味着总建筑面积 9 万平方米的南京云锦城私人博物馆群落建设正式公开启动。

南京市政府印发的《南京市 2021 年经济社会发展重大项目计划》中显示，2021 年，南京安排重大项目 392 个，当年实施 372 个，计划投资 2418.39 亿元。AMC 博物馆群所在地建邺区 2021 年市级重大项目 23 个，其中，新开工项目 9 个，续建项目 12 个，前期项目 2 个，总投资达 918.16 亿元。

公告显示，采购需求主要包括提供建邺区云锦城私人博物馆群落专项研究报告，把关云锦城私人博物馆群落项目整体策划方向，业态规划及运营相关咨询服务及甄选国际，国内知名专家、业态大咖参与云锦城私人博物馆群落项目的研讨、推广和评议等项目。

故宫 186 万余件（套）藏品数字信息开放

2 月初，全新版本的"故宫博物院藏品总目"正式上线，北京故宫博物院 186 万余件（套）院藏文物目录实现实时检索。新版故宫博物院藏品总目中包含 1863404 件藏品，分为绘画、法书、碑帖、铜器、金银器、珐琅器、漆器、玉石器、雕塑、陶瓷、织绣、雕刻工艺、生活用具、古籍文献、古建藏品等 25 个类目。每个类目后面标注了藏品总数。

故宫博物院院藏文物体系完备、品质精良，以明清宫廷文物、古建、图书为主，其中一级藏品 8000 余件（套），堪称世界艺术宝库。

自 2019 年始，故宫博物院推出"数字文物库""故宫名画记""数字多宝阁"等七款数字产品，近年来逐步升级换代，涵盖《清明上河图》《韩熙载夜宴图》在内的 300 多名画及 5 万文物公开数字资源，为文物爱好者们提供了诸多便利。此次发布的数字产品，是故宫博物院过去二十年间持续探索数字信息技术的一次集中成果汇报。

天龙山石窟佛首亮相特展

2 月 12 日，"咸同斯福——天龙山石窟国宝回归暨数字复原特展"在北京鲁迅博物馆开展。展览由国家文物局指导，北京鲁迅博物馆和山西太原天龙山石窟博物馆主办，华协国际珍品货运服务有限公司和重庆声光电智联电子有限公司支持。

文化和旅游部党组书记、部长胡和平宣布展览开幕，国家文物局党组书记、局长刘玉珠致辞，国家文物局党组成员、副局长关强主持开幕式，文化和旅游部、国家文物局有关司室和北京鲁迅博物馆负责同志参加开幕式。

刘玉珠在致辞中向捐赠天龙山石窟流失佛首的张荣先生（旅日华侨）表示感谢，指出此次文化和旅游部、国家文物局会同有关部门，成功阻止天龙山石窟历史上流失文物在海外公开拍卖，促成文物捐赠回归，近百年来第一次从日本将天龙山石窟流失文物追索回国，具有重要里程碑意义。中国政府将密切追踪流失海外文物动态，保留收回历史上被盗或非法出口文物的权利。国家文物局将会同山西有关方面积极创造条件，早日促成佛首回归天龙山石窟。

云冈研究院在山西大同成立

2 月 19 日，云冈研究院成立大会在山西大同召开。云冈研究院的成立是山西省委、省政府深入学习贯彻习近平总书记视察山西重要讲话重要指示特别是关于文物工作和创建云冈学的重要

527

指示，一体推进云冈石窟保护和云冈学研究的重大举措。

山西省委、省政府立足中国石窟寺研究的总体布局，从考古调查、价值阐释、艺术研究和成果普及等方面，对云冈研究院建设提出明确要求，着力建成云冈学权威研究平台，通过锻造一支业务精湛的科研队伍、形成一批标志性研究成果，推动云冈学走向世界。作为公共文化研究机构，云冈研究院下设文化遗产保护与监测中心、文化遗产艺术研究中心、历史与民族融合研究中心、考古研究所、数字化保护中心、文献资料中心、文旅融合发展中心等 10 个内设机构，具体承担云冈石窟保护、监测、研究、展示，统筹云冈学建设发展和区域性石窟保护等职责。

英国与爱尔兰美术馆就雷恩藏品所有权达成协议

2 月 26 日，英国和爱尔兰就 39 件艺术珍品的所有权问题达成协议。此争议已逾百年，涉及马奈、莫奈、德加和雷诺阿等著名艺术家杰作。1915 年，爱尔兰收藏家休·雷恩（Hugh Lane）乘坐的卢西塔尼亚号邮轮因遭德国潜艇鱼雷袭击而在爱尔兰海岸沉没，雷恩与近 1200 名乘客遇难。他的遗嘱显示，他会将其印象派绘画遗赠给英国国家美术馆。但一份遗嘱附加条款在其任职的爱尔兰国家美术馆被找到。这个条款将画作留给了爱尔兰，签了字但未经公证。英国方面因此获取了作品，从此引发争议。此后，众多妥协方案达成。27 幅作品长期租借给爱尔兰，租期超过了 50 年。

英国国家美术馆和位于都柏林的休·雷恩美术馆（*Hugh Lane Gallery*）将合作对画作进行保护和展示。在为期 10 年的合作中，各由 5 幅绘画组成的两组作品将在两地轮流保存，每次保存 5 年。A 组目前在伦敦，包括了雷诺阿的《伞》（*The Umbrellas*）、莫里索（Morisot）的《夏日》（*Summer's Day*）等；B 组目前在都柏林，包括马奈的《杜伊勒里花园的音乐》（*Music in the Tuileries Gardens*）和德加的《海滩场景》（*Beach Scene*）等。另有 2 幅作品留在伦敦，27 幅长期租借给都柏林的作品继续留在当地。两国受众都能领略到这些遗赠作品的风采。

月球土壤样品在国家博物馆展出

2 月 27 日，"月球样品 001 号·见证中华飞天梦"展览在国家博物馆对公众开放。该展览展出探月工程相关科技实物 40 余件，未来将赴各地巡展。

月球样品的容器材质为人造水晶，整体造型借鉴自国博馆藏的系列青铜"尊"造型，以体现稳重大方之感，整体外部造型高 38.44 厘米，象征地球与月亮间的平均间距 384400 千米，整体外部造型宽 22.89 厘米，象征嫦娥五号自发射到返回的任务时长 22.89 天；从时空两个纬度展现中国探月领先地位。内部造型由地球、中国地图、月球、月壤等组成，月壤储存在中心部位的空心夹层球体造型之中，通过填满在其中的月壤，得以呈现形似月球的造型特征。下部地球造型磨砂透光，其上中国地图造型透光突出，象征华夏大地对月亮的长久情意。

容器内设计了地球与月球间相隔 9.9 厘米，取意古人所描绘的"天有九霄"，寓意中国探月突破极限、跨越"九重"。

法国凡尔赛宫首次开启中国数字展览

2 月 27 日，法国凡尔赛宫中国巡展"光明·无限想象"在上海新天地启动。占地 2000 平方米的展区通过 360 度影像、沉浸互动式游览、互联自行车、全息图景、虚拟现实等高科技手段，让观众身临其境地感受凡尔赛宫殿及园林。

该展览经过近两年的精心策划与准备，汇聚了来自全球 7 个国家的 600 多名数字技术和创意专家，以 150 亿高清像素级的数字视觉科技，呈现凡尔赛宫的奢华与浪漫，让游客在近 1 个小时的参观中，感受到 17 世纪法兰西建筑文化的辉煌气势。

这是 2021 年中法合作的首场盛会，也是两国文化交流新的里程碑。本次展览将持续至 5 月 31 日，之后将在中国其他 8 个城市巡展。

三月大事记

March

中国收藏
拍卖年鉴
2022

CHINESE FINE ART &
ANTIQUES AUCTION
YEARBOOK 2022

白立方推出"沙龙"二级市场计划

3月1日，白立方推出"沙龙"（Salon）计划，这是一项全新的每月项目，呈现画廊代理与合作的战后与当代艺术家作品。

"沙龙"计划的灵感源于白立方在1993年成立之初位于公爵街44号的原始项目空间，公爵街至今仍是伦敦最传统的艺术品交易街。白立方将回归到近乎集中展示的形式。作品仅于白立方官网以及白立方在伦敦、香港、纽约或巴黎的画廊空间进行为期一个月的线上与线下展示。"沙龙"将于每月的第一天发布，内容包括学术分析、文献资料与补充阅读，并在全新的线上"阅览室"（Reading Room）中呈现。

白立方的"沙龙"是在二级市场的突破。这一新举措标志性地回归了白立方最初极富聚焦性的展览形式，以线上展厅项目为基础，致力于将全球收藏家的注意力吸引至重要的二级市场艺术作品上。

新加坡艺术中心电力站将永久关闭

3月2日，新加坡艺术中心电力站（Substation）董事会宣布该中心将永久关闭。由于艺术中心位于的亚美尼亚街45号的建筑年久失修，急需翻修，因此电力站须撤出该址，为期两年。

1990年成立的电力站，是新加坡第一个独立的当代艺术中心，曾为98位合作艺术工作者或驻场艺术工作者提供场地，培养了10位"总统青年艺术家"（President's Young Talents）奖获得者，20位青年艺术奖获得者，成绩显著。艺理会建议电力站在翻修完后，作为租户重返该处，同时表明，电力站将会是租户之一，不会完全占用建筑。

欧美中国古董商相继退市

继 3 月 2 日纽约著名古董商蓝理捷（James J.Lally）宣布关闭经营了 35 年的画廊后，英国的罗杰·凯弗恩（Roger Keverne）宣布告别业界。随着西方中国古董商相继退市，行业格局受到一定影响。

蓝理捷 1973 年曾任纽约苏富比中国艺术部门总裁，成为香港苏富比的奠基人之一。1986 年起，他开始在纽约经营自己的画廊，专营中国古董，"十面灵璧山居"珍藏中宋元高古瓷器均购自其画廊。同期宣布退市的罗杰·凯弗恩，其经营的公司中 800 多件中国艺术品交由伦敦邦瀚斯拍卖。他纵横古董业逾半世纪，并深获英国王室信任，屡次为白金汉宫的中国艺术珍藏提供专业咨询意见。1992 年，他在伦敦梅费尔区开辟自己的画廊，许多顶尖藏家成为是他的客户。

资深藏家认为：全球一体化带来的激烈竞争之下，尤其在无货可卖之时，关闭是最明智的选择。

....

英国计划拨款 36 亿元　助力文化艺术产业复苏

3 月 2 日，英国财政大臣里希·苏纳克 (Rishi Sunak) 在新一批财政计划中宣布，为遭受疫情严重打击的文化部门提供逾 4 亿英镑（约合人民币 36 亿）的额外支持。这些资金将被用于帮助英国的博物馆、剧院和画廊在新冠疫情限制措施放缓后重新开放。

作为财政预算的一部分，苏纳克预计向 15.7 亿英镑（约合人民币 141 亿）的文化恢复基金 (Culture Recovery Fund) 中额外增投 3 亿英镑（约合人民币 27 亿）。英国国家博物馆和文化机构也将获得 9000 万英镑（约合人民币 8.1 亿）的资助，以帮助它们维持正常运营，直至最早预计 5 月 17 日恢复正常营业。此外，将有 1880 万英镑（约合人民币 1.7 亿）投入到社区文化项目。苏格兰、威尔士和北爱尔兰的地方政府将得到 7700 万英镑（约合人民币 6.9 亿）的财政资助，为当地的文化群体提供类似的支持。

....

佳士得承诺到 2030 年实现碳中和

3 月初，佳士得宣布，将在 2030 年实现碳中和，这是首家宣布环境责任承诺的大型拍卖行。佳士得将主要从四个领域运输、商务出行、建筑能源及印刷材料实现其碳目标，它们包括在 "RokBox" 的试点项目中为客户提供 100% 可回收的包装及印刷材料；尽量减少商务出行，在可行的情况下采用线上会议模式；在销售前的展览期间选择更多数字化工具。

美国推出新一轮文艺刺激政策

3月初，美国国会正式通过了"2021年美国救助计划"（American Rescue Plan Act of 2021），代表着总统乔·拜登（Joe Biden）提倡的1.9万亿美元刺激计划的正式实施。救助计划中有4.7亿美元专用在艺术和文化领域，分别用于国家艺术基金会（NEA）和国家人文基金会（NEH）1.35亿美元，用于博物馆和图书馆服务研究所（IMLS）2亿美元，这与去年同期救助计划中，国家艺术基金会和国家人文基金会分获7500万美元相比有较大提高。

此举措表明政府对艺术和文化领域支持力度的逐渐加强，计划的通过对美国的非营利艺术组织来说可解燃眉之急。

巴黎双年展结束运营

3月9日，成立逾60年的巴黎双年展（La Biennale Paris）宣布将结束运营。

巴黎双年展于1959年由安德烈·马尔罗（André Malraux）主持的国家古董协会（Syndicat National des Antiquaires, SNA）创办，前身是"古董博览会"（Antiques Fair）。双年展最初只展出35岁以下艺术家的作品，后扩展到珠宝、古董、手表等领域，迅速成为世界上最负盛名的展会之一。1977年，玛丽娜·阿布拉莫维奇和她当时的合作者乌雷曾在这里表演了《运动中的关系》（Relation in Movement）。

自2016年始，巴黎双年展参展的一些著名古董商被控造假，尽管巴黎双年展仍在大皇宫举办，但活动开始走下坡路，出席人数持续下降。近年来几乎流失了三分之二的参观者。由于疫情危机的持续，2020年的展会被推迟到2021年，博览会组织方曾试图改革形式，但未能成功。

英国文化艺术场馆获财政资助

3月10日，英国财政大臣里希·苏纳克（Rishi Sunak）宣布，出资3.9亿英镑文化恢复基金，帮助英国的文化艺术场馆重新开放。从现有的文化恢复基金划拨9000万英镑的紧急资金，以资助大英博物馆在5月17日重新开放。社区文化项目获拨款1880万英镑，并宣布设立1.5亿英镑的社区所有权基金，允许团体申请25万英镑的竞标经费，竞购有转售风险的剧院、体育俱乐部和邮局大楼等社区文化场所资产。英国此番财政资助举措，很大程度上解决了文化艺术场馆面临闭馆停业的燃眉之急，对文化艺术活动复苏起到了关键性助推作用。

4.5 亿成交的数字作品，佳士得首次拍卖 NFT 艺术创纪录

3 月 11 日，纽约佳士得网络拍卖艺术家 Beeple 的一幅 NFT 数字艺术品《每一天：前 5000 天》经过 14 天的网上竞价，最终以 6025 万美元落槌，加佣金约 6930 万美元成交（约 4.5 亿人民币）。

这件作品是 Beeple 从 2007 年 5 月 1 日起每天在网上发布的绘画照片，耗时 13 年，满 5000 张后用 NFT 加密技术组合到一起生成的。其成交价创造了 NFT 艺术的新纪录。它既是最昂贵的 NFT 艺术品，也是拍卖行出售的第一批独立的 NFT 艺术品。

这件作品在佳士得网站上的最后一刻吸引了约 2200 万人，来自 11 个国家 / 地区的竞标者参与了竞标，33 位竞标者进行了 353 次竞标，其中 58% 为"千禧一代"（出生于 1981—1996 年），33% 的竞拍者出生于 1965—1980 年，"婴儿潮世代"（出生于 1946—1964 年）的竞标者为 3%，Z 世代（出生于 1995—2009 年）竞标者为 6%。"千禧一代"藏家再次成为 NFT 加密艺术的中流砥柱。

近百幅日本浮世绘藏品在京展出

3 月 13 日，"遇见浮世·博览江户——江户时代浮世绘原版珍藏展"在北京今日美术馆开启，展出日本江户和明治时代创作的近百幅浮世绘原版古画。展览由中国文物交流中心，北京中创文旅文化产业集团主办。

本次展览从江户城市文化切入，选取诸多反映江户社会风貌、风俗民情、百姓生活、民间传说的精品，让观众深入解读日本文化。展品中包括江户时代画家葛饰北斋的代表作之一《神奈川冲浪里》。

展览透过浮世绘视角，不仅让观众深入了解日本的民俗文化，并能够体会到自古以来中日两国"一衣带水"的文化关联。

迪拜艺博会（ART DUBAI）延期举行

3 月 29 日，迪拜艺博会在迪拜国际金融中心（DIFC）顺利开启，为期 6 天。这是 2021 年全球第一场线下国际艺术博览会，来自 31 个国家的 50 余家画廊积极参与。受迪拜本地新冠疫情及入境政策的影响，参展画廊减少了 30 余家，开幕时间有所推迟。与此同时，主办方为吸引全球

画廊参展，不向参展商收取任何前期费用，而是从画廊的总销售额中抽取 50%，希望以此缓解参展商预先支付的压力。此外，迪拜艺博会还将为参展画廊提供博览会结束后 3 个月的免费艺术品仓储服务。本届迪拜艺术展提供线上展位并支持在线交易，为无法来到迪拜的参展商提供了更多选择。

迪拜艺博会作为全球范围内少有的线下实体博览会，对于艺术界未来的信心有着一定的振奋作用。

四月大事记
April

佳士得入驻上海国际艺术品保税服务中心

4月1日，佳士得入驻上海国际艺术品保税服务中心。佳士得是世界著名艺术品拍卖行之一，其办事处分布于全球共 90 个主要城市，并在全球 16 个地点定期举行拍卖会，在业内具有重要地位。上海国际艺术品保税服务中心由投资逾 10 亿元打造，是目前全球重要的文物艺术品保税服务综合体之一。双方此次合作涵盖艺术品进出境通道服务、保税展览展示、保税交易等在内的全产业链一站式服务。佳士得此番举措，可视为拍卖机构为完善市场交易产业链做出的积极探索。

埃及发现迄今为止最大古城遗址

4月9日，考古学家在埃及卢克索外的沙漠中发现了一座古城的遗迹，其历史可以追溯到 3000 年前法老的黄金时代，是迄今为止埃及发现的最大的古城。该遗址具有完整的社区、街道和安全系统。挖掘过程中发现了面包房、作坊、动物和人类的坟墓，出土大量珠宝、罐子和带有阿蒙霍特普三世印章的泥砖。此遗址的考古发现，对埃及国家历史文化研究具有重要意义。

2021 洛杉矶弗里兹艺博会取消

4月10日，洛杉矶弗里兹艺博会组织方宣布，因持续的疫情限制，2021 洛杉矶弗里兹艺博会取消。组织方转而专注于 2022 年的展会，定于 2022 年 2 月 17 日至 20 日在比佛利希尔顿酒店举行。洛杉矶弗里兹艺博会组织方及时宣布展会取消，可视为对客观现实斟酌后的适应性调整。疫情的不确定性与出行限制，继续对艺术市场带来深远影响。

2020 年度全国十大考古新发现揭晓

4 月 13 日，由中国文物报社、中国考古学会主办的"2020 年度全国十大考古新发现"正式揭晓。贵州贵安新区招果洞遗址、浙江宁波余姚井头山遗址、河南巩义双槐树遗址、河南淮阳时庄遗址、河南伊川徐阳墓地、西藏札达桑达隆果墓地、江苏徐州土山二号墓、陕西西安少陵原十六国大墓、青海都兰热水墓群 2018 血渭一号墓、吉林图们磨盘村山城遗址入选。这些项目涵盖现代人类起源、文明起源、夏文化研究、统一多民族国家形成与发展、丝绸之路考古等重要学术领域，丰富了中国考古工作的成果，为中国历史文化研究提供了力证。

联合国教科文组织发布全球博物馆现状报告

4 月 13 日，联合国教科文组织发布新冠肺炎疫情期间全球 10.4 万家博物馆现状的报告。报告以 2021 年 3 月开展的在线调查所得数据为基础，调查显示全球博物馆在疫情暴发一年之后依然十分脆弱。报告指出，2020 年各博物馆平均闭馆 155 天，博物馆参观人数与 2019 年相比平均下降 70%，收入减少 40% 到 60%。该报告呼吁，疫情期间，保障公众文化生活以及保护多样的人类共同遗产至关重要，政府应发挥重要作用，通过强有力的文化政策来支持博物馆的健康发展。

豪瑟沃斯宣布于摩纳哥开设新空间

4 月 15 日，豪瑟沃斯宣布，在摩纳哥开设全新私人展览空间，并于 2021 年 6 月 19 日至 9 月 25 日举办开幕展览"路易丝·布尔乔亚：爱之苦"。豪瑟沃斯的全新空间由纽约塞尔多夫建筑事务所设计，位于摩纳哥中心地带，毗邻历史悠久的巴黎大酒店，占地面积 290 平方米，四围墙壁高达 9 米。豪瑟沃斯摩纳哥空间的开设，专注于对私人藏家的服务，是其在欧洲市场布局经营的积极探索，有利于带动该区域一级市场的发展。

木木美术馆宣布与大英博物馆展览合作

4 月 23 日，木木美术馆与英国大英博物馆宣布展览合作计划。此次合作是大英博物馆首次与中国民营美术馆联合举办展览。该展览由木木美术馆首席策展人和大英博物馆策展人共同策划。

此次大英博物馆和木木美术馆的合作向中国观众分享了大英博物馆丰富多样的藏品以及策展方面的专业知识。该展览除了展示馆藏精品以外，还把作品与国内艺术家的创作并置对话，在中国的语境下重新思考欧洲的历史叙事。此次合作加强了中华文明与世界各国文化的交流与沟通，促进社会与艺术文化之间的包容性、和谐性，探索并诠释美术馆的当代性和当代职责，更好满足人民群众精神文化需求。

已故三星会长稀世藏品捐赠社会：含莫奈、毕加索名画等

4 月 28 日，已故三星集团会长李健熙的遗属宣布，其生前收藏的 2.3 万件精美藏品捐赠给韩国国立中央博物馆和韩国国立现代美术馆等机构。其中 2.16 万件古代美术品捐给韩国国立中央博物馆，包括朝鲜王朝中期画家郑敾的《仁王霁色图》、朝鲜王朝晚期画坛巨匠金弘道的《秋声赋图》、高丽佛画《千手观音菩萨图》等 14 件重要文物、46 件艺术品。此外还有金焕基、朴寿根、李仲燮、莫奈、毕加索、夏加尔等艺术家的 1600 多件近代美术作品捐赠给韩国国立现代美术馆等机构。其中莫奈《睡莲池》、达利《半人马家庭》以及夏加尔、毕加索、雷诺阿、高更、毕沙罗等西方大师的名作在韩国国立现代美术馆展出。

德国拟归还贝宁文物

4 月 29 日，德国外交部和文化部表示，计划 2022 年开始把贝宁青铜器等文物归还给尼日利亚，德国是第一个归还这批文物的国家。德国文化部部长表示，德国肩负历史和道义上的责任，希望与在殖民时期被掠夺文化财富民族的后人们，达成共识与和解。同时，此次文物归还保证了最大限度的透明度，主要目标是最大量归还。德国此次文物归还行动，为其他国家文物归还工作做出了良好表率，具有借鉴意义。

法国政府启动新版艺术史门户网站

4 月，法国国民教育、青少年及体育部和法国文化部联合发布新版艺术史门户网站，以促进文化教育。这是该门户启动 11 年后的全新改版。该门户提供超过 5000 种关于艺术史的免费资源并持续更新，涉及建筑、电影、文学、连环画等艺术门类，可供教育工作者和大众使用。自 2008

年以来，艺术史成为法国小学和初中的必修课和普通高中选修课。艺术史门户自 2009 年上线以来，提供教学所需资源。改版后，教师、文献工作者、学生、家长、讲解员和艺术爱好者可以使用更高效的搜索引擎和更适合移动终端的显示方式。法国政府此举，为全民美育做出积极探索与贡献。

中国收藏
拍卖年鉴
2022

CHINESE FINE ART &
ANTIQUES AUCTION
YEARBOOK 2022

五月大事记
May

康定斯基回顾展于上海开幕

5月1日，展览"抽象艺术先驱：康定斯基"在上海西岸美术馆举行，展览全面呈现了康定斯基的创作历程，展览不仅是康定斯基于中国的首次大展，亦是迄今为止在亚洲境内最具规模的回顾展。本次展览由"初始：技艺研习""穆瑙：抽象的突破""俄罗斯：间奏岁月""包豪斯：理论年代""巴黎：成熟时期"五个板块组成，涵盖了艺术家从早年创作，走向抽象到成熟等不同阶段的作品。此外，展览也展示了东亚艺术与文化对康定斯基的影响，并在全球首次展出其收藏的中国艺术品以及与中国相关的出版物。本次展览亦与上海博物馆合作，五件商晚期至西周期间的中国古代青铜器展品进行展出，中国古代簋、卣、甗等青铜器与西方现代艺术抽象先驱的杰作汇集一堂，展开一场跨越人类文明三千年的对话。

亚洲国家首次签署"亚洲文化遗产保护行动"双边合作文件

5月11日，中国国家文物局与阿富汗信息与文化部、巴基斯坦国家遗产和文化署分别签署《关于协同开展"亚洲文化遗产保护行动"的联合声明》，这是亚洲国家首次的签署"亚洲文化遗产保护行动"双边合作文件。文化和旅游部副部长、国家文物局局长，阿富汗信息与文化部部长，巴基斯坦国家遗产和文化署联合秘书长在仪式上致辞并分别代表三国签署《联合声明》。根据《联合声明》，中国与阿富汗、巴基斯坦在"亚洲文化遗产保护行动"框架下，在联合考古、文化遗产保护修复、世界遗产、博物馆展览交流、防止文物非法贩运、人才培养等领域开展务实合作。

苏富比开设首家线下专卖店

5 月 12 日，苏富比的第一家零售店 The Emporium 在纽约正式揭幕。该商店位于苏富比拍卖行纽约总部大楼，是苏富比 Buy Now 在线市场的有益补充。通过 The Emporium，苏富比把在线交易和实体市场有效结合，客户可进行汽车、运动鞋、手表、名牌手袋、高级珠宝等大宗艺术品的购买。该专卖店的商品形式和布局有别于一般意义上的商店，是由不同策展人轮流策展布置，以此来展示苏富比的各类大宗艺术品。该举措一方面是对奢侈品消费市场回暖的响应，另一方面，有别于苏富比传统竞价的拍卖模式，一站式购买也表明了后疫情时代大宗艺术品消费存在潜力。

乌菲兹美术馆出售文艺复兴杰作 NFT 以弥补损失

5 月 14 日，为弥补新冠疫情带来的损失，意大利乌菲兹美术馆以非同质化代币（NFT）形式出售其馆藏的艺术作品。首件加密作品是米开朗琪罗的画作《多尼圆形画》，以 17 万美元售出。这件作品的数字版本由一位意大利女性购得，并附有一个 NFT 和一份由博物馆签署的真品证书。乌菲兹美术馆此次出售所得与意大利数字版权销售服务公司"Cinello"共有。NFT 销售能为博物馆财政作出贡献，成为美术馆的重要附加收入，使藏品创造新的市场价值。

UCCA Edge 于上海正式落成

5 月 22 日，UCCA Edge 以展览"激浪之城：世纪之交的艺术与上海"宣布于上海正式落成，并对公众开放。UCCA Edge 是继 2007 年 UCCA 北京主馆与 2018 年北戴河阿那亚 UCCA 沙丘美术馆成立之后，UCCA 尤伦斯当代艺术中心迎来的第三座场馆。UCCA Edge 位于上海静安区盈凯文创广场，建筑空间共计三层，总占地 5500 平方米。该馆以"艺术可以深入生活，并改善生活"的理念，与 UCCA 旗下其他场馆密切合作，为全球公众呈现中国及国际优秀的艺术资源与公共项目。

海南自贸港首单国宝文物回归

5 月 24 日，海口综合保税区接收到从欧洲回流的一尊唐代青铜佛首和一尊宋代铜鎏金佛首，两件国宝级文物均在 2021 年 1 月采购自法国的拍卖会，于 5 月 24 日运抵海口，成为海南自贸港国宝回归首单。首单国宝文物回归是在国家政策的指引下，海口综保区积极探索，搭建艺术品交易平台所取得的阶段性成果。文化保税是海口综合保税区业态之一，也是海南自由贸易港发展文化产业的重要方向。首单国宝文物的回归，为海南自由贸易港发展文化保税工作提供了成功经验。

中国第一届 NFT 及数字艺术品高峰论坛举办

5 月 25 日，中国第一届 NFT 及数字艺术品研讨论坛举行。本次高峰论坛由中国 NFT 行业门户 NFT265.COM 主办，近 20 家媒体、机构或企业协助举办。本次峰会包含 NFT 核心技术研讨、NFT 优秀企业经验分享、数字艺术品价值锚定、落地的场景和蕴含的机会、行业发展存在的问题及困难、商业模式和创新发展分享、国际 NFT 数字艺术品趋势瞻望、行业发展规范及保障等多层面、多角度进行探讨。该论坛是对 NFT 高速发展的及时回应，是对 NFT 现状研究的积极探索。

劳伦斯·德·卡尔被任命为卢浮宫首位女馆长

5 月 27 日，巴黎奥赛博物馆和橘园美术馆主席劳伦斯·德·卡尔（Laurence des Cars）被法国总统马克龙任命为卢浮宫新任馆长。德·卡尔于 9 月 1 日接替现任馆长让—吕克·马蒂内兹（Jean-Luc Martinez），成为卢浮宫成立 228 年来的首位女性馆长。德·卡尔宣布，计划把卢浮宫的工作日开放时间延长，以吸引更多游客，除了继续扩大博物馆的观众群体规模之外，着重在古代艺术和现代艺术之间创造对话的可能性。

首座 COVID-19 艺术博物馆网站上线

5 月，设计师 Zhenya Rynzhuk 设计的世界第一座展示疫情期间诞生作品的艺术博物馆网站上线。该网站展示了数百名创作者的作品，该网站由 Synchronized 技术开发，采用交互形式，网站设计上采用代表"网络"的网格样式，同时也象征疫情期间人与人要保持有间隔的距离，旨在提醒大众保持"社交距离"。该网站的上线，为展示疫情期间创作的艺术作品搭建了平台，为该时期的文化收藏与传播起到了积极作用。

非法发掘文物由英国归还利比亚

　　5月，一件 2000 年前的大理石雕像由英国边检部门截获并归还利比亚，该雕像曾在伦敦希思罗机场被认定为非法发掘的入境品。经专家认定，这尊雕像塑造的是希腊女神得墨忒耳或其女珀耳塞福涅。雕像佩戴蛇形手镯，手持祭品，为昔兰尼加墓葬雕塑的珍品。这一风格的雕塑曾于昔兰尼加地区广泛制作，此类雕像多数存于利比亚的博物馆，部分在昔兰尼博物馆和利比亚国家博物馆展出。此次归还工作为英、利两国合作打击文化遗产劫掠和保护遗产树立了典范。

中国收藏
拍卖年鉴
2022

CHINESE FINE ART &
ANTIQUES AUCTION
YEARBOOK 2022

Bluerider ART 蓝骑士上海艺术空间开幕

6月1日，Bluerider ART 宣布，蓝骑士上海艺术空间正式进驻上海四川中路133号百年历史建筑，对外开放。蓝骑士上海艺术空间开幕以"百年浪漫"系列活动揭开序幕，贯穿多个主题，以新巴洛克艺术与百年历史建筑交相辉映。首展推出瑞士艺术家西瑞·菲兹(Thierry Feuz)的上海、台北双城个展"Neo-Baroque 血液里的浪漫"，这也是该艺术家在中国大陆的首个展览。蓝骑士上海艺术空间注重连通东西方艺术文脉，定期推出代理艺术家的展览，通过策展、研讨、导览、传播、博览会等活动，提供高品质的专业收藏服务，建立有影响力的东西方艺术交流平台。

首届伦敦画廊周开幕

6月4日，首届伦敦画廊周开幕。有近140家现当代艺术画廊参与，每个画廊根据其规模需支付300—3000英镑的参展费用，公众可免费观看展览，在活动期间画廊延长开放时间至深夜。组织者希望这次活动能够发出一个信号——跨画廊合作的新时代即将来临。新的画廊周为艺术博览会多样化形态提供了可行的选择，以合作的方式汇集画廊，同时吸引国际收藏家观看新的展览，从而为受疫情影响的一级市场复兴起到关键作用。首届伦敦画廊周的举办，是重振被封锁了一年的本地艺术生态的举措。

欧盟知识产权局启动非流通作品门户

6月7日，欧盟知识产权局（EUIPO）启动了"非流通作品门户"（Out-Of-Commerce Works Portal），让文化遗产机构和其他组织就非流通作品进行分享，以确保它们向公众开放。非

543

流通作品是从未或不再通过通常商业渠道流通的受版权保护作品。该门户公布了欧洲的图书馆、档案馆、博物馆和其他文化遗产机构持有的数百万件非流通作品。这些作品具有较高的研究、教育和娱乐价值。门户也让作品的权利持有者更好地行使其权利。欧盟知识产权局的这一举措建立了一个法律框架来支持文化遗产机构进行非流通作品的数字化和跨境传播，帮助博物馆里不可进行市场交易的经典作品参与到全面数字化的新时代的市场中去。

第 59 届威尼斯双年展宣布主题为"梦想之乳"

6 月 9 日，威尼斯双年展组委会正式宣布，第 59 届威尼斯双年展主题为梦想之乳（The Milk of Dreams）。展览于 2022 年 4 月 23 日至 11 月 27 日举行。第 59 届威尼斯双年展主题来源自出生于英国的超现实主义艺术家利奥诺拉·卡灵顿（Leonora Carrington）在 20 世纪 50 年代居住于墨西哥时所创作的一系列具有神秘色彩的绘画。第 59 届威尼斯双年展由现任纽约高线艺术（High Line Art）总监兼首席策展人的塞西莉亚·阿莱马尼（Cecilia Alemani）担任总策展人，她也是威尼斯双年展历史上第五位女性总策展人。

挪威新国家博物馆开放

6 月 11 日，挪威新国家博物馆（挪威国家艺术、建筑和设计博物馆）正式开放。这座已经筹建了 7 年的博物馆集中展示了挪威最重要的三个艺术机构的藏品，包括爱德华·蒙克的名作《呐喊》。该扩建工程耗资 7.23 亿美元，面积超过 5.4 万平方米，包括 1.3 万平方米的展览空间，成为北欧地区最大的博物馆。挪威新国家博物馆由挪威政府建筑专员所建造，优先考虑了博物馆的可持续性，比目前的建筑少排放 50% 的温室气体，践行可持续发展理念。

富艺斯纽约新总部首展揭幕

6 月 17 日，位于纽约公园大道 432 号的富艺斯纽约新总部建成开放，大厅空间逾 1.07 万平方米，包含拍卖室、展览空间、预览室及贵宾室。透明的白立方空间设计在视觉上建立与公众的联系，打破"闭门拍卖"的固有印象，邀请观众共同见证拍卖中激动人心的时刻，重新定义数百年来的拍卖体验。同时，富艺斯纽约"20 世纪及当代艺术"春季拍卖预展，作为富艺斯纽约新总部的首展向公众开放。

2020 丝绸之路文化遗产十大考古发现发布

6 月 18 日，中国考古学会丝绸之路考古专业委员会和中国丝绸博物馆联合发布 2020 丝绸之路十大考古发现。入选 2020 丝绸之路文化遗产十大考古发现的项目为：2018 血渭一号墓，中国青海；安阳石棺床墓，中国河南；阿里桑达隆果墓地，中国西藏；北庭故城，中国新疆；奥斯曼帝国巨型沉船，地中海；库勒塔佩遗址，哈萨克斯坦突厥斯坦市；乌赛拉墓地，卡塔尔多哈；西伯利亚墓，俄罗斯西伯利亚；斯瓦特婆罗门教神庙遗址，巴基斯坦斯瓦特地区；马鞍山龙泉窑址，中国浙江。该年度丝绸之路文化遗产十大考古发现，为古代丝绸之路文化交流活动提供了重要历史实物参考。

海南国际文化艺术品交易中心交易系统启动

6 月 19 日，2021"中国文博产业发展峰会"在海口市开幕，该会宣布，由国家文物局与海南省人民政府部省共建国家南海文博产业园的先导项目，即海南国际文化艺术品交易中心交易系统正式启动，这一交易中心集线上国际艺术品交易平台及线下艺术品中央商务中心、可溯源中心、金融中心、大数据中心、仲裁中心、物流中心等八大功能中心为一体，综合"文化＋科技＋金融＋旅游＋服务贸易"多种业态，提供国际文化艺术品全产业链服务，努力实现建设国际一流的文化艺术品交易平台目标。

七月大事记

July

中国收藏
拍卖年鉴
2022

CHINESE FINE ART &
ANTIQUES AUCTION
YEARBOOK 2022

NFT 作品首度进入博物馆收藏

7月7日，迈阿密艺术博物馆（ICA Miami）宣布收藏 CryptoPunk 5293 号的 NFT，这也是第一件进入主要艺术博物馆收藏的 NFT 作品，由该博物馆理事爱德华多·布里洛（Eduardo Burillo）捐赠。CryptoPunks 是由 Larva Labs 于 2017 年 6 月运用电脑算法创造，共生成了 1 万个 24×24 像素的 8-bit 头像，每个头像均由不同的肤色、发型、胡子、口红、眼镜、帽子等随机组合而成，每个头像都独一无二。迈阿密艺术博物馆的收藏代表了当今前沿和先锋的艺术思想，跨越文化和媒介，以及影响当今艺术生产的历史作品。CryptoPunk 5293 号是代表了时代文化精神的作品，加入了迈阿密艺术博物馆的收藏，并对未来的美术史具有示范意义，反映了迈阿密艺术博物馆对 21 世纪当代艺术和文化生产的理解和认同。

"我们亚洲——亚细亚古代文明展"于湖南开幕

7月8日，湖南省博物馆推出"我们亚洲——亚细亚古代文明展"特色大展。本次展览由湖南省博物馆和中国文物交流中心共同举办，汇聚了来自中国、叙利亚、黎巴嫩和巴基斯坦等亚洲 10 国的 222 件（套）珍贵文物。本次展览以长达万余年的亚洲历史以亚历山大大帝东征、希腊化时代为界线，划分成希腊化之前的亚洲和希腊化之后的亚洲两个大历史阶段，直观呈现文明兴起阶段亚洲文明多元共生的特征与文明发展阶段亚洲各地东西交汇、商贸物质交流的盛况。展览以文物讲述历史的形式，呈现亚洲各文明之间交流、互鉴的成果，展现亚洲文明的风采魅力以及"和羹之美，在于合异"的亚洲文化。

北京大学商业与艺术研究中心成立

7月8日，北京大学商业与艺术研究中心正式成立。北京大学商业与艺术研究中心是通过整合各界优势力量，构建学术科研、教学实践的开放平台，不仅培养文化创意产业的领军人才，同时也重点关注潮流文化和新消费等领域的研究和交流。此外，该中心联合北京大学的学术资源和泡泡玛特市场实践资源，共同探索，同时为学生提供实践案例。

蔡国强首个 NFT 作品在外滩美术馆义卖

7月16日，蔡国强受上海外滩美术馆特别委托的首个 NFT 项目《瞬间的永恒——101 个火药画的引爆》，于 TR Lab 线上平台以 250 万美金义拍成交，作品于该平台首页向公众展出至 8 月 14 日。本次拍卖所得一半赠予上海外滩美术馆，用于支持美术馆的未来发展及其数字艺术的研究计划。该计划是美术馆从实体空间向数字世界的延伸，支持艺术家探索数字艺术的未知可能，激活此生态的策划实践，推动新兴科技与艺术之结合的可持续发展。另一半所得助力"纽约蔡基金会"，主要用于"亚洲文化协会：蔡奖学金项目"支持更多中国年轻艺术家赴美研修。

豪瑟沃斯梅诺卡艺术中心开放

7月17日，豪瑟沃斯画廊宣布，位于西班牙梅诺卡马洪港国王岛上的新艺术中心正式开放，首展呈现艺术家马克·布拉德福特（Mark Bradford）的一系列绘画及雕塑新作。梅诺卡是联合国教科文组织认定的生物圈保护区，因此，为了保护艺术中心所在地独特的自然环境，豪瑟沃斯与梅诺卡保护基金合作，制定了一系列环境可持续措施，其中包括雨水收集方案、利用回收水进行地面灌溉的水厂以及建筑物的能效与气候控制。艺术中心还设计了专门的教育项目，通过放映、讲座与工作坊等形式，让当地民众与游客有机会参与到当代艺术中来。

德国最大综合博物馆洪堡论坛对外开放

7月20日，德国最大的文化项目"洪堡论坛"正式对公众开放建筑内部。被称为德国"大英博物馆"的洪堡论坛占地约 4 万平方米，耗资 6.8 亿欧元，位于柏林市中心，是一座重建后外

中国收藏
拍卖年鉴
2022

CHINESE FINE ART &
ANTIQUES AUCTION
YEARBOOK 2022

观保持原貌、内部采用现代设计的巴洛克建筑。洪堡论坛以德国著名教育改革家、语言学家和政治家威廉·冯·洪堡与著名自然地理学家、探险家和博物学家亚历山大·冯·洪堡命名，纪念两兄弟在各自的领域为全人类作出的贡献。从 7 月 20 日起首先开放王宫的两层展区，共有 6 个展览，包括两大特展"可怕的美——大象、人类、象牙"，针对儿童和家庭的"请坐！"，开幕展"自然之后"和"全球化的柏林"以及长期展览"洞察力——洪堡兄弟"与"地方的历史"。洪堡论坛通过阐释与人类生存息息相关的重大问题、通过发起关于欧洲以及世界的新辩论，为观众筑起一条"理解"与"和解"的幸福之路。

香奈儿文化基金与上海当代艺术博物馆合作新展览项目

7 月 20 日，上海当代艺术博物馆与香奈儿文化基金共同宣布启动"新文化制作人"项目，以激发中国当代手工艺和建筑领域的崭新理念和实践。该项目每年向相关创意领域的观察者、研究者、实验者、实践者公开征集并实现一个群展方案，展现他们的创新力量。这些提交的方案无论在展览语言还是在所选作品的呈现方式上都必须有独创性，能够为观众带去亲近而具有启发性的体验。首个展览聚焦"手艺再兴"，关注以当代实践、材料以及工艺来复兴传统手艺的创作者。由上海当代艺术博物馆与香奈儿文化基金共同发起的"新文化制作人"倡议，是香奈儿文化基金在亚洲的首个项目，也是香奈儿对艺术文化领域长期支持的延伸。

"泉州：宋元中国的世界海洋商贸中心"申遗成功

7 月 25 日，中国世界遗产提名项目"泉州：宋元中国的世界海洋商贸中心"顺利通过联合国教科文组织第 44 届世界遗产委员会会议审议，成功列入《世界遗产名录》，中国世界遗产总数升至 56。"泉州：宋元中国的世界海洋商贸中心"反映了特定历史时期独特而杰出的港口城市空间结构，其所包含的 22 个遗产点涵盖了社会结构、行政制度、交通、生产和商贸诸多重要文化元素，共同促成泉州在公元 10—14 世纪逐渐崛起并蓬勃发展，成为东亚和东南亚贸易网络的海上枢纽，对东亚和东南亚经济文化发展做出了重要贡献。

首届洛杉矶画廊周开幕

7月28日，为应对疫情危机而成立的洛杉矶画廊协会（The Gallery Association Los Angeles，GALA）宣布推出首届洛杉矶画廊周。该活动于7月28日至8月1日举行，共有70多个当地画廊和艺术空间参加，其中一些机构将延长开放时间至深夜，访客可以通过 Gallery Map LA 了解画廊周期间的活动。虽然画廊周并不能完全弥补今年被取消的弗里兹洛杉矶艺术展所造成的损失，但一定程度上吸引了期待亲身体验并购买艺术品的收藏家。

澳大利亚国家美术馆向印度归还 14 件文物艺术品

7月29日，澳大利亚国家美术馆发表声明：该馆把14件文物从该馆的亚洲艺术馆藏中移除，并归还给印度政府。这些文物价值总计约300万美元，经文物贩卡普尔通过非法途径从印度流出。此次归还活动的原因在于卡普尔在2011年因盗窃罪和走私罪被印度当局抓获，从其手上流失出的艺术品均被视为非法。2014年，澳大利亚国家美术馆启动了"亚洲艺术溯源"项目（Asian art Provenance project），针对卡普尔事件中的文物进行评估和归还。历经七年，完成了文物的溯源与归还工作。澳大利亚国家美术馆此举为打击文物犯罪与国家间文物归还事宜做出良好示范。

全球最大规模 NFT 展览在北京开幕

7月31日，Neal Digital Gallery（NDG 数字画廊）与全球加密艺术家社区 Stratosphere DAO 在北京观唐美术馆联合发起并呈现"区块链数字艺术周"特别展览。本次展览聚焦目前全球 NFT 多元创作生态，以近500块数字高清屏幕为载体，集中呈现500余创作者的超过2000幅数字艺术作品。展览期间每天固定时间在主屏幕将推出全球市场最受欢迎创作者个展系列。此次 NFT 艺术展览，免费对公众开放，通过展览让观众更多了解 NFT 艺术及其生态。

八月大事记

August

中国收藏拍卖年鉴 2022

CHINESE FINE ART &
ANTIQUES AUCTION
YEARBOOK 2022

泰康在线推出艺术品运输线上保险

8 月初，泰康在线与"艺盒"艺术品专用运输联合推出"臻品有约艺术品运输线上保险"，为用户提供小件、零散件艺术品运输投保新方案。泰康在线"臻品有约艺术品运输线上保险"采取标准化方案，采用统一费率。该保险责任是"艺盒"内的保险标的由运输单载明的原坐落地址至运输单载明的到达地址之间，因自然灾害或意外事故造成保险标的的直接物质损坏或灭失而进行相关赔偿。用户通过艺盒包装藏品后，在包装盒上直接扫码，按要求填写相关基本信息即可完成投保与支付，该产品对打包方式及寄送途径没有严格限制，无须笨重的木箱、烦琐的包装流程及昂贵的包装运输费用，提升了小件、零散藏品运输投保便捷性。泰康此举为文物艺术品运输在线保险的积极尝试与探索。

意大利卡拉拉藏品在上海展出

8 月 12 日，展览"文艺复兴至 19 世纪——意大利卡拉拉学院藏品展"在上海东一美术馆开幕，展览呈现了意大利卡拉拉学院的 54 件重要馆藏作品，包括拉斐尔的《圣塞巴斯蒂安》、皮萨诺的《廖内洛·德·埃斯特肖像》、曼特尼亚的《锡耶纳的圣伯尔纳定》、鲁本斯的《圣多米提拉》等。展区分为"人文主义与文艺复兴""16 世纪的威尼斯""17 世纪的绘画类型""18 世纪的社会思潮与贵族制度的终结"以及"19 世纪：从浪漫主义到心理分析"五个部分。此次展览展品全部来自意大利卡拉拉学院的收藏。该展览是"中意文化和旅游年"的重要活动之一，该展览为中意文化交流搭建了桥梁。

"遇见古埃及黄金木乃伊"展在北京开幕

8月15日，"遇见古埃及黄金木乃伊"在北京中华世纪坛展出。本次展览以世界级收藏品中的木乃伊为中心，探讨埃及在古希腊和古罗马统治时期关于来世的信仰。此次展览分为7个单元，共计展出107件古埃及稀世珍品，其中6具黄金木乃伊为首次在国内大规模展出，所有展品均来自英国曼彻斯特博物馆。本次展览除了静态展品之外，还加入诸多新媒体内容，包括3个纪录片、7个观众互动触摸屏以及3个木乃伊CT扫描展示屏，以增加展览的丰富性和完整性。本次展览期间主办方还精心设置了多个打卡拍照环节，通过3D背景墙拍照、穿越变装游戏等互动让观众更直观地感受古埃及文化，为观众提供独特的观展体验，在轻松愉快的氛围中学习了解古埃及文化。

阿里巴巴推出全新NFT市场

8月17日，阿里巴巴推出新的NFT市场，允许商标持有人出售其知识产权的代币化许可证。此名为"区块链数字版权和资产交易"的新NFT市场可通过阿里巴巴的拍卖平台访问。通过该平台推出的NFT在"新版链"上发布，"新版链"是由四川省区块链协会版权专委会集中运营的分布式账本技术平台。该市场可通过阿里拍卖平台访问，为文学、游戏、动漫、音乐、美术等著作权人，提供基于"新版链"的数字作品确权认证和上链交易。作品版权将在新版链上生成唯一的数字版权资产凭证，交易后的版权资产凭证合法持有人将拥有数字作品署名权以外的全部权利。

第17届威尼斯国际建筑双年展中国国家馆展览在京开幕

8月24日，第17届威尼斯国际建筑双年展中国国家馆展览开幕式在北京天桥艺术中心举办。该展览囊括杭州亚运村村长院、盘龙城遗址博物馆、北京2022冬奥村、"只有峨眉山"剧场、北京白塔寺胡同大杂院改造等项目。本届中国国家馆展览以"院儿——从最大到最小"为主题，在深入挖掘"院落"在中国文化中从居住空间到社群到城市基本单元的不同内涵基础上，展现中国的集居智慧和"院落"在当代建筑设计中的无限可能，对人类未来共同生活所呼唤的创新思维作出积极探索，既呼应了本届双年展"我们如何共同生活"的总主题，也体现了中国文化对人类社会共同面临的现实问题的思考、分析和解答。

中国收藏
拍卖年鉴
2022

CHINESE FINE ART &
ANTIQUES AUCTION
YEARBOOK 2022

澳门成为世界遗产城市组织会员城市

8月26日，全球首家 NFT 实体画廊"创世艺术画廊"以 218 枚以太币（约合 70 万美金）买入"CryptoPunk"系列中的 #8236 与 #1970 两个头像，纳入画廊收藏。9 月"创世艺术画廊"在香港 K11 Musea 正式开幕，同时呈现了首次以教育为目的的多元化 NFT 艺术主题展。全球首家 NFT 实体画廊的设立及其对 NFT 作品的收藏，代表了 NFT 在文物艺术品一级市场的探索，是 NFT 艺术及其市场发展进程的关键一步。

英国博物馆协会发布"数字化创新参与基金"项目

8月底，英国博物馆协会公布了"数字化创新参与基金"的 14 名获奖者。获奖者为：伯明翰博物馆信托基金、布伦特区议会、达勒姆大学、弃婴博物馆、大北方博物馆、黑斯廷斯当代博物馆、霍尼曼博物馆和花园、曼彻斯特博物馆、国家足球博物馆、国家电子游戏博物馆、诺维姆博物馆、皮特·里弗斯博物馆、苏格兰渔业博物馆信托基金、布里斯托尔大学戏剧收藏中心。该基金由英国博物馆协会、英国研究与创新署和艺术与人文研究委员会合作推出。获奖者共获得了 60 万英镑的奖金，用来帮助博物馆启动、扩大以及评估新冠疫情期间精心设计的创新项目。

九月大事记
September

三大画廊宣布联合成立新机构

9月2日，厉蔚阁两位联合创始人多明尼克·李维（Dominique Lévy）和布赖特·格文（Brett Gorvy）、画廊主阿玛莉亚·达扬（Amalia Dayan）以及 Salon 94 画廊主珍妮·格林伯格·罗哈廷（Jeanne Greenberg Rohatyn）宣布联合成立一家名为"LGDR"的公司，公司于 2022 年 1 月正式落地，并专注于组织展览，为拍卖行和藏家提供销售代理，并为藏家提供购藏投资的建议。三大画廊的合并原因在于，整合资源、扩大业务范围，建立商业品牌，以此试图与高古轩、卓纳以及豪瑟沃斯等行业巨头形成抗衡。此外，实体空间的房租成本也是重要原因之一。联合公司在相互交流的基础上，给予每个合作伙伴擅长的领域以此发挥其核心优势，罗哈廷负责当代艺术，李维负责欧洲市场，格文负责亚洲市场，达扬将重点处理中东地区市场，并担任主要的管理角色。中小型画廊互相联合，资源互通有无，增强了一级市场顶端阶层之外的力量，是市场新趋势的体现。

敦煌研究院与腾讯联合推出首个公益 NFT 作品

9月6日，敦煌研究院与腾讯联合推出的首个公益趣味文化互动产品"声动画语"在"云游敦煌"微信小程序上线。该产品以动画形式讲解莫高窟第 156 窟的壁画故事，用户通过手机，不仅能够全方位领略敦煌壁画内容，参与敦煌文化相关的问答，还能够募集善款，为敦煌石窟保护贡献力量，成为千年文化遗产的"数字供养人"。同时，双方联动发布文博行业首个公益 NFT，限量 9999 份，用户在"云游敦煌"小程序参与文化问答互动环节，即有机会获得敦煌"数字供养人"典藏版 NFT：带有敦煌莫高窟第 156 窟的全景数字卡片。对于所有"数字供养人"而言，它是一份稀有且具有文物价值的敦煌数字藏品。敦煌研究院与腾讯此次联合，是探索区块链技术与文博产业的创新融合，用 NFT 新方式鼓励公众参与公益日善行，是在公益场景下展开的探索，此举为千年文化遗产的数字化保护提供了新的方式。

贝浩登画廊成立二级市场空间

9月7日，贝浩登画廊正式成立专研于二级市场的空间，落址巴黎第八区马提尼翁大道八号。画廊空间呈现的首次展览涵盖众多艺术家的作品，包括乔治·巴塞利兹、亚历山大·考尔德、卢西奥·丰塔纳、彼得·哈雷、凯斯·哈林、乔治·马修、弗朗索瓦·莫尔莱、乌戈·罗迪纳、彼得·索尔、李禹焕、安迪·沃霍尔等在内的艺术家作品。该空间毗邻佳士得、苏富比、艾德、皮艾萨等国际知名拍卖行的巴黎驻地，同时与众多画廊为邻。贝浩登画廊此举，是其在一级市场向二级市场业务扩张的一次探索，进一步丰富文物艺术品市场的业态。

"北京文物艺术品交易指数"发布

9月9日，"2021北京·中国文物国际博览会"在北京古玩城开幕。北京市文物局发布"北京文物艺术品交易指数"（以下简称"北京指数"）。"北京指数"由北京市文物局主管的北京易元数科文物艺术品产业研究院研发，是基于北京文物艺术品市场的海量数据和丰富应用场景，通过精确统计、科学演算，对北京地区中国文物艺术品交易趋势进行严谨分析，从而形成的综合指数体系。这套指数体系以全面、客观地反映北京地区文物艺术品市场发展趋势及行业活跃度，可与同期宏观经济指标进行复合性比对，进而揭示文物艺术品行业与宏观经济发展整体趋势，以及民生福祉、人民生活幸福度的相关性。"北京指数"以"服务"为导向，一方面，为政府部门研判宏观经济走势、分析消费结构升级、制定重大调控决策提供参考；另一方面，为经营、购藏、投资文物艺术品的民众提供参考。

三星堆遗址又一批珍贵文物揭开神秘面纱

9月9日，四川省文物考古研究院向社会公布了三星堆遗址2021年5月以来的最新发掘成果，考古学家们新发现了500多件文物，其中包括完整金面具、青铜"神坛"、神树纹玉琮等重要文物。其中3号坑发现的神树纹玉琮，整件器物由整块灰白色玉料加工而成，对应的两侧线刻神树纹样，刻痕甚浅。带有神树纹的玉琮前所未见，为今人研究古蜀社会中神树的意义、象征等问题提供了重要依据。8号坑新发现的青铜神坛体积庞大、造型奇特，分为台基、人像和神兽三部分，再现了当时祭祀的场景，对于研究祭祀活动如何进行，三星堆祭祀坑如何形成，提供了重要信息。此次考古发掘为研究中国古蜀文明奠定了坚实丰厚的实物基础，为探索古代中华文明多样性提供了力证。

天龙山造像在美国开拍前被撤回

9 月中旬，美国 2021 秋季亚洲艺术周邦瀚斯拍卖行即将开拍的拍品中，出现一尊出自太原天龙山的造像，即 17 窟的胁侍菩萨立像。这尊造像曾于 1935—1952 年在哈佛大学福格艺术博物馆借展，1965 年以前，由阿尔斯多夫伉俪珍藏。此菩萨立像菩萨头部顶梳成高贵的发髻，缯带飘垂肩旁。脸部丰满端美，双眉弯曲纤秀，眼睛半睁垂视，神情恬静安详。菩萨的肌体丰腴，体格匀称，表现出筋肉的柔软富有弹性的感觉，衣薄透体，衣褶自然流畅，清晰感觉到衣内肌肤的起伏变化，生动写实。9 月 14 日，该造像在开拍之前被撤回，具体原因拍行未作公开说明，此次撤拍为流失海外文物追索提供了有利线索。

"平行时空：在希腊遇见兵马俑"展上线

9 月 16 日，由国家文物局、希腊文化和体育部主办，秦始皇帝陵博物院、希腊国家考古博物馆合作开发制作的"平行时空：在希腊遇见兵马俑"在秦始皇帝陵博物院、希腊国家考古博物馆官方网站上线。展览采用中、希、英三种语言，以网站形式实现，观众可以在秦始皇帝陵博物院官网看到这场线上的展览。此次线上展览是后疫情时代文物对外交流的创新形式，以"平行时空"为主题，围绕博物馆的藏品、阐释、保护、教育等职能，利用存量文物数据进行制作和展示。展览综合了 VR 漫游、实时渲染、虚拟拍摄等技术，提供了包含四种不同"时空体验"的虚拟展馆。通过秦兵马俑整体介绍、秦兵马俑坑遗址全景游览、NAM 虚拟展厅秦俑藏品展览、2.5D 视觉维度科技保护虚拟展厅、线上国际研学课程等板块，展现秦兵马俑文化魅力与科技保护成果。

克里斯托包裹凯旋门遗愿得以实现

9 月 18 日，已故大地艺术家克里斯托（Christo）与妻子珍妮－克劳德（Jeanne-Claude）于 1962 年制定的计划——巴黎凯旋门包裹项目完成。该项目由克里斯托的亲属与蓬皮杜国家艺术和文化中心和法国政府合作，于 2021 年 7 月开始实施，9 月 18 日，凯旋门拱门被包裹在 2.5 万平方米的可循环利用聚丙烯织物中，并由 3000 米长的可循环利用红绳加以固定。10 月 3 日，包裹被及时拆除。包裹凯旋门项目的资金全部来自出售艺术家的研究筹备资料、绘画、拼贴画、比例模型，以及 20 世纪 50 年代到 60 年代的作品及其他公共项目的原版版画。克里斯托夫妇认为，当知名建筑物被裹住后，人们就会对该建筑感到陌生，而陌生感就是一种独特的力量，能促使人们以另一种眼光看世界。

12 件文物艺术品从美国索回入藏西藏博物馆

9 月 26 日，国家文物局将 2021 年从美国成功追索回国的 12 件文物艺术品，整体划拨西藏博物馆，在其新馆开馆展览中集中展示，更好发挥回归文物的独特作用。国家文物局组织进行实物鉴定研究，专家认为该批文物艺术品年代跨度主要为明清至民国时期，珍贵文物 6 件，一般文物 2 件，艺术品 4 件，总体上为我国西南地区典型器物，具有比较重要的历史、艺术、科学价值。其中，5 件金铜佛造像和 1 件铜鎏金水晶嵌宝石供养塔制作工艺精良，专家建议暂定为三级文物。特别是 1 尊明末清初的黄铜同侍从无量寿佛造像，呈现出显著汉藏融合风格，其六面形台座多见于汉藏风格唐卡与壁画，在铜造像中较为罕见。此次是中美双方在文物追索返还领域的又一次成功合作。

首届 DnA SHENZHEN 设计与艺术博览会开幕

9 月 30 日，迪拜首届 DnA SHENZHEN 设计与艺术博览会在深圳市当代艺术与城市规划馆举办。展会的主办方同为上海艺术展会"ART021 上海廿一当代艺术博览会"，"JINGART 艺览北京"的市场营销与服务商。该展会共邀请到了来自亚洲、欧洲与北美共 33 家顶尖设计与艺术品类艺廊，其中包括来自上海的香格纳画廊、来自北京的当代唐人艺术中心、来自伦敦的里森画廊和来自深圳本土的红树林画廊等。展会共展出百余件设计与艺术作品，媒介覆盖油画、雕塑、装置、纸本、摄影与家具等。主办方鼓励参展画廊多携带设计类艺术作品参展，在"设计"与"艺术"这两大方向之间做出平衡。该博览会的举办，丰富了艺术博览会的参展作品形式，是对当下收藏趋势的回应。

伦敦迎来疫情暴发以来首个线下艺博会

10 月 13 日，2021 年伦敦弗里兹艺博会在伦敦摄政公园开幕，该展会的举办是自疫情暴发以来伦敦迎来的首个线下艺博会。本次艺博会参展商来自 39 个国家的 159 家画廊，"Elevating New Voices——发掘新的声音"是该年弗里兹艺博会的主要主题，主办方侧重带领公众认识更多的创作新秀，给当今新兴艺术家提供一个崭露头角的国际平台。受疫情影响，本届艺博会销售速度有所放缓，参展画廊以西方画廊为主，国际头部画廊仍然是促成交易的主要部分，西方以及东南亚新兴艺术家作品备受关注，中国参展画廊与参展艺术家数量为历年最低。

中国三地文物巡展韩国

10 月 19 日，"交融·魅力——北魏鲜卑拓跋部的历史足迹"展在韩国国立扶余博物馆开幕。本次展览由洛阳博物馆、大同市博物馆、呼伦贝尔博物院与韩国国立扶余博物馆、汉城百济博物馆共同合作推出。此次展览，是 2021"中韩文化交流年"的重要文化活动之一，主要选取了呼伦贝尔嘎仙洞、大同司马金龙墓、洛阳杨机墓等出土的石器、陶器、瓷器、青铜器等，各类文物共计 85 件（套）。这一展览，也是今年中国仅有的两个出国交流展览项目之一。展览共分为三部分，第一部分"肇源兴安 南迁大泽"，第二部分"盛乐立国 平城霸业"，第三部分"迁都洛阳 走向融合"。该展览主要展示有关鲜卑拓跋部发展演变研究的新成果以及考古发现的新资料，鲜卑拓跋部历经中国内蒙古、山西、洛阳三地发展壮大的演变进程。

埃及首届金字塔国际艺术展开幕

10 月 21 日，首届金字塔国际艺术展在埃及吉萨金字塔景区内开幕，来自埃及、美国、俄罗斯等国的十余位艺术家在景区内露天展出了大型雕塑等艺术作品。此次展览主题为"现在即永恒"。此次展览是埃及文化遗产与世界现代艺术的一次融合与对话，在新冠疫情席卷全球的背景下，在金字塔旁举办露天艺术展不仅会给游客和观展者带来全新体验，也传递出爱与希望的信息。

蒙克博物馆新馆开放

10 月 22 日，新的蒙克博物馆在奥斯陆正式向公众开放。新博物馆的面积是原来的五倍。蒙克 1944 年去世时，将一生的作品遗赠给了奥斯陆，新博物馆的开放意味着挪威首都有了一座足以展示全部蒙克收藏的博物馆，2.6 万平方米的新空间也是世界上最大的专门展示单个艺术家的博物馆之一。博物馆收藏超过 26700 件蒙克的作品，包括长达 8 米的《太阳》（1909 年），以及蒙克的标志性作品《呐喊》的不同版本，1893 年的早期粉彩研究和 1910 年的彩绘版，还包括 1873 年至 1944 年蒙克的绘画、版画、照片、素描和水彩画。新博物馆的开放对宣传研究蒙克艺术作品、带动当地文化经济发展起到推动作用。

博乐德艺术中心于北京开幕

10 月 23 日，坐落于国家对外文化贸易基地（北京）的博乐德艺术中心正式开幕，投入运营。开幕当日，分别带来了"2021 北京·中国文物国际博览会——国际文物艺术品博览会""国际艺术画廊空间开幕展""当下艺术空间开幕展""壮阔涟漪：留法艺术家作品展""启航：从古代海上贸易到当代航运"等展览。博乐德艺术中心发挥保税区内的"保税、免税、免证"的政策优势，向全球商户发出入驻邀约，试点探索全球范围内文物、艺术作品的流通机制。该中心的成立，在政策优势支持之下，为行业提供了一个全新的模式。

首届国际艺术金融发展论坛在北京举办

10 月 24 日，由北京外国语大学合肥国际学院、首尔科学综合大学院大学联合主办，中韩艺术金融研究院承办，中国艺术经济研究院、中央财经大学文化与传媒学院提供学术支持的"首届国际艺术金融发展论坛暨中韩艺术金融研究院成立仪式"在北京举办。会议围绕数字艺术资产与艺术金融创新这一主题展开研究讨论。本次论坛，邀请到各位中外艺术金融著名专家主题演讲，积极推动艺术金融的研究、交流、教学与产业推广，为中国、韩国以及国际艺术金融的发展多出成果、培育人才，促进艺术金融国际化交流合作，为新时代经济、文化和艺术事业、产业发展做出积极贡献。

11 项国家文化大数据体系建设团体标准发布

10 月 27 日，由中国公共关系协会、中共云南省委宣传部、中国通信学会、北京邮电大学共同主办的"2021 中国文化计算大会"在北京开幕。本届大会发布了 11 项国家文化大数据体系建设团体标准：国家文化大数据标准体系、文化数据服务中心技术要求第一部分：通用技术要求、文化数据服务平台技术要求第一部分：通用技术要求、文化体验设施通用技术要求、文化体验馆技术要求第一部分：沉浸式教室、文化体验装备技术要求第一部分：通用技术要求、文化体验网关技术要求、文化资源数据分类与代码、文化数据服务监管系统技术要求第二部分：文化数字内容溯源系统、文化遗产数字化采集技术要求第一部分：通用要求、文化体验设施用数字内容管理系统技术要求。会上还对部分标准进行了专题宣传与解读。这一系列标准的发布，是国家文化大数据体系建设的重大研究成果，对文化大数据体系建设起到重要的指导和规范作用。

亚洲文化遗产保护对话会在北京开幕

10 月 27 日，由中国国家文物局、北京市人民政府共同主办的亚洲文化遗产保护对话会在北京开幕。本次对话以"增进文明对话、共塑亚洲未来"为主题，开幕式上，中国、亚美尼亚、柬埔寨、朝鲜、伊朗、吉尔吉斯斯坦、巴基斯坦、叙利亚、阿联酋、也门等亚洲 10 国共同发起成立"亚洲文化遗产保护联盟"。中国同时设立亚洲文化遗产保护基金，并启动"亚洲文化遗产保护青年大使"计划。本次对话包括来自亚洲 18 个国家的专家学者就"文化遗产促进亚洲可持续性发展""文化遗产助力亚洲文明交流互鉴""文化遗产应对亚洲未来挑战"等专题进行 26 场主题演讲，并发布《关于共同开展亚洲文化遗产保护行动的倡议》。该对话在为持续推进亚洲文化遗产保护行动、增进文明交流互鉴等方面提供了典范。

第二届金砖国家博物馆联盟大会聚焦"未来"

10 月 27 日，第二届金砖国家博物馆联盟大会暨学术论坛在俄罗斯莫斯科举办。与会各方围绕"未来的博物馆：新挑战"主题，分别从博物馆的开放性与社会包容性、数字现实技术、新媒体手段等方面探讨博物馆界最新发展趋势，分享了各馆在应对新冠肺炎疫情冲击方面的重要举措，并讨论了在此背景下加强联盟内交流合作的必要性和重要性。会上，中国国家博物馆馆长就未来博物馆应用数字现实技术提出三点建议：一是加强藏品研究，深度挖掘博物馆文物的文化内涵；二是加强数据资源建设，构建博物馆大数据管理体系；三是加强人才队伍建设，形成博物馆数字现实技术人才培养机制。金砖国家博物馆联盟是在中国文化和旅游部的倡议下于 2018 年由中国国家博物馆牵头成立的博物馆间合作机制，是落实第二届金砖国家文化部长会议精神的重要成果。

"东西汇融——中欧陶瓷与文化交流特展"在沪举办

10 月 28 日，"东西汇融——中欧陶瓷与文化交流特展"在上海博物馆开幕。展览汇聚来自法国、葡萄牙、英国、荷兰、美国、瑞士、中国七个国家十余家世界知名博物馆及收藏机构的 206件 / 组文物，为观众呈现全新视角的贸易陶瓷和跨文化交流特展。这是疫情发生以来国内举办的国际博物馆界参与地区最广，参展规格极高的展览项目，是疫情之下全球博物馆力量与国际合作的精彩案例。在此次展览中，上海博物馆以全新视角和策展理念，讲述早期全球化中的中欧贸易与文化交流，汇聚 206 件（套）重要的中外陶瓷与油画作品，打造了兼顾学术脉络与观赏趣味的展览。本展览以陶瓷为媒介，呈现世界贸易和早期全球化中的东西文化汇融。

November

十一月大事记

华艺国际布局落地上海

11月2日，华艺国际业务布局更新，成立上海华艺拍卖有限公司及华艺国际当代艺术空间，并于11月10呈献以当代艺术为主打阵营的华艺国际（上海）首季拍卖会。有别于华艺国际落地在北京、香港、广州三地的线下展示空间，上海空间通过相互联结、相互滋养的展览、研究、收藏，以及孵化青年艺术项目等多种探讨形式，搭建现当代艺术领域实践、推动全球当代艺术传播与交流的专业平台。华艺国际介入上海的城市艺术蓝图，通过多元开放的新平台，聚合各界力量，为上海注入艺术新风，把新艺术融入长三角，为全球藏家、艺术家、艺术爱好者等提供层次更丰富、感官更新锐的艺术体验。

第三届上海国际艺术品交易月举行，发布重点政策

11月5日，第三届上海国际艺术品交易月举行，与此同时，上海发布了推动国际重要艺术品交易中心建设的十条新政策，推出覆盖全城的"艺术上海"计划，并宣布于2022年举办中国国际文物艺术品交易博览会。《上海市推动国际重要艺术品交易中心建设、支持艺术品产业发展的重点政策》明确表示加强政策制度保障，支持外资拍卖企业有关政策，实施文物临时进境"6月×N"管理制度，落实进博会文物艺术品免税进境销售政策，优化进博会文物类展品进境审核登记，支持保税展示展销常态化，加大市级财政资金扶持力度，推动区级配套扶持政策跟进，支持国内外知名艺术机构落户，推动打造高能级产业载体等各环节发力，加速推动上海千亿级艺术品产业规模形成。

全球首家博物馆仓库"完全开放"

11月6日，鹿特丹博伊曼斯·范·伯宁恩博物馆 15.1 万件馆藏艺术珍宝迁移到鹿特丹博物馆公园一座巨大碗形建筑中，标志着全世界第一个向公众开放的博物馆仓库在此开门迎客。该博物馆把所有馆藏全部展出，开创了博物馆展出规模的先河。藏品涉及从中世纪到现代的艺术，跨越 5 个世纪的绘画、雕塑、设计和工艺品：从伦勃朗、博斯到达利，从早期荷兰绘画到文艺复兴时期的银器和风格派设计。参观者可以欣赏到博物馆的幕后工作，比如修复工作室，近距离观看精确到毫米级的艺术品修复工作。该博物馆的展呈方式丰富了现有博物馆展呈体系，提升了观众的参观体验。

国务院发布"十四五"文保科技创新规划

11月8日，国务院办公厅印发"十四五"文物保护和科技创新规划，规划指出：到 2025 年，文物安全形势明显好转，文物保护水平全面提升，文物科技创新能力实现跃升，文物机构队伍力量增强、结构优化，文物领域社会参与活力不断焕发，文物治理体系和治理能力现代化初步实现。中国特色、中国风格、中国气派的考古学建设持续推进，文物蕴含的中华文化基因得到更好挖掘阐释。革命文物保护管理运用体系基本健全，重要作用得到更好发挥。布局合理、结构优化、特色鲜明、体制完善、功能完备的博物馆体系初步形成，博物馆发展质量显著提升。社会文物管理服务更加优化，文物市场健康有序发展。文物工作在坚定文化自信、扩大中华文化影响力、铸牢中华民族共同体意识方面的重要作用愈加彰显，文物保护成果更好惠及人民群众。形成资源管理全覆盖、法律法规更完备的文物保护利用体系，走出一条符合国情的文物保护利用之路。

法国归还贝宁 26 件历史文物

11月10日，载有 26 件珍贵历史文物的飞机降落在贝宁科托努机场，数百名当地居民聚集在此，庆祝这批国宝在近 130 年后回到祖国。这 26 件文物是法军 1892 年从贝宁前身达荷美王国掠夺的，其中包括达荷美王国的宝座、塑像和皇宫大门等。2016 年贝宁政府曾要求法国归还殖民时期掠夺的数千件艺术品，但法国政府拒绝归还。2017 年法国总统表示重新调研归还非洲文物事宜。法国国民议会 2020 年通过向贝宁共和国等西非国家归还部分文物的法案。法国此次文物归还行为，为其他国家文物归还工作提供了有利参考与示范。

首届元宇宙概念艺术大赛正式启动

11 月 10 日，由 Nervos NFT 平台秘宝（mibao.net）、数字化合物（Digital Compound）、鲁迅美术学院传媒动画学院联合主办的首届"元宇宙概念艺术大赛"正式启动。本届大赛主题为神话密码学，以发掘和鼓励概念艺术创作者为目标，以大赛为契机在概念艺术和加密艺术之间建立沟通桥梁，打造国际化的、专业的加密艺术协作平台。通过稿件的征集找到具有全局思维的概念艺术家，与数字化合物共同构建具有价值观的元宇宙世界。该大赛的启动，为推进元宇宙艺术创作提供了助推力。

香港 M+ 博物馆开馆

11 月 11 日，香港西九文化区 M+ 博物馆开幕典礼在香港举行。M+ 博物馆是一所立足香港、背靠中国内地、服务世界的当代视觉文化博物馆，其规模在亚洲首屈一指，存置及展示涵盖中国香港、中国内地、亚洲其他地区的视觉文化馆藏。

香港特区行政长官出席典礼并致辞表示，M+ 博物馆开幕是香港有史以来最大型文化建设的重要里程碑，香港大有条件发展成为中外文化艺术交流中心，并把中华文化带向世界，展示中华文化的实力。M+ 博物馆有助于推动香港文化艺术产业的发展，也让更多年轻人发挥文化创意，为香港的艺术家和创作者提供更多国际级的展示机会。

西岸美术馆"巴黎建筑"特展开幕

11 月 11 日，西岸美术馆与蓬皮杜国家艺术和文化中心五年展陈合作项目推出特展"巴黎建筑（1948—2020）：城市进程的见证"，这是首次在中国大规模呈现的蓬皮杜中心建筑类馆藏。展览将二战后新一代现代建筑师，以及伦佐·皮亚诺、让·努维尔、安藤忠雄、弗兰克·盖里、雷姆·库哈斯等国际建筑大师的现代城市图景构想浓缩于建筑专题展，通过过去近七十年间的诸多建筑杰作及经典案例，从办公、住宅、商业项目、大型工建项目、公共文化建筑等类型，追溯了巴黎这座国际大都市意义深远的演变历程。展览为公众提供了难得的参观机会，以宏观视角感受"建筑"这一极具现代性的跨学科领域在艺术以及社会层面的多元影响力，纵览世界经典以溯源城市之光。

香港苏富比举办首届中国艺术周

11 月 25 日，香港苏富比举办首届中国艺术周，举办两场现场拍卖会及四场网上专场拍卖，涵盖跨越 5000 年的中国艺术瑰宝，汇聚中国悠久艺术史中的精髓。"艾伯哈特珍藏中国古代艺术品"专场呈现奥地利著名建筑师朱利思·艾伯哈特（Julius Eberhardt）珍藏六器，从中可窥其对中国早期文化艺术的博好广藏；"博古五千"专场呈现各种中国艺术精品，包括御制瓷器、玉器、漆器及家具等；"亚洲私人珍藏中国艺术品"专场呈现中国早期艺术精品；"小玩意——中国书画网上拍卖"专场呈现一系列古代及近现代书画作品；"壶趣闲心——雪月藏中国鼻烟壶（二）"专场上拍由 Tuyet Nguyet（雪月）及 Stephen Markbreiter 伉俪的鼻烟壶收藏；"研学正心——雪月藏亚洲艺术"专场上拍中国玉石雕塑、藏传老天铁、骆越文化青铜鼓及缅甸青铜砝码等。香港苏富比举办的首届中国艺术周拍卖，是拍行业务精耕细作的积极探索。

意大利向希腊归还帕特农神庙文物

11 月 30 日，希腊文化和体育部宣布，意大利把雅典卫城帕台农神庙的一块大理石碎片归还希腊。这次归还希腊的大理石雕碎片来自帕台农神庙东楣上的六号石，被意大利收藏于西西里岛巴勒莫的安东尼奥萨利纳斯考古博物馆。这件塑造狩猎女神阿耳忒弥斯的长袍和右脚的雕塑作品在巴勒莫博物馆收藏了两个世纪。根据意大利法律规定，这件作品以 4 年租借的方式运回希腊，之后再继续延长租借期。作为回报，雅典卫城博物馆向巴勒莫博物馆借出一尊雅典娜女神雕像展出。意大利此次文物归还与相关后续合作，开创了国际间文物归还的新模式，对文物归还工作具有积极意义。

唐骝千夫妇 1.25 亿美元捐赠美国大都会，曾捐《溪岸图》

11 月 30 日，美籍华裔金融家、慈善家唐骝千及其考古学家妻子向美国大都会艺术博物馆捐赠了 1.25 亿美元资金，以支助该馆现当代艺术区的建设，该艺术区以他们的名字命名，为期持续至少 50 年。唐骝千为大都会艺术博物馆荣休董事，也是其亚洲艺术部的顾问委员会主席。他于 1997 年从定居美国的大收藏家王季迁处重金购入中国山水画《溪岸图》，后在大都会展出并寄藏于此，2017 年正式捐赠大都会艺术博物馆。唐氏夫妇此举，为美国大都会艺术博物馆现当代艺术的建设及相关研究与展示提供了可靠的资金，为博物馆该板块艺术的发展奠定了丰厚的资金基础。

十二月大事记
December

荷兰国家博物馆计划将 110 万件藏品数字化

12 月 1 日，荷兰国家博物馆宣布与戴尔科技公司进行合作，共同致力于馆藏作品的进一步数字化、存储和开放工作，荷兰国家博物馆全部馆藏在 2023 年以数字化的形式面世。荷兰国家博物馆是世界上首批向公众在线开放藏品的博物馆之一。2012 年，荷兰国家博物馆开始通过 the Rijksstudio 网站，以数字方式向公众提供一部分藏品。此次戴尔科技把 110 万件馆藏全部数字化，藏品图像通过 the Rijksstudio 网站和应用程序提供，以便世界各地观众免费通过网站或应用程序，以高分辨率查看、下载和共享博物馆数字化馆藏。

国家文物局：到 2022 年石窟寺重大险情将全面消除

12 月 7 日，为做好"十四五"时期石窟寺保护利用工作，国家文物局印发《"十四五"石窟寺保护利用专项规划》，明确到 2022 年，石窟寺管理体制机制创新取得重要进展，石窟寺重大险情全面消除，重点石窟寺安防设施全覆盖，风险防控水平和应急处理能力显著提升；到 2025 年，石窟寺保存状况明显改善，安全防范能力持续提升。规划提出，实施"石窟中国"保护工程，全面提升保护水平。建设国家石窟寺资源数据平台，推动各级人民政府将具有重要价值的未定级和新发现石窟寺核定公布为市县级及以上文物保护单位。开展中小石窟寺抢救性保护，确保无重大险情；提升中小石窟寺保护基础设施，改善其保存环境；开展重要石窟寺保护示范工程，突出研究性、示范性、导向性。不断完善打击文物犯罪联合长效机制，将石窟寺文物盗窃盗割犯罪纳入全国打击文物犯罪专项行动重点。持续追缴被盗石窟寺文物，追索流失文物。开展石窟寺违规妆彩、涂画、燃香专项整治工作。该规划为中国石窟寺保护、研究与利用等方面提供了有效政策保障。

长三角签署文物市场一体化发展战略协议

12月10日，上海市文物局、江苏省文物局、浙江省文物局和安徽省文物局共同签署《长三角文物市场一体化规范发展战略合作框架协议》，建立全国首个区域性文物市场一体化合作体系。长三角地区人文荟萃，名家辈出，在民间文物收藏方面有着悠久的传统，是我国民间文物资源蕴藏丰厚、文化地域特色鲜明、文物市场最具活力的区域之一。根据合作协议，三省一市通过政府推动、资源整合、项目互动、政策引导、机制探索等方式，创建长三角地区资源集聚、要素集约、业态集群、效益集成的社会文物保护利用新高地，共同打造文物市场一体化规范发展合作平台。在每年春秋两个拍卖季，三省一市统筹组织长三角地区文物经营主体参加国际艺术品交易月、中国国际文物艺术品交易博览会。此外，还探索建立文物市场主体和从业人员诚信系统和失信登记制度，形成以信用为核心的区域市场监管机制和质量评价体系，并发布文物交易市场黑名单。在加快构建以国内大循环为主体、国内国际双循环相互促进的新发展格局的战略背景下，长三角地区也已成为我国文物市场与国际文物市场的战略链接点。

沙特阿拉伯首个当代艺术双年展开幕

12月11日，沙特阿拉伯首个当代艺术双年展"迪里耶当代艺术双年展"于迪里耶JAX创意区向公众开放。本次双年展邀请到来自沙特和世界各地的60多位知名艺术家，展出作品涵盖双年展的委任作品和当代艺术家的经典之作，以多样化的艺术媒介展现当代艺术的魅力。作为国际对话和交流的平台，双年展为沙特本土及国际艺术家提供一个合作的契机，共同营造交互式的艺术体验，打造一场欢颂当代文化、提倡开放互动、鼓励广泛参与的艺术双年展。首届双年展由UCCA尤伦斯当代艺术中心馆长担任艺术总监，该双年展的主题为"摸着石头过河"，它是社会经济转型时期所采取的改革策略的一种隐喻。展览共分为六个单元："摸着石头过河""传承作为实验""边缘思考""走向公众""美丽新世界"以及"论艺术的精神"，每一环节都在促发沙特阿拉伯急速演变的艺术语境与更广阔的世界之间的对话，加强了沙特本土艺术与国际艺术的交流。

两尊明代陶俑回归中国入藏上海博物馆

12月13日，国家文物局于上海博物馆主办文物捐赠入藏仪式，美国加利福尼亚州苏珊娜·芙拉图斯（Suzanne Fratus）女士捐赠中国的两尊明代陶俑入藏上海博物馆。国家文物局协调联动驻美大使馆、驻旧金山总领事馆和上海市有关方面，共同促成此次文物顺利回归中国。苏珊娜女士将陶俑送归故土的义举，展现了美国普通民众对中国人民的友好情谊，彰显了回归文物所蕴含的艺术价值，表达了各国人民携手保护人类文化遗产的共同心愿。此举带动更多社会各界人士关注和支持文物追索返还工作，促成更多流失文物归国。

全国打击防范文物犯罪专项行动已追缴各类文物 6.1 万余件

12 月 13 日，公安部召开新闻发布会，会上发布自 2020 年 8 月 31 日以来，公安部会同国家文物局组织部署开展新一轮全国打击防范文物犯罪专项行动的成果。截至 2021 年 11 月 30 日，全国公安机关共侦破各类文物犯罪案件 2704 起，打掉文物犯罪团伙 585 个，抓获犯罪嫌疑人 5368 名，其中抓获公安部 A 级通缉令逃犯 22 名，追缴各类文物 6.1 万余件。此次全国打击防范文物犯罪专项行动重点打击盗掘古文化遗址古墓葬、盗掘石窟寺石刻、盗窃古建筑及其构件、盗窃损毁革命文物等违法犯罪活动。这是公安部会同国家文物局部署开展的第 4 轮全国打击文物犯罪专项行动，突出打防并举、以防为先，进一步加强文物犯罪的防范工作，为我国文物安全提供了有效保障。

美国向意大利归还 200 件失窃文物

12 月 15 日，美国纽约市曼哈顿地区检察官办公室宣布向意大利归还 200 件失窃文物，这批文物估价约 1000 万美元。这批文物中，有 150 件通过调查古董商爱德华多·阿尔马贾追得。阿尔马贾曾因涉嫌非法买卖被盗文物在意大利接受调查，至今在逃。这 150 件文物大部分被纽约的福德姆希腊、伊特拉斯坎与罗马艺术博物馆收藏。2020 年 8 月以来，曼哈顿地区检察官办公室共向 14 个国家和地区归还 717 件文物，其中 27 件归还柬埔寨、104 件归还巴基斯坦、248 件归还印度。曼哈顿检查部门此举为打击国际间文物犯罪提供了良好示范。

《关于加强民间收藏文物管理促进文物市场有序发展的意见》出台

12 月 16 日，国家文物局、国家发展改革委、文化和旅游部、市场监管总局等六部门联合发布《关于加强民间收藏文物管理促进文物市场有序发展的意见》，就加强民间收藏文物管理，促进文物市场有序发展，提出十五项意见，主要涉及四个方面改革任务。一是完善服务，满足收藏需求。二是优化供给，保障收藏权益。三是拓展渠道，完备市场体系。四是政策保障，改善发展环境。从政策扶持、人才培养、市场监管、贯彻实施等方面，进一步营造良好环境，为文物市场活跃有序发展保驾护航。《意见》聚焦社会文物重点难点和改革发展问题，积极回应民众期待，加强顶层设计和制度创新，探索民间收藏文物保护利用和文物市场有序发展之路，奠定了新时代民间收藏文物和文物市场监管、服务的工作基调。

"白——意大利当代陶瓷艺术展"在景德镇开展

12月18日，"白——意大利当代陶瓷艺术展"在江西景德镇陶溪川美术馆开展，表现了意大利艺术家对于陶瓷材料与现当代观念的理解与认识，呈现了意大利基于本国文化记忆的当代艺术表达。此次展览作品由意大利法恩扎市政府、意大利陶瓷城市联合会和卡罗·扎乌利博物馆共同征集，包含雕塑、装置、影像等多个艺术门类作品，共计32位艺术家和46件套作品，旨在中意文化和旅游年之际，促进中意两国文旅融合，探究意大利艺术家们的原创理念以及在陶瓷艺术上的实践，通过展览的方式为景德镇成熟的陶瓷行业标准与传统注入鲜活的思想。从瓷器发展的历史维度来看，意大利当代陶瓷不仅承载着东西方发展融合之变，还让传统在现代语境下得以显现，也是当代艺术在人类文化与物质中的平衡。此次展览在景德镇与法恩扎的碰撞交融之中对过去文化艺术交流活动进一步丰富，也为中意未来进行了更加深入的文化艺术等全方位交流的展望。

国家文物局、财政部发布关于加强新时代革命文物工作的通知

12月29日，国家文物局、财政部联合印发《关于加强新时代革命文物工作的通知》，就切实保护好、管理好、运用好革命文物提出要求。《通知》强调，加强系统保护，不断夯实工作基础，健全革命文物资源资产管理制度，积极开展革命文物资源专项调查和定期排查，统筹抢救性保护和预防性保护、本体保护和周边保护、单点保护和集群保护。切实加大省级及省级以下革命文物保护力度，国家文物保护资金用于省级及省级以下文物保护单位保护的一般项目补助应向革命文物保护项目加大倾斜。组织编制革命文物保护利用片区工作规划，合力推进革命文物连片保护，强化片区工作的科学布局，加大国家文物保护资金对片区集中连片保护项目和整体陈列展示项目的支持。为确保各项工作顺利开展，切实提高项目资金使用效益，合理确定分年度项目预算和绩效目标，加强项目预算执行管理，规范政府采购活动，提高项目资金使用效益。该《通知》为我国革命文物保护利用提供了有效参考与规范。

Chapter 6

Commentary of Antique and Art Industry

Policies in 2021

第六章　年度文物艺术品行业政策法规点评

年度收藏与拍卖行
业政策法规点评

Commentary of Antique and Art
Industry Policies

一 《关于进一步完善文化市场综合执法运行机制的通知》

由中共中央宣传部、文化和旅游部、国家广播电视总局、国家文物局发布。旨在贯彻落实中办、国办《关于深化文化市场综合行政执法改革的指导意见》（2018 年），提高文化市场综合执法协作水平，明确责任边界，完善工作制度，提升行政管理效能和综合执法履职能力。

《通知》内容包括明确执法主体、建立协同机制、明确职责权限、强化执法保障 4 个部分，针对改革后文化市场综合执法工作亟须明确的若干重要事项，提出相应制度设计。简言之，就是整合文化、文物、出版、广播电视、电影、旅游市场领域的行政执法职责，相对集中行政处罚权，由各级文化市场综合执法队伍承担行政执法职责。类似于国防和军队改革（"战区主战、军种主建"格局），实行综合执法队伍"文旅主建、各家共用"。（笔者 2016 年曾提出建议）

《通知》还特别明确了对依法已经取得相关行政许可市场主体、依法应取得而未取得相关行政许可市场主体、法律法规有明确法律责任但无行政许可规定等情形的执法职责划分，填补了以往监管空白。

《通知》出台后，文化和旅游部又先后印发了《文化市场综合执法行政处罚裁量权适用办法》《文化市场综合行政执法事项指导目录（2021 年版）》（共 156 项），《指导目录》列入了对买卖国家禁止买卖的文物或者将禁止出境的文物转让、出租、质押给外国人的行政处罚等内容。（未列入无资质从事文物商业经营活动、未经审核拍卖文物等内容）

对于收藏与拍卖行业，《通知》针对以往"九龙治水"、文物领域执法力量薄弱、信息共享和认定鉴定难等问题，设计了环环相扣的管理链条，完善了文化（文物）市场综合执法运行机制。对于维护市场秩序，是有效建构；对于违法经营行为，是有力威慑。

关注：文化市场综合执法队伍的自身能力建设、与（文物和旅游部门以外的）相关主管部门（文物、市场监督管理等）的工作衔接。

扫码阅读该项通知

二　《海关支持 2021 年第四届中国国际进口博览会便利措施》

由海关总署发布。旨在总结前三届中国国际进口博览会通关便利化措施（如财政部、海关总署、国家税务总局《关于中国国际进口博览会展期内销售的进口展品税收优惠政策的通知》，国家文物局《关于支持 2020 年第三届中国国际进口博览会文物类展品监管和便利化措施的公告》）的基础上，保障中国国际进口博览会"越办越好"。

《措施》明确支持文物展品参展，按规定享受税收政策优惠。对于经国家文物部门认定为文物的展品，允许以暂时进境展览品或保税展示形式参展；展期内销售国家文物部门允许境内消费者购买的文物展品，对符合中国国际进口博览会展期内销售的进口展品税收优惠政策规定的，可按政策规定予以免税进口。

对于收藏与拍卖行业，《措施》延续了对进博会展期内销售合理数量的进口展品免征进口关税、进口环节增值税和消费税的政策，同时采取了更多便利化举措，进一步激发了文物进境展示销售活力。据报道，第四届进博会首次设立文物艺术品板块，文物艺术品展示销售的数量和质量都将较上一届有极大提升，佳士得、苏富比、富艺斯等知名机构纷纷携名家佳作亮相，最终成交 41 件，成交额达 7.6 亿元，其中不乏傅抱石、齐白石、吴冠中等中国艺术家的精品，境外艺术品来华和海外中国文物回流大门又往大敞开了一些。

关注：一、持续期待更大的政策突破（文物数量、政策周期等）。二、享受税收优惠政策的文物艺术品之公益性服务。

扫码阅读该项措施

三 《国有博物馆藏品征集规程》

由国家文物局、财政部发布。旨在进一步规范国有博物馆藏品征集工作，优化国有博物馆藏品体系。

《规程》规定了博物馆藏品征集的概念、制度、原则、程序、信息公开等内容。将通过购买方式征集藏品的工作程序确定为：（一）征集调查；（二）专家鉴定；（三）估价建议；（四）价格谈判或协商；（五）征集实施；（六）支付验收；（七）登记入账；（八）建档备案；（九）监督检查。

《规程》明确或重申了国有博物馆藏品征集的底线要求，如不得征集来源不合法或来源不明的藏品，征集活动不得有违博物馆职业道德；对真伪鉴定实行"一票否决"；通过年报、网站、媒体等方式，及时向社会公布藏品征集价格，以及管理、使用等情况，主动接受社会监督。

《规程》还与财政部、国家文物局 2021 年 3 月 11 日发布的《国有文物资源资产管理暂行办法》相衔接，提出"形成的估价建议价格较高的，应按照国家有关规定进行资产评估，并以资产评估结果作为估价建议"。

对于收藏与拍卖行业，虽然《规程》并非直接面向文物艺术品收藏者、经营者提出，但也具有密切关联。一是征集估价参考国有文物商店销售、文物拍卖公司拍卖成交价格；二是有偿征集的，应要求被征集方开具发票、收据等有效凭证；三是接受捐赠如确有必要，可给予适当物质奖励；四是特别明确了委托国有文物商店等机构代为征集藏品的要求。

关注：一、藏品是博物馆发展的基础，《规程》出台的目的，不是限制而是规范博物馆征集藏品。从长期看，应在规范的前提下，支持、鼓励博物馆征集藏品。二、征集程序复杂了以后，博物馆还能否适应文物拍卖、私人与机构收藏竞争的环境，及时、有效地征集到心仪的藏品?三、需处理好《规程》中"估价建议"与"资产评估"的关系，虽然当下还未发生，但与将来的资产评估制度如何衔接?

扫码阅读该项规程

四 《关于支持海南自由贸易港建设放宽市场准入若干特别措施的意见》

由国家发展和改革委员会、商务部发布。旨在进一步支持海南打造具有中国特色的自由贸易港市场准入体系和市场环境，促进生产要素自由便利流动，加快培育国际比较优势产业，高质量高标准建设自由贸易港。文件发布前，征求了包括文物主管部门在内的相关部门意见。

《意见》包含了多项关于文物艺术品保护、交易、鉴定等方面的内容。如：（十）支持建设海南国际文物艺术品交易中心。引入艺术品行业的展览、交易、拍卖等国际规则，组建中国海南国际文物艺术品交易中心，为"一带一路"沿线国家优秀艺术品和符合文物保护相关法律规定的可交易文物提供开放、专业、便捷、高效的国际化交易平台。鼓励国内外知名拍卖机构在交易中心开展业务。推动降低艺术品和可交易文物交易成本，形成国际交易成本比较优势。在通关便利、保税货物监管、仓储物流等方面给予政策支持。（十三）放宽文物行业领域准入。对文物商店设立审批实行告知承诺管理。支持设立市场化运营的文物修复、保护和鉴定研究机构。（十六）鼓励海南大力发展职业教育。发展医疗、康养、文化演艺、文物修复和鉴定等领域职业教育，对仅实施职业技能培训的民办学校的设立、变更和终止审批以及技工学校设立审批，实行告知承诺管理。

对于收藏与拍卖行业，这是中央政府支持某一地方（区域）高质量发展政策的集中释放，是文物艺术品市场罕有的突破性"利好"。具体而言，一是文物保税交易便利化有重大扩展，二是首提文物商店设立告知承诺，三是明确支持市场化运营的文物鉴定等机构，四是发展民办文物鉴定职业教育。本质上讲，海南一少文物、二少买家、三少卖家（三个"少"），主要是靠政策优势和优质服务引入优良资源，三个"优"必须兼而有之，才能促使市场要素流动和集聚，产生"化学反应"，形成不同于他地、具有比较优势的市场环境，打造高质量、有竞争力的文物艺术品"自由贸易港"。

关注：海南能否种好文物流通及相关领域进一步改革开放的"试验田"？（"全岛自贸"还是"区内自贸"？）

扫码阅读该项意见

五　《中国拍卖行业"十四五"发展规划》

由中国拍卖行业协会发布。旨在科学规划、全面指导"十四五"时期拍卖行业高质量发展，更好地为国家经济社会发展服务。

《规划》从发展历程回顾与面临形势，指导思想，发展原则与发展目标，重点发展任务和领域，发展保障措施等 5 个方面，谋划了中国拍卖行业"十四五"时期发展蓝图，明确了创新拓展市场空间、持续提升专业能力、不断加强法治建设、跨越实现数字建设等发展目标。

中国收藏
拍卖年鉴
2022

CHINESE FINE ART &
ANTIQUES AUCTION
YEARBOOK 2022

《规划》将"培育艺术品拍卖市场"作为"加强细分市场建设"的首要任务（"加强细分市场建设"同时也是"重点发展任务和领域"的第一项），提出健全完善市场生态体系、持续争取相关法规和政策支持、借助数字技术推动差异竞争等具体要求。

对于收藏与拍卖行业，《规划》指出，中国拍卖行业在繁荣文物艺术品市场等方面发挥了重要作用。艺术品拍卖市场是最能体现拍卖企业能力作用、最具有社会影响力和持久生命力的市场，也是头部效应最为明显、同质竞争最为严重、社会舆论最为聚焦的拍卖市场，要以规范运营、打造生态为途径，以国内优质拍品优质服务为主、境外回流拍品境外主题拍卖为辅，持续做大做强艺术品拍卖市场。通过健全完善良性的市场生态体系，包括公平的政策环境、诚信的商业环境和有序的市场秩序（加大非法拍卖打击力度），整合物流、保险、金融等相关配套服务，全面有效规范艺术品拍卖市场的运营发展。

关注：行业协会的基本功能是维护行业利益、促进行业自律、保障会员权益、推动行业发展，主要方法是发挥桥梁和纽带、规范和引领作用。这些年来，中国拍卖行业协会在文物艺术品拍卖方面思考颇深、用力颇多，《规划》也颇费周章，拭目以待其落地见效。如是，斯其盛哉！

扫码阅读该项规划

六 《文化和旅游市场信用管理规定》

由文化和旅游部发布。旨在规范和加强文化和旅游市场信用管理，保护各类市场主体、从业人员和消费者合法权益，维护文化和旅游市场秩序，促进文化和旅游市场高质量发展。

据报道，《规定》着眼于构建贯穿市场主体全生命周期、衔接事前事中事后全监管环节的新型监管机制，坚持依法行政、合理关联、保护权益、审慎适度的原则，明确了文化和旅游市场失信主体的认定与管理制度、信用信息的采集归集公开与共享制度、信用修复制度、信用评价制度、信用承诺制度和权利保障制度，确保奖惩措施与守信失信行为相当。

《规定》将艺术品经营活动，与从事营业性演出、娱乐场所、互联网上网服务、网络文化、社会艺术水平考级等经营活动的法人或者其他组织，一并纳入文化市场主体管理范围；将上述市场主体的法定代表人、主要负责人、实际控制人等有关人员，纳入文化市场从业人员管理范围。

对于收藏与拍卖行业，《规定》的出台，有利于推进"放管服"改革，推动政府职能转变，激发市场主体活力。以社会信用体系建设管理为基础的现代治理体系，是国家治理的发展方向，远比事事靠政府部门审批和监管更高级、更有效，已在诸多领域运行。艺术品经营活动中长期存在的造假、展假、鉴假、售假、拍假等问题，或许有望在社会信用体系建设和多部门联合运用信用评价结果中逐步得到解决。

2021 年 12 月，国家市场监督管理总局发布《法治市场监管建设实施纲要（2021—2025 年)》，强调以信用监管为基础强化事中事后监管。完善包括信用信息记录与公示、信用风险分类、失信行为认定、守信激励和失信惩戒在内的信用监管体系。积极推进企业信用风险分类管理，按照信用风险状况对企业进行分类并实施差异化的监管措施。强化跨地区、跨部门、跨层级信息归集共享，推动国家企业信用信息公示系统全面归集市场主体信用信息并依法公示，与全国信用信息共享平台、国家"互联网 + 监管"系统等实现信息共享。

关注：艺术是崇高的，艺术品收藏与经营也应该是高尚的，再不能任由造假、售假者肆意妄为。

扫码阅读该项规定

七 《"十四五"文物保护和科技创新规划》

由国务院办公厅发布。旨在贯彻习近平总书记关于文物工作的重要指示批示精神，加强"十四五"时期文物保护和科技创新工作。这是文物领域的发展规划第一次上升为国家级专项规划，体现了党和国家对文物事业的高度重视。

《规划》指出，"十四五"时期要坚持以习近平新时代中国特色社会主义思想为指导，认真贯彻落实习近平总书记关于文物工作的重要指示批示精神，立足新发展阶段、贯彻新发展理念、构建新发展格局，以推动文物事业高质量发展为主题，以深化文物保护利用改革为主线，以强化文物科技创新和人才队伍建设为动力，全面加强文物保护研究利用，全面深化对中华文明的认知，全面提升中华文化影响力，全面推进文物治理体系和治理能力现代化，稳中求进、守正创新，走出一条符合国情的文物保护利用之路，推动实现从文物资源大国向文物保护利用强国跨越，为实现中华民族伟大复兴的中国梦作出更大贡献。

《规划》明确"十四五"时期文物事业发展的基本原则，提出文物安全形势明显好转、文物保护水平全面提升、文物科技创新能力实现跃升、文物机构队伍力量增强结构优化，文物领域社会参与活力不断焕发、文物治理体系和治理能力现代化初步实现等"十四五"时期主要目标，设立资源管理、文物安全、科技创新、改革创新、博物馆纪念馆、人才队伍等 6 个方面 21 项主要指标。部署强化文

中国收藏
拍卖年鉴
2022

CHINESE FINE ART &
ANTIQUES AUCTION
YEARBOOK 2022

物资源管理和文物安全工作、全面加强文物科技创新、提升考古工作能力和科技考古水平、强化文物古迹保护、加强革命文物保护管理运用、激发博物馆创新活力、优化社会文物管理服务、大力推进让文物活起来、加强文物国际交流合作、壮大文物人才队伍等 10 个方面重点任务，设置了 10 个专栏 48 项重点工程项目。

《规划》单设"优化社会文物管理服务"一章，提出促进文物市场健康有序发展、建立多层次文物鉴定服务体系、提升文物进出境管理服务水平、构建文物追索返还常态化工作格局等 4 个板块工作思路，安排文物市场中心城市建设、全国文物市场信息与信用管理系统建设、文物鉴定科技支撑能力提升、社会文物管理服务综合改革试点、流散海外文物数字复原工程等 5 个专栏项目（统称为"社会文物管理服务行动计划"）。

《规划》坚持与时俱进，提出培育现代文物市场体系，优化文物市场区域布局；强化文物商店（一级市场）作用，探索降低文物商店准营门槛；推动文物市场线上线下融合，支持在线展示、交易和定制服务等新业态发展；建设全国文物市场信息与信用管理系统，完善文物流通信用体系、文物市场全流程协同监管机制；支持文博单位、社会力量探索成立文物鉴定机构，提供公益性咨询和经营性活动相结合的鉴定服务；实施文物鉴定职业技能等级认定，加快科技辅助鉴定联合研究与应用推广；探索建立文物进境登记制度，优化文物临时进出境管理服务；加强流失海外文物调查监测，深度参与国际治理，促进完善国际规则等一系列创新举措。

对于收藏与拍卖行业，《规划》相关内容主题之鲜明、范围之广泛、发力之深厚，前所未有。社会文物工作是文物事业的"第三极"（另：文物保护与考古、公共文化服务），主要包括文物市场、文物鉴定、文物进出境管理和流失文物追索等工作，涉及《文物保护法》多个章节。其核心是：坚持社会效益优先，加强对民间收藏的指导、管理和服务，健全文物合法流通交易体制机制，优化文物鉴定服务和文物进出境监管，完善流失文物追索返还制度。行业发展需贯彻国家规划，遵守法律法规，把握正确方向，主动适应新局，增强持续动力，争取最大效益。

关注：一个骨头一个骨头的"啃"，强身健体，凝聚共识，实现高质量发展，满足人民群众日益增长的收藏鉴赏需求。政府、企业、收藏者（消费者）目标和利益一致，共赢、多赢才是王道。

扫码阅读该项规划

八 《关于加强民间收藏文物管理 促进文物市场有序发展的意见》

由国家文物局、国家发展和改革委员会、人力资源和社会保障部、商务部、文化和旅游部、国家市场监督管理总局联合发布。旨在加强民间收藏文物管理，促进文物市场健康有序发展。

《意见》聚焦社会文物重点难点和改革发展问题，积极回应公众关切，加强顶层设计和制度创新，奠定新时代民间收藏文物和文物市场监管、服务的工作基调。

《意见》共提出 15 条措施（规范鉴定、加强保护、鼓励利用、引导收藏、保障流通、丰富供给、促进回流、严控流失、优化购销、做强拍卖、创新业态、政策扶持、人才培养、联合监管、部门协同），涉及 4 个方面改革任务：一是完善服务，满足收藏需求。鼓励文博机构向社会提供文物鉴定、保管、修复、展示等服务，向公众普及收藏知识。二是优化供给，保障收藏权益。试点将古玩旧货市场经营商户纳入文物商店管理、简化拍卖标的审核程序、研究调整文物回流税收政策、优化文物进出境管理，多层次增加市场有效供给。三是拓展渠道，完备市场体系。鼓励文物商店提质改革、培育拍卖领军企业、支持文物经营模式和业态创新，多方位促进市场发展。四是政策保障，改善发展环境。从政策扶持、人才培养、市场监管、贯彻实施等方面，为文物市场活跃有序发展保驾护航。

对于收藏与拍卖行业，这是开天辟地的大事件。国家明确民间合法收藏文物的积极意义，肯定了民间收藏在文物保护、文化传承、促进相关产业发展等方面的重要作用。坚持规范与鼓励并举，以全领域、全链条、全流程、全方位，提出改革任务，建立事业台账，走出符合中国国情的社会文物管理服务之路的坚实一步。

关注：此之谓民间收藏"15 条"，记事留念。改革元年。

扫码阅读该项意见

Chapter 7

Appendix

第七章 附录

扫码解析艺术市场

中国收藏
拍卖年鉴
2022

CHINESE FINE ART &
ANTIQUES AUCTION
YEARBOOK 2022

全国文物评估鉴定机构
Art Authentication Organizations in China

涉案文物鉴定评估机构名单

　　《最高人民法院、最高人民检察院关于办理妨害文物管理等刑事案件适用法律若干问题的解释》于 2016 年 1 月 1 日起正式施行。该司法解释第十五条明确表示，对案件涉及的有关文物鉴定、价值认定等专门性问题难以确定的，由司法鉴定机构出具鉴定意见，或者由国务院文物行政部门指定的机构出具报告。其中，对于文物价值，也可以由有关价格认证机构做出价格认证并出具报告。根据此条司法解释，国家文物局于 2016 年 1 月 4 日确定了首批涉案文物鉴定评估机构。为满足司法机关对涉案文物鉴定评估工作的需要，充分发挥文物鉴定评估对依法打击文物违法犯罪活动的支撑作用，国家文物局先后于 2016 年 9 月 30 日与 2022 年 7 月 27 日公布第二、三批涉案文物鉴定评估机构名单。

批次	机构名称	电话	地址
第一批	北京市文物进出境鉴定所	010-64014608	北京市东城区府学胡同 36 号
	天津市文物管理中心	022-23395236	天津市和平区大理道 44 号
	山西博物院	0351-4050840	山西省太原市万柏林区滨河西路北段 13 号
	内蒙古博物院	0471-4608462	内蒙古自治区呼和浩特市新城区新华东街 27 号
	辽宁省文物保护中心	024-24846318	辽宁省沈阳市沈河区朝阳街少帅府巷 48 号
	浙江省文物鉴定站	0571-87081576	浙江省杭州市西湖区天目山路 99 号科贸大楼
	安徽省文物鉴定站	0551-62826619	安徽省合肥市安庆路 268 号
	国家文物出境鉴定河南站	0371-65963495	河南省郑州市人民路 11 号
	湖南省文物鉴定中心	0731-84441768	湖南省长沙市芙蓉区五一大道 399 号
	广东省文物鉴定站	020-87047999	广东省广州市水荫四横路 32 号楼 5-7 楼
	国家文物出境鉴定四川站	028-86120526	四川省成都市少城路 6 号
	陕西省文物鉴定研究中心	029-85360103	陕西省西安市雁塔区雁塔西路 193 号陕西省文物局内 103、105 室
第二批	北京市古代建筑研究所	010-83168738	北京市西城区东经路 21 号
	河北省博物院	0311-86045642	河北省石家庄市长安区东大街 4 号
	山西省文物交流中心	0351-7225133	山西省太原市迎泽区小南关西街 6 号
	辽宁省文物总店	024-23224679	辽宁省沈阳市和平区民主路 68 号
	吉林省博物院	0431-81959567	吉林省长春市净月高新技术产业开发区永顺路 1666 号
	黑龙江省博物馆	0451-53636187	黑龙江省哈尔滨市南岗区红军街 50 号
	上海市文物保护研究中心	021-54651200	上海市徐汇区岳阳路 48 号
	南京博物院	025-84800448	江苏省南京市玄武区中山东路 321 号
	苏州文物商店	0512-65224972	江苏省苏州市姑苏区人民路 1208 号

批次	机构名称	电话	地址
	淮安市博物馆	0517-83645659	江苏省淮安市清河区健康西路 146-1
	福建省文物鉴定中心	0591-87118174	福建省福州市台江区白马中路 15 号
	江西省文物商店	0791-86778942	江西省南昌市东湖区民德路 349 号
	山东省文物鉴定中心	0531-85058086	山东省济南市历下区经十路 11899 号
	湖北省博物馆	027-86783171	湖北省武汉市武昌区东湖路 160 号
	湖南省文物考古研究所	0731-84441768	湖南省长沙市开福区东风路东风二村巷 18 号
	广西壮族自治区博物馆	0771-2707025	广西壮族自治区南宁市青秀区民族大道 34 号
	国家文物进出境审核海南管理处	0898-66961649	海南省海口市龙华区龙昆南路 76 号金霖花园 45 栋
	重庆市文化遗产研究院	023-63526660	重庆市渝中区枇杷山正街 72 号
第二批	重庆中国三峡博物馆	023-63679011	重庆市渝中区人民路 236 号
	贵州省博物馆	0851-86822214	贵州省贵阳市云岩区北京路 168 号
	云南省文物总店有限公司	0871-63158542	云南省昆明市五华区青年路 371 号 4 楼
	西藏文物鉴定中心	0891-6826335	西藏自治区拉萨市城关区天海路 16 号
	甘肃省文物考古研究所	0931-2138656	甘肃省兰州市城关区和平路 165 号
	甘肃省博物馆	0931-2346308	甘肃省兰州市七里河区西津西路 3 号
	青海省博物馆	0971-6118691	青海省西宁市城西区西关大街 58 号
	青海省文物考古研究所	0971-8176135	青海省西宁市城东区为民巷 15 号
	宁夏回族自治区博物馆	0951-5015460	宁夏回族自治区银川市金凤区人民广场东街 6 号
	新疆维吾尔自治区文物总店	0991-2825161	新疆维吾尔自治区乌鲁木齐市天山区解放南路 39 号
	新疆维吾尔自治区博物馆	0991-4533451	新疆维吾尔自治区乌鲁木齐市沙依巴克区西北路 581 号
	太原市博物馆	0351-5679056	山西省太原市晋源区广经路 13 号
	运城市文物保护中心	0359-2381913	山西省运城市建设北路 189 号
	大同市博物馆	0352-2303533	山西省大同市御东新区太和路东侧
	辽宁省文物考古研究院	024-22862746	辽宁省沈阳市和平区九纬路 19 号甲
	吉林省文物店	0431-88419541	吉林省长春市朝阳区新民大街 1162 号
第三批	黑龙江省文物考古研究所	0451-82721944	黑龙江省哈尔滨市南岗区宣德街 44 号
	上海市文物交流中心	021-63215868	上海市广东路 192-246 号
	徐州博物馆	0516-83804409	江苏省徐州市和平路 118 号
	无锡博物院	0510-85727689	江苏省无锡市梁溪区钟书路 100 号
	厦门市博物馆	0592-5371668	福建省厦门市思明区体育路 95 号
	江西省文物考古院	0791-86595857	江西省南昌市高新区创新一路 236 号
	景德镇市文物商店	0798-8228207	江西省景德镇市珠山区莲社北路 128 号

批次	机构名称	电话	地址
第三批	山东省古建筑保护研究院	0531-81692993	山东省济南市广智院 146 号
	河南博物院	0371-63511063	河南省郑州市金水区农业路 8 号
	长沙市博物馆	0731-82892568	湖南省长沙市湘江北路滨江文化园
	深圳市文化遗产保护中心	0755-22202827	广东省深圳市罗湖区深南东路 2001 号鸿昌广场 61 楼
	广西文物保护与考古研究所	0771-3319008	广西壮族自治区南宁市科园大道 68 号东盟慧谷 2 号楼
	贵州省文物考古研究所	0851-86830253	贵州省贵阳市观山湖区金元国际
	陕西历史博物馆	029-85254727	陕西省西安市雁塔区小寨东路 91 号
	陕西省考古研究院	029-85521368	陕西省西安市雁塔区乐游路 31 号
	宁夏回族自治区文物考古研究所	0951-5014363	宁夏回族自治区银川市兴庆区利民街 121 号
	新疆维吾尔自治区文物考古研究所	0991-3830293	新疆维吾尔自治区乌鲁木齐市北京南路东二巷 3 号

民间收藏文物鉴定试点单位

为积极回应社会关切，引导规范民间收藏文物鉴定行为，国家文物局于2014年10月24日发布通知，批准7家文博单位面向社会公众开展民间收藏文物鉴定试点工作。此举旨在通过引导国有文博单位参与民间收藏文物鉴定活动，探索民间收藏文物鉴定管理制度，逐步建立民间收藏文物鉴定程序及标准，以规范民间收藏文物鉴定行为，引导公众树立正确的文物价值观。

机构名称	电话	地址
天津市文物开发咨询服务中心	022-23119579 022-23396363	天津市和平区新兴街道贵州路 58 号
黑龙江省龙博文物司法鉴定所	0451-53636187	黑龙江省哈尔滨市南岗区红军街 62 号
西泠印社艺术品鉴定评估中心	0571-86018223	浙江省杭州市西湖区孤山路 31 号
厦门市文物鉴定中心	0592-5052004	福建省厦门市思明区湖滨北路 36 号文物大楼四楼
湖南省文物鉴定中心	0731-84444472 0731-84441768	湖南省长沙市芙蓉区五一大道 399 号
广东省文物鉴定站	020-87047999	广东省广州市水荫四横路 32 号楼 5-7 楼
云南文博文物评估鉴定有限公司	0871-63160925	云南省昆明市青年路 371 号文化科技大楼 4 楼 401 室

国家文物进出境审核管理机构名录

依据《中华人民共和国文物保护法》第六十一条和《中华人民共和国文物保护法实施条例》第四十五条，由国家文物局指定的文物进出境审核机构决定是否受理文物出境许可证的申请；由相关文物进出境审核机构具体审核并做出决定；经审核允许出境的文物，由相关文物进出境审核机构发给由国家文物局签发的文物出境许可证。

机构名称	电话	地址
北京管理处	010-64014608	北京市东城区府学胡同 36 号
天津管理处	022-23396363	天津市和平区贵州路 58 号
河北管理处	0311-85286812	河北省石家庄市长安区东大街 4 号
上海管理处	021-64045311	上海市徐汇区岳阳路 48 号
江苏管理处	025-84841206	江苏省南京市玄武区中山东路 321 号
浙江管理处	0571-87081576	浙江省杭州市下城区校场路 26 号
安徽管理处	0551-62827802	安徽省合肥市庐阳区安庆路 268 号
福建管理处	0591-87118174	福建省福州市台江区白马中路 25 号
山东管理处	0531-85058187	山东省济南市历下区经十路 11899 号
河南管理处	0371-65963945	河南省郑州市金水区人民路 11 号
湖北管理处	027-65399532	湖北省武汉市武昌区公正路 23 号
广东管理处	020-87047165	广东省广州市天河区水荫四横路 32 号 5-7 楼
云南管理处	0871-67204783	云南省昆明市官渡区广福路 6393 号
陕西管理处	029-85360103	陕西省西安市高新区科技一路 35 号
辽宁管理处	024-24846318	辽宁省沈阳市浑南区智慧三街 157 号
四川管理处	028-86120526	四川省成都市青羊区蜀都大道少城路 6 号
山西管理处	0351-5687506	山西省太原市迎泽区文庙巷 33 号
内蒙古管理处	0471-4608271	内蒙古自治区呼和浩特市新城区新华东街 27 号
西藏管理处	0891-6826335	西藏自治区拉萨市城关区天海路 16 号
海南管理处	0898-66987097	海南省海口市龙昆南路 76 号
重庆管理处	023-63679223	重庆市渝中区人民路 236 号

全国重要文物艺术类博物馆及美术馆
Important Museums in China

全国重要文物艺术类博物馆*

　*注：全国主要文物艺术类博物馆名单摘自国家文物局网站公布的《2019 年度全国博物馆名录》（2020.5.28 更新）以及中国博物馆协会网站公布的《第四批国家一、二、三级博物馆名单》（2020.12.21 更新）仅收录其中质量等级为一、二级的省、市级文物艺术类博物馆以及县级文物艺术类特色博物馆。

序号	名称	质量等级	地址
北京市			
1	故宫博物院	一级	东城区景山前街 4 号
2	中国国家博物馆	一级	东城区东长安街 16 号
3	首都博物馆	一级	西城区复兴门外大街 16 号
4	恭王府博物馆	一级	西城区前海西街 17 号
5	周口店北京人遗址博物馆	一级	房山区周口店大街 1 号
6	清华大学艺术博物馆	一级	海淀区清华园 1 号
7	孔庙和国子监博物馆	二级	东城区国子监街 15 号
8	明十三陵博物馆	二级	昌平区十三陵镇明十三陵——定陵
9	北京古代建筑博物馆	二级	西城区东经路 21 号
10	大钟寺古钟博物馆	二级	海淀区北三环西路甲 31 号
11	中国藏学研究中心西藏文化博物馆	二级	朝阳区北四环东路 131 号
天津市			
12	天津博物馆	一级	河西区平江道 62 号
13	元明清天妃宫遗址博物馆	二级	河东区大直沽中路
14	天津沉香艺术博物馆	二级	和平区常德道 37 号
15	天津市武清区博物馆	二级	武清区泉旺路 52 号
河北省			
16	河北博物院	一级	石家庄市东大街 4 号
17	邯郸市博物馆	一级	邯郸市中华北大街 45 号
18	河北美术馆	二级	石家庄市裕华区槐安东路 113 号
19	石家庄市博物馆	二级	石家庄市建设北大街 11 号
20	唐山博物馆	二级	唐山市工人文化宫院内龙泽南路 22 号
21	武强年画博物馆	二级	武强县武强镇新开街 1 号
22	秦皇岛市山海关长城博物馆	二级	秦皇岛市山海关区一关路

序号	名称	质量等级	地址
23	张家口市博物馆	二级	张家口市桥东区东兴街 14 号
24	承德市避暑山庄博物馆	二级	承德市双桥区避暑山庄丽正门
25	沧州市博物馆	二级	沧州市运河区浮阳南大道 31 号
26	廊坊博物馆	二级	廊坊市和平路 238-1 号
27	磁州窑博物馆	二级	磁县磁州路中段路北
		山西省	
28	山西博物院	一级	太原市万柏林区滨河西路北段 13 号
29	大同市博物馆	一级	大同市御东新区太和路
30	临汾市博物馆	一级	临汾市尧都区滨河西路
31	晋城博物馆	二级	晋城市凤台东街 1263 号
32	吕梁市汉画像石博物馆	二级	吕梁市离石区龙凤南大街 39 号
33	山西祁县乔家大院民俗博物馆	二级	晋中市祁县 g208
34	榆社县化石博物馆	二级	晋中市榆社县迎春南路 27 号
35	山西省艺术博物馆	二级	太原市起凤街一号
36	太原市晋祠博物馆	二级	太原市晋源区晋祠镇
37	长治市博物馆	二级	长治市太行西街 259 号
38	运城博物馆	二级	运城市盐湖区禹西路与魏南街交汇处
39	河边民俗博物馆	二级	定襄县河边镇
40	山西省民俗博物馆	二级	太原市迎泽区文庙巷文庙
41	盐湖区博物馆	二级	运城市盐湖区舜帝陵景区内
42	太原市博物馆	二级	太原市晋源区广经路 13 号
43	中国雕塑博物馆	二级	大同市平城区武定街 10 号
44	阳泉市博物馆	二级	阳泉市城区桃北中街
45	曲沃县晋国博物馆	二级	临汾市曲沃县曲村镇北赵村
		内蒙古自治区	
46	鄂尔多斯博物馆	一级	鄂尔多斯市康巴什新区文化西路南 5 号
47	内蒙古博物院	一级	呼和浩特市新华东街 27 号
48	赤峰市博物馆	一级	赤峰市新城区富河街 10A
49	内蒙古自治区将军衙署博物院	二级	呼和浩特市新城区新华大街 31 号（鼓楼西侧）
50	鄂尔多斯青铜器博物馆	二级	鄂尔多斯市东胜区准格尔南路 3 号
51	呼伦贝尔民族博物馆	二级	内蒙古自治区呼伦贝尔市海拉尔区阿里河路老年大学旁
52	通辽市博物馆	二级	内蒙古自治区通辽市科尔沁区建国路文化体育广场北侧

序号	名称	质量等级	地址
53	阿拉善博物馆	二级	阿拉善盟阿拉善左旗浩特镇政通路与额鲁特东路交叉口西南 150 米
54	巴林右旗博物馆	二级	赤峰市巴林右旗大板镇大板街南
55	呼和浩特博物馆	二级	呼和浩特市新城区通道北路 62 号
56	兴安盟博物馆	二级	兴安盟新桥东街 999-6 号
57	内蒙古史前文化博物馆	二级	赤峰市敖汉旗新惠路 63 号
58	内蒙古河套文化博物院	二级	巴彦淖尔市五一街
59	巴林左旗辽上京博物馆	二级	赤峰市巴林左旗 G305
60	包头博物馆	二级	包头市昆区阿尔丁大街 25 号
	辽宁省		
61	大连现代博物馆	一级	大连市沙河口区会展路 10 号
62	辽宁省博物馆	一级	沈阳市沈河区市府大路 363 号
63	旅顺博物馆	一级	大连市旅顺口区斯大林路
64	沈阳故宫博物院	一级	沈阳市沈河区沈阳路 171 号
65	鞍山市博物馆	二级	鞍山市铁东区千山中路 41 号
66	锦州市博物馆	二级	锦州市古塔区北三里 1 号
67	张氏帅府博物馆	二级	沈阳市沈河区朝阳街少帅府巷 46 号
68	沈阳新乐遗址博物馆	二级	沈阳市皇姑区黄河北大街龙山路、新开河以北
	吉林省		
69	吉林省博物院	一级	长春市净月高新技术产业开发区永顺路 1666 号
70	伪满皇宫博物院	一级	长春市光复北路 5 号
71	白城市博物馆	二级	白城市金辉北街文化中心 C 座
72	吉林市博物馆	二级	吉林市丰满区吉林大街 100 号
73	延边博物馆	二级	延吉市长白西路 8627 号
74	东北师范大学东北民族民俗博物馆	二级	长春市经济技术开发区卫星路 98 号
75	白山市长白山满族文化博物馆	二级	白山市浑江区长白山大街 777 号
	黑龙江省		
76	大庆市博物馆	一级	大庆市高新开发区文苑街 2 号
77	黑龙江省博物馆	一级	哈尔滨市南岗区红军街 50 号
78	哈尔滨市阿城金上京历史博物馆	二级	哈尔滨市阿城区金源文化旅游区
79	佳木斯市博物馆	二级	黑龙江省佳木斯市前进区长安东路 52 号
80	黑龙江流域博物馆	二级	黑龙江省萝北县名山岛
81	黑龙江省民族博物馆	一级	哈尔滨市南岗区文庙街 25 号

序号	名称	质量等级	地址
82	齐齐哈尔市博物馆	二级	齐齐哈尔市建华区中华路 1 号
83	伊春市博物馆	二级	伊春市伊春区新兴西大街 1 号
84	鸡西市博物馆	二级	鸡西市鸡冠区文化路西段
上海市			
85	上海博物馆	一级	黄浦区人民大道 201 号
86	上海鲁迅纪念馆	一级	虹口区甜爱路 200 号
87	嘉定博物馆	二级	上海市嘉定区博乐路 215 号
88	上海市松江区博物馆	二级	上海市松江区中山东路 233 号
89	上海市历史博物馆	二级	南京西路 325 号
90	青浦区博物馆	二级	上海市青浦区青浦镇华青南路 1000 号
91	上海大学博物馆	二级	上海市宝山区南陈路上海大学（宝山校区）
江苏省			
92	常州博物馆	一级	常州市新北区龙城大道 1288 号
93	南京博物院	一级	南京市中山东路 321 号
94	南京市博物总馆	一级	南京市秦淮区中华路 257 号
95	南通博物苑	一级	南通市濠南路 19 号
96	苏州博物馆	一级	苏州市姑苏区东北街 204 号
97	扬州博物馆	一级	扬州市文昌西路 468 号
98	常熟博物馆	一级	苏州市常熟市北门大街 1 号
99	无锡博物院	一级	无锡市钟书路 100 号
100	徐州博物馆	一级	徐州市和平路 101 号
101	镇江博物馆	一级	镇江市润州区伯先路 85 号
102	淮安市博物馆	二级	淮安市健康西路 146-1
103	江阴市博物馆	二级	江阴市澄江中路 128 号
104	连云港市博物馆	二级	连云港市朝阳东路 68 号
105	徐州汉兵马俑博物馆	二级	徐州市云龙区兵马俑路 1 号
106	苏州碑刻博物馆	二级	苏州市姑苏区人民路 613 号
107	徐州汉画像石艺术馆	二级	徐州市泉山区湖东路
108	南京市江宁区博物馆	二级	南京市江宁区竹山路 88 号
109	南京大报恩寺遗址博物馆	二级	南京市秦淮区中华门外雨花路 1 号
110	明孝陵博物馆	二级	南京市玄武区四方城 1 号
111	宜兴市博物馆	二级	宜兴市解放东路 388 号
112	宜兴陶瓷博物馆	二级	宜兴市丁蜀镇丁山北路 150 号

序号	名称	质量等级	地址
113	常州市武进区博物馆（常州市武进区淹城博物馆）	二级	常州市武进区武宜中路 201 号
114	苏州丝绸博物馆	二级	苏州市人民路 661
115	吴江博物馆	二级	苏州市吴江区笠泽路 450 号
116	太仓市博物馆	二级	苏州市太仓市上海东路 100 号
117	张家港博物馆（长江文化博物馆）	二级	苏州市张家港市杨舍镇暨阳西路 2 号
118	仪征市博物馆	二级	扬州市仪征市解放西路 201 号
119	兴化市博物馆	二级	泰州市兴化市府前路 2 号
浙江省			
120	杭州博物馆	一级	杭州市上城区粮道山 18 号
121	宁波博物馆	一级	宁波市鄞州区首南中路 1000 号
122	温州博物馆	一级	温州市鹿城区市府路 491 号
123	浙江自然博物馆	一级	杭州市下城区朝晖街道西湖文化广场 6 号
124	浙江省博物馆	一级	杭州市西湖区孤山路 25 号
125	中国丝绸博物馆	一级	杭州市玉皇山路 73-1 号
126	中国茶叶博物馆	一级	双峰馆区位于杭州市龙井路 88 号，龙井馆区位于杭州市翁家山 268 号
127	舟山博物馆	一级	舟山市新城海天大道 610 号
128	杭州西湖博物馆总馆	一级	杭州市上城区南山路 89 号
129	杭州工艺美术博物馆	一级	杭州市拱墅区小河路 334 号
130	宁波市天一阁博物馆（保国寺古建筑博物馆）	一级	宁波市天一街 5 号
131	杭州南宋官窑博物馆	二级	杭州市上城区南复路 60 号
132	杭州市余杭博物馆	二级	杭州市余杭区临平南大街 95 号
133	湖州市博物馆	二级	湖州市仁皇山新区吴兴路 1 号
134	绍兴博物馆	二级	绍兴市越城区偏门直街 75 号
135	杭州市萧山区博物馆	二级	杭州市萧山区北干街道北干山南路 651 号
136	余姚博物馆	二级	宁波市余姚市舜水南路（龙泉山西麓广场）
137	杭州工艺美术博物馆	二级	杭州市拱墅区小河路 336 号
138	永康市博物馆	二级	金华市永康市文博路 1 号
139	丽水市博物馆	二级	丽水市莲都区括苍路 701 号
140	嘉兴博物馆	二级	嘉兴市南湖区海盐塘路 485 号
141	衢州市博物馆	二级	衢州市新桥街 98 号
142	绍兴市上虞博物馆	二级	上虞区人民中路 228 号
143	余姚市河姆渡遗址博物馆	二级	余姚市河姆渡镇芦山寺村

序号	名称	质量等级	地址
144	瑞安市博物馆	二级	温州市瑞安市嘉宁路 23 号
145	文成县博物馆	二级	温州市文成县文青路 1 号
146	安吉县博物馆	二级	湖州市安吉县天目中路 516 号
147	长兴县博物馆	二级	湖州市长兴县中央大道与滨湖大道交叉口
148	浙江中鑫艺术博物馆	二级	绍兴市上虞区舜耕大道 518 号
149	金华市博物馆	二级	金华市婺城区东市北街 128 号
150	台州市博物馆	二级	台州市椒江区爱华路 168 号
151	台州市黄岩区博物馆	二级	台州市黄岩区二环南路 288 号
152	临海市博物馆	二级	台州市临海市临海大道 288 号
153	龙泉市博物馆	二级	丽水市龙泉市剑川大道 258 号
安徽省			
154	安徽博物院	一级	合肥市怀宁路 268 号（新馆）、合肥市安庆路 268 号（老馆）
155	安徽中国徽州文化博物馆	一级	黄山市屯溪区机场迎宾大道 50 号
156	宿州市博物馆	一级	宿州市埇桥区通济一路 8 号
157	蚌埠市博物馆	一级	蚌埠市东海大道市民广场
158	淮北市博物馆	一级	淮北市相山区博物馆路 1 号
159	安庆市博物馆	二级	安庆市沿江东路 150 号
160	寿县博物馆	二级	淮南市寿县寿春镇西大街
161	皖西博物馆	二级	六安市佛子岭中路
162	歙县博物馆	二级	歙县新安碑园内
163	阜阳市博物馆	二级	阜阳市颍州区清河东路 335 号
164	马鞍山市博物馆	二级	马鞍山市太白大道 2006-1 号
165	淮南市博物馆	二级	淮南市洞山中路 15 号
166	肥东县博物馆	二级	合肥市肥东县得心路与深秀路交叉口东北角
167	亳州市博物馆	二级	亳州市谯城区芍花路 209 号
168	界首市博物馆	二级	阜阳市界首市胜利东路公园大地南侧
169	芜湖市博物馆	二级	芜湖市鸠江区中江大道与仁和路交叉口
170	宣城市博物馆	二级	宣城市宣州区水阳江大道与响山路交叉口西南侧
171	铜陵市博物馆	二级	铜陵市铜官区陵江北道八宝路 1506 号
福建省			
172	福建博物院	一级	福州市鼓楼区湖头街 96 号
173	福建·中国闽台缘博物馆	一级	泉州市丰泽区北清东路 212 号

序号	名称	质量等级	地址
174	上杭县博物馆	二级	上杭县临江镇临江路 52 号
175	三明市博物馆	二级	三明市贵溪洋新区城市文化广场
176	厦门市博物馆	二级	厦门市思明区体育路 95 号
177	龙岩市博物馆	二级	龙岩市人民广场左侧
178	德化县陶瓷博物馆	二级	泉州市德化县浔中镇唐寨山
179	福州市博物馆	二级	福州市晋安区文博路 8 号
180	晋江市博物馆	二级	晋江市世纪大道 382 号
181	泉州市博物馆	二级	泉州市丰泽区北清东路西湖公园北侧
182	漳州市博物馆	二级	漳州市龙文区迎宾路与龙文路交接处
183	福州市长乐区博物馆	二级	福州市长乐区吴航街道爱心路 198 号
184	福建省昙石山遗址博物馆	二级	福州市闽侯县甘蔗街道昙石村 330 号
185	将乐县博物馆	二级	三明市将乐县龙栖山
186	莆田市博物馆	二级	莆田市城厢区荔城北大道
187	南平市博物馆	二级	南平市马坑路 266 号
188	武平县博物馆	二级	龙岩市武平县育才路 23 号
		江西省	
189	江西省博物馆	一级	南昌市新洲路 2 号
190	九江市博物馆	一级	九江市浔阳区浔阳东路 16 号
191	江西省庐山博物馆	一级	九江市庐山市芦林 1 号
192	萍乡博物馆	一级	萍乡市安源区滨河东路 376 号
193	赣州市博物馆	一级	漳州市龙文区迎宾大道 230 号
194	景德镇中国陶瓷博物馆	一级	景德镇市紫晶路 1 号
195	八大山人纪念馆	二级	南昌青云谱区青云谱路 259 号
196	江西客家博物院	二级	赣州市赣县区县城杨仙大道 1 号
197	宜春市博物馆	二级	宜春市泸州北路 536 号
198	婺源博物馆	二级	上饶市婺源县文公北路
199	景德镇陶瓷博物馆	二级	景德镇市莲社北路 169 号
200	南昌市博物馆	二级	南昌市东湖区新洲路 2 号
201	南昌市中国工艺美术大师博物馆	二级	南昌市红谷滩新区阁皂山大道 998 号
202	德安县博物馆	二级	九江市德安县河东乡
203	上饶市博物馆	二级	上饶市信州区凤凰中大道与广信大道交叉口
204	玉山县博物馆	二级	玉山县冰溪镇解放东路 111 号
205	樟树市博物馆	二级	宜春市樟树市药都南大道 54 号

序号	名称	质量等级	地址
206	高安市博物馆（高安元青花博物馆）	二级	宜春市高安市瑞阳大道 674 号
207	靖安县博物馆	二级	宜春市靖安县水口乡
208	吉安市博物馆	二级	吉安市吉州区禾埠乡秋桂路 1 号
209	吉安县博物馆（吉州窑博物馆）	二级	吉安市吉安县永和镇
210	于都县博物馆	二级	于都县贡江镇交通巷 6 号
211	景德镇陶瓷民俗博物馆	二级	景德镇市昌江区紫晶路 1 号
212	鹰潭市博物馆	二级	鹰潭市月湖区湖西路 4 号
	山东省		
213	青岛市博物馆	一级	青岛崂山区梅岭东路 51 号
214	青州博物馆	一级	青州市范公亭西路 1 号
215	山东博物馆	一级	济南市经十路 11899 号（燕山立交桥东 2 公里）
216	潍坊市博物馆	一级	潍坊市东风东街 6616 号
217	烟台市博物馆	一级	烟台市芝罘区毓岚街 2 号
218	淄博市陶瓷博物馆	一级	淄博市张店区华光路 320 号
219	山东省滕州市博物馆	一级	滕州市杏坛东路龙泉广场北侧
220	滕州市汉画像石馆	一级	滕州市府前东路 1 号
221	济宁市博物馆（朱复戡艺术馆）	一级	济宁市太白湖新区运河路 140 号
222	济南市博物馆	一级	济南市历下区经十一路 30 号
223	临沂市博物馆	一级	临沂市北城新区兰陵路 10 号
224	山东大学博物馆	一级	济南市历城区山大南路 27 号中心校区知新楼 27 楼
225	齐文化博物馆	一级	淄博市临淄区临淄大道 308 号
226	东营市历史博物馆	二级	东营市广饶县月河路 270 号
227	威海市文登区博物馆	二级	威海市文登区柳营街 57 号
228	济南市章丘区博物馆	一级	济南市章丘区清照路
229	泰安市博物馆	二级	泰安市泰山区朝阳街 7 号（岱庙内）
230	诸城市博物馆	二级	诸城市和平北街 125 号
231	淄博市博物馆	二级	淄博市张店区商场西街 153 号
232	莒县博物馆	二级	莒县振兴东路 208 号
233	济南市历城区博物馆	二级	济南市历城区唐冶东路 777 号
234	济南市济阳区博物馆	二级	济南市历下区经十一路 30 号
235	青岛市民俗博物馆	二级	青岛市市南区太平路 19 号
236	胶州市博物馆	二级	胶州市兰州东路 19 号
237	青岛宝龙美术博物馆	二级	青岛市胶州市胶东街道沽河绿岛右岸

中国收藏
拍卖年鉴
2022

CHINESE FINE ART &
ANTIQUES AUCTION
YEARBOOK 2022

序号	名称	质量等级	地址
238	枣庄市博物馆	二级	枣庄市市中区龙庭路 56 号
239	昌邑市博物馆	二级	潍坊市昌邑市利民街 5 号
240	寿光市博物馆	二级	寿光市金海南路 181 号
241	高密市博物馆	二级	潍坊市高密市康成大街东
242	威海市博物馆	二级	山东省威海市环翠区即墨路 2A 威海文化艺术中心 3 层
243	荣成博物馆	二级	威海市成山大道东段 28 号
244	日照市博物馆	二级	日照市东港区北京南路日照文博中心北区
245	滨州市博物馆	二级	滨州市滨城区黄河十二路与渤海十六路交叉口东南角
246	滨州市沾化区博物馆	二级	滨州市沾化区金海六路与银河二路交叉路口
247	博兴县博物馆	二级	滨州市博兴县文化中心
248	德州市博物馆	二级	德州市东方红东路 566 号
249	聊城市东昌府区博物馆	二级	聊城市东昌府区双街 55 号
250	沂水县博物馆	二级	沂水县正阳路 6 号
251	成武县博物馆	二级	菏泽市成武县先农坛街与仪凤路交叉口
252	巨野县博物馆	二级	菏泽市巨野县麒麟大道与文昌路交叉口东南角
	河南省		
253	河南博物院	一级	郑州市农业路 8 号
254	开封市博物馆	一级	开封市新区五大街与六大街郑开大道北侧
255	洛阳博物馆	一级	洛阳市洛龙区聂泰路
256	南阳市汉画馆	一级	南阳市卧龙区汉画街 398 号
257	郑州博物馆	一级	郑州市中原区嵩山南路 168 号
258	中国文字博物馆	一级	安阳市人民大道东段
259	安阳博物馆	一级	安阳市文峰区文明大道
260	平顶山博物馆	一级	平顶山市新华区长安大道中段
261	洛阳周王城天子驾六博物馆	二级	洛阳市西工区人民东路与中州中路交叉口王城广场
262	三门峡市博物馆	二级	三门峡市陕州公园内
263	巩义市博物馆	二级	郑州市巩义市杜甫路 82 号
264	周口市博物馆	二级	周口市川汇区文昌大道东段 02 号
265	信阳博物馆	二级	信阳市平桥区前进街道
266	新郑市博物馆	二级	新郑市轩辕路西段 228 号
267	新安县千唐志斋博物馆	二级	洛阳市新安县铁门镇

序号	名称	质量等级	地址
268	驻马店市博物馆	二级	驻马店市通达路中段
269	洛阳龙门博物馆	二级	洛阳市洛龙区龙门石窟
270	鹤壁市博物馆	二级	鹤壁市淇滨区湘江路 12 号
271	洛阳古代艺术博物馆	二级	洛阳市机场路 45 号
272	南阳市博物馆	二级	南阳市卧龙路 766 号
273	三门峡市虢国博物馆	二级	三门峡市六峰北路
274	许昌市博物馆	二级	许昌市许都路东段
275	郑州市大河村遗址博物馆	二级	郑州市连霍高速与中州大道交叉口东南隅
276	洛阳民俗博物馆	二级	中国河南洛阳市新街九都东路口
277	内乡县衙博物馆	二级	内乡县城东大街
278	郑州大象陶瓷博物馆	二级	郑州市金水区顺河路 36 号
279	郑州城外城陶瓷艺术博物馆	二级	郑州市长江西路与三环路交汇处
280	宝丰汝窑博物馆	二级	平顶山市宝丰县清凉寺汝官窑遗址南 50 米
281	新乡市博物馆	二级	新乡市人民东路 697 号
282	焦作市博物馆	二级	焦作市山阳区建设中路 72 号
283	禹州钧瓷文化博物馆	二级	许昌市禹州市钧官窑路与钧州大街交叉口
284	商丘博物馆	二级	商丘市睢阳区华商大道与平原路交汇处向东 500 米路北
285	汝州青瓷博物馆	二级	平顶山市汝州市朝阳东路与云禅大道交叉路口
湖北省			
286	湖北省博物馆	一级	武汉市武昌区东湖路 160 号
287	武汉博物馆	一级	武汉市江汉区青年路 373 号
288	荆州博物馆	一级	荆州市荆中路 166 号
289	随州市博物馆	一级	随州市擂鼓墩大道 98 号
290	宜昌博物馆	一级	宜昌市西陵区夷陵大道 115 号
291	武当博物馆	二级	武当山特区博物馆路 14 号
292	黄冈市博物馆	二级	黄冈市黄州区公园路 7 号
293	鄂州市博物馆	二级	鄂州市鄂城区寒溪路 7 号
294	黄石市博物馆	二级	黄石市下陆区团城山广会路 12 号
295	十堰市博物馆	二级	十堰市北京北路 91 号
296	襄阳市博物馆	二级	襄阳市襄城区北街 1 号
297	湖北明清古建筑博物馆	二级	武汉市黄陂区木兰湖畔
298	恩施土家族苗族自治州博物馆	二级	恩施市舞阳大道博物馆路 2 号

序号	名称	质量等级	地址
299	孝感市博物馆	二级	孝感市孝南区复兴大道孝感市政府东南侧
300	咸宁市博物馆	二级	咸宁市金桂路 169 号
	湖南省		
301	湖南省博物馆	一级	长沙市开福区东风路 50 号
302	长沙简牍博物馆	一级	长沙市天心区白沙路 92 号
303	长沙市博物馆	一级	长沙市开福区新河三角洲滨江文化园
304	常德博物馆	二级	常德市武陵区武陵大道南段 282 号
305	郴州市博物馆	二级	郴州市博物馆路 5 号
306	益阳市博物馆	二级	益阳市康富南路 18 号
307	湘潭博物馆	二级	湘潭市岳塘区人大西北角
308	岳阳博物馆	二级	岳阳市岳阳楼区龙舟路 14 号
309	株洲市博物馆	二级	株洲市芦淞区建设中路文化园内
310	龙山县里耶古城（秦简）博物馆	二级	湘西土家族苗族自治州龙山县里耶镇
311	张家界市博物馆	二级	张家界市大庸路与子午路交叉口
312	湘西土家族苗族自治州博物馆	二级	吉首市湖南湘西经济开发区武陵山大道 22 号
	广东省		
313	广东省博物馆	一级	广州市天河区珠江新城珠江东路 2 号
314	西汉南越王博物馆	一级	广州市解放北路 867 号
315	深圳博物馆	一级	深圳市福田区同心路 6 号
316	孙中山故居纪念馆	一级	广东省中山市翠亨村
317	广州博物馆	一级	广州市越秀山镇海楼
318	广东民间工艺博物馆	一级	广州市中山 7 路
319	广州艺术博物院	一级	广州市麓湖路 13 号
320	广东海上丝绸之路博物馆	一级	阳江市江城区试验区十里银滩
321	广东中国客家博物馆	一级	梅州市梅江区东山大道 2 号
322	潮州市博物馆	二级	潮州市人民广场西侧
323	东莞市博物馆	二级	东莞市莞城区新芬路 36 号
324	惠州市博物馆	二级	惠州市江北市民乐园西路 3 号
325	番禺博物馆	二级	广州市番禺区银平路 121 号
326	东莞展览馆	二级	东莞市南城街道鸿福路 97 号
327	佛山市顺德区博物馆	二级	佛山市顺德区大良街道碧水路北侧
328	东莞市可园博物馆	二级	东莞市城区可园路 32 号
329	南越王宫博物馆	二级	广州市越秀区北京路与中山四路交界处

序号	名称	质量等级	地址
330	河源市博物馆	二级	河源市源城区滨江大道龟峰公园内龟峰山北麓
331	江门市博物馆	二级	江门市蓬江区白沙大道西 37 号
332	韶关市博物馆	二级	韶关市武江区工业西路 90 号
333	云浮市博物馆	二级	云浮市世纪大道中博物馆大楼
334	肇庆市博物馆	二级	肇庆市端州区江滨路
335	珠海市博物馆	二级	珠海市吉大景山路 191 号九洲城
336	广州东方博物馆	二级	广州市番禺区石楼镇浮莲路 118 号
337	汕头市博物馆	二级	汕头市金平区月眉路
338	佛山市南海区博物馆	二级	佛山市环山大道西樵山南门入口东侧
339	大埔县博物馆	二级	梅州市大埔县湖寮镇环城大道
340	湛江市博物馆	二级	湛江市赤坎区南方路 50 号
341	雷州市博物馆	二级	江市雷州市西湖大道 26 号
342	茂名市博物馆	二级	茂名市茂南区人民北路 20 号
343	广东瑶族博物馆	二级	清远市连南瑶族自治县朝阳路 113 号
广西壮族自治区			
344	广西民族博物馆	一级	南宁市青环路 11 号
345	广西壮族自治区博物馆	一级	南宁市青秀区民族大道 34 号
346	桂海碑林博物馆	二级	桂林市七星区龙隐路 1 号
347	南宁博物馆	二级	南宁市良庆区龙堤路与宋厢路交汇处附近西
348	梧州市博物馆	二级	梧州市万秀区大学路 20 号
349	桂林博物馆	一级	桂林市秀峰区西山路 4 号
350	柳州市博物馆	二级	柳州市解放北路 37 号
351	玉林市博物馆	二级	玉林市玉州区石棠路
352	崇左市壮族博物馆	二级	崇左市江州区石景林路与德天路交叉口西北角
海南省			
353	海南省博物馆	一级	海口市国兴大道 68 号
354	中国（海南）南海博物馆	一级	琼海市潭门镇
重庆市			
355	重庆中国三峡博物馆	一级	渝中区人民路 236 号
356	大足石刻博物馆	一级	重庆市大足区宝顶镇重庆大足石刻景区
357	重庆市万州区博物馆	二级	重庆市万州区高笋塘女人广场（新城路北）
358	云阳县博物馆	二级	重庆市云阳县双江街道云阳青少年活动中心

序号	名称	质量等级	地址
359	巫山博物馆	二级	重庆市巫山县巫峡镇平湖西路 369 号
360	永川博物馆（陈子庄艺术陈列馆）	二级	重庆市永川区文昌西路永川博物馆 3 楼
361	铜梁区博物馆	二级	重庆市铜梁区龙门街 169 号
362	奉节县夔州博物馆	二级	：重庆市奉节县夔州古城内 S103
	四川省		
363	成都金沙遗址博物馆	一级	成都市青羊区金沙遗址路 2 号
364	成都武侯祠博物馆	一级	成都市武侯祠大街 231 号
365	成都杜甫草堂博物馆	一级	成都市青羊区青华路 37 号
366	四川博物院	一级	成都市浣花南路 251 号
367	三星堆博物馆	一级	广汉市西安路 133 号
368	成都博物馆（成都中国皮影博物馆）	一级	成都市青羊区小河街 1 号
369	四川省建川博物馆	一级	成都市大邑县安仁古镇迎宾路
370	成都永陵博物馆	二级	成都市金牛区永陵路 10 号
371	新都杨升庵博物馆	二级	成都市新都区桂湖中路 109 号
372	宜宾市博物院	二级	宜宾市翠屏区真武山 7 组 46 号
373	泸州市博物馆	二级	泸州市江阳区江阳西路 37 号
374	眉山三苏祠博物馆	二级	眉山市东坡区沙縠行南段 72 号
375	四川宋瓷博物馆	二级	遂宁市船山区西山路 613 号
376	成都市青白江区博物馆	二级	成都市青白江区凤凰湖二期田园广场
377	四川泸县宋代石刻博物馆	二级	泸县玉蟾街道文博路
378	绵阳市博物馆	二级	绵阳市芙蓉路与芙蓉路北段交叉口北 50 米
379	达州市博物馆	二级	达州市通川区永兴路 2 号
380	雅安市博物馆	二级	雅安市雨城区文定街 15 号
381	荥经县博物馆	二级	雅安市荥经县严道街道青华街颛顼广场内
	贵州省		
382	贵州省博物馆	一级	贵阳市云岩区北京路 168 号
383	贵州省民族博物馆	一级	贵阳市迎宾大道遵义路筑城广场
384	黔东南州民族博物馆	二级	黔东南苗族侗族自治州凯里市广场路 5 号
385	遵义市博物馆（贵州酒文化博物馆）	二级	遵义市红花岗区杨柳街 1935 商区 1 号楼
386	毕节市博物馆	二级	毕节市七星关区百里杜鹃路与碧阳大道交叉口南 200 米
	云南省		
387	云南省博物馆	一级	昆明市官渡区广福路 6393 号
388	云南民族博物馆	一级	昆明市滇池路 1503 号

序号	名称	质量等级	地址
389	楚雄彝族自治州博物馆	二级	楚雄市鹿城南路 471 号
390	昆明市博物馆	二级	昆明市官渡区拓东路 93 号
391	大理白族自治州博物馆	二级	大理市下关洱河南路 8 号
392	红河哈尼族彝族自治州博物馆	二级	蒙自市天马路 65 号
393	玉溪市博物馆	二级	玉溪市红塔区红塔大道 30 号
394	曲靖市博物馆	二级	曲靖市紫云北路 1710 号
395	保山市博物馆	二级	保山市隆阳区隆阳路
		西藏自治区	
396	西藏博物馆	一级	拉萨市民族南路 2 号
		陕西省	
397	宝鸡青铜器博物院	一级	宝鸡市滨河大道中华石鼓园
398	秦始皇帝陵博物院	一级	西安市临潼区
399	陕西历史博物馆	一级	西安市雁塔区小寨东路 91 号
400	西安碑林博物馆	一级	西安市碑林区三学街 15 号
401	西安半坡博物馆	一级	陕西省西安市东郊浐河东岸、半坡村北
402	西安博物院	一级	西安市碑林区友谊西路 72 号
403	西安大唐西市博物馆	一级	西安市莲湖区劳动南路 118 号
404	汉景帝阳陵博物馆	一级	西安市经济技术开发区泾河工业园机场路东段
405	汉中市博物馆	二级	汉中市汉台区东大街 26 号
406	茂陵博物馆	二级	兴平市南位镇茂陵村南
407	法门寺博物馆	二级	宝鸡市扶风县法门寺佛文化景区
408	安康博物馆	二级	安康市汉滨区黄沟路
409	宝鸡市周原博物馆	二级	宝鸡市岐山县京当镇
410	乾陵博物馆	二级	咸阳市乾县
411	咸阳博物院	二级	咸阳市中山街 53 号
412	耀州窑博物馆	二级	铜川市王益区黄堡镇新宜南路 25 号
413	昭陵博物馆	二级	咸阳市礼泉县烟霞镇
414	西安曲江艺术博物馆	二级	西安市雁塔区慈恩路 66 号
415	渭南市博物馆	二级	渭南市乐天大街西段南侧
		甘肃省	
416	敦煌研究院	一级	敦煌市莫高窟
417	甘肃省博物馆	一级	兰州市七里河区西津西路 3 号

序号	名称	质量等级	地址
418	天水市博物馆	一级	天水市秦州区伏羲路 110 号
419	平凉市博物馆	一级	平凉市崆峒区城东宝塔梁
420	临夏州博物馆	二级	临夏回族自治州临夏市折桥镇
421	张掖市甘州区博物馆	二级	张掖市县府街 86 号
422	兰州市博物馆	二级	兰州市城关区庆阳路 240 号
423	白银市博物馆	二级	白银市白银区长安路 16 号
424	天水市麦积区博物馆	二级	天水市麦积区前进南路 7 号
425	酒泉市博物馆	二级	酒泉市肃州区盘旋西路 18 号
426	玉门市博物馆	二级	酒泉市玉门市铁人大道
427	敦煌市博物馆	二级	酒泉市敦煌市鸣山北路 1390 号
428	灵台县博物馆	二级	灵台县中台镇中学路 6 号
429	庆阳市博物馆	二级	庆阳市弘化西路 4 号
青海省			
430	青海省博物馆	一级	西宁市西关大街 58 号
431	中国青海柳湾彩陶博物馆	二级	海东市乐都区高庙镇柳湾村
432	湟中县博物馆	二级	青海省西宁市湟中区佛光大道
宁夏回族自治区			
433	宁夏回族自治区博物馆	一级	银川市金凤区人民广场东街 6 号
434	固原博物馆	一级	固原市西城路 133 号
435	银川世界岩画馆	二级	贺兰山东麓贺兰口贺兰山岩画遗址公园内
436	西夏博物馆	二级	银川市西郊贺兰山东麓
新疆维吾尔自治区			
437	新疆维吾尔自治区博物馆	一级	乌鲁木齐市西北路 581 号
438	吐鲁番博物馆	一级	吐鲁番市木纳尔路 1268 号
439	哈密市博物馆	二级	哈密市伊州区环城路
440	阿克苏地区博物馆	二级	阿克苏地区阿克苏市友谊路
441	巴音郭楞蒙古自治州博物馆	二级	新疆库尔勒市人民广场

全国重要美术馆*

＊注：2009 年 12 月 28 日《全国重点美术馆评估办法》（文艺发〔2008〕48 号）以及 2014 年 9 月 15 日《全国重点美术馆评估办法（修订稿）》（文艺发〔2014〕33 号）印发以来，文化部先后分批次确定国家重点美术馆名单。第一批名单确定时间为 2010 年 12 月 15 日；第二批名单确定时间为 2015 年 9 月 21 日。

序号	名称	批次	地址
北京市			
1	中国美术馆	第一批	北京市东城区五四大街 1 号
2	北京画院美术馆	第一批	北京市朝阳区朝阳公园南路 12 号
3	中央美术学院美术馆	第一批	北京市朝阳区花家地南街 8 号
上海市			
4	上海美术馆（中华艺术宫）	第一批	上海市浦东新区上南路 205 号
江苏省			
5	江苏省美术馆	第一批	南京市玄武区长江路 333 号
浙江省			
6	浙江美术馆	第二批	杭州市上城区南山路 138 号
7	中国美术学院美术馆	第二批	杭州市上城区南山路 218 号
湖北省			
8	湖北美术馆	第一批	武汉市武昌区东湖路三官殿 1 号
9	武汉美术馆	第二批	武汉市江岸区保华街 2 号
广东省			
10	广东美术馆	第一批	广州市越秀区二沙岛烟雨路 38 号
11	关山月美术馆	第一批	深圳市福田区红荔路 6026 号
12	广州艺术博物院（广州美术馆）	第二批	广州市越秀区麓湖路 13 号
陕西省			
13	陕西省美术博物馆	第一批	西安市碑林区长安北路 14 号

全国重要文物艺术品收藏组织
Art Collection Organizations in China

中国大陆地区

单位名称	联系电话	地址
中国收藏家协会	010-84027307	北京市朝阳区东四环中路 41 号嘉泰国际大厦 A 座 709 号
中国文物学会	010-84020901	北京市西城区西黄城根北街 21 号
中国文物保护基金会	010-64025850	北京市东城区东四北大街 219 号
中国博物馆协会	010-64031809	北京市西城区阜成门内大街宫门口二条 19 号北京鲁迅博物馆院内
中国书法家协会	010-59759345	北京市朝阳区北沙滩 1 号院 32 号楼 B 座
中国美术家协会	010-59759390	北京市朝阳区北沙滩 1 号院 32 号楼 B 座 18 层
中国文学艺术界联合会	010-64810112	北京市朝阳区安苑北里 22 号
中国艺术研究院	010-64891166	北京市朝阳区惠新北里甲 1 号
中国艺术科技研究所	010-87930700	北京市东城区雍和宫大街戏楼胡同 1 号
中国国家画院	010-68412606	北京市海淀区西三环北路 54 号
北京画院	010-65025171	北京市朝阳区朝阳公园南路 12 号院
李可染艺术基金会	010-67203123	北京市东城区建国门内大街 18 号恒基中心办公楼一座 810 室
李可染画院	010-56916301 010-68250507	北京市大兴区北兴路西红门星光生态文化休闲公园 1 号
北京收藏家协会	010-63582983	北京市西城区复兴门外大街 16 号（首都博物馆内）
天津市收藏家协会	022-86218642	天津市南开区鼓楼东街 146 号
河北省收藏家协会	0311-86212249	河北省石家庄市长安区河北省石家庄市长安区古城东路 118 号世界湾 C2
山东省文物保护与收藏协会	0531-85058016	山东省济南市历下区经十路 11899 号
山西省收藏家协会	0351-4085545	山西省太原市迎泽区迎泽大街 248 号
辽宁省收藏家协会	024-23928181	辽宁省沈阳市和平区十三纬路 39 号格林 SOHO 大厦 A 座 A1301
上海市收藏协会	021-62583256	上海市中山南路 1551 号
上海市工商联收藏俱乐部	021-65879910	上海市中山西路 518 号 3 楼 3126 天山茶城古瓷轩
上海市收藏鉴赏家协会	021-64877449	上海市南丹东路 300 弄 3 号 103 室
江苏省收藏家协会	025-85597900	江苏省南京市中玄武区山东路 321 号
浙江省收藏协会	0571-86053603	浙江省杭州市上城区大井巷 30 号井园
安徽省收藏家协会	0551-2650123	安徽省合肥市长江东路 1137 号圣大国际商贸中心 17 层 1706 室
河南省收藏家协会	0371-65865531	河南省郑州市经五路 1 号附 5 号
湖北省收藏家协会	027-83744659	武汉市武昌区徐东古玩城五楼
湖南省收藏协会	0731-4443953	长沙市韭菜园路富顺大厦 109

单位名称	联系电话	地址
广东省收藏家协会	020-83333406	广东省广州市解放北路 542 号
广西收藏协会	0771-5381482	广西南宁市高新区高科路 8 号
海南省收藏家协会	0898-6928942	海南省海口市金世纪 4 楼
重庆收藏协会	023-63528552	重庆市渝北区恒大中渝广场 2 栋 10-4 号
遵义市收藏家协会	0852-8687276	贵州省遵义市汇川区人民路与珠海路交汇处
云南省收藏家协会	0871-5389989	云南昆明市茭菱路 1699 号经典文化广场五楼 502 室
陕西省收藏家协会	029-84352528	陕西省西安市莲湖区劳动南路 118 号
甘肃省收藏协会	0931-4607166	甘肃兰州市城关区大众市场 52 号
宁夏收藏家协会	0951-5025665	宁夏银川市西塔古玩城 3 楼 5 号
新疆维吾尔自治区收藏家协会	0991-8877177	新疆乌鲁木齐市水磨沟区南湖南路街道 182 号

港澳台地区

敏求精舍（中国香港）	协会简介："敏求精舍"是一个成立于 1960 年的收藏家团体，其成员是一群醉心于中国文物艺术品收藏的香港藏家。他们以《论语·述而篇》"我非生而知之者，好古敏求之者也"的经典论述，给收藏社团命名为"敏求精舍"，又以"研究艺事，品鉴文物"作为"敏求"的宗旨。"敏求"的会友荟萃了一批既是社会栋梁之材，又是收藏佼佼者的知名人士。他们的藏品不但等级高，影响大，在一定程度上可以说享誉世界。为弘扬中华文化，"敏求精舍"经常与不同机构合作举办讲座、研讨会及展览，也组织会友到世界各地参观学习，举办会友藏珍展览，有力推动香港艺术市场的发展，有效地防止中华文物精品的流失，使中国的民间收藏最早与世界接轨，在香港社会中所发挥的作用不容忽视。
清翫雅集（中国台湾）	协会简介："清翫雅集"成立于 1992 年，由一群台湾知名的收藏家共同发起。团体立名引籍明朝嘉靖年间书刊"清翫"为典，以凸显其崇尚博雅的古风，而"翫"乃玩的古字，寓意观赏与研习。与该会创建的思想与目的相辅相成。"清翫雅集"成员的收藏涵盖多个领域，非常丰富，每个成员均有其专精的系列收藏，他们的藏品也先后在北京故宫博物院、台北历史博物馆、首都博物馆举办过多次大展。

开设文物艺术相关专业高校
Higher Education in the Arts

省份	开设院校	历史学类			艺术学理论类	美术学类				设计学类		院校等级
		文博类	考古学	文物保护/修复技术		绘画（中国画、油画、版画、水彩等）/美术（非师范）	雕塑	摄影	书法学	工艺美术	公共艺术	
北京	北京大学	√	√		√							985①/211②/"双一流"④
	中国人民大学				√							985/211/"双一流"
	清华大学				√	√		√	√	√		985/211/"双一流"
	北京工业大学					√		√		√		211/"双一流"
	北京航空航天大学					√						985/211/"双一流"
	北京科技大学	√										211/"双一流"
	北京服装学院					√	√	√		√		
	北京印刷学院					√			√			
	北京师范大学								√			985/211/"双一流"
	首都师范大学		√			√			√			"双一流"
	北京语言大学					√						
	中国传媒大学								√			211/"双一流"
	中央财经大学								√			211/"双一流"
	中央美术学院			√	√	√	√	√	√	√	√	"双一流"
	中国戏曲学院											
	北京电影学院							√				
	中央民族大学	√				√						985/211/"双一流"
	北京联合大学	√				√				√		
	北京城市学院	√						√	√	√		
	中国人民解放军国防大学					√						军事院校③

省份	开设院校	历史学类			艺术学理论类	美术学类				设计学类		院校等级
		文博类	考古学	文物保护/修复技术		绘画（中国画、油画、版画、水彩等）/美术（非师范）	雕塑	摄影	书法学	工艺美术	公共艺术	
北京	北京工商大学嘉华学院							√				
天津	南开大学	√				√						985/211/"双一流"
	天津科技大学										√	
	天津工业大学									√		"双一流"
	天津理工大学								√			
	天津师范大学	√				√			√			
	天津商业大学					√						
	天津美术学院					√	√	√	√	√	√	
	天津传媒学院										√	
河北	河北大学					√			√			
	河北工程大学	√										
	华北理工大学											
	河北科技大学										√	
	河北农业大学					√						
	河北师范大学		√			√	√		√			
	河北地质大学								√			
	保定学院	√				√			√	√		
	廊坊师范学院						√		√			
	衡水学院					√						
	邯郸学院											
	邢台学院					√						
	燕山大学						√				√	
	河北经贸大学					√						
	河北传媒学院					√	√	√	√			
	河北美术学院					√	√		√	√	√	
	河北科技学院										√	
	华北理工大学轻工学院					√						
	河北师范大学汇华学院								√			
	河北东方学院	√		√		√						
	河北建筑工程学院										√	
	沧州师范学院	√				√			√			

省份	开设院校	历史学类			艺术学理论类	美术学类				设计学类		院校等级
		文博类	考古学	文物保护/修复技术		绘画(中国画、油画、版画、水彩等)/美术(非师范)	雕塑	摄影	书法学	工艺美术	公共艺术	
河北	河北民族师范学院								√			
	河北科技大学理工学院										√	
山西	山西大学		√			√		√	√		√	"双一流"
	太原科技大学					√				√		
	太原理工大学			√		√			√	√		211/"双一流"
	山西师范大学	√							√	√		
	太原师范学院					√			√			
	山西大同大学			√		√		√	√			
	晋中学院								√			
	忻州师范学院								√			
	山西应用科技学院								√			
	太原理工大学现代科技学院							√				
	山西师范大学现代文理学院								√			
	太原学院								√			
	山西大学商务学院									√		
	山西传媒学院							√				
	吕梁学院					√						
内蒙古	内蒙古大学	√	√									211/"双一流"
	内蒙古师范大学	√	√				√		√	√	√	
	赤峰学院		√	√								
	呼伦贝尔学院							√	√			
	呼和浩特民族学院								√			
	内蒙古大学创业学院					√						
	内蒙古师范大学鸿德学院					√						
	内蒙古艺术学院					√		√			√	
	内蒙古农业大学									√		
辽宁	辽宁大学		√						√			211/"双一流"
	大连理工大学							√				985/211/"双一流"
	沈阳航空航天大学					√						

省份	开设院校	历史学类			艺术学理论类	美术学类				设计学类		院校等级
		文博类	考古学	文物保护/修复技术		绘画（中国画、油画、版画、水彩等）/美术（非师范）	雕塑	摄影	书法学	工艺美术	公共艺术	
辽宁	大连工业大学						√	√				
	大连医科大学							√				
	辽宁师范大学					√					√	
	沈阳师范大学	√				√	√				√	
	渤海大学	√				√						
	鞍山师范学院							√	√			
	鲁迅美术学院			√		√	√			√	√	
	沈阳大学					√	√					
	辽宁科技学院					√						
	沈阳工学院									√		
	大连工业大学艺术与信息工程学院										√	
	沈阳城市学院							√				
	大连艺术学院			√		√	√			√		
	沈阳科技学院					√						
	辽宁传媒学院					√		√	√		√	
吉林	吉林大学	√	√			√						985/211/"双一流"
	延边大学					√						211/"双一流"
	吉林建筑大学								√	√		
	东北师范大学						√					211/"双一流"
	北华大学					√	√					
	通化师范学院					√	√					
	吉林师范大学					√						
	吉林工程技术师范学院									√		
	长春师范大学	√				√			√			
	吉林艺术学院				√	√	√	√	√	√	√	
	长春工程学院										√	
	吉林警察学院					√						
	长春大学					√						

607

省份	开设院校	历史学类			艺术学理论类	美术学类				设计学类		院校等级
		文博类	考古学	文物保护/修复技术		绘画（中国画、油画、版画、水彩等）/美术（非师范）	雕塑	摄影	书法学	工艺美术	公共艺术	
吉林	长春光华学院							√				
	吉林建筑大学城建学院						√			√	√	
	长春建筑学院									√	√	
	吉林动画学院					√			√	√		
	东北师范大学人文学院					√						
黑龙江	黑龙江大学		√			√				√		
	哈尔滨理工大学					√					√	
	佳木斯大学					√				√		
	哈尔滨师范大学			√		√		√	√	√		
	齐齐哈尔大学					√						
	牡丹江师范学院					√					√	
	哈尔滨学院					√		√			√	
	大庆师范学院					√						
	黑河学院					√			√	√		
	黑龙江工程学院									√		
	哈尔滨商业大学					√						
	黑龙江财经学院									√		
	绥化学院								√			
上海	复旦大学	√										985/211/"双一流"
	上海应用技术大学					√						
	华东师范大学					√	√				√	985/211/"双一流"
	上海师范大学					√	√	√	√			
	上海戏剧学院					√						
	上海大学		√			√	√			√		211/"双一流"
	上海工程技术大学						√					
	上海视觉艺术学院			√			√	√		√	√	
	上海海事大学					√						
江苏	南京大学		√									985/211/"双一流"
	江南大学										√	211/"双一流"

省份	开设院校	历史学类			艺术学理论类	美术学类				设计学类		院校等级
		文博类	考古学	文物保护/修复技术		绘画（中国画、油画、版画、水彩等）/美术（非师范）	雕塑	摄影	书法学	工艺美术	公共艺术	
江苏	南京林业大学							√			√	"双一流"
	南京师范大学	√				√		√	√			211/"双一流"
	江苏师范大学								√			
	淮阴师范学院								√			
	南京艺术学院			√	√	√	√	√	√	√	√	
	常州工学院										√	
	扬州大学							√				
	三江学院					√		√			√	
	南京工程学院									√		
	南京晓庄学院					√						
	江苏理工学院							√				
	泰州学院					√			√			
	无锡太湖学院					√						
	南京传媒学院							√				
	南京师范大学泰州学院							√	√			
	南京师范大学中北学院							√				
浙江	浙江大学	√				√			√			985/211/"双一流"
	浙大城市学院		√									
	浙江工业大学										√	
	浙江农林大学							√				
	杭州师范大学					√			√		√	
	绍兴文理学院								√			
	丽水学院							√				
	中国美术学院			√	√	√	√	√	√	√	√	"双一流"
	浙江科技学院							√				
	浙江财经大学							√				
	浙江传媒学院					√		√				
	宁波大学科学技术学院									√		
	温州大学							√				
	温州商学院									√		

省份	开设院校	历史学类			艺术学理论类	美术学类				设计学类		院校等级
		文博类	考古学	文物保护/修复技术		绘画(中国画、油画、版画、水彩等)/美术(非师范)	雕塑	摄影	书法学	工艺美术	公共艺术	
浙江	同济大学浙江学院									√		
	浙江树人学院									√		
安徽	安徽大学		√			√						211/"双一流"
	安徽工业大学										√	
	安徽工程大学									√		
	安徽师范大学					√		√	√	√		
	阜阳师范学院					√						
	淮北师范大学					√			√			
	合肥学院									√		
	黄山学院									√		
	安徽财经大学					√						
	宿州学院									√		
	淮南师范学院							√				
	铜陵学院										√	
	安徽艺术学院					√						
	安徽新华学院					√						
	安徽师范大学皖江学院								√			
福建	福州大学					√	√			√		211/"双一流"
	闽江学院	√				√	√					
	泉州师范学院								√			
	闽南师范大学										√	
	福建技术师范学院									√		
	福建商学院									√		
	莆田学院									√		
江西	南昌大学					√						211/"双一流"
	南昌航空大学									√		
	景德镇陶瓷大学	√	√			√			√	√	√	
	江西师范大学	√				√						
	上饶师范学院								√			
	宜春学院								√			

省份	开设院校	历史学类			艺术学理论类	美术学类				设计学类		院校等级
		文博类	考古学	文物保护/修复技术		绘画（中国画、油画、版画、水彩等）/美术（非师范）	雕塑	摄影	书法学	工艺美术	公共艺术	
江西	井冈山大学	√										
	景德镇学院	√					√			√		
	江西科技师范大学	√								√		
	九江学院					√						
	南昌工学院								√			
	南昌理工学院										√	
	景德镇陶瓷大学科技艺术学院					√	√					
	南昌师范学院								√			
	豫章师范学院					√						
山东	山东大学	√	√						√			985/211/"双一流"
	青岛科技大学					√				√		
	济南大学								√			
	青岛理工大学					√						
	齐鲁工业大学								√			
	青岛农业大学					√						
	山东师范大学								√			
	曲阜师范大学	√				√			√			
	聊城大学								√			
	临沂大学								√			
	泰山学院	√										
	山东艺术学院			√		√	√	√	√	√		
	山东工艺美术学院					√	√	√	√	√	√	
	青岛大学					√						
	潍坊学院	√							√			
	枣庄学院								√			
	齐鲁理工学院								√			
	济南大学泉城学院								√			
	齐鲁师范学院								√	√		
	齐鲁理工学院					√						
	烟台南山学院									√		

省份	开设院校	历史学类			艺术学理论类	美术学类				设计学类		院校等级
		文博类	考古学	文物保护/修复技术		绘画（中国画、油画、版画、水彩等）/美术（非师范）	雕塑	摄影	书法学	工艺美术	公共艺术	
山东	青岛黄海学院					√			√			
	北京电影学院现代创意媒体学院		√			√			√			
	菏泽学院								√			
	山东现代学院					√						
	山东师范大学历山学院							√				
	山东农业工程学院									√		
河南	华北水利水电大学					√					√	
	郑州大学		√			√	√		√			211/"双一流"
	河南理工大学					√						
	郑州轻工业学院					√			√			
	中原工学院						√					
	河南科技大学		√									
	河南科技学院								√	√		
	河南大学	√	√			√			√	√		"双一流"
	河南师范大学		√									
	郑州师范学院	√										
	信阳师范学院					√						
	周口师范学院								√			
	安阳师范学院		√	√		√		√	√			
	许昌学院					√						
	南阳师范学院						√			√		
	洛阳师范学院					√			√			
	商丘师范学院					√		√	√			
	河南财经政法大学					√						
	安阳工学院					√						
	黄河科技学院						√					
	河南科技学院新科学院									√		
	河南大学民生学院								√			
	河南财政金融学院										√	
湖北	武汉大学		√									985/211/"双一流"

省份	开设院校	历史学类			艺术学理论类	美术学类				设计学类		院校等级
		文博类	考古学	文物保护/修复技术		绘画（中国画、油画、版画、水彩等）/美术（非师范）	雕塑	摄影	书法学	工艺美术	公共艺术	
湖北	武汉科技大学					√					√	
	中国地质大学（武汉）									√		211/"双一流"
	武汉纺织大学								√			
	湖北工业大学										√	
	华中师范大学					√						211/"双一流"
	湖北师范大学								√			
	湖北民族学院					√						
	汉江师范学院					√			√			
	湖北文理学院					√						
	湖北美术学院				√	√	√	√	√	√	√	
	中南民族大学	√				√						
	江汉大学					√					√	
	汉口学院								√	√		
	武昌理工学院									√		
	武昌工学院								√	√		
	武汉工商学院					√						
	湖北商贸学院								√			
	湖北民族学院科技学院					√						
	武汉工程科技学院					√			√			
	武汉传媒学院								√			
	武汉学院									√		
	武汉设计工程学院									√	√	
	武汉东湖学院									√		
湖南	湖南科技大学					√	√					
	湖南师范大学					√				√		211/"双一流"
	衡阳师范学院					√						
	湖南人文科技学院								√			
	湖南第一师范学院								√			
	长沙师范学院								√	√		
	中南林业科技大学涉外学院							√	√			

省份	开设院校	历史学类 文博类	历史学类 考古学	历史学类 文物保护/修复技术	艺术学理论类	美术学类 绘画（中国画、油画、版画、水彩等）/美术（非师范）	美术学类 雕塑	美术学类 摄影	美术学类 书法学	设计学类 工艺美术	设计学类 公共艺术	院校等级
湖南	长沙理工大学									√		
	湖南科技学院							√				
广东	中山大学		√									985/211/"双一流"
	汕头大学										√	
	暨南大学								√			"双一流"
	韶关学院					√						
	岭南师范学院								√			
	肇庆学院								√	√		
	广州美术学院		√	√		√	√	√	√	√		
	广东技术师范学院									√		
	广东第二师范学院								√			
	广州大学					√						
	广东培正学院					√				√		
	广州新华学院								√			
	中山大学南方学院										√	
	华南农业大学珠江学院								√			
	北京理工大学珠海学院									√		
	广州商学院										√	
	广州工商学院										√	
	广东海洋大学寸金学院								√			
广西	桂林电子科技大学									√	√	
	桂林理工大学									√		
	广西师范大学					√			√	√	√	
	广西师范学院								√			
	玉林师范学院					√				√	√	
	广西艺术学院					√	√	√	√	√	√	
	南宁学院									√		
	桂林旅游学院									√		
	北海艺术设计学院					√	√	√	√			
	北京航空航天大学北海学院					√						

省份	开设院校	历史学类			艺术学理论类	美术学类				设计学类		院校等级
		文博类	考古学	文物保护/修复技术		绘画（中国画、油画、版画、水彩等）/美术（非师范）	雕塑	摄影	书法学	工艺美术	公共艺术	
广西	广西师范大学漓江学院									√		
	桂林理工大学博文管理学院						√					
海南	海南大学					√						211/"双一流"
	海南热带海洋学院	√										
	海南师范大学					√			√			
	海口经济学院							√				
	三亚学院						√					
	琼台师范学院								√	√		
重庆	重庆大学					√						985/211/"双一流"
	西南大学					√	√					985/211/"双一流"
	重庆师范大学	√				√		√	√			
	长江师范学院					√						
	四川美术学院				√	√	√	√	√	√	√	
	重庆工商大学							√				
	重庆人文科技学院					√						
	四川外国语大学重庆南方翻译学院					√						
	重庆第二师范学院										√	
四川	四川大学	√	√			√			√			985/211/"双一流"
	西南交通大学					√						985/211/"双一流"
	四川师范大学					√			√			
	西华师范大学	√										
	四川音乐学院					√	√	√			√	
	西南民族大学	√				√	√	√				
	成都学院					√						
	攀枝花学院									√		
	四川传媒学院						√	√		√	√	
	成都文理学院					√	√		√			
	四川文理学院								√			

省份	开设院校	历史学类			艺术学理论类	美术学类				设计学类		院校等级
		文博类	考古学	文物保护/修复技术		绘画（中国画、油画、版画、水彩等）/美术（非师范）	雕塑	摄影	书法学	工艺美术	公共艺术	
四川	成都师范学院								✓			
	阿坝师范学院								✓		✓	
	内江师范学院					✓			✓			
	四川电影电视学院										✓	
	四川文化艺术学院	✓				✓	✓		✓		✓	
	西华师范大学	✓							✓			
	电子科技大学成都学院									✓		
	四川旅游学院									✓		
	四川民族学院								✓			
	成都体育学院	✓										
贵州	贵州大学					✓		✓	✓			
	贵州师范大学					✓		✓	✓	✓		
	贵州民族大学	✓							✓			
	贵州师范学院									✓		
	贵州商学院			✓								
	贵州大学科技学院					✓						
	贵州工程应用技术学院									✓		
云南	云南大学					✓						211/"双一流"
	昆明理工大学					✓						
	大理大学					✓			✓			
	云南师范大学	✓				✓						
	昭通学院								✓	✓		
	曲靖师范学院								✓			
	普洱学院					✓				✓		
	保山学院									✓		
	红河学院					✓				✓		
	云南艺术学院					✓	✓	✓	✓			
	云南民族大学									✓		
	西南林业大学					✓						
	楚雄师范学院							✓	✓	✓		
	文山学院									✓		

省份	开设院校	历史学类			艺术学理论类	美术学类				设计学类		院校等级
		文博类	考古学	文物保护/修复技术		绘画（中国画、油画、版画、水彩等）/美术（非师范）	雕塑	摄影	书法学	工艺美术	公共艺术	
云南	云南大学滇池学院					√						
	云南师范大学商学院							√				
	昆明医科大学海源学院								√			
	云南艺术学院文华学院					√		√	√	√	√	
	滇西应用技术大学									√		
西藏	西藏大学					√						211/"双一流"
	西藏民族大学	√	√									
陕西	西北大学	√	√	√							√	211/"双一流"
	西安交通大学						√		√			985/211/"双一流"
	西北工业大学								√			985/211/"双一流"
	西安理工大学						√	√				
	西安工业大学								√			
	西安建筑科技大学					√	√	√				
	渭南师范学院								√			
	陕西师范大学	√				√			√			211/"双一流"
	咸阳师范学院	√										
	西安美术学院					√	√	√	√	√	√	
	西安文理学院	√							√		√	
	西安培华学院									√		
	陕西国际商贸学院									√		
	西安交通大学城市学院					√			√			
	西北大学现代学院							√				
	西安建筑科技大学华清学院					√		√				
	陕西学前师范学院					√						
	西安思源学院								√			
甘肃	兰州大学	√										985/211/"双一流"
	兰州交通大学					√						
	西北师范大学					√			√			

省份	开设院校	历史学类			艺术学理论类	美术学类				设计学类		院校等级
		文博类	考古学	文物保护/修复技术		绘画（中国画、油画、版画、水彩等）/美术（非师范）	雕塑	摄影	书法学	工艺美术	公共艺术	
甘肃	兰州城市学院									√		
	陇东学院	√				√						
	天水师范学院	√		√		√				√		
	河西学院					√					√	
	兰州财经大学					√					√	
	西北民族大学	√		√		√						
	甘肃政法学院					√						
	兰州财经大学长青学院									√		
	兰州交通大学博文学院									√		
	甘肃民族师范学院								√			
	兰州文理学院					√						
宁夏	宁夏师范学院											
	北方民族大学					√	√					
	宁夏理工学院	√										
	中国矿业大学银川学院								√			
新疆	新疆大学		√									211/"双一流"
	新疆师范大学	√				√				√		
	伊犁师范学院					√						
	新疆艺术学院					√	√	√	√			
	塔里木大学	√										

① 1998 年 5 月，时任国家主席江泽民同志在北京大学百年校庆时提出"为了实现现代化，我国要有若干所具有世界先进水平的一流大学"。1999 年，国务院批转教育部《面向 21 世纪教育振兴行动计划》，"创建若干所具有世界先进水平的一流大学和一批一流学科"，"985 工程"正式启动，分期开展。在随后的几年时间里，陆续有 39 所高校进入重点建设行列。

② "211 工程"即面向 21 世纪、重点建设 100 所左右的高等学校和一批重点学科的建设工程。1995 年，经国务院批准，原国家计委、原国家教委和财政部联合下发《"211 工程"总体建设规划》，"211 工程"正式启动，最终选定 112 所建设高校。

③ 军事院校是军队所属的以培养军事人才为主要任务的学历教育院校和非学历教育院校的统称。

④ 中央全面深化改革领导小组于 2015 年 8 月会议审议通过《统筹推进世界一流大学和一流学科建设总体方案》，将"211 工程""985 工程"及"优势学科创新平台"等重点建设项目统一纳入世界一流大学和一流学科建设。2017 年 9 月 21 日，教育部、财政部、国家发展改革委联合发布《关于公布世界一流大学和一流学科建设高校及建设学科名单的通知》，正式确认公布首批"双

一流"建设高校及建设学科名单，首批双一流建设高校共计 137 所。2022 年 2 月 9 日，教育部、财政部、国家发展改革委联合发布《关于公布第二轮"双一流"建设高校及建设学科名单的通知》，确认公布"双一流"建设高校共计 147 所。

全国文物商店 *
Antique Shops in China

＊注：全国文物商店名单来自国家文物局公布的《全国文物商店、文物拍卖企业名单》(2022.8.11 更新)。

序号	省份	文物商店名称
1	北京市	北京盛世鸿亿文化发展有限公司
2	北京市	北京汲古阁艺术品有限公司
3	北京市	北京汉今国际文化股份有限公司
4	北京市	北京市原型文化发展有限公司
5	北京市	易元数科（北京）科贸有限公司
6	北京市	北京正观堂艺术品有限公司
7	北京市	北京绣花张民间艺术品开发有限公司
8	北京市	宝泉钱币投资有限公司
9	北京市	北京嘉德艺术中心有限公司
10	北京市	北京古抑斋鉴藏文化有限公司
11	北京市	北京圣雅诗进出口有限责任公司
12	北京市	北京天宝润德古玩文物艺术会展中心
13	北京市	北京乐石珠宝有限公司
14	北京市	北京古道艺术品有限公司
15	北京市	九歌艺术品交易有限公司
16	北京市	北京古玩城有限公司
17	北京市	北京光华路五号艺术馆有限公司
18	北京市	中古陶（北京）国际艺术品有限公司
19	北京市	北京鼎和隆泰文化艺术交流有限公司
20	北京市	北京金百联文化发展有限公司
21	北京市	北京保利艺术中心有限公司
22	北京市	翁博（北京）文物有限公司
23	北京市	北京工艺懋隆贸易有限公司
24	北京市	北京聚珍家益文物有限公司
25	北京市	北京市寻真楼文化艺术交流有限公司
26	北京市	北京雅客品艺术品有限公司
27	北京市	北京文博艺苑文物商店有限公司
28	北京市	观音阁文物有限公司

序号	省份	文物商店名称
29	北京市	北京大地来文物有限公司
30	北京市	北京鉴善堂艺术品有限公司
31	北京市	北京东方启轩文物有限公司
32	北京市	北京秦源文物有限公司
33	北京市	北京普罗之声文化传播有限公司
34	北京市	北京景德行艺术品有限公司
35	北京市	北京筑野山房文物有限公司
36	北京市	北京聚缘阁文物有限公司
37	北京市	北京乾泰隆文物有限公司
38	北京市	北京石头轩文物有限公司
39	北京市	北京明宝阁文物有限公司
40	北京市	北京博雅精舍文物有限公司
41	北京市	北京瑞坤元文物有限公司
42	北京市	北京东方藏宝文物有限公司
43	北京市	北京炜程文物有限公司
44	北京市	北京华夏遗珍文物有限公司
45	北京市	北京聚华晋德文物有限公司
46	北京市	北京瓷源阁文物有限公司
47	北京市	北京博古御隆文物有限公司
48	北京市	北京谈古文物有限公司
49	北京市	北京市通古斋文化艺术有限公司
50	北京市	北京百和辰文物有限公司
51	北京市	北京中为盛世文物有限公司
52	北京市	北京桑杰文物有限公司
53	北京市	北京源古文物有限公司
54	北京市	北京嘉比德文物有限公司
55	北京市	北京金福盛文物有限公司
56	北京市	北京中鼎信文物有限公司
57	北京市	北京方泉斋集币服务部
58	北京市	古宝斋文物有限公司
59	北京市	华夏工艺品商店
60	北京市	北京友谊商店股份有限公司
61	北京市	中国书店
62	北京市	荣宝斋

序号	省份	文物商店名称
63	北京市	北京市文物公司
64	北京市	北京中鞠堂文化有限公司
65	北京市	北京万户盛典文化发展有限公司
66	北京市	北京克里斯特文化有限公司
67	北京市	臻古（北京）文物鉴定中心有限公司
68	北京市	北京御泓宣文物鉴定有限公司
69	北京市	北京恒臻阁文物鉴定有限公司
70	北京市	国金黄金股份有限公司
71	北京市	北京雍和在线文化科技有限公司
72	北京市	北京恒润金藏国际文化发展有限公司
73	北京市	北京金一文化发展股份有限公司
74	北京市	北京华夏古泉钱币艺术品鉴定有限公司
75	北京市	北京晓瓷堂文化传播有限公司
76	北京市	北京瓯江草堂文化艺术有限公司
77	北京市	乐善堂（北京）控股有限公司
78	北京市	北京文博寄卖行有限公司
79	北京市	北京翰一堂商务服务有限责任公司
80	北京市	润庐（北京）文化艺术有限公司
81	北京市	北京铿锵二咖文化有限公司
82	北京市	北京古往今来文物商店有限公司
83	北京市	北京宝成时代文化传播有限公司
84	北京市	北京雨亭轩艺术品有限公司
85	北京市	北京德艺缘文物商店有限公司
86	北京市	北京添翼品泉文化艺术品有限公司
87	北京市	北京国鼎时代文物商店有限公司
88	天津市	天津市文物交流中心
89	天津市	德士昌文物（天津）有限公司
90	河北省	廊坊市艺海文物商店
91	河北省	河北执古抱一文物商店有限公司
92	辽宁省	辽宁省文物交流中心
93	辽宁省	大连文物店
94	辽宁省	辽宁聚宝瑞藏文物有限公司
95	辽宁省	辽宁省玖珅文化艺术品有限公司
96	辽宁省	辽宁鑫奉珠宝首饰有限公司

序号	省份	文物商店名称
97	吉林省	吉林省文物店
98	吉林省	吉林省智鼎文创艺术交流有限公司
99	黑龙江省	哈尔滨婧园雅集文物商店
100	上海市	上海市文物交流中心
101	上海市	上海朵云轩古玩有限公司
102	上海市	上海创新旧货有限公司
103	上海市	上海陕西旧货有限公司
104	上海市	上海博古斋
105	上海市	上海友谊商店
106	上海市	上海古玩有限公司
107	上海市	上海兰馨珠宝文物商行
108	上海市	上海豫园管理处
109	上海市	上海大众华林艺术品有限公司
110	上海市	北京华银金饰品上海钱币经销中心
111	上海市	上海如意艺术品有限公司
112	上海市	集云阁
113	上海市	上海工艺美术厂
114	上海市	上海工艺美术研究所
115	上海市	鼎古斋收藏品商行
116	上海市	上海国际收藏品有限公司
117	上海市	上海缘友文化艺术品有限公司
118	上海市	上海洁思园画廊有限公司
119	上海市	上海小力画廊
120	上海市	上海豪派画廊有限公司
121	上海市	上海清渊艺术品公司
122	上海市	上海崇宝堂古玩艺术品有限公司
123	上海市	上海华地文化艺术交流有限公司
124	上海市	上海志行合力网络技术有限公司
125	上海市	上海友福文化艺术有限公司
126	上海市	铭沪文物销售（上海）有限公司
127	上海市	上海尚博工艺品有限公司
128	上海市	上海曦德嘉文化传播有限公司
129	上海市	上海自贸试验区艺术品国际贸易有限公司
130	上海市	上海禹阁艺术品有限公司

序号	省份	文物商店名称
131	上海市	上海檀君工艺品有限公司
132	上海市	上海雅汝艺术品有限公司
133	上海市	传家宝（上海）艺术品投资顾问有限公司
134	上海市	上海瑞和艺术品有限公司
135	上海市	上海泛华文化投资有限公司
136	上海市	上海珍博艺术展览有限公司
137	上海市	上海驰翰文化传播有限公司
138	上海市	上海木府商务咨询有限公司
139	上海市	上海天物馆文化艺术投资管理有限公司
140	上海市	上海普陀友谊商店有限公司
141	上海市	上海君道艺术展览有限公司
142	上海市	上海宝库企业管理有限公司
143	上海市	上海景田艺术品发展有限公司
144	上海市	上海闻德文化发展有限公司
145	上海市	上海臻藏商贸有限公司
146	上海市	上海启旺市场经营管理有限公司
147	上海市	上海外高桥国际文化艺术发展有限公司
148	上海市	云洲五万艺术市场经营管理有限公司
149	上海市	上海鹏丽商业管理有限公司
150	上海市	上海中福古玩文化市场经营有限公司
151	上海市	上海菀墨溪文化传媒有限公司
152	上海市	上海聚泉阁文化发展有限责任公司
153	上海市	上海丰宝堂商贸有限公司
154	上海市	上海岩芙商贸有限公司
155	上海市	上海东萃文化传播有限公司
156	上海市	上海埃瑟信息科技有限公司
157	上海市	上海宝昇坊文化有限公司
158	上海市	上海艾藏网络科技有限公司
159	江苏省	江苏省文物总店有限公司
160	江苏省	南京文物公司
161	江苏省	徐州文物商店
162	江苏省	常州市文物商店
163	江苏省	苏州文物商店
164	江苏省	扬州文物商店

序号	省份	文物商店名称
165	江苏省	镇江市文物商店
166	浙江省	杭州瀚天石文化艺术有限公司
167	浙江省	杭州浣花斋文物有限公司
168	浙江省	杭州景艺斋文物有限公司
169	浙江省	杭州六和文化传播有限公司——六和文物商店
170	浙江省	杭州钱塘文物有限公司
171	浙江省	杭州文物有限公司
172	浙江省	杭州文物珠宝公司
173	浙江省	杭州五德堂文物有限公司
174	浙江省	湖州市古雅文物有限公司
175	浙江省	湖州市文物商店
176	浙江省	嘉兴博雅古玩艺术品有限公司
177	浙江省	嘉兴市文物商店
178	浙江省	宁波三宝文物经营有限公司
179	浙江省	宁波市文物商店
180	浙江省	绍兴翰海文物有限公司
181	浙江省	绍兴市文物公司
182	浙江省	台州市翰丰文物有限公司
183	浙江省	温州市文物商店
184	浙江省	西泠印社文化艺术发展有限公司
185	浙江省	浙江贻德文物有限公司
186	浙江省	浙江义乌宝缘文物有限公司
187	安徽省	安徽省文物总店
188	安徽省	安徽省相城文物有限公司
189	安徽省	安徽凌家滩文化艺术品投资有限公司
190	安徽省	安徽汇古文化发展有限公司
191	安徽省	宣城市宛陵阁艺术品有限公司
192	福建省	厦门文物店
193	江西省	江西省文物商店
194	江西省	景德镇市文物商店
195	江西省	江西执古御今文化发展有限公司
196	山东省	烟台市文物店
197	山东省	泰安市文物店
198	山东省	曲阜市文物商店

序号	省份	文物商店名称
199	山东省	山东省信德斋文物商店有限公司
200	山东省	大秦古泉文化艺术品有限公司
201	河南省	开封市文物商店
202	河南省	洛阳市文物交流中心
203	河南省	河南天成文物有限公司
204	河南省	河南省钱币有限公司
205	河南省	洛阳古都文物有限公司
206	河南省	焦作恒真文物有限公司
207	河南省	平顶山翰墨金石文物商店
208	河南省	信阳文盛实业有限公司
209	河南省	周口市旷世文物商店
210	河南省	周口市文物商店
211	河南省	河南维天文化传播有限公司
212	河南省	京古斋文化传播有限责任公司
213	河南省	河南省聚宝文物有限公司
214	河南省	河南博彦轩文物艺术品有限公司
215	河南省	郑州市金水区华宝轩文物商店
216	河南省	河南格古文化交流策划有限公司
217	湖北省	荆门荆楚文物商店有限公司
218	湖南省	湖南省潇湘文物商店
219	湖南省	长沙文物总店
220	广东省	广州市文物总店有限公司
221	广东省	广东省文物总店有限公司
222	广东省	广州市广雅商贸有限公司
223	广东省	广东省南方文化产权交易所股份有限公司
224	广东省	珠海原道景润文化传播有限公司
225	广东省	深圳市国御文物有限公司
226	广东省	寻宝汇古董艺术品（深圳）有限公司
227	广东省	广州市文物总店有限公司博古斋
228	广东省	广州市文物总店有限公司粤雅堂
229	重庆市	重庆美术公司文物商店
230	重庆市	重庆市万州三峡文物商店有限公司
231	重庆市	重庆文古斋文化艺术有限公司
232	四川省	四川省文物总店

序号	省份	文物商店名称
233	四川省	成都市文物商店
234	四川省	撷秀文物商店
235	四川省	西南半壁文物商店
236	四川省	乐山天地人文物商店
237	贵州省	贵州雅聚堂文物商店（有限合伙）
238	云南省	云南省文物总店有限公司
239	西藏自治区	西藏自治区文物总店
240	陕西省	陕西省文物总店有限公司
241	陕西省	西安市文物交流中心
242	陕西省	陕西韵古堂文物商店有限公司
243	陕西省	钧泰文物商店
244	陕西省	陕西亮宝楼文物商店
245	陕西省	陕西盛宝斋文物商店
246	陕西省	西安大唐西市文物商店
247	陕西省	大唐嘉宝文物商店
248	陕西省	西安力邦文物商店
249	陕西省	陕西盛宝阁文物商店
250	陕西省	陕西宝宋堂文物商店
251	陕西省	西安观沧海文物商店
252	陕西省	陕西文晟文物商店
253	陕西省	陕西龙飞阁文物商店
254	陕西省	陕西长安文博文物商店
255	陕西省	西安静竹轩文物商店
256	陕西省	咸阳秦风文物商店有限公司
257	陕西省	咸阳金驹堂文物商店有限公司
258	陕西省	咸阳秦鸿古文化传播有限公司
259	陕西省	宝鸡市文物商店
260	陕西省	渭南三闲堂文物商店
261	陕西省	陕西鼎海乾坤文物商店有限公司
262	甘肃省	甘肃省文物商店有限责任公司
263	甘肃省	金昌钰鑫文化发展有限公司钰鑫文物商店
264	甘肃省	聚臻文物商店
265	青海省	青海省文物商店
266	新疆维吾尔自治区	新疆维吾尔自治区文物总店

中国文物艺术品拍卖机构 *
Auction Houses in China

* 注：中国文物艺术品拍卖机构名单来自国家文物局公布的《全国文物商店、文物拍卖企业名单》(2022.8.11 更新)，不包含暂停资质与未年审的文物拍卖企业。等级评估名单来自中国拍卖行业协会"中拍协〔2019〕54 号"公布的《2020 年拍卖企业等级评估结果公示的名单》中拍协〔2021〕15 号；行业自律公约成员名单来自中拍协公布的《文物艺术品拍卖企业自律公约成员名单》首批 56 家，及其他陆续加入的文物艺术品拍卖企业；标准化达标企业名单来自中拍协"中拍协〔2015〕14 号"公布的《关于第二届中国文物艺术品拍卖标准化达标企业评定结果的公告》。

序号	省份	拍卖机构	等级评估	行业自律公约成员	标准化达标企业
1	北京市	中国嘉德国际拍卖有限公司	AAA	√	√
2	北京市	北京保利国际拍卖有限公司	AAA	√	√
3	北京市	北京翰海拍卖有限公司	AAA	√	√
4	北京市	北京华辰拍卖有限公司	AAA	√	√
5	北京市	北京荣宝拍卖有限公司	AAA	√	√
6	北京市	中都国际拍卖有限公司	AAA	√	√
7	北京市	北京中招国际拍卖有限公司	AAA	√	√
8	北京市	北京嘉禾国际拍卖有限公司	AAA	√	√
9	北京市	北京匡时国际拍卖有限公司	AAA	√	√
10	北京市	北京瑞平国际拍卖行有限公司	AAA		√
11	北京市	北京诚轩拍卖有限公司	AAA		
12	北京市	中鸿信国际拍卖有限公司	AAA		
13	北京市	中联国际拍卖中心有限公司	AAA		
14	北京市	东方国际拍卖有限责任公司	AAA		
15	北京市	太平洋国际拍卖有限公司	AA	√	√
16	北京市	北京中汉拍卖有限公司	AA	√	
17	北京市	北京银座国际拍卖有限公司	AA	√	√
18	北京市	中宝拍卖有限公司	AA		
19	北京市	中贸圣佳国际拍卖有限公司		√	√
20	北京市	北京中拍国际拍卖有限公司		√	√
21	北京市	北京长风拍卖有限公司		√	√
22	北京市	北京德宝国际拍卖有限公司		√	√
23	北京市	北京海王村拍卖有限责任公司		√	
24	北京市	北京九歌国际拍卖股份有限公司		√	

序号	省份	拍卖机构	等级评估	行业自律公约成员	标准化达标企业
25	北京市	北京东正拍卖有限公司		√	
26	北京市	北京永乐国际拍卖有限公司		√	
27	北京市	北京市古天一国际拍卖有限公司		√	
28	北京市	北京包盈国际拍卖有限责任公司		√	
29	北京市	北京盈时国际拍卖有限公司		√	
30	北京市	北京路易森林科技有限公司		√	
31	北京市	北京泰和嘉成拍卖有限公司		√	
32	北京市	北京亚洲宏大国际拍卖有限公司		√	
33	北京市	北京印千山国际拍卖有限公司		√	
34	北京市	北京宝纶国际拍卖有限公司		√	
35	北京市	北京文博苑国际拍卖有限公司		√	
36	北京市	北京歌德拍卖有限公司		√	
37	北京市	北京宣石国际拍卖有限公司		√	
38	北京市	朔方国际拍卖（北京）有限公司		√	
39	北京市	北京华夏传承国际拍卖有限公司		√	
40	北京市	北京东方大观国际拍卖有限公司		√	
41	北京市	品盛（北京）国际拍卖有限公司		√	
42	北京市	北京东方利德拍卖有限公司		√	
43	北京市	北京湛然国际拍卖有限公司		√	
44	北京市	北京天琅文晖拍卖有限公司		√	
45	北京市	北京金仕德国际拍卖有限公司			
46	北京市	北京中博国际拍卖有限公司			
47	北京市	北京盘古拍卖有限公司			
48	北京市	北京中鼎国际拍卖有限公司			
49	北京市	大象（北京）国际拍卖有限公司			
50	北京市	北京富比富国际拍卖有限公司			
51	北京市	北京东西方国际拍卖有限公司			
52	北京市	北京弘艺国际拍卖有限公司			
53	北京市	北京盛佳国际拍卖有限公司			
54	北京市	北京玄和国际拍卖有限公司			
55	北京市	北京华夏珍藏国际拍卖有限公司			
56	北京市	北京博美国际拍卖有限公司			
57	北京市	北京明珠双龙国际拍卖有限公司			

序号	省份	拍卖机构	等级评估	行业自律公约成员	标准化达标企业
58	北京市	北京琴岛荣德国际拍卖有限公司			
59	北京市	北京宝瑞盈国际拍卖有限公司			
60	北京市	东方求实国际拍卖（北京）有限公司			
61	北京市	北京景星麟凤国际拍卖有限公司			
62	北京市	北京宏正国际拍卖有限公司			
63	北京市	北京维塔维登国际拍卖有限公司			
64	北京市	宝腾国际拍卖有限公司			
65	北京市	北京际华春秋拍卖有限公司			
66	北京市	北京文津阁国际拍卖有限责任公司			
67	北京市	北京西荣阁拍卖有限公司			
68	北京市	北京美三山拍卖有限公司			
69	北京市	北京恒盛鼎国际拍卖有限公司			
70	北京市	北京鼎兴天和国际拍卖有限公司			
71	北京市	北京盈昌国际拍卖有限公司			
72	北京市	新华拍卖有限公司			
73	北京市	北京玖阳国际拍卖有限公司			
74	北京市	北京艺典臻藏国际拍卖有限公司			
75	北京市	北京世纪皓博拍卖有限公司			
76	北京市	北京天雅恒逸国际拍卖有限公司			
77	北京市	北京新民勤拍卖有限公司			
78	北京市	北京富古台国际拍卖有限公司			
79	北京市	龙泽德拍卖（北京）有限公司			
80	北京市	北京伍伦国际拍卖有限公司			
81	北京市	北京东联盛世宝国际拍卖有限公司			
82	北京市	中古陶（北京）拍卖行有限公司			
83	北京市	北京金锤声国际拍卖有限公司			
84	北京市	北京华夏古泉国际拍卖有限公司			
85	北京市	北京佳银国际拍卖有限公司			
86	北京市	冀德国际拍卖有限公司			
87	北京市	北京晟永国际拍卖有限公司			
88	北京市	北京玄黄国际拍卖有限公司			
89	北京市	中溯国际拍卖有限公司			
90	北京市	北京中天信达拍卖有限公司			

序号	省份	拍卖机构	等级评估	行业自律公约成员	标准化达标企业
91	北京市	北京中恒信拍卖有限公司			
92	北京市	北京永新华韵国际拍卖有限公司			
93	北京市	北京启石国际拍卖有限公司			
94	北京市	北京适珍国际拍卖有限公司			
95	北京市	无与伦比（北京）国际拍卖有限公司			
96	北京市	北京收藏在线拍卖有限公司			
97	北京市	北京儒嘉拍卖有限公司			
98	北京市	北京传观国际拍卖有限公司			
99	北京市	重锤国际拍卖（北京）有限责任公司			
100	北京市	北京金槌宝成国际拍卖有限公司			
101	北京市	东方御藏国际拍卖（北京）有限公司			
102	北京市	金远见（北京）国际拍卖有限公司			
103	北京市	北京得逸拍卖有限公司			
104	北京市	北京匡德国际拍卖有限公司			
105	北京市	北京宝裕国际拍卖有限公司			
106	北京市	东方国蕴拍卖有限公司			
107	北京市	北京艺宝国际拍卖有限公司			
108	北京市	北京中奕国际拍卖有限公司			
109	北京市	北京华夏天天拍卖有限公司			
110	北京市	北京德艺盛拍卖有限公司			
111	北京市	北京世纪文博拍卖有限公司			
112	北京市	儒来（北京）国际拍卖有限公司			
113	北京市	北京东方艺苑国际拍卖有限公司			
114	北京市	北京保瑞国际拍卖有限公司			
115	北京市	华夏永盛（北京）国际拍卖有限公司			
116	北京市	北京汉丞国际拍卖有限公司			
117	北京市	北京中艺紫宸国际拍卖有限公司			
118	北京市	中石盛典（北京）国际拍卖有限公司			
119	北京市	华夏艺苑（北京）国际拍卖有限公司			
120	北京市	北京天贵仁顺国际拍卖有限公司			
121	北京市	北京万隆和拍卖有限公司			
122	北京市	北京天籁阁国际拍卖有限公司			
123	北京市	博大华艺（北京）文化发展有限公司			

序号	省份	拍卖机构	等级评估	行业自律公约成员	标准化达标企业
124	北京市	北京诚曦国际拍卖有限公司			
125	北京市	北京天骄国际拍卖有限公司			
126	北京市	北京大羿拍卖有限公司			
127	北京市	中贝（北京）拍卖有限公司			
128	北京市	华夏景天（北京）国际拍卖有限公司			
129	北京市	北京雅藏国际拍卖有限公司			
130	北京市	北京华夏星鼎国际拍卖有限公司			
131	北京市	承乾（北京）国际拍卖有限公司			
132	北京市	七玺国际拍卖有限公司			
133	北京市	北京德信致远国际拍卖有限公司			
134	北京市	北京鸿翰国际拍卖有限公司			
135	北京市	北京远洋圣港国际拍卖有限公司			
136	北京市	北京尚庭国际拍卖有限公司			
137	北京市	中文宣三百文化产业（北京）集团股份有限公司			
138	北京市	北京兴雅拍卖有限公司			
139	北京市	北京鸿盛祥国际拍卖有限公司			
140	北京市	北京东方艺都拍卖有限公司			
141	北京市	北京鲁艺德拍卖有限公司			
142	北京市	北京兰谷文化科技有限公司			
143	北京市	北京盛世国际拍卖有限公司			
144	北京市	北京上巳兰亭国际拍卖有限公司			
145	北京市	北京国安艺术品投资有限公司			
146	北京市	北京华汇中艺国际拍卖有限公司			
147	北京市	华夏佳德（北京）国际拍卖有限公司			
148	北京市	艺诚国际拍卖（北京）有限公司			
149	北京市	北京名刀汇贸易有限公司			
150	北京市	北京观古国际拍卖有限公司			
151	北京市	北京东方艺林国际拍卖有限公司			
152	北京市	北京大都珍品拍卖有限公司			
153	北京市	北京万缘拍卖有限公司			
154	北京市	北京盛世宝莱国际拍卖有限公司			
155	北京市	中业拍卖有限公司			

序号	省份	拍卖机构	等级评估	行业自律公约成员	标准化达标企业
156	北京市	国枰拍卖有限公司			
157	北京市	北京瀚藏科技有限公司			
158	北京市	北京砚林拍卖有限公司			
159	北京市	中环信达国际拍卖有限公司			
160	北京市	北京淘古趣文化科技有限公司			
161	北京市	北京创拍网络科技有限公司			
162	北京市	北京钜鑫缘国际拍卖有限公司			
163	北京市	国羽（北京）拍卖有限公司			
164	北京市	北京国藏拍卖有限公司			
165	北京市	北京惜奇堂国际文物鉴定有限公司			
166	北京市	北京影易拍卖有限公司			
167	北京市	北京茗探拍卖有限公司			
168	北京市	北京慈成拍卖有限公司			
169	北京市	华夏国际拍卖有限公司			
170	北京市	中艺联国际拍卖（北京）有限公司			
171	北京市	定海神针（北京）国际拍卖有限公司			
172	北京市	北京同鼎国际拍卖有限公司			
173	北京市	忒提斯瀚国际拍卖（北京）有限公司			
174	北京市	北京永煊国际拍卖有限公司			
175	北京市	北京安迪克拍卖有限公司			
176	北京市	北京君一明十国际拍卖有限公司			
177	北京市	宏善拍卖（北京）有限公司			
178	北京市	北京文奥国际拍卖有限公司			
179	北京市	北京玄商拍卖有限公司			
180	北京市	北京荣盛轩国际拍卖有限公司			
181	北京市	北京云拍互动网络科技有限公司			
182	北京市	北京泓茂国际拍卖有限公司			
183	北京市	畅拍行文化创意（北京）有限公司			
184	北京市	乾禧国际拍卖（北京）有限公司			
185	北京市	北京风宣国际拍卖有限公司			
186	北京市	北京藏宝科技有限公司			
187	北京市	北京德艺兴源国际拍卖有限公司			
188	北京市	北京素玲聚缘君辉拍卖有限公司			

序号	省份	拍卖机构	等级评估	行业自律公约成员	标准化达标企业
189	北京市	北京小观拍卖有限公司			
190	北京市	北京国裕拍卖有限公司			
191	北京市	北京博达亿合拍卖有限公司			
192	北京市	十竹斋拍卖（北京）有限公司			
193	北京市	北京逸成国际拍卖有限公司			
194	北京市	北京华艺国际拍卖有限公司			
195	北京市	九天万象国际拍卖（北京）有限公司			
196	北京市	北京艺泰拍卖有限公司			
197	北京市	北京富安国际拍卖有限公司			
198	北京市	北京天一藏古国际拍卖有限公司			
199	北京市	永宝斋（北京）拍卖有限公司			
200	北京市	万历国际拍卖（北京）有限公司			
201	北京市	北京聚宝斋拍卖有限公司			
202	北京市	北京明石拍卖有限公司			
203	北京市	北京开拍国际拍卖有限公司			
204	北京市	北京禾谷拍卖有限公司			
205	北京市	北京京古国际拍卖有限公司			
206	北京市	北京宝拍国际拍卖有限公司			
207	北京市	北京孔网拍卖有限公司			
208	北京市	北京玩古网络科技有限公司			
209	北京市	长城书画院有限公司			
210	北京市	永宝斋（北京）网络文化有限公司			
211	北京市	北京格古国际拍卖有限公司			
212	北京市	北京崇德四季国际拍卖有限公司			
213	北京市	北京基鸿祥国际拍卖有限公司			
214	北京市	北京羿趣国际拍卖有限公司			
215	北京市	北京尚古一品国际拍卖有限公司			
216	北京市	北京博乐德拍卖有限责任公司			
217	北京市	北京至祯国际拍卖有限公司			
218	北京市	上尚品（北京）拍卖有限公司			
219	北京市	北京瀚斯国际拍卖有限公司			
220	北京市	中艺拍卖集团有限公司			
221	北京市	大唐国投国际拍卖有限公司			

序号	省份	拍卖机构	等级评估	行业自律公约成员	标准化达标企业
222	北京市	泊云国际拍卖（北京）有限公司			
223	北京市	北京金字塔拍卖有限公司			
224	北京市	中鉴乐拍拍卖（北京）有限公司			
225	北京市	北京中行天下国际拍卖有限公司			
226	北京市	北京文博拍卖有限公司			
227	北京市	中古斋拍卖有限公司			
228	北京市	北京瀚海智绘文化艺术品发展有限公司			
229	北京市	北京华采元创文化传播有限公司			
230	北京市	北京中金国衡收藏钱币鉴定评级有限公司			
231	北京市	北京潘家园拍卖有限公司			
232	北京市	北京集古思源拍卖有限公司			
233	北京市	北京中西拍卖有限公司			
234	北京市	北京易定科技有限公司			
235	北京市	北京瓷爱一生国际拍卖有限公司			
236	北京市	北京匡鑫拍卖有限公司			
237	天津市	天津鼎天国际拍卖有限公司	AA	√	√
238	天津市	天津国际拍卖有限责任公司	AA	√	
239	天津市	海天国际拍卖天津有限公司	AA	√	
240	天津市	天津市同方国际拍卖行有限公司	AA	√	
241	天津市	天津博世嘉拍卖行有限公司			
242	天津市	瀚琮国际拍卖（天津）有限公司			
243	天津市	天津晟颢拍卖有限公司			
244	天津市	天津乾德拍卖有限公司			
245	天津市	永茂世纪（天津）拍卖有限公司			
246	天津市	天津德隆国际拍卖有限公司			
247	天津市	九州博古国际拍卖（天津）有限公司			
248	天津市	百得利环球拍卖有限责任公司			
249	天津市	天津名正国际拍卖有限公司			
250	河北省	大马河北拍卖有限公司			
251	河北省	河北省嘉海拍卖有限公司	AA		
252	河北省	巨力国际拍卖有限公司	AA		
253	河北省	石家庄盛世东方国际拍卖有限公司			

序号	省份	拍卖机构	等级评估	行业自律公约成员	标准化达标企业
254	河北省	河北翰如拍卖有限公司			
255	河北省	廊坊市柏屹拍卖有限公司			
256	河北省	河北十方拍卖有限公司			
257	河北省	河北九洲泓德拍卖有限公司			
258	河北省	河北见山拍卖有限公司			
259	山西省	山西兴晋拍卖股份有限公司			
260	山西省	山西百业拍卖有限公司	AAA	√	
261	山西省	山西晋宝拍卖有限公司	AA	√	√
262	山西省	山西融易达拍卖有限公司	AA		
263	山西省	山西晋通拍卖有限公司		√	
264	山西省	山西晋德拍卖有限责任公司		√	
265	山西省	山西翰丰拍卖有限公司			
266	辽宁省	辽宁建投拍卖有限公司	AAA	√	
267	辽宁省	辽宁华安拍卖有限公司	AA		
268	辽宁省	富佳斋拍卖有限公司	AA		
269	辽宁省	辽宁国际商品拍卖有限公司	A		
270	辽宁省	辽宁友利拍卖有限公司			
271	辽宁省	沈阳皇晟拍卖有限公司			
272	吉林省	吉林省虹桥拍卖有限公司			
273	吉林省	吉林省天盛文物有限公司			
274	吉林省	四平市天盛文物有限公司			
275	上海市	上海朵云轩拍卖有限公司	AAA	√	√
276	上海市	上海国际商品拍卖有限公司	AAA	√	√
277	上海市	上海泓盛拍卖有限公司	AAA	√	√
278	上海市	上海大众拍卖有限公司	AAA	√	√
279	上海市	上海东方国际商品拍卖有限公司	AAA	√	
280	上海市	上海青莲阁拍卖有限责任公司	AAA	√	√
281	上海市	上海拍卖行有限责任公司	AAA	√	√
282	上海市	上海长城拍卖有限公司	AAA	√	√
283	上海市	上海老城隍庙拍卖行有限公司	AAA	√	
284	上海市	上海华夏拍卖有限公司	AAA	√	
285	上海市	上海黄浦拍卖行有限公司	AAA	√	
286	上海市	上海宝江拍卖有限公司	AAA		

序号	省份	拍卖机构	等级评估	行业自律公约成员	标准化达标企业
287	上海市	上海金沪拍卖有限公司	AAA		
288	上海市	上海中南拍卖有限公司	AAA		
289	上海市	上海大公拍卖有限公司	AAA		
290	上海市	上海申之江拍卖有限公司	AAA		
291	上海市	上海公益拍卖有限公司	AAA		
292	上海市	上海金槌商品拍卖有限公司	AAA		
293	上海市	上海产权拍卖有限公司	AAA		
294	上海市	上海技术产权拍卖有限公司	AAA		
295	上海市	上海博古斋拍卖有限公司	AA	√	√
296	上海市	荣宝斋（上海）拍卖有限公司	AA	√	√
297	上海市	上海驰翰拍卖有限公司	AA	√	
298	上海市	敬华（上海）拍卖股份有限公司	AA		
299	上海市	上海捷利拍卖有限公司	AA		
300	上海市	上海莘闵拍卖行有限公司	AA		
301	上海市	上海嘉禾拍卖有限公司	A	√	
302	上海市	上海联合拍卖有限公司	A	√	
303	上海市	上海嘉泰拍卖有限公司	A		
304	上海市	上海阳明拍卖有限公司		√	
305	上海市	上海明轩国际艺术品拍卖有限公司		√	
306	上海市	上海工美拍卖有限公司		√	
307	上海市	上海道明拍卖有限公司		√	
308	上海市	上海中福拍卖有限公司		√	
309	上海市	上海新华拍卖有限公司			
310	上海市	上海博海拍卖有限公司			
311	上海市	上海天衡拍卖有限公司			
312	上海市	上海宏大拍卖有限公司			
313	上海市	上海鸿生拍卖有限公司			
314	上海市	上海汉霖拍卖有限公司			
315	上海市	上海华宇拍卖有限公司			
316	上海市	上海雅藏拍卖有限公司			
317	上海市	上海尚敷精舍拍卖有限公司			
318	上海市	璟祥拍卖（上海）有限公司			
319	上海市	上海自贸区拍卖有限公司			

序号	省份	拍卖机构	等级评估	行业自律公约成员	标准化达标企业
320	上海市	上海元贞拍卖有限公司			
321	上海市	上海匡时拍卖有限公司			
322	上海市	宝库（上海）拍卖有限公司			
323	上海市	上海品得拍卖有限公司			
324	上海市	上海得佳趣艺术品拍卖有限公司			
325	上海市	上海睿喜拍卖有限公司			
326	上海市	上海呗美拍卖有限公司			
327	上海市	上海太铎拍卖有限公司			
328	上海市	上海龙裔拍卖有限公司			
329	上海市	上海中亿拍卖有限公司			
330	上海市	上海金艺拍卖有限公司			
331	上海市	上海天赐玉成拍卖有限公司			
332	上海市	上海富铭拍卖有限公司			
333	上海市	上海均益拍卖有限公司			
334	上海市	上海红利艺术品拍卖有限公司			
335	上海市	上海鸿源拍卖有限公司			
336	上海市	上海普陀文化艺术发展有限公司			
337	上海市	上海景晟拍卖有限公司			
338	上海市	上海华艺拍卖有限公司			
339	上海市	上海玄览艺术品拍卖有限公司			
340	上海市	上海皕行拍卖有限公司			
341	上海市	上海一条拍卖有限公司			
342	上海市	上海鑫马拍卖有限公司			
343	上海市	上海吉藏拍卖有限公司			
344	江苏省	江苏省实成拍卖有限公司	AAA	√	
345	江苏省	南京嘉信拍卖有限公司	AA	√	√
346	江苏省	江苏淮海国际拍卖有限公司	AA	√	√
347	江苏省	苏州市吴门拍卖有限公司	AA	√	√
348	江苏省	南京经典拍卖有限公司	AA	√	√
349	江苏省	江苏五爱拍卖有限公司	AA		
350	江苏省	江苏保利拍卖有限公司	AA		
351	江苏省	苏州东方艺术品拍卖有限公司	A	√	√
352	江苏省	南京正大拍卖有限公司	A	√	

序号	省份	拍卖机构	等级评估	行业自律公约成员	标准化达标企业
353	江苏省	南通嘉宝拍卖有限公司	A		
354	浙江省	西泠印社拍卖有限公司		√	√
355	江苏省	江苏爱涛拍卖有限公司		√	√
356	江苏省	南京十竹斋拍卖有限公司		√	
357	江苏省	江苏聚德拍卖有限公司			
358	江苏省	江苏沧海拍卖有限公司		√	
359	江苏省	江苏观宇艺术品拍卖有限公司			
360	江苏省	荣宝斋（南京）拍卖有限公司			
361	江苏省	江苏两汉拍卖有限公司			
362	江苏省	江苏真德拍卖有限公司			
363	江苏省	江苏宝得国际拍卖有限公司			
364	江苏省	江苏龙城拍卖有限公司			
365	江苏省	江苏恒坤国际拍卖有限公司			
366	江苏省	江苏汇中拍卖有限公司			
367	江苏省	苏州四礼堂拍卖有限公司			
368	江苏省	江苏金匮拍卖有限公司			
369	江苏省	南京三省拍卖有限公司			
370	江苏省	常州椿萱拍卖有限公司			
371	江苏省	江苏少典国际拍卖有限公司			
372	江苏省	江苏博爱拍卖有限公司			
373	江苏省	江苏唐颂国际拍卖有限公司			
374	浙江省	温州汇丰拍卖行有限公司	AAA	√	
375	浙江省	浙江萧然拍卖有限公司	AA		
376	浙江省	浙江佳宝拍卖有限公司	A	√	√
377	浙江省	浙江中财拍卖行有限公司	A		
378	浙江省	杭州市拍卖行有限公司	A		
379	浙江省	宁波富邦拍卖有限公司		√	
380	浙江省	浙江长乐拍卖有限公司		√	
381	浙江省	浙江美术传媒拍卖有限公司		√	
382	浙江省	浙江世贸拍卖中心有限公司		√	
383	浙江省	浙江丽泽拍卖有限公司		√	
384	浙江省	浙江南北拍卖有限公司		√	
385	浙江省	浙江隆安拍卖有限公司			

序号	省份	拍卖机构	等级评估	行业自律公约成员	标准化达标企业
386	浙江省	浙江骏成拍卖有限公司			
387	浙江省	浙江横店拍卖有限公司			
388	浙江省	浙江六通拍卖有限公司			
389	浙江省	浙江嘉浩拍卖有限公司			
390	浙江省	浙江骏纬拍卖有限公司			
391	浙江省	浙江兰亭拍卖有限公司			
392	浙江省	浙江御承拍卖有限公司			
393	浙江省	浙江中孚拍卖有限公司			
394	浙江省	杭州宜和拍卖有限公司			
395	浙江省	杭州有朋拍卖有限公司			
396	浙江省	杭州艺探拍卖有限公司			
397	浙江省	浙江鸿峰拍卖有限公司			
398	浙江省	杭州器物说拍卖有限公司			
399	浙江省	浙江翰华拍卖有限公司			
400	浙江省	浙江嘉艺拍卖有限公司			
401	浙江省	浙江方元拍卖有限公司			
402	浙江省	浙江叁秋拍卖有限公司			
403	浙江省	浙江当代拍卖有限公司			
404	浙江省	浙江真拍堂拍卖有限公司			
405	浙江省	浙江中享拍卖有限公司			
406	浙江省	浙江伯品拍卖有限公司			
407	浙江省	浙江恒博拍卖有限公司			
408	浙江省	浙江久鼎拍卖有限公司			
409	安徽省	安徽盘龙企业拍卖集团有限公司	AAA	√	√
410	安徽省	安徽省盛唐拍卖有限公司	AA		
411	安徽省	安徽中观拍卖有限公司			
412	安徽省	安徽艺海拍卖有限责任公司			
413	安徽省	安徽东歌拍卖有限公司			
414	安徽省	安徽古今天元拍卖有限公司			
415	安徽省	安徽正德拍卖有限公司			
416	安徽省	安徽龙裔玉冰拍卖有限公司			
417	安徽省	安徽锦华拍卖有限责任公司			
418	安徽省	安徽邓通艺术品拍卖有限公司			

序号	省份	拍卖机构	等级评估	行业自律公约成员	标准化达标企业
419	安徽省	安徽大都拍卖有限公司			
420	安徽省	安徽国瀚拍卖有限公司			
421	安徽省	合肥途育拍卖有限公司			
422	安徽省	安徽秦汉阁拍卖有限公司			
423	福建省	福建省顶信拍卖有限公司	AAA	√	
424	福建省	厦门特拍拍卖有限公司	AAA		
425	福建省	福建省华夏拍卖有限公司	AAA		
426	福建省	福建运通拍卖行有限公司	AA	√	
427	福建省	福建省拍卖行有限公司	A	√	
428	福建省	福建静轩拍卖有限公司		√	
429	福建省	福建东南拍卖有限公司		√	
430	福建省	保利（厦门）国际拍卖有限公司		√	
431	福建省	福建省定佳拍卖有限公司			
432	福建省	厦门谷云轩拍卖有限公司			
433	福建省	福建居正拍卖行有限公司			
434	福建省	福建省大明拍卖有限公司			
435	福建省	厦门博乐德平台拍卖有限公司			
436	福建省	厦门心和拍卖有限公司			
437	福建省	福建瀚成拍卖有限公司			
438	福建省	厦门东南拍卖有限公司			
439	江西省	江西瀚洋国际拍卖有限公司			
440	江西省	江西允升拍卖有限公司			
441	江西省	江西集萃斋拍卖有限公司			
442	山东省	佳联国际拍卖有限公司	AAA		
443	山东省	金诺国际拍卖有限公司	AAA		
444	山东省	潍坊华兴拍卖有限公司	AA		
445	山东省	山东舜鑫拍卖有限公司	A		
446	山东省	山东天下收藏拍卖有限公司			
447	山东省	青岛中艺拍卖有限公司			
448	山东省	荣宝斋（济南）拍卖有限公司			
449	山东省	山东海纳百宝珍拍卖有限公司			
450	山东省	山东天承拍卖有限公司			
451	山东省	山东金石拍卖有限公司			

序号	省份	拍卖机构	等级评估	行业自律公约成员	标准化达标企业
452	山东省	山东金艺宝拍卖有限公司			
453	河南省	河南拍卖行有限公司	AAA		
454	河南省	河南金帝拍卖有限公司	AA	√	√
455	河南省	河南省豫呈祥拍卖有限责任公司	AA	√	
456	河南省	洛阳市佳德拍卖有限公司	AA		
457	河南省	河南省日信拍卖有限公司		√	
458	河南省	河南华宝拍卖有限公司			
459	河南省	河南和同拍卖有限公司			
460	河南省	河南中嘉拍卖有限公司			
461	河南省	郑州拍卖总行有限公司			
462	河南省	河南豫宝斋拍卖有限公司			
463	湖北省	湖北诚信拍卖有限公司	AAA	√	√
464	湖北省	湖北德润古今拍卖有限公司	AAA		
465	湖南省	湖南省国际商品拍卖有限公司	A	√	
466	湖北省	武汉中信拍卖有限公司			
467	湖北省	武汉市大唐拍卖有限责任公司			
468	湖南省	长沙古泉园地拍卖有限公司			
469	湖南省	联拍在线（湖南）网络科技有限公司			
470	湖南省	长沙域鉴拍卖有限公司			
471	湖南省	湖南大麓拍卖有限公司			
472	广东省	广东崇正拍卖有限公司	AAA	√	√
473	广东省	广州华艺国际拍卖有限公司	AAA	√	√
474	广东省	广东省拍卖行有限公司	AAA	√	√
475	广东省	广东浩宏拍卖有限公司	AAA	√	
476	广东省	广东旭通达拍卖有限公司	AAA	√	
477	广东省	安华白云拍卖有限公司	AAA	√	
478	广东省	广东华友拍卖行有限公司	AAA		
479	广东省	广东物资拍卖行有限公司	AAA		
480	广东省	广东衡益拍卖有限公司	AA	√	√
481	广东省	广州市皇玛拍卖有限公司	AA	√	√
482	广东省	广东万丰拍卖行有限公司	AA	√	
483	广东省	广东凤凰拍卖有限公司	AA	√	
484	广东省	广东保利拍卖有限公司	AA		

序号	省份	拍卖机构	等级评估	行业自律公约成员	标准化达标企业
485	广东省	广东光德拍卖有限公司	AA		
486	广东省	广州市银通拍卖行有限公司	A	√	√
487	广东省	广东省古今拍卖有限公司	A	√	
488	广东省	深圳市联合拍卖有限责任公司	A		
489	广东省	广州三和文化艺术品有限公司			
490	广东省	深圳市华腾国际拍卖有限公司			
491	广东省	华盈国际拍卖（深圳）有限公司			
492	广东省	广州市皇玛抱趣拍卖有限公司			
493	广东省	广东精诚所至艺术品拍卖有限公司			
494	广东省	广东文弘拍卖有限公司			
495	广东省	深圳至正国际拍卖有限公司			
496	广东省	深圳中外经典拍卖有限公司			
497	广东省	深圳市云峰拍卖行有限公司			
498	广东省	广东小雅斋拍卖有限公司			
499	广东省	广东圣唐拍卖有限公司			
500	广东省	深圳市拍卖行有限公司			
501	广东省	广东国富中旺拍卖有限公司			
502	广东省	珠海宜轩拍卖有限公司			
503	广东省	深圳市国鼎拍卖有限公司			
504	广东省	深圳文化产权交易所有限公司			
505	广东省	广东文雅拍卖有限公司			
506	广东省	广东皇廷拍卖有限公司			
507	广东省	广东越海拍卖有限公司			
508	广东省	广东宜传拍卖有限公司			
509	广东省	广东正佳拍卖有限公司			
510	广东省	广东荣得拍卖有限公司			
511	广东省	中晟拍卖（广州）有限公司			
512	广东省	敬和拍卖（广州）有限公司			
513	广东省	华辉拍卖行（广东）有限公司			
514	广东省	广东科泽拍卖有限公司			
515	广东省	广州爱藏文化发展有限公司			
516	广东省	广州泰风楼国际拍卖有限公司			
517	广东省	广东于古文化科技有限公司			

序号	省份	拍卖机构	等级评估	行业自律公约成员	标准化达标企业
518	广东省	广东国艺拍卖有限公司			
519	广东省	广州花地艺拍文化艺术品拍卖有限公司			
520	广东省	欧昊国际拍卖（广州）有限公司			
521	广东省	深圳市美德拍卖行有限公司			
522	广东省	永力文化商贸（深圳）有限公司			
523	广东省	深圳市博雅拍卖有限公司			
524	广东省	竺昇鼎拍卖有限公司			
525	广东省	深圳宝臻文化科技有限公司			
526	广西省	广西泓历拍卖有限公司			
527	广西省	荣宝斋（桂林）拍卖有限公司			
528	广西省	广西正槌拍卖有限责任公司	AAA		
529	广西省	广西瀚宇拍卖有限公司			
530	广西省	广西邕华拍卖有限责任公司			
531	海南省	海南安达信拍卖有限公司			
532	海南省	海南恒鑫拍卖有限公司	AA		
533	重庆市	重庆恒升拍卖有限公司	AAA	√	√
534	重庆市	重庆华夏文物拍卖有限公司	A	√	√
535	重庆市	重庆市淳辉阁拍卖有限公司			
536	重庆市	重庆拍卖中心有限公司			
537	重庆市	重庆聚德轩拍卖有限公司			
538	四川省	四川省嘉诚拍卖有限公司	AAA	√	√
539	四川省	四川盈信天地拍卖有限公司	AAA	√	
540	四川省	成都市金沙拍卖有限公司	AA		
541	四川省	四川联拍拍卖有限公司	AA		
542	四川省	四川中天拍卖有限责任公司	AA		
543	四川省	四川省首尔迪拍卖有限公司	AA		
544	四川省	成都八益拍卖有限公司		√	
545	四川省	四川省梦虎拍卖有限责任公司		√	
546	四川省	四川翰雅拍卖有限公司		√	
547	四川省	四川省万星拍卖有限公司			
548	四川省	四川德轩拍卖有限责任公司			
549	四川省	四川东方拍卖有限责任公司			

序号	省份	拍卖机构	等级评估	行业自律公约成员	标准化达标企业
550	四川省	四川嘉宝拍卖有限公司			
551	四川省	四川君庭拍卖有限公司			
552	四川省	成都诗婢家拍卖有限责任公司			
553	四川省	四川重华拍卖有限公司			
554	四川省	四川尔雅藏珍艺术品拍卖有限公司			
555	四川省	成都尚古拍卖有限公司			
556	四川省	成都古韵佳拍艺术品拍卖有限公司			
557	四川省	成都甄宝视界拍卖有限公司			
558	四川省	四川和德儒艺术品拍卖有限公司			
559	四川省	四川观古斋拍卖有限公司			
560	四川省	四川沁月斋拍卖有限公司			
561	四川省	四川八益拍卖有限公司			
562	云南省	云南典藏拍卖集团有限公司		√	
563	云南省	昆明雅士得拍卖有限公司			
564	云南省	云南古艺拍卖有限公司			
565	陕西省	陕西瑞晨拍卖有限公司			
566	陕西省	西安大德拍卖有限责任公司			
567	陕西省	陕西天龙国际拍卖有限公司	AAA	√	
568	陕西省	陕西宝隆拍卖有限责任公司	A		
569	陕西省	陕西文德拍卖有限公司		√	
570	陕西省	陕西诚挚拍卖有限责任公司			
571	陕西省	西安力邦拍卖有限公司			
572	陕西省	陕西华夏国际拍卖有限责任公司			
573	陕西省	陕西秦商拍卖有限公司			
574	陕西省	陕西天一国际拍卖有限公司			
575	陕西省	陕西盛世长安拍卖有限公司			
576	陕西省	陕西蔚文堂拍卖有限责任公司			
577	陕西省	陕西秦宝斋拍卖有限责任公司			
578	陕西省	陕西公正拍卖行有限责任公司			
579	陕西省	西安汝轩拍卖有限公司			
580	陕西省	陕西省中宝拍卖有限责任公司			
581	陕西省	西安国艺汇艺术品拍卖有限公司			
582	陕西省	陕西汉唐丝路拍卖有限公司			

序号	省份	拍卖机构	等级评估	行业自律公约成员	标准化达标企业
583	陕西省	陕西知希堂艺术品拍卖有限公司			
584	甘肃省	未来四方集团拍卖有限公司	AAA	√	√
585	青海省	青海青中山拍卖有限公司			
586	青海省	青海景鸿堂拍卖有限公司			
587	宁夏回族自治区	宁夏力鼎拍卖有限公司			
588	香港	邦瀚斯国际（香港）拍卖有限公司			
589	香港	宝港国际拍卖有限公司			
590	香港	保利香港拍卖有限公司			
591	香港	淳浩拍卖有限公司			
592	香港	东京中央拍卖（香港）有限公司			
593	香港	富艺斯拍卖有限公司			
594	香港	佳士得香港有限公司			
595	香港	利得丰香港有限公司			
596	香港	拍得高拍卖（国际）有限公司			
597	香港	普艺拍卖有限公司			
598	香港	仕宏拍卖有限公司			
599	香港	苏富比（香港）国际拍卖有限公司			
600	香港	天成国际拍卖有限公司			
601	香港	万昌斯拍卖行有限公司			
602	香港	香港佳富拍卖行有限公司			
603	香港	北京匡时国际拍卖（香港）有限公司			
604	香港	中国嘉德（香港）国际拍卖有限公司			
605	香港	香港怡和国际拍卖有限公司			
606	香港	香港中怡国际拍卖有限公司			
607	澳门	澳门新亚太国际拍卖有限公司			
608	台湾	帝图科技文化股份有限公司			
609	台湾	金仕发拍卖有限公司			
610	台湾	景薰楼国际拍卖股份有限公司			
611	台湾	罗芙奥股份有限公司			
612	台湾	门得扬拍卖股份有限公司			
613	台湾	沐春堂拍卖股份有限公司			
614	台湾	台北富博斯国际艺术有限公司			

中国收藏
拍卖年鉴
2022

CHINESE FINE ART &
ANTIQUES AUCTION
YEARBOOK 2022

序号	省份	拍卖机构	等级评估	行业自律公约成员	标准化达标企业
615	台湾	台北宇珍国际艺术有限公司			
616	台湾	台湾富德国际拍卖股份有限公司			
617	台湾	台湾壶禄堂拍卖公司			
618	台湾	台湾世家国际拍卖有限公司			
619	台湾	新光国际艺术有限公司			
620	台湾	艺流国际拍卖股份有限公司			
621	台湾	易拍好股份有限公司			
622	台湾	中诚国际艺术股份有限公司			
623	台湾	新象艺术文创有限公司			

海外地区主要文物艺术品拍卖机构
Overseas Auction Houses

序号	国家	拍卖机构
1	爱尔兰	Adam's
2	爱尔兰	Sheppard's Irish Auction House
3	奥地利	Galerie Zacke Vienna
4	奥地利	Leitz Photographica Auction
5	奥地利	Deutsch Auktionen
6	奥地利	Dorotheum
7	奥地利	im Kinsky
8	比利时	Carlo Bonte Auctions
9	比利时	Cornettede Saint CYR Bruxelles
10	比利时	Coronari Auction
11	比利时	DVC
12	比利时	Galerie Moderne
13	比利时	Veilinghuis De Wit nv
14	比利时	Debaveye
15	比利时	Legia-Auction
16	比利时	Maison Jules
17	比利时	Hotel de ventes Mosan
18	比利时	Stanley's Auction
19	比利时	Rob Michiels Auctions
20	比利时	LOECKX
21	比利时	Vanderkindere
22	比利时	Flanders Auctions
23	丹麦	Bruun Rasmussen Auctions
24	德国	Auktionshaus an der Ruhr
25	德国	Auktionshaus Blank
26	德国	Auktionshaus Bossard
27	德国	Auktionshaus Eppli
28	德国	Auktionshaus Kendzia
29	德国	Auktionshaus Kloss
30	德国	Auktionshaus Mehlis gmbh
31	德国	Auktionshaus Rheine

中国收藏
拍卖年鉴
2022

CHINESE FINE ART &
ANTIQUES AUCTION
YEARBOOK 2022

序号	国家	拍卖机构
32	德国	Auktionshaus Schwab
33	德国	Hampel Fine Art Auctions
34	德国	Hargesheimer Kunstauktionen Düsseldorf
35	德国	Hardt Auctions GmbH
36	德国	Henry's Auktionshaus AG
37	德国	Hermann
38	德国	Historia Auktionshaus
39	德国	Jeschke VanVliet
40	德国	Kastern
41	德国	Kunstauktionshaus Schlosser
42	德国	Lempertz
43	德国	Neumeister
44	德国	Schmidt Kunstauktionen Dresden OHG
45	德国	Schloss Ahlden
46	德国	Stahl
47	德国	VanHam
48	德国	Yves Siebers
49	德国	zeitGenossen Vechtel & Becker
50	德国	Auktionshalle Cuxhaven
51	德国	Auktionshaus Sieglin GmbH
52	德国	Auktionshaus am See
53	法国	ADER
54	法国	Aguttes
55	法国	ALDE
56	法国	Alpes Encheres
57	法国	Aponem
58	法国	Artcurial
59	法国	Artprecium
60	法国	Audap & Associés
61	法国	Auction Art Rémy Le Fur & Associés
62	法国	Azur Enchères
63	法国	Bonhams Cornette DeSaint-Cyr
64	法国	Beaussant Lefèvre
65	法国	Bérard-Péron

序号	国家	拍卖机构
66	法国	Besch Cannes Auction
67	法国	Binocheet Giquello
68	法国	Bisman
69	法国	Blanchy-Lacombe
70	法国	Boisgirard-Antonini
71	法国	Briscadieu
72	法国	Cannesenchères
73	法国	Chalot & Associés-Fecamp
74	法国	Chativesle Maisonde Ventes
75	法国	Christie's Paris
76	法国	ChristopheJoron-Derem
77	法国	Conan Hotel d'Ainay
78	法国	Daguerre
79	法国	De Baecque et Associés
80	法国	Delon-Hoebanx
81	法国	Drouot Estimations
82	法国	Dupont & Associés
83	法国	Enchères Coted' Opale
84	法国	Encheres Paysde Loire
85	法国	Eric Caudron
86	法国	Expertisez.com
87	法国	FauveParis
88	法国	Fraysse & Associés
89	法国	Gers Gascogne Enchères
90	法国	Gros & Delettrez
91	法国	Ivoire–Primardeco
92	法国	Le Floc'h
93	法国	Le Puy Enchères
94	法国	Les Encheresdu Midi
95	法国	Lynda Trouvé
96	法国	Maison R & C
97	法国	Marambat-de Malafosse
98	法国	Marc Labarbe
99	法国	Marseille Enahères Provence

序号	国家	拍卖机构
100	法国	Maisonde Ventes Richard
101	法国	May & Associés
102	法国	Mercier & Cie
103	法国	Métayer
104	法国	Millon
105	法国	Mirabaud-Mercier
106	法国	Osenat
107	法国	OXIO
108	法国	Pescheteau Badin
109	法国	Pestel-Debord
110	法国	Pierre Bergé & Associés
111	法国	Prunier Auction
112	法国	SADDE
113	法国	Sotheby's Paris
114	法国	Tajan
115	法国	Tessier & Sarrou et Associés
116	法国	Thierry De Maigret
117	法国	Thierry-Lannon & Associés
118	法国	Toledano
119	法国	Tonnerre Enchères
120	法国	Valoir-Pousse Cornet
121	荷兰	AAG Auctioneers
122	荷兰	Oriantal Art Auctions
123	荷兰	Derksen Veilingbedrijf
124	荷兰	Twents Veilinghuis
125	荷兰	Venduhuis de Jager
126	荷兰	Venduehuis der Notarissen
127	荷兰	Zeeuws Veilinghuis
128	荷兰	Van Zadelhoff
129	荷兰	Veilinghuis de Ruiter
130	荷兰	Duveen Veilingen
131	荷兰	Veilinghuis Omnia
132	荷兰	Medusa Auctioneers
133	捷克	Antikvity

序号	国家	拍卖机构
134	捷克	Arcimboldo
135	捷克	Auction House Zezula
136	捷克	Fine Antiques Pragues.r.o.
137	摩纳哥	Accademia FineArt
138	摩纳哥	Monaco Legend Auctions
139	卢森堡	Goldfield Auctions
140	卢森堡	Lux Auction
141	葡萄牙	Marques dos Santos
142	葡萄牙	Veritas Art Auctioneers
143	瑞典	Auktionshuset Täby
144	瑞典	Bukowskis
145	瑞典	LP Foto Auktioner
146	瑞典	Stockholms Auktionsverk
147	瑞士	Dogny Auction
148	瑞士	Galerie Moenius
149	瑞士	Galartis SA
150	瑞士	Genève Enchères
151	瑞士	Piguet Hoteldes Ventes
152	瑞士	Valorum
153	瑞士	Auktionshaus Rapp
154	瑞士	Koller Auctions
155	瑞士	Schuler Auktionen AG
156	西班牙	La Suite Subastas
157	西班牙	Ansorena
158	西班牙	Balclis
159	西班牙	SalaRetiro
160	西班牙	Sala Moyua de Brancas
161	西班牙	Setdart Subastas
162	西班牙	Subastas Darley
163	希腊	Loudos Auctions
164	意大利	Aste Boetto
165	意大利	Aste Bolaffi
166	意大利	Auction Affairs.r.l.
167	意大利	Babuino Casad'Aste

序号	国家	拍卖机构
168	意大利	Benedetto Trionfante Casad'Aste Srl
169	意大利	Bertolami Finearts
170	意大利	Bolli & Romiti Casad'aste
171	意大利	Cambi Casad'Aste
172	意大利	Capitolium Art
173	意大利	Casad'Aste Martini
174	意大利	Colasanti Casad'Aste
175	意大利	Faraone Casad'Aste
176	意大利	Finarte
177	意大利	Galleria Sarno
178	意大利	IL Ponte CasaD'Aste
179	意大利	Lucas Aste
180	意大利	Pandolfini Casad'Aste
181	意大利	Picenum
182	意大利	Sant'Agostino
183	意大利	Sotheby's Milan
184	意大利	Wannenes
185	意大利	Telearte srl
186	英国	Bonhams Edinburgh
187	英国	Bonhams London
188	英国	British Bespoke Auctions
189	英国	Canterbury Auction Galleries
190	英国	Cheffins
191	英国	Chiswick Auctions
192	英国	Christie's London
193	英国	Dreweatts & Bloomsbury
194	英国	Ewbank's
195	英国	Fellows
196	英国	Gardiner Houlgate
197	英国	Gorringes
198	英国	Halls Fine Art Auctioneers
199	英国	Henry Aldridge & Son
200	英国	International Autograph Auctions
201	英国	Lawrences

序号	国家	拍卖机构
202	英国	Lyon & Turnbull
203	英国	Mac Dougall's
204	英国	Mallams Ltd.
205	英国	Mc Tear's
206	英国	Nicholas Mellors Auctioneers
207	英国	Roseberys London
208	英国	Sotheby's London
209	英国	Sworders
210	英国	Toovey's
211	英国	Sheffield Auction Gallery
212	英国	PLAKAS AUCTIONS
213	英国	Tennants
214	英国	Wotton Auction Rooms Ltd
215	英国	Elmwood's Auctioneers
216	英国	Elstob&Elstob Limited
217	加拿大	Dupuis Fine Jewellery AuctioneersInc.
218	加拿大	Gosby Auction
219	加拿大	A.H. Wilkens Auctions & Appraisals
220	加拿大	Waddington McLean & Company Ltd.
221	加拿大	Stunning Arts Auction
222	美国	Antique Reader
223	美国	Artingstall & Hind
224	美国	Bonhams NewYork
225	美国	Bonhams SanFrancisco
226	美国	California Asian Art Auction Gallery USA
227	美国	Christie's NewYork
228	美国	Doyle NewYork
229	美国	Du Mouchelles
230	美国	Hindman
231	美国	Phillips
232	美国	Revere Auctions
233	美国	Royal Fine Antiques Asia
234	美国	Shapiro Auctions
235	美国	Bonhams Skinner

序号	国家	拍卖机构
236	美国	Sotheby's NewYork
237	美国	Stair
238	美国	Elite Auctioneers, LLC
239	美国	Whitley's Auctioneers/Lion and Unicorn
240	美国	Clars Auction Gallery, Inc.
241	美国	Sarasota Estate Auction
242	美国	Helmuth Stone Gallery
243	美国	I.M. Chait Gallery
244	美国	Freeman's
245	美国	Heritage Auctions
246	美国	Cottone Auctions
247	美国	Leighton Galleries
248	美国	Anzardo's Fine Arts
249	美国	Alex Cooper
250	美国	Clarke Auction Gallery
251	澳大利亚	Bonhams Sydney
252	澳大利亚	Barsby Auctions
253	澳大利亚	Graham's Auction
254	澳大利亚	Lugosi Auctioneers & Valuers
255	澳大利亚	Leonard Joel
256	澳大利亚	Lawsons
257	澳大利亚	Davidson Auctions
258	澳大利亚	Artvisory
259	澳大利亚	Aalders Auctions
260	亚美尼亚	Arman Antiques LLC
261	以色列	Pasarel
262	以色列	Tiroche AuctionHouse
263	韩国	K Auction
264	日本	iART 拍卖公司
265	日本	JADE 株式会社 (日本美协)
266	日本	东京新日本拍卖股份有限公司
267	日本	东瀛国际拍卖株式会社
268	日本	横滨国际拍卖公司
269	日本	上氏拍卖株式会社

序号	国家	拍卖机构
270	日本	株式会社东京中央拍卖
271	日本	株式会社中国古玩 auction(古龙会)
272	日本	日本雅宝
273	日本	沐博 Auction 株式会社
274	日本	京都恒社古美术株式会社（京都祇园会）
275	新加坡	新加坡国际拍卖有限公司

中国收藏
拍卖年鉴
2022

CHINESE FINE ART &
ANTIQUES AUCTION
YEARBOOK 2022

全球重要文物艺术品交易行业协会
Important Art Market Associations

中国大陆地区

协会名称	地址	电话	网址
中国拍卖行业协会	北京市东城区东四西大街 46 号	010-64935455	www.caa123.org.cn
北京拍卖行业协会	北京市西城区北礼士路甲 98 号阜成大厦 B 座 423	010-68337868	www.bjpmhyxh.com
北京画廊协会	北京市通州区宋庄小堡艺术园区甲 2 号	010-53385989	
河北省拍卖行业协会	河北省石家庄市和平西路 448 号五矿大厦 1312	0311-86045287	www.hebaa.cn
山西省拍卖行业协会	太原市迎泽大街 229 号省供销社贸易大楼 3 楼 352 室	0351-4185257	www.sxspx.cn
内蒙古拍卖行业协会	呼和浩特市赛罕区汇商广场 B1 座 7051	0471-6935861	www.nmpx.cn
辽宁省拍卖行业协会	沈阳市皇姑区黄河北大街 56-39 号（中粮广场 F 座）1512 室	024-86894299	www.lnspx.org.cn
吉林省拍卖行业协会	吉林省长春市南关区亚泰大街 6789 号万晟商务花园 804、803 室	0431-88549466	www.jlpm.info
黑龙江拍卖行业协会	黑龙江省哈尔滨市道里区经纬五道街 16 号	0451-84283460	www.hljpm.com
上海市拍卖行业协会	上海市黄浦区乔家路 2 号（近中华路）	021-64226596	www.staa.com.cn
江苏省拍卖行业协会	江苏省南京市雨花区长虹路 222 号德盈国际广场 1 栋 1209 室	025-83301180	www.js-auction.com
浙江省拍卖行业协会	浙江省杭州市武林路 100 号鸿鼎商务楼 510 室	0571-87913705	www.zjpmw.com
安徽省拍卖行业协会	安徽省合肥市政务区祁门路 1688 号兴泰金融广场 9 楼	0551-63542827	www.aaa123.org.cn
福建省拍卖行业协会	福建省福州市五四路 210 号国际大厦 9 层 A 区	0591-87872331	www.fjspmxh.com
江西省拍卖行业协会	江西省南昌市东湖区阳明路 183 号航洋大厦 11 楼 1107 室	0791-86286850	www.jxpmxh.com
山东省拍卖行业协会	山东省济南市历下区佛山苑小区一区 9 号楼	0531-86041244	www.sdaa123.org.cn
河南省拍卖行业协会	河南省郑州市任砦北街 2 号 1 号楼 218 室	0371-63937879	www.pai.org.cn
湖北省拍卖行业协会	湖北省武汉市硚口区建设大道 439 号湖北商业广场 820 室	027-83616662	www.hbpm123.com
湖南省拍卖行业协会	湖南省长沙市人民东路 58 号铭诚摩根 1904 室	0731-82212852	www.hnpx.org.cn
广东省拍卖行业协会	广东省广州市越秀区水荫路 2 号恒鑫大厦西座 903 室	020-87396612	www.gdaa.cn
广西拍卖行业协会	广西南宁市青秀区桃源路 59 号商业大院综合办公楼 5 楼 514、517、518 室	0771-5323043	www.gxpm123.com

协会名称	地址	电话	网址
四川省拍卖行业协会	成都市文武路 38 号新时代广场 16 楼 C	028-86617321	www.saa123.com
云南省拍卖行业协会	云南省昆明市西山区广福路与前卫西路交叉口奥宸财富广场 C2 座 1109 室	0871-63625025	www.ynpmxh.com
重庆市拍卖行业协会	重庆市渝中区上清寺太平洋广场 B 座 1502 室	023-63616169	www.cqspx.com
陕西省拍卖行业协会	陕西省西安市碑林区长安大街三号 B 座 1702 室	029-87294521	www.sxpmxh.com
贵州省拍卖行业协会	贵州省贵阳市中华北路 188 号外贸大楼三楼	0851-6571340	www.gzspm.com
天津市拍卖行业协会	天津市河西区马场道 59 号（平安大厦）A 座 15 楼	022-26418556	www.tjaa123.org.cn
中国收藏家协会	北京市朝阳区东四环中路 41 号嘉泰国际大厦 A 座 709 号	010-84027307	www.zcxn.com
西藏自治区拍卖行业协会	西藏自治区拉萨市金珠西路 54 号金藏林卡 A1 幢		
甘肃省拍卖行业协会	甘肃省兰州市城关区南关什字世纪广场 C 座 2506 室	13919266222	www.gsaa.org.cn/w/Default.htm
宁夏拍卖行业协会	宁夏回族自治区银川市金凤区上海西路 101 号 - 粮食大厦 317 室	0951-5024310	www.nxpm.com.cn
青海省拍卖行业协会	青海省西宁市城中区南大街 15 号 1 号楼 1064 室	0971-8277844	www.qhspx.com/
新疆维吾尔自治区拍卖行业协会	新疆维吾尔自治区乌鲁木齐市天山区新华南路 1292 号 1304 室	0991-28326133	www.xjpm.org.cn

港台地区

协会名称	地址	电话	网址
香港画廊协会	香港上环荷李活道 248 号地下	+852 3480 5051	www.hk-aga.org
台湾画廊协会	台湾省台北市松山区光复南路 1 号 2 楼之 1 室	+8862 2742 3968	www.aga.org.tw

海外地区

协会名称	协会简介	地址	网址
CINOA-Confd rationInternational desNgociantsen Oeuvresd'Art	CINOA(艺术品和古董经销商协会国际联合会)，1935年成立于比利时首都布鲁塞尔，是全球性的艺术品和古董经销商联合会，参会成员包括来自22个国家，32个协会的5000多家文物艺术品经销商，其交易内容广泛，从古代文物到当代艺术应有尽有。CINOA要求会员以丰富的学术知识为基础，秉持"高品质、专业化、全方位"的行业准则，致力于在全球范围内形成高等级的行业道德标准，传播艺术市场咨询，以及促进世界艺术品的自由流通。1976年起，CINOA设立年度奖项，以鼓励成员国中在学术著作或艺术品保护领域做出杰出贡献的学者及艺术工作者，同时也表彰在艺术品领域及艺术市场贡献突出的博物馆研究员和公众人物。		www.cinoa.org

协会名称	协会简介	地址	网址
ILAB-International Leagueof Antiquarian Booksellers	ILAB(国际古书商联合会)是珍贵书籍交易商的全球性网络，从印刷术发明到如今的21世纪，ILAB在所有领域、所有专业都能提供优质的书籍、精准的描述和专业的价格。ILAB的会员们共享全球范围内的品质、知识、建议和经验。		https://ilab.org
ADAA-Art DealersAssociation ofAmerica	ADAA(美国艺术经销商协会)是艺术品领域非营利性的画廊会员组织，成立于1962年。协会致力于在行业内推广最高标准的鉴赏能力、学术水平和行业规范。协会成员主要涉足绘画、雕塑、版画、素描和照片，时间跨度覆盖文艺复兴时期直至今天。每个协会成员都是自身领域的行业翘楚，如今，ADAA已经在美国25座城市拥有175家画廊会员。	205Lexington Avenue,Suite #901,NewYork, NY10016	www.artdealers.org
NAADAA-NationalAntique &ArtDealers Associationof America,Inc.	NAADAA(美国国家古董及艺术品经销商协会)是美国主要艺术品交易商组成的非营利性组织。其成员承诺维护通过正当道德的途径购买、出售或收集古董艺术品的行为。多年的研究和实践经验使NAADAA的成员积累了丰富的专业素养，并在各自领域里树立了威望。	220East57th Street,NewYork NY,10022	https://naadaa.org
NAA-National Auctioneers Association	NAA(美国拍卖行业协会)成立于1949年，是全球最大的拍卖行业专业人士的协会，协会成员服务于广泛的拍卖业务。协会致力于为其成员提供教育规划和各类资源，同时，协会成员遵守严格的职业道德规范，并与网络拍卖的专业人士进行广泛合作。	8880BallentineSt. OverlandPark, KS66214,United States	www.auctioneers.org
FEAGA-Federation ofEuropean ArtGalleries Association	FEAGA(欧洲画廊协会联盟)代表着活跃在欧盟及瑞士的现当代艺术画廊的利益，在各国之间协助游说，例如降低增值税税率和艺术家转售权利等问题。	President:Adriaan Raemdonck,Galerie DeZwartePanter, Hoogstraat70-72, B-2000Antwerpen, Belgium	www.europeangalleries. org
BAMF-BritishArt MarketFederation	BAMF(英国艺术市场联合会)成立于1996年，在与政府沟通时，代表了英国庞大而多元化的文物及艺术品市场的利益。BAMF的成员共同组成了英国文物及艺术品市场的中坚力量，如：英国古董经销商协会(BritishAntiqueDealers'Association)、邦瀚斯、佳士得、苏富比、伦敦艺术经销商协会(SLAD)、艺术品拍卖师和估价协会(SOFAA)等。	52AilesburyPark, Newbridge,Co Kildare,Ireland	https://tbamf.org.uk

协会名称	协会简介	地址	网址
SLAD-Societyof LondonArtDealers	SLAD(伦敦艺术经销商协会)成立于1932年，是英国主要艺术品交易商共同发起的协会。134家会员的经营范围涵盖了古典绘画艺术、雕塑、当代艺术等，协会章程要求会员秉承诚信、专业的准则，以专业素养和可信度获得买家的信赖。	CKInternational House,1-6 YarmouthPlace, Mayfair,London, W1J7BU	www.slad.org.ukW
LAPADA-AssociationofArt &AntiqueDealers	从1974年成立以来，LAPADA(艺术品和古董交易商协会)已拥有超过600名会员，成为英国最大的专业艺术品和古董交易商协会。虽然协会的大部分会员来自英国，但是近几年陆续有来自16个国家的50名会员申请加入。LAPADA对会员资格要求严格：丰富的行业经验、高质量的艺术品收藏、专业的文物艺术品研究水平等。如今，LAPADA的会员收藏涵盖了从古代文物到当代艺术的各个品类。	535KingsRoad, London,SW10OSZ	https://lapada.org
SOFAA-Society ofFineArt AuctioneersAnd Valuers	SOFAA(艺术品拍卖师和估价师协会)成立1973年，为全英国范围的专业机构提供服务。协会成员致力于提供全面而专业的古董、艺术品、珠宝和不动产拍卖及估价服务。	2Kingfisher Court,Bridge Road,East Molesey,Surrey KT89HL	https://sofaa.org

中国收藏
拍卖年鉴
2022
CHINESE FINE ART &
ANTIQUES AUCTION
YEARBOOK 2022